Leonie Senne

Nord- und Mittelgriechenland

Reise-Handbuch

IWANOWSKI'S REISEBUCHVERLAG

6., aktualisierte Auflage **2004**

Salm-Reifferscheidt-Allee 37 · 41540 Dormagen
Telefon 0 21 33/2 60 311 · Fax 0 21 33/26 03 33
E-Mail: info@iwanowski.de
Internet: http://www.iwanowski.de

Titelbild: „Kefalloniá“, Leonie Senne
Alle anderen Farb- und Schwarzweißabbildungen:
Leonie u. Alexander Senne
Redaktionelles Copyright, Konzeption und dessen ständige Überarbeitung:
Michael Iwanowski
Karten: Thomas Buri, Bielefeld
Reisekarte: Thomas Buri, Bielefeld
Titelgestaltung sowie Layout-Konzeption: Studio Schübel, München
Layout: Ulrike Jans, Krummhörn

Gesamtherstellung: GCC, Calbe
Printed in Germany

ISBN 3-923975-15-5

Inhaltsverzeichnis

ÜBERBLICK

12. ANHANG 601

INTERESSANTES

Außerdem weiterführende Informationen zu folgenden Themen:

Verzeichnis der Karten und Grafiken

Legende

- Stadt
- Berg
- Sehenswürdigkeit
- Archäologische Stätte
- Kirche
- Festung
- Kloster
- Höhle
- Hafen
- Moschee
- Strand
- Leuchtturm
- Busbahnhof
- Parkplatz
- Bahnhof
- Information
- Polizei
- Bibliothek
- Post
- Internationaler Flughafen
- Hotel
- Theater
- Museum
- Fähre

EINLEITUNG

Der Dreiklang von Sonne, Meer und Strand macht den Reiz einer Reise in den Süden aus, jedoch hat Griechenland noch viel mehr zu bieten: Im Ursprungsland europäischer Kultur, Philosophie und Wissenschaft stößt der interessierte Besucher überall auf die Spuren der Vergangenheit – antike Tempel, Amphitheater und Orakelstätten, byzantinische Kirchen und Klöster, fränkische und venezianische Festungen, türkische Moscheen und Minarette sind Zeugen der langen, wechselvollen und häufig fremd bestimmten Geschichte.

Aber der Besucher ist auch beeindruckt von der Vielseitigkeit der Landschaft, die von der Durchdringung von Land und Meer geprägt ist: Er trifft auf Steilküsten und Sandstrände, alpine Gebirgszüge und weite Ebenen, fruchtbare Regionen und karge Landstriche, verträumte Inseln, lebhafte Hafenstädte und einsame Gebirgsdörfer.

Griechenland lädt alle ein: Höhlenforscher, Pflanzenliebhaber, Fotografen und Maler kommen ebenso auf ihre Kosten wie Wasser- oder Wintersportler, Mountainbiker, Bergsteiger und Wanderer. Insbesondere aber sind im Jahre 2004 alle aktiven und passiven Sportbegeisterten eingeladen, sich zu den Olympischen Spielen in Athen einzufinden, die unter dem Motto „Pass the flame, unite the world" zum Weltfrieden und zur Völkerverständigung aufrufen.

Wer darüber hinaus nicht nur seinen persönlichen Hobbies nachgehen, sondern auch Land und Leute kennen lernen will, wird abseits der großen Städte und Ferienzentren immer noch ein ursprüngliches und unverfälschtes Griechenland finden.

Dieses Reisehandbuch ist vor allem für Individualreisende gedacht, die landeskundliche Informationen, Routenvorschläge, Wanderbeschreibungen und reisepraktische Informationen erwarten; es informiert Sie über Geschichte, Wirtschaft, Flora und Fauna, Spezialitäten aus Küche und Keller, über Land und Leute. Die praktischen Hinweise sind aktuell recherchiert, doch ist zu bedenken, dass bei der Fülle der Informationen kurzfristige Änderungen nicht auszuschließen sind.

Griechenland und seine Menschen lassen sich auf vielen Wegen kennen lernen; die Schönheit der Landschaft, die Spuren der Geschichte und die freundliche Aufgeschlossenheit der Menschen machen es leicht, das Land kennen und lieben zu lernen.

Düsseldorf, im Mai 2004

GRIECHENLAND AUF EINEN BLICK

Fläche	131.957 km^2
Einwohner	10.939.771 Einwohner
Bevölkerungs-dichte	77,75 Einwohner je km^2
Bevölkerung	98,5 % Griechen, außerdem Slawen, Türken, Albaner u.a.
Staatssprache	Neugriechisch
Hauptstadt	Athen
Staats- und Regierungsform	Parlamentarische Republik
Flagge	ein weißes Kreuz mit weißen Streifen auf blauem Grund
Nationalfeiertage	25. März und 28. Oktober
Religion	97,6 % Griechisch-Orthodoxe, 1,3 % Muslime, 0,4 % Katholiken, 0,1 % Protestanten, 0,6 % sonstige Glaubensgemeinschaften (einschließlich Juden)
Städte	Athen (Großraum 3,8 Millionen Einwohner), Thessaloníki (407.800 Einwohner, Großraum 1,2 Millionen Einwohner), Pátras (154.161 Einwohner)
Handelspartner	Europäische Union (davon besonders Deutschland, Frankreich, Italien und Niederlande), USA
Arbeitslosigkeit	8,9 %
Inflationsrate	2,7 %
Währung	Euro
Klima	Mittelmeerklima

ALLGEMEINER ÜBERBLICK

Griechenland liegt auf dem südlichsten Ausläufer der Balkanhalbinsel zwischen dem 41. und 34. Grad nördlicher Breite. Damit liegen auch noch die nördlichen Landesteile Makedonien und Thrakien auf einer Höhe mit Neapel und der Costa Brava; die Ortschaften an der Südküste Kretas befinden sich auf gleicher Höhe wie Tunesien und Marokko.

Griechenland ist deutlich geprägt von der **starken Durchdringung von Land und Meer**. Kein Ort im Landesinneren ist mehr als 90 km vom Meer entfernt, und der Olymp, der mit fast 3.000 m höchste Berg Griechenlands, erhebt sich in nur ca. 20 km Entfernung vom Meer.

Die Gesamtfläche Griechenlands beträgt ca. 132.000 km^2, was etwa einem Drittel der Bundesrepublik Deutschland entspricht. Ungefähr ein Fünftel des griechischen Staatsgebietes entfällt auf die über 2.000 Inseln, von denen etwa 170 ständig bewohnt sind.

Griechisches Festland und vorgelagerte Inseln

Das Festland ist in sechs Regionen aufgeteilt:
Makedonien, Thrakien, Epirus, Thessalien, Mittelgriechenland und Peloponnes.

Die griechischen Inseln gliedern sich in die Inselgruppen:
Ionische Inseln,
Inseln im Saronischen Golf,
Ägäische Inseln,
Sporaden,
Kykladen,
Dodekanes,
Kreta.

I. GESCHICHTLICHER ÜBERBLICK

Die Geschichte Griechenlands lässt sich bis in die prähistorische Zeit zurückverfolgen und ist reich an glanzvollen Höhepunkten, schmerzvollen Niedergängen und heroischen Ereignissen.

Da es eine sehr umfangreiche Literatur zur Geschichte Griechenlands gibt (Auswahlliteratur finden Sie im Literaturverzeichnis), wird hier nur ein Überblick gegeben. Die Geschichte der einzelnen Orte und Regionen wird in den jeweiligen Kapiteln ausführlicher dargestellt.

Prähistorische Epoche

260 000–7000 v. Chr.: Alt- und Mittelsteinzeit
Erste Funde aus der Höhle von Petrálona/Chalkidikí bestätigen, dass der Urmensch schon Feuer anzünden und Werkzeuge herstellen konnte.

7000–2800 v. Chr.: Jungsteinzeit
In Makedonien, Thessalien und auf den Kykladen entstehen die ältesten Bauern- und Hirtensiedlungen Europas.

2800–1100 v. Chr.: Bronzezeit
Auf dem Festland, auf den Kykladen und auf Kreta entwickeln sich die ältesten europäischen Kulturen. Um 2000 v. Chr. dringen Ionier und Achäer nach Griechenland ein und werden dort sesshaft. Die minoische Kultur auf Kreta erreicht erste Höhepunkte in der Zeit von 2000–1700 v. Chr., wie die Palastbauten in Knossos, Phaistos und Mallia bezeugen. Nach dem Niedergang der minoischen Kultur zu Beginn des 14. Jahrhunderts v. Chr. entsteht auf dem griechischen Festland in Mykene und Tiryns eine einheitliche Zivilisation, von der Paläste, Festungsanlagen und Nekropolen Zeugnis ablegen. Um 1100 v. Chr. dringen Dorer als letzter Stamm aus dem Norden in Griechenland ein.

Wiege der europäischen Kultur

Historische Epoche

1100–700 v. Chr.: Geometrische Zeit
Die Dorer tragen mit zur Zerstörung der mykenischen Kultur bei und gründen die ersten griechischen Städte und Kolonien an den Küsten Kleinasiens. Im 9. Jahrhundert v. Chr. entwickelt sich die alphabetische Schrift, die sich im ganzen griechischen Raum durchsetzt. Es bildet sich eine religiöse, ethische und soziale Einheit des Griechentums, die sich beispielhaft an zwei Begebenheiten aufzeigen lässt:

Erstmals werden die Olympischen Spiele ausgetragen

1. 776 v. Chr. finden die ersten Olympischen Spiele statt, an denen alle freien griechischen Männer teilnehmen dürfen.
2. Zwischen 750–700 v. Chr. werden die Dichtungen Homers als griechisches Volksgut überliefert.

700–500 v. Chr.: Archaische Zeit

Es entwickeln sich die griechischen Stadtstaaten, von denen Athen und Sparta die bedeutendsten sind. In der Ägäis, in Süditalien und Sizilien werden Kolonien gegründet. In Athen und Sparta bilden sich ganz unterschiedliche politische und gesellschaftliche Systeme heraus. Sparta vergrößert seinen Herrschaftsbereich durch Eroberungsfeldzüge, bis es fast die gesamte Peloponnes beherrscht; Athen öffnet sich für Händler und Seefahrer und wird eine bedeutende Seemacht.

500–323 v. Chr.: Klassische Zeit

Um 500 v. Chr. wird die Unabhängigkeit der Griechen von den Persern bedroht. In den entscheidenden Schlachten bei Marathon, Salamis und Plataä gelingt es den vereinigten griechischen Stämmen, die Perser trotz ihrer Übermacht zu besiegen. Durch diese Siege begünstigt, gründet Athen, das unter der Führung des Themistokles seine Flotte ausgebaut hat, den Attisch-Delischen Seebund und wird damit zur vorherrschenden Macht in Griechenland. Damit beginnt die Blütezeit der Stadt, die unter Kimon und Perikles zum glanzvollen kulturellen Mittelpunkt Griechenlands wird. Dieses „Goldene Zeitalter“ Athens ist eng mit den Namen Aischylos, Sophokles, Euripides, Sokrates, Kallikrates, Iktinos und Phidias verbunden.

Sokrates

Der Machtzuwachs Athens verschärft die Gegensätze zu Sparta und anderen griechischen Stadtstaaten. Mehr als 25 Jahre lang (431–404 v. Chr.) dauert der Peloponnesische Krieg, der mit dem Sieg Spartas und dem Niedergang der Demokratie Athens endet. Aber dieser Sieg bringt dem Land keinen Frieden, die Führerrolle Spartas wird von anderen griechischen Städten nicht anerkannt; es folgt eine Zeit der inneren Unruhe, der Bürgerkriege und der Auflösung. In dieser Zeit des Verfalls beginnt noch einmal eine kulturelle Entfaltung Griechenlands. Die Höhepunkte griechischer Kultur werden erreicht durch die Philosophen Platon und Aristoteles, durch die Künstler Skopas und Praxiteles, durch Wissenschaftler, Rhetoren, Geschichtsschreiber und Dichter.

Mit dem Niedergang Athens und Spartas gewinnt Makedonien unter Philipp II. an Einfluss und Macht. Ihm gelingt es, die griechischen Städte zu einem Bund gegen die Perser zu vereinen, in dem Makedonien die Vorherrschaft hat. Nach seiner Ermordung beginnt sein Sohn Alexander den Krieg gegen das Persische Reich. In einem 13jährigen Feldzug erobert Alexander den Orient bis Ägypten und Indien und ermöglicht damit die Ausbreitung der griechischen Kultur in der ganzen damals bekannten Welt.

323–146 v. Chr.: Hellenistische Zeit

Nach dem Tode Alexander des Großen teilen seine Nachfolger, die Diadochen, das Reich in drei Herrschaftsbereiche auf. Während sich die griechische Zivilisation ausbreitet, wird Griechenland durch immer neue Auseinandersetzungen geschwächt. Im Westen Europas expandiert das Römische Reich, das dann im Laufe seiner Eroberungszüge auch Griechenland (nach der Schlacht in der Nähe des Korinthischen Golfes 146 v. Chr.) unterwirft. Die Kultur Griechenlands aber wird von den Römern aufgenommen; die Griechen vermitteln den Siegern Philosophie, Dichtung, Rhetorik, Naturwissenschaften, Bildhauer- und Schauspielkunst.

Alexander der Große

146 v. Chr.–395 n. Chr.: Römische Zeit

146 v. Chr. wird Griechenland der römischen Verwaltung unterstellt und schließlich im Jahre 27 v. Chr. als „Provinz Achaia" dem Römischen Reich eingegliedert. Athen verliert zunehmend an Bedeutung; Korinth wird Verwaltungszentrum. Unter der Herrschaft der Römer erleben die griechischen Städte für drei Jahrhunderte eine Zeit der kulturellen Blüte, die sich aus der römischen Wertschätzung des Griechentums ergibt. Ab 49 n. Chr. bereist der Apostel Paulus Griechenland und besucht dabei u.a. Korinth.

395–1204: Byzantinische Zeit

Bei der Teilung des Reiches wird Griechenland Teil des Oströmischen Reiches mit der Hauptstadt Byzanz, dem späteren Konstantinopel. Neben Konstantinopel ist Thessaloníki ein Zentrum des Byzantinischen Reiches, das geprägt wird durch die klassische griechische Bildung und die christliche Glaubenslehre. Seit dem 4. Jahrhundert wird Griechenland durch das Eindringen fremder Völkerstämme, den Goten, Slawen, Awaren und Normannen, aus dem Norden bedrängt. Die Inseln sind den Überfällen durch Piraten, Araber und Türken ausgesetzt.

1204–1453: Fränkische und venezianische Zeit

Nach der Eroberung Konstantinopels durch die Kreuzfahrer wird Griechenland von fränkischen Kreuzrittern in einzelne Feudalstaaten aufgeteilt. 1261 erobern die Byzantiner Konstantinopel und Teile der Peloponnes zurück. Zum Schutz der Bevölkerung vor Piratenangriffen und -überfällen werden während der venezianischen Herrschaftszeit an strategisch wichtigen Orten Festungen und Kastelle errichtet wie z. B. in Methóni, Koróni und Monemvasía im Süden der Peloponnes.

1453–1821: Türkische Zeit

400 Jahre Türkenherrschaft

Nach der Eroberung Konstantinopels durch die Türken beginnt für Griechenland die über 400 Jahre dauernde Zeit der Türkenherrschaft. Dabei wird besonders das griechische Festland von zahlreichen Aufständen gegen das Osmanische Reich erschüttert. Die Griechen versuchen, auch in der Unterdrückung ihre nationale Einheit zu erhalten. Zum wesentlichen Bewahrer griechischer Tradition und griechischen Nationalgefühls entwickelt sich dabei die orthodoxe Kirche.

1821–1823: Zeit der Befreiungskriege

Im Jahre 1814 beginnt die planmäßige Vorbereitung der festländischen Erhebung gegen die Türken. Im Ausland gewinnt die Philhellenische Idee viele Anhänger, die den Griechen Unterstützung zukommen lassen. Die Großmächte England, Frankreich und Russland üben Druck auf das Osmanische Reich aus und vernichten die türkisch-ägyptische Flotte in der Seeschlacht von Navarino im Jahre 1827. Griechenland (d.h. Mittel-Griechenland, die Peloponnes und einige Inseln) wird frei und unabhängig.

Zur Erinnerung an den griechischen Freiheitskampf

1823–1910: Griechische Monarchie – Bayern und Dänen

Durch das 2. Londoner Protokoll von 1830 wird das Königreich Griechenland mit König Otto I. von Wittelsbach ausgerufen. Nach dessen Absetzung 1862 übernimmt Georg I., Prinz von Dänemark, die Herrschaft. Während seiner Regierungszeit werden die Grundlagen für einen modernen, existenzfähigen griechischen Staat geschaffen und die Staatsgrenzen durch den Anschluss der Ionischen Inseln, der Ägäischen Inseln und Kretas sowie Teilen von Epirus, Makedoniens und Thrakiens erheblich erweitert. Eine schwere Wirtschaftskrise (1893) und die Niederlage im griechisch-türkischen Krieg von 1897 führen 1909 zur Auflösung der Regierung und der Parteien.

1910–1936: Von Venizelos bis Metaxas

Im August 1910 übernimmt Venizelos die Regierungsgewalt, stärkt den griechischen Rechtsstaat und erreicht 1912 im 1. Balkankrieg gegen die Türken, dass die Inseln Límnos, Lésbos, Chíos und Sámos mit Griechenland vereint werden. Die Inseln des Dodekanes werden unter die Verwaltungshoheit Italiens gestellt. Nach der Ermordung König Georgs und der zeitweisen Abdankung Venizelos nimmt Griechenland auf der Seite der Entente-Mächte am 1. Weltkrieg teil und erhält durch die Friedensverträge Teile Makedoniens und Thrakiens sowie das Mandat über Smyrna und das türkische Hinterland. 1922 kommt es zur vernichtenden Niederlage Griechenlands im Krieg mit der Türkei; der große Bevölkerungsaustausch von 1,2 Millionen Menschen im Jahre 1923 stellt das Land vor große wirtschaftliche Probleme. Hinzu kommen schwere innenpolitische Auseinandersetzungen, die häufige Regierungswechsel auslösen und einen kontinuierlichen Aufbau des Landes verhindern.

1936–1949: 2. Weltkrieg und griechischer Bürgerkrieg

General Metaxas errichtet mit Zustimmung Georg II. eine Militärdiktatur; nach Ausbruch des 2. Weltkrieges beantwortet Griechenland das von Mussolini gestellte Ultimatum der bedingungslosen Kapitulation mit „Nein" (dieser „Ochi-Tag" am 28.10.1940 ist heute einer der größten nationalen Feiertage), kämpft erfolgreich gegen die stärkeren Italiener und ergibt sich erst nach dem Einsatz deutscher Truppen, die 1944 ein total zerrüttetes Land zurücklassen. In den nachfolgenden Jahren 1945-1949 kommt es zum Bürgerkrieg zwischen Kommunisten und Royalisten, so dass erst Ende 1949 mit dem Wiederaufbau des Landes begonnen werden kann. Die Inseln des Dodekanes werden am 31. Mai 1947 mit dem griechischen Mutterland vereint.

1950–1975: Demokratie und Diktatur

Durch eine grundlegende Währungs- und Verwaltungsreform und eine Neuordnung des Staatshaushaltes bahnt sich die Entwicklung zum modernen Industriestaat an. 1952 tritt Griechenland der NATO bei. Innenpolitische Auseinandersetzungen lösen Unruhe und Regierungsrücktritte aus, die 1967 zum Sturz der Regierung führen. Eine Militärregierung unter Papadopoulos löst die konstitutionelle Monarchie ab; die Volksabstimmung von 1971 bestätigt die neue Verfassung einer Präsidialrepublik. Mit zunehmenden innenpolitischen Schwierigkeiten und nach einer Konfrontation mit der Türkei, die die türkische Invasion der Insel Zypern auslöst, endet die Diktatur der Obristen; im Juli 1974 kehrt Karamanlis aus dem Exil nach Griechenland zurück.

Militärdiktatur

1975 bis zur Gegenwart: Republik Griechenland

Bei einer im Dezember **1974** durchgeführten Volksabstimmung entscheiden sich die Griechen für die endgültige Abschaffung der Monarchie und für die präsidiale Republik. **1981** tritt Griechenland der EG als 10. Vollmitglied bei. Bei den Parlamentswahlen von **1981** und **1985** erringt die Panhellenische Sozialistische Bewegung (PASOK) unter Andreas Papandreou den Sieg; Papandreou wird Ministerpräsident. Nach Neuwahlen im Jahre **1990** stellt die Nea Demokratia die Regierung unter Ministerpäsident Mitsotakis. Bei den am 10. Oktober **1993** durchgeführten Parlamentswahlen kann die PASOK bei einer Wahlbeteiligung von 78,23 % erneut die Mehrheit der Parlamentssitze erringen. Regierungschef ist wieder Andreas Papandreou. Am 8. März **1995** wird der konservative Politiker Kostis Stephanopoulos vom Parlament zum neuen Staatspräsidenten gewählt; er löst damit Konstantin Karamanlis ab, der dieses Amt seit Mai 1990 innehatte.

Im Januar **1996** baut sich ein Konflikt mit der Türkei auf, die eine kleine unbewohnte Ägäis-Insel besetzt, in deren Nähe Ölvorkommen vermutet werden. Die Auseinandersetzung kann auf diplomatischem Weg beigelegt werden. Am 17. Januar **1996** tritt Andreas Papandreou aus gesundheitlichen Gründen von seinem Amt zurück und stirbt im Juni desselben Jahres; am 22. Januar **1996** wird Konstantin Simitis zum neuen Ministerpräsidenten ernannt.

Im **Februar 1999** betont der griechische Premierminister Simitis in seiner „Erklärung zur Kurdenfrage", dass Griechenland sich als eine Kraft der Stabilität und des Friedens im Zentrum der sensibelsten Region Europas verstehe.

Seit dem **1. Januar 2000** ist das Schengener Übereinkommen auch in Griechenland vollständig in Kraft. Am **8. Februar 2000** wird der griechische Staatspräsident Konstantinos Stefanopoulos für eine zweite Amtsperiode von fünf Jahren wiedergewählt.

Aus den **Parlamentswahlen** am **9. April 2000** ist die Panhellenische Sozialistische Bewegung (PA.SO.K) mit 43,79 % als Siegerin hervorgegangen. Damit hat sie aufgrund des Wahlsystems mit 158 der insgesamt 300 Sitze im griechischen Parlament die absolute Mehrheit behalten; Konstantin Simitis bleibt weiterhin Ministerpräsident. Die Nea Demokratia (N.D.) bleibt mit 42,73% (125 Sitze) die zweitstärkste Partei Griechenlands. Die Wahlbeteiligung lag bei 74,97%.

Im **Januar 2001** erklärt die Europäische Zentralbank den Beitritt Griechenlands als 12. Mitglied der Eurozone. Bei der im **März 2001** durchgeführten **Volkszählung** ergeben sich interessante Zahlen: Die Einwohnerzahl Griechenlands wird mit 10.939.771 angegeben. Das entspricht einem Bevölkerungswachstum von 6,6 % gegenüber der letzten Zählung von 1995, wobei dieses vor allem auf den verstärkten Zustrom von Migranten zurückzuführen ist. Die bevölkerungsreichste Region des Landes bleibt weiterhin Attika mit insgesamt 3.701.348 Einwohnern, von denen 3.192.606 in Groß-Athen leben. Die Hauptstadt wächst damit um 3,9 %; das Athener Umland legt durch die attische Binnenwanderung dagegen um 26,9 % zu. Thessaloniki wächst um 10,7 % und überschreitet mit 1.048.151 Einwohnern im Großraum erstmals die Millionengrenze; Zentralmakedonien bleibt mit 1.862.833 Einwohnern die zweitgrößte Region des Landes.

Änderung der griechischen Verfassung

Im **April 2001** wird die Verfassung umfangreich verändert und ergänzt. Zu den wichtigsten neuen Verfassungsartikeln gehören der Schutz des Bürgers vor dem Missbrauch seiner persönlichen Daten durch Datenbanken, die Verankerung des Wehrersatzdienstes und das Verbot der Todesstrafe in Friedenszeiten. Im **Mai 2001** besucht Papst Johannes Paul II. Athen. Es ist der erste Besuch eines Papstes in Griechenland seit der Trennung zwischen der West- und Ostkirche im Jahre 1054. Die als historisch bezeichnete Visite, zu der auch eine gemeinsam von Johannes Paul II. und dem Erzbischof von Athen gehaltene Messe in einer Halle des Olympia-Stadions gehörte, wird als sehr positiv bewertet. **2002** liegt Griechenland nach Angaben des Nationalen Statistischen Amtes mit einer aktuellen Wachstumsrate von 4,3 % des BIP an der Spitze in der EU. Das griechische Wirtschaftswachstum ergibt sich vor allem aus der hohen Investitionssteigerung und der Intensivierung der Bautätigkeiten.

Im **Dezember 2002** beschließen die Staats- und Regierungschefs der EU bei ihrem Gipfeltreffen in Kopenhagen die Erweiterung der Europäischen Union. Am 1. Mai 2004 wird Zypern ohne Vorbedingungen als Vollmitglied in die Europäische Union aufgenommen. Im **Januar 2003** übernimmt Griechenland zum vierten Mal seit seiner Mitgliedschaft in der Europäischen Union die EU-Präsidentschaft. Als zentrale Aufgaben gelten u.a. die EU-Erweiterung und die Stärkung der Sozialpolitik. Das Symbol der griechischen Präsidentschaft ist eine weiße Taube mit einem Olivenzweig.

2. LANDSCHAFTLICHER ÜBERBLICK

Landschaftliche Gliederung

Griechenland bildet den südlichen Abschluss der Balkan-Halbinsel und ragt mit seinen Inseln weit ins östliche Mittelmeer vor. Während die nördlichen Grenzen zu Albanien, zur FYROM (Former Yougoslavian Republic of **Macedonia**) und Bulgarien oft willkürlich durch Seen und Täler oder über Gebirgskämme verlaufen, bilden im Westen die Ionischen Inseln und im Süden die Insel Kreta natürliche Grenzen. Die Inseln östlich des griechischen Festlands stellen sich als Fortsetzungen der Bergzüge des nördlicheren Griechenlands dar und verbinden so das europäische mit dem kleinasiatischen Festland. Durch seine geographische Lage ist Griechenland Brücke gleichermaßen zu Asien und Afrika.

landschaftliche Vielfalt

In Griechenland ist die Gliederung des Landes in **unterschiedliche Landschaftsformen** sehr stark ausgeprägt. Gebirgslandschaften, Hügelländer, Senken, Becken und Küstengebiete wechseln auf engem Raum miteinander ab. Dabei unterscheiden sich die westliche und östliche Hälfte des griechischen Festlandes im geologischen Aufbau stark voneinander. Im Westen verläuft das bis über 2.500 m hohe Píndos-Gebirge, das von gleich gerichteten Längstälern durchzogen ist, parallel zur Küste. Die Gebirgszüge sind junge Faltengebirge, die überwiegend aus Kalk, Mergel und Sandstein bestehen.

Der Osten Griechenlands ist durch Hebungen und Senkungen stark gegliedert; Gebirge und Täler verlaufen nicht wie im Westen parallel, sondern schieben sich ineinander. Dadurch entstehen Landschaftskammern, die überschaubar und in sich geschlossen sind. Hier herrschen sehr alte, kristalline Gesteine vor. Zwischen den Gebirgszügen im Landesinneren liegen zahlreiche Senken und Beckenlandschaften, die sich stellenweise zum Meer hin öffnen. In diesen voneinander abgegrenzten Gebieten entwickelten sich seit alters her die Siedlungs- und Wirtschaftsschwerpunkte des Landes. Im Nordwesten Griechenlands sind einige Senken mit Wasser gefüllt, so z. B. der Kastoriá-See, jedoch sind Seen eine Seltenheit im trockenen Griechenland.

Ein weiteres Kennzeichen der griechischen Landschaft ist die tiefe gegenseitige Durchdringung von Land und Meer. Die Küsten sind reich gegliedert und geprägt von tief einschneidenden Buchten, durch die Inseln und Halbinseln vom Festland abgegrenzt werden, wie z. B. durch den Golf von Euböa und den Golf von Korinth. Den Küsten sind zahlreiche kleinere und größere Inseln vorgelagert.

Meer und Flüsse

Die starke Gliederung des Festlandes findet sich auch im Ionischen und Ägäischen Meer wieder. Becken und Schwellen unterteilen einen Meeresraum, in dem Tiefen von über 5.000 m erreicht werden (mittlere Tiefe des Mittelmeeres 1.450 m).

Die schwachen Oberflächenströmungen werden im Wesentlichen von den Winden bestimmt. Die Wassertemperaturen liegen im Sommer zwischen 20 und 26 °C, im Winter zwischen 12 und 15 °C; temperaturbestimmend ist dabei die Lage zur kalten Strömung, die aus dem Schwarzen Meer kommt. Die Gezeiten sind in den griechischen Meeren unbedeutend.

Küstenformen

Die bereits erwähnte enge Durchdringung von Land und Meer ermöglicht es, dass man in Griechenland fast alle Küstenformen beispielhaft kennen lernen kann, wie z. B. **Kliffküsten** auf Kórfu, **Lagunenküsten** in Messolóngio oder **Nehrungsküsten** in Thrakien. Flüsse und Seen liegen zum großen Teil im Norden und Westen des Landes. Die Flussbetten, die während des Sommers weitgehend ausgetrocknet sind, füllen sich im Winter durch die starken Regenfälle rasch mit Wasser; die sommerlichen Rinnsale werden dann zu breiten, reißenden Flüssen, die oft über die Ufer treten und das Land überschwemmen. In den letzten Jahren wurden zunehmend Staudämme und Bewässerungsanlagen gebaut, um die Wasserkraft der Flüsse besser zu nutzen, z. B. am **Archelóos**, **Aliakmón**, **Axiós** und **Pínios**.

Die wenigen griechischen Binnenseen gehörten in der Vergangenheit wegen ihrer häufig versumpften Ufer zu den seuchengefährdeten Gebieten; durch die Trockenlegung einzelner Seen konnten landwirtschaftlich nutzbare Anbauflächen gewonnen werden. Die Feuchtgebiete Griechenlands, wie z. B. der Ambrakische Golf, der Binnensee von Messolóngi, der kleine Préspa-See und das Évros-Delta, zählen zu den bedeutendsten im Mittelmeerraum. Sie sind für die Erhaltung der Vielfalt der mediterranen Pflanzen- und Tierarten von großer Bedeutung. Seit 1920 verringerte sich die Fläche der Feuchtgebiete in Griechenland durch Trockenlegung oder den Bau von Staudämmen um 63%.

Gebirge und Berglandschaften

Berglandschaften

Griechenland ist ein ausgesprochenes Gebirgsland, denn die Berglandschaften machen ca. 80 % der Gesamtfläche aus. Die griechischen Gebirge sind die südliche Fortsetzung der Dinarischen Alpen. Die Felsformationen bestehen vorwiegend aus Kalkgestein, Schiefer, Flysch oder vulkanischem Gestein. Die Berge sind reich an Metallvorkommen; schon in der Antike wurde in großen Mengen Gold und Silber abgebaut, heute sind vor allem Bauxit, Chrom, Nickel und Mangan von Bedeutung.

Mehr als 20 Berge übersteigen die Höhe von 2.000 m. Die höchsten Berge sind:

Name	Höhe	Provinz
Olymp	2.917 m	Makedonien
Smólikas	2.637 m	Epirus
Vóras	2.524 m	Makedonien
Grámmos	2.520 m	Epirus
Parnássos	2.457 m	Mittelgriechenland
Ída	2.456 m	Kreta

Klima und Reisezeit

Griechenland: das weckt sofort die Vorstellung vom immer blauen Himmel und von strahlendem Sonnenschein. Tatsächlich hat Griechenland eine jährliche Sonnenscheindauer von nahezu 3.000 Stunden, aber wie die Landschaft ist auch das Klima in den einzelnen Regionen höchst unterschiedlich.

Das **Klima** ist geprägt durch heiße, trockene Sommer und regenreiche, frostarme Wintermonate, wobei drei Jahreszeiten unterschieden werden können (nach Mariolopoulos):

Monate	Kennzeichnung	durchschnittl. Tages-Höchst-temperaturen (°C)	durchschnittl. Tages-Tiefst-temperaturen (°C)
März-Mai	Blüte- und Reifezeit	18–22	10–14
Juni-Oktober	Trockenzeit	26–32	18–22
November-Februar	Regenzeit	13–15	4–10

Reisezeiten

Griechenland ist von Ende März/Anfang April bis Oktober/November wegen seines angenehmen Klimas ein beliebtes Reiseziel.

Nach der winterlichen Regenzeit beginnt schon Ende **Februar** die Blütezeit. Dann überzieht im **März** und **April** ein wunderschöner, vielfarbiger Blütenteppich die Inseln und die Obstbäume stehen schon in voller Blüte. Jedoch muss im April auch noch mit kalten Tagen gerechnet werden. Der **Mai** ist die wohl beste Reisezeit; noch steht die Natur in voller Blüte, es gibt kaum Niederschläge, die Tagestemperaturen sind angenehm mild, die Nächte nicht mehr kalt, und die Wassertemperaturen liegen schon bei 20 °C. Die Blütenpracht dauert jedoch nur kurze Zeit, denn ab Mai steigen die Temperaturen sehr schnell an, so dass schon bald Blumen und Gräser unter der sengenden Sonne verdorren. *Reisezeiten*

Von **Juni** bis Ende **August** reicht der Hochsommer mit 12 Sonnenstunden am Tag; die Tagestemperaturen liegen über 30 °C, und das Meer bietet nun ideale Wassersportbedingungen. Auch der **September** ist ein empfehlenswerter Reisemonat, da die Tage noch angenehm warm sind und das Meer noch Wassertemperaturen von 24 °C hat. Das Land aber ist jetzt braun und verdorrt; die Abende sind kühl, die Nächte manchmal schon kalt.

Der **Oktober** zeigt bereits wechselhaftes Wetter mit noch sehr schönen Sonnentagen, vielleicht aber auch schon ersten Regenschauern und kühlen Abenden und kalten Nächten. Die Monate **November** bis **Januar** haben die höchste Niederschlagsmenge, die Temperaturen liegen zwischen 10 und 12 °C und sinken in den Höhenlagen weit unter 0 °C. Nur in dieser Jahreszeit füllen sich die Bach-

und Flussläufe mit Wasser. Der unbeständigste Monat ist der **Februar**, für den sich kaum gültige Wettervorhersagen machen lassen.

In den Wintermonaten sind die Inseln und ihre Bewohner auf Feriengäste nicht eingerichtet. Die meisten Hotels und Restaurants sind geschlossen, die Leute arbeiten auf den Feldern und bei der Olivenernte, nur die wenigsten Häuser verfügen über eine Zentralheizung.

Die nachfolgende Tabelle gibt einen Überblick über die **durchschnittlichen Temperaturwerte** (in °C) und macht deutlich, wie unterschiedlich das Klima in den einzelnen Regionen ist:

Klima-übersicht

Ort	J	F	M	A	M	J	J	A	S	O	N	D
Athen	10	11	13	17	22	26	29	29	25	20	16	12
Chálkis	10	10	12	16	21	25	28	28	24	19	15	11
Ioánnina	5	6	9	13	17	22	25	25	20	15	10	7
Thessaloníki	5	6	9	14	20	24	27	27	22	16	11	7
Kavála	5	6	9	14	19	23	26	25	21	16	11	7
Korfu	10	10	12	15	20	24	27	27	23	19	15	12

Makedonien, Thrakien und Epirus

Der Norden Griechenlands ist stark vom Kontinentalklima beeinflusst. Die Sommermonate sind von strahlendem Sonnenschein geprägt, gelegentliche Sommergewitter ziehen schnell vorüber. Die nordgriechischen Landesteile haben ein ausgeglichenes Sommerklima und sind nicht so heiß wie der Süden des Landes.

Die Winter sind besonders in den Gebirgsgegenden sehr hart mit heftigen Stürmen und häufigem Schneefall. Die Temperatur sinkt weit unter den Gefrierpunkt, und viele der Bergdörfer sind von der Außenwelt abgeschnitten. Die Wintersportbedingungen sind in diesen Gegenden ausgezeichnet.

Zentralgriechenland mit Thessalien und Attika

Die mittleren und südlichen Landesteile Griechenlands sind durch das Mittelmeerklima mit heißen, trockenen Sommern und milden, regenreichen Wintern geprägt. Dabei wird die Sommerhitze durch die beständigen, trockenen nordwestlichen Winde, **Meltémi** genannt, gemildert.

Die Temperaturen der Wintermonate November bis Januar liegen zwischen 8 und 12 °C. Diese Monate verzeichnen die höchste Niederschlagsmenge.

Der unbeständigste Monat, für den sich kaum gültige Wettervorhersagen machen lassen, ist der Februar. In diesem Monat ist es möglich, dass schon die Obstbäume blühen – es kann aber noch schneidend kalt sein bei Temperaturen um 5 °C.

Welche Reisezeit die für Sie günstigste ist, hängt von Ihren persönlichen Interessen und Aktivitäten ab, wie Sie der nachfolgenden Tabelle entnehmen können.

Interesse	März – Mai	Juni – Oktober
Besuch archäologischer Stätten	angenehme Temperaturen; besonders reizvolle Eindrücke von den Ausgrabungsgeländen, die über und über mit blühenden Blumen bedeckt sind; starker Reiseverkehr während der Osterzeit	Juni - August: große Hitze, besonders während der Mittagszeit; starker Reiseverkehr; September–Oktober: angenehme Temperaturen; gelegentliche Regenschauer
Pflanzenwelt	Hauptblütezeit; besonderer Reichtum, große Vielfalt und Schönheit der Pflanzen	typische Mittelmeerflora
Wandern/ Bergwandern	angenehme Temperaturen; außerhalb der Osterferien keine Übernachtungsprobleme; Bergbesteigungen noch nicht möglich	Bergbesteigungen von Juni bis August möglich; angenehme Temperaturen in den nördlichen Landesteilen
Baden/ Wassersport	Bademöglichkeiten ab Mitte Mai; Surfen, Segeln u.ä. schon ab April möglich	optimale Gegebenheiten

Pflanzen- und Tierwelt

große Pflanzenvielfalt

Griechenlands **Pflanzenwelt** ist durch eine große Artenvielfalt gekennzeichnet; es sind mehr als 6.000 verschiedene Pflanzenarten bekannt, von denen etwa 10 % nur in Griechenland heimisch sind.

Im Frühjahr überzieht ein vielfarbiger Blütenteppich das Land

Wer den Artenreichtum und die Schönheit der griechischen Pflanzenwelt kennen lernen und erleben möchte, sollte im Frühjahr nach Griechenland reisen. Von Februar bis Mai leuchtet das Land in einer unvorstellbaren Farbvielfalt und -intensität. Schon in den meist frostfreien Wintermonaten November bis Januar blühen an geschützten Stellen Mittelmeer-Schneeball, Rosmarin, Krokusse und Schneeglöckchen. Im Frühling leuchten dann in allen Farben die Blüten von Alpenveilchen, Narzissen, Iris, Primeln, Anemonen, Traubenhyazinthen, Veilchen, Margariten und Mohn. Noch immer besitzt Griechenland mit 4.050 eigenen Arten einen der reichsten Pflanzenbestände der Welt.

Kulturpflanzen

Viele der uns heute in den Mittelmeerländern ganz vertrauten Pflanzen sind fremdländische Kulturpflanzen, die erst in den vergangenen Jahrhunderten nach Griechenland gelangten wie z. B. Agaven, Feigenkaktus, Palmen, Akazien und Mimosenbäume. Aus Südamerika wurden Kletterpflanzen eingeführt wie die prächtige Bougainvillea, die mit ihren farbigen Hochblättern Wände und Mauern bedeckt; auch der Hibiskus (Roseneibisch) wurde nach Griechenland gebracht. Überall sieht man Oleanderbüsche, die kräftig vom reinsten Weiß bis zum dunkelsten Rot blühen. In Asien lernten die Griechen auf den Feldzügen Alexander des Großen Zitronen- und Orangenbäume kennen, die heute aus dem griechischen Raum nicht mehr wegzudenken sind.

Eine der ältesten heimischen Kulturpflanzen ist der **Ölbaum**. Der Mythos erzählt, dass die Göttin Athene den Baum ihrer Stadt Athen schenkte. In frühester Zeit galt das Öl als so wertvoll, dass es als Zahlungsmittel eingesetzt wurde. Es wurde für verschiedene Zwecke genutzt: die erste Pressung lieferte das Speiseöl, die zweite wurde zur Herstellung von Salben genutzt, und die dritte Pressung diente der Beleuchtung.

Vegetationsstufen

Griechenland zeigt als typisches **Gebirgsland** eine Höhenstufung der Vegetation, die sich vereinfacht so darstellen lässt:

- bis 800 m: Immergrüne Region: Macchia, Platanen, Pappeln, Eichen, Olivenbäume, Johannisbrotbaum, Aleppo-Kiefer, Zypressen, Eukalyptusbaum und Oleander;
- 800–1.500 m: Region der Bergwälder: Macchia und Phrygana, Laubmischwald mit Eichen, Kastanien, Ulmen, Platanen, Ahorn, Buchen;
- 1.500–2.000 m: Region der Gebirgswälder: Phrygana, Nadelwald mit Schwarzkiefern und Apollo-Tannen;
- über 2.000 m: Region alpiner Pflanzen: niedrige Sträucher, Kräuter, Krummhölzer

Das griechische **Flachland** wird landwirtschaftlich intensiv genutzt. Neben den Nutzflächen mit Getreidefeldern oder ausgedehnten Obstbaumkulturen sind es vor allem weite Olivenhaine, die mit ihrem silbriggrünen Blattwerk schimmern. Daneben gibt es im Flachland Johannisbrot- und Eukalyptusbäume.

In den **mittleren Höhenlagen** wirkt das Land in den Sommermonaten vielfach ausgedorrt, verbrannt und kahl. Große Flächen sind von der Phryganá überzogen, einer lockeren Pflanzengemeinschaft von niedrigen Gebüschen und Gehölzen, die der Macchia ähnlich ist. Auf dem trockenen Boden breiten sich die flachen, oft kugeligen, dornigen Pflanzen aus, die der Sonne und dem Wind standhalten können. Zu diesen Pflanzen gehören z. B. Rosmarin, Thymian, Lavendel, Myrte, Salbei, Stechginster und zahlreiche Wolfsmilchgewächse; das häufig undurchdringliche

Gebüsch der bis zu 5 m hohen Macchia setzt sich aus Stein- und Kermeseichen, Erdbeerbäumen, Mastixsträuchern, Lorbeer und Ginster zusammen.

In **den höheren Lagen** und an den Berghängen gibt es noch zusammenhängende Waldbestände aus Aleppokiefern, Stein- und Kermeseichen. In quellenreichen Gebieten wachsen Platanen und Silberpappeln.

Griechische Wälder

Antike Texte und Vasenbilder belegen, dass Griechenland zu jener Zeit ein waldreiches Land war, in dessen dichten Waldungen Hirsche, Bären und Löwen lebten. Die **Ursachen für die ständige Verringerung der Waldflächen** sind:

- die schon in der Antike begonnene, **rücksichtslose Rodung der Wälder**, die erst den Aufbau einer griechischen Flotte ermöglichte und die von den Römern und Venezianern fortgesetzt wurde,
- die jährlich auftretenden **Waldbrände**, deren Zahl mit 700 pro Jahr angegeben wird und die einen Waldbestand von 20.000 Hektar zerstören,
- die **Abweidung** der jungen Triebe und frisch aufgeforsteter Flächen durch die zahlreichen Schaf- und Ziegenherden.

Waldbrandgefahr

Die Notwendigkeit des Waldschutzes wurde in Griechenland längst erkannt; per Erlass wurde geregelt, dass jedes durch Brand zerstörte Waldgebiet wieder aufgeforstet werden muss. Mit finanzieller Unterstützung der EU wird zur Zeit ein umfangreiches Aufforstungsprogramm durchgeführt, das die Waldgebiete Griechenlands um mindestens 10 % vergrößern soll.

Überall in Griechenland wird auf die Waldbrandgefahr hingewiesen!

In Nord- und Mittelgriechenland gibt es noch große Laubwaldgebiete mit Eichen, Edelkastanien, Hainbuchen, Ahorn und Ulmen, sowie Nadelwälder mit Tannen und Aleppo-Kiefern.

Ursachen für die jährlichen, verheerenden Waldbrände sind sowohl Selbstentzündung als auch Unachtsamkeit des Menschen. Letzterem versucht man durch verstärkte Aufklärungsarbeit und durch das Aufstellen von Warn- und Hinweisschildern zu begegnen.

Buch- und Kartentipp

- ***Baumann**, Die griechische Pflanzenwelt in Mythos, Kunst und Literatur, München 1999*
- ***Grandjot**, Reiseführer durch das Pflanzenreich der Mittelmeerländer, Leichlingen 1991*
- ***Vedel**, Bäume und Sträucher im Mittelmeerraum, Stuttgart 1984*

Griechische Fauna

geringe Artenvielfalt

Der Artenreichtum der griechischen Tierwelt ist mit der Pflanzenvielfalt nicht vergleichbar. Größeres Wild wie Reh, Wildschwein oder Fuchs leben nur noch vereinzelt in den Bergwäldern; häufiger sind Kaninchen, Fasane und Rebhühner, die von den Griechen allerdings stark gejagt werden. Eidechsen, Schlangen und Schildkröten sind in Griechenland häufig anzutreffen; unter den Schlangen sind die ungefährlichen **Nattern** am weitesten verbreitet. Da sie sich in den Sommermonaten vor der Sonne in den Schatten von Steinmauern und Geröllhalden zurückziehen, trifft man sie zu dieser Zeit seltener als im Frühjahr, wenn sie sich im offenen Grün aufhalten. Es gibt vereinzelt auch die giftige **Sandviper**, die ihren Namen ganz zu Unrecht trägt, denn sie lebt nicht in sandigem Gelände, sondern bevorzugt Geröllhalden, verfallene Mauern und bewachsene Felshügel. Die Sandviper, deren Grundfärbung alle beige-braun Schattierungen umfasst, ist leicht an der dunkelbraunen oder schwarzen Zickzackbinde auf dem Rücken zu erkennen.

Viel häufiger trifft man auf die possierlichen **Geckos**. Bei Spaziergängen oder Rundgängen auf archäologischem Gelände werden Sie sicher auf den warmen Steinen Geckos entdecken, die sich dort sonnen, aber Sie finden sie auch in ausgetrockneten Flussbetten, an Mauern und Wänden in der Nähe der Menschen. Versucht man einen Gecko zu fangen, so bricht häufig der Schwanz ab. Diese Schutzmaßnahme rettet dem Gecko oft das Leben, denn das weiterzuckende Schwanzende lenkt den Feind ab und ermöglicht dem Gecko die Flucht. Hält man einen Gecko in der Hand, so fühlt er sich ganz weich und samtig an. Der Gecko häutet sich in festen Zeitabständen; dabei platzt die Haut zuerst am Kopf auf und wird dann nach rückwärts abgestreift. Anschließend frisst der Gecko seine Haut teilweise auf.

Ein weiteres charakteristisches Tier ist die **Griechische Landschildkröte**, die sich bevorzugt in trockenem, meist steinigem, mit Sträuchern bedecktem Gelände aufhält, z. B. in ausgetrockneten Flussbetten oder Bachläufen. Dort findet sie auch genügend Nahrung wie z. B. Blätter, Regenwürmer oder Schnecken. Das Leben der Schildkröten verläuft in einem festen Jahresrhythmus: sinken im November/ Dezember die durchschnittlichen Tages- und Nachttemperaturen, schränkt die Schildkröte ihre Nahrungsaufnahme ein und zieht sich an einen ruhigen, geschützten Platz zum Winterschlaf zurück. Wenn die Mittagstemperaturen im Frühjahr auf etwa 15 °C ansteigen, wacht die Schildkröte wieder auf. Schwanken die Temperaturen nicht mehr zu stark, beginnt die Paarungszeit. Diese setzt so früh ein, damit die jungen, aus dem Ei geschlüpften Schildkröten kräftig genug werden, um den nächsten Winter zu überleben. Schildkröten wachsen nur sehr

Eine „griechische Landschildkröte"

langsam. Auf ihren Schildern kann man an der Zahl der Furchen – wie an den Jahresringen der Bäume – das ungefähre Alter der Tiere ablesen, jedoch ist zu beachten, dass Krankheiten oder Dürrezeiten das Wachstum und die Furchenbildung des Schildes beeinträchtigen. Man weiß, dass Schildkröten sehr alt werden können (etwa 100 Jahre in gemäßigten Zonen), aber häufig erreichen sie frei lebend dieses Alter nicht.

Groß ist die Zahl der **Zugvögel**, die Griechenland im Frühling und Herbst auf ihrem Weg nach Süden oder Norden durchziehen oder dort ihr Winterquartier aufsuchen. In Makedonien und Thrakien kann man in manchen Dörfern noch ganze Storchkolonien beobachten. Auch Reiher sind dort noch heimisch. Der Bestand von **Flugwild** wie Enten und Wachteln verringert sich durch die große Jagdleidenschaft der Griechen immer mehr.

Der einstmals reiche **Fischbestand** der Ägäis ist durch Überfischung weitgehend erschöpft,

- weil die griechischen Fischer lange Zeit, wenn auch verbotenerweise, mit Dynamit fischten und damit oftmals schon die Fischbrut zerstörten;
- weil das Fischen fast ein Nationalsport ist und immer häufiger auch kleine und kleinste Fische von den vielen Anglern nicht wieder ins Wasser gesetzt werden;
- weil das Ägäische Meer nicht mehr ausreichend Nahrung bietet.

Fischen – eine alltägliche Beschäftigung

Zudem ist das Mittelmeer durch industrielle und landwirtschaftliche Abwässer und durch die starke Bebauung und touristische Erschließung der Küsten bedroht. Untersuchungen der internationalen Umweltorganisation WWF weisen auf die Bedeutung und die Gefährdung der Unterwassergebiete hin, in denen seltene, vom Aussterben bedrohte Tierarten leben. Dazu zählen die Meeresschildkröte Caretta Caretta, die Mittelmeerrobbe Monachus Monachus sowie mehrere Delphin- und Walarten. Die bekanntesten **Fische** sind Barbe, Meeräsche, Sardine, Seezunge und Thunfisch, daneben gibt es Tintenfische und Schalentiere wie Hummer, Langusten, Garnelen, Meeresspinnen.

Delphine

Die größten Meeresbewohner sind die **Delphine**. Ihre Zahl ist in den vergangenen Jahren stark zurückgegangen, da sie von Fischern bejagt werden. Diese führen die ständige Verringerung der Fischbestände auf das Fressverhalten der Delphine zurück und fühlen sich deshalb in ihrer Existenz bedroht.

Zum Schutz der griechischen Tier- und Pflanzenwelt wurden Nationalparks und Wildgehege eingerichtet, darüber hinaus wurde ein Jagd- und Fischereiverbot für verschiedene Tier- und Fischarten ausgesprochen.

3. WIRTSCHAFTLICHER ÜBERBLICK

Allgemeiner Überblick

Griechenland hat als 12. Mitgliedsland der Europäischen Währungsunion am 01.01.2002 den EURO als gesetzliches Zahlungsmittel eingeführt. Die griechische Wirtschaft konnte in den vergangenen Jahren erhebliche Stabilisierungserfolge sowie ein hohes Wirtschaftswachstum verzeichnen. 2002 belegte Griechenland mit einer aktuellen **Wachstumsrate** von 4,3 % des BIP sogar den ersten Platz in Europa.

Industrialisierung

Griechenland, das seit 1981 Vollmitglied der Europäischen Gemeinschaft ist, gehörte aufgrund der vergleichsweise ungünstigen geographischen und geologischen Gegebenheiten zu den wirtschaftlich schwächeren Regionen Europas. Der Anschluss an die EU hat der wirtschaftlichen Entwicklung des traditionellen Agrarlandes besonders in den Wirtschaftszweigen Textilien, Bergbau, Metallverarbeitung, Chemikalien, Stahl und Lebensmittelverarbeitung bedeutsame Anstöße gegeben. War in der Vergangenheit die Wirtschaft hauptsächlich von der Landwirtschaft geprägt, hat inzwischen die Industrialisierung in den Großräumen Athen und Thessaloníki ständig zugenommen. Besondere Bedeutung kommt durch den zunehmenden Handel und den wachsenden Fremdenverkehr dem Dienstleistungsbereich zu.

Inflationsrate, Haushaltsdefizit und Bruttoverschuldung konnten deutlich reduziert werden. Wesentlich tragen zu diesem Aufschwung große Straßenbauprojekte, die Vorbereitungsarbeiten für die Olympischen Spiele und die damit zusammenhängenden Strukturmaßnahmen bei.

Die jährlichen Einfuhraufwendungen sind seit Jahren deutlich höher als die Ausfuhrgewinne. Das so entstehende Defizit wird durch ausländische Kredite und Investitionen, Einnahmen aus dem Fremdenverkehr und Überweisungen griechischer Arbeitnehmer aus dem Ausland ausgeglichen. Eingeführt werden in erster Linie Maschinen und Fahrzeuge, Erdöl und Erdölprodukte, Nahrungsmittel, chemische Erzeugnisse und Rohstoffe für die Industrie. Die wichtigsten Exportgüter sind Textilien, Erdölprodukte, Aluminium, Zement, Tabak, Olivenöl, Wein, Obst, Gemüse und Tomatenprodukte.

Außenhandel

Wichtige **Handelspartner** sind Deutschland, Italien, Japan, die Vereinigten Staaten, Frankreich, die Niederlande, Großbritannien und Zypern. Die Länder der Europäischen Union waren mit etwa 60 % an Griechenlands Außenhandel beteiligt. Ausgewählte Maßnahmen zur Reform und Stabilisierung der Wirtschaftspolitik sind:

- die Beschleunigung des Privatisierungsprogramms,
- Verkehrserschließung ländlicher Regionen zur Verbesserung der Infrastruktur,
- Sicherung der Vollbeschäftigung,
- Abbau der regionalen Ungleichheiten,

- die Reform des Sozialversicherungssystems,
- Förderung der mittleren und kleinen Industrie- und Handwerksbetriebe durch staatliche Kredite,
- Investitionsprogramme für die Landwirtschaft,
- Anpassung der Löhne und Gehälter an die Steigerung der Verbraucherpreise
- und die Öffnung des Energie- und Telekommunikationsmarktes.

Allgemein werden für das Land aufgrund seiner geographischen Lage am äußersten östlichen Rand der EU gute Zukunftsperspektiven und ein hohes Wachstumspotential erwartet. Durch die Nähe und die guten Verbindungen zu den südosteuropäischen Nachbarländern, den Ländern der Schwarzmeerregion und des Nahen Ostens sowie den früheren Sowjetrepubliken erhält Griechenland eine neue und entscheidende geopolitische und wirtschaftliche Rolle.

Land- und Forstwirtschaft und Fischerei

Die landwirtschaftlich genutzte Fläche beträgt 3,6 Millionen Hektar, das sind etwa 27 % der Staatsfläche. Zu den Hauptanbauprodukten zählen Tabak und Baumwolle, Weizen, Tomaten, Orangen, Mais, Zuckerrüben, Weintrauben, Oliven und Kartoffeln. Die wichtigsten Anbaugebiete sind die fruchtbaren Ebenen in Makedonien, Thrakien und Thessalien sowie die Küstenregionen des Festlandes und einiger Inseln.

Die Landwirtschaft ist noch immer ein wichtiger Erwerbszweig

Die griechische Landwirtschaft ist durch eine Vielzahl nur gering mechanisierter Kleinbetriebe geprägt, deren Produktivität mit der vergleichbarer Betriebe in anderen EU-Ländern kaum konkurrieren kann. In der Landwirtschaft sind nur noch knapp über 20% der Erwerbstätigen beschäftigt, der Anteil am BIP beträgt etwas mehr als 12 %. Problembereiche der griechischen Landwirtschaft sind:

- die mäßige bis schlechte Qualität der landwirtschaftlich genutzten Böden sowie Trockenheit und Bodenerosion,
- der jährlich auftretende Wassermangel, der eine künstliche Bewässerung für etwa 25 % der Anbauflächen erforderlich macht,
- die überwiegend kleinbäuerliche Wirtschaftsweise, die sich zunehmend als unrentabel erweist; die Aufteilung der Höfe durch Erbschaften reduzierte

diese auf eine durchschnittliche Größe von etwa 3,4 Hektar, wodurch der wirksame Einsatz von Maschinen und die Steigerung der Erträge erschwert werden. Maßnahmen zur Verbesserung der Rentabilität sind:

- die Neuverteilung des Landes,
- die Förderung der genossenschaftlichen Bewirtschaftung,
- die Ausdehnung der nutzbaren Flächen durch die Trockenlegung von Sümpfen und die Einrichtung von Bewässerungsanlagen.

Die Gebirgsregionen werden überwiegend zur Tierhaltung genutzt. Dabei dominiert die Zucht von Schafen, gefolgt von Ziegen, Rindern, Geflügel und Schweinen.

Waldbestände

In Nord- und Mittelgriechenland finden sich noch große Laubwaldgebiete mit Eichen, Edelkastanien, Hainbuchen, Ahorn und Ulmen, sowie Nadelwälder mit Tannen und Aleppo-Kiefern. Rund zwei Drittel des Waldbestandes befinden sich in staatlichem Besitz. In den letzten Jahren wurde mit intensiven Aufforstungsmaßnahmen begonnen, jedoch ist die **forstwirtschaftliche Nutzung** weiterhin nur bedingt rentabel, da der Zustand der Wälder aufgrund von Bodenerosion und Waldbränden relativ schlecht ist. Ein weiterer Aspekt bei der Nutzung ist die Gewinnung von Baumharz, das für die Produktion von Retsina verwendet wird.

Die **Fischerei** ist nur noch von geringer Bedeutung. Die Erträge (überwiegend Sardellen, Sardinen und Thunfische) verringern sich weiter; Ursachen sind das fortgesetzte Überfischen und die nicht ausreichende Nahrungsregeneration sowie die Verschmutzung des Meerwassers. Zunehmend, nicht zuletzt wegen des höheren Bedarfs durch den steigenden Fremdenverkehr, sind Fischimporte notwendig. Schwämme sind das führende Exportprodukt der Fischereiwirtschaft. Zunehmend an Bedeutung gewinnt die **Fischzucht**. Griechenland gehört neben Spanien, Frankreich, Italien und auch Deutschland zu den führenden Fischzucht betreibenden Ländern in der EU.

Industrie, Bodenschätze und Energieversorgung

Industrie

Die griechische Wirtschaft ist traditionell durch eine vergleichsweise große Anzahl von Klein- und Mittelbetrieben geprägt, die zu annähernd 90% mit maximal 10 Beschäftigten arbeiten. Aus dieser Unternehmensstruktur erklärt sich das geringere Maß an Technisierung und Automatisierung und die im Vergleich mit anderen EU-Ländern im Durchschnitt geringere Produktivität, die mit einem teilweise niedrigeren Lohnniveau korrespondiert.

Rund ein Fünftel aller Erwerbstätigen ist im verarbeitenden Gewerbe beschäftigt, das 18 Prozent des Bruttoinlandsprodukts erwirtschaftet. Hergestellt werden Metalle und Metallwaren, Nahrungsmittel, Getränke, Tabak, Textilien, Bekleidung, chemische Produkte und Wein. Daneben sind die Produktion von Zement, die

Verarbeitung von Erdöl und der Schiffsbau von Bedeutung. Hauptstandorte der verarbeitenden Industrie sind Athen und Thessaloníki.

Bodenschätze

Griechenland verfügt über reiche Lager an Erzen und Mineralien, wie Asbest, Bauxit, nickelhaltige Eisenerze, Magnesium, Perlit u.a. sowie über Lagerstätten an Chrom, Nickel, Kupfer, Uran und Magnesium. Auf dem Festland und den Inseln, wie z. B. auf Chalkidikí und Páros wird in Steinbrüchen Marmor abgebaut. Außerdem werden Braunkohle, Salz, Silber-, Zink- und Bleierze gefördert. Während die Bodenschätze früher unverarbeitet ausgeführt wurden, begann man in den letzten Jahren mit dem Aufbau inländischer Verarbeitungsbetriebe.

Von besonderer Bedeutung sind die **Erdöl- und Erdgasvorkommen**, die in der Ägäis, z. B. vor der thrakischen Küste und der Insel Thássos, sowie im Ionischen Meer entdeckt wurden. Mit der Förderung konnte allerdings erst in den 1980er Jahren begonnen werden, nachdem der in der betreffenden Region strittige Grenzverlauf mit der Türkei geklärt worden war.

Auf dem **Energiesektor** wird eine verstärkte Nutzung von Wasserkraft, Sonnenenergie und Braunkohle angestrebt, um die Abhängigkeit des Landes von Erdölimporten zu reduzieren. Bisher werden rund 90 Prozent der elektrischen Energie in Wärmekraftwerken durch die Verbrennung von Braunkohle, Steinkohle oder Erdöl erzeugt; der Rest wird in Wasserkraftwerken gewonnen, wie z. B. am Fluss Achelóos im Pindos.

Verkehr

Griechenland hat ein **Straßennetz** mit einer Länge von rund 100.000 Kilometern, von denen 83% befestigt sind. In den letzten Jahren wurden große Anstrengungen unternommen, um das Straßennetz weiter auszubauen und zu verbessern. Die Hauptverbindungsstraßen sind in der Regel gut ausgebaut; durch Erderschütterungen, große Temperaturunterschiede, reißende Wasser treten jedoch in jedem Jahr neue Schäden auf, so dass dem Straßenbau als Beschäftigungssektor dauerhaft große Bedeutung zukommt. Im Norden Griechenlands wird zur Zeit eines der größten Straßenbauprojekte Europas durchgeführt. Von Igoumenítsa an der Westküste wird die „Egnatía" über 680 km nach Osten über Thessaloníki und Alexandroúpoli bis zur türkischen Grenze geführt. Mit diesem Projekt ist für die gesamte nordgriechische Region ein starker Beschäftigungseffekt verbunden; mehr als 7.000 Arbeiter finden Arbeit am Bau der Egnatía, die den Norden Griechenlands zu einer Drehscheibe des Verkehrs auf dem Balkan machen soll.

Ausbau des Straßennetzes

Im März 2001 wurde der neue Athener **Flughafen** eröffnet, der zu den modernsten Flughäfen Europas zählt und nach den neuesten bau- und sicherheitstechnischen Erkenntnissen gebaut wurde. Der „Eleftherios Venizelos Airport" in Spáta verfügt über zwei Start- und Landebahnen von je 4.000 m Länge. Dadurch sind 65 Starts und Landungen pro Stunde möglich. Etwa 6.000 Passagiere können pro Stunde abgefertigt werden. Durch vielfältige Dienstleistungen schafft der Flughafen ebenfalls neue Arbeitsplätze und trägt damit zur wirtschaftlichen Entwicklung der Region bei.

Fast das gesamte **Eisenbahnnetz** von 2.500 Kilometer Länge befindet sich im Besitz der staatlichen Eisenbahngesellschaft OSE. Auch hier wurde in den vergangenen Jahren sehr viel investiert, um das Streckennetz und den Wagenpark zu erneuern und zu modernisieren. Von erheblicher Bedeutung ist auch die **Seeschifffahrt**. Griechenlands Handelsflotte ist die größte innerhalb der EU und die viertgrößte weltweit. Von wirtschaftlich großer Bedeutung sind die Hafenstädte Piräus, Thessaloníki, Pátras und Vólos.

Handelsflotte

Dienstleistungen und Fremdenverkehr

Der Dienstleistungssektor ist mit einem Anteil von knapp 60 % am Bruttoinlandsprodukt und von ca. 45 % an der Zahl der Erwerbstätigen der bedeutendste Wirtschaftszweig Griechenlands. Im Rahmen der Dienstleitungen macht der Tourismus etwa 15 % aus und trägt damit 9 % zum Bruttoinlandsprodukt bei. Damit sind die Einnahmen aus dem Fremdenverkehr zu einem der wichtigsten Faktoren der griechischen Volkswirtschaft geworden.

Griechenland hat als Reiseland eine jahrhundertelange Tradition. Mehr als 10 Millionen Besucher kommen jährlich nach Griechenland, um die archäologischen Stätten zu besichtigen und das sonnige Mittelmeerklima und das Meer zu genießen. Die wichtigsten touristischen Ziele sind Athen, die Inseln im Ägäischen und Ionischen Meer, die Halbinsel Chalkidikí sowie die antiken Stätten auf der Peloponnes. Die seit Jahren kontinuierlich gestiegene Zahl der Touristen hat inzwischen mit 12,5 Millionen Besuchern einen Höchststand erreicht; Prognosen weisen für die kommenden Jahre auf eine relative Stabilität dieser Zahl hin. Dabei nehmen die deutschen Touristen mit 2,06 Millionen den zweiten Platz hinter britischen Touristen ein. Um im Vergleich mit anderen Urlaubsländern konkurrenzfähig zu bleiben, werden große Anstrengungen unternommen, um die Preise stabil zu halten, die Qualität der Dienstleistungen zu verbessern und den Standard den gestiegenen Ansprüchen anzupassen.

touristische Ziele

Hauptreisezeiten sind die Osterferien und die Monate Juni bis September. Der Fremdenverkehr konzentriert sich im Frühjahr und im Herbst vor allem auf die Orte mit archäologischen Sehenswürdigkeiten oder auf sportliche Erlebnisreisen, während in den Sommermonaten vor allem die Ferienorte an den Küsten bevorzugt werden, die sehr gute Wassersportmöglichkeiten bieten. Die Griechische Zentrale für Fremdenverkehr bemühte sich in den letzten Jahren verstärkt, auch die Vorzüge der Vor- und Nachsaison und die guten Wintersportbedingungen aufzuzeigen und die bestehende touristische Struktur um Alternativen zu erweitern, um vor allem auch eine bessere Ausnutzung bisher wenig erschlossener Regionen zu erreichen. Generell bemüht sich Griechenland um eine Entwicklung vom Massentourismus hin zum Qualitätstourismus.

4. GESELLSCHAFTLICHER ÜBERBLICK

Bevölkerung

Nach der im März 2001 durchgeführten **Volkszählung** wird die Bevölkerung Griechenlands mit 10.939.771 Einwohnern angegeben. Die Bevölkerung besteht zu 98,5 % aus Griechen; Minderheiten bilden Türken, Bulgaren, Albaner, Armenier und Kutzowalachen. Bei den neuesten Angaben zur **demographischen Entwicklung** in Europa liegt Griechenland mit Österreich und Deutschland auf dem drittletzten Platz. Die Geburtenrate liegt bei 1,29 Neugeborenen pro Frau, während der EU-Durchschnitt bei 1,47 liegt. Der Anteil der Geschlechter beträgt: Männer 49,2 %, Frauen 50,8 %. Die **Lebenserwartung** der Männer liegt bei 75,4 Jahren, die der Frauen bei 80,7 Jahren.

Volkszählung

Die Bevölkerungsverteilung im Lande ist sehr unterschiedlich. Die Angabe der durchschnittlichen **Bevölkerungsdichte** von 77,75 Einwohnern pro km² lässt die Problematik nicht deutlich werden, die sich für Griechenland aus der fortschreitenden Landflucht und der damit verbundenen Verstädterung der Bevölkerung ergibt. Das Gebiet von Groß-Athen, das auch Piräus mit einschließt, ist die bevölkerungsreichste Region des Landes. Dort leben mehr als drei Millionen Menschen auf einer Fläche von 427 km²; das entspricht einer Bevölkerungsdichte von 7 089 Einwohnern pro km² und damit etwa dem Hundertfachen des übrigen griechischen Durchschnitts. Um die großen Ballungsgebiete zu entlasten und der Landflucht entgegenzuwirken, entwickelte die Regierung ein „Dezentralisierungsprogramm", das die Förderung von Regionalstädten und eine bessere Verkehrserschließung der ländlichen Gebiete vorsieht.

Mehrere Generationen leben in einem Haus zusammen

Von der Bevölkerungsabnahme sind vor allem die ländlichen, strukturschwachen Gegenden betroffen. In vielen Dörfern finden sich die typischen Zeichen der Landflucht: leer stehende und zunehmend verfallende Häuser und Ställe, nicht abgeerntete Felder und Obstbäume, auffallend viele alte Menschen. Die jungen, arbeitsfähigen Männer verlassen ihre Dörfer, um im Ausland oder in griechischen Städten Arbeit zu finden. Dabei scheinen nur die Großstädte Athen, Thessaloníki und Pátras und die großen Ferienzentren Anziehungskraft zu haben, denn von der Bevölkerungsabwanderung sind auch zahlreiche mittelgroße Städte wie Lamía, Vólos oder Lárissa betroffen.

Die griechische Familie

Zusammenhalt der Familie

Trotz der modernen Entwicklung des Landes hat die **Familie** noch immer eine zentrale Stellung in der Gesellschaft; die Verbundenheit mit allen Angehörigen der Großfamilie und die daraus erwachsenden sozialen Verpflichtungen werden allgemein akzeptiert. Das traditionelle Zusammenleben der Familie mit drei oder vier Generationen wird durch strenge, altershierarchisch geordnete Regeln bestimmt. Oberhaupt der Familie ist der „Patriarch", dessen Autorität nicht angezweifelt wird. Die Frauen und die jüngeren Familienmitglieder akzeptieren die Anweisungen, Entscheidungen und überlieferten Glaubens- und Wertvorstellungen. Die Familie bietet dem Einzelnen soziale Sicherheit; sie übernimmt Aufgaben, die in stärker industrialisierten Ländern vom Staat getragen werden: Altersversorgung, Krankenpflege, Unterstützung bei Arbeitslosigkeit u.a.

Aber es verstärken sich die Anzeichen, dass sich durch die Abwanderung junger Menschen aus den Dörfern in die großen Städte Veränderungen in der Institution Familie ergeben. An die Stelle der Großfamilie tritt immer öfter die Kleinfamilie mit ein oder zwei Kindern. Das erklärt sich u.a. daraus, dass es beispielsweise in Athen keinen Platz mehr für die Großfamilie gibt; jeglicher Wohnraum ist teuer, die Arbeitsplätze liegen weit auseinander, das Leben ist hektisch, oft wollen oder müssen beide Elternteile arbeiten.

Da die Generationen getrennt leben, verliert die Generation der Eltern und Großeltern an Einfluss und Autorität; die junge Generation orientiert sich an neuen Idealen und Wertvorstellungen. Der Schwerpunkt verlagert sich von der Großfamilie als einer Einheit hin zur Kleinfamilie; die Institution Familie verliert an gesellschaftlichem Gewicht.

Familienfeste stärken den Zusammenhalt

Trotz dieser ersten Auflösungserscheinungen sind das Zusammengehörigkeitsgefühl der Familienmitglieder und das Familienbewusstsein noch sehr stark ausgeprägt: Kaum ein Grieche wird aus freiem Willen das Osterfest getrennt von seiner Familie feiern; jeder ist bemüht, zu den großen Familienfesten rechtzeitig, sei es auch von weit her, in sein Heimatdorf zu kommen, und die Ferien verbringen auch Auswanderer nach Australien, Amerika oder Deutschland ganz selbstverständlich in ihrem Heimatdorf.

Die wichtigsten **Familienfeste** sind die Hochzeit, die über mehrere Tage gefeiert wird, und die Taufe. Im Alter von sechs bis zwölf Monaten erhält der bis dahin „namenlose“ Täufling in einer schier endlosen Zeremonie, in deren Verlauf er im großen Weihwasserbecken untergetaucht wird, seinen Namen, der meist auch der Name seiner Großeltern ist. Die Annahme einer Patenschaft bedeutet die Aufnahme einer engen verwandtschaftlichen Beziehung mit allen familiären Verpflichtungen.

Popen gehören zum Straßenbild

Die Gleichberechtigung der Frauen ist in Griechenland bei der traditionellen Vorrangstellung der Männer und der besonderen Wertschätzung der männlichen Nachkommen nur in den Großstädten realisiert; in den ländlichen Gebieten ist sie noch immer nur ansatzweise verwirklicht, wenn auch das Prinzip der Gleichberechtigung zwischen Mann und Frau bereits seit 1975 in der Verfassung verankert ist.

Religion und Kirche

97,6 % der griechischen Bevölkerung gehören der griechisch-orthodoxen Kirche an, daneben leben in Griechenland noch ca. 52.000 Katholiken, 5.000 Protestanten, 5.000 Juden und etwa 1,3 % sind Moslems. Die orthodoxe Kirche hat im Staat eine gewichtige Stellung und übt großen Einfluss auf die alltägliche Lebensgestaltung der Bevölkerung aus. Die zahllosen, blumengeschmückten Bildstöcke und die weiß getünchten Kapellchen mit ihren blau oder rosa gestrichenen Kuppeln, die schön ausgestalteten Kirchen und die schwarz gekleideten Popen sind aus dem griechischen Straßenbild nicht wegzudenken. In Häusern, Tavernen, Taxis und Autobussen hängen Bilder von Heiligen und Schutzpatronen; vor allem ältere Griechinnen und Griechen bekreuzigen sich, wenn sie an einem Gotteshaus vorbeikommen, ganz gleich, ob sie zu Fuß, auf dem Esel, im Auto oder im Bus die Kirche passieren. Auch für viele junge Leute ist ein kurzer Gang in die Kirche, bevor sie zum Büro oder Geschäft weitereilen, noch ein Stück Selbstverständlichkeit.

Die enge Bindung der Bevölkerung an „ihre“ Kirche lässt sich aus der griechischen Geschichte erklären: während der 400-jährigen Türkenherrschaft in Griechenland war die orthodoxe Kirche die Hüterin der Idee von der nationalen

Einheit Griechenlands. Griechische Sprache, griechisches Brauchtum und griechische Musik wurden in den Kirchen und Klöstern bewahrt und gepflegt. Im Freiheitskampf von 1821 und während des 2. Weltkriegs waren die Klöster Zentren des Widerstandes gegen die fremden Besatzungsmächte.

Orthodoxe Kirche

Im Mittelpunkt der orthodoxen Lehre stehen die ständige Vergegenwärtigung der christlichen Heilsgeschichte und der Empfang des Abendmahls. Die Vergegenwärtigung geschieht durch den Zyklus heiliger Zeiten:

- im **Tageszyklus**, der durch regelmäßige Gottesdienste und Stundengebete gegliedert ist;
- im **Wochenzyklus** mit dem Freitag als Passionstag und dem Sonntag, der als Auferstehungsgedenktag empfunden wird;
- im **Jahreszyklus**, dessen Höhepunkt für die Griechen das Osterfest ist, das sich von unserem Osterfest nicht nur im Termin, sondern auch in der Vorbereitung und Gestaltung unterscheidet.

Man muss die Atmosphäre einer griechischen Kirche auf sich wirken lassen, um die Feierlichkeiten und Rituale auch nur annähernd verstehen zu können. In der griechischen Kirche herrscht Leben: da beobachtet man während der Gottesdienste, während der Taufen und Hochzeitszeremonien ein ständiges Kommen und Gehen. Die Frauen sitzen oder knieen in der einen Hälfte der Kirche, die Männer in der anderen. Grüße werden ausgetauscht, Kinder versorgt, Kerzen angezündet und Ikonen geküsst.

Hinweis

Für Reisende, die zur Osterzeit nach Griechenland kommen und an den Feierlichkeiten teilnehmen wollen, ist der orthodoxe Ostertermin wichtig, der nur alle 3 Jahre mit unserem übereinstimmt. Das erklärt sich daraus, dass der griechische Ostertermin nach dem Julianischen Kalender bestimmt, unser Ostertermin jedoch nach dem Gregorianischen Kalender errechnet wird.

*Die genauen **Termine des Osterfestes** finden Sie in den Allgemeinen Reisetipps unter dem Stichwort Feiertage/Feste. **Informationen zum Osterfest** finden Sie im Kapitel Traditionen, Feste und Feiern, S. 57ff*

Die griechische Verfassung

Im Dezember 1974 wurde in Griechenland ein Referendum durchgeführt, das mit 69,2 % sehr deutlich den Willen der Bevölkerung zum Ausdruck brachte, die Monarchie abzuschaffen und die griechische Republik auszurufen. Die neu geschaffene Verfassung von 1975 garantiert das Recht „auf die Freiheit zur Gründung politischer Parteien sowie zur Teilnahme an der Arbeit politischer Parteien".

Der **Präsident** ist das Staatsoberhaupt des Landes und zugleich Oberbefehlshaber der Streitkräfte. Er wird vom Parlament für eine Amtszeit von fünf Jahren gewählt. Er ernennt den **Premierminister** (Ministerpräsident) aus den Reihen der Mehrheitspartei bzw. der stärksten Parlamentsfraktion und beauftragt diesen mit der Regierungsbildung. Das Parlament hat 300 Sitze. Seine Mitglieder werden für eine Legislaturperiode von vier Jahren gewählt. Staatspräsident ist derzeit Konstantinos Stefanopoulos, Premierminister Konstantinos Simitis.

Die griechische Nationalflagge zeigt vier weiße und fünf blaue Streifen. An der linken oberen Ecke ist ein weißes Kreuz auf blauem Grund zu sehen. Blau und weiß sind die Farben der griechischen Nationalflagge, die das Blau des Himmels und des Meeres symbolisieren, während weiß die „Reinheit des Kampfes der Griechen um ihre Unabhängigkeit" verdeutlichen soll. Das Kreuz ist das Zeichen für den christlichen Glauben. Schon während des Freiheitskampfes von 1821 – 1828 wurde 1822 eine ähnlich aussehende Fahne bei der Nationalversammlung in Epidauros gehisst; über das Aussehen der heutigen Flagge wurde vom griechischen Parlament 1978 entschieden.

Nationalflagge

INFO **Informationen zur griechischen Nationalhymne**

Im Mai 1823 verfasste Dionysios Solomos auf seiner Geburtsinsel Zákinthos innerhalb nur eines Monats die aus 158 Strophen bestehende „Hymne an die Freiheit", die in Auszügen 1828 von Nikolaos Chalkiopoulos Mantzaros vertont wurde. Nachdem Mantzaros seine Komposition dem ersten König Otto I. mit einer Widmung zugeschickt hatte, ordnete dieser an, dass die Hymne zukünftig bei feierlichen Anlässen im Palast gespielt werden solle. Als sein Nachfolger Georg I. im Jahre 1865 die Ionischen Inseln nach ihrem Anschluss an das Königreich Griechenland besuchte und die Hymne bei seiner Ankunft gespielt wurde, war er so beeindruckt, dass er sie zur offiziellen Nationalhymne erklärte.

Bildungswesen

Das griechische Bildungswesen gliedert sich in den **Primarbereich**, der die vorschulische Erziehung und die Grundschule umfasst. Die zweijährige vorschulische Erziehung beginnt im Alter von vier Jahren und wird in kindergartenähnlichen Einrichtungen durchgeführt. Die Teilnahme ist noch nicht verpflichtend, eine Vorschulpflicht soll aber künftig eingeführt werden.

Die neunjährige, kostenlose **Schulpflicht** beginnt im Alter von sechs Jahren und ist in zwei Teile gegliedert: An die sechsjährige Primarschule (Dimotikí Scholío) für Schüler im Alter von 6 bis 12 Jahren schließt sich der **Sekundarbereich I** mit dem obligatorischen dreijährigen Besuch des Gymnásio für 12- bis 15jährige an. In der Primarstufe wird nur die neugriechische Sprache gelehrt, Altgriechisch lernen die Schüler im Gymnásio. Zum Abschluss des Gymnásio erhalten die Schüler ein Zeugnis, mit dem sie ohne eine weitere Prüfung ins **Lyzeum** (Sekundarbereich II) aufgenommen werden. Zu diesem Zeitpunkt endet die allgemeine Schulpflicht. Der Besuch des Lyzeums dauert ebenfalls drei Jahre und schließt mit dem „Apolitírio" ab. Dieser Abschluss ist die Voraussetzung für den Hoch-

Schulsystem

schulzugang, aber alle Studienbewerber müssen zusätzlich an „Allgemeinen Aufnahmeprüfungen" teilnehmen, die jedes Jahr in der zweiten Junihälfte stattfinden. Das Ergebnis dieser Aufnahmeprüfung ist der einzig relevante Faktor für die Zulassung zum Studium. Nur ca. 20 % der Bewerber werden zum Studium an einer der sieben Universitäten zugelassen; die besten Kandidaten erhalten einen Studienplatz in Athen.

Das **Hochschulsystem** gliedert sich in den universitären Bereich mit Universitäten und Polytechnischen Hochschulen und den Bereich der „technologischen Bildung".

Sprache

Nur wenige Griechenlandbesucher sprechen neugriechisch. Trotzdem ist die Verständigung nicht schwer, denn viele Griechen sprechen Englisch, Französisch oder Italienisch. Häufig trifft man auch auf Griechen, die als Gastarbeiter Deutsch gelernt haben. Auch die Vorliebe der Griechen für ausgeprägte Mimik und Gestik erleichtert die Verständigung. Trotzdem lohnt sich die kleine Mühe, einige häufig gebrauchte Wörter und Redewendungen in Griechisch zu erlernen.

Volkssprache „Dimotikí"

Die neugriechische Sprache hat 2 Sprachformen: die **Volkssprache** (Δημοτικη = Dimotikí) und die **Schriftsprache** (Καϑαρευουσα = Katharévousa). Die Volkssprache wird von den Griechen im Alltag, von den Tageszeitungen und Rundfunk- und Fernsehanstalten gebraucht, während die Hochsprache noch in der Kirche, in wissenschaftlichen Veröffentlichungen und in öffentlichen Bekanntmachungen verwendet wird. Diese Spaltung der Sprache reicht weit in die Vergangenheit zurück; erst 1976 wurde durch die offizielle griechische Sprachreform die Volkssprache auch als Unterrichtssprache in die griechischen Schulen eingeführt. Für den Fremden, der sich in Griechisch verständigen will, ist nur die Volkssprache von Bedeutung; auch alle Sprachlehrbücher, Sprachführer und Wörterbücher beziehen sich auf diese Sprachform.

Nützlich ist für den Reisenden die Kenntnis der griechischen **Schrift**. Zwar wurden in den letzten Jahren in den Ferienzentren zunehmend Ortsschilder auch in lateinischer Schrift aufgestellt, aber in abgelegenen Ortschaften sind Straßen- und Hinweisschilder häufig nur in griechischer Schreibweise vorhanden.

Druckschrift		*Bezeichn.*	*Laut*
Α	α	Alfa	a: wie danken
Β	β	Wita	w: wie warten
Γ	γ	Gamma	g: wie Garten
Δ	δ	Delta	keine Entsprechung in der deutschen Sprache; wie "th" im englischen "that"
Ε	ε	Epsilon	e: wie Rest
Η	η	Ita	i: wie Minute

Θ	ϑ	Thita	keine Entsprechung in der deutschen Sprache; wie "th" im englischen "thing"
Ι	ι	Jota	j: wie jagen
Κ	κ	Kappa	k: wie Koch
Λ	λ	Lambda	l: wie lachen
Μ	μ	Mi	m: wie mein
Ν	ν	Ni	n: wie nein
Ξ	ξ	Ksi	x: wie Taxe, sechs
Ο	ο	Omikron	o: wie offen
Π	π	Pi	p: wie Post
Ρ	ρ	Ro	keine Entsprechung in der deutschen Sprache; leicht gerolltes "r"
Σ	σ, ς	Sigma	s: wie Wasser
Τ	τ	Taf	t: wie Theater
Υ	υ	Ipsilon	j: wie jeder
Φ	φ	Fi	f: wie finden
Χ	χ	Chi	ch: wie ich (vor "i" oder "e") ch: wie noch (vor "a", "o" oder "u")
Ψ	ψ	Psi	ps : wie Kapsel
Ω	ω, ϖ	Omega	o: wie offen

Es fällt gar nicht schwer, das griechische Alphabet zu lernen, denn von den Großbuchstaben weichen nur 11 von unserem Schriftbild ab. Eine Erschwernis ergibt sich jedoch daraus, dass es eine verbindliche, allgemein gültige Umschrift der griechischen Namen und Wörter nicht gibt. So werden Sie schnell feststellen, dass z. B. ein Ortsname in ganz unterschiedlicher Schreibweise auf Ortsschildern, Landkarten oder Fahrplänen zu sehen ist.

Betonung

Achten Sie bei der Aussprache der griechischen Wörter und Namen bitte unbedingt auf die angegebene Akzentsetzung, denn in der griechischen Sprache ist die Betonung ausschlaggebend für das richtige Verständnis.

Kleiner Sprachführer

Einige ganz einfache Redewendungen können Sie sogleich lernen; wichtiger fast als die korrekte Aussprache ist die richtige **Betonung**, da ein falsch betontes Wort nur schwer verstanden wird.

1. Allgemeines

Alles Gute!	Στο καλο!	sto kaló
Auf Wiedersehen!	Χαιρετε!	chaírete
bitte	παρακαλω	parakaló
danke	ευχαριστω	efgaristó
Entschuldigung	Συγγνωμηυ	signómi
Guten Tag!	Καλημερα!	kaliméra

ja	ναι	nä
nein	οχι	óchi
2. Fragen		
Wo ist ...	Που ειναι ...	Pu íne...
... ein Arzt?	... ενας ιατρο;	... éna iatró?
... ein Hotel?	... ενα ξενοδοχειο;	... éna ksenodochío?
... die Polizei?	... η αστυνομια	... i astinomía?
... das Taxi?	... το ταξι;	... to taxi?
... ein Telefon?	... ενα τιλεφωνο;	... éna tiléfono?
Haben Sie ...	Εχετε ...	Échete ...
... ein Zimmer frei?	... ενα δωματιο;	... éna domátio?
... Zeit?	... καιρο;	... kairó?
3. Wünsche		
Ich möchte ...	Θελω ...	Thélo ...
... eine Fahrkarte.	... ενα εισιτηριο.	... éna isitírio.
... Geld umtauschen.	... nэαλλαξω χρηματα.	... n'alláxo chrímata.
... ein Handtuch.	... μια πετσετα.	... mia petséta.
... telefonieren.	... να τηλεφωνησω.	... na tilefoníso.
... ein Zimmer.	... ενα δωματιο.	... éna domátio.
4. Zahlen		
1	ενα	éna
2	δυο	dío
3	τρεις, τρια	tría
4	τεσσερα	téssera
5	πενδε	pénde
6	εξι	éksi
7	εφτα	eftá
8	οχτω	ochtó
9	εννεα	enjá
10	δεκα	déka
11	ενδεκα	éndeka
12	δωδεκα	dódeka
13	δεκατρια	dekatría
20	εικοσι	íkosi
21	εικοσιενα	ikosiéna
30	τριαντα	triánda
40	σαραντα	saránda
50	πενηντα	penínda
60	εξηντα	eksínda
70	εφδομηντα	efdomínda
80	ογδοντα	okdónda
90	ενενηντα	enenínda
100	εκατο	ekató
1000	χιλια	chília

Es gibt eine ganze Anzahl deutsch-griechischer Sprachlehrbücher und Sprachführer, z. B.:

- *H. und N. Eideneier, Neugriechisch ist gar nicht so schwer, Teil 1–3, Bergisch Gladbach*
- *S. Diamantopoulou/N. Lindberg, Neugriechisch für Anfänger – mit Lehr- und Arbeitsbuch, CD und Kassette, Hueber 1997*
- *S. Diamantopoulou/N. Lindberg, Neugriechisch für Fortgeschrittene – mit Lehr- und Arbeitsbuch, CD und Kassette, Hueber 1991*
- *P. Williamson, Pons Powerkurs für Anfänger, Buch und CD, Düsseldorf 2002*

Brauchtum und Volkskunst

Die neugriechische Volkskunst, die ihren Ausdruck vor allem in der Volksmusik, im Volkstanz, in Volkstrachten und -festen findet, reicht bis ins 17. Jahrhundert zurück. Trotz der türkischen Fremdherrschaft konnten die Griechen viele ihrer eigenständigen Traditionen bewahren.

In den griechischen **Volksliedern** lebt die Vergangenheit fort; sie vereinen Einflüsse der antiken und byzantinischen Kultur mit türkischen Musikelementen. Während die häufig sehr melancholischen Klephtenlieder von den Heldentaten und der Sehnsucht nach Freiheit vom türkischen Joch erzählen, entstanden zu Beginn des 20. Jahrhunderts und in den 1920er Jahren die „Rembétika", die *Rembetika* sogenannten Volkslieder der Städter. Sie entstanden in den Armenvierteln von Athen, die voll waren von Arbeit suchenden, heimatlosen und enttäuschten Menschen. Ihre Lieder handelten vom sozialen Elend, von Sehnsüchten, Liebe und Leid. Viele der „Rembeten" waren Außenseiter der Gesellschaft, die mit ihren Liedern Gesellschaftskritik übten. Wichtigste Instrumente der Rembetika waren die lautenähnliche Bouzoúki, die trapezförmige Santoúri und die Baglama.

Seit Mitte der 1950er Jahre gewann die Bouzoúki-Musik an Bedeutung, nachdem der Musiker Manolis Chiótis das bis dahin dreisaitige Instrument um eine vierte Saite vergrößert hatte. Heute werden unter „griechischer Musik" vor allem die Kompositionen von Manos **Chatzidákis**, Stavros **Xarchákos** und Mikis **Theodorákis** verstanden. *zeitgenössische Musik* Zur Zeit der Obristen-Herrschaft riefen viele Musiker, unter ihnen auch Mikis Theodorákis, zum Widerstand auf. Theodorákis ist der populärste Komponist Griechenlands, der international durch seine Musik zum Film „Alexis Sorbas" bekannt wurde und sich in den letzten Jahren verstärkt der Vertonung zeitgenössischer Dichtung zugewandt hat. Dazu gehören auch die Gedichte der beiden Literatur-Nobelpreisträger **Giorgios Seféris** (1963) und **Odysseas Elytis** (1979).

Volkstänze haben auch heute noch ihren festen Platz im Leben der Griechen; getanzt wird nicht nur bei Volks- und Familienfesten, sondern auch in Tavernen und aus der momentanen Stimmung heraus. Es gibt eine breite Palette regional sehr unterschiedlicher Tänze, von denen die meisten jedoch als Reigentänze getanzt werden. Volkstänze sind auch bei der Jugend noch sehr beliebt; jedes Kind lernt von klein auf zumindest die Grundschritte des Reigentanzes. Dabei sind die

Arme des Tänzers ausgebreitet oder auf die Schultern des Tanzpartners gelegt. Der Vortänzer, der den Tanz anführt, ist mit der Gruppe durch ein Taschentuch verbunden; er allein darf improvisieren und sein ganzes Können zeigen. Wenn er außer Atem und erschöpft ist, gibt er das Taschentuch an den nächsten Tänzer weiter und reiht sich am Ende ein. Zu den bekanntesten Tänzen zählen:

- der **Sírtos**, ein schneller Tanz im 2/4-Takt mit sechs Laufschritten,
- der **Kalamatianós**, der zu den ältesten griechischen Tänzen zählt und aus 12 Grundschritten im 7/8-Takt besteht,
- der **Chasápikos**, den jeder als „Sirtáki" kennt, da er durch den Film „Alexis Sorbas" zum Inbegriff des griechischen Tanzes wurde.

Besonderen Ausdruck findet die neugriechische Tradition in den alten **Volksfesten**, die auch heute noch fester Bestandteil im Leben griechischer Dörfer und Städte sind. Die Festanlässe sind verschieden: religiöse Feste, nationale und geschichtliche Jahrestage und lokale Begebenheiten. An den Festen nimmt immer die ganze Bevölkerung teil, denn keine Generation ist ausgeschlossen. Immer ist mit den Feiern auch Essen, Trinken und Tanzen verbunden, denn die Griechen lieben die Geselligkeit und laden gerne auch Fremde zu ihren Festen ein.

Die Griechen lieben ihre Feste und feiern sie mit gutem Essen, Wein, Musik und Tanz

Besonders in den Sommermonaten finden zahlreiche Feste statt, da fast jeder Ort seinen eigenen lokalen Festtag hat. Die wichtigsten Feste sind jeweils bei den touristischen Hinweisen genannt; spezielle Angaben können Sie bei der Touristenpolizei oder bei den Priestern erfragen.

Festtage

- **01. Januar**: Neujahrstag; Fest des Heiligen Vassílios, Anschneiden der „Vassilíópitta" in den Familien
- **06. Januar**: Dreikönigstag
- **Januar/Februar**: Der griechische Karneval wird jeweils 7 Wochen vor dem orthodoxen Osterfest gefeiert; Höhepunkte sind die farbenprächtigen Umzüge in Athen und Pátras auf der Peloponnes am Karnevalssonntag.
- **25. März**: Nationalfeiertag mit Militärparaden anlässlich der Befreiung von der Türkenherrschaft; am 25. März 1821 rief der orthodoxe Bischof Germanós in Kalávrita zum Widerstand gegen die Türken auf.

- **01. Mai**: Tag der Arbeit, traditioneller Ausflug auf's Land
- **Ende Juni**: Blumenfest, Marine-Woche in vielen Hafenstädten
- **Anfang Juli**: Tanz- und Theaterfestivals
- **15. August**: Panagía: Das Fest der Gottesmutter wird in allen Orten gefeiert.
- **28. Oktober**: Nationalfeiertag zur Erinnerung an die Ablehnung des italienischen Ultimatums und an die Invasion von 1940 = Ochi-Tag
- **24. Dezember**: Kinder ziehen durch die Straßen und singen die „Kalanda", wofür sie mit Gebäck belohnt werden. Geschenke gibt es zu Weihnachten nicht.
- **31. Dezember**: Traditionelles Feuerwerk wie bei uns gibt es nicht, in manchen Hafenstädten werden die Boote mit Lichtern geschmückt.

Griechische Kunst

Griechische Baukunst

An den Ausgrabungsstätten finden sich Überreste antiker griechischer Baukunst, die einen Eindruck von der Bauweise griechischer Städte und Heiligtümer vermitteln. Hier soll versucht werden, Gemeinsames und Typisches darzustellen, um so den Zugang zu den Ausgrabungen zu erleichtern.

Die **griechische Stadt**, die Polis, entwickelte sich aus ersten Ansiedlungen an meist aus Sicherheitsgründen hoch gelegenen Plätzen. Diese Oberstadt, die Akropolis, wurde mit einer Schutzmauer umgeben, innerhalb derer die Menschen lebten und sich auch das älteste Heiligtum befand. Wenn sich die Siedlung über ihre ursprünglichen Mauern hinaus vergrößerte, wurde auch die erweiterte Ortschaft durch einen Schutzwall gesichert.

antike Bauwerke

Gerade diese Schutzmauern, die sich aus einer doppelten Steinreihe zusammensetzten, deren Zwischenraum mit Schutt und kleinen Steinen ausgefüllt war, sind in ihren verschiedenen Bauweisen gut unterscheidbar:

- **kyklopische Mauern** aus großen, unbehauenen Steinblöcken (Beispiel: Mykene);
- **pelasgische Mauern** aus unregelmäßigen, nur wenig bearbeiteten Steinblöcken (Beispiel: Tiryns);
- **polygonale Mauern** aus unregelmäßigen Steinen, die durch Bearbeitung einander genau angepasst wurden (Beispiel: Stützmauer der Tempelterrasse in Delphi);
- **trapezoide Mauern** mit Steinen etwa gleicher Größe oder mit aufeinander aufbauenden Steinlagen (Beispiel: Mauer am Pnyx-Hügel in Athen);
- **hellenische Mauern** mit gleichmäßig behauenen viereckigen Steinen oder Buckelquadern, die in regelmäßigen Schichten angeordnet wurden (Beispiel: Messene).

Die Steine waren nur durch Mörtel oder verschieden geformte Haken und Pflöcke miteinander verbunden; dabei waren die Mauern zwischen 2 und 4 m dick.

Innerhalb der Stadtmauern war der zentrale Platz des Ortes die **Agorá**. Dieser Platz, der öffentlichen Versammlungen diente und zugleich Mittelpunkt des täglichen Lebens war, war von Säulengängen (Stoá) umgeben, die Raum für Händler und Geldverleiher und den Passanten Schutz vor Sonne und Regen boten (z. B. die Stoá des Attalos in Athen). Die wichtigsten öffentlichen Gebäude der Stadt waren außer dem Tempel das Theater, das Gymnasion, das Stadion, der Sitz des Senats (Bouleuterion) und das Odeon (das Gebäude für musikalische Aufführungen).

Ein Merkmal der griechischen Stadtbaukunst war der deutliche Unterschied zwischen privaten und öffentlichen Bauten; letztere waren Ausdruck und Sinnbild der Macht und Größe der jeweiligen Stadt, während die Wohnhäuser vergleichsweise einfach gebaut wurden.

Das Heiligtum

Alle griechischen Heiligtümer weisen Gemeinsamkeiten auf, die im Folgenden aufgezeigt werden sollen, um so das Wesentliche der griechischen Tempel und Kultstätten deutlich zu machen: Die Griechen glaubten an die Anwesenheit der Götter auf der Erde und vermuteten sie besonders an Quellen, in Höhlen oder Grotten, in schattigen, fruchtbaren Hainen oder an landschaftlich besonders eindrucksvollen Orten. An diesen offenen Kultstätten wurden dann bald Gebäude errichtet, die den Göttern als Wohnstätte oder den Gläubigen als Versammlungsstätte dienen konnten.

Verehrung der Götter

Jeder Gott wurde an einem ihm geweihten Ort besonders verehrt, z. B. Zeus in Olympia, Athene in Athen, Apollon in Delphi und auf Delos, Hera auf Samos. Die dem Gott geweihte Zone (= Temenos) war durch Zäune, Hecken, Steinmauern, Gebäude oder durch Naturgegebenheiten wie Flussläufe oder Meeresküsten begrenzt. Innerhalb des eingefriedeten Bezirkes wurden kultische Handlungen vollzogen, Mysterien gefeiert oder Orakel befragt. Jeder Mensch stellte sich freiwillig unter das Gesetz des Gottes, dessen Heiligtum er betrat. Die bedeutendsten Heiligtümer wurden im Laufe der Zeit immer weiter vergrößert, Säulenhallen, ein Theater, ein Stadion, Schatzhäuser, Statuen und Priesterwohnungen gehörten ebenso dazu wie Badehäuser, Gaststätten und Sitzungssäle. Das Heiligtum wurde mit Standbildern der Götter geschmückt und mit Weihgefäßen und Opfergeräten aus kostbarem Material ausgestattet. Oft wurden die bedeutendsten Künstler der Zeit mit der Ausgestaltung der Bauwerke beauftragt.

Der griechische **Tempel** wurde als Wohnstätte der Gottheit angesehen und war unterteilt in einen abgeschlossenen Teil (Sekon), zu dem nur die Priester Zutritt hatten, und einen offenen Teil, den die Menschen betend, opfernd, Rat oder Schutz suchend betreten durften. Das **Tempelinnere** war gegliedert in:

- **die Vorhalle** (Pronaos), die im Allgemeinen nach Osten ausgerichtet war. Die Vorhalle wurde durch eine Säulenreihe begrenzt.
- **die Wohnstätte des Gottes** (Naos, lat. Cella), in der sich die Statue der Gottheit befand.
- **den hinten gelegenen Raum** (Opisthodom), der als Lagerraum für Opfergaben oder als Schatzkammer genutzt wurde.

Grundform eines griechischen Tempels

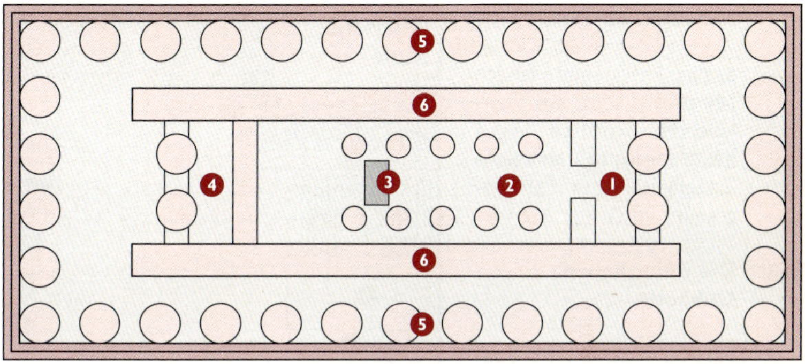

1 Pronaos	3 Kultstatue
2 Naos	4 Opisthodom
5 Säulenreihe	6 Anten

Kennzeichen der griechischen Tempel sind die **Säulen**, die sich nach der dorischen, ionischen und korinthischen Säulenordnung unterscheiden lassen.

Die griechischen Tempel waren kunstvoll und vielfarbig bemalt, wie Spuren an den Tempeln beispielsweise von Ägina und Athen beweisen. Als diese Vermutung im ausgehenden 19. Jahrhundert zuerst geäußert wurde, wies man sie wie eine der griechischen Kunst zugefügte Beleidigung zurück, denn gerade das makellose Weiß des Marmors erfuhr seit der Zeit des Klassizismus große Bewunderung.

farbliche Gestaltung

Auch dem heutigen Besucher ist die Einfarbigkeit, das strahlende Weiß der Tempel so vertraut, dass er sich die zunächst kräftigen, später dann zarteren Farben an den Tempelfassaden nur schwer vorstellen kann. Dabei berücksichtigte gerade die Vielfarbigkeit der Malereien die geographischen Gegebenheiten, denn im gleißenden Licht Griechenlands wäre die einheitliche Färbung des Marmors monoton gewesen. Zu den wichtigsten Funden, die die Verwendung von Farbe in der antiken Architektur bestätigen, gehören die makedonischen Königsgräber, bei denen ein großer Teil der ursprünglichen Farbigkeit erhalten blieb.

Die **Propyläen**, wie die **vordere Toranlage** genannt wird, waren die monumentalen Torbauten bei Heiligtümern, öffentlichen Gebäuden oder Palästen. Dabei wurden diese Torbauten nicht als Bollwerk verstanden, das den Zugang zur Anlage schützen sollte, sondern vielmehr als dekoratives Element. Die berühmtesten Propyläen sind die der Akropolis von Athen, aber es gab auch Propyläen in Korinth, Soúnion oder Eleusis.

Der Weg, der zum Heiligtum hinführte und von den Prozessionen begangen wurde, war der **Heilige Weg**. Er war an beiden Seiten von Votivtafeln, Bildsäulen und steinernen Sitzplätzen (Exedren) gesäumt. Die Tholos war ein meist flach gedeckter Rundbau.

In allen Heiligtümern fanden Jahresfeste statt; aus überlieferten Schriften liegen heute sogar noch zahlreiche Einzelheiten des Festprogramms vor:

Die öffentlichen Gebäude

Ein Kennzeichen des griechischen Städtebaus sind die repräsentativen Gebäude der **Agorá**: Theater, Bouleuterion, Tempel u.ä., die sich in ihrer Großartigkeit und künstlerischen Vollkommenheit von den eher einfachen und bescheidenen Wohnhäusern stark abheben. Die Agorá, der Marktplatz, war das Zentrum der Stadt, in dem sich das öffentliche und geschäftliche Leben der Bewohner abspielte.

die Agorá

- Auf der Agorá wurden die monatlichen großen Bürgerversammlungen abgehalten, um politische Entscheidungen zu treffen; hier fanden die Wahlen für die öffentlichen Ämter und die berühmten Gerichtsversammlungen statt;
- Geschäftsleute führten ihre Verhandlungen unter den schattigen Laubengängen;
- Händler schlugen ihre Stände im Freien oder in der Stoá (unter den Kolonnaden) auf.

Griechische Baukunst

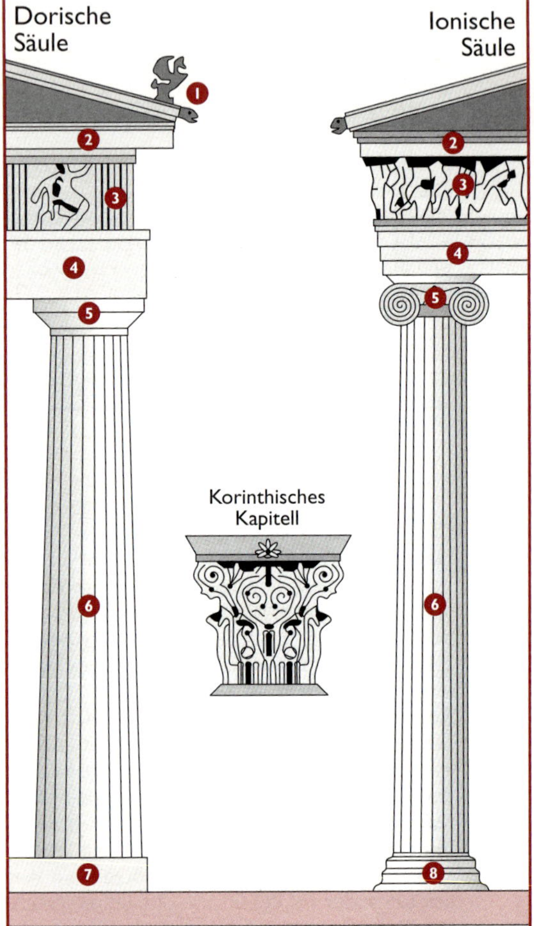

1 Akroter (Giebelverzierung)
2 Karnies/Kranzgesims
3 Fries
4 Architrav (Trägerbalken)
5 Kapitell
6 Säulenschaft
7 Stylobat (Grundfläche)
8 Basis (Säulensockel)

Zwischen den Verwaltungsgebäuden befanden sich Heiligtümer zu Ehren verschiedener Götter, und am Rande der Agorá gab es große öffentliche Brunnen.

Aber die Agorá war auch der Ort, an dem sich Bekannte und Freunde zu Gesprächen, Tanzveranstaltungen und Wettspielen trafen. Die Agorá war nicht gepflastert; an den wichtigsten Wegen, die mit Kies bedeckt waren, standen Platanen und Pappeln; oft lagen die Heiligtümer in Oliven- oder Lorbeerhainen. Wenn der moderne Grieche sich im Kafeníon am Marktplatz einfindet, um dort Geschäfte zu tätigen und Gespräche zu führen, folgt er damit antikem Vorbild.

Bauwerke der Agorá

Die **wichtigsten Gebäude der Agorá** waren (wie man besonders gut an den Ausgrabungen und der Rekonstruktion der Agorá in Athen erkennen kann):

- das **Bouleuterion** (Rathaus): Hier fanden sich z. B. in Athen die 500, später 600 Mitglieder der Ratsversammlung zusammen.
- die **Tholos** (ein rundes Bauwerk): Sie diente entweder religiösen Zwecken oder – wie in Athen – als Mess- und Wiegeamt.
- das **Metroon** (Tempel der großen Mutter = Staatsarchiv): Hier wurden die amtlichen Dokumente, wie z. B. Vertragsausfertigungen, Sitzungsprotokolle, aber auch die offiziellen Fassungen berühmter Dichtungen aufbewahrt.
- die **Stoá** (Säulengang): Die ein- oder zweigeschossige Halle, deren Dach von Säulenreihen getragen wurde, war eine wichtige Begegnungsstätte.
- das **Odeion**: Es war das Gebäude für musikalische Aufführungen.
- das **Gymnasion**: Es diente gymnastischen Übungen und war oft mit einer Palaistra (einer Ringerschule) verbunden. Dabei lagen Geräte-, Wasch- und Trainingsräume um einen Lichthof herum.
- das **Stadion**: Es bestand zunächst nur aus der rechteckigen Laufbahn für die Wettkämpfe und erhielt erst später eine Kampfrichtertribüne und halbkreisförmige Abschlüsse mit Zuschauerreihen. Die Länge der Stadien war örtlich verschieden, z. B.:
  - in **Delphi** 178,35 m,
  - in **Athen** 184,96 m,
  - in **Olympia** 192,25 m.
- das **Theater**: Ihm kam in Griechenland große Bedeutung zu. Es war zunächst nur ein runder Tanzplatz, auf dem Gesänge und Tänze zu Ehren eines Gottes aufgeführt wurden. Später nutzten die griechischen Baumeister Berghänge für ihre Theaterbauten aus und setzten die Zuschauer auf hölzerne, später dann steinerne Treppen, die sie im Halbkreis um den Chor errichteten (dieser Zuschauerraum wurde Theatron genannt).

Das Theater setzte sich zusammen aus:

- der **Orchestra**, dem runden Tanzplatz, wo sich der Chor aufhielt;
- der **Skene**, einem mit Kulissen bestandenen Podest;
- dem **Proskenion**, dem lang gestreckten Spielplatz zwischen der Skene und der Orchestra;
- den **Paradoi**, den beiden Eingängen für den Chor, die oben auch vom Publikum benutzt werden konnten.

Im griechischen Theater gab es in klassischer Zeit außer dem Chor 3 Schauspieler, von denen jeder mehrere Rollen übernahm; auch Frauenrollen wurden von Männern gespielt. Die Darsteller trugen Masken aus Holz oder Stoff – die eigene

Persönlichkeit des Schauspielers musste hinter der von ihm verkörperten Rolle zurückstehen.

Verzeichnis architektonischer Fachausdrücke

Abakus: die flache, rechteckige Platte, die ein Kapitell bekrönt;
Ante: pfeilerartiger Wandabschluss, der in der ionischen Ordnung in Basis und Kapitell der umgebenden Säulenhalle entspricht;
Architrav: der unterste der 3 Hauptteile eines die Säulen einer Ordnung umspannenden Gebälks;
Eierstab: eine Folge von Profilen mit im Schnitt der Ellipse angenäherten konvexen Kontur; in der vollen Vorderansicht erscheinen seine Glieder eiförmig;
Fries: der mittlere Abschnitt eines Gebälks zwischen Architrav und Gesims; in der dorischen Ordnung aus sich abwechselnden Triglyphen und Metopen bestehend; in der ionischen Ordnung ein fortlaufendes, häufig mit Relief verziertes Band;
Gebälk: der obere Teil einer Bauordnung, bestehend aus Architrav, Fries und Gesims;
Gesims: das oberste, vorkragende Glied eines Gebälks;
Giebel: die dreieckige, von einem horizontalen Gesims und den konvergierenden Dachlinien begrenzte Fläche an Front- und Rückseite eines griechischen Tempels; üblicherweise mit Skulpturen gefüllt;
Kapitell: bekrönendes Glied einer Säule; in der dorischen Ordnung im Querschnitt rund und mehr oder weniger parabelförmig im senkrechten Profil; in der ionischen Ordnung vierseitig und mit Spiralvoluten verziert; in der korinthischen Ordnung ein Gebilde von kompliziertem Entwurf;
Metope: die ungefähr quadratische, zwischen den Triglyphen im Fries der dorischen Ordnung hochkant stehende Platte, im Allgemeinen mit Reliefs geschmückt, aber auch glatt belassen;
Peristyl: eine Reihe von Säulen, die ein Gebäude umgeben oder einen offenen Hof flankieren;
Triglyphe: die Metopen eines dorischen Frieses trennender Block mit senkrechten Streifen und Kerben;

(aus: Rhys Carpenter: Die Erbauer des Parthenon, München 1970, S. 175 ff)

Byzantinische Kunst

Die byzantinische Kunst entwickelte sich aus der spätantiken römischen Kultur, die auf hellenistischer Grundlage aufbaute und bereits durch frühchristliche Einflüsse geformt wurde. In dieser Kunstform verschmelzen Elemente der Kulturen des Mittelmeerraumes und Vorderasiens, was durch die Verlegung der Kaiserresidenz und der Reichsverwaltung von Rom nach Konstantinopel durch Kaiser Konstantin I. um 330 n. Chr. begünstigt wurde.

In vielen griechischen Städten, die in byzantinischer Zeit gegründet wurden, sind wichtige mittelalterliche Bauten, Kirchen und Befestigungsanlagen erhalten, so

z. B. die byzantinischen Mauern von Thessaloníki und Mistrá, die Klöster von Athos und Metéora.

Perioden der byzantinischen Baukunst

Die byzantinische Kunst wird allgemein in **3 Perioden** eingeteilt:
- die **frühbyzantinische Kunst**: (4.–9. Jahrhundert)
- die **mittelbyzantinische Kunst**: (9.–12. Jahrhundert)
- die **spätbyzantinische Kunst:** (13. Jahrhundert–1453, dem Jahr der Eroberung Konstantinopels durch die Türken).

In der Blütezeit, die zwischen dem 9. und dem 13. Jahrhundert lag, erfuhr die byzantinische Kunst eine starke religiöse Ausprägung.

Die ältesten Kirchen in Griechenland entsprachen dem Typus der dreischiffigen Basilika, deren Inneres durch Kolonnaden unterteilt und mit einer Apsis im Hauptschiff ausgestaltet war. In mittelbyzantinischer Zeit bildete sich als dominierender Bautypus die Kreuzkuppelkirche in den Ausprägungen der Zwei-, Vier- oder Achtsäulenkirche aus. Dem häufig auftretenden „Viersäulenbau", bei dem die vier Säulen das die Kuppel tragende Tonnengewölbe stützen, entsprechen z. B. die Kirche Panagía Chalkedón in Thessaloníki und das Kloster Kaisariáni in Athen.

Übersicht über byzantinische Kirchentypen		
	Typus	*Ort*
1.	**frühbyzantinische Zeit**	
	dreischiffige Basilika	Thessaloníki
	Basilika mit Querschiff	Philíppi, Nikópolis
	Basilika mit Querschiff u. seitl. Apsiden	Paramíthia, Dodóna
	fünfschiffige Basilika	Thessaloníki, Epidauros
	Basilika mit kreuzförmigem Grundriss	Thássos
2.	**mittelbyzantinische Zeit**	
	Kuppelbasilika:	
	- Zweisäulenkirche	Thessaloníki
	- Viersäulenkirche	Thessaloníki, Kaissariáni
	- Achtsäulenkirche	Ossios Loúkas, Dáphni, Mistrá
3.	**spätbyzantinische Zeit**	
	Umgangskirche (zentraler Kuppelraum mit Umgang)	Athos

Die Außenfassaden der byzantinischen Kirchen trugen reichen ornamentalen Ziegelschmuck und waren maßgeblich durch sogenannte Blendarkaden gestaltet; die Innenausstattung war bestimmt durch Mosaike und Wandmalereien. Vom 9. Jahrhundert an waren Boden und Wände mit Marmor belegt; Gewölbe, Kuppel und Apsis waren mit Mosaiken ausgestaltet. In der Blütezeit schmückten Mosaike mit geometrischen Mustern und Einlagen kleiner Tiere und Vögel die Fußböden, die Wand- und Deckenflächen wurden mit der Darstellung biblischer Geschichten und Heiligenlegenden gestaltet. Es gab keine starren Regeln zur Ausgestaltung des Innenraumes, wohl aber sich immer wiederholende Abfolgen der Inhalte:

- Die **Hauptkuppel**, die das Abbild des Himmelsgewölbes ist, zeigt die Gestalt **Jesu als Weltherrscher** (Pantokrator).
- Unterhalb sind die **Propheten des Alten Testamentes** dargestellt, die das Wort Gottes verkündigen.
- In den seitlichen Gewölben werden **Geschichten aus dem Leben Jesu** erzählt, die in Bezug zu den 12 orthodoxen Festen stehen (Verkündigung, Geburt Christi, Darstellung im Tempel, Taufe Christi, Verklärung, Erweckung des Lazarus, Einzug in Jerusalem, Kreuzigung, Christus in der Vorhölle, Himmelfahrt, Pfingsten, Entschlafung Mariä).
- Die Pfeiler und Wände sind mit den **Gestalten** von Heiligen, Kirchenvätern und Bischöfen geschmückt.
- In der Halbkuppel der Apsis, für den Eintretenden sofort sichtbar, ist die **Muttergottes** dargestellt, der zur Seite die Erzengel Michael und Gabriel stehen.

In späterer Zeit und in ärmeren Kirchen wurden die aufwändigen Mosaike durch

Raumaufteilung Byzantinischer Kirchen

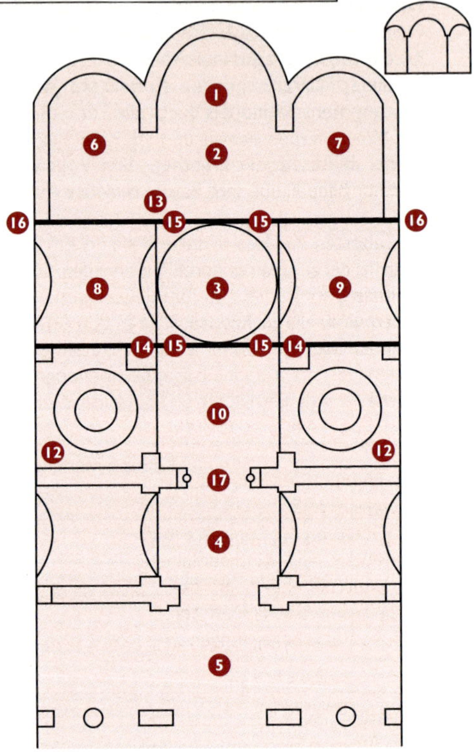

1 Apsis
2 Altarraum
3 Kuppelraum
4 Narthex
5 Exonarthex
6 Prothesis
7 Diakonikum
8 Nördlicher Kreuzraum mit Tonnengewölbe
9 Südlicher Kreuzraum mit Tonnengewölbe
10 Westlicher Kreuzraum mit Tonnengewölbe
11 Eckraum
12 Eckraum
13 Pfeiler
14 Säulen
15 Pendentifs
16 Chorwand - Templon - Ikonostase
17 Trivelon

technisch einfachere Wandmalereien ersetzt; dabei blieben die darzustellenden Inhalte die gleichen.

Besondere Bedeutung kommt der **Ikonenmalerei** zu. Die Ikone wird in der Ostkirche als Urbild der abgebildeten Person verehrt; in der Mitte der Kirche ist jeweils auf einem Pult die Ikone eines bestimmten Heiligen ausgelegt, dem die besondere Verehrung gilt. Da die Farben nicht direkt auf Holz aufgetragen werden konnten, wurde das Holz zunächst mit einem Malgrund bedeckt, der dann mit Mineralfarben bemalt und mit einem Schutzfirnis aus gekochtem Leinöl überzogen wurde. Da während der Türken-Herrschaft viele Kunstschätze zerstört wurden, blieben auf dem Balkan nur wenige byzantinische Ikonen erhalten.

Ikonenmalerei

Auch die byzantinischen **Email- und Goldschmiedearbeiten** waren im Mittelalter hoch geschätzt, denn die Fertigkeit der griechischen Künstler in diesen Schmelztechniken war unübertroffen. Die kostbarsten Stücke byzantinischer Kunst waren wohl die in Konstantinopel gefertigten Kunstwerke, die nach der Plünderung der Stadt an Kirchen, Klöster und Fürstenhöfe in Westeuropa gelangten.

Die Götter des Olymp

Der Himmel der alten Griechen war von zahlreichen Göttern bevölkert, denen die verschiedensten Kulte und Feste gewidmet waren. An vielen Orten gab es den Göttern geweihte Heiligtümer, denen jeweils eine Priesterschaft vorstand, die die Rituale und Kulthandlungen überwachte. Die Göttermythen berichten von der Weltentstehung aus dem Chaos, von der Entwicklung der Herrschaft der olympischen Götter und der Entstehung des Menschengeschlechtes; sie erzählen auch von den Begegnungen zwischen Göttern und Menschen.

Am Anfang beherrschte das Chaos die Welt; dann entstand **Gaia**, die Erde. Die Erdgöttin erzeugte aus sich selbst **Uranos**, den Himmel, und Tartaros, die Unterwelt. Aus der Verbindung Gaias mit Uranos gingen die Titanen hervor. Der Titan **Kronos** vermählte sich mit seiner Schwester Rhea und zeugte sechs Kinder: Zeus, Demeter, Poseidon, Hades, Hera und Hestia.

die griechische Götterwelt

Demeter war die Tochter des Kronos und der Rhea, ihr Bruder war Zeus, mit dem sie eine Tochter hatte. Sie war für das Wachstum und den Ackerbau zuständig. Da ihre Tochter von Hades entführt wurde, durchstreifte sie die ganze Welt auf der Suche nach der Tochter Persephone.
Hades war der Gott der Unterwelt.
Hera war zugleich Schwester und Frau des Zeus; sie war die Herrin des Olymp und galt als Hüterin der Ehe.
Hestia war die Beschützerin des häuslichen Herdes und der Familie.
Poseidon war Herrscher über Meere, Flüsse, Seen und Quellen. Sein Attribut war der Dreizack, mit dem er gegen seine Gegner kämpfte und das Meer aufwühlte. Seefahrer hofften auf seine Unterstützung und eine glückliche Fahrt.
Zeus ist der mächtigste Gott, der vom Olymp aus die Welt beherrscht.

Der Gott Apollon

Neben Zeus und seinen Geschwistern lebten u.a. auch einige der **Nachkommen des Zeus** als Götter auf dem Olymp:

Aphrodite, die „Schaumgeborene", galt als Göttin der Liebe, die Götter und Menschen durch ihre Schönheit beeindruckte. Sie wurde von dem geflügelten Eros begleitet, der ihre Opfer mit seinen Pfeilen traf. Sie war mit Hephaistos verheiratet.

Apollon war der Sohn des Zeus und der Leto und wurde als Gott der Weisheit verehrt. Seinem Sohn Asklepios verriet er Geheimnisse der Natur und verlieh ihm die Gabe, Leiden und Krankheiten der Welt zu heilen.

Ares war ein Sohn des Zeus und der Hera. Er war der Gott des Krieges und liebte Schlachten und blutige Auseinandersetzungen. Aufgrund seines aufbrausenden und aggressiven Wesens war er bei den übrigen Göttern nicht sehr beliebt.

Artemis war die Tochter von Zeus und Leto und die Schwester des Apollon. Als Göttin der Jagd und des Waldes schützte sie die Natur und Tierwelt. Außerdem half sie den Frauen bei der Geburt.

Athena war eine Tochter des Zeus, von dem sie die Gabe der Weisheit, Klugheit und Erfindungsgabe erbte, die sie in friedlichen und auch kriegerischen Angelegenheiten zeigte. Sie schenkte den Athenern zum Dank für die ihr entgegengebrachten Ehrungen einen Olivenbaum und galt als die Beschützerin der Stadt.

Dionysos war Sohn des Zeus und der schönen Semele. Er war der Gott des Weines, des Vergnügens und des Theaters. Die Theaterspiele entstanden aus den Feiern zu Ehren des Dionysios, bei denen der Geist des Gottes Besitz von Seele und Verstand des Menschen ergriff. Er wurde häufig mit einer Traube, einem mit Efeu umrankten Stab, einem Weinbecher und dem Fell eines Panthers dargestellt.

Hephaistos war ein Sohn von Zeus und der Göttin Hera. Er war ein ausgezeichneter Handwerker und wurde als Gott des Feuers und als Schutzherr der Schmiede verehrt.

Hermes, Sohn des Zeus und der Nymphe Maia, war der Götterbote, der ausgeschickt wurde, um Botschaften zu überbringen, Aufträge auszuführen oder um die Seelen der Verstorbenen in die Unterwelt zu führen. Er war der Gott des Wohlstands, des Handels und Verkehrs.

Griechisches Mosaik

Besonderheiten des griechischen Alltags

Das Kafeníon

Wenige Tische genügen, um das Kafeníon zum Treffpunkt der Dorfbewohner zu machen

Das Kafeníon ist aus dem griechischen Leben nicht fortzudenken. Wie die Kirche ist es Zentrum jeden Dorfes oder jeden Stadtviertels. Auch heute noch ist das Kafeníon den Männern vorbehalten; griechische Frauen wird man dort kaum antreffen. Das Kafeníon ist ein Ort, um Neuigkeiten zu erfahren, die Weltpolitik zu diskutieren oder auch Geschäfte abzuschließen. Dort verbringen die Männer ihre Zeit bei einem kleinen griechischen Kaffee mit einem großen Glas Wasser oder vielleicht auch bei einem Oúzo und dem dazugehörigen Vorspeisenteller, den Mezédes.

Die Ausstattung der meisten Kafenía ist sehr einfach, fast karg. Viele kleine Tische füllen den Raum; die harten Holzstühle sind alle zum Fenster oder zur Straße hin ausgerichtet; im Sommer werden sie ins Freie gestellt. An den weißen Wänden hängen Heiligenbilder, Politikerportraits oder Kalenderblätter. In der hinteren Ecke steht der Fernsehapparat, der zur Sendezeit durchgängig eingeschaltet ist, und die Männer sitzen wie eh und je an den kleinen Tischen und diskutieren, während die Kugeln der Komboloia durch ihre Finger laufen. Vielleicht aber spielen sie auch Távli, jenes alte Würfel-Brettspiel, das bei uns unter dem Namen „Backgammon" bekannt ist.

Von dem nun auch in Griechenland gültigen Rauchverbot in allen öffentlichen Gebäuden wurde das traditionelle Kafeníon offiziell ausgenommen, da hier ein generelles Rauchverbot nicht durchsetzbar ist.

Der Kiosk – der Períptero

der griechische Kiosk – ein „Supermarkt" auf engstem Raum

Ungleich häufiger als bei uns trifft man in Griechenland auf Kioske („Períptero"), die überall zum griechischen Straßenbild gehören. In den Städten sieht man sie auf allen Plätzen und an vielen Straßenkreuzungen, und auch in den kleinsten Dörfern fehlen sie selten. Das Angebot ist überall genau den Bedürfnissen der Gegend angepasst, in dem der Kiosk steht – aber immer gibt es alles, was man im Alltag braucht – so verschiedene Dinge wie z. B. Schokolade, Kugelschreiber, Zeitungen, Kämme, Ansichtskarten, Briefmarken, Batterien, Filme, Pulverkaffee, Rasierklingen oder Kinderstrümpfe. Diese vielseitige Warensammlung ist auf kleinstem Raum untergebracht – alles liegt oder steht in Griffweite des Verkäufers, der in der Mitte des Kiosks sitzt. An der Außenseite des Kiosks steht meistens ein Telefon, von dem aus man innerhalb der Stadt telefonieren kann. Die Kioske sind vom frühen Morgen bis spät in den Abend hinein geöffnet.

Das Pantopolíon – der Gemischtwarenladen

Auch wenn es inzwischen überall große, moderne Supermärkte und viele kleine Mini-Märkte gibt, bleibt das Pantopolíon eine griechische Institution! In den Dörfern finden Sie noch die kleinen Gemischtwarenläden, die getreu ihrem Namen „Pantatopoleion“ – das heißt „Allesverkauf“ – alles zum Leben Notwendige bieten. Am Eingang der kleinen, mit Waren aller Art vollgestopften Läden stehen meist große Säcke, Fässer und Blechkanister mit Kartoffeln, Reis, Bohnen, Linsen, Oliven, Wein oder Olivenöl. Das Pantopoleion, in dem es keine Selbstbedienung, wohl aber eine fachkundige Beratung gibt, ist nicht nur Geschäft, sondern auch der Treffpunkt der Dorfbewohner. Während der Ladenbesitzer die Bestellung aufnimmt und die Waren sorgfältig abwiegt und einpackt, werden Neuigkeiten ausgetauscht und Verabredungen getroffen.

Die kleinen Ikonenhäuschen – die „Ekklisákia“

An Straßen und Wegen findet man in ganz Griechenland die kleinen Ikonenhäuschen, in deren Innerem meist eine von Silberblech umrahmte Ikone, ein künstlicher Blumenschmuck, ein Öllämpchen und eine Plastikflasche mit Öl zu sehen sind. Ihr Äußeres ist sehr unterschiedlich: manchmal ähneln sie kleinen Kapellen, manchmal sind es Nachbildungen großer Kreuzkuppelkirchen im byzantinischen Stil, manchmal nur einfache Mauerkästen mit einem Kreuz. Sie stehen an Wegesrändern, an vielbefahrenen Straßenkreuzungen, vor steilen Abhängen und an gefährlichen Straßenkurven, an Klostereingängen und als Mahnmal an Unfallstellen.

Die Paréa – die „Tischgemeinschaft“

Die Bedeutung des Wortes „paréa“ ist vielschichtig und meint: der Kreis der Freunde, die Gesellschaft, Tischgemeinschaft oder Clique, aber auch die Familie, die Kollegen – also jedes Zusammensein mit anderen Menschen, in deren Gegenwart man sich wohl fühlt. So genießen die Griechen auch den Besuch in einem Restaurant oder den Sonntagsausflug am liebsten in großer „paréa“.

Die Vólta

Die Vólta ist der fast rituelle abendliche Spaziergang der ganzen Familie, bei dem es vor allem darauf ankommt, Nachbarn, Freunde, Bekannte und Verwandte zu sehen und von diesen gesehen zu werden. Deshalb findet die Vólta meist an einer belebten Straße, einem zentralen Platz oder an der Hafenpromenade statt. Besonders zur Vólta am Samstag- und Sonntagabend ist es üblich, sich chic zu kleiden, was auch für die Kinder gilt, die in ihren feinsten Sachen ausgeführt werden, und für die Jugendlichen, die meist nach Jungen und Mädchen getrennt ebenfalls die Straße auf und ab gehen.

Der Komboloi

Es ist kein Rosenkranz, den vor allem ältere Männer im Kafeníon oder beim Warten an der Bushaltestelle oder der Kasse im Supermarkt durch die Finger gleiten lassen. Das Spiel mit der kurzen Kette, die 13, 15 oder 17 Kugeln haben kann, dient nur dem Zeitvertreib oder ist Ersatz für eine Zigarette. Der Komboloi geht auf die türkische Gebetskette mit 99 Perlen zurück, aber der moderne Komboloi hat keine religiöse Bedeutung. Kombolois können Sie an fast jedem Kiosk, in allen Farben und Größen und aus vielen Materialien kaufen, z. B. aus Silber, Holz, Bernstein, Glas oder Kunststoff.

Traditionen, Feste und Feiern

Festtagskalender

Die wichtigsten Festtage und Festtagsbräuche

- **Neujahr – die „Vassilópitta"**

Nach altem Brauch erscheint in den Häusern am 31. Dezember, um Mitternacht, der Heilige Vassílis, zur Erinnerung an jenen Tag, an dem es dem Bischof Vassilis einst gelungen war, den Einwohnern der Stadt Cäsarea ihr Eigentum wieder zu beschaffen. Dazu hatte er den Herrscher der Stadt überreden können, alle zuvor weggenommenen Wertsachen zurückzugeben. Da man aber die rechtmäßigen Besitzer nicht ermitteln konnte, ließ Bischof Vassilis Münzen und Wertsachen in Brote einbacken und an die Bevölkerung verteilen. In dieser Tradition wird am 1. Januar ein Kuchen, die „Vassilopitta", in den Familien angeschnitten. Besonderes Glück im neuen Jahr erwartet denjenigen, der das Kuchenstück mit der „Goldmünze" bekommt.

der Neujahrskuchen

- **6. Januar – Epiphanistag**

In der orthodoxen Kirche wird am 6. Januar das Fest der Erscheinung gefeiert. Im Mittelpunkt steht die Weihung der Gewässer. Schon am Vormittag zieht ein Festzug ans Meer, an einen Fluss oder an einen See, wo der Pope in seinen Festtagsgewändern eine feierliche Zeremonie vollzieht.

In größeren Hafenstädten, vor allem im Hafen von Piräus, wird das Fest mit einer großen Schiffsprozession gefeiert. Bei schönem Wetter fahren die Fischerboote, beladen mit Familienangehörigen, Freunden und Kindern, in die Mitte des Hafenbeckens, um dem Festakt zuzuschauen. In vielen Küstenorten werden außerdem die Hausikonen ans Meer getragen und gesegnet.

- **Alkyonides Meres**

Das kalte oder regnerische Winterwetter wird im Januar meist durch einige warme, sonnige Tage, die „Alkyonischen Tage", unterbrochen. In dieser Zeit brütet der an vielen Felsenküsten lebende Eisvogel seine Eier aus. Dieser auffällige Vogel mit azurblauem Gefieder und roten Füßen heißt in Griechenland Alkyona, zur Erinnerung an Alkyone, die der griechischen Mythologie zufolge, von Zeus in einen Eisvogel verwandelt worden war.

„Tage des Eisvogels"

- **Triodio – Karneval**

griechischer Karneval

Der Karneval hat auch in Griechenland eine lange Tradition. Hochburgen des Karnevals sind Pátras auf der Peloponnes, Náoussa in Westmakedonien und die Insel Skíros, wo die Feiern am Karnevalssonntag in einem großen Umzug mit farbenprächtigen Kostümen, originellen Masken und geschmückten Wagen ihren Höhepunkt erreichen. Der Rosenmontag wird mit Ausflügen ans Meer oder auf's Land gefeiert, wo man nach altem Brauch nach einem ausgiebigen Picknick die Drachen steigen lässt. In Athen ist der Philopáppos-Hügel ein beliebtes Rosenmontags-Ausflugsziel. Am Karnevalsdienstag beginnt die **Fastenzeit**.

- **Das griechische Osterfest**

An den großen Feiertagen hat alles Tun eine tiefere, symbolische Bedeutung. Wie in unserem Land die Adventszeit die Weihnachtstage vorbereitet und die Menschen allmählich auf das Fest einstimmt, gibt es auch für das griechische Osterfest eine mehrwöchige Vorbereitungszeit. Bevor die 49-tägige Fastenzeit beginnt, wird noch der Karneval mit dem Rosenmontag gefeiert. Der griechische Name ist „Sauberer Montag" und geht darauf zurück, dass in alter Zeit alles Koch- und Essgeschirr gründlich gesäubert wurde, um auch die letzten Fettspuren vor der langen Fastenzeit zu beseitigen. Den „Sauberen Montag" verbringen die Griechen am liebsten im Freien – und ziehen zum Picknick aufs Land.

Nach dem letzten Festessen des „**Sauberen Montags**" beginnt dann die Fastenzeit. Die Zahl der Strenggläubigen, die während der folgenden sieben Wochen alle Gebote beachtet und nur die Nahrung zu sich nimmt, die zur Erhaltung des Körpers unbedingt erforderlich ist, verringert sich mehr und mehr; jedoch gibt es nur wenige Griechen, die nicht wenigstens in der letzten Karwoche die Fastenvorschriften einhalten.

In der „Großen Woche", wie die Griechen die sieben Tage vor dem Osterfest nennen, finden in allen Kirchen morgens und abends Gottesdienste statt. Die Priester haben zum Zeichen der Trauer schwarze Gewänder angelegt, und die Menschen bereiten das Fest vor: die Häuser werden gesäubert und frisch geweißt; am Mittwoch vor Ostern werden Mehl und Eier geweiht und zu Ostergebäcken, den Koulloúres, verarbeitet. Das sind Zöpfe oder Brezeln mit einem rotgefärbten Ei in der Mitte.

Der „**Große Donnerstag**" ist ein betriebsamer Tag, denn die Hirten kommen mit ihren Herden von den Bergen herunter, um überall in den Dörfern und Städten die Lämmer auf den Märkten zum Verkauf anzubieten. Dafür werden nur makellose, einjährige, männliche Tiere ausgesucht. Der Donnerstag ist auch der Tag, an dem die Eier rot gefärbt werden; er wird deshalb auch der „Rote Donnerstag" genannt.

Der „**Große Freitag**" beginnt mit langem, ausgiebigen Glockenläuten. In den Kirchen nimmt die Gemeinde am Morgengottesdienst teil, dessen zentrales Anliegen die Grablegung Jesu ist. In allen Dorf- und Stadtkirchen wird während des ganzen Jahres eine kostbar und kunstvoll gestickte Darstellung der Grablegung in einem gläsernen Schrein aufbewahrt. Am „Großen Freitag" trägt der Papás, der Priester, dieses wertvolle Tuch, den Epitáphios, dreimal um den Heiligen Tisch und verliest dann das Evangelium. Vor der Kirche versammeln sich viele Frauen und Mädchen, die nun gemeinsam den Blumenschmuck für das „Grab Jesu" anfertigen wollen. Unter Trauergesängen, die noch einmal die Kreuzigung beschreiben, wird der Baldachin geschmückt. Es ist ein Tag der Trauer; die Glocken läuten schwer, die Nationalfahnen wehen auf Halbmast. In den Kirchen wird die Figur Jesu vom Kreuz genommen, in schwarze Tücher eingeschlagen und auf den Altar gelegt.

Nach dem abendlichen Gottesdienst wird der mit Bändern, Blumen und Girlanden geschmückte Epitháphios in einer Prozession durch das Dorf getragen. Die Popen schreiten der Prozession voran, überall auf den Straßen haben sich die Menschen versammelt. Sie folgen der Prozession mit brennenden Kerzen zur Kirche, wo der Papás den Epitháphios für 40 Tage zurück in das Allerheiligste bringt.

Am „**Großen Samstag**" sind die Zeichen der Trauer vom Vortag aus der Kirche entfernt. Die Kirche ist mit grünen Lorbeerbäumen geschmückt; der Pope ist damit beschäftigt, durch laute Geräusche und heftige Bewegungen den Teufel und die Dämonen zu vertreiben, die gegen die Auferstehung Jesu kämpfen. Da wird auch die Freude der Kinder und Jugendlichen am lauten Tun genutzt, sie tragen durch Dosengeklapper, Knallerbsen und Scherbenwerfen zum allgemeinen Umtrieb bei. Nun ist es Zeit, das Lamm für das Osteressen vorzubereiten. Es wird auf einen Spieß gesteckt, geölt und gewürzt; die Innereien aber werden von der Hausfrau gesondert zubereitet: ein Teil wird gebraten und für den Ostersonntag aufgehoben, der andere Teil wird für eine Suppe verwendet, die nur nach der Auferstehungsmesse gegessen und Margeirítsa genannt wird. Nach diesen Vorbereitungen werden noch die Gräber der Verstorbenen besucht, denen Kränze und Kerzen, aber auch ein Osterei oder ein Osterbrot gebracht werden. Danach trägt man Verwandten oder Freunden die Ostergeschenke ins Haus, zu denen immer rote Eier und eine Osterkerze gehören.

Für das Osterfest werden die Eier rot gefärbt

Am Abend dann bereiten sich die Menschen auf die Mitternachtsmesse vor, dem eigentlichen Höhepunkt des Festjahres. Wenn die Glocken um 23 Uhr zu läuten beginnen, gehen die Gläubigen zur Kirche und tragen dabei schon ein rotes Ei und eine weiße, noch nicht angezündete Kerze mit sich. Vor der Kirche ist die

Fahne geflaggt; die Kirche ist reich geschmückt, aber nur schwach beleuchtet. Jeder Gläubige tritt an die „Auferstehungsikone“ und küsst sie; der Papás hat sich ins Allerheiligste zurückgezogen. Es wird dunkel in der Kirche, nur das Ewige Licht brennt noch. Dann tritt der Priester in seinem goldenen Messgewand aus dem Allerheiligsten und trägt eine große weiße Kerze in der Hand, die er am Altar entzündet hat. Er fordert die Gläubigen auf, auch ihre Kerzen zu entzünden, und einer nach dem anderen empfängt das Licht vom Priester oder einem Nachbarn und reicht es an die Nächststehenden weiter. Die Kirche wird strahlend hell, und wenn der Priester dann den Auferstehungsgruß „Christos Anésti – Christus ist auferstanden“ den Gläubigen zuruft, antworten diese „Alíthos anesti – wahrhaftig, er ist auferstanden“. Dieser Gruß wird nun während der nächsten 2 Tage weitergegeben an alle Freunde und Verwandte. Dann verlässt der Priester die Kirche, die Glocken läuten, Feuerwerk erhellt den Himmel, Böllerschüsse und Kracher werden abgeschossen, die Menschen feiern ein großes, fröhliches Fest. Vor der Kirche beginnen die ersten, mit den roten Eiern anzustoßen und den Gruß „Christos Anésti“ weiterzugeben. Oftmals wird auch auf dem Kirchvorplatz ein großer Scheiterhaufen entzündet, auf dem eine Puppe verbrannt wird, die den Judas darstellen soll.

Mitternachtsmesse

Nach der Mitternachtsmesse gehen die Kirchenbesucher mit den brennenden Kerzen nach Hause oder treffen sich mit Freunden im Restaurant. Bevor das Licht ins Haus getragen wird, werden über der Haustür 3 Randkreuze damit angezeichnet, die dem Haus Segen bringen sollen. Dann versammelt sich die Familie, die meist mehrere Generationen umfasst; die roten Ostereier werden auf den Tisch gestellt, und einer nach dem anderen stößt mit seinem Ei das des anderen an. Wenn alle Eier aufgegessen sind, bringt die Hausfrau die „Margeirítsa“ ins Zimmer, die Suppe, die aus den Innereien vom Lamm mit Zwiebeln, Kräutern, Gemüse und einer Zitronensauce zubereitet wird. Das nachfolgende Osteressen ist dann der Ausgleich für die lange Fastenzeit.

Am „**Großen Sonntag**“ wird in vielen Dörfern und Städten die Festtagsikone in einer Prozession durch die Straße getragen, in den Kirchen werden Festgottesdienste gehalten.

- **15. August – Panagía**

Der 15. August wird überall gefeiert

Der 15. August ist einer der höchsten griechischen Feiertage. Überall in Griechenland gibt es Hunderte von Kirchen und Kapellen, die der Jungfrau Maria geweiht sind und die an diesem Tag von den Gläubigen aufgesucht werden. Viele Großstadtgriechen fahren in dieser Zeit in ihre Heimatorte und nehmen an den „Panigyria“ teil, den Feierlichkeiten, die mit einer Prozession beginnen und mit viel Tanz, Musik, gutem Essen und Wein begangen werden.

- **28. Oktober – Ochi-Tag**

Der Nationalfeiertag am 28. Oktober erinnert an das Jahr 1940. Als an diesem Tag italienische Truppen in Griechenland einmarschieren und an strategisch wichtigen Orten stationiert werden sollten, antwortete der griechische Diktator Metaxas auf das Ultimatum Mussolinis mit einem „nein = ochi". Der Tag wird überall mit großen Paraden gefeiert. Eine besonders große offizielle Parade wird jedes Jahr in Thessaloníki auf der Leofóros Megálou Aléxandrou abgehalten, wo während der dreitägigen Feierlichkeiten noch ein feierlicher Gottesdienst zu Ehren des Heiligen und Schutzpatrons Dimitrios abgehalten wird und des Jahrestages der Befreiung der Stadt von den Türken am 26. Oktober 1912 gedacht wird.

- **Weihnachten**

Die Kalanda – das sind die Festtagslieder – werden jeweils einen Tag vor Weihnachten, Neujahr und dem Dreikönigstag gesungen, wenn die Kinder von Haus zu Haus ziehen und mit ihren Liedern den Beginn der Festtage ankündigen und dafür mit Süßigkeiten oder ein paar Münzen belohnt werden. Der Weihnachtsmann, der **Ágios Vassílis**, erscheint in Griechenland am 31. Dezember um Mitternacht. Er erinnert an den Bischof Vassilios, der Münzen und Wertsachen, die er zuvor vom Herrscher der Stadt Cäsarea zurückgefordert hatte, in Brote einbacken und an die Bevölkerung verteilen ließ.

Zwischen Heiligabend und dem 6. Januar treiben die **„Kalikantzari"**, dunkle, neugierige und naschsüchtige Wichtel mit roten Augen ihr Unwesen. Sie leben unter der Erde und versuchen den Weltenbaum abzusägen, werden aber von den köstlichen Gerüchen der Festtagsessen an die Erdoberfläche gelockt, wo sie nach allem Essbaren suchen und ein großes Durcheinander verursachen. Am 6. Januar werden sie von den Festtagslichtern wieder unter die Erde zurückgetrieben.

Griechenland kulinarisch

Essen und Trinken – ein kleiner Abriss griechischer Küchenkunde

Anders als für Mitteleuropäer ist das **Frühstück** für die Griechen kaum von Bedeutung. Sie trinken einen kleinen Kaffee und holen sich später vielleicht noch einen Sesamkringel. In vielen Hotels hat man sich inzwischen mit Frühstücksbuffets auf die Wünsche der Touristen eingestellt. In den Ferienorten bieten auch viele Tavernen und Snackbars ein Frühstück an.

Wichtiger als das Frühstück sind für die Griechen die anderen Mahlzeiten des Tages. Obwohl Griechenland nicht gerade als Land der Feinschmecker bekannt ist, liegt der Vorzug der griechischen Küche darin, dass überwie-

Diese Taverne zieht die Blicke der Passanten auf sich

gend einheimische, qualitativ hochwertige Zutaten verwendet werden. Viele der inzwischen auch in Deutschland sehr beliebten Gerichte wie Griechischer Bauernsalat, Tsatsíki, Moússaka, Stifádo oder Souvláki können Sie überall in Griechenland in zahllosen Variationen kennen lernen.

Während Ihnen in den Hotelrestaurants vorwiegend internationale Gerichte mit leicht griechischem Einschlag serviert werden, finden Sie in den Tavernen die traditionelle griechische Küche. Zur landestypischen Küche gehört die ganze Vielfalt südländischer Gemüsesorten und Kräuter, Joghurt, Lammfleisch und Geflügel, Fische und Meerestiere, Zitronensaucen und Brot, zubereitet mit viel Olivenöl, Knoblauch und Kräutern.

griechische Essensgewohnheiten

Wenn dem Fremden nun trotz der guten Zutaten die griechische Kost in Griechenland anfangs nicht so zusagt wie daheim beim „Griechen", so liegt das vielleicht daran, dass bei vielen Gerichten das Olivenöl, das durchweg sehr gut ist, reichlich verwendet wird. Ungewohnt ist sicher auch, dass das Essen oft nur lauwarm serviert wird, was die Griechen bevorzugen, da sich nach ihrem Verständnis bei sehr heißen und sehr kalten Gerichten der Eigengeschmack nicht deutlich ausprägen kann.

In den Ferienzentren hat man sich inzwischen auf die Gewohnheiten der Touristen eingestellt und serviert das Essen „mikrowellen-heiß". In den typischen Tavernen aber werden nur die Grillgerichte heiß auf den Tisch gebracht, die in der Regel gut sind. Köstlich, wenn auch vergleichsweise teuer, sind Fischgerichte und Meeresfrüchte; probieren Sie in einer der kleinen, direkt am Meer gelegenen Tavernen eine Fischplatte mit verschiedenen, unterschiedlich zubereiteten Fischen!

Früher gab es verschiedene Arten von **Restaurants**, die sich deutlich von einander unterschieden, die man in dieser strengen Trennung aber nur noch selten antrifft:

Restaurant	ΕΣΤΙΑΤΟΡΙΟΝ	Estiatórion
Esslokal	ΤΑΒΕΡΝΑ	Tawérna
Grillrestaurant	ΠΗΣΤΑΡΙΑ	Pistaría
Fischrestaurant	ΨΑΡΟΤΑΒΕΡΝΑ	Psarotavérna
Bier- und Esslokal	ΜΠΙΡΑΡΙΑ	Biraría
Ouzerie	ΟΥΖΕΡΙ	Oúseri

Das Estiatórion unterscheidet sich von der Taverne durch eine etwas gepflegtere Einrichtung und eine größere Speisenauswahl.

Sicher werden Ihnen bei Ihrem Besuch weitere Eigentümlichkeiten der griechischen Restaurants auffallen:

- Die **Essenszeiten** liegen mittags und abends mindestens eine Stunde später als in Mitteleuropa; das Mittagessen wird zwischen 14 und 15 Uhr eingenommen; zum Abendessen treffen die Griechen sich nie vor 20 oder 21 Uhr, im Sommer selten vor 22 Uhr; die Restaurants sind alle bis nach Mitternacht geöffnet;

Eine einladende Fischtaverne

- Die **Speisekarten** sind meistens zweisprachig in Griechisch und Englisch abgefasst. Es werden zwei nebeneinander stehende Preise für jedes Gericht aufgeführt: der erste, niedrigere Preis ist der Nettopreis, der aufgrund gesetzlicher Vorschriften genannt werden muss; der zweite, höhere Betrag ist der für den Gast gültige Preis, in dem dann auch schon die Steuer enthalten ist;
- Meist lohnt es sich, den Kellner nach Tagesgerichten zu fragen oder **direkt in die Küche zu gehen** und dort die Bestellung aufzugeben. Sie können selbst das Stück Fleisch oder den Fisch auswählen oder die Größe der Portion bestimmen.
- Die Speisen werden in der Regel portionsweise auf jeweils einen Teller gefüllt: ein Teller mit Fleisch, ein Teller mit Pommes Frites, ein Teller mit Bohnen, ein Teller mit Salat usw., so dass Sie meist mehrere Teller vor sich stehen haben. Eine vorgegebene Zusammenstellung von Gerichten ist weithin unüblich.
- Wenn Sie Wert auf eine bestimmte Reihenfolge der Gerichte im Sinne eines Menus legen, müssen Sie es dem Kellner gleich sagen oder die Gerichte nacheinander bestellen, da sonst alle gleichzeitig serviert werden.
- Sobald der Gast Platz genommen hat, wird die Tischdecke oft mit einem Papiertischtuch abgedeckt; Stoffdecken gibt es nur selten, und die früher viel verbreiteten Plastikfolien sind aus Umweltschutzgründen inzwischen verboten. Dann werden ein Korb mit Brot und in Servietten eingerollte Bestecke sowie eine Karaffe Wasser auf den Tisch gestellt. Anschließend werden die bestellten Getränke und Gerichte serviert. Jeder Gast isst zwanglos von mehreren Tellern.
- Wenn Sie sich für ein Gericht aus den großen Kasserolen entschieden haben, erwarten Sie bitte keine heißen Speisen. In der Regel werden diese Gerichte wie z. B. Moússaka, jede Art von Goulasch, gedünstete Gemüse u.ä. schon am Mittag zubereitet und bis in den späten Abend hinein warm gehalten und oft nur **lauwarm serviert**. Frisch zubereitet werden alle Grillgerichte!
- Der Junge (der mikrós), der Ihren Tisch deckt und Brot und Wasser auf den Tisch stellt, steht oft in keinem festen Lohnverhältnis, sondern hat nur das **Trinkgeld** als Einnahmequelle. Die Griechen vergessen nie, für den Mikrós einige Cents beim Fortgehen auf den Tisch zu legen; außerdem ist auch ein Trinkgeld beim Bezahlen der Rechnung üblich geworden.

Die folgende Zusammenstellung kann Ihnen vielleicht bei Ihrer Bestellung eine Hilfe sein, aber ganz gleich, was Sie bestellen, ein Korb mit Brot wird Ihnen immer zuerst auf den Tisch gestellt.

VORSPEISEN	OPEKTIKA	OREKTIKA

Beginnen Sie mit einem Oúzo, der als appetitanregend gilt und deshalb gerne auch als Apéritif getrunken wird. Dazu werden die „mezédes" gereicht – eine Zusammenstellung kleiner Appetithappen wie Gurken- und Tomatenscheiben, Oliven, Käsewürfel, Sardellen, gefüllte Weinblätter, Fischrogensalat, Knoblauchsauce und natürlich Tsatsíki. Sie können eine gemischte Vorspeisenplatte bestellen oder eine Auswahl treffen:

Fischrogensalat	Ταραμοσαλατα	Taramosaláta
Garnelen	Γαριδες	Garídes
gefüllte Weinblätter	Ντολμαδακια	Dolmadhákja
Gehacktes-Bällchen	Κεφτεδες	Keftédhes
gemischte Vorspeisen	Ορεκτικα διαφορα	Orektiká dhiáfora
Joghurt mit Zwiebeln, Gurken und Knoblauch	Τζατζικι	Tzatzíki
kleine, gebratene Fische	Μαριδες	Marídhes
kleine Tintenfische	Καλαμαρακια	Kalamarákja
Krake	Οκταποδι	Oktapódhi
Russische Eier	Αυγα α λα ρουσ	Awgá a la rús

SUPPEN	ΣΟΥΠΕΣ	SUPES

Die Suppen werden oft mit Zitronensaft und Ei zubereitet. Spezialitäten sind die „fasoláda", eine Suppe aus weißen Bohnen mit Möhren und Sellerie, und verschiedene Fischsuppen.

Fischsuppe	Ψαροσουπα	Psarósupa
Hühnerbrühe mit Zitronen-Eisauce	Ζουπα αϖγολεμονο	Súpa avgolémono
Kalb- oder Lammfleischsuppe	Πατσας	Patsás
Tomatensuppe	Τοματοσουπα	Tomatósupa
weiße Bohnensuppe	Φασολαδα	Fasoládha

HAUPTGERICHTE

Viele Gerichte werden traditionell mit Lammfleisch (arnáki) oder Hammelfleisch (arní) zubereitet, aber auch Geflügel und Schweinefleisch stehen auf dem Speisezettel. Als Fleischgerichte beliebt sind die mit „rígani" gewürzten Fleischspießchen („Souvláki"), gebratene Fleischbällchen, („kefthédes") oder Hacksteak („biftéki") sowie gegrillte Lammkoteletts (paidákia); ganz typisch sind Aufläufe wie „Moussaká" aus Auberginen, Kartoffeln und Hackfleisch oder wie „Pastítsio" aus Nudeln, Hackfleisch, Tomaten und mit Käse überbacken.

Für Gíros, das sich an einem senkrechten Grillspieß dreht, wird in Griechenland Schweinefleisch verwendet; es wird in dünnen Scheiben vom Spieß abgeschnitten und, als „fast food" genossen, in eine Fladenbrottasche („pitta") gefüllt.

FLEISCH	ΚΡΕΑΣ	KREAS
Beefsteak	Μπιφτεκι	Biftéki
Filet	Φιλετο	Filéto
Hackfleisch-Bällchen	Κεφτεδες	Keftédhes
Kotelett	Κοτολεττα	Kotolétta
Lammkotelett	Μπριζολα	Brisóles
Spanferkel	Γουρουνοπουλο	Gurunópulo
Spieß vom Holzkohlegrill	Σουβλακι	Suwláki
Wiener Schnitzel	Σνιτσελ Βιενας	Snitzel wienuas
WILD UND GEFLÜGEL	**ΚΥΝΗΓΙ ΚΑΙ ΠΟΥΛΕΡΙΚΑ**	**KINIJI KÄ PULERIKA**
Ente	Παπια	Pápja
Hase	Λαγος	Lagós
Huhn	Κοτοπουλο	Kotópulo
Kaninchen	Κουνελι	Kunéli
PASTETEN, REIS- UND NUDELGERICHTE	**ΠΑΣΤΙΤΣΟΙ ΚΑΙ ΖΥΜΑΡΙΚΑ**	**PASTITSII KÄ SIMARIKA**
Nudel-Fleisch-Auflauf	Παστιτσιο	Pastítsjo
Reis mit Sauce	Ρυζι πιλαφι	Rísi piláfi
Spaghetti mit Tomaten-Hackfleischsauce	Μακαροναδα με κιμα	Makaronádha me kimá
Auberginen-Hack-fleisch-Auflauf	Μουσακας	Moússakas
EIERSPEISEN	**ΑΥΓΑ**	**AWGA**
Omelett	Ομελετα	Omelétta
Rühreier	Αυγα μπρουιε	Awgá brúje
Spiegeleier	Αυγα ματια	Awgá mátja

FISCHGERICHTE

Da die ehemals reichen Fischbestände der Ägäis durch Überfischung stark abgenommen haben und die Fischer weit hinausfahren müssen, sind Fischgerichte meist teurer als Fleischspeisen. Aber Fisch und Meeresfrüchte spielen eine große Rolle in der griechische Küche, vor allem Meerbarben, Seezunge und Thunfisch, aber auch Hummer, Muscheln, Tintenfisch und Kraken. Die Fische werden meist auf dem Grill zubereitet; der Preis wird auf der Speisenkarte per Kilo angegeben.

FISCH/SCHALENTIERE	ΨΑΡΙΑ ΚΑΙ ΘΑΛΑΣΣΙΝΑ	PSÁRIA KÄ THALLASSINA
Barbe (sehr gut)	Μπαρμπουνι	Barbúni
Garnelen (Scampi)	Γαριδες	Garídhes
gefüllte Muscheln	Μυθια γεμιστα	Midhja jemista
Hummer	Αστακος	Astakós
Meeräsche	Κεφαλος	Kéfalos
Meerbrasse	Τσιπουρα	Tsipúra
Polyp	Οκταποδι	Oktapódi
Sardinen	Σαρδελλες	Sardélles
Seezunge	Γλωσσα	Glóssa
Thunfisch	Τονος	Tónos
Tintenfisch	Καλαμαρακια	Kalamarákja

GEMÜSE UND SALATE — **ΛΑΧΑΝΙΚΑ ΚΑΙ ΣΑΛΑΤΕΣ** — **LACHANIKÁ KÄ SALÁTES**

Wer kennt nicht den „Griechischen Bauernsalat“, der aus Tomaten, Gurken, Zwiebeln, grünem Salat, Oliven und manchmal auch Paprika besteht und mit einer dicken Scheibe Schafskäse (féta) bedeckt ist. Er ist so reichhaltig, dass er mit Brot auch als kleines Hauptgericht ausreicht.

Artischocken	Αγκιναρες	Angináres
Auberginen	Μελιτζανες	Melitsánes
Bauernsalat	Χωριατικη σαλατα	choriátiki saláta
Bohnen	Φασολια	Fasólia
gefüllte Auberginen	Μελιτζανες γεμιστες	Melitsánes jemistés
Gurken-Tomaten-Salat	Αγγουροσαλατα	Angurotomato saláta
Karotten	Καροτα	Karótta
Kartoffeln	Πατατες	Patátes
Tomaten	Τοματες	Tomátes

OBST — **ΦΡΟΥΤΑ** — **FRÚTA**

Zum Nachtisch können Sie noch Käse oder etwas Obst bestellen; besonders erfrischend ist im Sommer eine gekühlte Wassermelone. Manchmal gibt es auch Joghurt mit Honig oder Milchreis, aber das ist eher selten, denn die Griechen essen das Dessert nicht in der Taverne, sondern gehen dafür in eine der vielen Konditoreien (Zácharoplastíon), wo süße Köstlichkeiten angeboten werden.

Apfel	Μηλο	Mílo
Apfelsine	Πορτοκαλαι	Portokáli
Birne	Αχλαδι	Achládhi
Honigmelone	Πεπονι	Pepóni
Pfirsich	Ροδακινο	Rodhákino

Wassermelone	Καρπουζι	Karpúsi
Weintrauben	Σταφυλια	Stafília
KÄSE	**TYPI**	**TIRÍ**
fetter Schafskäse	Μανουρι	Manúri
Gruyere-Käse aus Schafsmilch	Γραβιερα	Gravjéra
halbweicher Käse aus Ziegen- oder Schafsmilch	Φετα	Féta
Joghurt	Γιαουρτι	Jaúrti
Käse, der dem Gouda ähnelt	Κασερι	Kaséri
scharfer Käse aus Ziegen- oder Schafsmilch	Κοπανιστι	Kopanistí

Getränke

Wasser (neró), dessen Wert sehr hoch geschätzt wird, ist noch immer das wichtigste Getränk. Es wird für Griechen im Kafeníon zum Kaffee oder Oúzo gereicht und zum Essen in Karaffen auf den Tisch gestellt. Bei Touristen ist dies keine Selbstverständlichkeit mehr, da die Wirte sehr oft beobachteten, dass „klares Wasser" von den Fremden nicht getrunken wird. Da aber Wasser in Griechenland sehr knapp und entsprechend kostbar ist, wäre es Verschwendung, das servierte Wasser wegschütten zu müssen. Mineralwasser (meist ohne Kohlensäure) heißt „metallikó neró".

Alkoholfreie Getränke sind meist recht süß; „limonáda" ist immer Zitronenlimonade, Orangenlimonade wird „portokaláda" genannt; frisch gepresster Orangensaft heißt „portokaláda fréska".

griechischer Wein

Wein (krassí) hat eine lange Tradition in Griechenland, und auch heute noch ist Griechenland weltweit ein großer Weinproduzent. Ein Blick auf die Getränkestatistik zeigt, dass die Griechen mit 45 l pro Person deutlich mehr Wein trinken als die Deutschen mit 26 l pro Person. Eine Besonderheit sind die geharzten Weine; der geharzte Weißwein ist der Retsína, der entsprechende Rotwein der Kokkinélli. Die meisten Fremden brauchen eine mehr oder weniger lange Gewöhnungszeit, um den Reiz des Retsínas zu erkennen, den die Griechen wegen seiner guten Verträglichkeit schätzen und weil der durch den Harz entstehende, etwas säuerliche Geschmack durststillend ist. Probieren Sie den Weißwein (áspro krassí) oder Rotwein (mávro oder kókkino krassí).

Auf **Bier** (bíra) brauchen Sie in Griechenland nicht zu verzichten. Nachdem die Braukunst im Gefolge König Otto I. von Bayern in Griechenland Eingang gefunden hatte, ist Bier zu einem beliebten Getränk geworden, das vor allem zum Mittagessen getrunken wird. Große internationale Brauereien wie Löwenbräu,

INFO Informationen über den griechischen Wein

Geharzter Wein ist so eng mit Griechenland verbunden, dass man annehmen könnte, beinahe alle griechischen Weine seien geharzt. Doch sind es heute nur ca. 50 % der produzierten Weine. Spuren von Kiefernharz fanden Historiker schon in antiken Amphoren. Allgemein nimmt man an, dass das Harz wegen seiner Konservierungseigenschaften zugesetzt wurde, doch weiß man inzwischen, dass geharzter Wein nicht sehr gut altert. Manche Weinkenner meinen deshalb, man habe dem Wein während der Fermentation Harz hinzugefügt, weil durch das frische, saftige, etwas terpentinähnliche Aroma Qualitätsverbesserungen zu erzielen seien.

Das aus der Baumrinde austretende Harz wird in Beuteln aufgefangen

Doch es gibt noch weitere Erklärungen. Da Griechenland auch früher ein holzarmes Land war, wurde Wein in Ziegenfellen transportiert, die mit Kolophonium, einem Produkt aus der Seekiefer, behandelt waren. Dabei nahm der Wein den Geschmack des Kolophonium an. Nachdem Griechenland Holzfässer einführte, fehlte dem griechischen Konsumenten jedoch dieser Geruch und Geschmack. Und um beides wieder zu erhalten, begann man, bei der Gärung Harz zuzusetzen.

Große Weinanbaugebiete Griechenlands liegen auf der Peloponnes, in Westmakedonien und auf Chalkídiki, aber auch auf mehreren Inseln wie z. B. Kefalloniá oder Sámos.

Rotwein bezeichnet man allgemein als „mávro“. Die wörtliche Bedeutung heißt „schwarz“, und tatsächlich sind viele Rotweine ungewöhnlich dunkel. Zu den bekanntesten „mávros“ gehören:

- Weine aus Naoússa in Makedonien,
- Neméa auf der Peloponnes,
- aus Kreta, Páros, Límnos, Léfkas,
- der Mavroúdi aus Délphi und der Rópa aus Kórfu.

Trockene griechische Weißweine waren von der Qualität her eher durchschnittlich. Jedoch führt auch hier der Wettbewerb im Rahmen der EU zu deutlichen Qualitätsverbesserungen. Allgemein ist das Weinangebot groß. Neben Flaschenweinen können Sie in vielen Tavernen auch den hauseigenen, offenen Wein vom Fass bestellen: „apó tó varéli“.

Henniger, Heineken, Amstel und Karlsberg haben Niederlassungen in Griechenland.

Der Anisschnaps **Ouzo** wird meist als Apéritif getrunken. Wenn er mit Wasser oder mit Eiswürfeln verdünnt wird, färbt er sich milchig weiß. **Tsipoúro** (in manchen Gegenden auch **Ráki** genannt) wird aus dem bei der Weinherstellung anfallenden Trester gebrannt und ist ziemlich stark; den griechischen **Weinbrand** gibt es in verschiedenen Qualitätsstufen, er ist meist fruchtig mild.

Der Tsipoúro wird nach überliefertem Rezept hergestellt

Der „**griechische Kaffee**" (kafé ellinikó), bei dem Kaffeemehl und Wasser zusammen aufgebrüht werden, wird in kleinen Tässchen und mit einem großen Glas Wasser serviert. Ganz nach eigenem Geschmack können Sie den Kaffee bestellen:

- kafé métrio = mittelstark und mittelsüß
- kafé glikó = sehr süß
- kafé skéto = ohne Zucker
- kafé elafrí = leicht

Wenn Sie nur „Kaffee" bestellen, wird man Ihnen in den großen Ferienorten wahrscheinlich „Nescafé" bringen. Sehr beliebt ist im Sommer der kalte „kafé frappé", den Sie schwarz (skéto), süß (mé sáchari) oder mit Milch (mé gála) bestellen können.

Tee wird in Griechenland weniger getrunken. Bestellen Sie schwarzen Tee (mávro tsaí) mit Zucker (mé sáchari) oder mit Zitrone (mé limóni). In kleineren Dörfern können sie manchmal einen sehr guten Kräutertee (tsaí toú vounoú) bekommen, der wegen der frischen Bergkräuter sehr aromatisch ist.

Was unternehmen wir?

Vollmondnächte mit Musik

Wenn Sie im August in Griechenland sind, sollten Sie nicht versäumen, eine helle Vollmondnacht bei schöner Musik zu genießen. In jedem Jahr erlaubt das Kultusministerium, in dieser Nacht einige archäologische Stätten von 21.30–1.30 Uhr zu öffnen.

Das Musikangebot reicht von traditionellen Volksliedern und -tänzen über klassische bis zu zeitgenössischer Musik. Aufführungen finden statt z. B. auf der Pnyx in Athen, im Kloster Dáfni, im Palast von Vergína, in den Festungen von Ioánnina und Náfpaktos, im Stadion von Delphi, im Schloss von Kórfu, im Heiligtum der Großen Götter auf Samothráke und im Nekromanteion. Erkundigen Sie sich in Ihrer Ferienregion, ob dort eine Konzertnacht stattfindet.

Festspiele

Die Sommermonate sind die Zeit der Festspiele, die an archäologischen Stätten oder in besonders reizvollen Ortschaften aufgeführt werden. Die bekanntesten sind:

- in Athen: im Herodes Atticus Theater, auf dem Lykavittos
- in Nordgriechenland: am Olymp, in Thessaloníki, Sáni/Chalkidikí, Kavála, Philippi, Thássos
- in Epirus: Ioánnina, Árta
- in Thessalien: Lárissa, Vólos
- auf den Inseln: Kórfu, Léfkas,
- auf der Peloponnes: Epidauros, Pátras, Korinth

Das Freilichtkino

Sommerkino

Ein besonderes Vergnügen ist der Besuch eines Sommerkinos in originellem Ambiente und oft auch mit angenehmer Bewirtung. Die Freilichtkinos haben in Griechenland eine lange Tradition, mussten aber im letzten Jahrzehnt einen starken Rückgang hinnehmen. Seit einigen Jahren steigt die Zahl jedoch wieder an; im Großraum Athen gibt es inzwischen wieder 101 Sommerkinos, davon allein 22 in der Innenstadt.

Auch in anderen Städten laden Freilichtkinos zum sommerlichen Vergnügen ein. Die Vorstellung beginnt erst mit Einbruch der Dämmerung – gegen 21 oder 22 Uhr, so dass man den Film unter freiem Sternenhimmel genießen kann. Oft werden an kleinen Tischchen nicht nur Bier, ein Glas Wein oder auch ein Cocktail serviert, auch Tirópitta, Souvláki, traditionelle Snacks und sogar gegrillte Shrimps stehen manchmal auf der Speisekarte.

In den Großstädten haben sich manche Sommerkinos auf die Vorführung klassischer oder künstlerisch wertvoller Filme oder auch auf Erstaufführungen spezialisiert.

Sportliche Aktivitäten

Hinweis

Die Anschriften von Sportverbänden und -clubs finden Sie in den Allgemeinen Reisetipps von A–Z.

Wassersport

Griechenland bietet eine Fülle von ausgezeichneten Wassersportmöglichkeiten jeglicher Art. Jedes Jahr werden von der „Foundation for Environmental Education" die europäischen Strände mit der begehrten „Blaue Flagge" ausgezeichnet, deren Wasserqualität und Sauberkeit am Strand den hohen Ansprüchen genügen. Im Jahre 2002 haben insgesamt 354 griechische Strände und 7 Yachthäfen die blaue Flagge erhalten. **Segler** finden beste Bedingungen z. B. im Bereich der

Ionischen Inseln und vor der Küste von Épirus, ausgezeichnete Surfreviere gibt es z. B. vor den Küsten der Chalkidikí, Ruderer können in Ioánnina trainieren, und Kayak- und Wildwasserfahrten sind im Frühjahr z. B. auf dem Aóos-Fluss möglich. **Tauchen** ist inzwischen bis auf Ausnahmen überall erlaubt; jedoch ist das Mitnehmen, ja sogar das Fotografieren von Altertümern verboten, ebenso das Harpunieren von Fischen. Höhlen, Grotten, Spalten und Steilabfälle, Felsformationen und Riffe bilden eine gute Kulisse für interessante Tauchgänge.

Wandern, Bergsteigen, Klettern ...

Am unmittelbarsten und eindrucksvollsten lernen Sie die landschaftliche Vielfalt Griechenlands auf Wanderungen kennen. Unzählige unbefestigte Wege und Eselsund Ziegenpfade durchziehen das Festland und die Inseln und bieten beste Voraussetzungen zum **Wandern und Mountainbikefahren**. Die günstigsten Jahreszeiten für Wanderungen sind der Frühling und Herbst, wenn das Land von einem vielfarbigen Blütenteppich überzogen wird und durch ein prächtiges Farbenspiel beeindruckt. Ihre Wanderungen führen Sie zu langen Stränden, felsigen Buchten, fruchtbaren Ebenen, düsteren Schluchten, reißenden Flüssen, hohen Felsen, steilen Küsten und lieblichen Tälern. Auch **Klettern, Bergsteigen und Höhlengänge** sind in Griechenland möglich, z. B. ein Aufstieg auf den Olymp, eine Klettertour auf den Metéora-Felsen oder ein Höhlengang im Píndos-Gebirge.

Wintersport

Immer mehr Griechen entdecken den Wintersport für sich und verbringen ihre Wochenenden und Ferientage in den verschneiten Bergregionen.

Skizentren in Zentralgriechenland

- **Parnássos**, das größte Skizentrum Griechenlands, liegt mit den Skiorten Kalaria und Fterolaka auf knapp 2.000 m Höhe und verfügt über 16 Abfahrten von 600–4.000 m, eine 5-km-Langlaufstrecke, Kabinenbahnen, Sessel- und Schlepplifte. Bei **Gerontóvrachos** gibt es drei Abfahrten mit Längen zwischen 500 und 1.800 m.
- Im **Pílion-Gebirge** liegt das Skizentrum von Agriolefkes in 1.500 m Höhe mit drei Abfahrten zwischen 305 und 1.045 m Länge und einer Langlaufstrecke, Sessel- und Schleppliften und Übernachtungsmöglichkeit in der Skihütte.
- **Karpeníssi** liegt mit seinem Skigebiet auf 1.800–2.050 m Höhe und verfügt über 13 Pisten aller Schwierigkeitsgrade, drei Schlepp- und zwei Sessellifte, Übernachtungsmöglichkeit.

Skizentren in Nordgriechenland

Skigebiete gibt es im zentralmakedonischen Vermion-Massiv, auf der makedonischen Seite des Píndos-Gebirges, bei Édessa und bei Dráma:

- **Séli** auf 1.500 m Höhe mit acht Abfahrten aller Schwierigkeitsgrade zwischen 700 und 1.800 m Länge; 3 Schlepplifte, Sessellift und Kinderlift, Übernachtung in einer voll ausgestatteten Hütte.
- **Tria Pente Pigádia** mit vier Abfahrten von der kleinen, 200 m langen Abfahrt für Kinder bis zur 2 km langen Abfahrt mit 520 m Höhenunterschied;

Schlepp- und Sessellift, 4 Kinderlifte, Übernachtungsmöglichkeit auf der Skihütte und in Hotels in Véria.

• **Vassílitsa**, vei Grévena, eines der größten Skizentren Griechenlands, mit 12 Pisten aller Schwierigkeitsgrade und einer Langlaufstrecke von 5 km; 2 Sessellifte, 1 Schlepplift und 1 Kinderlift, Übernachtungsmöglichkeiten in Grévena und in den umliegenden Dörfern.

• **Fálakro** in 1.720 m Höhe, ca. 40 km von Dráma entfernt, mit 2 Abfahrten von jeweils 1.000 m Länge und 280 m Höhenunterschied und einer 5 km langen Langlaufstrecke; 2 Schlepplifte und Übernachtungsmöglichkeit in der Skihütte, je nach Wetterverhältnissen nicht durchgängig geöffnet.

• **Vórras** bei Édessa auf 2.000 m Höhe gelegen und auch bei Snowboardern sehr beliebt; 2 Lifte, 1 Schlepplift und ein Hotel.

Auskünfte über Sportmöglichkeiten erteilen die jeweiligen Verbände:

• **Bergsteigen:** Griechischer Alpiner Bergsteigerverband EOS, 7, Karageórgi Sérvias, Tel.: 21-03234555

• **Fallschirm springen:** Athener Fallschirmspringer Club, Odós Lékka 22, Athen, Tel.: 21-03223270

• **Fischen:** Verband der Sportfischer und des Seesports, Akti Moutsópoulou, Piräus, Tel.: 21-0 4515731

• **Golf**: Golfplätze gibt es u.a. in Glyfada bei Athen, Tel.: 21-0894.6820, auf Kórfu und auf der Chalkidikí.

• **Reiten**: Reitstunden werden u.a. im Pílion-Gebirge, auf Zákinthos und Kefalloniá angeboten.

• **Rudern**: Griechischer Ruderverband, Athen, 34, Odós Voukourestíou, Tel.: 21-03612109; Möglichkeiten zum Rudern und einen Bootsverleih finden Sie in den örtlichen Marineclubs.

• **Schwimmen**: Alle Strände und Küstenabschnitte in Griechenland sind frei zugänglich.

• **Segeln**: In den größeren Ferienorten finden Sie Wassersportzentren mit Bootsverleih, in denen auch Segelkurse angeboten werden. Auskünfte über das Mieten von Booten und Schiffen sowie über die Teilnahme an Regatten erteilt der Segelverband Athen, 15, Odós Xenophóndos, Tel.: 21-03236813

• **Surfen**: Es gibt ideale Bedingungen für Surfer aller Leistungsstufen, Surfbretter werden an vielen Stränden vermietet. Auskünfte erteilt der Griechische Wind-Surfing Verband, Athen, 7, Odós Filéllino, Tel.: 21-0 3230068.

• **Ski fahren**: Griechischer Skiverband, 10010 Omonia – Athen Postfach 8037, Tel.: 21-05240057, Fax: 21-05248821

• **Tauchen:** Griechischer Tauchsport-Verband, Agios Kósmas, Athen-Ellinikon, Tel.: 21-09819961. Unterwasserfischen mit Atmungsgeräten ist in Griechenland grundsätzlich untersagt.

• **Tennis**: In den größeren Feriengebieten gibt es zahlreiche Hotels mit Tennisplätzen, jedoch ist die Qualität und Wartung der Plätze sehr unterschiedlich. Meist handelt es sich um einfache Hartplätze (Beton) mit unebenem Belag, die für „Könner“ nicht sehr geeignet sind.

• **Wasserski**: Vereinigung der Wasserskifreunde (E.K.O.F.). Athen, 2, Odós Nikodímou, Tel.: 21-03227318.

Annäherung an ***Griechenland*** *mit dem Schiff.*

Thessaloníki ist die zweitgrößte Stadt Griechenlands. Ihr Wahrzeichen ist der "Weiße Turm", der von den Venezianern im 15. Jahrhundert gebaut worden ist. Reizvoll ist der Kontrast zwischen der modernen Metropole am Meer und den eher dörflichen Stadtvierteln, die sich an den Berghängen bis zur alten Festung hinaufziehen.

Makedonien ist durch eine große landschaftliche Vielfalt geprägt. Auf Kassándra, dem ersten "Finger" der Halbinsel Chalkidikí, breiten sich fruchtbare Felder und Weingärten und eine sanft hügelige Landschaft aus. An der Küste ziehen sich lange feinsandige Strände entlang, die diese Region zu einem beliebten Ferienziel machen.

Das **Kloster Óssios Loúkas**, das im 10. Jahrhundert gegründet wurde, liegt in einer schönen Berglandschaft; die Hauptkirche ist mit herrlichen Mosaiken auf Goldgrund ausgestaltet.

Am Hafen von **Galaxídi**, das malerisch am **Golf von Korinth** liegt, zeugen die stattlichen Kapitänshäuser vom Wohlstand des Ortes, den die Bewohner im 19. Jahrhundert durch Handel und Seefahrt erworben haben. In den Tavernen im Ort und an der langen Hafenpromenade können Sie den lokalen Wein vom Fass probieren.

Als König von Griechenland beauftragte Otto I. im 19. Jahrhundert die bayrischen Architekten Ernst Ziller und Friedrich Gärtner mit dem Aufbau der modernen Stadt ***Athen.*** *Aus dieser Zeit stammen u. a. die klassizistischen Bauwerke der Universität, der Nationalbibliothek und des Alten Schlosses, die das heutige Stadtbild prägen.*

Athen ist mit ca. 4 Millionen Einwohnern das kulturelle, politische und wirtschaftliche ***Zentrum Griechenlands.*** *Zu den Höhepunkten eines Athen-Besuches zählen die Besichtigung der Akropolis, der Agorá und des Nationalmuseums mit seiner einzigartigen Sammlung antiker Kunstwerke.*

An der höchsten Stelle des ***Kap Soúnion****, wo der Felsen steil zum Meer abfällt, erhob sich der aus weißem Marmor errichtete Tempel, der dem Meeresgott Poseidon geweiht war. Erleben Sie hier einen der schönen Sonnenuntergänge der Ägäis.*

Thássos, die nördlichste Insel im Ägäischen Meer, ist nur wenige Seemeilen von der Küste entfernt. Die Inselhauptstadt liegt an der Stelle der antiken Stadt, deren einstiger Kriegshafen heute Fischerbooten als Anlegeplatz dient.

In **Ierissós**, wo Kaikis in kleinen Werften nach überlieferter Tradition gebaut werden, kann man den Handwerkern am Strand zuschauen.

Ein schöner Bootsausflug entlang der ***Küste der Mönchsrepublik Athos*** *bietet auch Frauen die Gelegenheit, einen Blick auf einige der sehenswerten Klöster zu werfen, zu denen ihnen der Zutritt generell verboten ist.*

Im bergigen Binnenland der ***Halbinsel Sithonía*** *mit weiten Pinien- und Kiefernwäldern sind häufig farbig gestrichene Bienenkästen aufgestellt.*
Der hiesige sehr aromatische Honig zählt zu den besten Griechenlands.

Párga liegt sehr malerisch in einer von Felsen eingerahmten Bucht und wird von drei Festungen beherrscht. Während es in den Sommermonaten überall sehr betriebsam und laut zugeht, laden die fast leeren Strände im Frühjahr und Herbst zum Sonnenbaden und zu Strandwanderungen ein.

Eine Tagesfahrt durch das Landesinnere von Épirus führt durch einsame Berglandschaften, wilde Gebirgsschluchten und Flusstäler mit dichtem Baumbestand zu verlassen wirkenden Bergdörfern, in deren Umgebung die violetten Blüten der Mandel- und Judasbäume leuchten.

In eindrucksvoller Lage wurden unterhalb des Kap Iréons die Überreste des Heraion von ***Perachóra*** *freigelegt. Von der Höhe des Kaps bietet sich ein schöner Blick auf die antike Stätte und den Golf von Korinth.*

Im Theater der antiken Stadt ***Dion****, die als die heilige Stadt Makedoniens galt, wurden die Tragödien des Euripides uraufgeführt. Im Zeus-Heiligtum brachte Alexander der Große ein Opfer dar, bevor er zum großen Feldzug gegen die Perser aufbrach.*

__Ioánnina__, die Hauptstadt von __Épirus__, liegt malerisch am Pambótis-See. Das Stadtbild ist mit Minaretten, Moscheen, alten Herrenhäuser und der Zitadelle durch die mehr als vierhundertjährige Türkenherrschaft geprägt.

An der Westküste von Épirus, zwischen __Igoumenítsa__ und __Préveza__, ziehen sich lange Sandstrände an kristallklarem Wasser entlang und machen diese Region zu einem beliebten Feriengebiet.

*Ein Besuch **Delphis** gehört zu den Glanzpunkten jeder Griechenlandreise! Das antike "Heiligtum des Apollon" liegt in der großartigen Gebirgslandschaft des **Parnássos** und wird umrahmt von den dunklen Felsen der "Phädriaden", die sich gewaltig von der "Heiligen Ebene" mit ihren silbrig schimmernden Olivenhainen abheben.*

*Das "Schatzhaus der Athener" zählt zu den berühmtesten Weihegeschenken **Delphis**. Zur Zeit ist das aus Paros-Marmor im dorischen Stil errichtete Gebäude mit seinen eindrucksvollen Reliefdarstellungen wegen aufwändiger Restaurationsarbeiten eingerüstet.*

Schon die Einfahrt in die geschützte, von Bergen umschlossene Bucht von Vathí auf ***Ithaka****, in deren Mitte das kleine Lazaretto-Inselchen liegt, ist ein Erlebnis. Viele der Inselsehenswürdigkeiten stehen in enger Verbindung zum listenreichen Odysseus, dessen Erlebnisse und Abenteuer von Homer beschrieben werden.*

Die Tavernen an der schönen Hafenbucht von Fiskárdo auf ***Kefalloniá*** *mit ihren kleinen, pastellfarben getünchten Häusern laden zum Verweilen ein. Hier kann man den Fischern beim Netzeflicken und den Yachten beim Ein- und Auslaufen zuschauen.*

Überall in ***Nordgriechenland*** *finden sich abgeschiedene Sand- und Felsenbuchten oder kleine, menschenleere Dorfstrände, die zu einem Bad, einem Bootsausflug oder einer kurzen Rast einladen.*

Euböa, *nach Kreta die zweitgrößte griechische Insel, ist nur durch einen schmalen Golf vom griechischen Festland getrennt. An der engsten Stelle überspannte schon in der Antike eine Brücke die* **Meerenge von Chálkis**, *die wegen der häufig wechselnden Gezeiten des Flusses Euripos den Besuchern bis heute Rätsel aufgibt.*

Auf allen Inseln, wie hier auf **Skópelos**, *stößt man auf Spaziergängen und Wanderungen auf Klöster, Kirchen oder kleine Ikonenhäuschen, die in völliger Abgeschiedenheit errichtet wurden. Nur am Festtag des jeweilig verehrten Heiligen herrscht hier reges Leben, wenn die Gläubigen mit ihren Familien zum Gotteshaus aufbrechen, um mit Wein, Musik und Tanz zu feiern.*

Kavála ist ein wichtiges Handels- und Wirtschaftszentrum in **Ostmakedonien**. Mittelpunkt der Stadt, die sich amphitheatralisch an den Hängen des Símvolo-Berges hinaufzieht, ist der große Hafen, in dem neben Fischerbooten auch Linien- und Marineschiffe anlegen.

Das **"Naturschutzgebiet Néstos"** umfasst die südlichsten Fichtenwälder Europas, große Balkaneichen-Wälder und weite Busch- und Auwälder. Am Néstos-Fluss und an den Lagunen des Deltas leben viele in Europa selten gewordene Vogelarten.

*Das gewaltige **Bergmassiv des Olymp** erhebt sich bis auf 2.917 m. Wanderungen durch das Naturschutzgebiet führen durch unberührte Landschaften mit einer großen Pflanzenvielfalt und herrlichen Ausblicken auf die bis in den Frühsommer verschneiten Gipfel.*

5. GRIECHENLAND ALS REISELAND

Benutzerhinweis
Die Gelben Seiten werden regelmäßig aktualisiert, so dass sie auf dem neuesten Stand sind. In den ***Allgemeinen Reisetipps (ab S. 90)*** *finden Sie – alphabetisch geordnet – reisepraktische Hinweise für die Vorbereitung Ihrer Reise und Ihren Aufenthalt. Die* ***Regionalen Reisetipps (ab S. 125)*** *geben Auskunft über Unterkunftsmöglichkeiten etc. in den wichtigsten Orten bzw. Regionen.*

Allgemeine Reisetipps von A–Z

A

⇨ Anreise

Die Anreise nach Griechenland ist mit dem Flugzeug, mit Auto und Schiff, per Bahn und Bus möglich, wobei Bahn- und Busfahrt zeitaufwändig und recht anstrengend sind. Von der zur Verfügung stehenden Zeit wird es abhängen, ob Sie mit dem Flugzeug reisen, um in wenigen Stunden schon in Griechenland zu sein, oder ob Sie die Anfahrt mit dem eigenen Fahrzeug nach Italien machen wollen, um von dort bequem mit einem der schnellen Fährschiffe nach Igoumenítsa oder Pátras zu fahren.

Anreise mit dem Flugzeug

Die Anreise mit dem Flugzeug kann mit Linienflug oder per Charter von allen großen Flughäfen Deutschlands, der Schweiz und Österreichs erfolgen.

Linienflüge

Es gibt täglich Flüge z. B. von Olympic Airlines, Lufthansa, Swiss, Austrian Airlines und Aegean Airlines nach Athen, die entweder eine Zwischenlandung in Thessaloníki haben oder als Nonstop-Flug durchgeführt werden. Die Flugzeit beträgt zwischen 3 und 4 Stunden. Von Athen aus bestehen Flugverbindungen in alle anderen Landesteile und zu den Inseln. Im Norden Griechenlands werden die Flughäfen von Thessaloníki und Kavála angeflogen.

Preisbeispiele: Hin- und Rückflüge in den Sommermonaten
- **Düsseldorf - Athen** ab 353 € + Steuern und Gebühren
- **Frankfurt - Athen** ab 336 € + Steuern und Gebühren
- **München - Athen** ab 330 € + Steuern und Gebühren
- **Berlin - Athen** ab 459 € + Steuern und Gebühren

Darüber hinaus gibt es Sondertarife (Holiday-Tarife) und Ermäßigungen wie z. B. IT-Tarife, Studentenflüge, Jugendtarife, mit denen die Linienfluggesellschaften in Konkurrenz zu den preiswerteren Charterflugangeboten treten.

Anschriften der Fluggesellschaften
- **Olympic Airlines**
  Berlin: Tauentzienstraße 7bc, 10789 Berlin, Tel.: (030) 8856960
  Düsseldorf: Graf-Adolf-Straße 12, 40212 Düsseldorf. Tel.: (0211) 84941
  Frankfurt: Gutleutstraße 82, 60329 Frankfurt, Tel.: (069) 970670
  Köln: Minoritenstraße 7, 50667 Köln, Tel.: (0221) 9201818
  München: Maximiliansplatz 12a, 80333 München, Tel.: (089) 224148
  Stuttgart: Olgastraße 83, 70182 Stuttgart, Tel.: (0711) 239999
  Wien: Boesendorferstr. 4, 1010 Wien, Tel.. (01) 5044165
  Genf, 4 Tour de lisle, 1204 Genf, Tel. : (022) 3196470
- **Lufthansa**
  Berlin: Kurfürstendamm 220, 10719 Berlin, Tel.: (030) 887588
  Düsseldorf: Königsallee 70, 40212 Düsseldorf, Tel.: (0211) 8385-100

Frankfurt: Am Hauptbahnhof 2, 60329 Frankfurt, Tel.: (069) 230621
Hannover: Luisenstraße 10, 30159 Hannover, Tel.: (0511) 31050
Köln: Bechergasse 2–8, 50667 Köln, Tel.: (0221) 20824
München: Lenbachplatz 1, 80333 München, Tel.: (089) 51138
Nürnberg: Am Plärrer 25, 90443 Nürnberg, Tel.: (0911) 2781
Stuttgart: Lautenschlager Straße 20, 70173 Stuttgart, Tel.: (0711) 20440
Wien: Kärtner Straße 42, 1010 Wien, Tel.: (01) 58836
Zürich: Gutenbergstraße 10, 8001 Zürich, Tel.: (01) 2867000

Charterflüge

Während der Hauptreisezeiten werden Pauschalreisen durchgeführt, zu deren Leistungsangebot der Charterflug nach Griechenland, der Transfer zu einem Hotel und die Hotelunterkunft gehören; außerdem gibt es preiswerte „Nur Flug"-Angebote. Der Vorteil der Charterflüge besteht darin, dass es zeitsparende Direktflüge sind; von Deutschland gibt es Flüge nach Athen, Thessaloníki, Kavála, Áraxos, Préveza, Kórfu, Kefalloniá, Zákinthos und Skíathos.

Anschriften der wichtigsten Charterfluggesellschaften
Aero Lloyd: Postfach 2029, 61440 Oberursel, Tel.: (06171) 6401
Air Berlin: Flughafen Tegel, 13405 Berlin, Tel.: (030) 41012781
Condor: Postfach 1264, 63263 Neu-Isenburg, Tel.: (06102) 2450
Hapag-Lloyd: Postfach 420240, 30669 Hannover, Tel.: (0511) 73030
LTU: Flughafen, Halle 8, 40474 Düsseldorf, Tel.: (0211) 41520
Aegean Airlines: Am Hauptbahnhof 10, 60329 Frankfurt, Tel.: (069) 2385630, Fax: (069) 23856320

Anreise mit dem Auto

Die Anreise auf dem Landweg über Zagreb und Belgrad ist weiterhin schwierig und wegen der Maut- und Straßenbenutzungsgebühren, Visagebühren und durch die zurzeit noch zusätzlich verlangte Kfz-Versicherung sehr teuer. Eine insbesondere für Reisende aus Norddeutschland interessante Alternativstrecke führt nach Angaben des ADAC über Dresden, Bratislava, Budapest und Szeged. Angenehmer und bequemer ist die Anreise über Italien mit Auto und Schiff, die im nächsten Kapitel beschrieben wird.

Anreise mit Auto und Schiff

Immer Da sich im Fährverkehr zwischen Italien und Griechenland seit dem Krieg im ehemaligen Jugoslawien das Auto- und Passagieraufkommen vervielfacht hat, werden seitdem neue und schnellere Fährschiffe eingesetzt. So dauert beispielsweise die Fahrt von Ancona nach Igoumenítsa nur noch 15 Stunden! Rechtzeitige Reservierung der Fährpassagen ist vor allem in der Ferienzeit empfehlenswert; viele Termine sind schon Monate im Voraus ausgebucht!

Fährhäfen in **Italien** sind Venedig, Triest, Ancona, Brindisi, Bari und Otranto.

Entfernungen

Berlin - Venedig 1.052 km
Berlin - Triest 1.036 km
Berlin - Ancona 1.366 km
Berlin - Bari 1.832 km
Berlin - Brindisi 1.948 km
Berlin - Otranto 2.034 km

Düsseldorf - Venedig 1.123 km
Düsseldorf - Triest 1.153 km
Düsseldorf - Ancona 1.307 km
Düsseldorf - Bari 1.815 km
Düsseldorf - Brindisi 1.931 km
Düsseldorf - Otranto 2.016 km

Frankfurt - Venedig 839 km
Frankfurt - Ancona 1.140 km
Frankfurt - Triest 850 km
Frankfurt - Bari 1.606 km
Frankfurt - Brindisi 1.722 km
Frankfurt - Otranto 1.807 km

München - Venedig 459 km
München - Ancona 773 km
München - Triest 437 km
München - Bari 1.239 km
München - Brindisi 1.355 km
München - Otranto 1.440 km

Zielhäfen in Griechenland sind **Kórfu, Igoumenítsa, Kefalloniá, Pátras, Piräus** und **Iráklion** auf Kreta.

Da sich die Fahrpläne, Fahrzeiten und Preise bei den verschiedenen Reedereien wenig unterscheiden, hängt die Entscheidung für einen bestimmten Abfahrtshafen oder eine Schifffahrtslinie in erster Linie von den individuellen Bedürfnissen und Wünschen ab.

Wenn Sie Preisvergleiche zwischen den verschiedenen Abfahrtshäfen anstellen, wird Ihnen auffallen, dass das Übersetzen von den süditalienischen Häfen nach Griechenland wegen der kürzeren Fahrzeiten billiger ist als von den nördlicher liegenden Häfen. Wenn Sie jedoch die Gesamtkosten betrachten, ist der Unterschied zwischen den nördlichen und südlichen Abfahrtshäfen nicht so groß, wie es auf den ersten Blick zu sein scheint. Zum niedrigeren Fährpreis von Bari oder Otranto müssen Sie als Kosten eine weitere Tagesfahrt mit Übernachtung, Treibstoff und die hohen Autobahngebühren hinzurechnen.

Für die norditalienischen Häfen sprechen die kurze Anfahrtszeit mit dem Auto ab Mitteleuropa; Vorteil der süditalienischen Häfen ist die kürzere Schiffspassage.

Informieren Sie sich vor Ihrer Buchung über die Schifffahrtsgesellschaft und die Schiffe, über Fahrzeiten, Qualität und Ausstattung, Alter und Komfort der Fähren.

Übersicht über die Reedereien, ihre Generalagenturen und die Abfahrtshäfen

Anek Lines:
in **Deutschland**: IKON-Reiseagentur GmbH, Schwanthaler Straße 31, 80336 München, Tel.: (089) 5501041, Fax: (089) 598425
in **Österreich**: OÖLandesreisebüro, 4020 Linz, Hauptstraße 9, Tel.: (0732) 771064, Fax: (0732) 795370
in der **Schweiz**: Knossos Reisen, Baumackerstraße 35, 8050 Zürich, Tel.: (01) 3122323, Fax: (01) 3122373
Strecken:
- Ancona - Igoumenítsa - Pátras
- Triest - Kórfu -Igoumenítsa - Pátras

Blue Star Ferries (Strintzis Lines):
in **Deutschland:** Blue Star Ferries, Hermann-Lange-Straße 1, 23558 Lübeck, Tel.: (0451) 88006266, Fax: (0451) 88006129
in **Österreich:** Terra Reisen, Ferdinand Hanusch Platz 1, 5020 Salzburg, Tel.: (0662) 8041330-334, Fax: (0662) 804151
in der **Schweiz**: ARGO TRAVEL, 42, Rue de Lausanne, 1201 Geneva, Tel.: (022) 7154049, Fax: (022) 7154045
Strecken: - Venedig - Kórfu - Igoumenítsa - Pátras
- Brindisi - Kórfu - Igoumenítsa
- Ancona - Igoumenítsa - Pátras

fragline ferries:
in **Deutschland**: DER Traffic, Deutsches Reisebüro, 60424 Frankfurt, Emil-von-Behring-Str. 6, Tel.: (069) 95885800, Fax: (069) 95885822, Faxabruf: (069) 9588849203
in **Österreich**: ÖAMTC Reisen, 1010 Wien, Schubertring 1–3, Tel.: (01) 71199-1429, Fax: (01) 71199-1453
Strecke: Brindisi - Kórfu - Igoumenítsa

Minoan Lines
in **Deutschland**: J. A. Reinecke, (Agentur) Jersbekerstr. 12, 22941 Bargteheide, Tel.: (04532) 20550, Fax: (04532) 22566
in **Österreich**: Heltours-Hellas Reisen, 1010 Wien, Opernring 4, Tel.: (01) 5120176, Fax: (01) 5128378
in der **Schweiz**: Danae Shipping AG, Hottingerstraße 5, 8032 Zürich, Tel.: (01) 2627888, Fax: (01) 2627988
Strecken: - Venedig - Igoumenítsa - Kórfu - Pátras
- Ancona - Igoumenítsa - Pátras

Superfast Ferries
in **Deutschland**: Superfast Ferries, Hermann-Lange-Str. 1, 23558 Lübeck, Tel.: (0451) 88006166, Fax: (0451) 88006129
in **Österreich**: ÖAMTC Reisen, 1010 Wien, Schubertring 1–3, Tel.: (01) 711990, Fax: (01) 71199-1453
in der **Schweiz**: Cruise & FERRY Center, Chemin des Curtils, 1261 Le Vaud, Tel.: (022) 3664255, Fax: (022) 3664178
Strecken: - Ancona - Igoumenítsa - Pátras
- Bari - Igoumenítsa - Pátras

Ventouris Ferries
in **Deutschland**: IKON-Reiseagentur GmbH, Schwanthaler Straße 31, 80336 München, Tel.: (089) 5501041, Fax: (089) 598425
in **Österreich**: Heltours-Hellas Reisen, 1010 Wien, Opernring 4, Tel.: (01) 5120176, Fax: (01) 5128378
in der **Schweiz**: Delphi Reisen AG, Dufourstraße 37, 8702 Zollikon, Tel.: (01) 3913655, Fax: (01) 3913653
Strecke: Bari - Kórfu - Igoumenítsa

Preisbeispiele
(Fahrpreis in € pro Person und Fahrzeug pro Strecke in der Hochsaison)

	4-Bett-Außenkabine	*Deckspassage*	*PKW über 4,25 m*
von Ancona nach Pátras	144–174 €	62–78 €	90–105 €
von Bari nach Pátras	122 €	52 €	63 €
von Venedig nach Pátras	150–167 €	58–72 €	103 €
von Triest nach Pátras	155 €	68 €	92 €

Übersicht über Fahrzeiten (in Stunden), die je nach Reederei variieren:

Ancona - Pátras 19–30
Brindisi - Pátras 15–20
Bari - Pátras 15–20
Venedig - Pátras 27–30
Triest - Pátras 28–36

Ancona - Igoumenítsa 15–24
Brindisi - Igoumenítsa 8–10
Bari - Igoumenítsa 10
Triest - Igoumenítsa 21–26
Venedig - Igoumenítsa 25

Hinweise

- *Alle Schiffspassagen können bei der jeweiligen Generalagentur, beim ADAC oder über jedes andere Reisebüro gebucht werden.*
- *Bei gleichzeitiger Buchung von Hin- und Rückfahrt erhalten Sie bis zu 30 % Ermäßigung. Weitere Ermäßigungen gibt es bei gleichzeitiger Buchung innergriechischer Schiffsverbindungen derselben Reederei.*
- *Kinder von 4 bis 12 Jahren erhalten eine Ermäßigung von 50 %, Kinder unter 4 Jahren sind frei. Teilweise erhalten auch Senioren eine Ermäßigung.*
- *Der Fahrradtransport ist kostenlos.*
- *Die Kosten für die Verpflegung an Bord sind in der Regel im Fahrpreis nicht eingeschlossen.*

Bei den genannten Schiffsverbindungen ist die direkte Auffahrt mit dem Wagen auf die Fährschiffe möglich. Die Verladung beginnt ca. 2 Stunden vor der Abfahrt, bei „Camping an Bord" bis zu 3 Stunden vorher; es empfiehlt sich, rechtzeitig am Verladeplatz zu sein. Vor dem Einschiffen müssen Sie bei den meisten Fähren zunächst mit Ihren Tickets zu dem Hafenbüro der jeweiligen Reederei gehen. Dort bekommen Sie die erforderlichen Einschiffungspapiere. (Embarcation Card).

Die Broschüre „Fährverbindungen Griechenland" wird alljährlich von IKON-Reiseagentur GmbH, Schwanthaler Straße 31, 80336 München, Tel.: (089) 5501041, Fax: (089) 598425 herausgegeben. Außerdem veröffentlichen die Griechische Zentrale für Fremdenverkehr und der ADAC Informationen über aktuelle Schiffsverbindungen nach Griechenland.

Tipp
Der ADAC veröffentlichte einige „Tipps für Fährentrips":

- *Im Reisebüro daheim fragen: mit dem Ticket direkt zum Schiff oder vorher im Hafenbüro der Reederei melden?*
- *Auf langes Warten vor dem Verladen einstellen: in heißen Ländern Getränke, Wasser, Verpflegung vorbereiten (Toiletten und Kioske oft weit entfernt).*
- *Bereits vor dem Einfahren alles zum Übernachten und für den Tag auf dem Schiff (Badesachen) in Handbeutel packen (Schiffs-Garage während der Überfahrten nicht zugänglich) und Wertsachen mitnehmen (Tresor an der Rezeption).*

- *Einfahrtsrampen vorher ansehen (Gefahr des Heck-Aufsetzens) Gespanne können Unterlegbretter verlangen.*
- *Immer alle Personen vor dem Einfahren aussteigen lassen. Tickets und Ausweise mitgeben, falls Fußgänger durch eigene Eingänge zur Rezeption gehen.*
- *Wenn Übernachten im Wohnwagen erlaubt ist, nie zu nah rechts an der Wand parken, sonst lässt sich die Tür kaum noch öffnen.*
- *An Bord sofort aushängende Deckpläne ansehen. Welche Treppen zu den Ausgängen? Wo sind die Schwimmwesten (Kabinen oder Kästen auf dem Deck)?*
- *Vor dem Anlegen im Zielhafen stets das Gepäck im Auge behalten. Nicht zum Fotografieren kurz weggehen!*

Anreise mit der Eisenbahn

Wenn man nicht eine Schüler- oder Studentenermäßigung o. ä. in Anspruch nehmen kann, bietet die Eisenbahnfahrt gegenüber dem Flug nur einen geringen Preisvorteil. Darüber hinaus ist die Bahnfahrt sehr zeitaufwendig (z. B. Düsseldorf - Athen 43 Stunden) und trotz der Möglichkeit, Liege- oder Schlafwagen in Anspruch zu nehmen, sehr anstrengend.

Obwohl für alle Züge Platzkarten-Pflicht besteht, sind die Abteile häufig mit Gepäck so überfüllt, dass die Bewegungsfreiheit sehr eingeschränkt ist. Außerdem lässt die Sauberkeit der sanitären Einrichtungen nach langer Fahrzeit häufig zu wünschen übrig. Hinzu kommt es regelmäßig zu großen Verspätungen, so dass die ohnehin lange Eisenbahnfahrt sich noch weiter ausdehnt.

Preisbeispiel für einfache Fahrt 2. Klasse (ohne Ermäßigung)
Düsseldorf - Athen 279 €
Düsseldorf - Ancona (Fährhafen nach Griechenland) 156 €

Hinweis
Erkundigen Sie sich bei der Deutschen Bahn AG nach den aktuellen Preisen und Ermäßigungen. Preisauskunft DB 11861.

Anreise mit Autoreisezügen

Durch die Benutzung von Autoreisezügen lässt sich die lange Anfahrt nach Griechenland verkürzen und bequemer gestalten. Züge der DB fahren bis Verona bzw. Rimini/Italien (Fährhäfen Venedig bzw. Ancona) und bis Villach/Österreich. Reiseauskunft DB: 01805-241224. Von Villach/Österreich verkehren von Ende Mai bis Ende September Autoreisezüge nach Thessaloníki. Fahrkarten: PKW + 2 Personen einfache Fahrt ca. 306 €. Information: Reisebüro im Süden, Tübinger Str. 105, 70178 Stuttgart, Tel.: 0711/605193, Fax: 0711/600326.

Anreise mit dem Europabus

Der Europabus der Deutschen Touring GmbH verkehrt regelmäßig zwischen mehreren deutschen Städten und **Thessaloníki**. Abfahrt ab Deutschland: samstags, Rückfahrt ab Griechenland: mittwochs. Die Fahrtzeit beträgt von Frankfurt aus ca. 48 Stunden, Pausen und Übernachtungen sind vorgesehen. Wegen der politischen Lage im ehemaligen Jugoslawien wird die Fahrt durch dieses Gebiet nicht mehr durchgeführt. Stattdessen fahren die Busse die Route Deutschland - Österreich - Italien - Fährüberfahrt Italien-Griechenland. Der Preis der Fährüberfahrt ist nicht im Fahrpreis enthalten! Die einfache Fahrt kostet ca. 25 €/Hin- und Rückfahrt ca. 50 €.

Preisbeispiele	einfache Fahrt	Hin- und Rückfahrt
ab **Düsseldorf**	115 €	200 €
ab **Frankfurt**	95 €	165 €
ab **München**	95 €	165 €

Auskünfte und Buchungen: Deutsche Touring GmbH, Am Römerhof 17, 60486 Frankfurt Tel.: (069) 7903249, Fax: (069) 7903219 oder jedes andere Reisebüro.

⇨ Antiquitäten

Die Ausfuhr von antiken Gegenständen, sogar kleinster Scherben von den berühmten Ausgrabungsstätten, ist unter Androhung hoher Strafen verboten. Als antik werden alle Kunstgegenstände bezeichnet, die vor 1830 datiert werden. Wenn Sie solche Antiquitäten kaufen und ausführen wollen, müssen Sie eine Genehmigung beim Archäologischen Dienst, 22, Leofóros Vassilíssis in Athen einholen. Erlaubt ist dagegen die Ausfuhr von Kopien antiker Museumsstücke wie z. B. Fresken, Plastiken, Ikonen und Schmuck, die sie in den Museumsshops kaufen können, z. B. im Nationalmuseum in Athen. Wichtig ist es, den Kassenzettel und die Plombe der Kopie aufzuheben.

⇨ Apotheken

Die Apotheken sind gut an den ausgehängten Schildern zu erkennen: ein grünes Kreuz auf weißem Grund sowie an der Aufschrift „Farmakeion“ (Φαρμακειον). Öffnungszeiten im Allgemeinen: Mo und Mi 8.30–15.30 Uhr, Di, Do und Fr 8.30–14 Uhr und 17–20 Uhr; in den größeren Orten wird an jeder Apotheke auf die nächste dienstbereite Apotheke hingewiesen. Medikamente, die Sie regelmäßig benötigen, sollten Sie von zu Hause mitbringen; ansonsten sind alle gängigen Arzneimittel auch in Griechenland erhältlich. Viele Medikamente sind in Griechenland nicht rezeptpflichtig und oftmals erheblich preiswerter als in Deutschland. Fragen Sie den Apotheker nach den Anwendungsvorschriften, denn die beigepackten Informationszettel sind oft nur in griechischer Sprache gedruckt. In kleinen Läden sollten Sie auf das Verfallsdatum der Medikamente achten.

An vielen antiken Stätten werden intensive Grabungsarbeiten durchgeführt

⇨ Archäologische Stätten

Für archäologische Stätten sind die Öffnungszeiten nicht einheitlich festgelegt; da die Öffnungszeiten häufig sogar innerhalb eines Jahres und ohne Vorankündigung verändert werden, empfiehlt es sich, bei der Touristeninformation oder im Hotel nach den aktuellen Öffnungszeiten zu fragen. Zurzeit gelten in der Regel folgende Öffnungszeiten: Di–Fr von 8.30–15 Uhr, Sa/So 10–15 Uhr, Mo geschlossen. In Athen und Delphi werden die Öffnungszeiten in den Sommermonaten gelegentlich verlängert. Die Eintrittspreise liegen zwischen 1,50 und 12 €. Für Schüler und Studenten werden gegen Vorlage eines Studentenausweises Ermäßigungen gewährt.

⇨ Ärztliche Versorgung

Eine ärztliche Grundversorgung ist in allen Gebieten Griechenlands gewährleistet. In den größeren Städten und den Ferienzentren gibt es Krankenhäuser, ärztliche Nothilfsdienste und ausreichend niedergelassene Ärzte; in abgeschiedenen Gegenden gibt es wenigstens einen Arzt für Allgemeinmedizin. Da viele griechische Ärzte im Ausland studiert haben und deshalb mindestens eine Fremdsprache beherrschen, ist die Verständigung im Allgemeinen unproblematisch. Adressen deutschsprachiger Ärzte erfahren Sie

- bei der Deutschen Botschaft in Athen, Tel.: 210-7285111, und beim
- ADAC-Ambulanzdienst in München, Tel.: 0049-89-767676.

Griechenland hat die Europäische Konvention zur Regelung über medizinische Behandlungen und deren Kosten unterzeichnet. Deshalb übernehmen üblicherweise die Krankenkassen die Behandlungskosten. Dazu muss das Anspruchsformular E 111, das Sie bei Ihrer Krankenkasse erhalten, den zuständigen Stellen der griechischen Sozialversicherungsanstalt I.K.A. vorgelegt werden; die Behandlung ist dann kostenlos. Detaillierte Informationen erhalten Sie bei Ihrer Krankenkasse. Empfehlenswert ist der Abschluss einer Auslandskranken- und Unfallversicherung, durch die anfallende Arzt- und Medikamentenkosten sowie die Kosten eines Rücktransports gedeckt sind.

Ausstattung und Organisation der Krankenhäuser entsprechen vor allem in kleineren Orten nicht immer westeuropäischen Maßstäben, oft geht es recht laut und unruhig zu, da viele Familienangehörige sich mit dem Patienten im Krankenhaus aufhalten. Man kann lange Wartezeiten in den häufig überfüllten Wartezimmern vermeiden, wenn man den Arzt privat aufsucht und die Arzt- oder Krankenhausleistungen bar bezahlt. Die Arzthonorare sind in der Regel niedriger als in Westeuropa.

⇨ Auto fahren

In Griechenland gelten die internationalen Verkehrsbestimmungen. Besonders zu beachten:

- Höchstgeschwindigkeit 50 km/h in geschlossenen Ortschaften, 80 km/h auf Landstraßen, 100 km/h auf Autoschnellstraßen, 120 km/h auf Autobahnen, Motorräder 90 km/h auf Autobahnen
- Hupverbot in geschlossenen Ortschaften,
- auf Landstraßen sollte man vor unübersichtlichen Kurven immer hupen und ganz rechts fahren,
- gelbe Linien an den Straßenrändern in geschlossenen Ortschaften: Parkverbot,
- die Promillegrenze wurde herabgesetzt und liegt jetzt für Autofahrer bei 0,25 Promille, für Motorradfahrer bei 0,1 Promille. Kontrollen werden verstärkt durchgeführt, Verstöße mit hohen Bußgeldern belegt,
- das Anlegen der Sicherheitsgurte ist vorgeschrieben.

Leider steht Griechenland seit Jahren im europäischen Vergleich an der Spitze der Unfallstatistiken, und die Zahl der ausländischen Autofahrer, die in einen Unfall verwickelt sind, zeigt steigende Tendenz. Gründe dafür sind sowohl im „temperamentvoll-aggressiven" Fahrverhalten der Griechen zu sehen als auch in zu hohem Alkoholgenuss der Touristen.

Tipp
Beachten Sie bitte, dass an Sonntagen selbst an großen Durchgangsstraßen viele Tankstellen geschlossen sind.

Auto und Pannenhilfe
Der Polizeinotruf ist im ganzen Land: Tel.: 100

Es gibt einen deutschsprachigen **Notrufdienst** des **ADAC** in:
Athen, Tel.: 21-09601266 (ganzjährig: Mo–Fr 9–18 Uhr, Sa/So 9–17 Uhr)
Thessaloníki: Tel.: 231-0412290 (vom 1. Juni bis 30. September)

Der Griechische Automobil- und Touringclub **ELPA** ist unter der **Notrufnummer 104** zu erreichen. ELPA hat Büros u.a. in:
Athen, 395, Messogion, Agía Paraskeví, Tel.:21-0 779 1615
Thessaloníki, 228, Vas. Olgas, Tel.: 231-0426319
Unter der Rufnummer 174 sind Informationen erhältlich zu Fragen, die mit Reisen und Tourismus zusammenhängen.

Reisen mit dem eigenen Fahrzeug
Wenn Sie die Ferien nicht überwiegend an einem Ort verbringen wollen, lohnt es sich, den eigenen Wagen oder das Motorrad nach Griechenland mitzunehmen oder sich einen Mietwagen zu nehmen. So sind Sie unabhängig von öffentlichen Verkehrsmitteln und können Ihre Reiseroute ganz individuell gestalten.

Straßenverhältnisse
In den letzten Jahren wurden große Anstrengungen unternommen, um das Straßennetz auszubauen und zu verbessern. Die Hauptverbindungsstraßen zwischen den größeren Städten sind in der Regel gut ausgebaut, jedoch gibt es durch Erderschütterungen, große Temperaturunterschiede, reißende Wasser u. ä. immer wieder Straßenschäden, wie Schlaglöcher oder Spurrillen. Die Straßen, die zu abgelegeneren Ortschaften führen, sind nicht durchgängig asphaltiert. Gelegentlich gibt es, zumeist unerwartet, nur geschotterte Verbindungsstücke.
Im Norden Griechenlands wird zur Zeit eines der größten Straßenbauprojekte Europas durchgeführt. Von Igoumenítsa an der Westküste wird die Autostraße „Egnatía" über 680 km nach Osten bis Alexandroúpoli an der türkischen Grenze geführt. Diese wichtige Fernverbindung soll eine große Zeitersparnis für Autofahrer erzielen; so werden statt der bisher benötigten 11,5 Stunden nur noch 6,5 Stunden erwartet. Die Strecke Thessaloníki - Ioánnina kann dann in knapp 3 Stunden geschafft werden.

Hinweis
Auf den Autobahnen ist mit häufigen Geschwindigkeitskontrollen zu rechnen. Auf den Landstraßen ist eine vorsichtige Fahrweise unbedingt anzuraten, da mit über-

raschend auftretenden Hindernissen wie Ziegen- oder Schafsherden, Eselsgespannen oder auch mit ungesicherten und unbeleuchteten Baustellen immer gerechnet werden muss.

Hinweis
Obwohl die Straßenführung oft sehr kurvenreich ist, sind die Straßenränder auch an gefährlichen Stellen häufig nicht durch Pfosten oder Leitplanken gesichert. Es ist im Allgemeinen üblich, vor Kurven zu hupen und damit andere Autofahrer zu warnen.

Übersicht über die **wichtigsten Verbindungsstraßen**

- **von Thessaloníki nach Athen**: autobahnähnliche, streckenweise gebührenpflichtige Straße; sehr verkehrsreich, meist vierspurig ausgebaut
- **von Thessaloníki über Kavála nach Alexandroúpoli**: gut ausgebaute, stellenweise sehr kurvenreiche Straßenführung, dichter Verkehr
- **von Igoumenítsa über Ioánnina nach Lárissa**: gut ausgebaute, sehr kurvenreiche Straße, die über den Katára-Pass führt; Hauptverbindung von der Westküste Griechenlands nach Thessaloníki und Nordgriechenland sowie Athen und Attika
- **von Pátras nach Korinth**: autobahnähnliche, gebührenpflichtige Straße, sehr verkehrsreich, teilweise vierspurig ausgebaut

Hinweise
- *In den Sommermonaten sind in der Regel auch die unbefestigten Straßen mit dem PKW zu befahren. Im Frühjahr oder Herbst weichen jedoch heftige Regenfälle die nicht asphaltierten Straßen auf.*
- *Die Tankstellen sind von 6–20 Uhr geöffnet, sonn- und feiertags sind viele Tankstellen geschlossen.*

B

⇨ Baden

Die Strände in Griechenland reichen vom feinen, hellen, kilometerlangen Sandstrand bis zum dunklen, groben Kieselstrand. Am meisten verbreitet sind schmale Kies- oder Kieselstrände in kleinen Buchten. Das Wasser ist sehr sauber und wird in jedem Jahr an vielen Stellen mit der begehrten „Blauen Fahne" ausgezeichnet. Die Strände sind in der Regel öffentlich, d.h. dass für die Sauberhaltung die Gemeinde zuständig ist. Bei der starken Beanspruchung der Strände kam es in den letzten Jahren häufig zu Verunreinigungen; erst mit wachsendem persönlichen Verständnis und veränderter Einstellung der Griechen und auch der ausländischen Besucher zur Umweltproblematik werden sich die Zustände bessern. Die **Badesaison** geht von Ende April bis Ende Oktober; in den Monaten Juni bis September liegen die durchschnittlichen Wassertemperaturen zwischen 21° und 24 °C. Über Wasserqualität, Strandzustand, Wasser- und Lufttemperaturen erhalten Sie durch den ADAC-Sommerservice aktuelle Informationen unter der Rufnummer (089) 7676-2569.

Nach wie vor ist **Nacktbaden** in Griechenland grundsätzlich verboten. Auch das Baden „oben-ohne" ist bei vielen Griechen noch verpönt, in den viel besuchten Ferienorten inzwischen jedoch weitgehend üblich geworden. In den ländlicheren Gegenden sollte man sich als Gast den landesüblichen Sitten anpassen und Rücksicht auf die Gastgeber nehmen.

⇨ Banken

Die Banken sind im Allgemeinen Mo–Do von 8–14 Uhr, Fr von 8–13.30 Uhr geöffnet. In Athen und den großen Ferienzentren sind einige Banken auch am späten Nachmittag noch geöffnet. In vielen Banken gibt es Bargeldautomaten, bei denen man mit EC-Karte und Geheimzahl bis zu 500 € abheben kann. Auch Visa und Eurocard werden mit Pin-Code akzeptiert.

⇨ Botschaften und Konsulate

Vertretungen in Griechenland

- **Bundesrepublik Deutschland**
  in **Athen**: Botschaft: Karaoli Dimitrou 3, 10675 Athen, Tel.: 21-07285111, Fax: 21-07251205
  in **Thessaloníki**: Generalkonsulat, Karolou Diehl 4a, 54100 Thessaloníki, Tel.: 231-0251120, Fax. 231-0240393
  in **Pátras**: Konsulat, Odós Mézonos 98, 26221 Pátras, Tel.: 261-0221943
  in **Vólos**: Konsulat, Leofóros Dimitriádos 251, 38110 Vólos, Tel.: 2421-025379, Fax: 2421-035012
  in **Kórfu**: Konsulat, Odós Guilford 57, 49100 Kórfu, Tel.: 2661-031453, Fax: 2661-031450
- **Österreich**
  in **Athen**: Botschaft: Vass. Sofias 4, 10674 Athen, Tel.: 21-07257270, Fax: 21-07257292
  in **Kórfu**: **Österreichisches Konsulat**, K. Zavitsianou 3, 49100 Kórfu, Tel.: 26610-44 252, Fax: 26610-26 545, in Notfällen: 32 392
- **Schweiz**
  in **Athen**: Botschaft: 2, Odós lássiou/Gennadiou, 11521 Athen, Tel.: 21-0 7230364, Fax: 21-07249209

Vertretungen Griechenlands

- in **Deutschland**: Jägerstraße 55, 10117 Berlin, Tel.: (030) 20 62 60, Fax: (030) 20 62 64 44
- in **Österreich**: Argentinierstr. 14, 1040 Wien, Tel.: (01) 5055791, Fax: (01) 5056217
- in der **Schweiz**: Jungfraustraße 3, 3005 Bern, Tel.: (031) 441637/38, Fax: (031) 3528607

⇨ Busse

Von den öffentlichen Verkehrsmitteln kommt dem Bus besondere Bedeutung zu, da auch kleine und ganz abgelegene Ortschaften durch regelmäßigen Busverkehr mit den größeren Städten verbunden sind. Die Busse transportieren auch Gepäckstücke, Postpakete, Kisten, Kleinvieh – alles, was die jeweiligen Besitzer zu einem anderen Ort gebracht haben möchten. Die Fahrpreise sind vergleichsweise niedrig; die Fahrkarten werden entweder im Bus oder am Fahrkartenschalter an der Bushaltestelle verkauft. Dabei gelten bei Überlandstrecken die Fahrausweise zugleich als Platzkarten.

Bushaltestellen sind gekennzeichnet durch K.T.E.L. oder ΣΤΑΣΙΣ. Auf dem Land gelten auch noch die Kreuzungen als Haltestellen, wo die Straße zu einem im Landesinneren gelegenen Dorf abzweigt. In abgeschiedenen Gegenden halten die Busfahrer auch auf ein Handzeichen hin. Die Fahrpläne werden häufig verändert. Erkundigen Sie sich unbedingt nach den jeweiligen Rückfahrmöglichkeiten, da die Busse auf abgelegenen Linien nicht immer am selben Tag zurückfahren.

Unterwegs mit dem Bus
Der Bus ist weiterhin das meist benutzte öffentliche Verkehrsmittel in Griechenland. Durch ein sehr gut ausgebautes Verkehrsnetz sind auch ganz kleine Ortschaften mit der Außenwelt verbunden. Die Busse fahren am Ausgangsort in der Regel pünktlich ab, dennoch treten bei längeren Strecken Verspätungen aufgrund der teilweise schlechten Straßenverhältnisse häufig auf. Die Bezeichnung für die Überlandbusse ist KTEL. In größeren Städten gibt es häufig mehrere Busbahnhöfe, von denen die Busse jeweils nur in eine Richtung abfahren.
Die Abfahrtszeiten unterliegen häufigen, meist sehr plötzlichen Veränderungen, so dass es auf jeden Fall nötig ist, sich am Fahrkartenschalter zu erkundigen. Auf die ausgehängten Fahrpläne ist oft kein Verlass. Wenn Sie kleine, abgelegene Ortschaften mit dem Bus anfahren wollen, sollten Sie sich vorher erkundigen, ob ein Bus Sie noch am selben Tag zurückbringt. Die Fahrpläne zu den kleinen Ortschaften sind nämlich auf die Bedürfnisse der Einheimischen abgestimmt, d.h. die Busse bringen frühmorgens die Landbevölkerung in die Stadt und fahren dann am Nachmittag zurück. Für Touristen, die mittags oder nachmittags in die Inseldörfer fahren, fährt dann vielleicht kein Bus mehr zurück.

Hinweis
Bei längeren Strecken sind die Fahrkarten gleichzeitig Platzkarten. Wenn die Platzkarten ausverkauft sind, kann man erst mit dem nächsten Bus fahren. Sie sollten deshalb die Fahrkarten so früh wie möglich kaufen. Die Fahrausweise werden häufig kontrolliert und müssen deshalb bis zum Ende der Fahrt aufbewahrt werden. Außerdem ist es ratsam, mindestens 15 Minuten vor der angegebenen Abfahrtszeit an der Haltestelle zu sein, da die Busse häufig schon abfahren, sobald sie gut besetzt sind.

Fragen Sie vor der Abfahrt des Busses den Fahrer nach dem Zielort, denn nicht immer entspricht die Ausschilderung der tatsächlichen Fahrstrecke.

C

⇨ Camping

Das freie Campen ist in Griechenland überall untersagt und wird auch streng kontrolliert; ein Grund für das generelle Verbot ist die überall gegenwärtige Brandgefahr. Die Broschüre der Griechischen Zentrale für Fremdenverkehr „Camping in Greece" informiert über alle registrierten Campingplätze. Die Mehrzahl dieser Plätze wird durch die Fremdenverkehrsbehörde überprüft und klassifiziert.
Die Griechische Zentrale für Fremdenverkehr hat eigene Campingplätze eingerichtet, die in der Regel sehr gut ausgestattet und von Ende April bis Ende Oktober geöffnet sind. Für die Hauptreisezeit ist eine Platzreservierung empfehlenswert.

D

⇨ Deutsch-Griechische Gesellschaft

Die Deutsch-Griechischen Gesellschaften haben sich zur „Vereinigung der deutsch-griechischen Gesellschaften (VDGG)" zusammengeschlossen. Informationen erhalten Sie bei der Geschäftsstelle der Vereinigung der Deutsch-Griechischen Gesellschaften, Gathestraße 22a, 45475 Mülheim/Ruhr, Tel. 0208-71131. Ziele der Deutsch-Griechischen Gesellschaften sind u.a. „die Pflege der deutsch-griechischen Freundschaft, die Förderung partnerschaftlicher Beziehungen zwischen Griechenland und Deutschland, die Pflege des Kontakts zu den in Deutschland lebenden Griechen, die Vertiefung der wissenschaftlichen Zusammenarbeit und die Anregung und Förderung landeskundlicher Forschungen und Publikationen".

E

⇨ Einkäufe und Souvenirs

Außer den typisch griechischen Souvenirartikeln wie z. B. Holzschnitzereien, Gipsfiguren und -vasen nach antiken Vorbildern und Zierrat aus Onyx kann man folgende Artikel besonders gut einkaufen:

- **Handarbeiten**: handgewebte Teppiche nach überlieferten Vorlagen und Hirtenteppiche (Flokati), handgestrickte Pullover aus Naturwolle, feine Häkeleien und Stickereien aus Baumwolle.
- **Keramik**: Keramik- und Töpferarbeiten werden in allen Preislagen angeboten; besonders gut sind die Kopien antiker Vorlagen.
- **Messing- und Kupferarbeiten**: handgearbeitete Kupfer- und Messinggeräte nach alten Vorlagen und individuellen Vorschlägen des Käufers,
- **Lederwaren**: In allen Landesteilen finden Sie eine große Auswahl an Ledertaschen, Gürteln, Brieftaschen und anderen Lederartikeln. Material und Verarbeitung sind in der Regel von guter Qualität.
- **Silber- und Goldwaren**: Das Angebot an Silber- und Goldschmuck ist sehr groß. Beachten Sie bitte, dass die Schmuckstücke nicht immer die bei uns üblichen Stempel tragen, so dass ein Preisvergleich oft schwer ist.
- **Bücher und Bildbände**: Buchhandlungen der größeren Städte führen auch deutschsprachige Bücher. Von besonders guter Ausstattung sind kunstgeschichtliche und archäologische Veröffentlichungen. Foto- und Bildbände sind hervorragend gestaltet und erheblich preisgünstiger als in Deutschland. Bei Fachbüchern und literarischen Texten sind die Übersetzungen nicht immer gelungen.
- **Lebensmittel und Spirituosen**: Gute Weine, ausgezeichnete Weinbrände und der landestypische Anisschnaps „Ouzo" werden überall angeboten. Der griechische Honig ist bekannt für seinen Wohlgeschmack. Wenn Sie das qualitativ hochwertige griechische Olivenöl schätzen, können Sie es in kleinen Kanistern kaufen. Zu den Spezialitäten gehören auch Pistazien und Walnüsse.

Hinweis

Es lohnt sich, einen Blick in die Läden der größeren Museen zu werfen, wo Sie hochwertige, mit einem Zertifikat versehene Kopien aus den staatlichen Museen finden, wie z. B. im Athener Nationalmuseum oder in den Museen von Delphi und Vergína. Es gibt Kopien antiker Statuen, Figuren, Vasen, Ikonen und Schmuckstücke aus allen Epochen. Für die Herstellung und den Vertrieb dieser Kopien ist die Archäologische Kasse (TAP) zuständig, eine Abteilung des Kultusministeriums, die die erzielten Einnahmen ausschließlich den Museen und der archäologischen Forschung zukommen lässt.

⇨ Einreisebestimmungen

Wenn Sie nicht länger als drei Monate in Griechenland bleiben wollen, genügen ein gültiger Personalausweis oder Pass. Kinder unter 16 Jahren müssen entweder im Familienpass eingetragen sein oder einen Kinderausweis mit Lichtbild haben. Vom deutschen und österreichischen Autofahrer werden außerdem noch der nationale Führerschein, Fahrzeugschein und die grüne Versicherungskarte verlangt; Inhaber der schweizerischen Lizenz benötigen einen Internationalen Führerschein. Obligatorisch ist auch das ovale Nationalitätenkennzeichen.

Hinweis

Es ist zu empfehlen, von Pass und Führerschein eine Kopie mitzunehmen. Bei Verlust der Ausweispapiere ist es dann leichter, von der jeweiligen Botschaft Ersatzpapiere zu erhalten.

Um das Reisen mit Tieren zu erleichtern, wird ab Juli 2004 in allen EU-Ländern ein einheitlicher Tier-Reisepass u.a. für Hunde und Katzen eingeführt. Er enthält Angaben über den Besitzer und ein Foto des Tieres und gibt Auskunft über Name, Rasse, Geschlecht, Geburtsdatum, Farbe und Typ des Haarkleids sowie über die durchgeführten Impfungen, insbesondere die vorgeschriebenen Tollwutimpfungen. Der Pass wird vom Tierarzt ausgestellt. Die Impfung muss spätestens 15 Tage vor Einreise nach Griechenland erfolgt sein und darf nicht länger als 1 Jahr zurückliegen. Vorgeschrieben ist außerdem, dass die Tiere zur Identifizierung einen Mikrochip oder eine Tätowierung tragen.

⇨ Elektrizität

Die Stromspannung beträgt im Allgemeinen 220 Volt, auf älteren Schiffen noch 110 Volt.

⇨ Eisenbahn

Das Netz der griechischen Staatseisenbahn (OSE) ist wegen der geographischen Gegebenheiten mit 2 571 km vergleichsweise schwach ausgebaut; so sind beispielsweise der westliche Teil des Festlands und die Halbinsel Chalkidikí gar nicht an das Eisenbahnnetz angeschlossen. Moderne Intercityzüge verkehren zwischen Athen - Thessaloníki (Fahrzeit 6 Std. 15 Min.), Athen - Vólos (Fahrzeit 4 Std. 30 Min.) und Athen - Pátras (Fahrzeit 4 Std.) sowie zwischen Thessaloníki - Alexandroúpoli (Fahrzeit 5 Std. 30 Min.). Außerdem verkehren Züge nach Chálkís auf der Insel Euböa, Kalambáka, Kozáni. Die Züge führen Abteile der 1. und 2. Klasse; die Fahrpreise sind niedrig, Fahrkarten der 1. Klasse sind nur wenig teurer.

Durch Erdbeben und Erderschütterungen verursachte Gleisschäden machen die Fahrt gelegentlich sehr unruhig, jedoch wurde in den letzten Jahren mit Hilfe der EU viel Geld in die Modernisierung des Gleisnetzes investiert; außerdem konnten durch den Einsatz moderner Triebwagen die Fahrzeiten deutlich verkürzt werden. Wichtigster Eisenbahnknotenpunkt ist Athen; dort ist der „Lárissa-Bahnhof“, die Abfahrtstation für Züge in den Norden des Landes und nach Mitteleuropa, durch eine Fußgängerbrücke mit dem „Stathmós Pelopónnisou“, dem Bahnhof für Züge zur Peloponnes, verbunden.

Hinweis
In Athen erhalten Sie Fahrkarten im Hauptbüro der Griechischen Eisenbahn (OSE), Karolou 1 oder Odós Sina 6. Da die Fahrkarten gleichzeitig Platzkarten sind, sollte man sie rechtzeitig besorgen. Informationen zu den Eisenbahnverbindungen finden Sie im Buch bei den jeweiligen regionalen Reisehinweisen.

Wenn Sie genügend Zeit haben, ist eine Reise mit der griechischen Eisenbahn, die geruhsam durch schöne Landschaften fährt, ein preiswertes Vergnügen. Für Eisenbahnfreunde ist die Fahrt mit der **Schmalspurbahn** ein besonderes Erlebnis: Etwa 1 ½ Stunden dauert die Fahrt, die von **Vólos** am Pagasitischen Golf entlang zu den traditionellen Dörfern der Pílion-Halbinsel führt und zu den schönsten Strecken Europas zählt.

Auf der Peloponnes verbindet eine **Schmalspurbahn** die Städte Korinth - Pátras - Pírgos - Trípolis - Argos - Korinth, wobei die Fahrt durch viele Haltestellen immer wieder unterbrochen wird. Von dieser ringförmigen Anlage zweigen die Stichbahnen ab Pírgos - Olympia, Pírgos - Katákolon, Kalónero - Kiparissía, Argos - Nauplia, Zevgolátio - Kalamáta.

Sehr eindrucksvoll ist die 22 km lange Fahrt mit der **Zahnradbahn** von Diakoftó nach Kalávrita durch die zerklüftete Gebirgswelt der Peloponnes.

F

⇨ Fahrrad fahren

Fahrrad fahren und Mountainbiking werden bei den Touristen auch in Griechenland immer beliebter. Einige Regionen eignen sich recht gut für Radwanderungen und leichte Bergtouren wie z. B. die Chalkidikí oder das Pílion-Gebirge; auf manchen Inseln wie z. B. Zákinthos ist das Rad fahren völlig problemlos und entsprechend weit verbreitet.

⇨ Feiertage/Feste

Gesetzliche Feiertage sind

1. Januar	Neujahrstag
6. Januar	Dreikönigstag
25. März	Nationalfeiertag zur Erinnerung an den Beginn des griechischen Freiheitskampfes am 25. März 1821
1. Mai	Tag der Arbeit
15. August	Mariä Himmelfahrt
28. Oktober	Nationalfeiertag zur Erinnerung an die Ablehnung des italienischen Ultimatums und an die Invasion von 1940 = Ochi-Tag
25./26. Dezember	Weihnachten

An den gesetzlichen Feiertagen sind Banken, Büros und Geschäfte geschlossen.

Die **beweglichen** Feste Ostern und Pfingsten werden nach dem orthodoxen Kalender festgelegt, so dass die Termine von unseren Feiertagen abweichen.

Ostertermine

Jahr	*Ostern*	*Griechisches Osterfest*
2005	27.03./28.03.	01.05./02.05.
2006	16.04./17.04.	23.04/24.04.
2007	06.04./07.04.	06.04./07.04.

Daneben gibt es eine Fülle lokaler Volksfeste, die meist auf religiöse oder historische Anlässe zurückgehen. Sie werden mit großer Freude und unter aktiver Teilnahme der ganzen Bevölkerung oft über mehrere Tage gefeiert. Meistens sind Besucher willkommen (s.a. Kapitel Bevölkerung und Brauchtum).

Tipp
Die Griechische Zentrale für Fremdverkehr gibt in jedem Jahr kostenlos einen ausführlichen Veranstaltungskalender heraus.

Ferienhäuser und Ferienwohnungen

Das Angebot von geräumigen Ferienwohnungen oder -häusern wächst vor allem in den Fremdenverkehrszentren ständig; zunehmend werden auch Studios und Apartments vermietet, die meist für 2–4 Personen vorgesehen sind. Die Ausstattung ist ausreichend, aber meist recht einfach.

FKK

Freikörperkultur ist in ganz Griechenland verboten und wird nur in sich abgeschlossenen, öffentlich nicht zugänglichen Ferienanlagen toleriert. In abgelegeneren Gegenden kommt das Nacktbaden fast einer Missachtung des griechischen Verständnisses von Sitte und Anstand gleich, denn die Bevölkerung lebt vielfach noch nach überlieferten Traditionen und Wertvorstellungen.

Flüge und Flugverkehr

Griechenland ist durch in- und ausländische Fluggesellschaften an das internationale Flugliniennetz angeschlossen. Innergriechische Fluglinien werden regelmäßig von Olympic Airlines und Aegean Airlines durchgeführt. Von April bis Ende Oktober gibt es von Mitteleuropa auch Charterflüge nach Athen, Thessaloníki, Kavála, Préveza, Kórfu und Áraxos.

Fluggesellschaften

Die griechische Fluggesellschaft **Olympic Airlines** hat Büros an allen griechischen Verkehrsflughäfen und in Berlin, Düsseldorf, Frankfurt, Köln, München, Stuttgart, Wien und Genf (s. auch Stichwort "Anreise").

Lufthansa: Athen, 11, Vass. Sofias, Tel.: 21-03692111
Austrian Airlines: Athen, 8, Odós Othonos, Tel.: 21-03224345
Swissair: Athen, 4 Odós Othonos, Tel.: 21-03231871
Aegean Airlines: Othonos 10, 10557 Athen, Tel.: 21-03315502

Reisen mit dem Flugzeug

Das innergriechische Flugnetz ist gut ausgebaut, zuverlässig und preiswert. Athen ist der Knotenpunkt des internationalen und innergriechischen Flugverkehrs. Die staatliche Fluggesellschaft Olympic Airways verbindet Athen mit **Alexandróupoli**, **Ioánnina**, **Kastoriá**, **Kavála**, **Kozáni**, **Préveza** (Áktion) und **Thessaloníki** auf dem Festland; außerdem werden die Inseln **Kefalloniá, Kórfu, Límnos, Skíathos, Skíros** und **Zákinthos** angeflogen.

Da die Nachfrage nach innergriechischen Flügen groß ist und die Maschinen häufig recht klein sind, ist eine frühzeitige Buchung empfehlenswert.

Die Flugpreise sind niedriger als in Mitteleuropa, z. B. (einfacher Flug, Economy):

Athen - Thessaloníki	75 €	Athen - Kórfu	75 €
Athen - Alexandroúpolis	71 €	Athen - Zákinthos	59 €
Athen - Ioánnina	64 €	Thessaloníki - Límnos	50 €
Athen - Préveza	47 €	Thessaloníki - Kórfu	65 €

Informationen und Tickets erhalten Sie in den **Olympic Airways-Büros**, z. B. in

Agrínio: 9, Votsi & Anastassiadi, Tel.: 26410-22 550
Alexandroúpoli: 6, Ellis & Koletti St., Tel.: 25510-26 207, Fax: 25510-24 441
Athen: Syngrou Avenue 96, Tel.: 210-92 69111, Fax: 210-92 67154
Ioánnina: Ano Kentriki Platia, Tel.: 26510-26 518,
Kastoriá: Megalou Alexandrou 15, Tel.: 24670-22 275, Fax: 24670-26 606
Korfu: Kapodistriou 20, Tel.: 26610-38 695, Fax: 26610-36 634
Préveza: Spiliadou, Tel.: 26850-28 343
Skíathos: Papadiamanti, Tel.: 24270-22 049
Skíros: Kentriki Plateia, Tel.: 22220-91 123
Thessaloníki: 3, Kountouriotou St., Tel.: 2310-36 8311, Fax: 2310-36 8275

Neben Olympic Airways bieten mehrere private Fluggesellschaften Flüge an. **Aegean Airlines** fliegt **von Athen** nach Thessaloníki, Kavála, Alexandroúpolis, Ioánnina, Kórfu, Lésbos, Santorin, Kreta und Rhodos; **von Thessaloníki** nach Athen, Lésbos, Mykonos, Kreta und Rhódos. **Büros von Aegean Airlines**: in **Athen**: Othonos 10, 10557 Athen, Tel.: 210-33 15 502-4, 572, Vouliagmenis Avenue, 16451; Glyfada, Tel.: 210-99 88 350, Fax: 210-99 57 598.

⇨ Foto/Fotografieren

Das Fotografieren ohne Stativ ist in den archäologischen Stätten überall erlaubt; um in den Museen fotografieren zu können, muss man eine zusätzliche Eintrittskarte lösen. Zum Filmen in Museen und archäologischen Stätten ist eine Sondererlaubnis erforderlich. Sehr unterschiedlich ist die Regelung für Videokameras; an manchen archäologischen Stätten wird dafür eine zusätzliche Gebühr erhoben! Das Fotografieren oder Filmen in militärischen Sperrgebieten ist strengstens verboten; Zuwiderhandlungen werden hart bestraft. Achten Sie deshalb bitte auf die aufgestellten Warntafeln.

In allen Ferienorten kann man die gebräuchlichen Markenfilme kaufen, jedoch sollte man beim Kauf auf das Verfallsdatum achten.

Da Filme in Griechenland erheblich teurer sind als in Deutschland, ist es ratsam, ausreichend Filmmaterial mitzunehmen. Achten Sie aber darauf, dass die Filme während Ihres Aufenthalts kühl aufbewahrt werden, z. B. in einer kleinen Isolierbox. Vergessen Sie auch nicht, Ersatzbatterien für die Kamera mitzunehmen.

⇨ Fremdenverkehrsämter

Auskünfte und kostenloses Informations- und Kartenmaterial erhalten Sie von der Griechischen Zentrale für Fremdenverkehr, die Sie in Griechenland unter der Bezeichnung EOT (Ellinikós Organismós Tourismoú) finden.

Büros der Griechischen Zentrale für Fremdenverkehr
in **Deutschland**
- Frankfurt: Neue Mainzer Straße 22, 60311 Frankfurt, Tel.: (069) 237735, Fax: (069) 236576
- Berlin: Wittenbergplatz 3a, 10789 Berlin, Tel.: (030) 2176262, Fax: (030) 2177965
- Hamburg: Abteistraße 33, 20149 Hamburg, Tel.: (040)454498, Fax: (040) 454404
- München: Pacellistraße 2, 80333 München, Tel.: (089) 222035/36, Fax: (089) 297058

in **Österreich**: Wien: Opernring 8, 1015 Wien, Tel.: (0222) 5125317/18, Fax: (0222) 5139189
in der **Schweiz**: Zürich: Löwenstraße 25, 8001 Zürich, Tel.: (01) 2210105, Fax: 2120516

In vielen Orten Griechenlands gibt es Informationsstellen der Griechischen Zentrale für Fremdenverkehr, die Ihnen Ratschläge, Hinweise und Hilfen geben. Die genauen Anschriften finden Sie jeweils bei den Reisepraktischen Hinweisen des betreffenden Ortes.

⇨ Fundbüro

In Athen gibt es ein Fundbüro, in dem Sie vergessene oder verlorene Gegenstände abholen können. Die Anschrift ist Odós Messogion 14, Athen, Tel.: 21-07705711. Auch am neuen Athener Flughafen wurde ein Fundbüro eingerichtet. In den anderen Landesteilen wenden Sie sich am besten an die örtliche Polizei oder die Touristeninformation.

G

⇨ Gastfreundschaft

Filoxénia = Gastfreundschaft = Liebe zum Fremden!

Immer wieder wird auf die Gastfreundschaft der Griechen in Reiseprospekten und Reisebüchern hingewiesen, so als ob der Fremde diese Gastfreundschaft geradezu fordern könne, als sei sie sozusagen im Reisepreis inbegriffen. Bei diesem Verständnis von Gastfreundschaft – der Grieche gibt, der Fremde nimmt – ist es nicht verwunderlich, wenn die griechische Gastfreundschaft dem Touristen gegenüber ihre Ursprünglichkeit verloren hat. Die Gastfreundschaft gehört in Griechenland zu den überlieferten, fraglos übernommenen, allen gemeinsamen Traditionen, die in Stadt und Land gleichermaßen hochgeschätzt werden. Die griechische Sprache unterscheidet nicht zwischen dem „Fremden" und dem „Gast", sie hat für beide nur das Wort „Xénos" – der Fremde ist auch immer der Gast.

In der Vergangenheit war die Fürsorge für den Fremden oberstes Gebot; aller Besitz, auch der kleinste, wurde mit dem Gast geteilt. Jeder Grieche konnte sicher sein, dass auch ihm, wenn er als Fremder in ein Dorf kam, die Gastfreundschaft gewährt wurde. Ausländer wurden anfangs mit derselben Selbstverständlichkeit und Herzlichkeit aufgenommen, aber wenn die Zahl der „Gäste" in die Millionen geht, ist diese Gastfreundschaft nicht mehr zu leisten, zumal die Großzügigkeit der Griechen oft ausgenutzt worden ist. Noch immer aber werden Sie auf Ihren Wanderungen freundlichen und gesprächsbereiten Menschen begegnen. Die Griechen sind auch in abgelegenen Dörfern allen Fremden gegenüber aufgeschlossen und wissbegierig. Sie erfragen vom Gast fast alle Einzelheiten über seine Herkunft, seine Familie, die Zahl der Kinder, seinen Beruf und seine Vermögensverhältnisse und geben ihrerseits bereitwillig Auskunft über die eigene Familie.

⇨ Geld

Auch in Griechenland begann die Einführung des Euro am 1. Januar 2002. Die Griechen sprechen vom „evró", der Cent heißt wie in der alten Währung weiterhin Leptá. Während es bei den Banknoten der einzelnen Nationen keine Unterschiede gibt, sind von den Euro-Münzen verschiedene Versionen im Umlauf. Dabei sind die Vorderseiten der **Münzen** europaweit einheitlich und zeigen den Nennwert von 1, 2, 5, 10, 20 und 50 Cent sowie 1 und 2 €, die Rückseiten der griechischen Münzen zeigen historische Persönlichkeiten des Landes, Gestalten aus der Mythologie sowie antike und moderne Schiffsmodelle.

Die Banknoten, die Abbildungen von Fenstern, Toren und Brücken, eine Karte von Europa und die europäische Flagge zeigen, gibt es zu 5, 10, 20, 50, 100, 200 und 500 €.

⇨ Geschäfte/Öffnungszeiten

Einheitliche Öffnungszeiten für alle Sparten gibt es nicht. Die Geschäfte sind im Allgemeinen von Montag bis Freitag vormittags von 8.30 Uhr bis 14.30 Uhr, freitags nachmittags von 17 bis 20 Uhr geöffnet, Sa von 8 Uhr bis 14 Uhr geöffnet. Da die Saison kurz ist, haben Souvenirgeschäfte in den Ferienzentren oft durchgängig bis 22 Uhr geöffnet.

H

⇨ Handy

Handys sind in Griechenland sehr verbreitet. Die drei großen, flächendeckenden Netze von Cosmote, Telestet und Panafon/Vodafon sorgen meist für guten Empfang.

⇨ Hotels

In Griechenland sind die Hotels bisher in die Klassen Luxus, A, B, C, D und E eingeteilt; zukünftig ist die Klassifizierung, wie international üblich, nach Sternen vorgesehen:

*Kategorie L = *******	*Kategorie B = *****	*Kategorien D und E = **
*Kategorie A = ******	*Kategorie C = ***	

Die Klassifizierung erfolgt jährlich durch die Griechische Zentrale für Fremdenverkehr; in jedem Hotelzimmer muss eine aktuelle Information aushängen, die die Kategorie, den Zimmerpreis und die im Preis eingeschlossenen Leistungen nennt. Die Hotels der Klassen L–C verfügen über Zimmer mit Dusche oder Bad/WC. In den größeren Ferienorten nähert sich die Hotellerie dem internationalen Standard an. In ländlichen Gegenden sind die Hotels meist in Familienbesitz; sie sind in der Regel sauber, aber nur einfach ausgestattet. In der Hauptreisezeit sind die Übernachtungskosten nur wenig niedriger als in Westeuropa, in der Vor- und Nachsaison sind sie deutlich preisgünstiger. Für die Hochsaison, für die Osterferien und für die Zeit des griechischen Osterfestes ist eine rechtzeitige Zimmerreservierung empfehlenswert.

Ausführlichere Informationen s. Stichwort "Unterkünfte".

⇨ Hunde

Obwohl es in vielen Ortschaften ganze Scharen wild lebender Hunde gibt, ist Griechenland kein Paradies für Hunde. Die Griechen haben ein sehr sachliches Verhältnis zu ihren „Nutztieren", zu denen sie auch den Hund zählen. Wenn Sie Ihren Hund mitnehmen wollen, müssen Sie damit rechnen, dass nur wenige Hotel- oder Restaurantbesitzer das Mitbringen von Hunden erlauben, dass an vielen Stränden Hundeverbot herrscht oder dass Hunde in Bussen oder Taxen oft nicht mitgenommen werden. Wollen Sie Ihren Hund dennoch mitnehmen, brauchen Sie einen Internationalen Impfpass mit Tollwutimpfbescheinigung und amtstierärztlichem Gesundheitszeugnis in englischer oder französischer Sprache. Die Impfung muss spätestens 15 Tage vor der Einreise nach Griechenland erfolgt sein und darf nicht länger als 1 Jahr zurückliegen.

Der Hund ist auch im Urlaub dabei!

I

⇨ Internetadressen

Viele griechische Regionen, Städte, Institutionen, Museen und Firmen gerade der Tourismusbranche sind im Internet vertreten; sie stellen sich nicht nur in griechischer Sprache, sondern auch in Englisch, häufig auch in Deutsch dar. Einige gute deutschsprachige Adressen sind:

- www.griechische-botschaft.de: allgemeine und aktuelle Informationen über Griechenland
- www.gzf-eot.de: die Griechische Zentrale für Fremdenverkehr informiert ausführlich über alle Regionen des Landes.
- www.griechenland.de: Informationen zu verschiedenen Reisezielen und zur Urlaubsplanung, Nachrichten, Wetterbericht
- www.hellasproducts.com/az: die Athener Zeitung informiert wöchentlich über Politik, Wirtschaft, Kultur und Tourismus.

Neben verschiedenen Touristikunternehmen stellen sich auch einzelne Regionen mit allgemeinen Informationen, Hotelangaben und Darstellung der Sehenswürdigkeiten im Netz vor. Häufig sind die Fremdenverkehrsämter einzelner Gemeinden zu finden, indem man den Namen der gesuchten Region oder Stadt eingibt und das Landeskürzel „gr" hinzufügt, z. B.

- www.athina.gr, www.kavala.gr oder www.corfu.gr.

K

⇨ Kaikitouren

In manchen Fischerdörfern bieten Fischer ihre **Kaikis** an und bringen die Touristen zu schönen Stränden und einsamen Badebuchten. Je nach Entfernung und Wetterverhältnissen fahren die Kaikis auch zu den kleinen, oftmals unbewohnten, dem Festland vorgelagerten Inseln.

⇨ Kartenmaterial

Neben der diesem Buch beigefügten Karte gibt es umfangreiches Kartenmaterial von Griechenland, den Provinzen und Inselgruppen oder einzelnen Inseln. Auf den meisten Karten werden die Ortsnamen in griechischer und lateinischer Schrift angegeben; eine einheitliche Schreibweise der Namen gibt es jedoch nicht, was manchmal zu Verständnisschwierigkeiten führt (s. Stichwort „Schreibweise“). Zuverlässig und brauchbar sind die folgenden Karten:

- **ADAC**, Griechenland, Maßstab 1: 750.000
  - ADAC Stadtplan: Athen, Maßstab 1:15.000
- **Freytag & Berndt**, Griechenland, Maßstab 1:650.000 mit landeskundlichen Informationen
  - F&B Griechenland 02. Chalkidiki-Thessaloniki 1:200.000 Freytag & Berndt Autokarte
  - F&B Griechenland 03. Pelion-Skiathos-Skopelos 1:100.000 Freytag & Berndt Autokarte
  - F&B Griechenland 04. Athen-Delphi-Euböa 1:250.000 Freytag & Berndt Autokarte
  - F&B Griechenland 15. Korfu 1:100.000 Freytag & Berndt Autokarte.
  - F&B Griechenland 17. Zakinthos 1:50.000 Freytag & Berndt Autokarte.
  - F&B Kefalloniá 1:50.000 Freytag & Berndt
  - F&B Lefkada 1:50.000 Freytag & Berndt
- **Road Editions Greece**, Maßstab 1:500.000, Thrakien (Thrace), Maßstab 1:250.000, Road Editions, Karte 1
  - Mazedonien (Macedonia), Maßstab 1:250.000, Road Editions, Karte 2
  - Epiros-Thessaly, Maßstab 1:250.000, Road Editions, Karte 3
  - Central Greece, Maßstab 1: 250.000, Road Editions, Karte 4
  - Pilion, Maßstab 1:60.000, Road Editions. Bl.33
  - Attica, Maßstab 1. 50.000, Road Editions
  - Chalkidiki, Maßstab 1: 150.000, Road Editions

Die Karten von Road Editions sind **genau und zuverlässig**.

Eine Karte von Griechenland im Maßstab 1:1.000.000, einen Stadtplan von Athen und Informationsbroschüren zu den einzelnen Regionen erhalten Sie kostenlos von der Griechischen Zentrale für Fremdenverkehr. Zuverlässig sind auch die vom ADAC herausgegebenen und ständig aktualisierten Informationsbroschüren.

Hinweis

Da die Kennzeichnung der Straßen, z.B. „Autobahn“ oder „Hauptstraße“, nicht immer mitteleuropäischen Maßstäben entspricht, sollte man bei der Planung der Fahrstrecken die Fahrzeiten großzügig berechnen.

⇨ Kinder

Griechenland ist ein kinderfreundliches Urlaubsland. Die Griechen haben meist ein freundliches Wort für die Kinder und finden es ganz selbstverständlich, dass diese an allem teilnehmen. Die meisten Hotels sind auf Reisende mit Kindern eingestellt. Kinderbetten oder Zustellbetten werden gegen einen geringen Aufpreis ins Elternzimmer gestellt, Kinderstühlchen gibt es jedoch eher selten. Die meisten Hotels verfügen auch über Kinderschwimmbecken, die größeren Anlagen bieten auch ein Kinderprogramm an.

⇨ Kindernahrung

Kinderfertignahrung der bekannten Firmen gibt es in den Apotheken, Drogerien und Supermärkten der großen Ferienzentren. Achten Sie in kleineren Läden bitte unbedingt auf das Haltbarkeitsdatum, da die Waren häufig lange in den Regalen stehen.

⇨ Kino

In Athen und in den größeren Ferienorten gibt es Filmtheater, in denen neben griechischen auch internationale Filme in Originalsprache mit griechischen Untertiteln gezeigt werden. Es gibt in den Kinos keine festgesetzten Einlasszeiten. Man kann jederzeit das Kino betreten und sich beliebig lange das Filmgeschehen anschauen, das bis in die Nacht hinein andauert. Ein besonderes Vergnügen ist der Besuch eines Sommerkinos (s. Kapitel 4: Was unternehmen wir?, S. 70).

⇨ Kirchen- und Klosterbesuche

Die Öffnungszeiten der Klöster sind nicht einheitlich geregelt, sondern werden jeweils von den Mönchen oder Nonnen selbst bestimmt. Während der Mittagszeit von 14 bis 17 Uhr sind die Klöster im Allgemeinen geschlossen. Beim Besuch von Kirchen und Klöstern wird von den Besuchern angemessene Kleidung verlangt, d. h. für Männer sind keine kurzen Hosen erlaubt, für Frauen keine langen Hosen und unbedeckte Schultern. Gelegentlich liegen deshalb am Klostereingang lange Röcke, große Tücher oder Umhänge bereit, die man überziehen kann. Für Griechen sind beim Kirchenbesuch das Anzünden einer Kerze und eine Geldspende selbstverständlich, denn gerade die kleinen Kirchen und Klöster sind oft auf Spenden angewiesen.

⇨ Kleidung und Reiseutensilien

Für den Sommer sind leichte Kleidungsstücke, besonders Baumwollsachen, zu empfehlen, jedoch sollten Sie auf jeden Fall auch einen warmen Pullover, eine Strick- oder Windjacke mitnehmen, da fast immer ein leichter Wind geht und die Abende auch im Sommer kühl sein können. Die Frühlingsmonate März und April können noch sehr kühl und wetterwendisch sein, so dass wärmere Kleidung notwendig ist; das Gleiche gilt für den Herbst. Auch ist an einen leichten Regenschutz zu denken, da es gelegentlich zu Gewittern oder kurzen Schauern kommt.

Sonnenbrille, Sonnenschutzmittel, Kopfbedeckung, Badeschuhe ggf. Insektenschutzmittel, Fernglas, Taschenlampe und Steckerset sind für einen Griechenland-Aufenthalt nützlich.

Wenn Sie gerne wandern, sollten Sie auch im Sommer neben festen Schuhen lange Hosen einpacken, da Sie oft durch unwegsame, recht stachelige Macchia Ihren Weg suchen müssen. Eine kleine Reiseapotheke sollte enthalten: Pflaster, Verbandsstoff, Kopfschmerztabletten, Tabletten gegen Durchfall und Verstopfung, ein Mittel gegen Seekrankheit, Brandgel, ein Mittel gegen Insektenstiche.

⇨ Kreditkarten

In den Großstädten und den großen Ferienzentren werden Kreditkarten in Hotels, Geschäften und bei Mietwagenfirmen akzeptiert. In kleineren Dörfern und abgelegenen Regionen sind sie jedoch nicht zu gebrauchen.

M

⇨ Mauleselritte

In manchen Dörfern mit ihren engen Treppengassen und zahllosen Stufenwegen sind **Maultiere** für die Bevölkerung noch immer ein wichtiges Transportmittel. In manchen Orten warten Führer mit ihren Maultieren auf Touristen, um sie zum nächsten Ort oder zu einer Sehenswürdigkeit zu bringen.

⇨ Mietfahrzeuge/Mietwagen

Außer den großen internationalen Mietwagenfirmen gibt es einheimische Firmen, die ebenfalls Mietwagen und Zweiräder verschiedener Kategorien anbieten. Während die Preise der großen Agenturen nahezu gleich sind, liegen die Tarife der örtlichen Anbieter meist darunter, jedoch ist bei deren Wagen der Qualitätsstandard nicht immer gewährleistet. Schauen Sie sich also Ihren Wagen immer genau an! Voraussetzung für das Mieten eines Wagens ist ein Mindestalter von 21 Jahren und der Besitz eines internationalen Führerscheins; für deutsche Staatsbürger genügt der nationale Führerschein. In den Mietpreisen ist die Haftpflichtversicherung enthalten, jedoch gilt sie bei manchen Firmen nur bis zu einer bestimmten Höhe. Empfehlenswert ist deshalb eine Vollkaskoversicherung mit Eigenbeteiligung.

In den Hauptreisezeiten ist die Nachfrage groß, eine rechtzeitige Reservierung ist zu empfehlen. Die Preise der Mietwagen sind in Griechenland vergleichsweise hoch; so muss man schon für einen Kleinwagen (z. B. Opel Corsa, 3-türig) ca. 40–50 € pro Tag oder 230–265 € pro Woche bezahlen. Preisgünstiger ist es, wenn man den Wagen bei einem internationalen Vermieter bereits zu Hause bucht oder die sogenannten Fly & Drive-Angebote der Reiseveranstalter in Anspruch nimmt.

Sie können bei den internationalen Firmen den Wagen schon in Deutschland reservieren lassen unter den Nummern:

Avis: (0180) 55577, Fax: (06171) 681807
Europcar: (01805) 221122, Fax: (040) 52018610
Hertz: (01805) 333535, Fax: (06196) 937116
Sixt/Budget: (01805) 214141, Fax: (0381) 6704181

Zweiräder: In allen Ferienorten finden Sie zahlreiche Firmen, die Fahrräder, Mountainbikes, Mofas, Mopeds oder Vespas anbieten. Die Fahrzeuge haben einen sehr unterschiedlichen Standard, so dass es auf jeden Fall wichtig ist, Bremsen, Licht, Gangschaltung u.ä. zu überprüfen. Fragen Sie auch nach Werkzeug oder Flickzeug, denn die Straßen sind oft nicht in bestem Zustand.

Preisbeispiele:
- **Fahrrad**: ab ca. 4 € pro Tag; die Räder sind meist sehr einfach, haben oft keine Gangschaltung, selten einen Gepäckträger. Auf jeden Fall sollten Sie Bremsen, Licht etc. überprüfen und Flickzeug mitnehmen.
- **Mountainbike**: ab ca. 6 € pro Tag; sie sind auf unbefestigten Wegen besser als die Fahrräder für Ausflüge geeignet, haben jedoch nur selten Licht.
- **Mofa**: ab ca. 10 € pro Tag; diese leicht zu fahrenden Räder sind häufig in sehr schlechtem Zustand, geringer Benzinverbrauch, auf jeden Fall Bremsen überprüfen!
- **50 ccm-Maschine**: ab ca. 15 € pro Tag; meist mit 3-Gang-Schaltung, für Inselfahrten geeignet.
- **Vespa**: ab ca. 18 € pro Tag; gut geeignet für Fahrten auf asphaltierten und befestigten Straßen, relativ schnell.
- **80 ccm-Maschinen**: für unwegsame und bergige Strecken geeignet.

Unterwegs mit Mofa, Moped und Vespa

Zweiräder erfreuen sich bei den Touristen immer größerer Beliebtheit, da sie leicht zu fahren und auch für unbefestigte Straßen geeignet sind. Vermieter gibt es in allen größeren Ferienorten, die Preise sind von Ort zu Ort verschieden.

Wenn Sie ein Zweirad mieten, beachten Sie bitte:
- die Zweiräder werden stark beansprucht und nur wenig gewartet, sind deshalb häufig in schlechtem Zustand und entsprechen nicht immer unseren Sicherheitsanforderungen. Es ist deshalb ratsam, noch beim Vermieter das Fahrzeug zu überprüfen und auf Mängel hinzuweisen;
- die Straßen und Erdpisten haben viele Schlaglöcher und Spurrillen; gefährliche Kurven sind nicht gekennzeichnet;
- bei den Mietverträgen ist im Allgemeinen eine Haftpflichtversicherung eingeschlossen; für Schäden am Fahrzeug haften Sie selbst; fragen Sie auf jeden Fall nach!

Unterwegs mit dem Fahrrad

Das Rad fahren in Griechenland kann bei guter Kondition und Ausrüstung ein herrliches, wenn auch anstrengendes Vergnügen sein. Abseits der Hauptstraßen herrscht nur wenig Verkehr; entdecken Sie die Schönheiten der griechischen Landschaft, aber stellen Sie sich auch auf mühevolle Tourenabschnitte und schwierige Bergpassagen ein. Die Sommermonate sind wegen der großen Hitze für eine längere Fahrradtour jedoch ungeeignet; besser sind die Monate April/Mai und die Herbstmonate. Die griechische Eisenbahn befördert gegen einen Aufpreis auch Fahrräder; zur Überfahrt zu den Inseln können Sie die normalen Fähren, nicht aber die Tragflügelboote benutzen.

Noch einige Hinweise

- *Nehmen Sie von zu Hause genügend Flickzeug und Ersatzteile mit, da diese in kleineren Ort nur schwer zu bekommen sind,*

- *Vermeiden Sie Fahrten während der Mittagszeit; besser ist ein Aufbruch in den frühen Morgenstunden, eine längere Pause am Mittag und die Weiterfahrt am späten Nachmittag,*
- *Versorgen Sie sich immer mit ausreichend Wasser, einem Sonnenschutz und Sonnenschutzmittel.*

⇨ Museen

Die Öffnungszeiten der Museen und archäologischen Stätten sind nicht einheitlich geregelt und werden oft sogar innerhalb einer Saison ohne Vorankündigung geändert. Im Allgemeinen gelten jedoch folgende Öffnungszeiten: täglich zwischen 9 und 15 Uhr, Mo geschlossen. Die Eintrittspreise liegen zwischen 1,50 und 12 €.

N

⇨ Notrufe

Seit August 2001 ist unter der gebührenfreien Rufnummer **112** der **Notdienst** Tag und Nacht erreichbar.

Der ADAC hat in Zusammenarbeit mit dem griechischen Automobil- und Touring Club (ELPA) deutschsprachige Notrufdienste eingerichtet:
Athen: Tel.: 21-07775644 (ganzjährig)
Thessaloníki: Tel.: 231-0412290 (von Juni bis September)
Darüber hinaus bieten die folgenden Stellen Beratung und Hilfe an:

Touristenpolizei Athen: Tel.: 21-171	Medizinischer Notdienst: Tel.: 166
Rettungsdienst Athen: Tel.: 21-151	Feuerwehr: Tel.: 199
Polizei: Tel.: 100	Automobilclub Pannenhilfe: Tel.: 104

Von Griechenland können Sie die folgenden Notdienste in Deutschland erreichen:
ADAC-Notrufzentrale München: (0049/89) 222222 – 24 Stunden Dienst
ADAC-Ambulanz: (0049/89) 767676 – täglich: von 8–20 Uhr, in der Hauptreisezeit von 7–23 Uhr

P

⇨ Parken

Parkplatzprobleme gibt es vor allem in Athen, Thessaloníki und anderen größeren Städten; in den kleineren Ortschaften ist die Parkplatzsuche weitgehend unproblematisch.

⇨ Philatelie

In den Postämtern sind die Neuerscheinungen an Briefmarken ausgehängt. In den Hauptpostämtern finden Sie Sonderschalter für Briefmarkensammler, in denen es neue Briefmarkenserien und Sonderstempel gibt. Vorbestellungen und Abonnements können aufgegeben werden beim: Philatelistischen Dienst, 100, Odós Eolou, Athen.

⇨ Polizei

Die Polizei ist in allen Städten unter der Rufnummer **100** zu erreichen.

⇨ Post

Die griechischen Postämter sind nicht für Telefongespräche und Telegrammaufgabe zuständig. Dies ist nur in den Fernsprechämtern O.T.E. möglich. Postämter oder Poststellen gibt es in nahezu allen Ortschaften, die mehr als 500 Einwohner haben. Die Postämter sind in der Regel Mo–Fr von 9–14 Uhr geöffnet, Sa/So geschlossen. Die Gebühren für Postkarten und Standardbriefe sind gleich, werden aber häufig, auch innerhalb eines Jahres, verändert. Fragen Sie deshalb bitte nach! Die ins Ausland gehenden Postsendungen werden in der Regel per Luftpost befördert, in den Hauptreisezeiten Briefe häufig schneller als Ansichtskarten. Die Briefkästen sind in Griechenland gelb.

Wenn Sie in Griechenland ein Paket aufgeben wollen, beachten Sie bitte, dass das Paket unverschnürt dem Postbeamten vorgelegt werden muss. Erst nach der Überprüfung wird das Paket verschlossen. Das Verpackungsmaterial muss mitgebracht werden. Postlagernde Sendungen können an jedes Postamt gerichtet werden (Poste restante).

R

⇨ Rauchen

Auch wenn die Griechen im europäischen Vergleich zu den stärksten Rauchern zählen, gilt inzwischen das Rauchverbot nicht nur auf allen innergriechischen Flügen und in allen öffentlichen Verkehrsmitteln, sondern auch in allen öffentlichen Gebäuden, Schulen, Krankenhäusern und Arztpraxen. In Restaurants und Bars sollen Nichtraucherbereiche eingerichtet werden; nur in den traditionellen Kafenía darf uneingeschränkt geraucht werden.

⇨ Restaurants

s. auch Kapitel „Griechenland kulinarisch", S. 61ff

Für die Restaurants gibt es genaue Vorschriften: auf allen Speisekarten in Restaurants, Bars und Cafés müssen die Kategorie und die Endpreise der angebotenen Speisen angegeben werden. Es dürfen im Allgemeinen keine Mindestbestellungen verlangt werden, nur in Bars und in Ausnahmefällen in solchen Restaurants, die direkt am Meer liegen oder als Ausflugslokale bezeichnet werden. In Lokalen, die als touristisch eingestuft sind, darf ein Zuschlag von 5 % auf die Preise verlangt werden. Auch das Gewicht der Portionen ist gesetzlich festgesetzt. Alle gegrillten und gebratenen Fisch- und Fleischsorten, die pro Kilo verkauft werden, müssen genau ausgewogen werden.

⇨ Rundfunk

Der staatliche griechische Rundfunk (E.R.T) strahlt werktags um 7.30 Uhr, sonntags um 7.15 Uhr Nachrichtenprogramme mit Wettervorhersagen in englischer, französischer, italienischer und auch deutscher Sprache aus auf den Frequenzen 728 kHz (ERT 1) und 1385 kHz (ERT 2). Da es sich dabei um Übersetzungen der griechischen Nachrichten handelt, informieren die Sendungen mehr über Griechenland und weltpolitische Ereignisse. Nachrichten aus Deutschland, aktuelle Sportinformationen und Reisenotrufe können Sie stündlich über die Deutsche Welle erfahren. Das aktuelle Programm der Deutschen Welle mit Sendezeiten und Frequenzangaben erhalten Sie in Köln: Deutsche Welle, Hörerpost, Raderberggürtel 50, Postfach 100444, 50588 Köln, Tel.: 0221/38930, Fax: 0221/3893000.

Über die ADAC-Zentrale in München, Tel.: (089) 7676-2653, werden kostenlose Reisenotrufe auch nach Griechenland vermittelt.

S

⇨ Schiffsverbindungen

Piräus ist der zentrale Hafen für den gesamten griechischen Schiffsverkehr, wo sternförmig alle Schifffahrtslinien zusammenlaufen. In den letzten Jahren wurden verstärkt direkte Verbindungen zwischen den Inseln eingerichtet. Davon profitieren auch viele Feriengäste, denn das „Insel-Hüpfen" wird dadurch wesentlich erleichtert.

Auskünfte über alle Schiffslinien, -verbindungen und Fahrtzeiten gibt der monatlich erscheinende „Key Travel Guide". Er ist auch in Deutschland erhältlich bei: Hellas-Orient-Reisen, Kaiserstr. 11, 60311 Frankfurt. Für die Reiseplanung ist der „Key Travel Guide" zu empfehlen; für die Schiffsreise selbst ist es jedoch auf jeden Fall notwendig, die genauen Abfahrtszeiten des jeweiligen Schiffes zu erfragen, da diese sehr häufig wechseln.

Reisen mit dem Schiff

Die Fährverbindungen zwischen Pátras und den italienischen Hafenstädten finden Sie unter dem Stichwort "Anreise". Alle Inselgruppen sind durch regelmäßigen **Fährverkehr** mit dem Festland verbunden; Verbindungen zwischen den Inseln derselben Gruppe sind nicht immer gegeben. Genauere Hinweise finden Sie bei den jeweiligen Hafenorten. Beachten Sie jedoch bitte, dass die Abfahrtszeiten sehr häufigen Veränderungen auch innerhalb eines Jahres unterworfen sind.
Eine Schiffsfahrt gehört mit zu den schönsten Griechenlanderlebnissen, wenn man an Deck bei Sonnenschein und leichtem Wind die Fahrt entlang der Küste oder durch die Inselwelt genießt. Denken Sie dabei aber an die intensive Sonnenstrahlung und schützen Sie sich durch Sonnenschutzmittel oder einen Pullover.

Die **Tragflügelboote**, die „Flying Dolphins", verkehren während der Sommermonate sehr häufig; sie sind schnell, zuverlässig, pünktlich und etwa um 30 % teurer als die Fähren. Ab Ende September sind die Verbindungen deutlich eingeschränkt. Tragflügelboote verkehren vor allem zwischen Thessaloníki, Vólos, Euböa und den Nördlichen Sporaden. Außerdem verbinden sie Piräus mit den Saronischen Inseln, der Insel Kíthera und einigen Orten auf der Peloponnes.

Hinweis
Die Griechische Zentrale für Fremdenverkehr gibt jährlich eine Broschüre über die innergriechischen Fährverbindungen heraus. Diese ist als Orientierungshilfe sehr geeignet; da aber Fahrpläne und Abfahrtszeiten sehr häufig – meist ohne Vorankündigung – geändert werden, müssen Sie Routen, Abfahrtszeiten und Preise auf jeden Fall noch überprüfen.

⇨ Schreibweise

Die Schreibweise der griechischen Namen ist auf Straßen- und Hinweisschildern sowie auf Karten sehr unterschiedlich. In diesem Reiseführer wird die offizielle Transskriptionsliste zugrunde gelegt; außerdem werden Namen und Schreibweisen, die im Deutschen gebräuchlich sind, beibehalten, z. B. Athen statt Athína, Nauplia statt Náfplion, Theben statt Thíva. Für griechische Namen werden Betonungszeichen verwendet.

⇨ Schulferien

Die griechischen Sommerferien dauern 3 Monate von Mitte Juni bis Mitte September. Für diese Hauptreisezeit ist eine frühzeitige Hotel- oder Zeltplatzreservierung notwendig, wenn Sie mehrere Tage an einem Ort bleiben möchten. In bevorzugten Reisegebieten und besonders beliebten Ferienorten sind anderenfalls nur sehr schwer Unterkünfte zu finden.

⇨ Strom/Steckdosen

Nur noch in Ausnahmefällen, z. B. auf älteren Schiffen, findet man 110 Volt-Gleichstrom vor, im Allgemeinen gibt es im ganzen Land 220 Volt Wechselstrom. Auf die griechischen Steckdosen passen nur die flachen Euro-Stecker. Für Elektrogeräte, z. B. Föhn, Reisebügeleisen, Tauchsieder ist ein Zusatzstecker „Südeuropa" erforderlich.

T

⇨ Taxi

Da das Taxi fahren in Griechenland vergleichsweise billig ist, wird von Taxifahrten auch erheblich mehr Gebrauch gemacht. In allen größeren Orten gibt es ausreichend Taxis. Man kann die Taxis telefonisch bestellen oder an den Taxiständen auf die Taxis warten oder einfach vorbeifahrende Taxis anhalten.

Bei den Taxen sind 2 Typen voneinander zu unterscheiden:
- das **Stadttaxi** (Taxí), das nur innerhalb des Stadtgebietes fährt und die Fahrtkosten über den Taxameter berechnet, und
- das **Überlandtaxi** mit dem Schild „Agoréon", das auch in entferntere Regionen fährt; für diese Fahrten gibt es meist Festpreise, die in einer verbindlichen Preisliste am Taxenstand oder im Taxi aufgeführt sind. Andernfalls empfiehlt es sich bei längeren Strecken vor Fahrtantritt den Preis auszuhandeln.

In manchen Dörfern, in denen die Gassen sehr schmal und verwinkelt sind, werden die Fahrgäste einige Meter vor ihrem Ziel oder außerhalb der Ortschaft abgesetzt, da die Taxis zu breit für die Gassen sind.

Hinweis
Für Fremde ungewohnt und deshalb oft Anlass für Mißverständnisse ist die in Griechenland übliche Praxis, dass auch bereits besetzte Taxis noch anhalten, um einen weiteren Fahrgast mitzunehmen, der in die selbe Richtung fahren will. Der Preis wird dann für jeden Fahrgast extra ermittelt, indem die Differenz zwischen dem Taxameterstand beim Einsteigen und dem Zählerstand beim Aussteigen berechnet wird. Wer als erster einsteigt, muss auch die Grundgebühr zahlen.

In einigen Ferienorten gibt es Sammeltaxis, die zu einem Festpreis verkehren und so lange Fahrgäste aufnehmen, wie Platz im Wagen ist.

⇨ Telefonieren

Seit 2002 gelten in Griechenland die neuen zehnstelligen Telefonnummern. Dabei ist besonders zu beachten, dass vor der Nummer des gewünschten Anschlusses **immer – auch bei Ortsgesprächen** – die Vorwahlnummer mitgewählt werden muss! Am Beispiel Athen muss jetzt aus Deutschland gewählt werden: 00 30 (Landeskennzahl für Griechenland), 21 (Vorwahl für Athen) 08843711 (die um die Null ergänzte Rufnummer). Für **Auslandsgespräche** gelten folgende Vorwahlnummern:

Deutschland 0049, Österreich 0043, Schweiz 0041

Danach werden die Ortskennzahl der gewünschten Stadt, jedoch ohne die Null, und dann die Rufnummer des Teilnehmers gewählt.

Die Telefon- und Telegrafenämter (O.T.E.) sind in Griechenland von den Postämtern getrennt. Die halbstaatliche Gesellschaft hat in allen Städten und größeren Ortschaften Amtsstellen eingerichtet; alle „Büros" sind mit O.T.E. gekennzeichnet. Die Gesprächskosten werden über einen Gebührenzähler abgerechnet.

Außerdem wurden in den letzten Jahren auch in ganz abgelegenen Gegenden **Kartentelefonzellen** aufgestellt, von denen aus auch Ferngespräche geführt werden können. Telefonkarten für 100 Einheiten (3 €) sind an vielen Kiosken und in Supermärkten erhältlich. Die preisgünstigeren Telefonkarten zu 200 Einheiten, 500 Einheiten und 1.000 Einheiten werden meist nur in den Telefonämtern verkauft. Eine weitere Möglichkeit zu telefonieren, sind die an den Kiosken aufgestellten Telefonapparate, bei denen Sie einen kleinen Aufpreis zahlen müssen. Dabei gilt:

- die roten Telefonapparate sind nur für Ortsgespräche,
- die grauen oder schwarzen Telefonapparate sind für Ferngespräche.

⇨ Toiletten

Öffentliche Toiletten sind sehr selten. Sie sind, wie auch die Toiletten in Restaurants, beschriftet mit: Herren (ΑΝΔΡΩΝ) und Damen (ΓΥΝΑΙΚΩΝ). Die öffentlichen sanitären Anlagen sind meistens sehr einfach, häufig verstopft und oft leider auch sehr verschmutzt. Da wegen der Verstopfungsgefahr kein Toilettenpapier in die Toiletten geworfen werden soll, stehen in den Toiletten Abfalleimer bereit. Häufig ist kein Toilettenpapier vorrätig.

⇨ Touristenpolizei

Die Touristenpolizei ist in ganz Griechenland unter der Rufnummer 171 zu erreichen. Zu ihren Aufgaben gehört die Betreuung der Fremden, was von einfachen Auskünften bis zur Zimmervermittlung reichen kann. Die Polizisten dieser Abteilung tragen eine blaue Uniform und als Abzeichen die Flagge des Landes, dessen Sprache sie sprechen.

⇨ Trinkgelder

In Hotels, Restaurants und Tavernen ist das Trinkgeld in der Regel inbegriffen, dennoch ist es inzwischen üblich geworden, die Rechnungssumme aufzurunden. Außerdem werden Trinkgelder an Taxifahrer, Friseure, Platzanweiser und Hotelangestellte je nach Belieben gegeben, i.d.R. 1–2 €.

U

⇨ Umweltschutz

Bei einem Aufenthalt in Griechenland wird schnell deutlich, dass das Umweltbewusstsein bei vielen Griechen nur wenig ausgeprägt ist und die Notwendigkeit des Umweltschutzes noch immer nicht erkannt wird. Wer sich bewusst umsieht, wird den Müll an Straßenrändern, in Tälern und Schluchten oder an den Stränden bemerken, der von Jahr zu Jahr trotz intensiver Aufklärungsarbeit in den Schulen und zahlreicher Kampagnen in den Medien noch immer zuzunehmen scheint. Häufig passiert es, dass man auf einer Fahrt oder Wanderung eine malerische Ortschaft, einen schönen Strand oder ein reizvolles Tal entdeckt, beim Näherkommen aber feststellen muss, dass auch dort alter Hausrat, Müll, Autowracks, Ölkanister und Unmengen von Plastikflaschen und -tüten angehäuft sind, obwohl die Müllabfuhr in den letzten Jahren deutlich verbessert wurde.

Als Maßnahmen zum Schutz der Umwelt sind im neuen Regierungsprogramm der Bau von Kläranlagen, die Bekämpfung der Luftverschmutzung in den Ballungszentren Athen und Thessaloníki und verschärfte Auflagen zum Schutz des Meeres vor Verunreinigungen vorgesehen, denn nach Einschätzungen von Greenpeace laufen rund 635.000 Tonnen Öl jährlich aus Schiffen, von Städten und Industrieanlagen in das Mittelmeer aus.

Um so erstaunlicher ist, dass, wie in den Jahren zuvor, auch in 2003 knapp 99 % der griechischen Küstengewässer die EU-Standards für die Wasserqualität der Badegewässer erfüllten, was Griechenland den ersten Platz unter allen EU-Ländern sichert.

⇨ Unterkünfte

Um den ständig größer werdenden Bedarf an Übernachtungsmöglichkeiten decken zu können, werden überall in Griechenland Hotels, Pensionen und Apartmenthäuser gebaut. Dabei fällt auf, dass es nur vergleichsweise wenige große, internationale Hotelketten gibt und dass sich die Mehrzahl der Hotels in Privatbesitz befindet. Daraus ergibt sich einerseits der Vorteil, dass die Hotels ganz individuell betrieben werden können, andererseits können gerade durch diese Individualität Veränderungen sehr viel schneller auftreten, Kontinuität ist weniger gewährleistet, die Vergleichbarkeit ist erschwert.

Trotz des großen Angebots kann es im Sommer zu Engpässen kommen, vor allem an den Sommerwochenenden und in den Schulferien, wenn auch griechische Familien zu Ausflügen in die nahe gelegenen Küstenorte und Bergdörfer aufbrechen. Die Nähe zu Athen machen dann vor allem Euböa, die Küstenabschnitte von Attika und die Saronischen Inseln zu beliebten Ausflugszielen der Athener, das Gleiche gilt für die Halbinsel Chalkidikí, die in nur einer Autostunde von Thessaloníki aus zu erreichen ist. Rechtzeitige Hotel-Reservierungen sind deshalb auf jeden Fall zu empfehlen.

Hotels und Pensionen: In Griechenland waren die Hotels bisher in die Klassen Luxus, A, B, C, D und E eingeteilt. Nun wird Griechenland die international übliche Klassifizierung nach Sternen übernehmen: Kategorie L = 5 *, Kategorie A = 4 *, Kategorie B = 3 *, Kategorie C = 2 *, Kategorien D und E = 1 *. Die Klassifizierung erfolgt jährlich durch die Griechische Zentrale für Fremdenverkehr; in jedem Hotelzimmer muss eine aktuelle Information aushängen, die die Kategorie, den Zimmerpreis und die im Preis eingeschlossenen Leistungen nennt. Die Preise in Athen, Thessaloníki und Delphi sind deutlich höher als im übrigen Griechenland; in der Vor- und Nachsaison und bei längerem Aufenthalt sind Preisnachlässe durchaus üblich.

Kategorie		*Preis/Doppelzimmer in der Hochsaison*
*****/L	luxuriöse und sehr komfortable Hotels, die allen Ansprüchen gerecht werden	ab 115 €
****/A	moderne Hotels mit international sehr gutem Standard, viel Komfort und breitem Angebot an Unterhaltungsmöglichkeiten oder sehr individuelle Übernachtungsmöglichkeiten in restaurierten Herrenhäusern	ab 75 €
***/B	Hotels in guter Lage mit gutem Service, angenehmer Ausstattung und Einrichtungen wie z. B. Bar, Terrasse, Swimmingpool und Aufenthaltsraum. Einschränkungen in dieser Kategorie sind möglich, wenn es sich um alte traditionsreiche Häuser handelt, deren Zustand nicht mehr ganz den heutigen Ansprüchen entspricht	ab 58 €
**/C	Mittelklassehotels mit ausreichender Ausstattung wie Dusche/WC, Balkon, Frühstücksraum. Hierzu gehört die Mehrzahl der in den letzten Jahren gebauten, mittelgroßen Hotels in Familienbesitz. Die Qualität kann unterschiedlich sein und ist zumeist abhängig von der Einstellung und dem Erfahrungsschatz des Besitzers	ab 45 €
*/D u. E	einfache Hotels, nicht immer mit Bad, häufiger mit Etagendusche und karger Ausstattung; in den abgelegenen Bergdörfern finden Sie häufig ältere Häuser dieser Kategorie, die teilweise wunderschöne Ausblicke haben. Da sie oft nur über wenige Zimmer verfügen, kann die Betreuung durch die Besitzer sehr persönlich sein	ab 15 €

Pensionen und Privatzimmer: Für Pensionen und Privatzimmer wurde 2000 ein neues System zur Kategorisierung der Zimmer eingeführt. Je nach Qualität und Ausstattung können bis zu vier „Schlüssel" vergeben werden, die zuvor nach einem Punktesystem ermittelt werden. Für einen „Schlüssel" werden 3.000 Punkte benötigt. Das Angebot an Privatzimmern ist sehr groß. Häufig sieht man die ausgehängten Schilder „rent rooms" oder „rooms to let". Für viele Familien ist die Zimmervermietung eine zusätzliche Einnahmequelle. Die Ausstattung der Zimmer ist zumeist einfach, der Zustand ordentlich und sauber; die neueren Häuser haben meistens Zimmer mit Du/WC. Auch die Privatunterkünfte unterstehen der Aufsicht durch die Touristenpolizei und orientieren sich an vorgegebenen Preiskategorien.

Ferienwohnungen: Das Angebot an Ferienwohnungen, Apartments, Studios und Ferienhäusern wächst ständig; die Studios verfügen meist über eine Küchenzeile mit Herd und Kühlschrank, die 1- und 2-Zimmer-Apartments haben meist eine kleine Küche. Die Ausstattung mit Geschirr und Töpfen ist sehr unterschiedlich; die Vermieter sind aber meist bemüht, Fehlendes schnell zu besorgen. Für die Hauptferienzeiten um Ostern und im Sommer empfiehlt sich eine rechtzeitige Vorausbuchung. Dies ist schon von Deutschland aus über zahlreiche Veranstalter möglich. Außerhalb der Hauptreisezeit kann man auch direkt am Ort buchen.

Hinweis

Bei der Griechischen Zentrale für Fremdenverkehr erhalten Sie eine Broschüre mit einer Übersicht über alle Griechenlandreiseveranstalter, die u.a. auch Ferienwohnungen anbieten.

Besonders reizvoll ist das Wohnen in den traditionellen **Herrenhäusern**, wie man sie z. B. in den Pílion-Dörfern Makrinítsa, Vízitsa und Miliés, aber auch in den Zagoriá-Dörfern in Epirus findet. Es handelt sich dabei um alte, meist aufwändig restaurierte Steinhäuser, die allen modernen Komfort bieten. Eine Broschüre der Griechischen Zentrale für Fremdenverkehr gibt eine Übersicht über diese Häuser, die wegen der großen Nachfrage immer lange im Voraus gebucht werden müssen.

Camping: Wildes Zelten ist in ganz Griechenland verboten und wird von der örtlichen Polizei kontrolliert. Aufgestellte Schilder weisen auf dieses Verbot hin. Griechenland ist für Camper ein sehr geeignetes Reiseziel. Die meisten Campingplätze liegen in der Nähe des Strandes oder einer touristischen Sehenswürdigkeit; die Anlagen sind meist einfach und sauber, die neueren Plätze sind auch mit Waschmaschinen und Kochgelegenheiten ausgestattet. Da es nur selten ausreichend Schatten gibt, werden Strohmatten oder Sonnendächer aufgestellt. Die Campingplätze sind in der Regel von Ende April/Anfang Mai bis Ende September/Anfang Oktober geöffnet. Empfehlenswert sind die von der Griechischen Zentrale für Fremdenverkehr geführten Campingplätze.

Lektüre

Camping in Greece – von der Griechischen Zentrale für Fremdenverkehr herausgegebene kostenlose Broschüre mit ausführlichen Informationen.

Jugendherbergen: Jugendherbergen gibt es in Nord- und Mittelgriechenland in Athen, Lamía, Thessaloníki und Tríkala, sowie in Pátras, Olympia und Nauplia auf der Peloponnes.

Die Jugendherberge in Delphi wurde geschlossen.

Athen, Odós Victor-Hugo 16, Tel.: 21-05234170, Fax: 21-0523 4015
Thessaloníki, Alexandrou Svolou 44, Tel.: 231-225946, Fax: 231-262208
Nauplia, Odós Néon Vyzántion, Tel.: 2752-027754
Olympia, Odós Praxitélous Kondíli 18, Tel.: 2624-022580
Pátras, Odós Heróon Politechníou 68, Tel.: 261-0427278, Fax:261-0452152

Der internationale Jugendherbergsausweis ist erforderlich und wird am besten schon vor der Reise besorgt.

Deutsches Jugendherbergswerk, Bismarckstraße 8, Postfach 220, 32756 Detmold, Tel.: 05231-74010, Fax: 740149
Österreichischer Jugendherbergsverband, Schottenring 28, 1010 Wien, Tel.: 01-5335353, Fax: 5350861
Schweizer Jugendherbergen, Schaffhauserstraße 14, 8042 Zürich, Tel.: 01-3601414, Fax: 360 14 60

In Griechenland erhalten Sie Informationen bei der **Greek Youth Hostel Association**, Dragatsaníou 4, Athen, Tel.: 21-03234107 oder beim Griechischen Jugendherbergsverband Odós Damaréos 75, Athen. Tel: 21-0751 95 30. Fax: 21-0 751 06 16.

W

⇨ Wandern

Das griechische Festland und die vorgelagerten Inseln kann man auf zahllosen kleinen Wegen und Maultierpfaden kennen lernen und erforschen. Beachten Sie aber bitte:

- Es gibt nur wenig ausgeschilderte Wege und kaum zuverlässige Wanderkarten,
- die beste Zeit für Wanderungen sind die Monate April/Mai/Juni und September/Oktober. Im Juli/August ist es für ausgedehnte Wanderungen meist zu heiß,
- nehmen Sie auch für kurze Wanderungen auf jeden Fall ausreichend Wasser und einen Sonnenschutz mit; feste Schuhe sind auch im Sommer wichtig.

Der sehr gut ausgeschilderte **Europäische Fernwanderweg E 4** führt von Flórina in Nordwest-Griechenland zum Olymp, weiter nach Delphi und bis nach Gíthion auf der Peloponnes.

Hinweis
Die Griechische Zentrale für Fremdenverkehr hat eine Informationsschrift über den Fernwanderweg, über Berghütten/Skizentren und über den griechischen Wander- und Bergsteigerverein herausgegeben.

⇨ Wasser

Die Qualität des Leitungswassers ist sehr unterschiedlich. Fragen Sie deshalb am besten im Ort selbst, ob es trinkbar ist. In den Tavernen und Restaurants, die nicht nur von Touristen besucht werden, wird zum Essen immer gekühltes Wasser auf den Tisch gestellt und zum Kaffee ein Glas Wasser gereicht. Dennoch ist zur Vorsicht zu raten und besonders zu Urlaubsbeginn Mineralwasser („metallikó neró)“ zu empfehlen. Für die

Griechen ist Wasser noch immer ein kostbares Lebensgut, mit dem sie sparsam umgehen müssen. Das sollte auch der Fremde bedenken und nicht achtlos Wasser verschwenden.

Z

⇨ Zeit

In Griechenland gilt die osteuropäische Zeit (OEZ), die der mitteleuropäischen um 1 Stunde vorausgeht. Während der Sommerzeit von April bis Oktober wird die Uhr um eine weitere Stunde vorgestellt.

⇨ Zeitungen

In Athen, Thessaloníki und den größeren Ferienzentren gibt es neben zahlreichen Zeitschriften auch deutschsprachige Zeitungen und Magazine. Die Tageszeitungen sind mindestens einen, meistens zwei Tage alt. Die Athener Zeitung, die einzige deutschsprachige Zeitung Griechenlands, erscheint wöchentlich und bietet Informationen aus Politik, Wirtschaft, Kultur und Tourismus und einen aktuellen Veranstaltungskalender.

⇨ Zollbestimmungen

Zollfrei sind alle Gegenstände des persönlichen Bedarfs. Für einreisende EU-Bürger, die direkt aus einem EU-Land kommen, bestehen grundsätzlich keine Einschränkungen bei der Ein- oder Ausfuhr. Es gelten die allgemeinen EU-Richtlinien, z. B. 300 Zigaretten oder 75 Zigarren, 1,5 l alkoholische Getränke über 22 %, 4 l alkoholische Getränke unter 22 %. Für Antiquitäten und Kunstgegenstände besteht ein generelles Ausfuhrverbot. In den Museumsshops der großen Museen werden Nachbildungen und Kopien mit Zertifikat verkauft, die frei aus Griechenland ausgeführt werden können. Verstöße gegen das Gesetz werden mit hohen Strafen belegt.

Regionale Reisetipps von A–Z

Preisklassifikation für die Unterkünfte:
Kategorie L = ab 115 € *Kategorie B = ab 58 €* *Kategorien D u. E = ab 15 €*
Kategorie A = ab 75 € *Kategorie C = ab 45 €*

Ägina Εγινα (S. 582ff)

(PLZ 18 010, Vorwahl 22970)

Bootsverbindungen in den Sommermonaten *(Tragflügelboote)*

- *mit* ***Piräus*** *von 7–20 Uhr stündlich, Fahrzeit 35 Minuten*
- *mit* ***Póros*** *3 x täglich, Fahrzeit 40 Minuten*
- *mit* ***Hydra*** *2x täglich, Fahrzeit 1 ¼ Stunden*
- *mit* ***Spetsä*** *3 x täglich, Fahrzeit 2 Stunden*
- *mit* ***Methána*** *3 x täglich, Fahrzeit 20 Minuten*
- *mit* ***Ermíoni*** *2 x täglich, Fahrzeit 1 ½ Stunden*
- *mit* ***Pórto Héli*** *1 x täglich, Fahrzeit 2 ½ Stunden*

Schiffsverbindungen

- *mit* ***Piräus*** *10–15 x täglich, Fahrzeit 1 ½ Stunden*
- *mit* ***Angístri*** *4 x täglich*
- *mit* ***Móni*** *mehrmals täglich*
- *mit* ***Monemvasía*** *1–2 x täglich*
- *mit* ***Leonídion*** *1–2 x täglich*
- *mit den anderen Saronischen Inseln* ***Hydra, Póros*** *und* ***Spétsä*** *mehrmals täglich*

Wichtige Anschriften und Telefonnummern

- ***Touristeninformation:*** *Leonárdou-Láda, Tel.: 22970-22 391, gegenüber der Schiffsanlegestelle*
- ***Touristenpolzei:*** *Tel.: 22970-23 333*
- ***Hafenpolizei:*** *Platía Ethnegersías, Tel.: 22970-22 328*
- ***Postamt:*** *Platía Ethnegersías, Tel.: 22970-22 398*
- ***Telefonamt*** *OTE: Platía Ethnegersías, Tel.: 22970-22 399*
- ***Ärztliche Versorgung:*** *im örtlichen Krankenhaus, Tel.: 22970-22 251*

Busverbindungen

von ***Ägina-Stadt*** *nach:*

- ***Agia Marina/Aphaia-Tempel:*** *stündlich von 6–22 Uhr, Fahrzeit ca. 30 Minuten*
- ***Kloster Ágios Nektários:*** *stündlich von 6–22 Uhr, Fahrzeit ca. 20 Minuten*
- ***Mesagrós:*** *stündlich von 6–22 Uhr, Fahrzeit ca. 20 Minuten*
- ***Pérdika:*** *stündlich von 6–21 Uhr, Fahrzeit ca. 15 Minuten*
- ***Souvála:*** *stündlich von 6–21 Uhr, Fahrzeit ca. 20 Minuten*

Die Busstation liegt am Ethnegersías Park, gleich am Hafen in der Nähe der Fähranlegestelle. Dort hängen die aktuellen Fahrpläne aus. Die Fahrkarten werden bereits im Kiosk, nicht erst im Bus, verkauft. Es gibt Einzelfahrscheine und Hin- und Rückfahrkarten.

Übernachtung

- *A* ***Aeginitikó Archontikó****, Ágios Nikólaou/Thomaidou 1, Tel.: 22970-24 968 und 22970-24 156, Fax: 22970-24 716, das renovierte Herrenhaus liegt in der Nähe des Markelos Tower, nur ca. 100 m vom Hafen entfernt, und verfügt über komfortable, sehr ruhige, im traditionellen Stil eingerichtete Zimmer und einen schönen Dachgarten.*
- *B* ***Danae****, Leofóros Kazantzáki 43, Tel.: 22970-22 424, Fax: 22970-26 509, das gepflegte Hotel mit 50 Zimmern und sehr freundlicher Bedienung ist ganzjährig geöffnet und verfügt über Restaurant, Bar und Swimming Pool, zum Strand sind es nur wenige Schritte.*

• *B* ***Nafsika****, Leofóros Kazantzáki 55, Tel.: 22970-22 333, Fax:22970-22 477, älteres, teilweise renoviertes Hotel mit 36 Zimmern und einem sehr schönen, üppigen Garten, von April bis Oktober geöffnet, durch eine Unterführung kommt man zum Strand; das Ortszentrum ist ca. 600 m entfernt.*

• *C* ***Athína Pávlou****, 42A Telamónos, Tel. 22970-23 091, das kleine Hotel mit 9 Zimmern und einem netten Garten liegt in ruhiger Umgebung, etwa 10 Gehminuten vom Hafen entfernt und ist ganzjährig geöffnet.*

• *C* ***Plaza****, Tel.: 22970-25 600, das preiswerte Haus mit sauberen Zimmern liegt in Hafennähe.*

Restaurants

• ***Ta Karafakia****, das freundliche Restaurant in der Nähe des Fischmarktes bietet einheimische Gerichte, z. B. eine gute Pastitsio oder Stifado.*

• ***Vatsouliás****, das Restaurant liegt außerhalb der Stadt an der Straße zum Aphaia-Tempel und ist bei Einheimischen wegen der ausgezeichneten Fischgerichte sehr beliebt.*

• ***Agora****, Pan Irioti 47, frischen Fisch können Sie in dieser einfachen Taverne genießen, die hinter dem Fischmarkt liegt und von dort mit frischen Fischen beliefert wird.*

• ***Saronis****, gutes Restaurant am Hafen von Pérdika, das wegen der gut zubereiteten Fischgerichte sehr bekannt ist.*

Ausflüge

Das Hauptausflugsziel der Insel ist der Aphaia-Tempel, der in ca. 30 Minuten mit dem Bus zu erreichen ist.

In den Reisebüros werden organisierte Fahrten über die Insel und Tagesausflüge nach Athen, zu den anderen Saronischen Inseln und zur Ostküste der Peloponnes angeboten.

Strände

Am antiken Ausgrabungsgelände in Ägina-Stadt gibt es einen etwa 500 m langen, von Kiefern teilweise beschatteten Sand/Kiesstrand, der im Sommer viel besucht wird. Der beliebteste, allerdings stark überlaufene Strand liegt im Ferienort Agía Marína an der Ostküste. Außerdem gibt es viele kleine, teilweise sandige Buchten und Strandabschnitte.

Spezialitäten

Die Pistazien von Ägina sind in ganz Griechenland für ihre Qualität bekannt. Sie werden in allen Orten verkauft, sind aber relativ teuer.

Áfitos Αφιτος (S. 296)

(PLZ 63077, Vorwahl 23740)

Information

Afitos Holiday Travel*, an der Platía, Tel.: 23740-91500, Fax: 23740-22457, Informationen, Zimmervermittlung und Autovermietung*

Hotels

• *B* ***Afitis****, Tel.: 23740-91 233, Fax: 91 546, schöne Hotelanlage mit 60 freundlich eingerichteten Zimmern, die alle einen schönen Blick auf das Meer bieten. Der Strand schließt sich gleich an den Hotelgarten mit Swimmingpool an.*

• *D* **Nostos**, *Tel.: 23740-25 411, Fax: 23740-91 130, das ganzjährig geöffnete Haus verfügt über 25 Apartments für 2–4 Personen; der Strand ist ca. 150 m entfernt.*

Agía Triáda Αγια Τριαδα (S. 289)

(PLZ 57 019, Vorwahl 23920)

Übernachtung

• *B* **Sun Beach**, *Tel.: 23920-51 221, Fax: 23920-51 245, 238 Betten, von April bis Oktober geöffnetes Strandhotel mit Wassersportangebot und nahe gelegenem Tennis- und Minigolf-Platz*

• *C* **Galaxias**, *Tel.: 23920-22 291, Fax: 23920-24 364, ganzjährig geöffnetes Hotel mit 80 gut ausgestatteten Zimmern, nur wenige Schritte vom Meer entfernt*

Ágios Ioánnis Αγιος Ιοαννις /Pílion (S. 469)

(PLZ 37012, Vorwahl 24260)

Übernachtung

An der Busstation gibt es eine zentrale Zimmervermittlung, wo Sie auch einen Lageplan aller Übernachtungsquartiere bekommen. Öffnungszeiten: 9.30–12.30, 13.45–14.15 Uhr und 16.30–20 Uhr

• *C* **Galini**, *Tel.: 24260-31 234, das familiär geführte Hotel liegt direkt im Ort. Es ist von einem schönen Garten umgeben. Die Zimmer sind einfach eingerichtet, das dazugehörige Restaurant bietet einen schönen Blick auf das nur wenige Schritte entfernte Meer.*

• *C* **Kentrikon**, *Tel.: 24260-31 232, die beliebte Bungalowanlage wurde im traditionellen Pilionstil erbaut und besteht aus 25 ansprechend eingerichteten Zimmern, die sich in mehreren Gebäuden am Hang hinaufziehen, einem gepflegten Garten und einer schönen Frühstücksterrasse. Der Sandstrand ist nur ca. 30 m entfernt.*

• *C* **Garden House**, *Tel.: 24260-32 171, das Haus mit vier geräumigen und gut ausgestatteten Studios und Apartments für 2–4 Personen liegt am Ortsrand von Ágios Ioánnis, ca. 100 m vom Strand entfernt. Sehr schön sind der große Garten und die Schatten spendenden Platanen.*

Bootsverbindungen

Im Sommer verkehren Tragflügelboote nach ***Thessaloníki*** *und zu den* ***Sporaden****.*

Ágios Nikólaos Αγιος Νικολαος /Golf von Korinth (S. 505)

Bootsverbindungen

Von Ágios Nikólaos fahren mehrmals täglich Fähren über den Golf von Korinth hinüber nach ***Ägion*** *auf der Peloponnes: in den Sommermonaten täglich um 6.30; 8.30; 12.00; 15.30; 16.30; 17.30; 18.30; 20.00 und 22.00 Uhr, Fahrzeit ca. 45 Minuten, Fahrpreis 12 €.*

Agrínio Αγρινιο (S. 496)

(PLZ 30100, Vorwahl 26410)

Busverbindungen

- *mit* **Árta**: *4–6 x täglich*
- *mit* **Messolóngion**: *3–4 x täglich*
- *mit* **Préveza**: *2–3 x täglich*
- *mit* **Athen**: *2–3 x täglich*

Übernachtung

Alle Hotels sind ganzjährig geöffnet

- *B* **Esperia**, *Trikoupi 31, Tel.: 26410-23033, das zentral gelegene Hotel verfügt über 26 modern eingerichtete Zimmer und ausreichend Parkmöglichkeit*
- *B* **Galaxy**, *Kazatzi 19, Tel.: 26410-23551, Fax: 26410-22380, 36 Zimmer, Parkmöglichkeit*
- *B* **Soumelis**, *Ethniki Odos 3, Tel.: 26410-23473, Fax: 26410-22380, etwa 1 km außerhalb der Stadt, an der Nationalstraße gelegenes Motel mit 20 Zimmern*

Alexandroúpoli Αλεξανδρουπολι (S. 340)

(PLZ 68 100, Vorwahl 25510)

Flugverbindungen

mit Athen: 2–3 x täglich

Der Flughafen, Tel.: 25510-45 260, liegt sieben km östlich der Stadt. Von dort gibt es keine Busverbindungen in die Stadt, aber Taxis warten bei der Ankunft der Maschinen auf Fahrgäste.

Schiffsverbindungen

In den Sommermonaten Juli und August fahren 2 x täglich Schiffe nach Samothraki, in der übrigen Zeit 1–2 x täglich, Fahrzeit ca. 2 Stunden.

Außerdem verkehren in der Hochsaison die schnellen Tragflügelboote nach Límnos. Informationen erhalten Sie beim Hafenamt, Tel.: 25510-26 468.

Zugverbindungen

Tel.: 25510-26 398

- *mit* **Thessaloníki**: *4–6 x täglich, Fahrzeit sieben Stunden*
- *mit* **Athen**: *1 x täglich, 14 Stunden*
- *mit* **Sofia**: *1 x täglich (mit Umsteigen)*
- *mit* **Istanbul**: *1 x täglich, 10 Stunden*
- *zur* **türkischen Grenze**: *5–7 x täglich*

Busverbindungen

Tel.: 25510-26 479

- *mit* **Kavála**: *4–6 x täglich, Fahrzeit 4 ½ Stunden*
- *mit* **Komotiní**: *2–4 x täglich, 70 Minuten*
- *mit* **Xánthi**: *2–3 x täglich, 3 Stunden*

Außerdem fahren Busse in die **Türkei** *und nach* **Bulgarien**:

- *nach* **Istanbul**: *1 x täglich, 5–7 Stunden*
- *nach* **Sofia**: *2 x wöchentlich, Mi und So*

Reisebüros

Kikon, *Eleftheriou Venizelou 68, Tel.: 25510-25 455, Fax: 25510-34 755, hier erhalten Sie Tickets für organisierte Fahrten nach Istanbul und Fahrkarten für die Busse nach Sofia.*

Wichtige Anschriften und Telefonnummern

- *Rathaus mit Touristeninformation: Dimokratias, Tel.: 25510-24 998*
- *Touristenpolizei: Tel.: 25510-37 411*
- *Polizei: 6 Karaiskáki, Tel.: 25510-26 418*
- *Hafenpolizei: Tel.: 25510-26 468*
- *Post: Ecke Nikifórou Foúka/Megálou Aléxandrou*
- *Telefonamt O.T.E.: Ecke Mitropólitou Kavíri/Eleftheríou Venizélou*
- *Olympic Airways: Ellis 6, Tel.: 25510-26 361*
- *Ärztliche Versorgung: im Krankenhaus, Tel.: 25510-25 772*

Übernachtung

- *A **Grand Hotel Egnatia**, Egnatia Park, Tel.: 25510-38000, Fax: 25510-82800, das 2003 wieder eröffnete Luxushotel liegt sehr schön direkt am Strand und doch nur 5 Gehminuten vom Zentrum entfernt. Die 95 Zimmer bieten allen Komfort, ebenso die Aufenthaltsräume des Hotels.*
- *A **Thraki Palace**, Tel.: 25510-89100, Fax: 25510-89119, ganzjährig geöffnete, komfortable Hotelanlage direkt am Strand mit 66 Zimmern und 7 Apartments, Restaurants, Swimmingpool, Sauna und Wassersportangebot, etwa 5 km außerhalb der Stadt*
- *A **Astir**, Dimokratias 280, Tel.: 25510-26448, Fax: 25510-24651, am Strand gelegenes Motel mit 52 Zimmern und Wassersportangebot*
- *B **Alexander Beach**, Tel.: 25510-29250, Fax: 25510-39070, Strandhotel mit 102 Zimmern, Restaurant, Swimmingpool, etwa 2 km außerhalb an der Straße nach Komotiní gelegen*
- *C **Aparthotel Athina**, Paleologou 53, Tel.: 25510-34 492, Fax: 25510-37 301, das Hotel liegt in der Nähe des Zentrums und verfügt über 26 Doppelzimmer und Apartments mit Küche, die für 3–5 Personen ausgestattet sind, ganzjährig geöffnet*
- *C **Hera**, Dimokratias 179, Tel.: 25510-25995, Fax: 25510-34222, das 2001 eröffnete Hotel liegt im Zentrum der Stadt. Es verfügt über 32 freundlich eingerichtete, recht ruhige Zimmer.*
- *C **Oceanis**, Paleologou 20, Tel.: 25510-28 830, Fax: 25510-34 118, die 24 Zimmer des Mittelklassehotels sind freundlich eingerichtet.*
- *D **Lido**, Paleologou 15, Tel.: 25510-28 808, das einfache Hotel liegt nördlich des zentralen Busbahnhofes.*
- *D **Erika**, Ecke Karaoli Dimitriou/Kountourioti, Tel.: 25510-34 115, Fax: 34 117, familiär geführtes Haus mit 24 Zimmern, Balkon und Fernseher*

Camping

***Alexandroupolis**, Tel.: 25510-28735, der große, gut geführte Platz der Griechischen Zentrale für Fremdenverkehr liegt 2 km außerhalb der Stadt direkt am Meer; Busverbindung zur Innenstadt, Snackbar, Einkaufsmöglichkeiten*

Restaurants

- ***Neraida**, Kiprou, hier bekommen Sie traditionelle Gerichte zu angemessenen Preisen*
- ***Anestis**, Athanasiou Diakou 5, in dieser Fischtaverne finden Sie eine reiche Auswahl an Vorspeisen und guten Fischgerichten*

Alónissos Αλονισσος (S. 481ff)

(PLZ 37 005, Vorwahl 24240)

Schiffsverbindungen in den Sommermonaten

- *mit **Vólos**: 2–3 x täglich, Überfahrt ca. 5 ¼ Stunden*
- *mit **Agios Konstantinos**/Festland: 1–2 x täglich, Überfahrt ca. 5 ½ Stunden*
- *mit **Skíathos**: 2–3 x täglich, Fahrzeit ca. 2 Stunden*
- *mit **Skópelos**: 2–3 x täglich, Fahrzeit ca.30 Minuten*
- *mit **Glóssa/Skópelos**: 1–2 x täglich, Fahrzeit ca. 30 Minuten*
- *mit **Kími/Euböa**: 2–3 x wöchentlich*
- *Autotransporte sind nur von **Vólos** und **Kími** aus möglich.*

Verbindungen mit Tragflügelbooten

Die Überfahrten mit den „Flying Dolphins" sind deutlicher schneller, aber auch teurer als die Fährfahrten.

- *mit **Vólos**: 3–5x täglich, Fahrzeit ca. 2 ½ Stunden*
- *mit **Agios Konstantinos**/Festland: 2–3 x täglich, Fahrzeit 2 ¾ Stunden*
- *mit **Skíathos**: 8–10 x täglich, Fahrzeit 1 ¼ Stunden*
- *mit **Skíros**: 3 x wöchentlich, Fahrzeit ca. 1 Stunde*
- *mit **Thessaloníki**: 1 x täglich, Fahrzeit ca. 4 Stunden*

Außerdem werden auf Skíathos und Skópelos Tagesausflüge nach Alónissos angeboten.

Wichtige Anschriften und Telefonnummern

- ***Touristeninformation**: am Hafen von Patitíri*
- ***Touristenpolizei**: am Hafen von Patitíri, Tel.: 24240-65 205*
- ***Hafenpolizei**: Tel.: 24240-65 595*
- ***Telefonamt OTE**: Tel.: 24240-65 560, in einer Seitenstraße im Nordwesten des Hafens, Öffnungszeiten: 7.30–14 Uhr*
- ***Post**: Tel.: 24240-65 560*
- ***Rooms to Let Club of Alonissos Island**: Tel. und Fax: 24240-65 577, das Büro der Zimmervermittlung ist in einer kleinen Bude gegenüber der Anlegestelle der Fähren untergebracht; das freundliche Personal zeigt Ihnen Fotos von den jeweilig zur Verfügung stehenden Apartments und Privatzimmern.*
- ***Taxi**: Tel.: 24240-65 449*
- ***Medizinische Versorgung**: Tel.: 24240-65 208*

Übernachtung

- *C **Alonissos Beach**, Tel.: 24240-65 281, der Bungalowkomplex mit 45 Zimmern liegt in Vótsi nahe beim Chríssi Mília Strand, zum Hotel gehören ein Swimmingpool und ein Tennisplatz, von Juni bis September geöffnet*
- *C **Marpounda**, Tel.: 24240-65 219, Fax: 24240-689 6980, 22 Zimmer, von April bis Oktober geöffnet, 5 km südwestlich von Patitíri, schöne Lage, gute Wassersportbedingungen, überwiegend italienische Gäste*
- *C **Pension Galini**, Tel.: 24240-65 573, Fax: 24240-65 094, kleine Pension mit nett eingerichteten Zimmern und gut ausgestatteten Apartments und einer schönen blumengeschmückten Terrasse*
- *C **Paradise Hotel**, Tel.: 24240-65 213, Fax: 24240-65 161, das Hotel liegt recht ruhig auf dem Hügel oberhalb des Hafens, von dem es etwa 5 Gehminuten entfernt ist. Die 31*

Zimmer sind ansprechend eingerichtet, sehr schön ist der Garten mit einem großen Swimmingpool und einem herrlichen Blick auf das Ägäische Meer.

- *C* **Haravgi Hotel**, *Tel.: 24240-65 090, Fax: 24240-65 189, die 18 Zimmer sind alle mit Kühlschrank und die 8 Studios mit einer Küchenzeile ausgestattet; das Hotel liegt oberhalb des Hafens und bietet von den Balkons und der blumengeschmückten Terrasse einen schönen Blick aufs Meer.*
- *C* **Liadromia**, *Tel.: 24240-65 521, Fax: 24240-65 096, das Hotel mit 24 traditionell eingerichteten und mit Kühlschränken ausgestatteten Küchen liegt am Hang oberhalb des Hafens, das Frühstück wird auf der Dachterrasse mit schönem Blick auf den Hafen serviert.*
- *C* **Nereides Apartments**, *Tel.: 24240-65 643, das neu gebaute Hotel liegt oberhalb des Hafens, etwa 850 m vom Ortszentrum entfernt. Es verfügt über 15 Studios für 2 Personen und 7 Apartments für 4 Personen, Swimmingpool, Restaurant und Bar.*
- *C* **Pension Votsi**, *Tel.: 24240-65 510, Fax: 24240-65 878, ruhig gelegene Familienpension mit 15 sauberen, freundlich eingerichteten Zimmern am Strand von Vótsi*
- *C* **Konstantina Studios**, *Tel.: 24240-66 165, Fax: 24240-65 900, in Alt-Alónissos finden Sie dieses ruhig gelegene Gästehaus mit sehr schön renovierten und ansprechend eingerichteten Zimmern, die alle über eine Küchenzeile verfügen. Eindrucksvoll ist auch der weite Blick aufs Meer.*
- *Privatzimmer können am besten über die Zimmervermittlung am Hafen gemietet werden.*

Zweiradverleih

Am Hafen von Patitiri gibt es mehrere kleine Büros, in denen Fahrräder und Mopeds vermietet werden. Da auf Alónissos nicht alle Straßen asphaltiert sind, ist beim Fahren besondere Vorsicht geboten.

Ausflüge

Mit Fischerbooten werden Ausflugsfahrten zu schönen Stränden und Buchten durchgeführt. Hinweistafeln bei den Booten zeigen Ziel und Abfahrtszeit
Außerdem werden in den örtlichen Reisebüros geführte Wanderungen angeboten.

Reisebüros

- ***Ikos Travel**, Tel.: 24240-65 320, Fax: 24240-65 321, hier erhalten Sie Tickets für Olympic Airways Flüge und für die „Flying Dolphins", aktuelle Informationen, Hilfe bei der Zimmersuche und Fahrplanauskünfte. Außerdem werden verschiedene Wanderungen unter sachkundiger Führung und Bootsausflüge um die Insel und nach Peristéra, Skantzoúra und Kíra Panagía angeboten.*
- ***Albedo Travel**, Tel.: 24240-65 804, Fax: 24240-65 806, ebenfalls fachkundige und freundliche Beratung und Informationen zu Bootsfahrten, Fährtickets und Zimmerreservierungen*

Restaurants

IN PATATÍRI:

- ***Argo**, Tel.: 24240-65 141, schönes Gartenrestaurant mit herrlichem Meerblick und sehr guten Fisch- und Seafood-Gerichten*
- ***To Komaki**, Tel.: 24240-65 245, beliebte Ouzeria mit köstlichen Vorspeisen und guten Fischgerichten*
- ***Anais**, Tel.: 24240-65 243, ausgezeichnetes Restaurant an der Hafenpromenade mit täglich wechselnder Speisekarte*

IN CHÓRA:

- ***Taverna Paraport**, Tel.: 24240-65 608, auf der Höhe gelegene Taverne mit schönem Blick auf das Meer und die Nachbarinseln*
- ***Astrofengia**, Tel.: 24240-65 182, schönes Restaurant unter Bäumen mit herrlichem Ausblick, gute vegetarische Gerichte und Auswahl an Weinen*

Einkaufen

Vor allem in Alt-Alónissos gibt es einige kleine, interessante Geschäfte und Galerien.

- ***Silver and Gold Workshop**, in dem winzigen Laden finden Sie nach alten Vorlagen handgearbeitete Schmuckstücke.*
- ***Gallery 5**, Tel.: 24240-65 876, sehr schöne Galerie in einem restaurierten Haus innerhalb des Kastros. Die in Dänemark geborene Künstlerin Bente Keller gestaltet Aquarelle mit Ansichten und Szenen von Alónissos. Zusammen mit ihrem Mann Elias Tsoukanas hat sie das ausgezeichnete Buch „Alónissos on Foot – a Walking and Swimming Guide" verfasst mit sorgfältigen Angaben für Wanderungen auf der Insel. Das Buch wird in ihrer Galerie und in mehreren Geschäften in Patitíri verkauft.*

Amfípolis Αμφιπολις (S. 325)

Museum

Öffnungszeiten: täglich 8–14.30 Uhr, Mo geschlossen, Eintritt 1,50 €

Ámfissa Αμφισσα (S. 526)

(PLZ 33100, Vorwahl 22650)

Übernachtung

- *C **Amfissaeum**, Odós Gidogiánnou 18, Tel.: 22650-22 644, Fax: 22650-22 644, zentrale Lage, 40 einfache, aber ansprechende Zimmer, ganzjährig geöffnet*
- *D **Apollon**, Odós Gidogiánnou 12, Tel.: 22650-28 848, Fax: 22650-22 644, 23 einfache Zimmer, teilweise ohne Dusche*

Amoulianí Αμουλιανι (S. 314)

(PLZ 63075, Vorwahl 23730)

Bootsverbindungen

*Die Boote fahren 6 x täglich nach **Tripití**, jeweils um 7.10, 9.15, 11.30, 13.30, 15.45 und 18 Uhr. Die Überfahrt kostet 0,5 €.*

Übernachtung

- *A **Agionissi** Resort, Tel.: 23730-51 102, Fax: 23730-51 180, große, aus mehreren Häusern bestehende, gepflegte Anlage mit 68 großzügigen Räumen, Swimmingpool, ca. 50 m vom Strand entfernt*
- *C **Sun Rise**, Tel.: 23730-51 273, Fax: 23730-51 174, freundliches Hotel mit 46 Zimmern, ca. 150 m vom Strand entfernt*

Antírio Αντιριο (S. 500)

Schiffsverbindungen

Am 24. Mai 2004 wurde das letzte Teilstück der Brücke, die das griechische Festland mit der Peloponnes verbindet, eingesetzt. Nach der Einweihung am 7. August 2004 kann das Olympische Feuer die neue Brücke passieren.
*Noch ist Antírio durch ständigen Fährverkehr mit **Río** und der **Peloponnes** verbunden. Die Überfahrt mit den Autofähren, die ganztägig im Pendelverkehr nach Río fahren, dauert etwa 25 Minuten. Fahrpreise: PKW mit Fahrer ca. 7,70 €, Passagiere ca. 50 Cents.*

Aráchova Αραχοβα (S. 527)

(PLZ 32 004, Vorwahl 22670)

Wichtige Anschriften und Telefonnummern

- ***Polizei:** Tel.: 22670-31 333*
- ***Rathaus:** Tel.: 22670-31 250*
- ***Ärztliche Versorgung:** Tel.: 22670-31 300*
- ***Taxi:** Tel.: 22670-31 566*

Busverbindungen

*Die zwischen **Athen** und **Delphi** 5 x täglich verkehrenden Busse halten auch in Aráchova. Busse nach **Delphi** verkehren 5 x täglich, Fahrzeit 20 Minuten.*

Übernachtung

- *A **Elatos Resort**, Eptalofos Parnassou, Tel.: 22349-61 162, Fax: 22349-61161, etwa 25 km nördlich von Aráchova liegt diese komfortable Anlage in absoluter Ruhe auf der Nordseite des Parnássos inmitten eines dichten Waldgebietes. Die 40 ganz aus Holz gebauten Ferienhäuser sind rustikal eingerichtet und haben bei 1–3 Schlafzimmern jeweils eine Küche, eine Terrasse und einen offenen Kamin. Die Gesamtanlage ist ganzjährig geöffnet und verfügt über Restaurant, Swimmingpool, Sauna und Spielplatz; außerdem werden im Winter Skilehrgänge für Anfänger und Kinder angeboten.*
- *B **Xenia**, Tel.: 22670-31230, Fax: 22670-32175, gepflegtes, modernes Hotel unter deutscher Leitung mit 43 geräumigen Zimmern, das einen herrlichen Ausblick über das Pleistos-Tal bietet*
- *B **Anemolia**, Tel.: 22670-31 640, Fax: 22670-31 642, das moderne Hotel liegt am Ortsrand oberhalb der Hauptstraße; vom schönen Wintergarten bietet sich ein großartiger Blick auf das Pleistos-Tal*
- *C **Lykoreia**, Tel.: 22670-31 180, Fax: 22670-32132, das kleine Hotel mit 20 gut ausgestatteten Zimmern, von denen einige einen großartigen Blick auf die eindrucksvolle Berglandschaft bieten, liegt am Ortseingang in Richtung Delphi.*
- *C **Arachova Inn**, Tel.: 22670-31 353, Fax: 22670-31 134, gut geführtes Haus an der Hauptstraße mit 42 angenehmen Zimmern*
- *C **Villa Filoxenia**, Tel.: 22670-31 024, Fax: 22670-31 215, das sympathische Haus liegt im Zentrum von Aráchova und verfügt über 16 Studios und Apartments, die ansprechend im traditionellen Stil eingerichtet sind; einige haben einen Kamin.*
- *D **Astero**, Tel.: 22670-31 646, das Haus mit 15 einfach, aber freundlich eingerichteten Zimmern liegt hoch über dem Ort.*

Arnéa Αρνεα /Chalkidikí (S. 310)

(PLZ 63074, Vorwahl 23720)

Wichtige Anschriften und Telefonnummern
- *Rathaus: 23720-22 988*
- *Polizei: 23720-22 205*
- *Post: 23720-31 491*

Busverbindungen
*Arnéa liegt an der Strecke **Thessaloníki - Ouranoúpoli**; die Busse halten hier ganzjährig 4–6 x täglich am zentralen Platz.*

Übernachtung
- *A **Alexandrou**, Tel. und Fax: 23720-23 210, das im traditionellen Stil gebaute Haus verfügt über 8 sehr schön gerichtete Zimmer und ein gutes Restaurant*
- *C **Archontiko Mitsiou**, Tel.: 23720-22 744, Fax: 23720-22988, das im 19. Jahrhundert gebaute Herrenhaus wurde sorgfältig restauriert und verfügt nun über 9 ansprechend eingerichtete Apartments und Zimmer; das Haus liegt im Ortszentrum; ganzjährig geöffnet.*

Geschäfte
Zu den Spezialitäten von Arnéa gehören Webarbeiten, Käse und Joghurt, Honig und „Moudovina", ein besonderer, aus Honig hergestellter Ouzo. In den Geschäften entlang der Hauptstraße finden Sie ein großes Angebot.

Árnissa Αρνισσα /Westmakedonien (S. 364)

(PLZ 58002, Vorwahl 23810)

Übernachtung
- *C **Karypidis**, Tel. und Fax: 23810-32 020, kleines Haus mit 6 einfach möblierten Apartments*
- *D **Arnissa**, Tel. und Fax: 23810-31 003, das einfache Haus mit 21 Zimmern und einem Restaurant liegt im Ortszentrum.*

Árta Αρτα (S. 404ff)

(PLZ 47100, Vorwahl 26810)

Busverbindungen *(und Fahrzeiten)*
- *nach **Athen**: 2–3 x tgl., 5 Std.*
- *nach **Thessaloníki**: 1–2 x tgl., 7 ½ Std.*
- *n. **Ioánnina**: 8–10 x tgl., 2 ½ Std.*
- *nach **Agrínion**: 4–6 x tgl., knapp 2 Std.*
- *nach **Préveza**: 4–6 x tgl., 1 Std.*

Der Busbahnhof liegt im Zentrum an der Platía Kílkis.

Wichtige Anschriften und Telefonnummern
- ***Polizei**: Tel.: 26810-28 330*
- ***Touristenpolzei**: Platía Kristalli, Tel.: 26810-77 010*
- ***Post**: Amvrakias*
- ***Griechische Zentrale für Fremdenverkehr**: Platía Kristalli, Tel.: 26810-78 551*

- *Telefonamt O.T.E.: Platía Ethnikis Antistasis*
- *Ärztliche Versorgung: Tel.: 26810-77 222 und 26810-22 222*

Übernachtung

- *A **Byzantino**, Tel.: 26810-52 205, Fax: 26810-52116, etwa 4 km außerhalb der Stadt, in Filothei, liegt das komfortable Hotel mit 53 ansprechend eingerichteten Zimmern, Restaurant und Sportmöglichkeiten.*
- *C **Amvrakia**, Priovolou 13, Tel.: 26810-28 311, Fax: 26810-31 544, ganzjährig geöffnetes Hotel mit 60 Zimmern und Restaurant*
- *C **Cronos**, Platia Kilkis, Tel.: 26810-22 211, Fax: 26810-73 795, 55, ganzjährig geöffnetes Hotel mit 55 Zimmern*

Asprovàlta Ασπροβαλτα (S. 324)

(PLZ 57021, Vorwahl 23970)

Übernachtung

- *C **St. George Asprovalta**, 12 Davaki, Tel.: 23970-22 478, Fax: 23970-23 712, ganzjährig geöffnetes Hotel im Zentrum mit 25 Zimmern, ca. 200 m vom Hauptstrand entfernt*
- *C **Angela**, 87 Porto Fino, Tel. und Fax: 23970-23 032, ganzjährig geöffnetes Hotel mit 6 kleinen Apartments, nur ca. 50 m vom Strand entfernt*

Athen Αθηνα (S. 542ff)

(Vorwahl 210)

Anreise mit dem Flugzeug

__Athens International Airport Eleftherios Venizelos__, Spáta 19019, Tel.: 210 3530000, Fax: 210 3532284. Der Athener Flughafen wurde im März 2001 eröffnet und ist nach modernsten bau- und sicherheitstechnischen Erkenntnissen gebaut. Der Flughafen verfügt über zwei Start- und Landebahnen; bis zu 65 Starts und Landungen pro Stunde und bis zu 6.000 Passagiere pro Stunde können abgefertigt werden. Im Hauptterminal befinden sich die Touristeninformation, Restaurants, Geschäfte, Banken und ein Fundbüro; Geldautomaten gibt es in der Ankunfts- und Abflughalle. Die Toiletten sind behindertengerecht eingerichtet, auch Wickelstuben sind vorhanden. Der Flughafen liegt in Spáta, ca. 27 Kilometer nordöstlich des Stadtzentrums von Athen und ist über die sechsspurige Autobahnumfahrung __Attikí Odós__ zu erreichen, die im Dezember 2003 fertig gestellt wurde.

FAHRT MIT DEM BUS: Für die Strecke zwischen Athen und dem Flughafen stehen rund um die Uhr Express-Buslinien zur Verfügung. Die Busse, die über einen gesonderten Gepäckraum verfügen, halten nur an wenigen Stellen.

- *die **Linie E 94** fährt zwischen 6 Uhr morgens und Mitternacht alle 16 Minuten von der Metro-Station Ethnikí Amína zum Flughafen.*
- *die **Linie E 95** beginnt am Syntágma-Platz im Athener Stadtzentrum und führt über die Messogion Straße (Cholargos-Agía Paraskeví) zum Flughafen; die Busse fahren alle 15–25 Minuten;*

- die **Linie E 96** fährt von Piräus über Glyfada, Vári und Korópi zum Flughafen; die Busse verkehren in Intervallen von 20 bis 40 Minuten. Die **Fahrkarte** kostet 2,90 € und gilt für die **einfache** Fahrt vom oder zum Flughafen sowie für eine unbegrenzte Zahl von Fahrten mit öffentlichen Verkehrsmitteln am restlichen Tag.
- Die **Buslinie E 93** verkehrt im Abstand von 35–45 Minuten zwischen dem Flughafen und dem Busbahnhof der Überlandbusse „Kifissou". Der Fahrpreis beträgt 2,90 €.
- Ein weiterer Bus fährt von 6 Uhr bis 21.30 Uhr in Abständen von 40 Minuten zwischen dem Flughafen und dem Hafen Ráfina. Der **Fahrpreis** beträgt für die ganze Strecke ebenfalls 2,90 €.

FAHRT MIT DER BAHN: Ab 15. Juli 2004 soll man in 30 Minuten vom Flughafen bis zum Syntágma-Platz gelangen können (über die oberirdische Strecke der Athener Metro zur Station Platía Doukíssis Plakentias). Geplant ist eine Zugfolge von 30, in Stoßzeiten 20 Minuten.

FAHRT MIT DEM TAXI: Der durchschnittliche **Fahrpreis** für die Fahrt vom Stadtzentrum bis zum Flughafen beträgt 14,70 € inklusive der Autobahngebühr auf der Attikí Odós. Der Taxistandplatz befindet sich unmittelbar außerhalb des Terminals. Es stehen rund um die Uhr Taxis zur Verfügung.

STRASSENANBINDUNG:

- Über die inzwischen fertig gestellte **Attika-Ringstraße** (Attikí Odós) ist der Flughafen mit den beiden großen, nach Norden bzw. nach Süden zur Peloponnes führenden Nationalstraßen verbunden. Die Mautgebühr beträgt 2 €.
- Ende Juni 2004 soll die vierspurige Straße zwischen Vári und Korópi dem Verkehr übergeben werden. Dadurch verbessert sich die Verbindung des Flughafens mit den südlichen Athener Vororten und mit Piräus.

Anreise mit der Eisenbahn

Athen hat zwei Bahnhöfe:

- am **Lárissa-Bahnhof** kommen alle Züge aus Nordgriechenland und dem Ausland an; hier finden Sie ein Büro der Touristenpolizei, Geldwechsel, Post, Telefonamt und ein Restaurant
- vom **Peloponnes-Bahnhof** fahren alle Züge ab zur Peloponnes. Ein Fußgängerüberweg verbindet ihn mit dem 200 m entfernten Lárissa-Bahnhof.

Ins Zentrum zum Syntágma-Platz oder zum Omónia-Platz können Sie mit dem orangefarbenen Trolleybus Nr. 1 und den Expressbussen A und B fahren.

Anreise mit dem Auto

Das gut ausgebaute Straßennetz Griechenlands ermöglicht eine unproblematische Anfahrt von Thessaloníki oder Pátras aus über die Autobahn nach Athen. In Athen selbst kann das Autofahren zum Problem werden. Die Verkehrsdichte ist mit der keiner deutschen Großstadt vergleichbar; der Autoverkehr zwängt sich mehrspurig in langen Schlangen durch die Straßen, die Verkehrszeichen werden häufig missachtet. Parkplätze sind äußerst knapp; bei Verstößen gegen Park- oder Halteverbote wird auch bei ausländischen Fahrzeugen das Nummernschild abmontiert und in polizeiliche Verwahrung genommen.

Tipp
Wenn Sie in Athen übernachten wollen, wählen Sie am besten ein Hotel mit Garage aus, wo Sie Ihren Wagen sicher abstellen können.
Wenn Sie noch am selben Tag mit der Fähre weiterfahren wollen, empfiehlt es sich, direkt nach Piräus zu fahren. Wenn Sie dann noch eine Stadtbesichtigung machen wollen, können Sie den Wagen am Hafen in Piräus parken und mit der Metro in wenigen Minuten ins Zentrum von Athen fahren.

Wichtige Anschriften und Telefonnummern
Touristeninformation: im Gebäude der Nationalbank von Griechenland, Karageorgi Servías 2, am Syntágma-Platz, Tel.: 210-32 22 545; Öffnungszeiten: Mo–Fr 9–18.30 Uhr, samstags 9–14 Uhr; Informationen aller Art, einschließlich eines guten Stadtplanes von Athen, erhalten Sie an einem Straßenschalter
- ***Festival-Büro**: Stadiou 4, Tel.: 210-32 21 459 und 210-32 23 111*
- ***Touristenpolizei**: 77 Dimitrakopoulou, Tel: 210-171 oder 210-92 43 354, Fax: 210-92 43 406; am Lárissa-Bahnhof; eine weitere Dienststelle ist am Internationalen Flughafen in Spata*
- ***Hauptpostamt**: Eólou 100, am Omónia-Platz, weitere Postämter: am Syntagma- und am Monastiráki-Platz, Mitropóleos Str. 60, Apellou Str. 1; Öffnungszeiten: Mo–Fr 8–20 Uhr, samstags 8–15 Uhr, sonntags 8–14 Uhr. Die Postämter am Bahnhof und am Flughafen sind länger geöffnet.*
- ***Telefonamt O.T.E.**: am Omónia-Platz, in der Patissíon Str. 85 und in der Stadíou Str. 15; Öffnungszeiten: Tag und Nacht geöffnet*
- ***Ärztlicher Bereitschaftsdienst**: Tel.: 105*
- ***Zahnärztlicher Notdienst**: Tel.: 210-64 34 001*
- ***Athen**: Syngrou Avenue 96, Tel.: 210-09269111, Fax: 210-09267154*

Öffentliche Verkehrsmittel
Es lohnt sich auf jeden Fall, eine **Tageskarte** *zu kaufen. Diese Fahrkarte kostet 2,90 € und ist für beliebig viele Fahrten in allen öffentlichen Verkehrsmitteln von Athen, in U-Bahn, Bus und Trolleybus, gültig. Fahrkarten erhalten Sie an den Fahrkartenschaltern und an den Fahrkartenautomaten, die es in allen Metrostationen gibt.*
Bei der Griechischen Zentrale für Fremdenverkehr erhalten Sie den ausgezeichneten Übersichtsplan „Athens Public Transport Pocket Map", mit Streckenangaben, Metro-Plan und Fahrplan der Flughafenbusse.

Metro
Die Athener Untergrundbahn besteht jetzt aus drei Linien; die beiden neuen Linien 2 und 3 sind insgesamt 12 km lang. Die Linie 1 ist weiterhin die alte U-Bahnstrecke zwischen Piräus und Athen, die über das Athener Stadtzentrum bis zum Vorort Kifissiá führt; die Linie 2 fährt vom Syntagma-Platz bis nach Sepólia im Westen, die Linie 3 führt vom Syntagma-Platz bis zur Station Pentagonó. Die zentrale Leit- und Überwachungsstation des gesamten Metronetzes befindet sich am Syntagma-Platz.
Die Bahnen fahren von 5–24 Uhr im Abstand von 4–10 Minuten; Fahrkarten werden auf den Metro-Bahnhöfen am Automaten oder am Schalter verkauft und müssen vor Antritt der Fahrt entwertet werden. Die Fahrkarten müssen bis zum Ende der Fahrt aufgehoben werden, da sie am Ausgang als Beleg eingesammelt werden!
Wichtige Metro-Stationen:
- *der Linie 1: Piräus - Néon Fáliron - Monastiráki, Omónia-Platz, Thíssion, Victoria-Platz - Kifíssia,*

- der Linie 2: Panepistímio (Akadimia) Omónia-Platz, Lárissa (Fernbahnhof von Athen)
- der Linie 3: Evangelismós (Krankenhaus) - Mégaro Mousikís - Pentagóno.

Eine **Fahrkarte** kostet 0,70 €; sie ist 90 Minuten nach dem Abstempeln gültig, gilt aber nicht für die Rückfahrt auf einer einmal begonnenen Strecke.
Bei einer Qualitätsprüfung durch eine Europäische Organisation wurde die Athener Metro 2003 als beste europäische Untergrundbahn ausgezeichnet. Kriterien waren u.a. die Häufigkeit der Zugfolge, Pünktlichkeit, Sauberkeit und die Beachtung der Sicherheitsvorschriften.

Busse

In Athen treffen alle überregionalen Buslinien zusammen; entsprechend groß und verwirrend ist das Busliniennetz. Da außerdem die Streckenführung häufig geändert wird, es weder genaue Fahrpläne noch Streckenverzeichnisse gibt und an den einzelnen Haltestellen auch die konkrete Ausschilderung fehlt, ist es immer notwendig, beim Busfahrer oder beim Fahrscheinverkäufer nach der richtigen Verbindung nachzufragen.
Informationen über Busverbindungen erhalten Sie unter der Telefonnummer 210-185.

ÜBERLANDBUSSE

Für die überregionalen Buslinien gibt es zwei Busbahnhöfe:

- **Busbahnhof A**, Kifissou 100, Tel.: 210-5124910 und 210-5132601, dorthin fährt der Zubringerbus Nr. 51 täglich alle 15 Minuten zwischen 5 und 23.30 Uhr ab Zinonos/Ecke Meandrou (in der Nähe des Omónia-Platzes)

Von Busbahnhof A fahren Busse **zur Peloponnes**, u.a. nach Korinth, Epidauros, Gíthion, Kalávrita, Loutráki, Monemvasía, Nauplia, Mykene, Olympia, Pátras, Pírgos, Sparta, Trípolis und Zákinthos, und nach Nord- und West-Griechenland, z. B. nach Thessaloníki, Alexandroúpouli, Ioánnina und Párga.

- **Busbahnhof B**, Liossion 260, Tel.: 210-8317153, täglich außer Sa und So zwischen 5 und 0 Uhr fährt der Zubringerbus Nr. 024 alle 20 Minuten vom Syntagma-Platz ab.

Vom Busbahnhof B fahren Busse u.a. nach Delphi, Levádia, Ossios Loúkas, Metéora und Vólos.

INNERSTÄDTISCHE BUSSE

Es gibt Oberleitungsbusse und gelbe und blaue Busse; die Haltestellen sind an dem Schild Stasis (ΣΤΑΣΙΣ) in der entsprechenden Farbe zu erkennen. Für die gelben Busse müssen die Fahrkarten im Voraus gekauft werden. Zehnerkarten gibt es in kleinen, jedoch nicht ausgeschilderten Schalterhäuschen; in den U-Bahnhöfen kann man Einzelfahrscheine kaufen.
In anderen schaffnerlosen Bussen ist das abgezählte Fahrgeld in einen Kasten beim Fahrer einzuwerfen. Beim Umsteigen muss man jeweils eine neue Fahrkarte kaufen.
Wichtige Haltestellen im Zentrum sind am Omónia- und Syntagma-Platz und an der Universität.

Taxi

Trotz der großen Zahl der zugelassenen Taxis, ist es schwer, im Zentrum ein Taxi zu bekommen. Man kann durch Handzeichen vorbeifahrende Taxis anhalten. Der Fahrer nimmt Sie auch dann mit, wenn schon andere Fahrgäste im Wagen sind, die in die gleiche Richtung fahren. Achten Sie beim Zusteigen auf den Taxameter, denn die Kosten werden nach Taxameter-Stand abgerechnet, unabhängig von der Zahl der Fahrgäste. Für Fahrten innerhalb Athens muss der Taxameter auf Tarif 1 eingestellt sein. Bei Fahrten zum Flughafen wird 1, zum Bahnhof 0,50 € als Zuschlag erhoben.

Übernachtung

Übernachtungsmöglichkeiten gibt es in allen Preiskategorien und über das ganze Stadtgebiet verstreut. Viele Hotels liegen zentral in den Straßen um den Syntágma-Platz, den Omónia-Platz und in der Pláka und ihrer näheren Umgebung. Die Preise sind höher als im übrigen Griechenland; rechtzeitige Reservierungen sind zu empfehlen. In den zentral gelegenen Hotels müssen Sie fast überall mit Lärmbelästigungen rechnen, sei es durch den bis weit nach Mitternacht üblichen Verkehr, die dann einsetzenden Ladefahrzeuge oder die Müllabfuhr in den ersten Morgenstunden, oder sei es in der Pláka mit der aus vielen Tavernen und Bars laut tönenden Musik.

Im Hinblick auf die Olympischen Spiele wurde viele Hotels renoviert, umgebaut oder erweitert; trotzdem muss während der Spiele mit Engpässen gerechnet werden.

IM ZENTRUM ATHENS

- L **Grande Bretagne**, Syntagma-Platz, Tel.: 210-32 3051-9, Fax: 210-32 28034, das traditionsreiche, bereits 1872 gebaute Hotel am Syntágma-Platz wurde umfassend renoviert und bietet nun 394 komfortable Zimmer, ein neues Wellness-Zentrum, Restaurants und Bars, Parkmöglichkeiten sind vorhanden.
- L **Athens Chandris**, Syngrou Avenue 385, Tel.: 210-9414824, Fax: 210-9425082, 1977 gebautes, komfortables Hotel mit 380 modern eingerichteten Zimmern, Swimmingpool, Geschäften, Dachgarten mit Restaurant, Garage, Taxi-Shuttle zwischen Hotel und Stadtzentrum
- A **St. George Lycabettus Hotel**, Kleomenous 2, Tel.: 210-72 90711, Fax: 210-72 90439, relativ ruhig gelegenes, elegantes Hotel im Kolonáki-Viertel am Fuße des Lykabettus, Parkmöglichkeit, ca. 15 Minuten vom Syntágma-Platz entfernt, Bushaltestelle in der Nähe
- A **Electra Palace**, Nikodimou 18, Tel.: 210-32 41401, Fax: 210-32 41875, zentrale Lage in einer Nebenstraße am Syntágma-Platz, 106 gut ausgestattete Zimmer, Fenster mit Isolierverglasung, Dachgarten und Swimmingpool, Parkgelegenheit
- A **Amalia**, Amalias Avenue 10, Tel.: 210-32 37301, Fax: 210-32 38792, älteres Hotel mit 97 gut eingerichteten Zimmern in zentraler Lage und schönem Blick auf den Nationalgarten
- A **Omonia Grand Hotel**, 2 Pireos, Tel. 210-52 35230, Fax: 210-32 25583, komplett saniertes und renoviertes Hotel der Grecotel-Hotelkette am Omonia-Platz
- A **Athens Acropol**, 1 Pireos, Tel.: 210-52 31111, Fax: 210-52 31361, direkt am Omonia-Platz liegt das umfassend renovierte Hotel mit 165 geschmackvoll eingerichteten Zimmern, Restaurant, Sauna und Parkplatz
- A **Athens Hilton**, Vassilios Konstantinou, Tel.: 210-728 1000, Fax: 210-728 1111, nach vollständiger Renovierung und großen Umbaumaßnahmen bietet das Hotel höchsten Komfort in 517 Zimmern und Suiten, Restaurants und Bars und im Fitness- und Wellnessbereich mit Innen- und Außenpools,
- B **Oscar Hotels**, 25 Filadelfias & Samou, Tel.: 210-88 34215, Fax: 210-82 16368, die beiden gepflegten Hotels liegen gegenüber dem Lárissa-Hauptbahnhof und verfügen über 241 renovierte Zimmer mit Klimaanlage, Heizung, Balkon, 2 Restaurants, Swimmingpool mit schöner Aussicht
- B **Pláka**, Kapnikaréas/Mitropóleos, Tel.: 210-32 22096, Fax: 210-32 22412, älteres, vergleichsweise ruhiges Hotel mit 67 Zimmern am Rande der Pláka und unterhalb der Akropolis, U-Bahnstation in der Nähe
- B **Athens Cypria**, 5 Diomías, Tel.: 210-32 38034, Fax: 210-32 48792, das empfehlenswerte Hotel liegt relativ ruhig, nicht weit von der Pláka und dem Syntagma-Platz entfernt. Die 71 Zimmer sind ansprechend eingerichtet.

- *B* **Stanley**, *Odysseus Street, Tel.: 210-52 40142, Fax: 210-52 44611, großes Mittelklassehotel mit 395 Zimmern, Swimmingpool, Dachgarten, zentrale Lage, nahe beim Monastiráki-Platz*
- *B* **Titania**, *Panepistimiou Avenue 52, Tel.: 210-33 30011, Fax: 210-33 00700, großes Hotel mit 398 Zimmern in zentraler Lage zu den Sehenswürdigkeiten und dem Einkaufsviertel, mit Garage und einem Dachgarten mit sehr gutem Restaurant, leider etwas laut*
- *B* **Arethousa**, *Mitropoleos 6–8, Tel.: 210-32 29431, direkt am Syntagma-Platz gelegenes Hotel mit 87 zweckmäßig eingerichteten Zimmern, Restaurant mit Blick auf die Akropolis im obersten Stockwerk*
- *B* **Acropolis Select**, *Falirou/Koukaki 37–39, Tel.: 210-92 12650, Fax: 210-92 16938, zentral gelegenes Hotel mit 72 modern eingerichteten Zimmern, etwa 15 Gehminuten von der Akropolis entfernt, guter Metro-Anschluss*
- *C* **Adonis**, *Kodrou 3/ Voulis, Tel.: 210-32 49737, Fax: 210-32 31602, das kleine Hotel mit 26 ordentlichen Zimmern liegt zentral in der Pláka, von der Dachterrasse schöner Blick auf die Akropolis*
- *C* **Byron**, *Vironos 19, Tel. 210-32 30327, Fax: 210-32 20276, das kleine, preisgünstige Hotel liegt am Rande der Pláka.*
- *C* **Hermes,** *Apollonos 19, Tel.: 210-32 35514, Fax: 210-32 32073, das Hotel liegt in der Pláka und verfügt über 45 saubere, geräumige Zimmer und ein gutes Restaurant.*
- *C* **Akropolis View**, *Galli & Webster, Tel.: 210-92 17303, Fax: 210-92 30705, das kleine Hotel mit 32 einfach eingerichteten Zimmern liegt am Fuße des Philopáppos in relativ ruhiger Lage, Dachterrasse mit schönem Blick auf die Akropolis, Fußweg zur Akropolis knapp 10 Minuten*
- *C* **Austria**, *Mousson 7, Tel.: 210-92 35151, Fax: 210-92 47350, kleineres Hotel mit 37 einfachen Zimmern, von der Dachterrasse sehr schöner Blick auf die Akropolis, ca. 15 Minuten zur Pláka, 5 Minuten zur Akropolis*
- *C* **Akropolis House**, *Kodrou 6–8, Tel.: 210-32 22344, Fax: 210-32 44143, hinter der klassizistischen Fassade des Hauses liegen 19 recht ansprechende Zimmer, relativ ruhige Lage am Rande der Pláka*
- *C* **Museum**, *Bouboulinas 16, Tel.: 210-36 05611, Fax: 210-38 00507, 58 ordentliche Zimmer, relativ ruhig am Nationalmuseum gelegen, das Zentrum ist zu Fuß zu erreichen.*
- *C* **Thission,** *Agias Marinas 2, Tel.: 210-34 67655, älteres Hotel mit 18 einfach eingerichteten Zimmern, Dachgarten und Straßencafé über der Agorá, schöner Blick auf die Akropolis*
- *D* **Kimon**, *27 Apollonos, Tel. und Fax: 210-33 14658, kleines Hotel am Rande der Pláka mit sehr einfach eingerichteten Zimmern, teilweise ohne Dusche, und einem schönen Dachgarten. Einige Zimmer haben direkten Zugang zum Dachgarten und seinem Ausblick auf die Akropolis*
- *D* **Phaedra**, *Herephondos 16, Tel.: 210-3238461, 21 einfache Zimmer in der Pláka*

AUSSERHALB DES STADTZENTRUMS

- *L* **Athens Hilton**, *Vassilis Sofias 46, Tel.: 210-72 50301, Fax: 210-72 53110, 453 Zimmer mit allem Komfort, Restaurants und schönem Dachgarten, Swimmingpools*
- *A* **Pentelikon**, *Deligianni 66, Tel.: 210-62 30650, Fax: 210-80 10314, elegantes Hotel mit stilvollem Ambiente in einem renovierten neoklassizistischen Gebäude aus dem Jahre 1920 mit 44 ansprechend eingerichteten Zimmern und einem der besten Athener Restaurants*
- *A* **Andromeda**, *Timoleondos Vassou 22, Tel.: 210-64 66362, Fax: 210-64 66361, elegantes Hotel, das zu den besten kleinen Hotels der Welt gezählt wird, mit 20 Zimmern, Restaurant und sehr angenehmem Service*

Athen
Eros-Park
Philadélphias
Livánou
Iouliánou
Leofóros Aléxandros
Liossion
Lárissa-Bhf.
Neof. Ipirou
Vas. Irakl.
Deligionni
Boumboulina
National Museum
Tossitsa
Akharnon
Aristotelo
Peloponnes-Bhf.
Mezonos
Vathi
Tritis Septemvriou
Patission-28 Oktovriou
Stournara
Solomonou
Themistokleou
Marni
Diligianni
Victoros Ougo
Karolou
Em. Benaki
Agíou Konstantínou
Omónia
Ahilleos
Alexandrou
Leonidou
Keramikou
Agisilaou
Pireos
Sokratus
Kotzia
Ote
Harilaou
Ippokratou
Akadimias
Panepistimiou
Lada Sina
Stadiou
Sofokleous
Markt
Evripidou
Pl. Eleftherias
Athinas
Eolou
Karaiskaki
Kerámeikos
Nat.-Hist. Museum
Kolokotroni
Kapnikaréa
Karagiorgi Servias
Ermou
Syntágma
Parlament
Ephtahalkou
Monastiráki
Flohmarkt
Apostolou Pavlou
Hephaistos-Tempel
Antike Agorá
Pandrosso
Mitrópolis
Nikis
Adrianou
Röm. Agorá
Pláka
Olymp.-Airw.
Nikodimou
Filellinon
Lissiou
Flessa
Kidathineo
National Garten
Thespido
Leofóros Amalias
Akrópolis
Vassilissis Olgas
N
0
300 m
Dionissiou Aeropagitou
Hadriansbogen
Tempel des Olymp. Zeus
Roberto Galli
Leofóros Singrou
Kalirois
Pnyx-Hügel
Dionysos-Theater

© igraphic

Übernachten

1 Grande Bretagne, *Syntagma-Platz*
2 Athens Chandris, *Syngrou Avenue 385*
3 St. George Lycabettus Hotel, *Kleomenous 2*
4 Electra Palace, *Nikodimou 18*
5 Amalia, *Amalias Avenue 10*
6 Omonia Grand Hotel, *2 Pireos*
7 Athens Acropol, *1 Pireos*
8 Oscar Hotels, *25 Filadelfias & Samou*
9 Pláka, *Kapnikaréas/Mitropóleos*
10 Athens Cypria, *5 Diomías*
11 Stanley, *Odysseus Street*
12 Titania, *Panepistimiou Avenue 52*
13 Arethousa, *Mitropoleos 6-8*
14 Byron, *Vironos 19*
15 Hermes, *Apollonos 19*
16 Akropolis View, *Galli & Webster*
17 Austria, *Mousson 7*
18 Akropolis House, *Kodrou 6-8*
19 Museum, *Bouboulinas 16*
20 Thission, *Agias Marinas 2*
21 Kimon, *27 Apollonos*
22 Phaedra, *Herephondos 16*
23 Jugendherberge, *Victoros Ougo 16*

Jugendherberge
Athens International Youth Hostel, Victoros Hugo 16, Tel.: 210-52 34170, Fax: 210-52 34015, gut geführtes Haus mit 2- und 4-Bett-Zimmern in der Nähe des Omónia-Platzes

Restaurants
Es gibt eine Fülle von Restaurants aller Kategorien. Obwohl die Restaurants, Tavernen und Grilllokale in der Pláka im Sommer fest in der Hand der Touristen sind, lohnt sich ein Besuch wegen der schönen und stimmungsvollen Umgebung zu Füßen der Akropolis. Im Zuge der Verkehrsberuhigung in der Innenstadt entstanden etliche Fußgängerzonen mit vielen einladenden Straßencafés. Empfehlenswert sind:

- *das Restaurant „**Le Grand Balcon**" auf der Höhe des Lykavittos-Hügels, von wo sich tagsüber ein herrlicher Blick auf die Stadt und am Abend auf die angestrahlte Akropolis bietet*
- *das Restaurant **Dionyssios** auf dem Philopappos-Hügel, Dionissiou Aeropagitou, Tel.: 210-92 33183, bietet neben einer guten Küche einen schönen Blick auf die gegenüber liegende Akropolis*
- *das Feinschmecker-Restaurant **Bajazzo** in der Ploutarchou Straße 35 im Kolonaki-Viertel, wo Sie in einem stilvoll eingerichteten Patrizierhaus Gerichte der internationalen Küche genießen können, Tischreservierung ist erforderlich, Tel.: 210-729 1420*
- *die Taverne **Platanos** in der Diogenes Straße 4, wo Sie im Schatten alter Bäume sitzen können*
- *in der Taverne **Tsekouras**, Tripodou 3, Tel.: 210-32 333710, können Sie griechische Spezialitäten und Retsina vom Fass unter einem Feigenbaum genießen*
- *Athens erstes und vorzügliches vegetarisches Restaurant **Eden** in der Lissíou-Straße 12, das in einem alten Patrizierhaus eingerichtet wurde*
- *das Restaurant **Neos Rigas** in der Adrianou Straße in der Pláka, wo Sie mit griechischer Volksmusik und griechischen Tänzen unterhalten werden*
- ***I Saita**, Panepistimiou 10, Tel.: 210-36 37046, ein paar Stufen führen hinunter in die Taverne, die für ihre guten Vorspeisen und den lokalen Wein bekannt ist*
- *die Taverne **Gerani O Kouklis**, Tripodou 14, Tel.: 210-32 47605, die in einem alten Schulgebäude untergebracht ist; auf der schönen Terrasse können Sie griechische Spezialitäten und Wein vom Fass aus Santoríni genießen, besonders empfehlenswert sind die ausgezeichneten Vorspeisen*

• die Taverne **Theofilos** in der Bacchoustraße 1 in der Pláka, die seit vielen Jahren besteht,
• das Restaurant **Nefeli** in der Panos Straße 24, wo Sie in der Nähe der Akropolis unter Weinranken griechische Gerichte probieren können
• das deutsche Restaurant **Frankfurter Hof** in der Messinias Straße 15, wo es deutsche Spezialitäten und 10 verschiedene Biersorten gibt
• das Bierlokal **Kaiserburg**, Karaiskaki 99, Tel.: 210-53 24024, wo original fränkische Spezialitäten und 35 Biersorten serviert werden
• das Nachtrestaurant **G.B.Corner** im Hotel Grande Bretagne am Syntagma-Platz, wo sich Athener und internationale Besucher zum Tagesabschluss treffen, Tischreservierung Tel.: 210-32 30251.
• die Taverne „**Palia Taverna tou Psara**", Ecke Erechtheos Str./Erotokritou, hoch oben an der Treppe mit guter Küche, freundlicher Bedienung und angemessenen Preisen.
• das Restaurant „**Archaion Gevseis**" hat sich auf die Zubereitung der Mahlzeiten nach antiken Rezepten spezialisiert. Sie finden das Restaurant in der Nähe des Karaiskaki-Platzes, 22, Kodratou, Tel.: 210-52 39661.

Geschäfte

Die neu gestalteten Fußgängerzonen mit ihrer großen und vielseitigen Auswahl an modernen und originellen Geschäften machen das Einkaufen zum Vergnügen. Die bekanntesten Einkaufsgegenden sind:
• das **Kolonáki-Viertel** zwischen Syntagma-Platz und Kolonáki-Platz mit teuren Geschäften, exklusiven Boutiquen, Galerien und Läden mit ausgefallenen und originellen Dingen aller Art.
• das **Omónia-Viertel** mit Läden, Kaufhallen und Verkaufsständen für den täglichen Bedarf,
• das **Monasteráki-Viertel** und die **Patíssion-Straße** mit Souvenirgeschäften aller Art und dem Flohmarkt.
Elegante Modeboutiquen, Schuh- und Ledergeschäfte finden Sie in der Odós Ermou, während die Odós Voulis für ihre Pelzläden mit Mänteln und Jacken in klassischem oder modernen Stil bekannt ist. Ikonen, liturgische Gewänder und liturgische Geräte aus Silber gibt es in der Odós Ágios Filothéis. Rings um den Syntágma-Platz und im Kolonáki-Viertel bieten Juweliere eine große Auswahl an Museumsreplikaten antiker Schmuckstücke an; in Maroússi liegt das Töpferviertel; in Monastaráki sind vor allem Antiquitäten zu entdecken.
Inzwischen gibt es vier **deutsche Buchhandlungen** in Athen:
- **Deutsche Buchhandlung**, Stadiou 10/Omirou 4, Tel.: 210-32 25294, Fax: 210-32 32289
- **Athener Buchhandlung**, Fidiou 7, Tel. und Fax: 210-38 22786
- **Deutsche Buchhandlung Notos**, Omirou 15, Tel.: 210-36 29746, Fax: 210-36 36737
- **Bücherstube Kifissia**, Kyriazi 14–16, Tel. und Fax: 210-80 18687

Bücherfreunde finden eine große Auswahl griechischer und fremdsprachiger Bücher in den 21 Buchhandlungen der „Stoá toú Biblíou", zwischen der Odós El. Venizélou und der Odós Stadíou; nach dem Stöbern laden Sitzbänke und ein kleines Café zum Ausruhen ein. „Typisch griechische" Waren, wie Handarbeiten, Keramikwaren, Lederartikel, Teppiche, Pelze und Ikonen, sind in Athen meistens teurer als in anderen Orten.

Mietwagen

Alle internationalen Firmen sind auch in Athen vertreten:
• **Avis**, Amalias Avenue 48, Tel.: 210-32 24951, Fax: 210-32 20216, an beiden Flughäfen und im Hilton und Caravel-Hotel
• **Budget**, Syngrou Avenue 8, Tel.: 210-92 14771, außerdem an beiden Flughäfen

- ***Hertz***, *Syngrou Avenue 12, Tel.: 210-92 20102, Fax: 210-93 3970, Vass. Sofias Avenue 71, Tel.: 210-72 47071; an beiden Flughäfen und in den Hotels Intercontinental, Ledra Marriot, Athens Chandris und Holiday Inn*
- ***Europcar***, *Syngrou Avenue 4, Tel.: 210-92 15789, Fax: 210-92 15795, und an beiden Flughäfen*

Veranstaltungen

- *Die* ***Athener Festspiele im Herodes-Attikus-Theater***, *Tel.: 210-32 32771, finden von Juni bis Ende September statt; zum Repertoire gehören Aufführungen antiker und moderner Dramen, Konzerte und Tanzvorstellungen.*
- ***Lykabettos-Theater***, *Tel.: 210-72 27209, ebenfalls von Juni bis Ende September werden antike und moderne Theaterstücke aufgeführt, daneben Rock- und Jazzkonzerte.*
- ***Musikhalle „Megaron Mousikis"***, *Vassílis Sophías & Kokáli, Tel.: 210-72 82333, hier werden bei hervorragender Akustik Konzerte, Opern und Schauspiele aufgeführt.*
- ***Ton- und Licht-Schau Akropolis***, *Tel.: 210-32 21459, von April bis Oktober wird die Geschichte der Stadt Athen auf dem Pnyx-Hügel mit Spezialeffekten dargestellt.*
- ***Tanztheater Dora Stratou***, *Tel.: 210-92 14650, von Mai bis September werden Volkstänze aus verschiedenen Regionen Griechenlands aufgeführt.*
- ***Nationaloper***, *Akadimías 59–61, Tel.: 210-36 12461, Opern und Ballettaufführungen*
- ***Casino***, *im Hotel Casino Mont Parnes auf dem Berg Parnássos, Tel.: 210-24 69111, täglich (außer Mittwoch) geöffnet von 19.30–1.45 Uhr, Sa bis 2.45 Uhr, Abendgarderobe erwünscht, außerdem muss man Reisepass oder Personalausweis vorlegen.*

Lektüre

- *Die* ***Athener Zeitung***, *die einzige deutschsprachige Zeitung Griechenlands, erscheint wöchentlich und bietet Informationen aus Politik, Wirtschaft, Kultur und Tourismus.*
- *Die* ***Athens News*** *erscheint täglich außer sonntags und enthält die aktuellen Nachrichten, Veranstaltungshinweise und Öffnungszeiten.*
- ***Athens Today*** *erscheint monatlich in englischer Sprache mit Veranstaltungshinweisen und Hotel- und Restaurantempfehlungen.*
- ***Athens Guide 2003***, *Your Guide to enjoy the City, das englischsprachige Buch ist in Buchhandlungen und an Kiosken erhältlich und gibt umfangreiche Informationen zu Gastronomie, Einkaufsmöglichkeiten und Freizeit.*

Áthos Αθος (Mönchsrepublik) (S. 313ff)

Verbotstafel an der „Grenze" zur Mönchsrepublik Áthos

Einreiseformalitäten

Für ***Frauen und Kinder*** *besteht* ***generelles*** *Besuchsverbot ohne Ausnahmeregelungen.* ***Männer***, *auch Angehörige nicht-orthodoxer Religionsgemeinschaften, müssen nach telefonischer Anmeldung eine Kopie ihres Personalausweises und Angaben zu ihrer Person an das* ***Pilgerbüro in Thessaloníki*** *schikken. Täglich dürfen 10 ausländische Besucher in die Mönchsrepublik einreisen; das Mindestalter* *ist 18 Jahre. Die Aufenthaltsgenehmigung wird für maximal drei Nächte erteilt. Eine frühzeitige Anmeldung ist zu empfehlen. Das Pilgerbüro stellt ein Empfehlungsschreiben aus, das im* ***Pilgerbüro von Ouranoúpoli*** *vorgelegt werden muss; in Ouranoúpoli wird gegen eine Gebühr die Aufenthaltsgenehmigung, das „Diamonitirion", erteilt.*

Telefonnummern und Anschriften

- *in Thessaloníki: Pilgrims Office of the Holy Mount Athos, 14, Kon. Karamanli Ave., 54638 Thessaloníki, Tel.: 2310-861611, Fax: 2310-861811,* ***Öffnungszeiten****: Mo–Sa 9–13.30 Uhr*
- ***in Ouranoúpoli****: Holy Executive of the Mount Athos Pilgrims Bureau, Permit-Issuing Department, Tel.: 23770-71422, Fax: 23770-71450,* ***Öffnungszeiten****: Mo–Sa 8.15–14 Uhr*

Bei der Griechischen Zentrale für Fremdenverkehr und beim Deutschen Generalkonsulat in Thessaloníki erhalten Sie die aktuelle Informationsschrift über den Besuch der Mönchsrepublik.

Von Ouranoúpoli fährt einmal täglich um 9.30 Uhr eine Fähre nach Dáfni, dem Hafenort auf Áthos. Personalausweis der Passagiere und die Einreisegenehmigung werden genauestens überprüft. Bei Ankunft der Fähre stehen in Dáfni Busse zur Weiterfahrt nach Kariés, der Inselhauptstadt, bereit. Übernachtungen sind in allen Klöstern nach rechtzeitiger telefonischer Anmeldung möglich.

Ávdira Αβδιρα (Abderon) (S. 339)

Busverbindungen

Es besteht mehrmals täglich eine Busverbindung von ***Kavála*** *nach Ávdira.*

Chánia Χανια /Pilion (S. 467)

(Hánia, PLZ 37011, Vorwahl 24280)

Übernachtung

- *C* ***Manthos****, Tel.: 24280-96 402, Fax: 24280-96 405, das Hotel liegt etwa 1 km außerhalb der Ortschaft; die Zimmer sind ansprechend eingerichtet, im Aufenthaltsraum gibt es einen Kamin, mit Restaurant, Sauna und Fitnessraum.*
- *C* ***Hani Zissi****, Tel.: 2428096 414, Fax: 24280-96 427, ganzjährig geöffnetes Hotel mit 33 einfachen Zimmern*

Chanióti Χανιοτι (S. 298)

(Haniótis, PLZ 63085, Vorwahl 23740)

Übernachtung

- *A* ***Grecotel Pella Beach****, Tel.: 23740-51 794, Fax: 23740-51 649, die große Anlage mit 179 Zimmern und 14 Bungalows liegt am Ortsrand in einem großen*

Garten. Die Zimmer sind gut ausgestattet, der feinkörnige Sand- und Kieselstrand grenzt an den Garten und den Poolbereich an.

- *C* **Hanioti Village**, *Tel.: 23740-52 103, Fax: 23740-52 525, Bungalowanlage mit 42 ansprechend eingerichteten Zimmern, jeweils mit Balkon. Das Hotel liegt ca. 250 m vom Strand entfernt, von April bis Oktober geöffnet*
- *B* **Dionissos Inn**, *Tel.: 23740-51 631, Fax: 23740-52 189*
- *C* **Angelos**, *Tel.: 23740-52 170, Fax: 23740-52 603, das Hotel verfügt über 79 Zimmer, die mit einer Küchenzeile eingerichtet sind, von April bis Oktober geöffnet*
- *C* **Soussouras**, *Tel.: 23740-51 251, Fax: 23740-51 091, zur Anlage mit einem schönen Garten gehören 73 geräumige Bungalows, Swimmingpool, Restaurants, Sport- und Kinderspielplätze.*

Delphi Δελφι (S. 508ff)

(PLZ 33054, Vorwahl 22650)

Wichtige Anschriften und Telefonnummern

- ***Information**: - bei der Touristenpolizei, Apollonos 46, Tel.: 22650-82220 und 22650-82 900, - im Rathaus, Vassilikos Pávlou & Friderikis, Tel.: 22650-82900, Öffnungszeiten: Mo–Fr 7.30–14.30 Uhr. Außerdem sind an beiden Ortseingängen Stadtpläne mit Hotelangaben aufgestellt.*
- ***Polizei**: Odós Sikelaniou, Tel.: 22650-82 222*
- ***Post**: Vassilikos Pávlou & Friderikis, Tel.: 22650-82 376, Öffnungszeiten: Mo–Fr 7.30–14 Uhr, im Sommer auch länger*
- ***Telefonamt O.T.E.**: Vassilikos Pávlou & Friderikis, Öffnungszeiten: Mo–Fr 7.30–15.10 Uhr, im Sommer auch länger*
- ***Ärztliche Versorgung**: Tel.: 22650-82 307*
- ***Taxi**: Tel.: 22650-82 200*

Busverbindungen

- *nach* **Athen** *5–6 x täglich, Fahrzeit ca. 3 Stunden*
- *nach* **Itéa** *4–6 x täglich, Fahrzeit 30 Minuten*
- *nach* **Thessaloníki** *2–3 x täglich, Fahrzeit 5 Stunden*
- *nach* **Pátras** *2 x täglich, Umsteigemöglichkeit in Itéa, Fahrzeit 2 ½ Stunden*
- *nach* **Lamía** *2 x täglich, Fahrzeit 2 Stunden*
- *nach* **Ámfissa** *7 x täglich, Fahrzeit 30 Minuten*
- *nach* **Aráchova** *5 x täglich, Fahrzeit 20 Minuten*
- *nach* **Náfpaktos** *2 x täglich, Fahrzeit 2 Stunden*
- *nach* **Kalambáka/Meteóra** *über* **Lárissa** *1 x täglich, Fahrzeit 4 ½ Stunden*

Die Busstation liegt am westlichen Ortseingang in Richtung Itéa. Informationen erhalten Sie unter der Rufnummer 22650-82 317.

Übernachtung

Nahezu jedes Haus entlang der beiden Hauptstraßen wird touristisch genutzt. So liegen in der Straße Vassileos Pavlou & Friederikis etliche Hotels und Pensionen direkt nebeneinander. Sie unterscheiden sich in der Ausstattung nicht wesentlich, so dass sich ein Preisvergleich lohnt. Trotz des großen Angebots kann es in der Hauptreisezeit zu Engpässen kommen. Insgesamt ist das Preisniveau in Delphi sehr hoch.

• A **Amalia**, Apolonos, Tel.: 22650-82 101, Fax: 22650-82 290, etwas außerhalb am Berg gelegenes, gepflegtes Hotel mit 185 gut eingerichteten Zimmern und einer sehr schönen Aussicht, ganzjährig geöffnet, Bar, Restaurant

• A **Vouzas**, 1 Vassileos Pavlou & Friederikis, Tel.: 22650-82 232, Fax: 22650-82 033, das moderne Hotel mit 58 ansprechend eingerichteten Zimmern, Bar, Restaurant, Dachgarten, Parkmöglichkeit, liegt am Ortsanfang in Richtung der Ausgrabungen und besticht vor allem mit einem grandiosen Blick auf das Pleistos-Tal

• A **Xenia**, Tel.: 22650-82 151, Fax: 22650-82 764, das Hotel mit 44 angenehmen Zimmern liegt etwas außerhalb und bietet eine schöne Aussicht, ganzjährig geöffnet, Bar, Restaurant, Parkmöglichkeit

• B **Kastalia**, 13 Vassileos Pavlou & Friderikis, Tel.: 22650-82 205, Fax: 22650-82 208, schön gerichtetes Hotel mit 25 Zimmern in der Ortsmitte, ganzjährig geöffnet, mit Bar, Restaurant, Dachgarten

• B **Delphi Panorama**, 47 Ossiou Louka, Tel.: 22650-82 437, Fax: 22650-82 061, kleineres Hotel mit 18 modern eingerichteten Zimmern und sehr schöner Aussicht, ganzjährig geöffnet

• B **Europa**, Tel.: 22650-82 353, 92 Betten, ganzjährig geöffnet, Bar, Restaurant

• B **King Iniohos**, Tel.: 22650-82701, Fax: 22650-82444, empfehlenswertes Hotel mit 46 ansprechend eingerichteten Zimmern, oberhalb des Ortes gelegen, ganzjährig geöffnet, mit Bar, Restaurant, Dachgarten und Tennisplatz

• B **Fedriades**, Vass. Pavlou & Friderikis, Tel.: 22650-82919, Fax: 22650-82208, gut geführtes Hotel mit 22 Zimmern in der Ortsmitte, unter der gleichen Leitung wie das Hotel Kastalia

• B **Zeus**, Tel.: 22650-82691, freundliches Hotel mit 28 Zimmern am Ortsausgang in Richtung Itéa, ganzjährig geöffnet, Bar, Restaurant, Parkplätze

• C **Acropole**, 13 Filelinon, Tel.: 22650-82 676, Fax: 22650-83 171, älteres, ganzjährig geöffnetes Hotel mit 26 freundlich eingerichteten Zimmern, aber in schöner Lage über dem Pleistos-Tal

• C **Hermes**, 27 Vassileos Pavlou & Friderikis, Tel.: 22650-82 318, Fax: 22650-82 639, das Hotel mit 28 geräumigen und ansprechend eingerichteten Zimmern bietet einen schönen Blick auf die Ebene.

• C **Leto**, 25 Apollonos, Tel.: 22650-82302, Fax: 22650-82601, an der Straße nach Itéa gelegenes Hotel mit 22 netten Zimmern, beliebter Taverne und einer schönen Terrasse, von März bis Oktober geöffnet

• C **Orpheas**, 35 Singrou, Tel.: 22650-82077, Fax: 22650-82079, kleines, recht ruhig gelegenes Hotel mit 15 Zimmern, teilweise mit schönem Ausblick, Parkmöglichkeit

• C **Pythia**, Tel.: 22650-82328, ordentliches Hotel mit 28 Zimmern und schönem Ausblick auf das Pleistos-Tal, ganzjährig geöffnet

• C **Orakel**, 14 Vassileos Pavlou & Friderikis, Tel.: 22650-82 326, Fax: 22650-82 695, ruhig gelegenes Hotel mit 14 Zimmern

• C **Stadion**, 21 Apolonos, Tel.: 22650-82 251, die meisten der 23 Zimmer bieten eine schöne Aussicht

• C **Odysseus**, Odós Isaia/Filellinon, Tel.: 22650-82235, kleine Pension mit einfachen Zimmern und schöner Terrasse direkt über dem Pleistos-Tal

• D **Athena**, 55 Vassileos Pavlou & Friderikis, Tel.: 22650-82 239, kleineres Hotel mit 14 sauberen Zimmern, von denen einige eine schöne Aussicht haben, von April bis Oktober geöffnet

Öffnungszeiten und Eintrittspreise

- *Apollon-Heiligtum: täglich 8.30–15 Uhr, im Juli und August bis 19 Uhr, 6 €*
- *Archäologisches Museum: täglich 8.30–15 Uhr, im Juli und August bis 19 Uhr, 6 €. Das **Kombiticket** für beide Sehenswürdigkeiten kostet 9 €.*
- *Die **Wiedereröffnung** des Museums ist für das Frühjahr 2004 vorgesehen.*

Díon Διον (S. 285)

(PLZ 60100, Vorwahl 23510)

Übernachtung

*C **Dion**, Tel. und Fax: 23510-53 222, kleines Hotel mit 20 Zimmern*

Öffnungszeiten und Eintrittspreise

- ***Museum**, Tel.: 23510-53 206: im Sommer Di–So 8–19 Uhr, Mo 12.30–19 Uhr, im Winter Mo–Fr 8–17 Uhr, Sa/So 8–14.30 Uhr, Eintritt: 1,50 €*
- ***Ausgrabungsstätte**: im Sommer Di–So 8–19 Uhr, Mo 12.30–19 Uhr, im Winter Mo–Fr 9–17 Uhr, Sa/So 8–14.30 Uhr, Eintritt: 2,35 €*

Dodóna Δοδονα (S. 396f)

(PLZ 45500, Vorwahl 26510)

Busverbindungen

Die Busse fahren ab Ioánnina Mo, Di, Mi, Fr und Sa 2 x täglich um 6.30 Uhr und 16.30 Uhr direkt bis zur Ausgrabungsstätte, So 1 x täglich um 18 Uhr, Do fährt kein Bus. Zusätzlich fahren Busse 2 x täglich von Ioánnina bis zum Ort Dodóni, von dort kann man dann mit dem Taxi zum Ausgrabungsgelände fahren.

Übernachtung

*C **Andromache**, Tel. und Fax: 26510-82 296, das kleine Hotel, das direkt am Ausgrabungsgelände liegt, hat 5 einfache, aber saubere Zimmer mit Du/WC und ein Restaurant, von dessen Terrasse sich ein schöner Blick auf die archäologische Stätte bietet.*

Öffnungszeiten und Eintrittspreise

Ausgrabungsgelände, Tel.: 26510-82287: täglich 8.30–17 Uhr, So 8–15 Uhr, 2 €

Dráma Δραμα (S. 320)

(PLZ 66100, Vorwahl 25210)

Busverbindungen

- *mit **Thessaloníki** 4–6 x täglich*
- *mit **Xánthi** 4–6 x täglich*
- *mit **Sérres** 3–5 x täglich*
- *mit **Kavála** 3–5 x täglich*

Die Busstation liegt an der Odós Athanaasiádi, gegenüber dem Stadtpark, Tel.: 25210-32 421.

Übernachtung

Alle Hotels in Dráma sind ganzjährig geöffnet.

- *B* **Xenia**, *Ethnikis Amynis 10, Tel.: 25210-33195, Fax: 25210-30964, älteres Haus mit 48 modern eingerichteten Zimmern, Parkmöglichkeit vorhanden*
- *C* **Marianna**, *G. Vorazani 3, Tel.: 25210-31520, Fax: 25210-31 762, das familiär geführte Hotel liegt im Zentrum der Stadt; es verfügt über 51 nett eingerichtete Zimmer mit Bad, Balkon und Kühlschrank; die Besitzer sprechen deutsch.*

Édessa Εδεσσα (S. 363f)

(PLZ 582 00, Vorwahl 23810)

Bahnverbindungen

mit **Thessaloníki** *über* **Flórina** *und* **Kozáni** *6–8 x täglich*

Der Bahnhof liegt am Ende der Straße 18. Oktovriou.

Busverbindungen

- *mit* **Athen** *3 x täglich, Fahrzeit ca. 8 Stunden*
- *mit* **Thessaloníki** *6–8 x täglich, Fahrzeit ca. 1 ¾ Stunden*
- *mit* **Veria** *4–6 x täglich, Fahrzeit ca. 1 Stunde*

Der Busbahnhof liegt an der Ecke Filíppou/Pávlou Méla. Die Busse nach **Flórina** *und* **Kastoriá** *verkehren 4 x täglich und fahren Ecke Egnatía/Pávlou Méla ab.*

Wichtige Anschriften und Telefonnummern

- *Touristeninformation: bei der Polizei, Iroon Politechniou*
- *Post: Dimokratias 26*
- *Telefonamt O.T.E.: Agiou Dimitriou*
- *Ärztliche Versorgung: im Krankenhaus, Tel.: 23810-27 441*

Übernachtung

- *A* **Xenia**, *Filippou 1 Giannitson, Tel.: 23810-29 706, Fax: 23810-21 898, das empfehlenswerte Hotel mit 20 angenehmen Zimmern liegt im Zentrum der Stadt, ist ganzjährig geöffnet und bietet Entspannung im Swimmingpool und einen schönen Rundblick über das fruchtbare Land.*
- *B* **Kataraktes**, *4 Karanou, Tel.: 23810-22 300, Fax: 23810-27 237, 83 Betten, ganzjährig geöffnetes Hotel mit Restaurant, Bar und Dachgarten, traditionell eingerichtete Zimmer mit Bad und Balkon, in der Nähe der Wasserfälle*
- *C* **Alfa**, *36 Egnatia, Tel.: 23810-22 221, Fax: 23810-24 777, ganzjährig geöffnetes Hotel mit 32 freundlich eingerichteten Zimmern im Zentrum*
- *D* **Elena**, *4 Dimitriou Rizou, Tel.: 23810-23 218, Fax: 23810-23 951, 40 Zimmer, ganzjährig geöffnet*

Epanomí Επανομι (S. 289)

(PLZ 63200, Vorwahl 23920)

Übernachtung

- *C* **Aristotelion**, *2, 25. Martíou, Tel.: 23920-21 239, Fax: 23920-21 292, das kleine Hotel mit19 Zimmern ist von April bis Oktober geöffnet.*

- *C* ***Socratis****, 22 Leofóros Eleftherías, Tel.: 23920-21 461, Fax: 23920-23 168, ganzjährig geöffnetes Hotel mit 27 Apartments für 2–4 Personen*

Camping

Camping Epanomi*, Tel.: 23920-41 378, großer, von der Griechischen Zentrale für Fremdenverkehr angelegter Platz mit Einkaufsmöglichkeiten, Restaurant, Tennis- und Basketballplätzen*

Eratiní Ερατινι (S. 506)

(PLZ 33058, Vorwahl 22660)

Übernachtung

- *B* ***Delfi Beach Club****, Paralia Tolofonas, Tel.: 22660-31 237, Fax: 22660-31 257, direkt am Strand gelegenes Hotel mit 177 Zimmern und Wassersportangebot*
- *C* ***Mistral****, Tel.: 22660-26 603, kleineres Hotel mit 21 ordentlichen Zimmern an der Ortsstraße*

Euböa Ευβοια (Évvia) (S. 533ff)

Zugverbindungen *(über Ínoi)*

- *mit* ***Athen*** *4–7 x täglich*
- *mit* ***Kími*** *4–8 x täglich*
- *mit* ***Thessaloníki*** *4–7 x täglich*

Die Bahnstation liegt direkt an der Brücke.

Busverbindungen

- *mit* ***Athen*** *8–10 x täglich*
- *mit* ***Thessaloníki*** *2–4 x täglich*

Die Abfahrtsstelle der Busse ist am Bahnhofsvorplatz.

Fährverbindungen

- *Erétria - Skála Oropoú*
- *Édipsos - Arkítsa*
- *Káristos - Ráfina*
- *Kími - Sporaden*
- *Marmári - Ráfina*
- *Nea Stirá - Ráfina*

CHÁLKIS

(PLZ 34100, Vorwahl 22210)

Wichtige Anschriften und Telefonnummern

- ***Touristeninformation****: bei der Touristenpolizei*
- ***Touristenpolizei****: Eleftheriou-Venizelou Straße 32, Tel.: 22210-77 777 und 22210-24662*
- ***Post****: Odós Kótsou-Straße*
- ***Telefonamt****: Odós Kótsou*
- ***Ärztliche Versorgung****: im städtischen Krankenhaus*

Busverbindungen

Von Chálkis aus fahren mehrmals täglich Busse zu allen größeren Ortschaften im Nord- und Südteil der Insel.

Der Busbahnhof für den Inselverkehr liegt im Westteil des Hafens.

Übernachtung

Für die meisten Reisenden ist Chálkis nur Durchgangsstation zu den Ferienorten an der Küste, wo es auch ein entsprechend großes Angebot an Übernachtungsmöglichkeiten gibt.

Die Hotels in Chálkis werden eher von Geschäftsreisenden aufgesucht; alle Hotels sind ganzjährig geöffnet.

- *A* ***Lucy****, Leofóros Voudoúri 10, Tel.: 22210-23 831, Fax: 22210-22 051, das Hotel im Stil der 1950er Jahre liegt im Zentrum der Stadt an der Hafenpromenade, einige der 92 Zimmer im 4. und 5. Stockwerk bieten einen schönen Blick über die Stadt und auf den Euripos-Kanal.*
- *B* ***John's****, Angéli Góviou 9, Tel. und Fax: 22210-22 496, das Hotel verfügt über 57 modern eingerichtete Zimmer; da es direkt an der Hauptverkehrsstraße liegt, ist es ziemlich unruhig, gutes Restaurant, Dachgarten*
- *B* ***Paliria****, 2 Venizelou Ave., Tel.: 22210-28 001, Fax: 22210-81 959, das zentral gelegene Hotel verfügt über 110 Zimmer, von deren Balkons man die berühmte Meerenge sehen kann.*
- *C* ***Kentrikon****, Angéli Góviou 5, Tel.: 22210-22 375, altes Haus, ebenfalls an der Hauptstraße, mit 20 einfach eingerichteten Zimmern in der Nähe der Brücke*
- *C* ***Manica****, Panagítsa-Leofóros Artákis, Tel.: 22210-84 400, einfaches Hotel mit 20 Zimmern, ca. 400 m vom Hafen*

Restaurants

An der Hafenpromenade und am Brückenplatz gibt es viele Cafés, die Schatten bieten und zum Verweilen einladen.

Übernachtungsmöglichkeiten auf der Insel

IN ÉDIPSOS

- ***Thermai Sylla Grand Hotel****, Loutra Edipsou, Tel.: 22260-60 100, Fax: 22260-22 055, Griechenlands schönstes Kurhotel wurde schon 1897 erbaut und 1999 nach einer Totalrenovierung wieder eröffnet. Die 108 Zimmer sind geschmackvoll eingerichtet, im Innenhof gibt es einen großen Pool mit Thermalwasser; im 1.800 m² großen Thermalbadezentrum, werden 35 verschiedene Kur- und Heilanwendungen durchgeführt.*

IN ERÉTRIA

- *A* ***Eretria Village****, Tel.: 22290-62 611, Fax: 22290-61 300, weitläufige Hotelanlage mit 205 ansprechend eingerichteten Zimmern, großem Poolbereich und Tennisplätzen, 5 km außerhalb der Ortschaft und 300 m vom Sand-Kies-Strand entfernt.*
- *B* ***Miramare****, Tel.: 22290-61 134, Fax: 22290-61 190, die 91 Zimmer der familiär geführten Hotelanlage verteilen sich auf mehrere Gebäude, die von dem gepflegten Garten mit Swimmingpool umgeben sind. Der schmale Kiesstrand ist durch eine Unterführung zu erreichen; zum Ort sind es ca. 4 km.*

IN KÁRISTOS

- *A* **Apollon Suites**, *Psíli Ámos, Tel.: 22240-22 045, Fax: 22240-22 049, schöne Anlage mit 36 gut ausgestatteten Apartments direkt am Sand-Kiesstrand, etwas außerhalb des Ortes*
- *C* **Karistion**, *Kriezótou 66, Tel.: 22240-22 191, Fax: 22240-22 727, das freundliche Hotel mit 39 modern eingerichteten Zimmern liegt in einem schönen Garten, ca. 300 m vom Hafen entfernt*
- *C* **Galaxy**, *Omirou & Odysseos, Tel.: 22240-22 600, Fax: 22240-22 463, das Hotel mit 72 einfach eingerichteten Zimmern liegt in der Nähe des Hafens und ist ganzjährig geöffnet.*

IN KÍMI

- *C* **Korali,** *Tel.: 22220-22 212, Fax: 22220-23 355, vom Hafen her ist das Hotel ausgeschildert. Es verfügt über 22 ansprechend eingerichtete Zimmer und bietet eine großartige Aussicht.*
- *C* **Beis**, *Tel.: 22220-22 604, Fax: 22220-22 870, das Hotel liegt am nördlichen Hafenabschnitt und hat 38 modern eingerichtete Zimmer, ein Restaurant und Parkmöglichkeiten.*

IN LÍMNI

- *C* **Zaniakos,** *Tel.: 22270-32 445, Fax: 22270-31 667, in dem gepflegten, im traditionellen Stil erbauten Haus gibt es 5 modern eingerichtete Zimmer mit einer Küchenzeile. Balkons und eine schöne Gartenterrasse laden zur Erholung ein, ganzjährig geöffnet.*
- ***Vatéri*** *bei Limni, Tel. 22270-32 493, Fax 22270-31 228, zwischen Weinfeldern und Olivenbäumen werden sechs gemütliche Zimmer mit offenem Kamin vermietet. Das Meer ist ca. 1,5 km entfernt.*

IN MARMÁRI

- *C* **Delfini**, *Tel.: 22240-31 296, Fax: 22240-32 300, das kleine, schon ältere Hotel liegt mit 20 Zimmern ruhig in einer Seitenstraße, ca. 50 m von der Strandpromenade entfernt. Der selbe Besitzer führt das Haus* **Delfini II**, *Tel.: 22240-31 190, Fax: 22240-32 300, mit 32 einfach eingerichteten Apartments für 2–4 Personen. Beide Häuser sind ganzjährig geöffnet.*

IN PÉFKI

- *C* **Posidonio Studios,** *Tel.: 22260-40 805, Fax: 22260-40 605, modernes Haus mit 14 gut eingerichteten Apartments und Studios, teilweise mit Balkon*

Strände

- ***Erétria***, *gepflegte Strandanlage mit Einrichtungen, wenig Schatten, zum Surfen geeignet*
- ***Amárinthos***, *mehrere kleine Sand- und Kiesstrände*
- ***Néa Stíra***, *schöner Sandstrand.*

Flórina Φλορινα (S. 365f)

(PLZ 531 00, Vorwahl 23850)

Wichtige Anschriften und Telefonnummern

- *Touristeninformation:* am Hauptplatz, Tel: 23850-28 538
- *Polizei:* Tel.: 23850-22 222
- *Post und Geldwechsel:* Odós Megarovou, hinter dem Hauptplatz, Öffnungszeiten: Mo–Fr 7.30–15 Uhr
- *Telefonamt O.T.E.:* Odós Tirnovou 5, nächste Straße hinter der Post, Öffnungszeiten: Mo–Fr 7.30–24 Uhr, Sa/So 7.30–15 Uhr
- *Ärztliche Versorgung:* im örtlichen Krankenhaus, Tel.: 23850-22 555
- *Taxi:* am Hauptplatz

Zugverbindungen

mit **Thessaloníki** über **Édessa** 5–7 x täglich, Fahrzeit 3 ½ Stunden

Busverbindungen

- mit **Athen** 1 x täglich, Fahrzeit 9 Stunden
- mit **Édessa** 4 x täglich, Fahrzeit 1 Stunde
- mit **Thessaloníki** 4–6 x täglich, Fahrzeit 3 Stunden
- mit **Kozáni** 2–3 x täglich, Fahrzeit 1 ¾ Stunden
- mit **Ágios Germanós** (Préspa-Seen) 1–2 x täglich, Fahrzeit 1 ½ Stunden

Außerdem gibt es zeitweise **Busverbindungen**

- nach **Korca**/Albanien 1 x täglich, außer Do und So
- nach **Kristallopigí** (albanische Grenze) 2 x täglich, Fahrzeit 1 ½ Stunden
- nach **Nikí** (Grenze zur FYROM) 3 x täglich, Fahrzeit 30 Minuten

Übernachtung

Alle Hotels in Flórina sind ganzjährig geöffnet.

- B **King Alexander**, Leoforos Nikis 68, Tel.: 23850-23 501, Fax: 23850-23 084, auf der Höhe am Ortsrand gelegenes Hotel mit Restaurant, Bar, Parkplatz und einer gepflegten Gartenanlage, an der Straße zu den Préspa-Seen
- B **Poulia**, Tel.: 23850-30 625, Fax: 23850-30 362, ruhig gelegenes Haus mit 43 Zimmern, jeweils mit Balkon, etwa 1,5 km außerhalb der Stadt, ganzjährig geöffnet
- B **Lyngos**, Tagmatarchou Naoum 3, Tel.: 23850-28 322, Fax: 23850-29 64, älteres Hotel mit 40 Zimmern, Restaurant, Dachgarten, zentrale Lage in der Nähe des Hauptplatzes
- C **Antigone,** Arianou 1, Tel.: 23850-23 180, Fax: 23850-45 620, ordentliche Zimmer, zentrale Lage
- C **Hellinis**, Pavlou Mela 61, Tel.: 23850-22672, Fax: 23850-22 815, 41 saubere, sehr einfache Zimmer, in der Nähe des Bahnhofs

Reisebüros

- *Vogdanis Tours*, Agios Dragoumi 25, Tel. und Fax: 23850-29 559
- *Topalis Tours*, Tagmatarchou Naoum 3, Tel.: 23850-22 593, Fax: 23850-24 163

Galaxídi Γαλαξιδι (S. 506)

(PLZ 33052, Vorwahl 22650)

Wichtige Anschriften und Telefonnummern

- *Rathaus:* Tel.: 22650-91 226
- *Ärztliche Versorgung:* Tel.: 22650-91 255
- *Polizei:* Tel.: 22650-91 222
- *Taxi:* Tel.: 22650-41 272
- *Hafenpolizei:* Tel.: 22650-41 390

Übernachtung

- A **Villa Olympia**, Tel.: 22650-41 810, Fax: 22650-41746, das gepflegte Hotel liegt oberhalb der Hauptstraße und verfügt über ein Restaurant, Swimmingpool und Tennisplatz
- A **Filoxenia Studios**, Tel.: 22650-42 230, Fax. 22650-42 231, gut eingerichtete Apartments im Zentrum, mit Kamin und schönem Blick aufs Meer
- A **Villa Ianthia**, Tel.: 22650-42 433, gut und stilvoll ausgestattete Zimmer in einem neoklassizistischen Gebäude, Frühstücksbuffet und Parkplatz am Haus
- C **Koukounas**, Tel.: 22650-41 179, modernes Haus mit 11 geräumigen Zimmern, ca. 100 m vom Strand entfernt

Gerakiní Γερακινι und Umgebung (S. 302)

(PLZ 63100, Vorwahl 23710)

Übernachtung

- B **Gerakina Beach**, Tel.: 23710-52 302, Fax: 23710-52 118, von April bis Oktober geöffnete, große Hotel- und Bungalowanlage am Meer mit 503 Zimmern und großem Sportangebot
- B **Phillipion Beach**, in Psakoúdia, Tel.: 23710-20 3321, Fax: 23710-24 8504, nur durch eine kleine Straße ist das erst kürzlich renovierte Hotel vom Strand getrennt.
- C **Haus Sonja**, Tel.: 23710-51 280, Fax: 23710-54 083, das gepflegte und gut geführte Hotel liegt etwas oberhalb eines Sandstrandes; eine schöne Terrasse, Café, Restaurant und Einkaufsmöglichkeiten sind vorhanden. Außerdem gibt es gute Wassersportmöglichkeiten.
- C **Iannis-Maria**, in Psakoúdia, Tel.: 23710-52 348, oberhalb des Strandes gelegenes, gepflegtes Haus mit gut ausgestatteten Apartments und kleinem Garten

Horeftó Χορεφτο (S. 468)

(Choreftó, PLZ 37001, Vorwahl 24260)

Busverbindungen

3–4 x täglich fährt ein Bus über Zagorá nach Vólos. Die genauen Abfahrtszeiten sind am kleinen Busbahnhof im Zentrum angeschlagen.

Übernachtung

- C **Aeolos**, Tel.: 24260-22910, Fax: 24260-23 390, die gepflegte, aus mehreren Häusern bestehende Hotelanlage liegt ruhig am Ortsrand in einem großen Garten mit Swimmingpool. Die Zimmer sind im traditionellen Stil mit gemauerten Betten *eingerichtet und für jeweils 3–4 Personen vorgesehen. Zum Strand sind es nur wenige Schritte. Parkmöglichkeiten am Haus*

- *C* **Agnandi**, *Tel.: 24260-23 114, Fax: 24260-22 518, das Haus mit 24 einfach eingerichteten Zimmern liegt in Hanglage etwa 400 m außerhalb des Ortes; von der großen Veranda bietet sich ein schöner Blick auf die Küste*
- *C* **Marabou**, *Tel.: 24260-23 710, Fax: 24260-22 807, das im traditionellen Stil gebaute Hotel mit 20 nett eingerichteten Zimmern ist von Mai bis Oktober geöffnet, es liegt auf einer Anhöhe etwa 1 km außerhalb mit herrlichem Panoramablick über das Meer.*
- *C* **Votsala**, *Tel.: 24260-22 001, das kleine Hotel, das über 21 freundlich eingerichtete Zimmer mit Balkon verfügt, liegt am Ortsrand und ist nur durch eine kleine Straße vom Sandstrand getrennt.*

Hydra Ιδρα (S. 593ff)

(PLZ 18040, Vorwahl 22980)

Schiffsverbindungen

- *mit* **Piräus** *1–3 x täglich, Fahrzeit ca. 3 ½ Std.*
- *mit* **Ägina** *1 x täglich, Fahrzeit ca. 2 ¼ Std.*
- *mit* **Póros** *1 x täglich, ca. 1 Std.*
- *mit* **Spétses** *1 x täglich, ca. 1 Std.*
- *mit* **Méthana** *1 x täglich, ca. 1 ½ Std.*
- *mit* **Ermíoni** *1 x täglich, ca. 30 Minuten*

Verbindungen mit Tragflügelbooten in den Sommermonaten

- *mit* **Piräus** *8–10 x täglich, Fahrzeit ca. 70 Minuten*
- *mit* **Ägina** *1–2 x täglich, Fahrzeit ca. 1 Stunde 15 Minuten*
- *mit* **Póros** *6–8 x täglich, Fahrzeit ca. 30 Minuten*
- *mit* **Spétses** *5–7 x täglich, Fahrzeit ca. 30 Minuten*
- *mit* **Ermíoni** *4 x täglich, Fahrzeit ca. 20 Minuten*
- *mit* **Portochéli** *5 x täglich, Fahrzeit ca. 45 Minuten*
- *mit* **Nauplia** *über* **Tolón** *2 x täglich, Fahrzeit ca. 2 Stunden*

Auskünfte und Fahrkarten erhalten Sie am Hafen im Büro Elias Tsanos, Tel.: 22980-52 019, der Weg dorthin ist ausgeschildert.

Wichtige Anschriften und Telefonnummern

- ***Touristenpolizei:*** *Odós Vótsi 9, Tel. 22980-52 205, Öffnungszeiten: täglich 9–18 Uhr*
- ***Hafenpolizei:*** *am Hafen, Tel.: 22980-52 279*
- ***Post:*** *Tomazi Str., Tel.: 22980-52 262, Öffnungszeiten Mo–Fr 7.30–14 Uhr*
- ***Telefonamt O.T.E.:*** *Odós Vótsi 10, Tel.: 22980-52 399, Öffnungszeiten Mo–Fr 7.30–15.10 Uhr*
- ***Medizinische Versorgung:*** *Koulourion Hospital, Tel.: 22980-53 150*

Öffentliche Verkehrsmittel

- *Es gibt* ***keinen Busverkehr*** *auf Hydra.*
- ***Motorboote*** *zu den Nachbarorten und Stränden sowie Esel können am Hafen gemietet werden.*
- ***Wassertaxi:*** *Tel.: 22980-53 690*

Übernachtung in Hydra-Stadt

• *A **Miramare**, Mandraki, Tel.: 22980-52 300, Fax: 22980-52 301, Hotelanlage mit 28 landestypisch eingerichteten Bungalows an einem flach abfallenden Kiesstrand, mit Restaurant, Strandterrasse, Tretbootverleih, Wassersport und Anlegestelle für Wassertaxis. Die Anlage liegt 2 km außerhalb von Hydra-Stadt, die man zu Fuß in etwa 20 Minuten oder nach kurzer Fahrt mit dem hoteleigenen Shuttlebus erreicht. Das Hotel ist von April bis Oktober geöffnet.*

• *A **Miranda**, Tel.: 22980-52 230, Fax: 22980-53 510, dieses ehemalige Herrenhaus einer wohlhabenden Kapitänsfamilie wurde 1810 gebaut. Heute dient es als Hotel und wurde mit Antiquitäten geschmackvoll eingerichtet; die 13 Zimmer und 3 Suiten bieten von den großen Balkons einen schönen Blick auf das Meer.*

• *A **Orloff**, Tel.: 22980-52 564, Fax: 22980-53 532, elegantes, liebevoll restauriertes Herrenhaus aus dem 18. Jahrhundert mit 10 sehr ansprechend eingerichteten Zimmern. Das Frühstück wird in dem ruhigen Gartenhof serviert.*

• *C **Amaryllis**, Tombazi 15, Tel.: 22980-52 249, ganzjährig geöffnet, in Hafennähe*

• *B **Hydroussa**, Tel.: 22980-52 217, Fax: 22980-52 161, das stilvoll eingerichtete, ehemalige Xenía-Hotel liegt sehr ruhig; es verfügt über 39 Zimmer, Bar, Restaurant und einen schönen Innenhof, von April bis Oktober geöffnet*

• *B **Mistral**, Tel.: 22980-52 509, Fax: 22980-53 412, aus Naturstein im landestypischen Stil gebautes Hotel mit 18 rustikal eingerichteten Zimmern und einem schönen Innenhof in einer ruhigen Seitenstraße*

• *B **Delfini**, Paralia, Tel.: 22980-52 082, kleines Hotel am Hafen mit 11 sauberen, aber etwas unruhigen Zimmern, von April bis Oktober geöffnet*

• *C **Hydra**, Voulgari 8, Tel.: 22980-52 102, Fax: 22980-53 330, in einem sehr schön restaurierten alten, am Hang gelegenen Steinhaus wurden 12 wohnliche Zimmer mit schönem Ausblick eingerichtet*

• *C **Leto**, Tel.: 22980-53 385, Fax: 22980-53 806, das stilvoll eingerichtete Hotel mit 25 Zimmern und 7 Suiten und einem schönen Garten liegt in einer schmalen Gasse in der Altstadt, es wird auch von Reiseveranstaltern belegt.*

• *C **Angelica**, Tel.: 22980-53 202, Fax: 22980-53 698, freundliche Pension mit 22 Zimmern, von denen einige Terrassen mit schönem Ausblick bieten. Das Haus ist etwa 10 Gehminuten vom Hafen entfernt. Das im Preis eingeschlossene Frühstück wird im hübschen Innenhof serviert.*

• *C **Bratsera**, Tel.: 22980-53 971, Fax: 22980-53 626, sehr schön restauriertes Hotel in einer ehemaligen Schwammfabrik. Die 23 Zimmer sind geschmackvoll eingerichtet, klimatisiert und haben einen Fernseher und einen Mini-Kühlschrank. Im Garten gibt es einen Swimmingpool.*

• *C **Greco**, Tel.: 22980-53 200, Fax: 22980-53 511, in der früheren Fabrik wurden 19 große, ansprechende Zimmer eingerichtet. Für das Haus spricht die ruhige Lage und die freundliche Bedienung.*

• ***Privatzimmer** werden von der Touristenpolizei vermittelt.*

Restaurants und Unterhaltung

Restaurants und Cafés sind auf das internationale Publikum eingestellt und sind zumeist gepflegt und anspruchsvoll. Sehr ansprechend sind die Restaurants, die in alten Herrenhäuser eingerichtet wurden.

• ***Viglia**, Tel.: 22980-54 154, ansprechendes Terrassenrestaurant mit schönem Blick auf den Hafen; Spezialitäten sind frische Fischgerichte, Omelettes und Hummer-Spaghetti.*

• ***Iliovasilema***, *Tel.: 22980-52 496, genießen Sie den Sonnenuntergang in Vlíchos, das Sie auf einem Spaziergang nach etwa 45 Minuten erreichen. Für den Rückweg können Sie dann ein Wassertaxi benutzen.*
• ***O Kipos***, *Tel.: 22980-52 329, ca. 300 m vom Hafen entfernt, schönes Gartenrestaurant unter schattigen Bäumen, viele Grill- und Fischgerichte*
• ***The Secret Port***, *Tel.: 22980-52 585, einfaches Restaurant mit frischen Fischgerichten und einer ausgezeichneten Fischsuppe, nur abends geöffnet*

Reisebüros

• ***Saitis Tours***, *Tel.: 22980-52 184, Fax: 22980-53 469, in diesem freundlichen Reisebüro an der Hafenfront erhalten Sie Informationen über die Insel, über verfügbare Zimmer, Ausflüge, Wandertouren und Malkurse.*
• ***Hydraioniki Travel Agency***, *Tel.: 22980-54 007, Fax: 22980-52 157, die hilfsbereiten Angestellten helfen Ihnen bei der Zimmervermittlung und verkaufen Tickets für Fähren, Kreuzfahrten und Flüge.*

Geschäfte

Neben den in ganz Griechenland erhältlichen Keramik-, Leder- oder Schnitzwaren gibt es auf Hydra sehr schöne kunstgewerbliche Arbeiten und Bilder der hier lebenden Künstler.

Ausflüge

Im Hafen liegen Boote, die die Ausflügler zu den Badebuchten bringen oder die Insel in einem Ganztagsausflug umfahren. Abfahrt 11 Uhr, Rückkehr 16 Uhr
Außerdem werden in den Reisebüros Fahrten zu den anderen Saronischen Inseln und zur Peloponnes angeboten.

Ierissós Ιερισσοσς (S. 313)

(PLZ 63075, Vorwahl 23770)

Busverbindungen

• *mit* ***Thessaloníki*** *4–6 x täglich*
• *mit* ***Arnéa*** *4–6 x täglich*

Übernachtung

• *B* ***Mount Athos***, *Tel.: 23770-22 225, Fax: 23770-22 207, die gepflegte Hotelanlage mit 90 Zimmern im Haupthaus und in Bungalows liegt direkt am kleinen Hafen; mit Swimmingpool und Liegewiese*
• *C* ***Villa Giouli***, *Tel.: 23770-22 115, Fax: 2310-27 8479, das ganzjährig geöffnete, kleine Apartmenthaus liegt etwa 70 m vom Meer entfernt.*
• *D* ***Alcyonis***, *Tel.: 23770-22 577, Fax: 23770-23 994, kleines Hotel mit 21 einfachen Zimmern mit Balkon und Meerblick, von April bis Oktober geöffnet*
• *D* ***Marcos***, *Tel.: 23770-22 18, neueres Hotel mit 19 ansprechenden Zimmern, ganzjährig geöffnet*
• *D* ***G.K.E.E.A.***, *Tel.: 23770-22533, Fax: 23770-24 141, ganzjährig geöffnete, zentral gelegene Pension mit 18 sauberen Zimmern und großer Terrasse*

Igoumenítsa Ιγουμενιτσα (S. 378f)

(PLZ 461 00, Vorwahl 26650)

Für die meisten Reisenden ist Igoumenítsa nur Durchgangsort auf dem Weg in den Norden oder Süden Griechenlands, jedoch verfügt auch die Stadt selbst über schöne Strände, einige neuere Hotels und gepflegte Campingplätze im Umkreis von 10 km.

Schiffsverbindungen

Igoumenítsa ist mit den ***italienischen Fährhäfen*** *Venedig, Ancona, Otranto, Brindisi und Bari durch die schnellen Autofähren verbunden (s. auch "Anreise mit Auto und Schiff", S. 91ff).*

- *mit* ***Kórfu*** *8–10 x täglich durch Fährschiffe (Überfahrt ca. 1 Stunde) oder durch die schnelleren Tragflügelboote „Flying Dolphins" (Überfahrt 35 Minuten)*
- *mit* ***Pátras*** *2–4 x täglich*

Der neue Hafen mit dem modernen Hafengebäude wurde inzwischen in Betrieb genommen, wodurch eine schnellere Abfertigung möglich ist. Zur Zeit fehlt im Hafengelände allerdings für Autofahrer noch jegliche Ausschilderung, was die Weiterfahrt erschwert. Wenden Sie sich nach dem Verlassen der Fähre nach rechts, in Richtung auf die neue Autobahn zu.

Busverbindungen

Der Busbahnhof, Tel.: 26650-22 500, liegt in einer Parallelstraße zur Hafenpromenade.

- *nach* ***Ioánnina*** *6–8 x täglich, 2 Std.*
- *nach* ***Párga*** *4–6 x täglich, 1 Std.*
- *nach* ***Préveza*** *2–4 x täglich, 2 ½ Std.*
- *nach* ***Árta*** *3–5 x täglich, 2 Std.*
- *nach* ***Athen*** *3 x täglich, 8 Std.*
- *nach* ***Thessaloníki*** *1 x täglich, 8 Std.*

Entfernungen

Igoumenítsa ist durch Fernverkehrsstraßen mit den Großstädten Griechenlands verbunden. Die neue Autobahn nach Ioánnina ist weitgehend fertig gestellt, aber noch nicht für den Verkehr freigegeben. Von Igoumenítsa nach

- ***Athen****: 545 km*
- ***Thessaloníki****: 474 km (über den Katára-Pass)*
- ***Pátras****: 342 km*
- ***Ioánnina****: 100 km*

Bedenken Sie bitte bei der Berechnung der Fahrzeit, dass die Straßen teilweise sehr kurvenreich angelegt und daher zeitaufwändig zu befahren sind.

Wichtige Anschriften und Telefonnummern

- ***Touristeninformation****: am Hafen, Tel.: 26650-22 227, Öffnungszeiten: 7–14.30 Uhr*
- ***Hafenpolizei****: am Hafen, Tel.: 26650-22 235*
- ***Zoll****: am Hafen, Tel.: 26650-22 227*
- ***Telefonamt O.T.E.****: an der Hafenstraße*
- ***Post****: an der Hafenstraße*
- ***Ärztliche Versorgung****: im Gesundheitszentrum, Tel.: 26650-24 420-21*

Übernachtung

Alle Stadthotels in Igoumenítsa sind ganzjährig geöffnet, die Strandhotels meist nur von Ende April/Anfang Mai bis Mitte Oktober.

- *A* ***Paradise Hotel****, Tel.: 26650-27 144, Fax: 26650-23 949, in Néa Selefkia, komfortables Hotel mit 10 ansprechend eingerichteten Zimmern, Swimmingpool und Klimaanlage*

- *B* **Angelika Pallas**, *Agios Apostolon, Tel.: 26650-22 154 und 26650-26 100, Fax: 26650-22 105, modernes, empfehlenswertes Hotel am südlichen Hafenende, ein Hotel von Anek-Lines*
- *C* **Jolly**, *14 Ethnikis Antistaseos Avenue, Tel.: 26650-23 971, Fax: 26650-23 007, 1980 gebautes Haus im Norden der Stadt, mit 25 Zimmern, Dachgarten und schönem Blick*
- *C* **Oscar**, *Agion Apostolon 149, Tel.: 26650-23338, Fax: 26650-23 557, 62 Betten, nahe am Fährhafen gelegen*
- *C* **El Greco**, *86 Ethnikis Antistaseos Avenue, Tel.: 26650-25 070, Fax: 26650-25 073, Hotel mit 56 Zimmern gegenüber einer kleinen Grünanlage am nördlichen Ende der Uferstraße, hauseigener Parkplatz*

Camping

- **Camping Drepano**, *4 km in nördlicher Richtung von der Stadt entfernt*
- **Camping Elena,** *Tel.: 26650-71 414, sehr gepflegte Anlage, ca. 8 km südlich von Igoumenítsa*
- **Camping Kalamis**, *Tel.: 26650-71 211, gut am Hang angelegter Platz, ca. 7 km südlich von Igoumenítsa*

Strände

Drepanon Beach, 4 km von der Stadt entfernt, eine Promenade führt am Meer entlang zum Strand und zu einigen Tavernen

Ioánnina Ιοαννινα (S. 391f)

(PLZ 44100, Vorwahl 26510)

Flugverbindungen

- *nach* **Athen** *1–2 x täglich*
- *nach* **Thessaloníki** *1 x montags, 1 x freitags*

Der Flughafen, Tel.: 26510-78 971, liegt 5 km außerhalb der Stadt an der Straße nach Pérama.

Busverbindungen

Die Busverbindungen nach Athen und Thessaloníki und zu den Orten der näheren Umgebung sind sehr gut. Es gibt zwei Busbahnhöfe:

Vom Busbahnhof an der Vizaniou 28, Tel.: 26510-25 014, im Westen der Stadt fahren die Busse

- *nach* **Árta** *8–10 x täglich, Fahrzeit ca. 2 ½ Stunden*
- *nach* **Pátras** *über* **Dodóna**, **Párga** *und* **Préveza** *4–6 x täglich, Fahrzeit ca. 4 ½ Stunden*

Vom Busbahnhof, Tel.: 26510-27 442, im Stadtzentrum fahren die Busse

- *n.* **Athen** *4–6 x tgl., ca. 7 ½ Std.*
- *n.* **Igoumenítsa** *6–9 x tgl., ca. 2 ½ Std.*
- *n.* **Tríkala/Metéora** *2–3 x tgl., ca. 3 ½ Std.*
- *n.* **Kozáni** *1–2 x tgl., ca. 4 Std.*
- *n.* **Pérama** *5–7 x tgl., ca. 1 Std.*
- *n.* **Zagorachoriá** *2–3 x wöchentlich, ca. 3 ½ Std.*
- *n.* **Thessaloníki** *2–4 x tgl., ca. 7 Std.*
- *n.* **Kónitsa** *8–10 x tgl., ca. 2 Std.*
- *n.* **Métsovo** *3–4 x tgl., ca. 1 ½ Std.*
- *n.* **Dodóna** *3–4 x tgl., ca. 30 Minuten*
- *n.* **Párga** *1–2 x tgl., ca. 3 Std., nur im Sommer*

Wichtige Anschriften und Telefonnummern

- *Touristeninformation (Griechische Zentrale für Fremdenverkehr): Napoleon-doa Serva 2, Tel.: 26510-25 086, Fax: 26510-72 148, am zentralen Hauptplatz*
- ***Touristenpolizei**: Odós 28. Oktovriou, Tel.: 26510-25 673 und 26510-26 308*
- ***Post**: nahe der Touristeninformation*
- ***Telefonamt O.T.E.**: Odós 28. Oktovriou, Öffnungszeiten 7–22 Uhr*
- ***Olympic Airways**: Kentriki Plateia, Tel.: 26510-26 518*
- ***Universitätsklinik**: Tel.: 26510-99 111*
- ***Chatzikosta-Hospital**: Tel.: 26510-33 461 und 26510-80 111*

Übernachtung

Alle Hotels in Ioánnina sind ganzjährig geöffnet.

- *L **Epirus Palace**, Tel.: 26510-93 555, Fax: 26510-92 595, 7 km außerhalb von Ioánnina an der Straße Ioánnina – Athen gelegen, exklusives Luxushotel mit 50 elegant eingerichteten Räumen, mit Restaurants, Bar, Freibad, Konferenzsaal, Flughafentransfer und sehr schönem begrünten Innenhof mit schönen Sitzgruppen*
- *A **Hotel Du Lac**, Miauli Ave/Ikkou, Tel.: 26510-59 100, Fax: 26510-59 200, 1998 gebautes Hotel mit 130 komfortabel ausgestatteten Zimmern und 9 Suiten in schöner Lage, etwas außerhalb des Zentrums, am Pambótis-See*
- *B **Xenia**, 33, Dodonis Avenue, Tel.: 26510-47 187/88, Fax: 26510-47 189, das gut geführte Hotel mit 60 Zimmern liegt in zentraler, doch ruhiger Grünlage mit Restaurant und eigenem Parkplatz*
- *B **Krikonis Suites Hotel**, 4, Panepistimiou, Tel.: 26510-44 633, Fax: 26510-45 437, angenehmes Hotel mit 14 gut ausgestatteten Zimmern und 9 Apartments, Swimmingpool, Parkplatz und Garten in der Nähe der Universität*
- *B **Palladion**, 1, N. Botsari, Tel.: 26510-25 856, Fax: 26510-74 034, zentral an einer Geschäftsstraße gelegenes Hotel mit 129 Zimmern und Parkmöglichkeit im angrenzenden Parkhaus*
- *C **Kastro**, Tel. und Fax: 26510-22 866, das kleine, gepflegte, im traditionellen Stil gebaute Hotel liegt gegenüber der Inneren Zitadelle in ruhiger Altstadtlage, nur wenige Minuten von der Seepromenade und dem Zentrum entfernt*
- *C **Byzantion**, Voimoundou, Tel.: 26510-40 453, Fax: 26510-45 980, das Hotel, das 1999 vollständig renoviert wurde, liegt ruhig etwas außerhalb des Zentrums; es verfügt über 104 freundlich eingerichtete Zimmer, Restaurant und ausreichend Parkplätze.*
- *C **Galaxy**, Platia Pirou, Tel.: 26510-25 432, Fax: 26510-30 724, das freundliche Hotel mit 35 Zimmern, die teilweise einen schönen Blick auf den See bieten, liegt sehr zentral in einer kleinen Nebenstraße an einem Park.*

Restaurants

Als Wirtschaftszentrum, Universitätsstadt und Ausflugsziel hat Ioánnina eine große Zahl an Cafés und Restaurants. Besonders beliebt sind die Straßencafés am zentralen Platz und den umliegenden Geschäftsstraßen und entlang der langen Seepromenade. Dort reihen sich auch viele Restaurants aneinander, von der einfachen Souvlaki-Taverne bis zum italienischen Gourmetrestaurant. In den Lokalen direkt am See wird auch Frühstück serviert. Eine große Auswahl griechischer Torten und Süßigkeiten bieten die vielen „Zacharoplasteia", für die Ioánnina bekannt ist.

- ***Alter Bahnhof**: von der Terrasse des wieder hergerichteten alten Bahnhofs, mit alten Eisenbahnwagen im Rücken, bietet sich ein schöner Blick auf den Pambótis-See.*

• *O* ***Meraklis***, *60, Averof, in dem kleinen Laden gibt es besonders gute „Tirópitta", mit Käse gefüllte Blätterteigtaschen und andere Kleinigkeiten zum Mitnehmen.*

• ***Filistro,*** *Andreou Paleologou 20, innerhalb der Kástro-Mauern, fern von allem Stadtlärm liegt das kleine Café-Restaurant, das schon zum Frühstück geöffnet hat – ein schöner Platz, um den Tag zu beginnen oder um sich nach den Besichtigungen auszuruhen.*

Bootsverbindungen

Die Überfahrt zur Insel Níki dauert etwa 10 Minuten; die Fahrten werden ganztägig alle 30 Minuten durchgeführt. Fahrpreis: 2,50 €.

Ipáti Ιπατι (S. 494)

(PLZ 35016, Vorwahl 22310)

Übernachtung

• *D* ***Panorama***, *Tel.: 22310-59 222, das kleine Hotel bietet 7 Doppelzimmer mit Bad an und ist von April bis Oktober geöffnet.*

• *D* ***Panellinion***, *Tel.: 22310-59 640, das kleine Hotel ist nur im Juli und August geöffnet, die 8 Zimmer sind sehr einfach und teilen sich ein Bad.*

Itéa Ιτεα (S. 507)

(PLZ 33200, Vorwahl 22650)

Wichtige Anschriften und Telefonnummern

• ***Polizei:*** *Karaiskaki 68, Tel.: 22650-33 333*
• ***Touristenpolizei:*** *Karaiskaki 68, Tel.: 22650-33 333*
• ***Post:*** *Tel.: 22650-32 282*
• ***Telefonamt OTE:*** *Tel.: 22650-33 999*
• ***Taxi:*** *Tel.: 22650-32 200*
• ***Ärztliche Versorgung:*** *Tel.: 22650-32 224 und 22650-32 202*

Busverbindungen

Die Busstation, Tel.: 22650-32 336, liegt an der Uferpromenade gegenüber dem Haupthafen. Die Busse fahren in der Hochsaison

• *nach* ***Delphi*** *6–8 x täglich*
• *nach* ***Ámfissa*** *10–12 x täglich*
• *nach* ***Athen*** *6 x täglich*
• *nach* ***Pátras*** *über Galaxídi u. Náfpaktos 2 x täglich*
• *nach* ***Lamía*** *2 x täglich*
• *nach* ***Thessaloníki*** *1 x täglich*

Übernachtung

Itéas Hotels profitieren von der Nähe zum nur 18 km entfernten Delphi. Aber der kleine Ort ist durchaus auch als Ferienort geeignet.

• *B* ***Nafsika Beach***, *Tel.: 22650-33 300, Fax: 22650-33 831, das ehemalige Xenia-Hotel wurde sorgfältig renoviert und verfügt nun über 95 geräumige, freundlich eingerichtete Zimmer und eine gepflegte Gartenanlage, es liegt nur wenige Schritte vom Meer entfernt.*

• *B* ***Galini,*** *Tel.: 22650-32 278, Fax: 22650-32 323, das Hotel liegt direkt an der langen Uferpromenade; die 30 Zimmer sind geräumig, schöner Blick auf die Bucht von der Dachterrasse*

- *C* ***Trokadero Beach,*** *am Ortsausgang, Tel.: 22650-33 105, das Haus liegt nur wenige Schritte vom Meer entfernt und verfügt über 12 einfach ausgestattete Apartments für 2–4 Personen.*

Camping
Camping Chrissa, *Tel.: 22650-82 050, Fax: 22650-83 148, der hoch gelegene Platz liegt an der Straße nach Delphi mit schönem Blick auf die weite Ebene und verfügt über zwei Swimmingpools.*

Restaurants
An der Hafenpromenade reihen sich mehrere Cafés und Restaurants aneinander. Fischgerichte gehören zu den Spezialitäten des Ortes; der Fisch wird für den Gast direkt in der Küche ausgewogen und frisch zubereitet.

Ithaka Ιθακι (S. 430ff)

(Itháki, PLZ 28300, Vorwahl 26740)

Schiffsverbindungen
AB VATHÍ
- *mit* ***Sámi/Kefalloniá*** *ganzjährig 1 x täglich, Dauer der Überfahrt ca. 90 Minuten*
- *mit* ***Astakós****/Festland ganzjährig 1 x täglich, Dauer der Überfahrt ca. 2 Stunden*
- *mit* ***Pátras*** *über* ***Kefalloniá*** *ganzjährig 1 x täglich, Dauer der Überfahrt ca. 5 Stunden*

AB PÍSO AÉTOS
- *mit* ***Sámi/Kefalloniá*** *ganzjährig 2 x täglich, Dauer der Überfahrt ca. 45 Minuten*
- *mit* ***Fiskárdo/Kefalloniá*** *ganzjährig 1 x täglich, Dauer der Überfahrt ca. 1 Stunde*
- *mit* ***Vassilikí/Léfkas*** *ganzjährig 1 x täglich, Dauer der Überfahrt ca. 90 Minuten*

AB FRÍKES
- *mit* ***Nídri/Léfkas*** *ganzjährig 1 x täglich, Dauer der Überfahrt ca. 90 Minuten*

Verbindungen mit dem Tragflügelboot
In der Hochsaison verkehren 2 x täglich die schnellen Boote, die Vathí mit Sámi/ Kefalloniá und Pátras verbinden. Die Überfahrt bis Pátras dauert nur ca. 2 ½ Stunden.

Busverbindungen
2–4 x täglich fährt der Inselbus werktags die Strecke von der Hauptstadt über Stavrós und Fríkes nach Kióni und wieder zurück. An den Wochenenden verkehrt der Bus in der Regel nur 1 x täglich. Die Busstation liegt in Vathí an der großen Platía am Hafen. Die Fahrt dauert ca. 1 Stunde.

Auto fahren
Die Straßen sind gut ausgebaut. Es gibt zwei Tankstellen auf Ithaka; eine große Tankstelle am Ortseingang von Vathí, eine zweite Tankstelle liegt an der Straße zwischen Stavrós und Fríkes.

Wichtige Anschriften und Telefonnummern

- *Touristeninformation: bei der Polizei in Vathí, Tel.: 26740-32 205*
- ***Postamt:** an der Hafenpromenade, Tel.: 26740-32 386, Öffnungszeiten. Mo–Fr von 8–13.30 Uhr*
- ***Telefonamt O.T.E.:** an der Hafenpromenade, Tel.: 26740-32 386, Öffnungszeiten. Mo–Fr von 7.30–14.30 Uhr*
- ***Ärztliche Versorgung:** Tel.: 26740-32 222, der Weg zur Krankenstation ist vom Hafen her ausgeschildert.*
- ***Taxi:** an der Hafenpromenade, Tel.: 26740-33 030*
- ***Banken:** die beiden Banken an der Platía sind Mo–Do von 8–14 Uhr, Fr bis 13 Uhr geöffnet. Beide Banken haben auch Geldautomaten.*
- ***Mietfahrzeuge:** Autos, Zweiräder und Boote werden in mehreren Büros an der Hafenpromenade angeboten.*

Übernachtung

IN VATHÍ

- *A **Odyssey Apartments**, Tel.: 26740-32 268, Fax: 26740-32 668, das schöne, empfehlenswerte Haus liegt sehr ruhig etwa 1,5 km außerhalb des Ortes; die 10 gut eingerichteten Studios und Apartments und die große Frühstücksterrasse bieten einen herrlichen Ausblick über die ganze Bucht und den Hafen von Vathí; der Strand ist etwa 1 km entfernt; der Weg zum Haus ist vom Ort her ausgeschildert, ganzjährig geöffnet*
- *B **Mentor**, Tel.: 26740-32 433, Fax: 26740-32 293, Hotel mit 35 Zimmern in zentraler Lage direkt an der Hafenpromenade, einige Zimmer haben Balkons mit Meerblick, von April bis Oktober geöffnet*
- *C **Kapetan Giannis**, Tel.: 26740-33 696, Fax: 26740-33 130, von Mai bis Oktober geöffnetes Haus mit 11 Apartments in der Nähe des Hafens*

IN FRÍKES

- *C **Nostos**, Tel.: 26740-31 644, von April bis Oktober geöffnetes, kleines Hotel in einem großen Garten mit 27 Zimmern, ca. 300 m von der Hafenbucht entfernt*
- *C **Aristoteles Apartments**, Tel.: 26740-31 079, neues Haus am Ortseingang von Fríkes mit 8 gut eingerichteten Apartments und Maisonette-Wohnungen für 2–6 Personen, von einigen Balkons hat man einen schönen Blick auf den Ort und den kleinen Hafen; zum Strand sind es ca. 500 m; ganzjährig geöffnet*
- *C **Kanas**, Tel.: 26740-31 473, etwa 500 m vom Strand entfernt liegt das gepflegte Haus mit 6 Studios für 2–5 Personen; im Garten gibt es schöne schattige Sitzecken, von Mai bis Oktober geöffnet*
- *C **Kiki´s Apartments**, Tel. und Fax: 26740-31 387, direkt am Hafen von Frikes gelegenes Haus mit 5 einfach eingerichteten Studios und einer großen Ferienwohnung, von April bis Oktober geöffnet*

IN KIÓNI

- *A **Maroudas**, Tel.: 26740-31 691, Fax: 26740-31 753, wenige Schritte vom Hafen entfernt*
- *B **Hotel Kióni**, Tel.: 26740-31 362, neues Haus mit 8 Apartments direkt am Hafen*
- *B **Captain´s Apartments**, Tel.: 26740-31 481, Fax: 26740-31 080, großes Haus mit 8 ansprechend eingerichteten Studios und Apartments, ca. 150 m vom Meer entfernt*

Restaurants

In allen Inselorten gibt es Cafés, Restaurants und Tavernen, die Tische und Stühle nach draußen gestellt haben, wo die Gäste unter den Sonnendächern auch etwas Schatten finden. Die Restaurants sind für ihre ausgezeichneten Fischgerichte bekannt.

Strände

- ***Vathí:*** *kleine Kiesstrände am Ortsrand*
- ***Stavrós:*** *feiner Kiesstrand, kleiner Fischerhafen*
- ***Fríkes:*** *kleine Kiesstrände, die sich bis Kióni hinziehen, immer aber sehr dicht an der Straße liegen.*

Fest- und Feiertage

- *5./6. August: Kirchweihfest in der Kirche von Stavrós mit viel Musik und Tanz*
- *8. September: Kirchweihfest im Kloster Katharón*
- *im August: Weinfest in Perachóri*

Kalambáka Καλαμπακα (S. 453)

(PLZ 42200, Vorwahl 24320)

Busverbindungen

Tel.: 24320-22 432

- *mit* ***Lárissa*** *3–4 x täglich*
- *mit* ***Thessaloníki*** *3–4 x täglich*
- *mit* ***Vólos*** *4–6 x täglich*
- *mit* ***Tríkala*** *6–8 x täglich*
- *mit* ***Ioánnina*** *3–4 x täglich*
- *mit* ***Kozáni*** *3–4 x täglich*

Zugverbindungen

Es gibt keine direkte Zugverbindung mehr nach Kalambáka. Stattdessen fährt man mit dem Zug bis Lárissa und steigt dort in den Bus um.

Übernachtung

An der Platía Ríga Feraíon, dem Hauptplatz des Ortes, finden Sie eine ***Hotel-Übersichtstafel*** *mit Anschrift, Telefonnummern und Lagebeschreibung.*

- *A* ***Motel Divani****, Tel.: 24320-23 330, Fax: 24320-23 638, ganzjährig geöffnete, große Hotelanlage an der Durchgangsstrasse mit Restaurant, Bar und Swimmingpool, einige Zimmer bieten eine eindrucksvolle Aussicht auf die Metéora-Klöster.*
- *A* ***Amalia****, Tel.: 24320-81 216, Fax: 24320-72 457, die sehr gepflegte Anlage liegt 4 km außerhalb von Kalambáka und bietet mit schönen Zimmern, Swimmingpool und einem schönen Innenhof Ruhe und Komfort, ganzjährig geöffnet*
- *B* ***Antoniadis****, 148 Trikalon, Tel.: 24320-24 387, Fax: 24320-24 319, angenehmes Hotel mit 59 Zimmern, von denen einige einen schönen Blick auf das Kloster Ágios Stéfanos oder auf das Píndos-Gebirge bieten, ganzjährig geöffnet*
- *C* ***Atlantis****, Odós Kondíli & Pindoú, Tel.: 24320-22 476, das kleine Hotel mit 28 ordentlichen Zimmern liegt direkt dem alten Bahnhof gegenüber und ist ganzjährig geöffnet.*
- *C* ***Helvetia****, Kastrakiou 45, Tel.: 24320-23041, ganzjährig geöffnetes Hotel mit 18 Zimmern, direkt an der Strasse zu den Klöstern*
- *C* ***Odyssion****, Astrakiou, Tel.: 24320-22 320, Fax: 24320-75 307, freundliches Hotel mit 26 Zimmern, teilweise mit Blick auf die Klöster, von April bis Oktober geöffnet*

Kalándra Καλανδρα (S. 300)

(PLZ 63077, Vorwahl 23740)

Übernachtung

- *A* ***Mendi****, Tel.: 23740-41 323, Fax: 23740-41 326, von April bis Oktober geöffnete, große Hotelanlage am Meer mit breitem Sportangebot: Tennis, Wassersport, Minigolf, außerhalb des Ortes gelegen*
- *A* ***Possidi Holidays****, Tel.: 23740-42 147, 23740-42 028, die Anlage mit Haupthaus und Gästehäusern zieht sich an einem bewaldeten Hang hinauf; die oberen Häuser sind mit einer Zahnradbahn zu erreichen; die Zimmer sind geschmackvoll eingerichtet, der feinsandige Sandstrand ist nur wenige Schritte entfernt, Swimmingpool, Tennisplätze, Fitnessraum*

Camping

- ***Kalandras Camping****, Tel.: 23740-41345, 46.000 m², 120 Stellplätze, Einkaufsmöglichkeiten, Restaurant; am Meer gelegener Platz unter der Leitung der Griechischen Zentrale für Fremdenverkehr*

Kallithéa Καλλιθεα (S. 297)

(PLZ 63077, Vorwahl 23740)

Übernachtung

- *A* ***Athos Palace****, Tel.: 23740-22 100, Fax: 23740-23 605, von April bis Oktober geöffnete, große, gepflegte Hotel- und Bungalowanlage mit 599 Zimmern, breitem Sport- und Unterhaltungsangebot, überwiegend von Reisegesellschaften belegt*
- *A* ***Pallini Beach****, Tel.: 23740-22 480, Fax: 23740-22 489, von April bis Oktober geöffnet, Hotel- und Bungalowanlage mit ähnlichem Sport- und Unterhaltungsangebot, überwiegend von Reisegesellschaften belegt*
- *B* ***Ammon Zeus****, Tel.: 23740-22356, Fax: 23740-23 232, von Mai bis Oktober geöffnet, Strandhotel mit Wassersportmöglichkeiten, im Hotelgarten sind Überreste antiker Bauten zu sehen.*
- *C* ***Elizabeth****, Tel.: 23740-22 801, Fax: 23740-24 331, im Ort gelegenes Haus mit 24 Studios, die mit einer Küchenzeile eingerichtet sind.*
- *C* ***Belvedere****, Tel.: 23740-22 353, Fax: 23740-22 352, Hotel mit 60 freundlich eingerichteten Zimmern, von April bis Oktober geöffnet, etwa 150 m vom Meer entfernt*
- *C* ***Delfini****, Tel.: 23740-22 355, kleines, ganzjährig geöffnetes Hotel mit 19 Zimmern*

Restaurant

Viele Restaurants, Tavernen und Cafés haben Tische und Stühle ins Freie gestellt; besonders schön, wenn auch etwas teurer, sind die Restaurants direkt am Meer. In den Bars von Kallithéa, z. B. im Spitaki, können Sie die Aussicht auf den Sonnenuntergang genießen.

Kaména Voúrla Καμενα Βουρλα (S. 495)

(PLZ 35008, Vorwahl 22350)

Übernachtung

- *A* **Galini**, *Tel.: 22350-80 501, Fax: 22350-22 307, das Hotel verfügt über 131 komplett renovierte Zimmer; es liegt im Zentrum des Ortes, nicht weit vom Strand entfernt*
- *B* **Sissy**, *Tel.: 22350-22 277, Fax: 22350-22 190, großes Hotel mit 102 Zimmern in einem Garten mit Swimmingpool, nur wenige Schritte vom Strand entfernt*

Kap Soúnion Καπ Σουνιον (S. 574f)

(PLZ 19500, Vorwahl 22920)

Busverbindungen

Busse fahren in den Sommermonaten bis zu 15 x täglich ab Athen; die Haltestelle ist an der Odós Mavromátheona am Areopag. Sie können die Küsten- oder die Inlandsstrecke über Lávrion wählen. Fahrzeit ca. 90 Minuten.

Öffnungszeiten und Eintrittspreise

Poseidon-Tempel, *Tel.: 2292-39 363, täglich von 10 Uhr bis zum Sonnenuntergang, Erwachsene 5 €, Kinder und Jugendliche frei*

Übernachtung

- *A* **Cape Soúnion Beach**, *Tel.: 22920-39 391, Fax: 210-86 16473, die große Bungalowanlage mit 188 Zimmern liegt direkt am Meer und verfügt über ein Restaurant, Swimming Pool und Wassersportangebot, von April bis Oktober geöffnet*
- *A* **Aegeon**, *Tel.: 22920-39 200, Fax: 22920-39 234, ganzjährig geöffnetes Hotel mit 45 Zimmern, ca. 50 m vom Meer entfernt, Wassersportmöglichkeiten*
- *A* **Neptune Villas**, *Tel.: 22920-22171, Fax: 22920-22 185, das am Meer gelegene Haus bietet 50 gut eingerichtete Apartments für 2–4 Personen, Tennisplätze und Wassersportmöglichkeiten*
- *C* **Saron**, *Tel.: 22920-39 144, Fax: 22920-39 045, kleineres Hotel mit 28 nett eingerichteten Zimmern, ganzjährig geöffnet*

Karavostási Καραβοστασι (S. 382)

(PLZ 46030, Vorwahl 26650)

Übernachtung

B **Karavostasi Beach Hotel**, *Tel.: 26650-91 104, Fax: 26650-91 568, neues, gepflegtes Hotel mit Restaurant und Swimmingpool, ca. 200 m durch Felder vom Sandstrand entfernt, von Mai bis Oktober geöffnet*

Karpeníssi Καρπενισσι (S. 491)

(PLZ 36 100, Vorwahl 22370)

Wichtige Anschriften und Telefonnummern

- ***Touristeninformation**: am Hauptplatz, Tel. und Fax: 22370-21 016, Öffnungszeiten: Mo–Do von 10 bis 14 Uhr und 17–21 Uhr, Fr, Sa und So von 9–20 Uhr*
- ***Rathaus**: Tel.: 22370-21 012*
- ***Polizei**: Tel.: 22370-22 233*
- ***Ärztliche Versorgung**: im Krankenhaus, Tel.: 22370-22 226 und 22370-80 680-3*

Busverbindungen

- ***Athen** 3 x täglich, 6 Std.*
- ***Mikró** und **Megálo Chorió** 3 x täglich, 20 Min.*
- ***Lamía** 4 x täglich, 1 ¾ Std.*
- ***Proússos** 2 x wöchentlich, 45 Min.*
- ***Agrínio** 2 x täglich, 3 ½ Std.*

Übernachtung

- *A **Avaris**, Tel.: 22370-89 100, Fax: 22370-89 107, das komfortable Hotel liegt hoch am Berg, ca. 5 Minuten vom Ortszentrum entfernt. Es verfügt über 44 Zimmer der Kategorien A und B und bietet herrliche Panorama-Aussichten, Schwimmbad, Sauna, Tennisplätze und Reitgelegenheiten im Sommer, ganzjährig geöffnet*
- *B **Anesis**, Zinopoulou 50, Tel.: 22370-80 700, Fax: 22370-23 021, renoviertes und ansprechend eingerichtetes Hotel mit 37 Zimmern*
- *C **Helvetia**, Zinopolulo 33, Tel.: 22370-22 465, 71 ordentliche Zimmer*

Kastoriá Καστορια (S. 269f)

(PLZ 52100, Vorwahl 24670)

Flugverbindungen

*mit **Athen** 1 x täglich*

Der Flughafen, Kastoria National Airport, Tel.: 24670-42-515, Fax: 24670-41-888 liegt ca. 12 km südlich der Stadt. Nach der Erneuerung der Start- und Landebahn ist der Flughafen auch für den internationalen Flugverkehr geeignet.

Busverbindungen

- *mit **Thessaloníki** 1 x tgl. m. Umsteigen*
- *mit **Athen** 1 x tgl. m. Umsteigen*
- *mit **Flórina** 2–4 x tgl.*
- *mit **Kozáni** 2–4 x tgl.*

Wichtige Anschriften und Telefonnummern

- ***Touristeninformation**: Tel.: 24670-26 777 und 24670-24 484*
- ***Polizei**: 24670-22 100*
- ***Krankenhaus**: 24670-28 341*
- ***Rathaus**: Tel.: 24670-22 312*

Übernachtung

Alle Hotels sind ganzjährig geöffnet.

- *A **Xenia du Lac**, Platía Dexaménis, Tel.: 24670-22 565, Fax: 24670-26 391, freundliches Hotel mit 25 Zimmern im Ortszentrum mit schönem Blick auf den See, Bar, Restaurant*

• *A* **Archontiko Alexiou Vergoula**, *14 Editras, Tel.: 24670-23 415, Fax: 24670-23 676, in dem alten, schön restaurierten Herrenhaus aus dem Jahre 1857 wurden 12 komfortable Zimmer eingerichtet*
• *B* **Archontiko Tis Venetoulas**, *6 Agion Theodoron, Tel.: 24670-22 446, Fax: 24670-22 466, ganzjährig geöffnet, schönes, restauriertes Haus mit 7 angenehmen Zimmern*
• *B* **Tsamis**, *Dispilio, Tel.: 24670-85 334, Fax: 24670-85 777, das moderne Hotel mit 80 Zimmern liegt ca. 3 km außerhalb der Stadt am Seeufer, es bietet gute Sportmöglichkeiten und sehr schöne Ausblicke auf den See.*
• *C* **Europa**, *12 Agios Athanassiou, Tel.: 24670-23826, Fax: 24670-25 154, direkt im Ort gelegenes Hotel mit 36 Zimmern*
• *C* **Kastoriá**, *122 Leoforos Nikis, Tel.: 24670-29 453, Fax: 24670-29 500, das renovierte, moderne Hotel bietet in 37 Zimmern zeitgemäßen Komfort und einen schönen Blick auf den See*

Einkaufen
Ganzjährig können Sie Pelze im Ethnikí Gounarikón, Tel.: 24670-27 771, anschauen und auch kaufen. Die ständige Ausstellung ist werktags von 9–17 Uhr geöffnet.

Kastráki Καστρακι (S. 453)

(PLZ 42200, Vorwahl 24320)

Übernachtung
• *B* **Kastraki II**, *Patriarchou Dimitriou, Tel.: 24320-75 335, Fax: 24320-75 335, freundliches Haus mit 27 Zimmern, Parkmöglichkeiten, ganzjährig geöffnet*
• *C* **Doupiani**, *Tel.: 24320-75 326, Fax: 24320-75 326, empfehlenswertes Gästehaus mit 11 geräumigen Zimmern und sehr schönem Blick auf die Metéora-Felsen*
• *C* **Sydney**, *Tel. und Fax: 24320-23 079, kleines Haus mit 9 Zimmern, ganzjährig geöffnet*

Kateríni Κατερινι und Paralía Katerínis Παραλια Κατερινι (S. 280)

(PLZ 60100, Vorwahl 23510)

Wichtige Anschriften und Telefonnummern
• **Touristenpolzei**, *Tel.: 23510-23 440*
• **Taxi**: *Tel.: 23510-31 222*
• **Ärztliche Versorgung**: *Tel.: 23510-166*

Zugverbindungen
• *mit* **Athen** *5–7 x täglich*
• *mit* **Vólos** *5–7 x täglich*
• *mit* **Thessaloníki** *5–7 x täglich*
Informationen erhalten Sie unter der Rufnummer 23510-23 709

Busverbindungen
• *mit* **Athen** *3–5 x täglich*
• *mit* **Litóchoro** *2–3 x täglich*
• *mit* **Thessaloníki** *4–6 x täglich*
Informationen erhalten Sie unter der Rufnummer 23510-23 313

Auto fahren

Für die Autobahnstrecke Thessaloníki – Athen wird eine Mautgebühr von 1,50 € erhoben.

Übernachtung

Die Strandhotels liegen in der Feriensiedlung Paralía Katerínis.

- *B* ***Europe****, 7. P. Mela, Tel.: 23510-61 376, Fax: 23510-62 437, das zentral gelegene Hotel verfügt über 38 Zimmer, Restaurant und Swimmingpool; zum Strand sind es ca. 150 m.*
- *C* ***Dion****, 13, Agiou Nikolaou, Tel.: 23510-61 506, Fax: 23510-62 680, einfaches Hotel mit 20 Zimmern mit Balkon, von denen einige einen schönen Meerblick bieten.*
- *C* ***Stella****, 10 Kiprou, Tel. und Fax: 23510-61 612, freundliches, ruhiges Hotel an einer Grünanlage mit 23 Zimmern, ca. 100 m vom Strand entfernt, ganzjährig geöffnet.*

Kavála Καβαλα (S. 326ff)

(PLZ 65110, Vorwahl 2510)

Flugverbindungen

mit ***Athen*** *1–2 x täglich*

Im Sommer fliegen auch Chartermaschinen aus Mitteleuropa direkt nach Kavála. Der Flughafen, Tel.: 2510-53 2712, liegt 32 km östlich bei Chrissoúpouli; ca. 20 Autominuten vom Stadtzentrum entfernt.

Schiffsverbindungen

- *mit* ***Thassos*** *8–12 x täglich, zusätzlich verkehren während des Sommers noch die schnellen Tragflügelboote „Flying Dolphins"*
- *mit* ***Samothráki*** *2 x wöchentlich, im Juli/August 4–5 x wöchentlich*
- *mit* ***Límnos*** *1 x wöchentlich*
- *mit den Inseln des* ***Dodekanes*** *1 x wöchentlich*

Busverbindungen

- *mit* ***Thessaloníki*** *4–6 x täglich*
- *mit* ***Alexandrópolis*** *2–4 x täglich*
- *mit* ***Dráma*** *2–4 x täglich*
- *mit* ***Athen*** *2 x täglich*
- *mit* ***Xánthi*** *2–4 x täglich*

Es gibt zwei Busbahnhöfe im Stadtzentrum, etwa 1 km vom Hafen entfernt. Informationen über Fahrten nach Athen und Thessaloníki erhalten Sie unter der Rufnummer 2510-222294, für Fahrten nach Xánthi, Dráma und Philíppi unter der Rufnummer 2510-223593.

Wichtige Anschriften und Telefonnummern

- ***Touristeninformation****: Griechische Zentrale für Fremdenverkehr, Filellinion 2, Tel.: 2510-231653 und im neuen* ***Pavillon*** *an der Platía Eleftherias, Tel.: 2510-22 2425, Öffnungszeiten: täglich 8–14.00 Uhr, 18–19.45 Uhr; Sa/So 10–12.45 Uhr*
- ***Touristenpolizei****: Odós Omónias 119, Tel.: 2510-22 2905*
- ***Hafenamt****: am Hafen, Tel.: 2510-22 2716*
- ***Post****: Odós Omonias*
- ***Telefonamt O.T.E.****: an der Hafenpromenade*
- ***Olympic Airways****: Paraliaki, Tel.: 2510-22 3622, an der Hafenpromenade*

- ***Ärztliche Versorgung:*** *Amerikanikou Erithrou Stavrou, Tel.: 2510-22 8517 u. 2510-83 0260*
- ***Automobilclub ELPA:*** *8, Chrysostomou, Tel.: 2510-83 0060*

Übernachtung

*• A **Tosca Beach**, Tel.: 2510-22 4765, Fax: 2510-24 4765, von April bis September geöffnet, die große, gepflegte Bungalowanlage liegt etwa 7 km außerhalb am Hang; zur Anlage gehören 100 ansprechende Zimmer und ein schöner Privatstrand mit Wassersportmöglichkeiten.*

*• A **Egnatia**, 139, Merarchias, Tel.: 2510-24 4891, Fax: 2510-24 5396, ganzjährig geöffnetes, an einer Hauptstraße gelegenes Hotel mit 45 Zimmern, Restaurant und Dachgarten*

*• B **Galaxy**, Venizelou 51, Tel.: 2510-22 4521, Fax: 2510-22 6754, ganzjährig geöffnet, zentral gelegenes Haus mit 149 Zimmern und schönem Blick auf den Hafen, Restaurant, Bar und Dachgarten*

*• B **Lucy**, Kalamitsa, Tel.: 2510-24 2830, Fax: 2510-24 2501, modernes Hotel mit Swimmingpool, Privatstrand, Restaurant und Diskothek, bis 15. Oktober geöffnet*

*• C **Europa**, Irinis Athineas 20, Tel.: 2510-24 1227, Fax: 2510-24 1187, 21 Betten, ganzjährig geöffnet, empfehlenswertes, gepflegtes Hotel unter griechisch-deutscher Leitung in ruhiger Lage; der Anfahrtsweg ist vom Zentrum her ausgeschildert.*

Camping

Die Campingplätze liegen an den Strandabschnitten im Osten und Westen der Stadt.

- ***Alexandros**, Nea Karvali, Tel.: 2510-316347, 88 Standplätze, Einkaufsmöglichkeiten, Snackbar, 8 km östlich von Kavála entfernt*
- ***Anatoli**, Nea Peramos, Tel.: 25920-71590, 16 000 qm, 91 Stellplätze, Einkaufsmöglichkeit,*
- ***Batis**, Tel.: 2510-227151, 33 000 qm, 90 Stellplätze, Einkaufsmöglichkeit, gepflegte Anlage unter Leitung der Griechischen Zentrale für Fremdenverkehr, 4 km von Kavála entfernt*
- ***Estella**, Nea Iraklitsa, Tel.: 25920-71465, 12.500 m², 92 Stellplätze, 8 km westlich von Kavála*
- ***Irini**, Perigalia, Tel.: 2510-229776, 16 800 qm, 65 Stellplätze, Einkaufsmöglichkeit, Snackbar*
- ***Keramotí**, Keramotí, Tel.: 25910-51279, 150 Stellplätze, etwa 40 km von Kavála entfernt, gute Fährverbindungen nach Thassos*

Restaurants

Entlang der Hafenpromenade, am Hafen und in der Nähe des alten Marktes gibt es zahlreiche Restaurants, in denen vor allem Fischspezialitäten angeboten werden wie z. B. Ó Vandélis, I Oréa Mitilíni oder Pános Zafíra. In den kleineren Tavernen findet man auch noch landestypische Gerichte. Kleine Restaurants mit angenehmer Atmosphäre in alten türkischen Gemäuern und mit schöner Aussicht auf den Hafen finden Sie in der Odós Poloulídou auf dem Weg zum Kastell, wie z. B. das Café/Restaurant Imaret.

Banken

Mehrere Banken liegen in der näheren Umgebung der Platía Eleftherias.

Ausflüge

Organisierte Ausflüge werden nach Philippi, Amphipolis und Thessaloníki angeboten; mehrtägige Fahrten führen zu den klassischen Stätten Griechenlands. Beliebt ist auch eine Fahrt nach Thassos.

Feste

- *Alljährlich im Juni finden in Kavála die „Eleutherien" statt, eine 10-tägige Veranstaltungsreihe zur Erinnerung an die Befreiung der Stadt von den Türken.*
- *Im Juli/August findet das „Festival von Philippi" statt, Informationen und Eintrittskarten erhalten Sie unter der Rufnummer 2510-22 3504.*

Öffnungszeiten und Eintrittspreise

Archäologisches Gelände von Philippi, Eintritt: Erwachsene 2,50 €, Kinder und Studenten mit internationalem Ausweis frei

Kefalloniá Κεφαλλονια (S. 436ff)

(PLZ 28081, Vorwahl 26740)

Flugverbindungen

- *mit **Athen** 1–2 x täglich*
- *mit **Zákinthos** 3–4 x wöchentlich*

Der Flughafen liegt ca. 9 km südlich von Argostóli. Bei Ankunft der Flugzeuge warten ausreichend Taxis vor dem Abfertigungsgebäude.

Taxigebühren:

*nach **Argostóli:** ca. 7,50 €*
*nach **Sámi:** ca. 20 €*
*nach **Póros:** knapp 25 €*
*nach **Fiskárdo:** ca. 30 €*

*Eine **Busverbindung** vom Flughafen gibt es nicht. Das Büro von Olympic Airways befindet sich in Argostóli, Rokou-Vergoti-Str., Tel.: 26740-28808.*

Schiffsverbindungen

Während der Sommermonate sind die Schiffsverbindungen nach Kefalloniá ausgezeichnet. Die Hafenorte Argostóli, Sámi und Póros werden regelmäßig von Fährschiffen angelaufen, und kleinere Personenfähren verkehren mehrmals täglich zwischen den Inseln. Außerhalb der Hochsaison sind die Verbindungen deutlich eingeschränkt, so dass Sie sich nach den aktuellen Fahrplänen erkundigen müssen.

ARGOSTÓLI

- *mit **Killíni/Peloponnes:** 2 x täglich von Juni–Oktober, in den übrigen Monaten keine.*
- *mit **Pátras:** 2 x täglich von April–Oktober*

PÓROS

- *mit **Killíni/Peloponnes:** ganzjährig 2 x täglich, im Sommer 3 x täglich*
- *mit **Pátras:** 1 x täglich*

SÁMI

- *mit **Brindisi/Italien:** tägliche Fährverbindung über Pátras und Igoumenítsa nach Brindisi*
- *mit **Bari/Italien:** 3–4 x wöchentlich*
- *mit **Pátras:** 1 x täglich ganzjährig, im Sommer 2 x täglich*
- *mit **Vathí/Ithaka:** 1 x täglich*
- *mit **Píso Aétos/Ithaka:** 1 x täglich*
- *mit **Vassikikí/Léfkas:** 1 x täglich*

FISKÁRDO

- *mit **Fríkes/Ithaka**: ganzjährig 1 x täglich, im Sommer 3–4 x täglich*
- *mit **Vassilikí/Léfkas**: ganzjährig 1 x täglich, im Sommer 2–3 x täglich*
- *mit **Nídri/Léfkas**: ganzjährig 2 x täglich, im Sommer 3–4 x täglich*
- *mit **Píso Aétos/Ithaka**: im Sommer 2 x täglich*

Telefonnummern

Für Kefalloniá gibt es zwei Vorwahlnummern:

- *26710 – für Argostóli und den Südteil der Insel,*
- *26740 – für den Nordosten der Insel*

Busverbindungen

Alle größeren Ortschaften sind mit der Inselhauptstadt durch regelmäßigen Busverkehr verbunden. Die Hauptstrecken werden werktags 3–5 x täglich befahren, an Wochenenden und besonders sonntags verkehren die Busse deutlich seltener.

ARGOSTÓLI

Wichtige Anschriften und Telefonnummern

- ***Touristeninformation:** Griechische Zentrale für Fremdenverkehr, Provlita Teloniou, nahe der Fähranlegestelle, neben der Hafenpolizei und dem Zollamt, Tel.: 26710-22 248, Fax: 26710-24 466*
- ***Touristenpolizei:** I. Metaxa 52, Tel.: 26710-23 228*
- ***Hafenpolizei:** nahe der Fähranlegestelle, Tel.: 26710-22 22*
- ***Polizei:** an der Hafenpromenade, Tel.: 26710-22 200*
- ***Post:** G. Vergoti, Öffnungszeiten: Mo–Sa 7.30–14 Uhr*
- ***O.T.E.:** 6 Valianou, Tel.: 26710-22 499, Öffnungszeiten: Mo–Sa 7–22 Uhr*
- ***Olympic Airways:** Rokoú Vergotí, Tel.: 26710-28 808*
- ***Krankenhaus:** Soudias, Tel.: 26710-24 641*

Banken

Banken mit Geldautomat gibt es an der Hafenpromenade und am Hauptplatz Valianoú. Öffnungszeiten: Mo–Fr 8–14 Uhr

Busverbindungen

Der Busbahnhof liegt in der Odós Antóni Trítsi am Hafen, Tel.: 26710-22 276 und 26710-22 281. Dort liegen auch Fahrpläne aus. Fragen Sie jedoch trotzdem immer nach den aktuellen Abfahrtszeiten, da die Fahrpläne häufig geändert werden.

Taxi

Taxis finden Sie am Hauptplatz Valianoú. Anrufen können Sie unter den Nummern 26710-23 388, 26710-24 305 und 26710-28 545.

Mietfahrzeuge

Das Angebot vor allen an Motorrollern und Mofas ist sehr groß; Vermieter finden Sie entlang der Hafenpromenade. Für Inselrundfahrten empfiehlt sich die Anmietung eines Wagens. Örtliche Anbieter sind u.a.:

- *CBR, Tel.: 26710-22 770*
- *Myrtos, Tel.: 26710-24 230*
- *Pefanis Alkiviadis, Tel.: 26710-25 471*
- *Sun Bird, Tel.: 26710-23 723*

Geschäfte

Direkt an der Hafenstraße liegt der bekannte Obstmarkt von Argostóli; außerdem gibt es viele Geschäfte mit Waren für den täglichen Bedarf. Am Platz vor dem Archäologischen Museum beginnt die Fußgängerzone mit vielen, kleinen Geschäften und beliebten Straßencafés.

Zu den Spezialitäten Kefalloniás zählen der sehr aromatische Thymianhonig, Mandelgebäck, Quittengelee und natürlich der „Robola"-Wein.

Übernachtungsmöglichkeiten

Auf Kefalloniá gibt es ausreichend Hotels, Apartmenthäuser und Privatzimmer in allen Ausstattungsvarianten und Preiskategorien. Außerdem gibt es zwei Campingplätze. Weitere Informationen finden Sie bei den jeweiligen Ortschaften.

- *C **Cefallonia Star**, 60 I. Metaxa, Tel.: 26710-23 181, Fax: 26710-23 180, ganzjährig geöffnetes Hotel an der Anlegestelle der Fähre nach Lixoúri*
- *C **Ionian Plaza**, Platia Valianou, Tel.: 26710-25 581, Fax: 26710-25 585, das ganzjährig geöffnete Hotel mit 43 gut eingerichteten Zimmern liegt am zentralen Platz von Argostóli. Im Erdgeschoss des im klassizistischen Stil gebauten Hauses befindet sich ein beliebtes Café.*
- *C **Miramare**, 2 Ioannou Metaxa, Tel.: 26710-25 511, Fax: 26710-25 512, das gepflegte Hotel mit 57 ansprechend eingerichteten Zimmern liegt am Ende der Hafenpromenade, von April bis Oktober geöffnet*
- *C **Fanari**, Tel: 26710-22 324, Fax: 26710-24 672, im Vorort Fanari, an der „Scenic route" gelegenes Hotel mit 40 gut ausgestatteten Zimmern, ca. 100 m vom Strand entfernt, von Mai bis Oktober geöffnet*
- *C **Mouikis**, 3 Vironos, Tel.: 26710-23 032, Fax: 26710-24 528, gut geführtes Hotel im Zentrum mit 20 Zimmern, von denen einige einen schönen Blick auf den Hafen haben, ganzjährig geöffnet*
- *C **Olga**, 82. A. Tritsi, Tel.: 26710-24 981, Fax: 26710-24 985, das gepflegte Hotel mit 43 gut eingerichteten Zimmern liegt direkt an der Hafenpromenade; von den Balkonen bietet sich ein schöner Blick auf den Hafen, ganzjährig geöffnet*

Restaurants

- ***Kalafati,** an der Hafenpromenade gegenüber vom Obstmarkt, die freundliche Wirtin empfiehlt Ihnen die Spezialitäten Kefalloniás, die je nach Jahreszeit variieren, z. B. mit gegrilltem Fleisch gefüllte Pitta, gedünstete Artischocken oder gefüllte Tomaten.*
- ***Kathavotres,** das beliebte Ausflugslokal bei den „Meerwassermühlen" ist zurzeit leider geschlossen.*

FISKÁRDO

Wichtige Anschriften und Telefonnummern

In Fiskardo spielt sich alles am Hafen, an der Hafenpromenade und am kleinen Platz ab; hier gibt es mehrere Lebensmittelgeschäfte, Souvenirshops, die Post, eine Mietwagenstation, einen Motorbootverleih, ein Reisebüro und etliche Tavernen.

- ***Polizei:*** *Tel.: 26740-51 339*
- ***Hafenpolizei:*** *Tel.: 26740-41 400*

Bootsverbindungen

- *mit* ***Fríkes/Íthaka:*** *ganzjährig 1 x täglich, im Sommer 3–4 x täglich*
- *mit* ***Vassilikí/Léfkas:*** *ganzjährig 1 x täglich, im Sommer 2–3 x täglich*
- *mit* ***Nídri/Léfkas:*** *ganzjährig 2 x täglich, im Sommer 3–4 x täglich*
- *mit* ***Píso Aétos/Íthaka:*** *im Sommer 2 x täglich*

Busverbindungen

- *mit* ***Argostóli*** *2 x täglich, Fahrzeit ca. 90 Minuten*
- *mit* ***Sámi*** *2 x täglich, Fahrzeit ca. 60 Minuten*

Mietwagen

- ***Barzoukas,*** *Tel.: 26740-51 581*
- ***Nikos Rent a car,*** *Tel.: 26740-41401*

Übernachtung

Das Angebot an Privatzimmern, Studios und Apartments ist sehr groß. Viele Häuser sind mit entsprechenden Schildern gekennzeichnet; außerdem kann man in den Geschäften und Tavernen am Hafen nachfragen.

- *A* ***Erissos,*** *Tel.: 26740-41 327, vier gepflegte, sehr schön eingerichtete Apartments, ca. 100 m vom Strand entfernt, von Mai bis Oktober geöffnet*
- *A* ***Filoxenia,*** *Tel.: 26740-41 410, Fax: 26740-41 319, altes Herrenhaus mit 6 gut eingerichteten Apartments, ca. 100 m vom Meer entfernt, von Ende April bis Oktober geöffnet*
- *B* ***Stella,*** *Tel. 26740-41211, Fax: 26740-41262, das neue Haus mit 11 gut eingerichteten Studios und Apartments liegt am Ortsrand von Fiskárdo oberhalb einer Felsenbucht. Von der großen Veranda bietet sich ein schöner Blick auf Ithaka. Das Hotel ist von April bis Oktober geöffnet.*
- *C* ***Anthi´s Dream,*** *Tel.: 26740-41 317, das angenehme und gut eingerichtete Apartmenthaus liegt oberhalb des Ortes und einer kleinen, ruhigen Bucht, ganz in der Nähe der Kirche, schöne Terrasse, von April bis Oktober geöffnet*
- *C* ***Panormos,*** *Tel.. 26740-41 203, im Ort gelegenes, kleines Hotel mit 6 Zimmern, Balkon und Meerblick; zum Haus gehört ein Restaurant, geöffnet von Mai bis Oktober*
- *C* ***Tselenti,*** *Tel.: 26740-41 204, wenige Schritte vom Hafen entfernt liegt das einfache Haus mit einer schattigen Terrasse*

Restaurants

An der Hafenpromenade reihen sich zahlreiche Restaurants an einander, von denen etliche direkt am Wasser Tische und Stühle aufgestellt haben. Die Besucher genießen die beschauliche Atmosphäre und beobachten gerne das Treiben am Hafen.

LÁSSI UND PLATÍ GIALÓS

Busverbindungen

Die Busse zwischen Lássi und ***Argostóli*** *verkehren in den Sommermonaten wochentags zwischen 9 und 22 Uhr im 30-Minutentakt, auch an Wochenenden und außerhalb der Hochsaison noch mehrmals täglich.*

Übernachtung

- *A* ***White Rocks,*** *Tel.: 26710-23 167, Fax: 26710-28 755, gut geführtes Hotel mit 102 gut ausgestatteten Räumen im Haupthaus oder in Bungalows. Der feinsandige Strand ist über ca. 50 Stufen erreichbar; großes Wassersportangebot, von Mai bis Oktober geöffnet*
- *A* ***Mediterranee,*** *Tel.: 26710-28 760, Fax: 26710-24 758, direkt am Strand gelegenes Hotel mit 227 komfortablen Räumen, Tennisplätzen und breitem Wassersportangebot*

LIXOÚRI

Übernachtung

- *A* ***Cephalonia Palace,*** *Tel.: 26710-91 111, Fax: 26710-92 638, ca. 6 km außerhalb von Lixoúri liegt dieses auf mehrere Gebäude verteilte Hotel mit 136 Zimmern in einer großen Gartenanlage, zum bekannten feinsandigen Xi-Strand sind es ca. 200 m,*
- *B* ***Ionian Sea,*** *Tel.: 26710-92 280, Fax: 26710-92 980, freundliches Hotel mit 28 Zimmern, 300 m zum Strand, ganzjährig geöffnet*

PÓROS

Übernachtungsmöglichkeiten

In Póros stehen ausreichend Übernachtungsmöglichkeiten zur Verfügung; nicht nur in den Hotels, sondern auch nahezu in jedem Haus werden Privatzimmer oder Studios vermietet:

IN DER SÜDLICHEN BUCHT

- *B* ***Belvedere Hotels & Apartments,*** *Tel.: 26740-72 493, Fax: 26740-72083, gepflegtes Hotel in ruhiger Lage mit 26 ansprechend eingerichteten Zimmern, etwas oberhalb der Straße, ca. 50 m vom schmalen Strand entfernt, April–Oktober geöffnet*
- *B* ***Odysseus Palace Hotel,*** *Tel.: 26740-72 036, Fax: 26740-72 148, empfehlenswertes, neues Hotel mit gut eingerichteten Zimmern und Apartments, großen Balkons und schattigen Terrassen, tagsüber ist es wegen des Verkehrs etwas unruhig, nachts jedoch sehr ruhig; mit Restaurant und Cafébar, ganzjährig geöffnet*
- *C* ***Filoxenia,*** *Odós Messogiou, Tel.: 26740-72 926, Fax: 26740-72 926, hoch am Hang gelegenes, gepflegtes Haus mit 15 Zimmern, teilweise mit schönem Meerblick; ein kleiner Fußweg führt hinunter zum etwa 100 m entfernten Meer*
- *C* ***Travlos Studios,*** *Odós Messogiou, neben dem Hotel Filoxenia, neues Haus mit gut ausgestatteten Studios*

• C **Makedonia,** *Tel.: 26740-72 840-42, direkt neben dem Flussbett gelegenes Hotel mit 41 freundlich eingerichteten Zimmern und Apartments und blumengeschmückten Balkons, von Mai bis Oktober geöffnet*

IN DER NÖRDLICHEN BUCHT

• C **Oceanis Hotel**, *Tel.: 26740-72 581, Fax: 26740-72 583, hoch über der Hafenbucht gelegenes Hotel mit 16 Zimmern und einer Terrasse mit schönem Blick auf Póros, von Mai bis Oktober geöffnet*

• C **Harbour View,** *Tel.: 26740-72 090, Fax: 26740-24 1294, gepflegter Neubau mit 11 gut ausgestatteten Apartments; von den großen Balkons bietet sich ein schöner Blick aufs Meer, ca. 50 m oberhalb der Bucht gelegen, von Mitte Mai bis Oktober geöffnet*

• C **Poros Bay Hotel**, *Tel.: 26740-72 594, Fax: 26740-72 595, Hotel mit 20 modern eingerichteten Zimmern oberhalb der Hafenbucht, von Mai bis Oktober geöffnet*

SÁMI

Übernachtung

• B **Pericles**, *Tel.: 26740-22 780, Fax: 26740-22 787, etwa 1 km landeinwärts, außerhalb der Ortschaft gelegenes Hotel mit 82 Zimmern*

• B **Sami Beach,** *Tel.: 22 824, Fax: 22 846, 49 Zimmer, 25 m zum Strand*

• C **Athina Beach**, *Tel.: 26740-23 067, gepflegtes Hotel mit ansprechend eingerichteten Zimmern und einem schönen Innenhof, etwa 50 m vom Strand von Karavomílos entfernt, von April bis Oktober geöffnet, in der Nähe der Melissani-Höhle*

SKÁLA

Übernachtung

• B **Porto Skala**, *Tel.: 26710-83 501, Fax: 26710-83 500, etwa 4 km vor dem Ort gelegene Bungalowanlage mit 74 modern eingerichteten Zimmern, nur durch die Straße vom Kieselstrand entfernt*

• C **9 Muses**, *Tel.: 26710-83 563, Fax: 26710-83 560, die Hotelanlage besteht aus mehreren Häusern mit 37 Zimmern, 2 Apartments und 8 Studios, die sich um den Swimmingpool gruppieren, der Strand ist ca. 50 m entfernt*

Weitere Übernachtungsmöglichkeiten auf Kefalloniá

• **Mouikis Village**, *in Lákithra, Tel.: 26710-23 032, Fax: 26710-24 528, gut geführte Anlage mit 30 Studios und Apartments*

• C **Moustakis**, *in Agía Efimía, Tel. + Fax: 26710-61 030, nettes Hotel mit 20 Zimmern, etwa 100 m vom kleinen Hafen entfernt*

• C **Karavados Beach**, *in Karavádos, Tel.: 26710-69 400, Fax: 26710-69 689, familiär geführtes Hotel mit Studios und Swimmingpool außerhalb des Ortes, ca. 250 m von einem kleinen Sandstrand entfernt und ca. 12 km von Argostóli, von Mai bis Oktober geöffnet*

Keramotí Κεραμοτι (S. 336)

(PLZ 64200, Vorwahl 25910)

Schiffsverbindungen

mit Thássos 6 x täglich, in der Hochsaison bis zu 10 x täglich

Übernachtung

• *B* ***Karagiannis****, Tel.: 25910-51 471, Fax: 25910-51 077, in dem zweigeschossigen Haus wurden 16 Apartments für 2–5 Personen eingerichtet. Vom Sitzplatz am Haus hat man einen schönen Blick auf das Meer, das nur wenige Schritte entfernt ist.*

• *C* ***Xastero****, Tel.: 25910-51 212, Fax: 25910-51 230, Haus mit 14 Apartments für 2–4 Personen, ca. 500 m vom Strand entfernt, ganzjährig geöffnet*

Kíthira Κιθιρα (S. 448ff)

(PLZ 80100, Vorwahl 27350)

Flugverbindungen

mit Athen 1 x täglich, Flugzeit ca. 40 Minuten

Schiffsverbindungen

• *mit* ***Gíthion*** *4 x wöchentlich, Fahrzeit ca. 3 Stunden*

• *mit* ***Neápolis*** *im Sommer 2 x täglich, im Winter 3 x wöchentlich, Fahrzeit ca. 90 Minuten*

• *mit* ***Monemvasía*** *2 x wöchentlich*

• *mit* ***Kreta*** *1 x täglich*

Außerdem verkehren Tragflügelboote in den Sommermonaten 4 x wöchentlich zwischen Kíthira und Piräus; auf dieser Route werden Monemvasía, Neápolis, Portochéli und Spétses angelaufen.

Außerhalb der Sommersaison sind die Verbindungen deutlich seltener.

Wichtige Anschriften und Telefonnummern

• ***Information****: in der Polizeistation in Kíthira, Tel.: 27350-31 206*

• ***Postämter*** *gibt es in Kíthira und Potamós, Öffnungszeiten: Mo–Fr 7.30–14 Uhr*

• ***Telefonamt O.T.E.****: in Kíthira, Öffnungszeiten: Mo–Fr 8.30–15.10 Uhr*

• ***Banken*** *gibt es in Kíthira und in Potamós, Öffnungszeiten: Mo–Do 8–14 Uhr, Fr 8–13.30 Uhr*

• ***Olympic Airways****: in Kíthira, Tel.: 27350-31 390, an der Platía*

• ***Medizinische Versorgung****: das Inselkrankenhaus ist in Potamós, Tel.: 27350-33 203*

Übernachtung

Wegen des begrenzten Angebots ist es in den Sommermonaten unbedingt notwendig, rechtzeitig ein Zimmer zu reservieren.

IN AGÍA PELAGIÁ

• *A* ***Marou****, Tel.: 27350-33 466, Fax: 27350-33 497, gepflegtes Hotel mit 16 sehr gut ausgestatteten Apartments und einem Tennisplatz, ca. 30 m vom Strand entfernt*

• *B* ***Filoxenia****, Tel.: 27350-33 800, Fax: 27350-33 610, modernes Hotel mit gut eingerichteten Apartments für 1–4 Personen, ca. 100 m vom Strand*

IN KÍTHIRA (CHÓRA)

- *C* ***Margarita**, Tel.: 27350-31 711, Fax: 27350-31 325, in einem alten Herrenhaus wurden 12 Zimmer sorgfältig hergerichtet; von der Terrasse bietet sich ein schöner Blick*
- *B* ***Keti**, 27350-Tel.: 31 318, nur von Juni bis September geöffnet ist die kleine Pension mit 8 nett eingerichteten Zimmern im Gassengewirr von Kíthira.*
- *C* ***Kithira Beach**, Tel.: 27350-33 252, von April bis Oktober geöffnetes, nahe am Strand von Diakófti gelegenes Hotel mit 13 Apartments*
- *C* ***Kalokerines Katikies**, Tel.: 27350-31 265, das Haus mit 16 Apartments ist von Mai bis Oktober geöffnet, ca. 100 m vom Strand von Kapsáli entfernt*

Komotiní Κομοτινι (S. 340)

(PLZ 69100, Vorwahl 25310)

Zugverbindungen

- *mit* ***Thessaloníki*** *4 x täglich*
- *mit* ***Xánthi*** *4 x täglich*
- *mit* ***Dráma*** *4 x täglich*
- *mit* ***Alexandrópolis*** *4 x täglich*

Busverbindungen

- *mit* ***Thessaloníki*** *1–2 x täglich*
- *mit* ***Xánthi*** *3–5 x täglich*
- *mit* ***Kavála*** *2–4 x täglich*
- *mit* ***Alexandrópolis*** *2–4 x täglich*

Wichtige Anschriften und Telefonnummern

Griechische Zentrale für Fremdenverkehr: Ap.-Soutzou 14, (Stoa Poala), Tel.: 25310-70 996, Fax: 25310-70 995

Übernachtung

Alle Hotels in Komotiní sind ganzjährig geöffnet.

- *B* ***Orpheus**, 1, Parassiou, Tel.: 25310-37 180, Fax: 25310-28 271, neues Hotel mit 75 klimatisierten Zimmern, Bar und Restaurant in zentraler Lage*
- *B* ***Archontiko Christou-Evis**, Tel.: 25310-28946, Fax: 25310-26 979, das Hotel mit 81 ansprechend eingerichteten Zimmern liegt ca. 3 km außerhalb der Stadt an der Straße nach Alexandroúpoli, mit Restaurant, Diskothek, Swimmingpool und Tennisplatz*
- *B* ***Xenia**, Sismanoglou 43, Tel.: 25310-22139, Fax: 25310-22 237, das Hotel verfügt über 26 geräumige Zimmer, Restaurant und Parkplätze.*

Kórfu Κερκιρα (S. 410ff)

(PLZ 49100, Vorwahl 26610)

Flugverbindungen in den Sommermonaten

In den Sommermonaten gibt es Charterflüge von mehreren Flughäfen in Deutschland, Österreich und der Schweiz, die Korfu direkt anfliegen. Linienflüge haben jeweils einen Zwischenstopp in Athen. Innergriechische Verbindungen bestehen

- *mit Athen 3–5 x täglich, außerhalb der Saison 2–3 x täglich*
- *mit Thessaloníki 1–2 x täglich*
- *mit Zákinthos 1 x täglich, mit Zwischenlandung in Áktion und Kefalliniá*

Der Flughafen, Tel.: 26610-37 398, liegt in der Nähe der Inselhauptstadt.

Schiffsverbindungen in den Sommermonaten

- mit **Igoumenítsa** stündlicher Pendelverkehr zwischen 6 und 22 Uhr, Dauer der Überfahrt ca. 1 Stunde
- mit **Pátras** 2–3 x wöchentlich
- mit **Kreta** 1 x wöchentlich
- mit **Páxi/Antípaxi** täglich

Fährverbindungen mit Italien und Kroatien in den Sommermonaten

- mit **Venedig** 1–2 x wöchentlich
- mit **Ancona** 4–6 x wöchentlich
- mit **Bari** 1–2 x wöchentlich
- mit **Brindisi** 3–4 x wöchentlich
- mit **Otranto** 1 x täglich

Busverbindungen in den Sommermonaten

Die Busstation liegt direkt am Fährhafen. Die Busse fahren mit der Fähre hinüber zum Festland nach Igoumenítsa und von dort weiter nach Athen und Thessaloníki:

- mit **Athen** 3 x täglich
- mit **Thessaloníki** täglich
- mit **Préveza** 2 x wöchentlich

Wichtige Anschriften und Telefonnummern

- ***Touristeninformation***: Griechische Zentrale für Fremdenverkehr: Rizospaston Voulefton & Iakovou Polyla, Tel.: 26610-37 520 und 26610-37 639
- ***Touristenpolizei***: Samartzi 4, Tel.: 26610-30 265, in Hafennähe
- ***Hafenpolizei***: am Hafen, Tel.: 26610-33 096
- ***Post***: Matzarou/Samara Straße, Öffnungszeiten: 7.30–20.30 Uhr
- ***Telefonamt O.T.E.***: in der Kapodistriou Straße, der ersten Parallelstraße zur Spianada, Öffnungszeiten 7.30–22 Uhr
- ***ELPA-Automobilclub***: am Hafen, Tel.: 104
- ***Olympic Airways***: Kapodistriou 20, Tel.: 26610-38 694
- ***Ärztliche Versorgung***: im Städtischen Krankenhaus, an der Straße nach Paleokastrítsa, Tel.: 26610-36 044

Diplomatische Vertretungen

- ***Deutsches Honorarkonsulat***: Guilford 57, Tel.: 26610-31 453, Fax: 26610-31 450
- ***Österreichisches Konsulat***, K. Zavitsianou 3, Tel.: 26610-44 252, Fax: 26610-26 545, in Notfällen: 26610-32 392

Übernachtung

Als äußerst beliebtes Reiseziel ist Kórfu auch außerhalb der Hauptreisezeiten sehr gut besucht, so dass Vorausbuchungen und Zimmerreservierungen empfehlenswert sind. Da die eigentliche Saison erst im April beginnt, sind trotz mitteleuropäischer Osterferien z. B. im März viele Hotels noch nicht geöffnet. Es empfiehlt sich deshalb eine telefonische Nachfrage. Preisgünstige Unterkünfte finden Sie v. a. in der Nähe des Hafens.

- *L* ***Corfu Palace***, Demokratias Leoforos, Tel.: 26610-39 485, Fax: 26610-31 749, in zentraler Lage von Kórfu-Stadt gelegenes Luxushotel mit 112 Zimmern und Suiten, die mit allem Komfort ausgestattet sind, von April bis Oktober geöffnet, Restaurants, Bar, beheiztes Frei- und Hallenbad und Tennisanlage,
- *A* ***Cavalieri***, 4, Kapodistriou, Tel.: 26610-39 336, Fax: 26610-39 283, 120 Betten, von März bis Oktober geöffnet, Restaurant, Bar, Dachterrasse, sehr schöne Aufenthaltsräume in einem Haus des 17. Jahrhunderts, zentrale Lage an der Spianada,

• B **Bella Venezia**, 4, Zambeli, Tel.: 26610-46 500, Fax: 26610-20 708, ganzjährig geöffnetes Hotel in zentraler Lage, das sorgfältig restaurierte klassizistische Gebäude verfügt über 32 komfortabel eingerichtete Zimmer; besonders schön sind der elegante Aufenthaltsraum und der große Garten, Parkplatz

• C **Olympic**, 4, Doukissis Marias, Tel.: 30 532, ganzjährig geöffnetes Hotel, in zentraler Lage mit 40 relativ kleinen, aber ordentlichen Zimmern

• B **Astron**, 15, Donzelotou, Tel.: 26610-39 505, Fax: 26610-33 708, ganzjährig geöffnetes Hotel mit 33 zweckmäßig eingerichteten Zimmern, Restaurant, Dachgarten und Parkmöglichkeit

• C **Hermes**, 14, G. Makora, Tel.: 26610-39 321, Fax: 26610-31 747, sehr einfaches, im Zentrum gelegenes Hotel mit 33 Zimmern

Restaurants

Es gibt eine Fülle von Restaurants und Cafés aller Kategorien rund um den Spianada-Platz, in den Listón-Arkaden, im Mandoúki-Viertel und in den kleinen Nebenstraßen, die bis zum Hafen hinunterführen.

• **Venetsianiko Pigadi**, Platía Kremastís, Tel.: 26610-44 761, in diesem bekannten Restaurant sitzt man schön und stimmungsvoll, gepflegte Küche, gute Auswahl an Weinen

• **Chambor**, Platía Dimarchíou, Tel.: 26610-39 031, sehr gute griechische und italienische Küche mit korfiotischen Spezialitäten lassen sich in schöner Umgebung gut genießen.

• **Loutrovio**, Kefalomandouko, Tel.: 26610-25 363, in einer ehemaligen Olivenpresse wurde ein ansprechendes Restaurant eingerichtet, das Spezialitäten der Ionischen Inseln und traditionelle Live-Musik anbietet.

• **Pantheon**, Odós Prosalendoú, traditionsreiches Restaurant mit einer großen Auswahl an griechischen Fisch- und Fleischgerichten

• **Il Giardino**, Tel.: 26610-30 723, sehr gutes Restaurant mit italienischer Küche und einem schönen Garten

• **Faliraki**, Tel.: 26610-30 392, beliebtes Restaurant an der Alten Festung mit schönem Blick auf das Meer, Fähren, Yachten und Segelboote

• **Tripas**, in Kinopiastés, Tel.: 26610-56 333, die Taverne in der Ortsmitte, die schon seit mehreren Generationen in Familienbesitz ist, zählt zu den beliebtesten Restaurants auf Kórfu. Im Sommer werden die Mahlzeiten von traditioneller Musik und Tanz begleitet.

Geschäfte

Die Auswahl an Geschäften und Waren ist groß und reichhaltig: Gold- und Silberschmuck, Handarbeiten, Keramikwaren, Lederartikel und Spirituosen.

Mietfahrzeuge

Es gibt ein großes Angebot an Mietwagen und Zweirädern, z. B.

• **Avis**, Alexandras Leoforos 31, Tel.: 26610-38 820 sowie am Flughafen, Tel.: 26610-32 565

• **Budget**, Xen. Stratigou 82, Tel.: 26610-22 062

• **Hertz**, Xen. Stratigou 38, Tel.: 26610-38 388 sowie am Flughafen, Tel.: 26610-33 547

• **National Rent a Car**, 38, Venizelou, Tel.: 26610-49 651

Hinweis

In der Ionischen Universität, Tel.: 26610-22 993, werden in den Sommermonaten Neugriechischkurse angeboten.

Übernachtung

IN GOÚVIA, DAFNILA, DÁSSIA UND ÍPSOS

- *A* ***Elaea Beach****, in Dássia, Tel.: 26610-93 490, Fax: 26610-93 494, das große Hotel liegt inmitten von Olivenhainen und Gärten; die 206 Zimmer sind gut ausgestattet, der Swimmingpool schön angelegt. Zum Strand sind es nur wenige Schritte.*
- *B* ***Nefeli****, in Dáfnila, Tel.: 26610-91 237, Fax: 26610-91 907, das gepflegte Hotel mit 45 ansprechend eingerichteten Zimmern liegt sehr schön auf einer Anhöhe in einem Olivenhain zwischen den Ferienorten Goúvia und Dássia. Auf der Terrasse, im schönen Garten und am Swimmingpool gibt es ausreichend Schatten. Der nächste Strand ist ca. 700 m entfernt, der Rückweg zum Hotel ist steil und beschwerlich.*
- *B* ***Livadi Nafsikas****, Tel.: 26610-93 276, Fax: 93 174, das moderne Hotel mit 102 Zimmern liegt im Ortszentrum von Dássia, ca. 300 m vom Strand entfernt. Zum Hotel gehören ein Restaurant, Swimmingpool und 1 Tennisplatz. Das Haus ist von April bis Oktober geöffnet.*
- *C* ***Mega****, in* ***Ípsos****, Tel.: 26610-93 208, Fax: 26610-93 566, das Hotel mit 60 netten Zimmern liegt an der Bucht von Ípsos mit Swimmingpool, Restaurant und Poolbar. Zum Strand sind es nur wenige Schritte.*

IN SIDÁRI

- *C* ***Afroditi Beach****, Tel. und Fax: 26630-95 247, das kleine Hotel mit 18 Zimmern liegt nur wenige Schritte vom Strand entfernt, von April bis Oktober geöffnet*

IN PALEOKASTRÍTSA

- *A* ***Foundana Villes****, Tel.: 26630-22 532, Fax: 26630-22 553, das im traditionellen Inselstil gebaute Haus verfügt über 10 Zimmer; es liegt knapp 5 km vom Meer entfernt in ruhiger Umgebung und ist von April bis Oktober geöffnet.*
- *B* ***Akrotiri Beach****, Tel.: 26630-41 237, Fax: 26630-41 277, das Hotel liegt sehr schön auf einer Landzunge, ca. 10 Gehminuten vom Ort entfernt. Die 127 Zimmer sind ansprechend eingerichtet, ebenso die Apartments für 2–4 Personen. Der kleine Kiesstrand ist über eine Treppe zu erreichen.*
- *C* ***Odysseus****, Tel.:41 209, Fax: 26630-41 342, das familiär geführte Hotel, das aus dem Haupthaus und vier Nebengebäuden mit 36 modernen, freundlich eingerichteten Zimmern besteht, liegt an einer schönen Bucht, ca. 2 Gehminuten vom Strand entfernt. Von der Terrasse bietet sich ein schöner Blick auf das Meer; das Hotel ist von April bis Oktober geöffnet.*

IN GLIFÁDA

- *B* ***Glyfada Beach****, Tel.: 26610-94 257, Fax: 26610-94 257, freundliche Hotelanlage mit 35 Zimmern und Apartments, die in einen schönen Garten mit Olivenhainen und Oleanderbüschen eingebettet sind; nur wenige Schritte vom Meer entfernt*

Kozáni Κοζανι (S. 372)

(PLZ 50100, Vorwahl 24610)

Flugverbindungen

mit ***Athen*** *1 x täglich*

Zugverbindungen
*mit **Thessaloníki** 3 x täglich*

Busverbindungen
- *mit **Thessaloníki** 3–5 x täglich*
- *mit **Ioánnina** 2–3 x täglich*
- *mit **Kalambáka/Metéora** 1–2 x täglich*
- *mit **Lárissa** 2–3 x täglich*
- *mit **Véria** 2–3 x täglich*

Übernachtung
*B **Nefeli Motel**, Tel.: 24610-36686, Fax: 24610-24 736, das Hotel mit 27 Zimmern liegt außerhalb des Ortes an der Nationalstraße*

Kriopigí Κριοπηγι (S. 298)

(PLZ 63077, Vorwahl 23740)

Busverbindungen
*stündliche Busverbindung nach **Thessaloníki** und bis zur Südspitze der Halbinsel **Kassándra***

Wichtige Anschriften und Telefonnummern
- ***Touristeninformation:** an der Hauptstraße*
- ***Polizei:** Tel.: 23740-51 111*
- ***Rathaus:** Tel.: 23740-51 874*
- ***Autovermietung Atlas:** Tel.: 23740-52 502*

Übernachtung
- *A **Alexander Beach**, Tel.: 23740-22991, Fax: 23740-23 588, die gepflegte Hotelanlage mit 210 geräumigen Zimmern besteht aus mehreren Gebäuden; mit einer großen Gartenanlage, Swimmingpool, Wassersportmöglichkeiten und Tennisplätzen; zum tiefer gelegenen Strand führt ein hoteleigener Aufzug*
- *A **Kassándra Palace**, Tel.: 23740-51 471, Fax: 23740-52 080, das große Hotel mit 271 komfortablen Zimmern liegt direkt am Strand; in die große Gartenanlage ist ein Poolbereich integriert, diverse Sportmöglichkeiten, von April bis Oktober geöffnet*
- *B **Palladion**, Tel.: 23740-24 500, Fax: 23740-24 506, das moderne Hotel mit 60 Zimmern ist modern und freundlich eingerichtet und ist rings von Kiefern- und Olivenhainen umgeben; mit Swimmingpool, Sportplätzen und Unterhaltungsangebot, ca. 400 m vom Strand entfernt*

Camping
***Camping Kriopigí**, Tel.: 23740-22 321, große, schattige Anlage der Griechischen Zentrale für Fremdenverkehr mit Restaurant, Supermarkt und direktem Zugang zum Strand.*

Restaurant
***Kritos**, an der Platía, zu den Spezialitäten der Familie Kritos im alten Herrenhaus aus dem Jahre 1750 gehören u.a. Gouvetsi (Lammgerichte im Tontopf mit Reisnudeln), selbstgemachte Dolmades und eigene Weine*

Einkaufen
An der Platía, neben dem Restaurant Kritos, finden Sie einen kleinen Laden, in dem es herrlich duftet. Hier werden über 60 Arten von Heilkräutern, Gewürzen und Aromapflanzen verkauft, die auf der Chalkidikí gesammelt wurden; außerdem gibt es Honig, Olivenöl und einheimischen Likör.

Lamía Λαμια (S. 492f)

(PLZ 35100, Vorwahl 22310)

Zugverbindungen
Der Hauptbahnhof liegt ca. 7 km außerhalb der Stadt, in Lianokladí. Busse der Linie 6 verkehren zwischen dem Stadtzentrum und dem Bahnhof, an dem die Züge Thessaloníki - Athen mehrmals täglich halten. An der kleineren Bahnstation im Stadtzentrum fahren nur 2 x täglich Züge ab zum Hauptbahnhof in Lianokladí.
***Auskunft** erhalten Sie bei der OSE, Tel.: 22310-23 201.*

Busverbindungen
Es gibt mehrere, nahe beieinander liegende Busbahnhöfe, deren Busse jeweils verschiedene Ortschaften anfahren, so dass die Orientierung etwas schwierig ist. Aktuelle Informationen erhalten Sie bei der Informationsstelle der Busgesellschaft, KTEL Tel.: 22310-22 225.

- *mit **Athen** 6–10 x täglich, Fahrzeit ca. 3 Stunden*
- *mit **Thessaloníki** 2–3 x täglich, Fahrzeit ca. 4 Stunden*
- *mit **Pátras** freitags und sonntags, Fahrzeit ca. 3 ½ Stunden*

Die Busstation liegt an der Straße Papakirazí.

- *mit **Karpeníssi** 4 x täglich. Die Busstation liegt an der Straße Markou Botsári 3.*
- *mit **Vólos** 2 x täglich, Fahrzeit ca. 2 Stunden. Die Busstation liegt am Ende der Straße Rozáki Angéli*
- *mit **Agrínio**, **Kárditsa** und **Tríkala** 4 x täglich*
- *mit **Delphi** und **Ámfissa** 2–3 x täglich*

Die Busstation liegt an der Straße Thermópylon

Wichtige Anschriften und Telefonnummern

- ***Griechische Zentrale für Fremdenverkehr**, Platía Laou 1, Tel.: 22310-30 065, Fax: 22310-30 066, Öffnungszeiten: Mo–Fr von 7 bis 14.30 Uhr*
- ***Polizei**: Tel.: 22310-22 331*
- ***Krankenhaus**: Tel.: 22310-30 111 - 7*
- ***Rathaus**: Tel.: 22310-22 300*

Übernachtung
Die Auswahl an empfehlenswerten Übernachtungsmöglichkeiten ist beschränkt, die meisten Hotels sind sehr einfach und nicht für einen längeren Aufenthalt geeignet.

- *C **Apollonion**, Chatzopoulou 25, Tel.: 22310-22 668, Fax: 22310-23 032, das ganzjährig geöffnete Hotel mit 35 Zimmern liegt sehr zentral in der Nähe der Platía Párkou*
- *C **Elena**, Thermopylon 6, Tel.: 22310-25 025, Fax: 22310-29 300, das Hotel mit 51 ordentlichen Zimmern lieg sehr zentral im Geschäftsviertel von Lamía; es ist ganzjährig geöffnet und hat einen eigenen Parkplatz.*

• C **Samaras**, Athanasiou Diakou 14, Tel.: 22310-28 971, Fax: 22310-42 704, das 1996 renovierte, gut geführte Hotel in zentraler Lage verfügt über 64 ansprechend eingerichtete Zimmer, ganzjährig geöffnet

Lárissa Λαρισσα (S. 458)

(PLZ 41222, Vorwahl 2410)

Flugverbindungen

*mit **Athen** 4 x wöchentlich*

Zugverbindungen

- *mit **Athen** 4–6 x täglich*
- *mit **Thessaloníki** 4–6 x täglich*
- *mit **Vólos** 2–3 x täglich*
- *mit **Pátras** 2–3 x täglich*

Busverbindungen

Lárissa hat einen Busbahnhof für die innerstädtischen Busse an der Platía Megálou Aléxandrou/Kíprou, und drei Bahnhöfe für die Überlandbusse.

*Der **Zentralbahnhof** für die Überlandbusse liegt an der Odós Georgiádou, Tel.: 2410-22 6300 und 2410-22 7344.*

- *mit **Athen** 4–6 x täglich*
- *mit **Thessaloníki** 10–12 x täglich*
- *mit **Ioánnina** 2 x täglich*
- *mit **Tríkala** 6–8 x täglich*
- *mit **Vólos** 8–10 x täglich*
- *mit **Lamía** 2–4 x täglich*

Der Busbahnhof für Busse nach Río/Antírio, Náfpaktos, Delphi, Itéa und Édessa liegt dem Bahnhof gegenüber, Tel.: 2410-23 6250.

Der Busbahnhof für Busse nach Igoumenítsa, Ioánnina und Tríkala liegt etwa 1,5 km vom Bahnhof entfernt. Hier fahren auch die Busse nach Metéora/Kalambáka ab.

Wichtige Anschriften und Telefonnummern

- ***Griechische Zentrale für Fremdenverkehr**: Odós Koumoundouroú 18, Tel. und Fax: 2410-25 0919*
- ***Olympic Airways**: Odós Koumoundouroú, Tel. 2410-22 9333*
- ***Telefonamt O.T.E.**: Odós Dragoúmi*

Übernachtung

Alle Hotels sind ganzjährig geöffnet.

• *A **Divani Palace**, Vassilissis Sophias 19, Tel.: 2410-25 2791, Fax: 2410-25 2791, großes Hotel mit 77 geräumigen Zimmern, gutem Service und Restaurant*

• *B **Astoria**, Protopapadaki 4, Tel.: 2410-25 2941, Fax: 2410-53 6486, zentral gelegenes Hotel mit 84 Zimmern, ganzjährig geöffnet*

• *B **Metropole**, Roosevelt 8, Tel.: 2410-22 9911, Fax: 2410-25 542, das moderne Hotel liegt im Zentrum von Lárissa in der Nähe der Fußgängerzone. Es verfügt über 96 ansprechend eingerichtete Zimmer und ausreichend Parkmöglichkeiten.*

• *C **Dionyssos**, 24 L. Katsoni, Tel.: 2410-23 010, Fax: 2410-28 2930, ganzjährig geöffnetes Hotel mit 84 zweckmäßig eingerichteten Zimmern im Zentrum*

Léfkas Λεφκας (S. 424ff)

(PLZ 31100, Vorwahl 26450)

Verkehrsverbindungen
Vom griechischen Festland führt eine gut ausgebaute Straße über den schmalen Kanal, der die Insel vom Festland trennt.

Busverbindungen
- *mit* ***Préveza*** *2–4 x täglich*
- *mit* ***Pátras*** *1–2 x täglich (Umsteigen in Préveza)*
- *mit* ***Athen*** *3–4 x täglich (Umsteigen in Préveza)*

Schiffsverbindungen
- *mit* ***Ithaka*** *1 x täglich ab Vassilikí*
- *mit* ***Kefalloniá*** *1 x täglich ab Vassilikí*

Wichtige Anschriften und Telefonnummern
- ***Touristeninformation:*** *bei der Polizei am Hauptplatz, Tel.: 26450-22 346*
- ***Touristenpolizei,*** *Tel.: P. Polytechniou 30, Tel.: 26450-22 346*
- ***Telefonamt O.T.E.:*** *im Osten des Hafens, Öffnungszeiten: Mo-Fr 7.30-15.10 h*
- ***Ärztliche Versorgung:*** *im Inselkrankenhaus, Tel.: 26450-22 336*

Öffentliche Verkehrsmittel
Die größeren Orte sind mit der Inselhauptstadt durch regelmäßigen Busverkehr verbunden; die genauen Abfahrtszeiten sind an der Busstation zu erfragen. Die Busstation liegt in der Odós Dimitriou Golémi in der Innenstadt, Tel.: 26450-22 364.

Übernachtung
IN LÉFKAS-STADT
- *B* ***Lefkas,*** *2. F. Panagoú, Tel.: 26450-23 916, Fax: 26450-24 579, modernes Hotel mit 93 ansprechenden Zimmern am Hauptplatz in Léfkas, ganzjährig geöffnet*
- *C* ***Niricos,*** *Tel.: 26450-24 132, Fax: 26450-23 756, ganzjährig geöffnetes Hotel mit 36 angenehmen Zimmern, ebenfalls am Hauptplatz der Stadt, Parkmöglichkeit*
- *C* ***Santa Maura,*** *Tel.: 26450-22 342, Fax: 26450-26 253, kleines Hotel mit 19 einfachen Zimmern, von April bis Oktober geöffnet,*

IN NÍDRI
- *C* ***Nidrio Beach I und II,*** *Tel.: 26450-92 400, Fax: 26450-92 das ältere, direkt am Strand gelegene Hotel mit 18 Zimmern und schönem Garten wurde um ein Haus mit 21 freundlichen Zimmern erweitert, das ebenfalls nur wenige Schritte vom Meer entfernt liegt.*
- *C* ***Happy Land,*** *Tel.: 26450-92 100, Fax: 26450-92 885, das Hotel mit 29 Apartments für 2–4 Personen ist von April bis Oktober geöffnet, nur wenige Schritte bis zum Strand*

IN NIKIÁNA
- *B* ***Alexandros,*** *Tel.: 26450-71 376, Fax: 26450-71 131, von Mai bis Oktober geöffnetes Hotel mit 29 ansprechenden Zimmern, verteilt auf mehrere einstöckige Gebäude in einem Olivenhain; ca. 100 m vom Strand entfernt.*

• *B* **Porto Galini**, *Tel.: 26450-92 431, Fax: 26450-92 672, von Mai bis Oktober geöffnet, 1 km außerhalb von Nikiana am Strand gelegene Bungalowanlage mit 67 Zimmern und Apartments, Restaurant und breitem Sportangebot; zum Kiesstrand sind es nur wenige Schritte.*

IN VASSILIKÍ

• *B* **Ponti Beach**, *Tel.: 26450-31 572, Fax: 26450-31 576, die Hotelanlage mit 63 freundlichen Zimmern mit Balkon liegt am Hang und bietet einen schönen Meerblick, mit Restaurant, Parkmöglichkeit, zum Strand sind es ca. 150 m.*

• *C* **Lefkatas**, *Tel.: 26450-31 305, Fax: 26450-31 804, von April bis Oktober geöffnetes Hotel mit 33 ordentlichen Zimmern im Ortszentrum, Parkmöglichkeit, ca. 5 Gehminuten zum Strand*

IN ÁGIOS NIKÍTAS

• *C* **Agios Nikitas**, *Tel.: 26450-97 460, Fax: 26450-97 462, das freundliche Hotel mit 32 gepflegten Zimmern, die auf drei Gebäude verteilt sind, liegt an einem Hang am Ortsrand von Ágios Nikítas. Von der Frühstücksterrasse bietet sich ein schöner Blick auf das Meer, zum Strand sind es ca. 150 m.*

• *C* **Calypso**, *Tel.: 26450-97 332, Fax: 26450-97 333, das familiär geführte Hotel verfügt über 27 geräumige, freundlich eingerichtete Zimmer mit Balkon und zwei Terrassen mit schönem Ausblick; zum Strand sind es ca. 5 Gehminuten.*

• *C* **Odyssia, Tel.:** *26450-97 351, Fax: 26450-97 402, das Hotel mit 34 einfach eingerichteten Zimmern wurde im inseltypischen Stil im Ortszentrum gebaut, ca. 5 Gehminuten vom kleinen Ortsstrand entfernt; mit Dachgarten und kleinem Swimmingpool.*

Camping

• **Camping Kalamitsi**, *Tel.: 26450-41410, von April bis Oktober geöffnet, große Anlage mit Supermarkt, Restaurant und Sportanlagen*

• **Camping Porto** *mit der Tauchschule North Aegean Diving Center, Tel.: 23750-41 148*

Strände

• **Nikiana**: *an der Inselstraße gelegener Kiesstrand*

• **Nidrí**: *Kiesstrand*

• **Vassilikí**: *Kieselstrand und Felsenbuchten, zum Surfen sehr geeignet*

• **Ágios Nikítas**: *feiner Kiesstrand*

Ausflüge

Die örtlichen Reisebüros bieten ganztägige Ausflugsfahrten zu den Nachbarinseln Ithaka, Kefalloniá und Meganísi an.

Leptokariá Λεπτοκαρια (S. 280)

(PLZ 60063, Vorwahl 23520)

Übernachtung

• *A* **Poseidon Palace**, *23520-31 602, Fax: 23520-31 680, das große Hotel mit einem Hauptgebäude und 7 zweistöckigen Gebäuden liegt am Fuße des Olymp mit schönem Blick auf das Meer. Die 240 Zimmer sind sehr gut mit Klimaanlage, Bad, Mini-*

Kühlschrank und Balkon ausgestattet, außerdem verfügt das Hotel über einen Süßwasserpool, Tennis-, Volleyball- und Basketballplätze, Minigolf und Tischtennis. Die Ausrüstungen für zahlreiche Wassersportarten sind am Strand erhältlich.

- *A* **Olympian Bay**, *Tel.: 23520-31311, Fax: 23520-31 315, von April bis Oktober geöffnete, am Strand gelegene Bungalowanlage mit guten Wassersportmöglichkeiten*
- *C* **Giotis**, *Tel. und Fax: 23520-31 055, das Haus mit 42 gut eingerichteten Studios liegt nur ca. 50 m vom Strand entfernt und ist von Mai bis Oktober geöffnet.*

Límnos Λιμνος (S. 359ff)

(PLZ 81400, Vorwahl 22540)

Schiffsverbindungen

- *mit* **Ráfina** *4 x/Woche*
- *mit* **Kími/Euböa** *1 x/Woche*
- *mit* **Kavála** *2–4 x/Woche*
- *mit* **Lésbos/Chíos/Sámos** *4 x/Woche*

Außerdem verkehren in den Sommermonaten **Tragflügelboote**, *die 2–3 x wöchentlich die Strecke Lésbos - Límnos - Samothráki - Alexandroúpouli - Kavála bedienen.*

Flugverbindungen

Flughafenterminal, Tel.: 22540-31 204

- *mit* **Athen** *3 x täglich*
- *mit* **Lésbos** *4 x wöchentlich*
- *mit* **Thessaloníki** *1–2 x täglich*

Wichtige Anschriften und Telefonnummern

- ***Touristeninformation***: *im Rathaus, gegenüber der Fähranlegestelle, Tel.: 22540-24 553*
- **Polizei**: *am Hafen von Mírina, Tel.: 22540-22 200*
- **Polizei** *in Moúdros: Tel.: 22540-71 257*
- **Hafenamt**: *22540-22 823*
- **Post**: *Tel.: 22540-22 462*
- **Telefonamt O.T.E.**: *Tel.: 22540-22 299*
- **Olympic Airways**, *Garofalidi Str., Tel.: 22540-22 214*
- **Ärztliche Versorgung**: *im Kreiskrankenhaus, Tel.: 22540-22 166*
- **Arzt für Allgemeinmedizin**: *Tel.: 22540-22 674*

Übernachtung

Es gibt Hotels aller Kategorien und eine große Zahl von Privatzimmern, die meist schon bei der Ankunft der Fähren am Hafen angeboten werden.

IN MIRÍNA

- *L* **Venta Club Hotel Akti Mirina**, *Tel.: 22540-22681, Fax: 22540-22 352, die gepflegte, sehr komfortable Hotelanlage, die aus mehreren, von kleinen Gärten umgebenen Steinbungalows besteht, zieht sich am Hang hinunter bis zum feinen Privatstrand mit großem Sportangebot. Die Bungalows mit insgesamt 125 Zimmern sind sehr gut ausgestattet und von Ende Mai bis Ende Oktober geöffnet, etwa 1 km außerhalb von Mírina gelegen*
- *A* **Astron**, *Tel.: 22540-23 750, Fax: 22540-24 396, ganzjährig geöffnetes Haus mit 12 gut eingerichteten Apartments für 2–4 Personen, zum Hafen sind es ca. 100 m*
- *B* **Nefeli**, *Tel.: 22540-23 551, Fax: 22540-24 041, das ganzjährig geöffnete Haus mit 11 Studios und Apartments wurde im Inselstil gebaut und liegt unterhalb der Festung.*

*• C **Afroditi**, Tel.: 22540-23 489, Fax: 22540-22 484, von April bis Oktober geöffnet, in Strandnähe gelegenes Haus mit Apartments in einem schönen Garten*
*• D **Aktaeon**, Tel.: 22540-22 258, ganzjährig geöffnetes Haus mit 14 einfachen Zimmern, gegenüber der Schiffsanlegestelle*

IN MOÚDROS
*• B **To Kyma**, Tel.: 22540-71 333, Fax: 22540-71 484, im traditionellen Stil gebautes Hotel mit 22 ansprechend eingerichteten Zimmern, Restaurant und schönem Meerblick, ca. 200 m vom Strand entfernt*
*• C **Blue Port**, Tel.: 22540-71 041, Fax: 22540-71 262, kleines Hotel mit nur 8 freundlich eingerichteten Zimmern, nur wenige Schritte zum Strand*

IN PLATÍ
*• L **Limnos Village**, Tel.: 22540-23 500, Fax: 22540-23 255, sehr komfortables Hotel mit allen Annehmlichkeiten, großem Sportangebot und gutem Restaurant, von Mai bis Oktober geöffnet*

Camping
Es gibt keinen offiziellen Campingplatz auf Límnos. Das freie Zelten ist wie in ganz Griechenland untersagt und wird auf Límnos wegen des Militärs streng überwacht.

Busverbindungen
Der Busbahnhof liegt im Zentrum der Stadt, Tel.: 22540-22464.
2–4 x täglich verkehren die Busse zu den Dörfern an der Ostküste und im Norden der Insel.

Taxi
Da die Nachfrage sehr groß ist, sind vorbeifahrende Taxen meistens besetzt; eine telefonische Vorbestellung ist z. B. möglich unter der Nummer 22540-22510.

Auto- und Zweiradverleih
Die Mietstationen finden Sie in Mírina und am Flughafen
*• **Autoeurope**, Romeikos Yialos, Tel und Fax.: 22540-23 777*
*• **Holiday Car Rental**, Tel.: 22540-23 280, Fax: 22540-23 494, am Hafen von Mírina und am Flughafen*
*• **Myrina**, Agora, Tel.: 22540-24 476, Fax: 22540-22 484*
*• **Petrides**, 118 Karatza, Tel.: 22540-22 039, Fax: 22540-22 129*

Reisebüros
*• **Aegean Travel**, Tel.: 22540-24 835, Fax: 22540-24 773, Zimmervermietung, Autovermietung und Fahrscheinverkauf*
*• **Petrides**, 118 Karatza, Tel.: 22540-22 039, Fax: 22540-22 129, Informationen aller Art, Fahrscheinverkauf, Zimmervermietung, organisierte Bus- und Bootsausflüge*

Spezialitäten
Besonders bekannt sind der Honig und Wein von Límnos, die in vielen Geschäften angeboten werden.

Litóchoro Λιτοχορο (S. 281)

(PLZ 60200, Vorwahl 23520)

Wichtige Anschriften und Telefonnummern

- *Touristeninformation:* Tel.: 22540-83 100, im Büro des Griechischen Alpenvereins am Hauptplatz und bei der **Stadtverwaltung**, Tel.: 22540-84 707
- *Polizei:* 22540-81 111
- **Telefonamt O.T.E.**: an der Durchgangsstraße, Öffnungszeiten: täglich 7.30–14 Uhr, Sa/So geschlossen
- **Griechischer Alpiner Club E.O.S.**, Tel.: 22540-84 544, am Hauptplatz, Öffnungszeiten täglich 9–12 Uhr, 18–20 Uhr

Busverbindungen

- mit **Thessaloníki** 5–7 x täglich
- mit **Lárissa** 1–2 x täglich
- mit **Katerîni** 8–10 x täglich

Der kleine Busbahnhof liegt am Hauptplatz.

Übernachtung

- A **Dion Palace Resort Hotel**, Tel. 22540-61 431, Fax: 22540-61 435, die große Hotelanlage mit 182 sehr ansprechend eingerichteten Zimmern und sehr gutem Restaurant liegt am Fuße des Olymp, nur wenige Schritte vom Meer entfernt, großes Sportangebot, ca. 4 km von Litóchoro entfernt
- B **Megas Alexandros**, Tel. und Fax: 22540-31 700
- C **Gästehaus Papanikolaou**, 1 Nik. Episkopou Kitrous, Tel.: 22540-81 236 oder 22540-84 235, schöne Apartments
- C **Markissia**, Agiou Georgiou 104, Tel.: 22540-81831, Fax: 22540-61 862, 21 Zimmer, von Juni bis Oktober geöffnet
- C **Villa Pantheon**, Tel.: 22540-83 931, Fax: 22540-83932, neues Haus mit 12 ordentlich eingerichteten Apartments für 2–4 Personen
- D **Aphroditi**, Platia Eleftherias, Tel.: 22540-81415, 56 Betten, ganzjährig geöffnet, ruhig in der Nähe des Hauptplatzes gelegen
- D **Myrto**, Tel.: 22540-81398, 59 Betten, ganzjährig geöffnet, neueres Hotel in zentraler Lage, die Zimmer haben teilweise einen sehr schönen Blick auf den Olymp

Jugendherberge

Cosma Doumbioti Straße 2, Tel.: 22540-81311, 24 Betten; der Weg zur Jugendherberge ist vom Hauptplatz her ausgeschildert; eine Voranmeldung ist erforderlich.

Livadiá Λιβαδια (S. 529)

(PLZ 32 100, Vorwahl 22610)

Wichtige Anschriften und Telefonnummern

- **Polizei:** Tel.: 22610-28 551
- **Ärztliche Versorgung:** im Krankenhaus, Tel.: 22610-22 222 und 22610-20 051

Busverbindungen
Zwischen Livadiá und **Athen** *verkehren die Busse zwischen 8 und 20 Uhr etwa stündlich, Fahrzeit ca. 2 Stunden. Diese Busse fahren über* **Theben**.
In Richtung **Delphi** *fahren die Busse ebenfalls 8–10 x täglich. Diese halten auch in* **Dístomo**, *wo man aussteigen muss, wenn man das Kloster Óssios Loúkas besuchen will. 1 x täglich (um 13.30 Uhr) gibt es eine Direktverbindung zum* **Kloster Óssios Loúkas**.

Zugverbindungen
Livadiá liegt an der Bahnstrecke von **Athen** *nach* **Thessaloníki**. *Züge in beide Richtungen verkehren 8–10 x täglich, Fahrzeit nach Athen ca. 1 ½ Stunden.*

Übernachtungen
• *B* **Levadia**, *Platía L. Katsoni 4, Tel.: 22610-23 611, Fax: 22610-28 266, das ansprechende Hotel mit 71 Zimmern liegt direkt im Zentrum, aber trotzdem recht ruhig*
• *C* **Philippos**, *Athinion, Tel.: 22610-24 931, Fax: 22610-24 934, das recht einfache Hotel liegt am Ortseingang in Richtung Theben über einer Tankstelle*

Makrinítsa Μακρινιτσα (S. 466)

(PLZ 37011, Vorwahl 24280)

Übernachtung
Von der Griechischen Zentrale für Fremdenverkehr wurden einige der alten Herrenhäuser (Archontiká) vollständig renoviert. Sie werden nun in den Sommermonaten vermietet und bieten die Möglichkeit, in einer sehr stilvollen und anheimelnden Atmosphäre zu wohnen. Eine rechtzeitige Reservierung ist unbedingt nötig:
- *Archontikon Mousli, Tel.: 24280-99 250,*
- *Archontikon Sissilianou, Tel.: 24280-99 556,*
- *Archontikon Xiradakis, Tel.: 24280-99 250.*

Aber auch die anderen Häuser des Ortes bieten gute Übernachtungsmöglichkeiten.
• *B* **Karamarli**, *Tel.: 24280-99 570, Fax: 24280-99 779, das Herrenhaus stammt aus dem Jahre 1730 und wurde geschmackvoll renoviert. Jedes der 9 Zimmer mit Du/WC ist anders eingerichtet und mit Wandmalereien ausgestaltet. Das Hotel ist ganzjährig geöffnet.*
• *B* **Skotiniotis House**, *Tel.: 24280-99 353, in dem traditionellen Haus mit seinem schönen Innenhof wurden 7 Gästezimmer eingerichtet, das Haus ist ganzjährig geöffnet.*
• *B* **Theodora**, *Tel.: 24280-99 179, Fax: 24280-99 989, das restaurierte Herrenhaus liegt nur wenige Schritte vom Dorfplatz entfernt. Es verfügt über 8 Zimmer und bietet einen schönen Blick auf Vólos und den Pagasitischen Golf.*

Marathiás Μαραθιας (S. 505)

(PLZ 33056, Vorwahl 26340)

Übernachtung
• *B* **Apollo Beach**, *Tel.: 26340-91 321, Fax: 26340-91 323, Bungalowanlage mit 40 gepflegten Bungalows, die im traditionellen Stil gebaut wurden. Jeder Bungalow hat 2 Zimmer, eine komplett eingerichtete Küche und Balkon oder Terrasse. Die*

Anlage liegt direkt am Kieselstrand und verfügt über einen Swimmingpool und ein eigenes Restaurant, wo man mit Blick auf's Meer gepflegt essen kann.

- ***Captain Jimmy's**, Tel.: 26340-91 050, einfaches Hotel an der Durchgangsstraße von Marathiás mit gutem Restaurant, nur durch die Straße vom Ortsstrand getrennt*

Messolóngi Μεσσολογγι (S. 498)

(PLZ 30 200, Vorwahl 26310)

Wichtige Anschriften und Telefonnummern

- ***Touristenpolizei:** Tel.: 26310-27 220*
- ***Ärztliche Versorgung:** im Krankenhaus, Tel.: 26310-57 100*

Busverbindungen

*Der Busbahnhof liegt an der Mavrokordatou 5. Von hier fahren Busse nach **Náfpaktos**, **Pátras** und **Athen**. Nach **Thessaloníki** und anderen Städten in Nordgriechenland muss man in Agrínio umsteigen.*

Übernachtung

- *B **Liberty**, Iroon Polytechniou 41, Tel.: 26310-28 050, das große, etwas unpersönliche Hotel mit 128 Zimmern liegt im Stadtzentrum in der Nähe des „Parks der Hellenen".*
- *B **Theoxenia**, Tourlidas 2, Tel.: 26310-23 303, Fax: 26310-22230, das freundliche Hotel mit 107 liegt etwas außerhalb der Ortschaft auf der Seite der Lagune in Richtung Etolikó.*

Metamórfosi Μεταμορφοσι (S. 303)

(PLZ 63078, Vorwahl 23750)

Übernachtung

- *B **Danai**, Tel.: 23750-22 310, Fax: 23750-22 591, gepflegte Hotelanlage mit 15 Apartments mit schönem Garten und direktem Zugang zum Meer, das unter deutscher Leitung stehende Haus ist von April bis Oktober geöffnet.*
- *B **Metamorfosis**, Tel.: 23750-61 245, Fax: 61 375, von Mai bis Oktober geöffnete Anlage mit 71 Zimmern, Studios und Apartments. Die Häuser sind von einem großen Garten umgeben, mit Swimmingpool, Tennisplätzen und Sportangebot, zum Strand sind es ca. 100 m.*
- *C **Porto Matina**, Tel.: 23750-61 397, Fax: 23750-23 1752, Apartments für 2–4 Personen, direkt am Wasser*
- *C **Olympic Bibis**, Tel.: 23750-22 558, Fax: 2310-23 1752, von April bis Oktober geöffnete Apartmentanlage mit Dachgarten und Sportangebot, ca. 200 m vom Meer*

Metéora-Klöster Μετεορα (S. 453ff)

Busverbindungen

*Von **Kalambáka** und **Kastráki** aus fahren Busse täglich um 9, 10, 11 und 13.30 Uhr hinauf zu den Klöstern.*

Übernachtungsmöglichkeiten
gibt es in Kalambáka und Kastráki.

Eintrittspreise zu den Klöstern
Der Eintritt kostet pro Kloster für Erwachsene 2 €.

Methóni Μεθονι (S. 280)

(PLZ 60066, Vorwahl 23530)

Übernachtung
C ***Ayannis****, Tel.: 23530-41216, Fax: 23530-41 386, von Mai bis Oktober geöffnetes Haus mit 30 Zimmern, Restaurant und Parkmöglichkeit*

Camping
- ***Agiannis****, Tel.: 23530-51 323, nördlich der Ortschaft*
- ***Metalidis****, Tel.: 23530-41 216, kleine Anlage*

Métsovo Μετσοβο (S. 452)

(PLZ 44200, Vorwahl 26560)

Übernachtung
- *A* ***Diasselo****, Kentrikí Platía, Tel.: 26560-41 719, Fax: 26560-42 320, das im traditionellen Stil gebaute und eingerichtete Haus in ruhiger Lage verfügt über 18 Zimmer, von der Terrasse bietet sich eine herrliche Aussicht, ganzjährig geöffnet*
- *C* ***Apollon****, Tel.: 26560-41 844, Fax: 26560-42 110, das traditionelle Hotel mit 40 ansprechenden Zimmern liegt in der Ortsmitte, mit gutem Restaurant, ganzjährig geöffnet*
- *C* ***Egnatia****, Tel.: 26560-41 263, Fax: 26560-41 485, das angenehme Hotel mit 36 freundlich eingerichteten Zimmern liegt in der Nähe des Hauptplatzes, ganzjährig geöffnet*
- *C* ***Kassaros****, 3 Tr. Tsoumaga, Tel.: 26560-41 662, Fax: 26560-41 262, ansprechend eingerichtetes Hotel an der Hauptstraße mit 29 gut ausgestatteten Zimmern, ganzjährig geöffnet*

Miliés Μιλιες (S. 470)

(PLZ 37010, Vorwahl 24230)

Übernachtung
Paliós Stathmós*, Tel.: 24230-86 425, in dem alten Bahnhofsgebäude wurde eine Pension mit Zimmern, Du/WC und Balkon eingerichtet. Dazu gehört ein Restaurant, in dem es leichte Snacks, vor allem gute mit Käse oder Spinat gefüllte Pittas gibt.*

Monastiráki Μοναστιρακι (S. 504)

(PLZ 30300, Vorwahl 26340)

Übernachtung

*C **Avra**, Tel.: 26340-52 920, die kleine, neue Anlage mit gut eingerichteten Studios für 2–3 Personen liegt auf der Höhe am Ortseingang. Die ganz in weiß und blau leuchtenden Häuser bieten einen schönen Blick auf den Golf von Korinth und die Küste der Peloponnes.*

Náfpaktos Ναφπακτος (S. 501ff)

(PLZ 303 00, Vorwahl 26340)

Busverbindungen

- *mit **Pátras** 5 x täglich*
- *mit **Itéa** 5 x täglich, von Itéa verkehren 6 x täglich Busse nach Delphi. Dort gibt es Anschlüsse nach Athen.*

Wichtige Anschriften und Telefonnummern

- ***Touristeninformation**: an der Platía am Hafen; das hellgelbe Haus mit den blauen Fensterläden und Türen ist leicht zu erkennen. Außen befindet sich ein Computerterminal, wo man Informationen auch in deutscher Sprache abrufen kann.*
- ***Polizei**: Tel.: 26340-26340-27 258*
- ***Rathaus:** an der Platía Kozonis*
- ***Hafenamt**: 26340-26340-27 909*
- ***Post**: an der Platía Kozonis*
- ***Ärztliche Versorgung**: im Krankenhaus, Tel.: 26340-23 690-1*

Übernachtung

- *B **Akti**, Tel.: 26340-28 464, Fax: 26340-24 171, freundliches Hotel in ruhiger Lage, die meisten Zimmer bieten einen schönen Blick auf den Golf, nur wenige Schritte von der Hafenpromenade und vom Einkaufsviertel entfernt*
- *B **Oase**, Chiliadou-Fokidas, Tel.: 26340-38120, Fax: 26340-38123, Ruhe und Erholung finden Sie in dem gepflegten Hotel mit gut ausgestatteten Apartments, 8 km außerhalb von Náfpaktos, mit schönem Garten, direkt am Strand; deutsche Besitzer.*
- *B **Nafpaktos**, 4 Korydalleos, Tel.: 26340-29551, Fax: 26340-29 553, modernes, gepflegtes Hotel, wie das Hotel Akti an einem kleinen Platz mit Brunnenanlagen, nur wenige Schritte zum Meer und zur Stadt*
- *B **Lepanto Beach**, Tel.: 26340-27 798, Fax: 26340-23 930, gepflegtes Hotel am Oststrand der Stadt, nur durch eine Straße vom Meer getrennt*
- *C **Diethnes**, 3 Messoloniou, Tel.: 26340-27 342, an der Strandpromenade*
- *C **Golden Beach**, Maymakias, Tel.: 26340-24 625, frisch gerichtetes Hotel an der Strandpromenade, mit Internet-Café*
- *D **Niki**, 67 Tsavela, Tel.: 26340-28 901, kleines Hotel mit 18 einfachen Zimmern in einer Nebenstraße im Zentrum*

Restaurants

Rings um den malerischen Hafen, in der Fußgängerzone und an der langen Promenade gibt es zahlreiche Cafés und Restaurants, von denen viele Tische und Stühle ins Freie gestellt haben.

- ***Stávros:*** *an der Promenade, in der Nähe des Xenia-Hotels. Hier finden Sie griechische Gerichte in guter Qualität. Sie können unter schattigen Platanen am Meer sitzen und den Blick auf den Golf und die Burg von Náfpaktos genießen.*
- ***Spitáki:*** *ebenfalls an der Hafenpromenade gelegen, gute griechische Küche und gepflegte Atmosphäre*
- ***Papoúlis:*** *in der Nähe des Hafens, man kann sehr schön auf dem Balkon und in einem kleinen Garten sitzen; wenn Sie schon am frühen Abend dorthin gehen, haben Sie vielleicht Glück und finden noch einen Platz an einem der drei kleinen Tischchen auf dem winzigen Balkon, der direkt über dem Meer liegt.*
- ***Kástro:*** *das Café liegt direkt unterhalb des Eingangs zur Festung; sie können im Schatten der Bäume sitzen und den traumhaften Blick über den Golf von Korinth genießen.*

Einkaufen

Als Einkaufszentrum der Region hat Náfpaktos eine große Auswahl an Geschäften aller Art. In der großen Einkaufsstraße Athinion finden Sie Läden mit Designerwaren, Sport- und Schuhgeschäfte neben Kaffeeröstereien und Geschäften mit liturgischen Geräten.

Deutsche und internationale Lebensmittel finden Sie in den großen Supermärkten.

Náoussa Ναουσσα (S. 275)

(PLZ 59200, Vorwahl 23320)

Busverbindungen

*mit **Edessa** 3 x täglich*

Übernachtung

- *B **Vermion**, Agios Nikolaos, Tel.: 23320-29 311-5, Fax: 23320-29 311, das ganzjährig geöffnete, gepflegte Hotel mit 51 Zimmern liegt in einer großen, wasserreichen Parkanlage, die bei Griechen als Ausflugsziel sehr beliebt ist. Angelgelegenheit, Tennis-, Basketball- und Volleyballplätze*
- *C **Hellas**, 16 Megalou Alexandrou, Tel.: 23320-22006, kleines Hotel mit 14 Zimmern, ganzjährig geöffnet*
- *C **Esperides**, Tel.: 23320-20 250, Fax: 23320-22 212, etwas außerhalb gelegenes Haus mit 10 zweckmäßig eingerichteten Apartments für 2–4 Personen, ganzjährig geöffnet*

Restaurants

- *Die **Weinkellerei Boutari** lädt täglich zu einer Weinprobe ein. Informationen erhalten Sie unter der Rufnummer 23320-42 687.*
- *Auch die **Weingüter** Katsaros und Chrissochoou können besichtigt werden.*

Néa Fokéa Νεα Φοκεα (S. 574)

(PLZ 63077, Vorwahl 23740)

Busverbindungen

*Die Busse nach **Thessaloníki** und zur Ost- und Westküste der **Kassándra** verkehren in den Sommermonaten fast stündlich.*

Übernachtung

• *C* ***Alexandros****, Tel.: 23740-81 500, Fax: 23740-81012, ruhig in einer Seitenstraße gelegenes Hotel mit 28 ordentlichen Zimmern, ca. 200 m vom Strand entfernt, von April bis Oktober geöffnet*

• *C* ***Apollon****, Tel.: 23740-81 702, Fax: 23740-81 612, das kleine Hotel mit 19 Apartments liegt nur ca. 150 m vom Meer entfernt, von April bis Oktober geöffnet*

Restaurant

Am Strand und an der Hafenbucht von Néa Fokéa gibt es mehrere gemütliche Tavernen, in denen fangfrischer Fisch, Tintenfisch oder Muscheln serviert werden.

Néa Halkidóna Νεα Χαλκιδονα (S. 269)

(PLZ 57007, Vorwahl 23910)

Übernachtung

• *C* ***Filippos****, Tel.: 23910-22 125, Fax: 23910-22 198, an der Straße nach Véria gelegenes Hotel mit 49 Zimmern, freundlichem Service, Restaurant und Sportanlagen, ganzjährig geöffnet*

• *C* ***Kornilios****, Tel.: 23910-23 888, Fax: 23910-24 034, neues, komfortables Hotel an der Straße nach Véria*

Néa Iráklia Νεα Ιρακλια (S. 289)

(PLZ 63080, Vorwahl 23990)

Übernachtung

B ***Filoxenia****, Tel.: 23990-61 715, Fax: 2310-54 6113, freundliches Haus mit 22 netten Zimmern, knapp 100 m vom langen, schmalen Sandstrand entfernt, von April bis Oktober geöffnet*

Néa Iraklítsa Νεα Ιρακλιτσα (S. 326)

(PLZ 64007, Vorwahl 25940)

Übernachtung

• *C* ***Iraklitsa Beach****, Tel.: 25940-21 426, Fax: 25940-22 104, nur wenige Schritte vom Strand entfernt liegt das kleine Hotel mit 21 ordentlichen Zimmern, von April bis Oktober geöffnet*

• *D* ***Kavala Beach****, Tel.: 25940-22 103, Fax: 25940-22 104, das Hotel verfügt über 16 einfache Zimmer, die mit einer Küchenzeile ausgestattet sind, zum Strand sind es ca. 150 m, von April bis Oktober geöffnet*

Néa Kallikratía Νεα Καλλικρατια (S. 289)

(PLZ 63080, Vorwahl 23990)

Busverbindungen
*mit **Thessaloníki** 6–8 x täglich*

Schiffsverbindungen
*In den Sommermonaten fahren Ausflugsboote täglich um 8.30 Uhr zur Küste der **Áthos**-Halbinsel.*

Übernachtung

- *C **Alkyonis**, Tel.: 23990-24 040, Fax: 23990-22 415, das Hotel liegt in einer ruhigen Seitenstraße, ca. 100 m vom Strand entfernt. Die 33 Zimmer sind hell und freundlich eingerichtet und haben teilweise Balkon mit Meerblick, ganzjährig geöffnet*
- *C **Mykonos Paradise**, Tel.: 23990-48 555, Fax: 23990-22 415, das strahlend weiße Hotel, dessen Bauweise an die ägäischen Inseln erinnert, liegt ca. 500 m vom Ort und nur ca. 100 m vom Strand entfernt. Die 35 Zimmer sind ansprechend eingerichtet, Balkons teilweise mit Meerblick, ganzjährig geöffnet*
- *C **Villa Karyatis**, Tel.: 23990-20 160, Fax: 23990-21 119, das moderne Haus verfügt über 23 Zimmer, die teilweise mit einer Küchenzeile ausgestattet sind, kleiner Swimmingpool, ca. 100 m vom Strand entfernt*

Néa Moudaniá Νεα Μουδανια (S. 290)

(PLZ 63200, Vorwahl 23730)

Busverbindungen
*mit **Thessaloníki** 6–8 x täglich*

Übernachtung

- *C **Aristotelion**, 2, 25. Martiou, Tel.: 23750-21 239, Fax: 23750-21 292, das Hotel mit 19 einfachen Zimmern liegt im Ort und ist April–Oktober geöffnet*
- *C **Kouvraki**, 1, 25. Martiou, Tel.: 23750-91291, Fax: 23750-21 25 432, das ganzjährig geöffnete Hotel liegt im Ort und verfügt über 21 zweckmäßig eingerichtete Zimmer*
- *C **Socratis**, 22, Leofóros Eleftherías, Tel.: 23750-21461, Fax: 23750-23 168, ganzjährig geöffnetes, außerhalb der Stadt gelegenes Haus mit 27 einfach eingerichteten Apartments*
- *C **Eleni - Dimitra**, Tel.: 23750-24 305, Fax: 23750-21 359, das nette Hotel verfügt über einfache Zimmer und Studios für 2–4 Personen, die mit einer Küchenzeile eingerichtet sind. Zum Strand sind es nur ca. 80 m.*

Néa Péramos Νεα Περαμος (S. 326)

(PLZ 64007, Vorwahl 25940)

Übernachtung

- *B **Ocean View**, Tel.: 25940-23 059, Fax: 25940-21 848, modernes Hotel mit 29 Zimmern mit Balkon und Meerblick, Swimmingpool und Restaurant, nur wenige Schritte vom Strand Eleochórou entfernt*

• *C* ***Dioyssos**, Tel.: 25940-92 398, Fax: 25940-21 543, neues Haus mit 24 Zimmern, die mit einer Küchenzeile ausgestattet sind, nur wenige Schritte vom Meer entfernt, von April bis Oktober geöffnet*

Néa Potidéa Νεα Ποτιδεα (S. 295)

(PLZ 63200, Vorwahl 23730)

Busverbindungen

Die Busse nach ***Thessaloníki*** *und in den Südteil der* ***Kassándra*** *verkehren 4–6 x täglich.*

Übernachtung

• *B* ***Kassandra Mare**, Tel.: 23730-42670, Fax: 23730-42162, kleinere Hotelanlage zwischen Néa Moudaniá und Néa Potidéa mit 52 Zimmern, die alle über Balkon oder Terrasse mit Meerblick verfügen, ca. 50 m zum Strand*

• *C* ***Golden Beach I und II**, Tel.: 23730-41657, Fax: 23730-41251, die Anlage besteht aus sieben Gebäuden mit 43 Studios und Apartments für 2–4 Personen, mit Swimmingpool und Restaurant, nur ca. 50 m vom Strand entfernt, von Mai bis Oktober geöffnet*

Restaurant

Am Ufer des Thermäischen Golfes liegen neben dem Kástro Club mehrere Tavernen, wie z. B. die Fischtaverne Marina, in der Sie fangfrischen Fisch bestellen können oder das empfehlenswerte Fischrestaurant Ta Kastra am Kanal, wo Sie neben dem Essen auch die schöne Aussicht genießen können.

Néa Skióni Νεα Σκιονι (S. 300)

(PLZ 63077, Vorwahl 23740)

Übernachtung

C ***Skioni Beach**, Tel.: 23740-71 270, Fax: 23740-71 870, ruhige Hotelanlage am Ortsrand mit 18 Apartments, nur wenige Schritte vom Strand entfernt, von Mai bis September geöffnet*

Camping

***Anemi Beach**, Tel.: 23740-71276, gepflegte Anlage mit Restaurant, Einkaufsmöglichkeiten, Kinderspielplatz, Kiesstrand*

Néos Marmarás Νεος Μαρμαρασς (S. 305)

(PLZ 63081, Vorwahl 23750)

Busverbindungen

- *mit* ***Thessaloníki*** *5–7 x täglich*
- *mit* ***Néa Moudaniá*** *3–4 x täglich*
- *mit* ***Polígiros*** *3–4 x täglich*

Übernachtung

Eine Übersicht über alle Hotel- und Privatzimmer finden Sie auf einer am Hafen aufgestellten Tafel; die örtlichen Reisebüros informieren über freie Zimmer.

*• C **Kelyfos**, Tel.: 23750-72 833, Fax: 23750-72 247, das Hotel ist landeinwärts an den Hang gebaut, ca. 750 m vom Strand entfernt. Die 17 Zimmer und Studios sind ansprechend eingerichtet; von den Balkons und Terrassen hat man einen schönen Blick über die grüne Landschaft bis zum Meer. Auf der Höhe des Hügels liegt der Swimmingpool, von April bis Oktober geöffnet*

*• D **Astri**, Tel.: 23750-72 036, Fax: 2310-44 4176, das Haus mit 20 geräumigen Zimmern, jeweils mit Küchenzeile und Balkon, liegt ca. 250 m vom Strand entfernt und ist von Mai bis September geöffnet.*

Nikíti Νικιτις (S. 304)

(PLZ 63088, Vorwahl 23750)

Übernachtung

*• A **Geranion**, Tel.: 23750-22 693, Fax: 22 813, die gepflegte Hotelanlage besteht aus einem Burgturm mit Poolbar und mehreren Gebäuden mit insgesamt 90 ansprechend eingerichteten Zimmern. Das Hotel liegt auf einer Anhöhe am Ortsrand von Nikíti, ca. 800 m vom Sandstrand entfernt. Zum Hotel gehören ein Swimmingpool, Tennisplatz und Restaurant.*

*• C **Virginia**, Tel.: 23750-22 022, Fax: 23750-81 283, das gepflegte, familiär geführte Hotel verfügt über 19 freundlich eingerichtete Zimmer mit Balkon, teilweise mit Meerblick. Sehr einladend ist der schöne, schattige Innenhof; der schmale Kiesstrand ist über eine Treppe erreichbar.*

*• C **Xenios Zeus**, Tel.: 23750-22 920, das Hotel wurde im traditionellen Stil teilweise aus Naturstein gebaut; die 15 Zimmer sind rustikal eingerichtet und haben teilweise Balkon mit Meerblick. Zum groben Sandstrand sind es nur wenige Schritte.*

Nimféo Νιμφεο (S. 365)

(Nymphaio PLZ 53078, Vorwahl 23860)

Übernachtung

*• L **La Moara**, Tel.: 2310-28 76 26, Fax: 2310-28 74 01, das sehr schöne Gästehaus, das ganz im traditionellen Stil gebaut und eingerichtet wurde, verfügt über 8 komfortable Zimmer, einen schönen Speiseraum, einen Weinkeller mit ausgesuchten Weinen, ein Lesezimmer und einen Gesellschaftsraum. Das ganzjährig geöffnete Haus ist von einem Garten und Pferdekoppeln umgeben und bietet dem Ruhesuchenden vollkommene Erholung.*

*• A **Ta Linouria**, Tel.: 23860-31 133, in dem traditionell gebauten Steinhaus finden auch Gruppen und Familien Platz, denn es bietet neben Doppelzimmern auch 3 Vierbettzimmer und 2 Achterzimmer. Das Haus ist ganzjährig geöffnet und bietet im angegliederten Restaurant traditionelle regionale Gerichte an.*

*• A **Enterne**, Tel.: 23860-31 230, das Hotel, das ebenfalls in traditioneller Bauweise errichtet wurde, verfügt über 7 Zimmer mit Bad; drei Zimmer haben auch eine kleine Küchenzei-*

le. Besonders schön sind im Sommer der schattige, gepflasterte Innenhof und im Winter die kleine Café-Bar mit einem warmen Kaminfeuer.

Olimbiáda Ολιμπιαδα (S. 311)

(PLZ 57014, Vorwahl 23760)

Übernachtung

- *C* **Liotopi**, *Tel.: 23760-51 361, Fax: 23760-51 255, das kleine, im griechischen Stil gebaute Hotel mit 17 sauberen Zimmern liegt am Ortsrand ; sehr freundlicher Service, man spricht deutsch*
- *C* **Germany**, *Tel.: 23760-51 362, Fax: 23760-51 255, das Hotel mit 17 Zimmern liegt an der Hauptstraße des kleinen Ortes, nur wenige Schritte vom Strand entfernt. Im Restaurant werden griechische Spezialitäten serviert.*
- *C* **Miljes Apartments**, *von Mai bis September Tel. : 23760-51 289, von Oktober bis April Tel. : 23970-61 161, das Haus liegt mit Swimmingpool, Garten und Grill ruhig am Ortsrand ; die Ferienwohnungen für 2–6 Personen sind gut ausgestattet und haben jeweils eine eigene Terrasse.*

Ólinthos Ολινθος (S. 292)

(Néa Ólinthos, PLZ 63200, Vorwahl 23790)

Übernachtung

- *C* **Olínthos**, *Tel.: 23790-91 660, neues Hotel mit einfach eingerichteten Zimmern und einer Taverne, ca. 500 m vom Ausgrabungsgelände entfernt*
- *C* **Apartments Christos**, *Tel.. 23790-91 235, im Haus des deutsch sprechenden Wirtes werden einige ordentlich eingerichtete Apartments vermietet; am Ortsrand von Néa Ólinthos gelegen.*

Ouranoúpoli Ουρανουπολι (S. 314f)

(PLZ 63075, Vorwahl 23770)

Wichtige Anschriften und Telefonnummern

- **Rathaus**: *Tel.: 23770-71216*
- **Polizei**: *Tel.: 23770-71203*
- **Küstenwache**: *23770-71248*

Busverbindungen

- *mit* **Thessaloníki** *2–3 x täglich*
- *mit* **Polígiros** *1–2 x täglich*

Übernachtung

- *L* **Eagle's Palace**, *Tel.: 23770-22747, Fax: 23770-31 383, von April bis Oktober geöffnete, große Hotel- und Bungalowanlage mit 174 komfortablen Zimmern und Studios direkt am Strand, mit Restaurant, großem Meerwasserpool, gepflegtem Garten,*

Bar, Tennisplätzen und vielseitigem Wassersportangebot. Der flach abfallende Strand ist über Stufen und mit einem Lift erreichbar.

- *A* **Alexandros Village**, *Tel.: 23770-31 303, Fax: 23770-31029, zu dem am Hang gelegenen Hotelkomplex gehören 155 modern eingerichtete Zimmer und Apartments für 2–4 Personen, ein gepflegter Garten mit Poolbereich, Sportplätze und Wassersportmöglichkeiten. Zwischen Hotel und dem langen Sand- und Kiesstrand verläuft die Hauptstraße; der Strand ist durch eine Unterführung zu erreichen. Das Hotel liegt ca. 5 km vor Ouranoúpouli und ist von April bis Oktober geöffnet.*
- *B* **Xenia**, *Tel.: 23770-71202, Fax: 23770-71 362, die gepflegte Hotel- und Bungalowanlage mit 40 geräumigen Zimmern liegt direkt am Strand, Tennisplatz, etwa 5 Gehminuten von der Ortsmitte entfernt, von Mai bis Oktober geöffnet*
- *B* **Skites**, *Tel.: 23770-71 140, Fax: 23770-71 322, kurz vor der Grenze zu den Áthos-Klöstern liegt diese architektonisch sehr reizvolle Anlage. Die 13 Bungalows mit 29 ansprechenden Zimmern sind harmonisch in die Landschaft eingebettet und bieten Ruhe und einen schönen Blick auf die Ägäis. Auf der großen Terrasse werden griechische Spezialitäten serviert.*
- *C* **Theopisti**, *Tel.: 23770-71 232, Fax: 23770-71 242, leuchtende Bougainvillea lenken den Blick auf das kleine Hotel mit 13 freundlich eingerichteten Zimmern, das im Ortszentrum liegt.*
- *C* **Antonaki**, *Tel.: 23770-71 366, ruhig gelegenes Haus mit geräumigen, gut ausgestatteten Zimmern, Innenhof und schönem Blick auf die Insel Amoulianí; das kleine Café lädt mit Kaffee und Kuchen ein.*
- *D* **Avra**, *Tel.: 23770-71 189, Fax: 23770-71 095, die 21 einfachen, aber sauberen Zimmer verfügen alle über Kühlschrank und einen Balkon mit Meerblick; zum kleinen, grobkieseligen Strand sind es nur wenige Schritte.*

Palioúri Παλιουρι (S. 299)

(PLZ 63085, Vorwahl 23740)

Übernachtung

- *Im Ort gibt es zahlreiche private Übernachtungsmöglichkeiten.*
- *B* **Chrousso Village**, *Tel.: 23770-92 180, Fax: 23770-92 151, die komfortable Apartmentanlage mit 192 angenehmen Zimmern liegt etwa 400 m vom feinen, flach abfallenden Sandstrand von Palioúri entfernt. Das Hotel bietet vielseitige Wassersportmöglichkeiten, eine Tauchstation, Tennis- und Sportplätze und ein täglich wechselndes Animationsprogramm.*

Párga Παργα (S. 383f)

(PLZ 48060, Vorwahl 26840)

Busverbindungen

Der Busbahnhof, Tel.: 26840-31 218, liegt in der Al. Banga, gegenüber der Kirche.

- *mit* **Igoumenítsa** *4–6 x täglich*
- *mit* **Préveza** *3–5 x täglich; dort gibt es Umsteigemöglichkeiten nach Athen, Pátras und Delphi*

Schiffsverbindungen
Ausflugsfahrten nach Páxi und Antípaxi

Wichtige Anschriften und Telefonnummern

- *Touristeninformation:* im „Reisebüro der Gemeinde Párga": Tel.: 26840-32 107
- *Touristenpolizei:* Al. Baga 18, Tel.: 26840-31 222
- *Hafenamt:* Tel.: 26840-31 227
- *Post:* hinter der Kirche, der Weg dorthin ist ausgeschildert
- *Telefonamt O.T.E.:* Odos Al.Banga, gegenüber der Kirche, Öffnungszeiten: von 8–13 Uhr
- *Ärztliche Versorgung:* 26840-31 233

Übernachtung

Es gibt in Párga gute Unterkunftsmöglichkeiten in kleinen Hotels, Pensionen und Privatquartieren, gleich im Ort oder in Strandnähe gelegen. Hinweisschilder zu den einzelnen Unterkünften sind am Ortseingang aufgestellt. Die größeren Hotelanlagen liegen etwas außerhalb der Ortschaft.

- B **Lychnos Beach**, Tel.: 26840-31 257, etwas ältere Motel- und Bungalowanlage mit 86 Zimmern, 5 km außerhalb an einem Sandstrand gelegen, mit Wassersportangebot und Tennisplätzen, von April bis Oktober geöffnet
- B **Parga Beach**, Chrissogiáli, Tel.: 2684031 293, 1969 gebaute Bungalowanlage mit 80 Zimmern direkt am Strand, Wassersportmöglichkeiten, von April bis Oktober geöffnet
- B **Valtos Beach**, Váltos, Tel.: 26840-31 610, Fax: 26840-31 904, in bewaldeter Hanglage gebaute, 1995 renovierte Hotelanlage mit 22 Zimmern, nur wenige Meter zum langen Sandstrand, von Mai bis Oktober geöffnet, Wassersportmöglichkeiten
- B **Villa Rosa**, Krionéri, Tel.: 26840-1 952, das historische Gebäude verfügt über 7 Zimmer, von April bis Oktober geöffnet, Parkmöglichkeit am Haus
- B **Magda´s**, Liváda 42, Tel.: 26840-31 228, Fax: 26840-31 690, gepflegtes Haus mit 19 gut eingerichteten Studios für 2–3 Personen und 6 Apartments für 4–5 Personen, mit schönem Garten
- B **Kanali Studios**, Tel. und Fax: 26840-32 147, außerhalb Párgas, oberhalb der Chrysogiali Bucht gelegenes Haus mit 8 Studios, die einen prachtvollen Blick aufs Meer bieten, ca. 300 m vom Strand entfernt, Bushaltestelle ca. 500 m entfernt
- B **Spiros Studios**, Lychnos, Tel.: 26840-32 205, Fax: 26840-31 706, neues Haus mit 18 gut eingerichteten Studios, nur etwa 200 m vom feinsandigen Strand entfernt, mit Restaurant und eigenem Parkplatz, ca. 2 km von Párga entfernt
- C **Paradise**, Tel.: 26840-31 229, Fax: 26840-31 266, im Ortszentrum gelegenes Hotel
- C **Akropole**, Agios Apostolon 16, Tel.: 26840-31 239, gepflegtes, ruhig in der Altstadt gelegenes Hotel, Zimmer teilweise mit Balkon, sehr freundliche, deutsch sprechende Besitzer, ganzjährig geöffnet
- C **Dolfin Apartments**, Lychnos, Tel: 26840-32 439, Fax: 32 574, freundliche, mit leuchtenden Bougainvillea bewachsene Anlage mit insgesamt 16 geräumigen Zimmern und Apartments, Swimmingpool und Meerblick, knapp 1 km vom Strand entfernt

Camping

- **Camping Lychnos**, in Lychnos, Tel.: 26840-31 171, strandnaher Platz unter alten Olivenbäumen, von April bis September geöffnet
- **Camping Parga**, außerhalb der Ortschaft gelegen, Tel.: 26840-31161, schattige Anlage unter alten Bäumen,

• *Camping* **Elea**, *1 km von Parga entfernt, Tel.: 26840-31 130, neue, schattige Anlage, von April bis Oktober geöffnet*
• *Camping* **Valtos**, *Tel.: 26840-31 287, einfacher Platz in der Bucht von Váltos, von Ende April bis September geöffnet*

Páxi Παξι /Antípaxi Αντιπαξι (S. 423)

(PLZ 49082, Vorwahl 26620)

Bootsverbindungen
im Sommer tägliche Bootsverbindungen mit **Kórfu** *und* **Párga**

Wichtige Anschriften und Telefonnummern
• **Polizei**: *Tel.: 26620-32 222* • **Hafenamt**: *Tel.: 26620-32 259*

Übernachtung
• *B* **Paxos Beach**, *Tel.: 26620-32 211, Fax: 26620-32 695, kürzlich renovierte Bungalow-Anlage in der Nähe von Gáios mit 42 Zimmern, von Mai bis Oktober geöffnet, Wassersportmöglichkeiten*
• *B* **Paxos Club**, *Tel.: 26620-32 450, Fax: 26620-32 097, 1993 gebautes Haus mit 43 ansprechend eingerichteten Apartments*
• *B* **Adamantia**, *Tel.. 26620-31 121, Fax: 26620-32 373, familiär geführtes Haus mit nur 2 Zimmern, von Mai bis September geöffnet*
• *Außerdem gibt es* **Privatquartiere** *auf Páxi und Antípaxi.*

Pefkochóri Πεφκοχορι (S. 299)

(PLZ 63085, Vorwahl 23740)

Übernachtung
• *B* **Pelli**, *Tel.: 23740-61 612, Fax: 23740-61 291, das Hotel verfügt über 70 freundlich eingerichtete Zimmer, jeweils mit Balkon, teilweise auch mit Küchenzeile; das Hotel ist ca. 150 m vom Strand entfernt, von Mai bis Oktober geöffnet*
• *B* **Atrium**, *Tel.: 23740-62 000, Fax: 23740-63 501, gepflegte Hotelanlage mit 72 ansprechend eingerichteten Zimmern, Swimmingpool, Restaurant und Tennisplätzen. Das Hotel liegt ca. 700 m vom Sandstrand entfernt und ist von April bis Oktober geöffnet.*
• *C* **Kopsis**, *Tel.: 23740-61 468, Fax: 23740-61 770, das Hotel mit 24 Doppel- und Dreibett-Zimmern, jeweils mit Balkon, liegt mit einem schönen Garten ruhig direkt am Sandstrand. Es ist von Mai bis Oktober geöffnet.*

Pélla Πελλα (S. 269f)

(PLZ 58400, Vorwahl 23840)

Öffnungszeiten und Eintrittspreise
• **Ausgrabungsgelände**: *Öffnungszeiten: im Sommer täglich 8–19 Uhr, im Winter täglich außer Mo 8.30–15 Uhr,*

• ***Museum**: Öffnungszeiten: im Sommer Mo 12–19 Uhr, Di–So 8–19 Uhr, im Winter täglich außer Mo 8.30–15 Uhr*
Der Eintritt von 6 € gilt für beide Einrichtungen.

Lektüre
Im Museum sind sehr gute Veröffentlichungen zu den Ausgrabungen in deutscher Sprache erhältlich:

- *Pélla, Lefkadia, Mieza, o. J.*
- *Makedonien, Geschichte, Monumente, Museen, Athen 1997*

Pérdika Περδικα (S. 381)

(PLZ 46030, Vorwahl 26650)

Übernachtung
*A **Regina Mare**, Tel.: 26650-91 560, Fax: 26650-91118, gepflegte Hotelanlage mit 114 ansprechend eingerichteten Zimmern, hoch über dem Meer gelegen, bietet sich ein herrlicher Blick über die Küste; ein Lift fährt hinunter zum Strand, von April bis Oktober geöffnet*

Peréa Περεα (S. 289)

(PLZ 57019, Vorwahl 23920)

Übernachtung

- *B **Xenia-Ilios**, Tel.: 23920-22334, Fax: 23920-25555, das Strandhotel mit 76 ansprechend eingerichteten Zimmern ist nur von Juni bis September geöffnet, dem Hotel ist die nordgriechische Hotelfachschule angegliedert; sehr freundlicher Service, Flughafennähe*
- *B **Golden Star**, 23920-22755, Fax: 23920-26 046, Strandhotel mit 46 Zimmern an der Promenade*
- *C **Aegli**, Tel.: 23920-22243, Fax: 23920-24222, ganzjährig geöffnetes Hotel mit 41 Zimmern an der Strandpromenade*

Petrálona Πετραλονα (S. 290)

Öffnungszeiten und Eintrittspreise
Die Höhle ist täglich geöffnet, im Sommer bis 19 Uhr; Führungen finden nur in griechischer Sprache statt; gelegentlich findet sich ein Führer, der ein wenig deutsch oder englisch spricht. Höhlenführung und Museum: 4,50 €.

Piräus Πιρεας (S. 569)

(Vorwahl 210)

U-Bahn-Verbindungen *(empfehlenswert):*
In der Zeit von 5.30–0.15 fahren die Züge vom und zum Athener Zentrum im 10-Minuten-Takt. Die Endstation der Métro ist direkt am Haupthafen.

Busverbindungen
mit der Omnibuslinie 70 zum Omónia-Platz/Athínas-Straße oder mit dem Bus 165 zum Syntagma-Platz.

Eisenbahnverbindungen
- *mit* **Athen** *8–10 x täglich*
- *mit* **Pátras** *4–6 x täglich*
- *mit* **Thessaloníki** *2–4 x täglich*

Schiffsverbindungen
Von Piräus fahren die Fähren zu den **Kykladen**, *den* **Saronischen Inseln**, *zum* **Dodekanes** *und nach* **Kreta**.
Die Schiffsagenturen liegen rund um den Karaiskaki-Platz. **Fahrkarten** *werden in dem großen Gebäude gegenüber der Métrostation verkauft; im Sommer sind die Büros durchgehend geöffnet.*

Übernachtung
Alle Hotels sind ganzjährig geöffnet.
- *B* **Savoy**, *93, Iroon Polytechniou, Tel.: 210-4284580, Fax: 210-42 84588, das mehrstöckige Hotel mit 71 geschmackvoll eingerichteten Zimmern liegt im Zentrum von Piräus, ca. 800 m vom Hafen entfernt.*
- *B* **Park**, *103, Kolokotroni, Tel.: 210-4524611, Fax: 210-45 24615, das Hotel der Best Western-Kette liegt im Stadtzentrum; die Fähranlegestellen sind ca. 500 m entfernt. Die Zimmer sind ansprechend eingerichtet, vom Dachgarten überblickt man den Stadtpark und den Hafen.*
- *B* **Triton**, *8 Tsamadou, Tel.: 210-4173457, Fax: 210-4177888, das Hotel mit 71 Zimmern liegt in einer ruhigen Seitenstraße hinter dem Karaiskakis-Platz, nur knapp 10 Minuten von der Metro-Station entfernt. Die Ausstattung entspricht nicht mehr der Kategorie B.*
- *C* **Anemoni**, *Evripidou 65–67, Tel.: 210-4111768, Fax: 210-41 11743, das Hotel mit 45 ordentlichen Zimmern ist trotz der zentralen Lage relativ ruhig, Parkmöglichkeit, Transferservice vom Hafen zum Hotel*
- *C* **Lilia**, *131, Zeas-Passalimani, Tel.: 210-4179108, Fax: 210-4114311, das kleine Hotel mit 17 Zimmern liegt recht ruhig am Hafen Pasalimani, nur ca. 5 Gehminuten vom Haupthafen entfernt.*

Platamón Πλαταμονας (S. 280)

(PLZ 60065, Vorwahl 23520)

Übernachtung
- *B* **Maxim**, *Tel.: 23520-41305, ganzjährig geöffnet, außerhalb gelegenes Hotel, 2 km vom Strand entfernt*

- *B* **Platamon Beach**, *Tel.: 23520-41212, von April bis Oktober geöffnete, am Strand gelegene Hotelanlage mit Tennisplätzen und Wassersportangebot*
- *B* **Kronos**, *Tel.: 23520-42782, Fax: 23520-42781, das Hotel mit 47 gut ausgestatteten Zimmern liegt in der Ortsmitte, ca. 60 m vom Strand entfernt; Pizza-Restaurant im Hause*

Camping

- *Camping* **Platamon**, *Tel.: 23520-41301*
- *Camping* **Kalamki**, *Tel.: 23520-41676*
- *Camping* **Arion**, *Tel.: 23520-41115*
- *Camping* **Poseidon Beach**, *Tel.: 23520-41654*

Plataniá Πλατανια (S. 473)

(PLZ 37 006, Vorwahl 24230)

Busverbindungen

mit **Vólos** *2–3 x täglich*

Schiffsverbindungen

- *mit* **Skíathos** *täglich um 8 Uhr*
- *mit* **Skópelos** *2–3 x wöchentlich*

Übernachtung

- *B* **Villa Tama**, *direkt im Ortszentrum und nur wenige Schritte vom Strand entfernt liegt dieses zweistöckige, aus Natursteinen und Holz gebaute Haus, das ganz im traditionellen Stil eingerichtet ist, dabei aber auch über alle modernen Küchengeräte verfügt.*
- *C* **Villa Ariadne**, *etwas außerhalb des Ortszentrums liegt das neue Haus mit 2 Studios für 2 Personen und einem Apartment für 3–5 Personen. Die Zimmer sind wohnlich mit hellen Möbeln, einer Küchentheke und im Erdgeschoss einem Kamin eingerichtet. Zum Strand sind es ca. 700 m.*
- *C* **Archontiko**, *Tel.: 24230-71 292, von April bis Oktober geöffnetes Apartmenthaus mit 16 Zimmern, ca. 50 m vom Strand entfernt*
- *D* **Platania**, *Tel.: 24230-71 266, etwa 150 m vom Sandstrand entfernt liegt dieses Haus mit 2 einfachen Maisonettewohnungen, die für 4–6 Personen eingerichtet sind. Im Erdgeschoss liegen Küche und Wohn-Schlafraum, zwei weitere Schlafzimmer sind im Obergeschoss. Zu jeder Wohnung gehören ein kleiner Balkon und eine Terrasse mit Meerblick.*

Reisebüro

Les Hirondelles, *Tel.: 71 231, Hotel- und Privatzimmer, Mietfahrzeuge, organisierte Ausflüge, Reservierungen von Flug- und Schifftickets, Geldwechsel oder Informationen aller Art – das Reisebüro hilft Ihnen kompetent weiter.*

Ein aufmerksamer Beobachter

Plataria Πλαταρια (S. 381)

(PLZ 46100, Vorwahl 26650)

Übernachtung

- *B Plataria Beach, Tel.: 26650-71287, von April bis Oktober geöffnet, 12 km von Igoumenitsa entfernte Anlage mit 22 Zimmern an einem Kiesstrand*
- *C* ***Ingrid Beach Hotel****, Tel. und Fax: 26650-71 342, das familiär geführte Hotel liegt in einem großen Oliven- und Kiefernhain am nördlichen Ortsrand von Plataria. Zum kleinen Strand vor dem Hotel führt eine Steintreppe, der Strand von Plataria ist nur wenige Gehminuten entfernt. Die Wirtsleute sprechen deutsch; das Haus ist ganzjährig geöffnet.*

Camping

Nautilos*, Tel.: 26650-71 416, schöne Anlage mit feinkieseligem Strand an sehr sauberem Wasser, von Mai bis Ende September geöffnet, ca. 2 km bis zur Ortschaft Plataria*

Polichrono Πολιχρονο (S. 298)

(PLZ 63085, Vorwahl 23740)

Übernachtung

- *A* ***Chalkidiki Palace****, Tel. und Fax: 23740-51 324, die 38 komfortablen Zimmer verteilen sich auf drei Gebäude, die von einer gepflegten Gartenanlage umgeben sind; die Zimmer haben Balkons mit schönem Meerblick; großer Süßwasser-Swimmingpool, ca. 150 m vom Strand entfernt, von Mai bis Oktober geöffnet*
- *C* ***Ilios****, Tel.: 23740-52 559, Fax: 23740-51 123, das im traditionellen Stil gebaute Hotel verfügt über 42 einfach eingerichtete Zimmer, einen kleinen Swimmingpool; zum Ortszentrum sind es nur ca. 150 m, zum Strand ebenfalls nur ca. 100 m.*
- *C* ***Akrogiali****, Tel.: 23740-51 500, Fax: 23740-51 970, das kleine Hotel verfügt über 10 ansprechend eingerichtete Zimmer und 8 Apartments für 2–4 Personen. Zum Strand sind es nur ca. 70 m, ganzjährig geöffnet*

Poligiros Πολιγιρος (S. 309)

(PLZ 63100, Vorwahl 23710)

Busverbindungen

- *mit* ***Thessaloniki*** *3–5 x täglich*
- *mit* ***Ouranópolis****: nur über Thessaloniki möglich*

Die ***Busstation*** *liegt an der Platía 28. Oktovríou.*

Wichtige Anschriften und Telefonnummern

- ***Polizei:*** *Tel.: 23710-23 333*
- ***Touristenpolizei:*** *Tel.: 23710-23 496*
- ***Ärztliche Versorgung:*** *Tel.: 23710-22 2222*

Übernachtung

- *C **Glava**, 8, Nea Fokea, Tel.: 23710-24 222, kleines Hotel mit 18 ordentlichen Zimmern*
- *C **Alexandris**, 23710-52 145, Fax: 23710-53 640, freundliches Haus mit 16 Zimmern, die mit einer Küchenzeile ausgestattet sind.*

Póros Πορος (S. 590ff)

(PLZ 18020, Vorwahl 22980)

Verbindungen mit Tragflügelbooten in den Sommermonaten

- *mit **Piräus** 6–8 x tgl., ca. 1 Std.*
- *mit **Ägina** 3 x tgl., So 1 x, ca. 40 Min.*
- *mit **Hydra** 6–8 x tgl., ca. 30 Min.*
- *mit **Spétses** 4–6 x tgl., ca. 1 ¼ Std.*
- *mit **Méthana** 3 x tgl., ca. 15 Min.*
- *mit **Ermíoni** 4 x tgl., ca. 55 Min.*
- *mit **Portochéli** 5 x tgl., ca. 1 Std. 20 Min.*
- *mit **Tolón** u. **Nauplia** 2 x tgl., ca. 1 ½ Std.*

Informationen und Fahrkarten erhalten Sie bei Marinos Tours, der Agentur der „Flying Dolphins" am Hafen, Tel.: 23423, Fax: 25325.

Verbindungen mit Autofähren

- *mit **Galatás/Peloponnes** zwischen 6–24 Uhr etwa alle 30 Minuten*
- *mit **Piräus** 3 x tgl., ca. 2 ½ Std.*
- *nach **Ägina** 3 x tgl., ca. 1 Std.*
- *mit **Hydra** 1 x tgl., ca. 45 Min.*
- *mit **Spétses** 1 x tgl., ca. 2 Std.*

Verbindungen mit Personenfähren

*Kleine Boote pendeln nach Bedarf zwischen Póros und **Galatás**.*

Wichtige Anschriften und Telefonnummern

- ***Information**: bei der Touristenpolizei: Paralía, Tel.: 22980-22 462*
- ***Touristenpolizei**: Tel.: 22980-22 256*
- ***Hafenpolizei**: am Hafen, Tel.: 22980-22 274*
- ***Post**: Platía Karamanoú am Hafen, Tel. 22980-22 275, Öffnungszeiten: Mo–Fr 7.30–14 Uhr*
- ***Telefonamt O.T.E.**: Paralía, Tel.: 22980-22 399, Öffnungszeiten: Mo–Fr 7.30–15.10 Uhr, im Sommer längere Öffnungszeiten*
- ***Medizinische Versorgung**: im Krankenhaus in Galatás, Tel. 22980-22 222*

Busverbindungen

*Eine Buslinie führt von Póros-Stadt nach **Kalávria**; außerdem fährt ein Bus regelmäßig zum **Kloster Zoodóchos Pigí** an der südöstlichen Küste und nach **Neoríon** an der Südwestküste.*

Übernachtung

Da Póros ein beliebtes Ausflugsziel der Athener ist, reicht das Zimmerangebot vor allem an Wochenenden oft nicht aus, so dass eine rechtzeitige Reservierung zu empfehlen ist.

- *B **Sto Roloi**, Tel.: 22980-25808, Fax: 22980-210-9345775, das sehr ansprechend restaurierte, zweihundert Jahre alte Haus verfügt über drei stilvoll möblierte Apartments.*

• C **Manessi**, Paralía, Tel.: 22980-22 273, Fax: 22980-24 345, das kleine Hotel, dessen 16 freundlich eingerichtete Zimmer teilweise eine schöne Aussicht bieten, liegt direkt an der Hafenpromenade und ist ganzjährig geöffnet.
• C **Seven Brothers**, 1 Tombazi/Platía Ìroon, Tel.: 22980-23 412, Fax: 22980-23 413, dieses zentral gelegene Hotel bietet geräumige Zimmer.

ÜBERNACHTUNGSMÖGLICHKEITEN AUSSERHALB VON PÓROS-STADT

• B **Neon Aegli**, in Askéli, Tel.: 22980-22 372, Fax: 22980-24 345, größeres Hotel mit 72 Zimmern mit Balkon und schöner Aussicht, von April bis Oktober geöffnet, 2 km außerhalb am Strand gelegen, Restaurant, Bar, Wassersport
• B **Pavlou**, in Neorı́on, Tel.: 22980-22 734, das in Strandnähe liegende Hotel hat 36 freundlich eingerichtete Zimmer, einen Swimmingpool und Tennisplätze und ist von März bis Oktober geöffnet
• B **Póros** (ehemals Xenia), in Neorı́on, Tel.: 22980-22 216, 91 Zimmer, von April bis Oktober geöffnet, Restaurant, Bars, Diskothek, Wassersport, Strandlage
• B **Sirene**, Monastiri, Tel.: 22980-22 741, Fax: 22980-22 744, großer, ganzjährig geöffneter Hotelkomplex in schöner, ruhiger Lage am Strand mit 120 ansprechend eingerichteten Zimmern, Restaurant, Bar und guten Wassersportmöglichkeiten; besonders schön sind der Swimmingpool mit Wasserfall und der herrliche Ausblick aufs Meer. Das Hotel liegt ca.3 km vom Ort entfernt, die Bushaltestelle ist direkt am Hotel.
• C **Angyra**, in Neorı́on, Tel.: 22980-22 432, das Hotel mit 53 Zimmern liegt ca. 30 m vom Strand entfernt, von April bis November geöffnet, Wassersportmöglichkeiten
• C **Papsotiriou**, in Galatas, Tel.: 22980-22 841, das nette Hotel hat einfache, aber freundlich wirkende Zimmer mit großen Balkon; das schönste ist der „Postkartenblick" auf Póros.

Restaurants

• **Taverna 7 Brothers**, Tel.: 22980-22 446, beliebte Taverne nahe der Hafenpromenade mit traditionellen Gerichten und griechischen Tänzen am Abend
• **White Cat**, Tel.: 22980-24 274, traditionsreiches Restaurant in Neorı́ou mit guten Seafood-Gerichten und großer Weinkarte
• **Matina**, Tel.: 22980-22 634, am Wasser gelegenes Restaurant in Neorı́ou mit guter einheimischer Küche, Musik und traditionellen Tänzen

Auto- und Zweiradverleih

An der Hafenstraße gibt es mehrere Reisebüros, in denen neben Geldwechsel auch organisierte Ausflugsfahrten vermittelt und Zweiräder und Autos vermietet werden.
• **Kostas Bikes und Motorbikes**, Tel.: 22980-23 565, links von der Fähranlegestelle, in der Nähe des Kinos
• **Pop´s Car**, Tel. 22980-25 714, Fax: 25 716, an der Hafenfront in Galatás

Ausflüge

Es werden Ausflugsfahrten zu den anderen Saronischen Inseln und zu den archäologischen Sehenswürdigkeiten auf der Peloponnes angeboten, z. B. nach Epidauros, Mykene und Nauplia und nach Athen.
• **Family Tours**, Tel.: 22980-23 743, Fax: 22980-24 480, die freundlichen und hilfsbereiten Angestellten verkaufen Fährtickets, vermitteln Zimmer und wechseln Geld.

• *Marinos Tours, Tel.: 22980-23 423, Fax: 22980-25 325, hier erhalten Sie die Fahrkarten für die Flying Dolphins; außerdem gibt es eine Zimmervermittlung und organisierte Ausflüge zu den Nachbarinseln.*

Lektüre

The Skipper and Trout International Bookshop, Tel. und Fax: 22980-26 245, nette Buchhandlung mit freundlicher Bedienung in der Kinoarkade an der Hafenfront. Hier finden Sie Ansichtskarten, Bücher, Taschenbücher in verschiedenen Sprachen, darunter auch in deutsch.

• *Hydra, Ägina, Poros, Spetsai, Athen 1999*
• *Henry Miller, Der Koloss von Maroussi, Reinbek 1987*

Portariá Πορταρια (S. 466)

(PLZ 37011, Vorwahl 24280)

Übernachtung

Alle Hotels und Pensionen sind ganzjährig geöffnet.

Besonders schön ist das Übernachten in den alten, inzwischen restaurierten Herrenhäusern des 19. Jahrhunderts, den Archontiká, die über allen modernen Komfort verfügen, z. B.:

• *A* **Despotiko**, *Tel.: 24280-99 046, Fax: 24280-99 600, hoch ragt das aus dem 19. Jahrhundert stammende Herrenhaus auf und bietet seinen Gästen neben einem Garten und einer Eingangshalle mit offenem Kamin 21 geräumige Zimmer mit Bad, ganzjährig geöffnet*

• *A* **Klitsa**, *Tel.: 24280-99 418, die 4 geräumigen Gästezimmer liegen im 1. Stockwerk des alten Herrenhauses; das Wohnzimmer und der große Garten stehen den Gästen zur Verfügung.*

• *B* **Portaria**, *Tel.: 24280-99 014, Fax: 24280-99 066, die Hotelanlage verfügt über 40 Zimmer und 5 Suiten, ein Restaurant mit landestypischer Küche, zwei Swimmingpools und ein Fitness-Studio. Der Blick auf den Pagasitischen Golf ist beeindruckend.*

• *B* **Panagoula**, *Tel.: 24280-99 888, das im 19. Jahrhundert gebaute Haus mit 7 geräumigen Zimmern ist von einem Garten umgeben. Die Zimmer sind rustikal eingerichtet und auch im Sommer angenehm kühl.*

• *B* **Palladion**, *Tel. und Fax: 24280-90 118, im alten, schön restaurierten Herrenhaus gefällt besonders der stilvoll eingerichtete Aufenthaltsraum mit Kamin, die Zimmer befinden sich ebenfalls im alten Gebäude sowie in einem dazugehörigen Neubau. Beide Häuser liegen im Zentrum von Portariá.*

• *B* **Xenia**, *Tel.: 24280-99158, Fax: 24280-99 526, das angenehme Hotel mit 81 freundlich eingerichteten Zimmern ist ganzjährig geöffnet; die Zimmer bieten einen herrlichen Blick auf die Stadt Vólos und den Pagasitischen Golf.*

• *C* **Pelias**, *Tel.: 24280-99290, Fax: 24280-99 840, das kleine Hotel mit 28 einfach eingerichteten Zimmern liegt mitten im Ort im Schatten alter Bäume; von den Balkons bietet sich ein schöner Blick auf die Bergwelt.*

Pórto Cárras Πορτο Καρρας (S. 306)

(PLZ 63081, Vorwahl 23750)

Übernachtung

Der große Hotelkomplex umfasst 3 Hotels, Restaurants, Boutiquen, ein Freilichttheater, mehrere Poolbereiche, Yachthäfen, Tennis- und Sportplätze, einen 18-Loch-Golfplatz, und ein sehr vielseitiges Sport- und Unterhaltungsprogramm; der lange Strand ist ganz feinsandig.

- *L* **Meliton Beach**, *Tel.: 23750-71 221, Fax: 23750-71 502, 447 Zimmer mit luxuriöser Ausstattung, von April bis Oktober geöffnet*
- *A* **Sithonia Beach**, *Tel.: 23750-71381, Fax: 23750-71 502, 453 sehr komfortabel eingerichtete Zimmer, ganzjährig geöffnet*
- *B* **Village Inn**, *Tel.: 23750-71381, Fax: 23750-71 229, 89 wohnlich eingerichtete Zimmer, ganzjährig geöffnet*

Pórto Koufó Πορτο Κουφος (S. 307)

(PLZ 63072, Vorwahl 23750)

Übernachtung

- *C* **Porto Koufo**, *Tel.: 23750-51 207, Fax: 2310-23 8229, das Hotel mit 21 freundlichen Zimmern und schönem Garten ist von April bis Oktober geöffnet.*
- *Außerdem werden im Ort Privatzimmer angeboten.*

Préspa-Seen Πρεσπα (S. 366ff)

(Vorwahl 23850)

Informationen

zu den Préspa-Seen und zu aktuellen Maßnahmen zum Schutz des Nationalparks erhalten Sie unter der Rufnummer: Tel./Fax: 23850-51 211.

Übernachtung

- *A* **Agios Achillios**, *in Ágios Achíllios, Tel.: 23850-46 112, das ganzjährig geöffnete Gasthaus verfügt über ansprechend eingerichtete Zimmer mit Bad, die alle einen schönen Blick auf den See bieten. Zur wohnlichen Atmosphäre des Hauses tragen vor allem die beiden offenen Kamine in der Eingangshalle und die traditionelle Einrichtung bei. Auch das Restaurant bietet einen schönen Blick auf den See.*
- *C* **Prespes**, *in Ágios Germanós, Tel.: 23850-51 320, in dem traditionell eingerichteten Haus, das ganzjährig geöffnet ist, werden 10 Zimmer vermietet.*
- *In einigen Ortschaften haben sich Frauen zu einer Genossenschaft zusammengeschlossen, die einfache, preiswerte Zimmer vermieten und ihren Gästen Gelegenheit geben, das Alltagsleben einer Familie kennen zu lernen. Sie können unter den folgenden Rufnummern mit der Frauenkooperative Agrotouristikós Syndesmós Gynaikón Kontakt aufnehmen:*

- *in Ágios Germanós, Tel.: 23850-51 320*
- *in Psarades, Tel.: 23850-46 015*
- *in Antartikó, Tel.. 23850-45 935*

Restaurant

I Syntrophia, in Psarádes, Tel.: 23850-46 107, in der preiswerten Dorftaverne können Sie vor allem frische Fischgerichte oder eine gut zubereitete Fischsuppe probieren, während Sie den Blick auf den See genießen.

Préveza Πρεβεζα (S. 390)

(PLZ 48100, Vorwahl 26820)

Auto fahren

Der neue Immersed-Tunnel unter der Meerenge ergänzt die Fähren und ermöglicht eine deutliche Zeitersparnis. Die Mautgebühr beträgt für PKW 3 €.

Busverbindungen

- mit **Árta** 4–6 x täglich
- mit **Ioánnina** 3–5 x täglich
- mit **Párga** 2–4 x täglich
- mit **Pátras** 2–3 x täglich

Informationen erhalten Sie unter den Rufnummern 26820-23 572 und 26820-22 213.

Schiffsverbindungen

An der Hafenpromenade ist die Fähranlegestelle für die Überfahrt nach **Aktion** *am gegenüber liegenden Ufer des Golfes. Die Fährboote überqueren die Meerenge von 6–23 Uhr halbstündlich, die Überfahrt dauert etwa 10 Minuten. Fahrpreis: pro Person 1 €, pro PKW 2,80 €.*

Informationen erhalten Sie unter Tel.: 26820-22 355.

Flugverbindungen

Der Flughafen liegt südlich von Préveza bei Aktion, Tel.: 26820-22 089

mit **Athen** *2–3 x wöchentlich*

In den Sommermonaten gibt es 2 x wöchentlich Charterflüge von Deutschland aus.

Wichtige Anschriften und Telefonnummern

- ***Touristeninformation***: *im Rathaus an der Hafenpromenade, Tel.: 26820-22 686*
- ***Touristenpolizei***: *Dodonis 37, Tel.: 26820-26 189*
- ***Postamt***: *an der Hafenpromenade, Tel.: 26820-22 226*
- ***Telefonamt O.T.E.***: *am Busbahnhof*
- ***Ärztliche Versorgung***: *im Stadtkrankenhaus, Tel.: 26820-22 113 und 26820-22 249*
- ***Taxi***: *Tel.: 26820-22 887*

Übernachtung

in Préveza und am Küstenabschnitt zwischen Préveza und Párga

- *B* **Margarone Royal**, *Margarona, Tel.: 26820-24 361, 222 Betten, ganzjährig geöffnet, außerhalb des Ortes, an einer großen Lagune gelegenes, ruhiges Hotel mit Swimmingpool, Wassersportangebot, Tennisplätzen, Restaurant und Boutique*
- *B* **Preveza Beach**, *Tel.: 26820-51 481, Fax: 26820-51 474, 18 km von Préveza entfernt, große Hotel- und Bungalowanlage mit 250 Zimmern direkt am Meer mit Restaurants, Bars, Swimmingpools, Tennisplätzen, Kinderspielplatz und Animationsprogramm, Wasserski und Surfen, viele französische und skandinavische Gäste, von April bis Oktober geöffnet*

• *B* **Kanali Beach**, *in Kanáli, Tel. 26820-51 100, Fax: 26820-51 115, neues Hotel mit schöner Gartenanlage und Restaurant, zum Strand ca. 350 m, ca. 15 km nördlich von Préveza*
• *B* **Voula Apartments**, *in Mítikas, Tel.: 26820-41 435, Fax: 26820-41 024, in einem schönen Garten gelegenes Haus mit 11 Apartments für 2–5 Personen, ca. 6 km nördlich von Préveza, von Mai bis Oktober geöffnet*
• *B* **O Milos tou Fleva**, *in Loútsa, Tel.: 26820-41 440, das neue Apartmenthaus mit 9 Wohneinheiten, die jeweils über einen schönen Balkon mit Meerblick verfügen, und einem schönen schattigen Garten liegt direkt am feinen Sandstrand, ca. 25 km nördlich von Préveza, von Mai bis Oktober geöffnet*
• *C* **Mitikas Hotel Apartments**, *in Mítikas, 7 Agios Ioannis, Tel.: 26820-41 618, Fax: 26820-41 745, strandnahes Haus mit 20 einfach eingerichteten Studios und Apartments für 2–5 Personen, kleiner Garten mit Sitzplatz, ca. 6 km nördlich von Préveza*
• *Außerhalb der Stadt, an der Küste zwischen Nikópolis und Préveza, liegen zahlreiche Strandhotels und Campingplätze.*

Ráfina Ραφινα (S. 577)

(PLZ 19009, Vorwahl 22940)

Busverbindungen
Zwischen Ráfina und **Athen** *bestehen sehr gute Busverbindungen. Die Busse verkehren täglich zwischen 6 und 24 Uhr, die Fahrt dauert ca. 45 Minuten. In Athen liegt die Bushaltestelle in der Nähe der Metrostation Thíssion.*

Schiffsverbindungen
• *mit* **Marmári** *und* **Káristos** *auf Euböa jeweils 2–3 x täglich*
• *mit* **Ándros** *1–2 x täglich*
• *mit* **Síros** *2–3 x wöchentlich*
• *mit* **Tinos** *und* **Mykonos** *in den Sommermonaten 1–2 x täglich, sonst 3–5 x wöchentlich*
Fahrplan- und Fahrpreisinformationen erhalten Sie unter der Rufnummer 22940-22 300.

Übernachtung
• *C* **Avra**, *Paralia, Tel.: 22940-22 780, Fax: 22 940-23 320, das von April bis November geöffnete Hotel liegt direkt am Hafen und verfügt über 96 einfache Zimmer.*
• *C* **Bravo**, *Kokkino Limanaki, Tel.: 22 940-31 488, ganzjährig geöffnetes Hotel mit 18 Zimmern, Strandhotel mit Wassersportmöglichkeiten*

Samothráki Σαμοθρακι (S. 353ff)

(PLZ 68002, Vorwahl 25510)

Schiffsverbindungen in den Sommermonaten
• *mit* **Alexandróupolis** *2 x täglich, Fahrzeit 2 ½ Stunden, außerhalb der Saison nur 1 x täglich*
• *mit* **Kavála** *2 x wöchentlich, Fahrzeit ca. 4 Stunden*
• ***mit dem Schnellboot*** *(nur im Sommer): mit* **Alexandroúpoulis** *1–2 x täglich, Fahrzeit ca. 70 Minuten*

Wichtige Anschriften und Telefonnummern

- *Touristeninformation*: bei der Hafenpolizei, Tel.: 25510-41 305
- *Polizei*: Tel.: 25510-41203
- *Olympic Airways*: Tel.: 25510-41465
- *Ärztliche Versorgung*: im Krankenhaus, Tel.: 25510-41 217

Übernachtung

In den letzten Jahren wurden etliche Hotels und Privatzimmer auf Samothráki eröffnet, die teilweise in schönen, alten Häusern eingerichtet wurden.

- *B* **Kastro Paleopolis**, *Tel.: 25510-89 400, Fax: 25510-41 000, das gepflegte, empfehlenswerte Hotel liegt an der Straße von Kamarótissa nach Thérma in der Nähe des Ausgrabungsgeländes und verfügt über gut eingerichtete Zimmer, einen Swimmingpool und ein gutes Restaurant mit schöner Terrasse. Gelegentlich werden in der Empfangshalle Arbeiten einheimischer Künstler ausgestellt.*
- *B* **Kaviros Therma**, *in Thérma, Tel.: 25510-98 277, Fax: 25510-98 278, ansprechendes Hotel mit 28 Zimmern, jeweils mit Balkon, und schönem Garten, der von dichten Hortensienhecken umgeben ist, von Anfang Mai bis Ende Oktober geöffnet*
- *B* **Mariva**, *Tel.: 25510-98 230, das Hotel liegt ca. 5 Gehminuten vom Ort Thérma entfernt. Die 60 Zimmer sind in mehreren Bungaloweinheiten untergebracht und mit Kühlschrank ausgestattet, schöne Terrasse, vom 15. Mai bis 30. September geöffnet*
- *B* **Orpheus**, *in Thérma, Tel.: 25510-98 233, das Hotel ist besonders für Wanderer geeignet, da gleich hinter dem Haus der Aufstieg zum Fengári-Berg beginnt. Die 18 Zimmer verfügen jeweils über einen Kühlschrank, von April bis Oktober geöffnet. Die Besitzer sprechen deutsch.*
- *B* **Aeolos**, *Tel.: 25510-41 595, Fax: 25510-41 810, 100 Betten, von Mai bis Oktober geöffnet, älteres Haus mit Restaurant und Swimmingpool, ca. 3 Minuten Fußweg vom Meer entfernt*
- *C* **Niki Beach**, *Tel.: 25510-41 561, Fax: 25510-41461, das Hotel mit 38 netten Zimmern ist ganzjährig geöffnet, in Kamariótissa.*

Camping

Die beiden Campingplätze der Insel liegen in der Nähe von Thérma:

- *Camping 1, Tel.: 25510-98 244, direkt am Meer gelegener Platz mit ausreichend schattigen Plätzen, besonders für Zelte geeignet*
- *Camping 2, Tel.: 25510-98 291, der Platz ist eher für Wohnmobile und Wohnwagen geeignet*

Busverbindungen

Die Abfahrtsstelle für die Inselbusse, Tel.: 25510-41 505, liegt am Hafen; es gibt regelmäßige Verbindung mit Chóra und den anderen Inselorten.

Autovermietung

- ***Kirkos Car Rental**, Tel. 25510-41 620*
- ***Sixt Budget**, Tel.: 25510-41 100*
- ***Niki Tours**, Tel.: 25510-41 465*

Zweiradverleih

***Pavlos Pritsos**, Tel.: 25510-41 035, in Kamariotissa, von Ende Mai bis Ende Oktober werden 60 Mopeds und 10 Fahrräder vermietet; der Besitzer spricht deutsch.*

Bootsausflüge
Samothráki, Tel.: 25510-41 672, ab Thérma werden Bootsfahrten zur Südküste angeboten, die nur per Boot zu erreichen ist. Es gibt Gelegenheit zum Schwimmen und zur Kormoranbeobachtung.

Reisebüros
In den beiden Reisebüros erfahren Sie die aktuellen Fahrzeiten der Schiffe. Außerdem können Sie Fahrkarten kaufen und die Platzreservierung für Autos auf den großen Fähren vornehmen lassen.
- ***Saos**, Tel.: 25510-41 411, Fax: 25510-41 505*
- ***Niki Tours**, Tel.: 25510-41 465, Fax: 25510-41 304*

Buchtipp
***Hartmut Ehrhardt**, Samothrake, Heiligtümer in ihrer Landschaft und Geschichte als Zeugen antiken Geisteslebens, Stuttgart 1985*

Sáni Σανι (S. 295)

(PLZ 63077, Vorwahl 23740)

Übernachtung
- *In traumhafter Lage, eingebettet in ein weitläufiges Landschaftsschutzgebiet mit Pinienwäldern und Wiesen und direkt an den ca. 7 km langen, feinsandigen Stränden, liegt das **Sani Beach Holiday Resort**, das aus vier getrennten Hotelanlagen verschiedener Kategorien besteht. Zu der großen Hotelanlage gehören mehrere Restaurants und Tavernen, ein Wassersportzentrum mit Yachthafen und Tauchschule, ein Freilichtkino, Geschäfte und ein Supermarkt, Tennis-, Sport- und Spielplätze. Von Juli bis Mitte September findet das Sáni Musik- und Kulturfestival mit bekannten Künstlern statt. Die Anlage ist von April bis Oktober geöffnet.*
- *A **Porto Sani Village**, Tel.: 23740-31 570, Fax: 23740-31 574, luxuriöse Hotelanlage im Stil eines griechischen Dorfes mit 196 Apartments und großer Pool-Landschaft*
- *A **Sani Beach**, Tel.: 23740-31 231, Fax: 23740-31 293, großes, mehrstöckiges Hotel am Kap mit 488 geschmackvoll eingerichteten Zimmern und Suiten, gepflegter, großzügiger Gartenanlage mit Swimmingpool und vielseitigem Sportangebot, Tauchkursen und Unterhaltungsprogramm. Direkt am Hotel liegen die langen, flach abfallenden Sandstrände.*
- *A **Sani Beach Club**, Tel.: 23740-31 221, Fax: 23740-31 228, eingebettet in eine große Gartenanlage, die sich vom Meer den Hang aufwärts zieht, liegen ein- und zweistöckige Bungalows mit 205 geräumigen und ansprechend eingerichteten Zimmern, der große Süßwasser-Swimmingpool, Tennis- und Sportplätze; zum 2 km langen feinen Sandstrand sind es nur wenige Schritte.*
- *A **Asterias Suites**, die luxuriöse Hotelanlage mit 50 elegant eingerichteten Suiten, jeweils mit Terrasse und kleinem Garten, liegt in der Nähe der Marina. Eröffnung im Sommer 2003.*

Sárti Σαρτι (S. 307)

(PLZ 63072, Vorwahl 23750)

Übernachtung

• *C* ***Sithon****, Tel.: 23750-94 244, Fax: 23750-94 386, neues Hotel mit 13 ansprechend eingerichteten Apartments unterschiedlicher Größe; die Zimmer sind mit einer Küchenzeile ausgestattet. Es liegt ruhig am Ortsrand, ca. 10 Gehminuten vom Zentrum entfernt. Zum feinen Sandstrand sind es nur ca. 40 m. Die Vermieter sprechen deutsch.*

• *C* ***Sarti Beach****, Tel.: 23750-94 211, von Mai bis Oktober geöffnetes Hotel mit 35 Zimmern, am Strand gelegen*

• *C* ***Gregory****, Tel.: 23750-94 330, das Haus mit zweckmäßig eingerichteten Apartments für 2–5 Personen liegt ca. 100 m vom Strand entfernt, zum Ortszentrum sind es nur etwa 20 m. Die Bushaltestelle ist ganz in der Nähe.*

• *C* ***Galini****, Tel.: 23750-94 352, das Haus mit 22 Zimmern und 9 Apartments liegt nur wenige Schritte vom Strand entfernt und ist von Mai bis Mitte Oktober geöffnet.*

• *Außerdem werden Unterkünfte in Privathäusern angeboten.*

Camping

Camping Sarti Beach*, Tel.: 23750-41569, gepflegter Platz mit Taverne und Minimarkt an einem Sandstrand*

Sérres Σερρες (S. 319)

(PLZ 62100, Vorwahl 23210)

Busverbindungen

• *mit* ***Thessaloníki*** *3–5 x täglich*

• *mit* ***Dráma*** *3–5 x täglich*

• *mit* ***Kavála*** *2–4 x täglich*

Übernachtung

• *B* ***Xenia****, Agias Sophias 1, Tel.: 23210-24 754, Fax: 23210-66 629, ganzjährig geöffnetes Hotel mit 57 modern eingerichteten Zimmern, Restaurant und Parkmöglichkeit*

• *B* ***Elpida****, Merarchias 66, Tel.: 23210-69311, Fax: 23210-36 301, das Hotel mit 80 Zimmern ist ganzjährig geöffnet, im Zentrum, mit Restaurant und Bar*

• *C* ***Galaxy****, Merarchias 24, Tel.: 23210-23289, Fax: 23210-99 670, Stadthotel mit 49 Zimmern, Parkmöglichkeit*

• *C* ***Metropolis****, Solomou 49, Tel.: 23210-22271, Fax: 23210-22 271, zentral gelegenes Hotel mit 30 modernisierten, ansprechend eingerichteten Zimmern*

Sívota Σιβοτα (S. 381)

(PLZ 46100, Vorwahl 26650)

Übernachtung

• *A* ***Agios Nikolaos****, Tel.: 26650-93017, Fax: 26650-93180, sehr gepflegte Hotelanlage oberhalb der schönen Bucht von Bélla Vráka, schöner Garten und direkter Zugang zum Strand*

• B **Robinson Club**, Bélla Vráka, Tel.: 26650-93 270, Fax: 26650-93 563, Anlage am Strand von Bélla Vráka mit 66 Bungalows und 54 Zimmern im Haupthaus, alle Zimmer bieten einen schönen Blick aufs Meer, Restaurants, Swimmingpool und schöner sandiger Badestrand, 2 Tennisplätze und Wasserskischule
• B **Filakas**, Tel.: 26650-93 345, Fax: 26650-93 166, oberhalb des Hafens gelegenes Hotel mit Bar und einem gepflegtem Restaurant, alle Zimmer verfügen über Klimaanlage, Du/WC und einen schönen Blick von Terrasse oder Balkon.
• B **Oriana Studios und Hotel**, Tel.: 26650-93 520, Fax: 26650-93 521, neueres Hotel mit 9 gut eingerichteten Apartments, nur wenige Schritte vom Hafen entfernt
• B **Mega Ammos**, oberhalb der Bucht gelegene Anlage mit mehreren Häusern
• C **Athanasios Apartments**, Tel.: 26650-93 619, an der neuen Platía gelegenes Haus mit schönem Meerblick
• C **Mikros Paradissos**, Tel.: 26650-93 281, Fax: 26650-93 501, familiär geführtes Hotel mit 26 ansprechend eingerichteten Zimmern und einer schönen Gartenanlage, zum feinen Sand- und Kies-Strand sind es nur knapp 100 m, 1,5 km von Sívota entfernt

Skíathos Σκιαθος (S. 474ff)

(PLZ 37002, Vorwahl 24270)

Flugverbindungen

Der Flughafen, Tel.: 24270-22 049, wird im Sommer auch von Chartermaschinen direkt aus Mitteleuropa angeflogen.
Für innergriechische Flüge mit Olympic Airways, Papadiamantis, Tel.: 24270-22 200 und 24270-22 229, ist auf jeden Fall eine rechtzeitige Buchung notwendig.
• mit **Athen** 3–5 x tgl.
• mit **Thessaloníki** 1–2 x wöchentlich

Verbindungen mit Tragflügelbooten

• mit **Vólos** 2–3 x tgl.
• mit **Agios Konstantinos**/Festland 1 x tgl.

Schiffsverbindungen

• mit **Vólos** 2–3 x tgl.
• mit **Agios Konstantinos**/Festland 1 x tgl.
• mit **Plataniá/Pílion** 1 x tgl.
• mit **Kími/Euböa** 1 x wöchentlich

Wichtige Anschriften und Telefonnummern

• **Touristeninformation**: Odós Papadiámanti, Tel.: 24270-22 005
• **Touristenpolizei**: Odós Papadiámanti, Tel.: 24270-23 172
• **Hafenpolizei**: Tel.: 24270-22 017
• **Post**: Odós Papadiámanti, Tel.: 24270-22 011, Öffnungszeiten 7.30–14 Uhr
• **Telefonamt O.T.E.**: Odós Papadiámanti, Tel.:24270-22 399, Öffnungszeiten: 7.30–13 Uhr, 17–20 Uhr
• **Olympic Airways**: Odós Papadiámanti 12, Tel.:24270-22 200
• **Ärztliche Versorgung**: im Inselkrankenhaus, Tel.: 24270-22040
• **Taxi**: Tel.: 24270-21 460

Übernachtung

Das Angebot der Übernachtungsmöglichkeiten reicht vom Hotel der Luxusklasse bis zum einfachsten Privatzimmer. Die Mehrzahl der Mittelklassehäuser liegt im

Ort, nicht am Strand. Im Kiosk am Hafen gibt es eine Zimmervermittlung „Rooms to Let Office", Tel.: 24270-22 990, Fax: 24270-23 852.

- *L* **Skiathos Palace**, *Tel.: 24270-49 700, Fax: 24270-49 666, sehr schöne große Anlage mit 246 komfortablen Zimmern und Suiten, oberhalb des Strandes von Koukounaries mit Restaurants, Bars, Swimmingpool, Tennisplätzen und Wassersportangebot mit Möglichkeiten zum Windsurfen, Paragliding, Wasserski, Kanufahren und Pedalobooten, von der Poolbar bietet sich ein besonders schöner Blick auf die Ägäis, von April bis Oktober geöffnet*
- *L* **Skiathos Princess**, *in Agía Paraskeví, Tel.: 24270-49 456, Fax: 24270-49 459, das sehr schöne Hotel mit 132 gepflegten Zimmern und 27 ansprechenden Suiten, alle mit Terrasse und Klimaanlage, liegt direkt am Sandstrand Paraskevi inmitten einer schönen Gartenanlage mit Swimmingpool, 6 km von Skíathos entfernt*
- *A* **Esperides**, *Tel.: 24270-22 245, Fax: 24270-21 580, das komfortable Hotel verfügt über 181 klimatisierte Zimmer mit schönem Meerblick, eine sehr gepflegte Gartenanlage und einen schönen Swimmingpool, am Achladies Strand, ca. 4 km vom Hauptort entfernt, von April bis Oktober geöffnet*
- *A* **Atrium Hotel**, *Tel.: 24270-49 345, Fax: 24270-49 444, das neue Hotel, das sehr schön im traditionellen Inselstil auf einem Hügel errichtet wurde und über 75 geschmackvoll eingerichtete, klimatisierte Zimmer verfügt, liegt nur 100 m vom Paraskevi-Strand entfernt, nach Skiathos sind es 6 km. Von der Poolanlage bietet sich ein herrlicher Blick aufs Meer.*
- *B* **Alkyon**, *Tel.: 24270-22 981, Fax: 24270-21 643, von April bis Oktober geöffnet, recht ruhig gelegenes Hotel mit 80 Zimmern, Restaurant und Dachgarten mit schönem Blick über die Insel, die lebhafte Inselhauptstadt liegt etwa 15 Gehminuten entfernt, der nächste Strand ist ca. 1 km entfernt.*
- *C* **Meltemi**, *Tel.: 24270-22 493, Fax: 24270-21 294, das kleine Hotel liegt zentral direkt an der Hafenpromenade, die 18 Zimmer (alle mit Kühlschrank ausgestattet) sind geräumig, aber durch den Straßenlärm auch etwas laut, von April bis Oktober geöffnet*
- *C* **Troulos Bay**, *Tel.: 24270-49 390, Fax: 24270-49 218, gut geführtes Familienhotel mit freundlicher Bedienung am ruhigen Troulos-Strand, ca. 7 km von Skíathos entfernt, die 43 sauberen und geräumigen Zimmer verfügen über Balkon und Meerblick; zum Frühstück wird ein Buffet angeboten, von Mai bis Oktober geöffnet*
- *C* **Bourtzi**, *Tel.: 24270-21 304, Fax: 24270-23 243, das angenehme, familiär geführte Hotel liegt in einer Seitenstraße im Stadtzentrum, es verfügt über 23 saubere Zimmer, einen schönen Garten und eine Terrasse; da auch Reisegesellschaften dieses Hotel belegen, ist eine rechtzeitige Reservierung empfehlenswert*
- *C* **Orsa**, *das kleine Hotel mit 12 geschmackvoll eingerichteten Zimmern und einer schönen Gartenterrasse liegt auf dem Hügel an der Westseite des Hafens und bietet einen schönen Blick auf den Hafen und das Meer.*
- *C* **Thymis' Home**, *Tel.: 24270-22 817, Fax: 24270-23 072, das Hotel liegt relativ ruhig in der Innenstadt, die Zimmer sind mit Klimaanlage und einer kleinen Essecke ausgestattet, von April bis Oktober geöffnet*
- *C* **Marlton**, *Tel.: 24270-22 552, kleines Haus mit 9 einfachen, ordentlichen Zimmern, einem netten Innenhof und einer Terrasse. Die freundlichen Vermieter sprechen gut englisch, da sie mehrere Jahre in den USA gelebt haben.*

Mietfahrzeuge

Mehrere Mietwagenfirmen für Autos, Jeeps, Mopeds und Motorräder sind direkt an der Hafenpromenade vertreten, z. B.

- **Avis**, *Tel.: 24270-22 430*
- **Hertz**, *Tel.: 24270-21 458*
- **Eurocar**, *Tel.: 24270-21 124*

Restaurants

• *Asprolithos, Tel.: 24270-23 110, sehr beliebtes Gartenrestaurant mit guten Fischspezialitäten auf der Höhe der Odós Papadiámantis, probieren Sie als Vorspeise einmal den „Saganaki".*

• *Alexandros, Tel.: 24270-22 431, ein freundlicher Service, griechische Musik und Kerzenlicht machen es leicht, die gut zubereiteten Speisen zu genießen.*

• *Family Restaurant, Tel.: 24270-21439, auf dem Hügel, in der Nähe des Kirchturms gelegenes Restaurant, das auf drei Ebenen einen schönen Blick auf den Hafen und Bourtzi und eine gute einheimische Küche mit frischem Gemüse bietet.*

Skíros Σκιρος (S. 486f)

(PLZ 34007, Vorwahl 22220)

Schiffsverbindungen in den Sommermonaten

• *mit Kími/Euböa 2 x täglich*

• *mit den anderen Sporadeninseln 1–2 x wöchentlich*

Flugverbindungen

mit Athen 3–5 x wöchentlich

Wichtige Anschriften und Telefonnummern

• *Touristeninformation: bei der Hafenpolizei am Hafen*

• *Polizei: Tel.: 22220-91 274* • *Post: Tel.: 22220-91 208, am Hafen*

• *Telefonamt: Tel.: 22220-91 399, die O.T.E.-Stelle ist im Gemischtwarengeschäft am Hafen untergebracht*

• *Ärztliche Versorgung: Tel.: 22220-92 222* • *Taxi: Tel.: 22220-91 666*

Übernachtung

• *A Skiros Palace, Tel.: 22220-91 310, Fax: 22220-92 070, etwas außerhalb, ca. 2 km nördlich von Molos, liegt dieses Ferienhotel mit 80 klimatisierten Zimmern; es verfügt über Swimmingpool, Tennisplätze und eine hübsche Gartenanlage und ist von Mai bis Oktober geöffnet.*

• *A Paliopirgos, Tel.: 22220-91 014, Fax: 22220-92 185, das gut geführte Haus bietet 12 im Inselstil eingerichtete Zimmer und Apartments; alle Räume sind klimatisiert und mit einer Kitchenette ausgestattet. Vom Hotel aus sind Ort und Strand Magaziá bequem zu erreichen. Das Hotel ist von April bis Oktober geöffnet, im Winter nur nach Voranmeldung.*

• *B Nefeli, Tel.: 22220-91 964, Fax: 22220-92 061, das Hotel ist ganzjährig geöffnet. Es verfügt über 10 freundliche, im Inselstil eingerichtete Zimmer und 9 Studios mit Küchenzeile. Zum Haus gehört ein schöner Salzwasser-Swimmingpool.*

• *C Angela, Tel.: 22220-91 764, Fax: 22220-92 030, die kleine Bungalowanlage mit 16 gepflegten Zimmern liegt ca. 100 m vom Molos-Strand und ca. 2 km von Chóra entfernt*

• *C Melikari, Tel. und Fax: 22220-91 421, das Resorthotel mit klimatisierten Zimmern, Swimmingpool und Tennisplatz liegt nahe zum Molos-Strand, von April–Oktober geöffnet*

• *C King Likomides, Tel.: 22220-93 249, Fax: 22220-93 412, direkt am Hafen von Linariá finden Sie dieses Hotel mit 16 angenehmen, jeweils mit Klimaanlage, Kühlschrank, Telefon und Balkon ausgestatteten Zimmern. Das Hotel ist von Mai bis Oktober geöffnet. Die Besitzerin spricht deutsch.*

- *Pension Galeni*, *Tel.: 22220-91 379, in der Nähe zum Magaziá Strand liegt die kleine Pension mit 13 einfachen, aber sauberen Zimmern, von April bis Oktober geöffnet*
- *Pension Nicholas*, *Tel.: 22220-91 778, Fax: 22220-93 400, etwa 10 Gehminuten vom Zentrum entfernt liegt dieses ruhige Haus mit 4 Doppelzimmern und 4 Familienzimmern, die jeweils mit einer Küchenzeile ausgestattet sind.*
- *Außerdem werden Privatzimmer und Apartments angeboten. Wenn die Schiffe in Linariá anlegen oder in Chóra der Bus aus Linariá mit Reisenden ankommt, stehen die Vermieter, meist schwarz gekleidete ältere Frauen, schon wartend da, um ihre Zimmer anzubieten.*

Restaurants

- *Kristinas*, *Tel.: 22220-91 778, hier können Sie ausgefallene Gerichte der griechischen und asiatischen Küche probieren und vielleicht an einem Kochkurs teilnehmen, den die Besitzer regelmäßig in ihrer Kochschule durchführen.*
- *O Pappous*, *Tel.: 22220-93 200, das Restaurant ist bekannt für gute traditionell zubereitete Gerichte und schmackhafte Vorspeisen.*
- *Anatolikos Anemos*, *Tel.: 22220-92 822, nettes Café in der Nähe der Rupert Brooke Statue mit schönem Ausblick*

Auto- und Zweiradverleih

- *Pegasus Rent a Car*, *Tel. 22220-91 600, im Reisebüro Skíros Travel and Tourism*
- *Cheap and nice Motorbikes*, *Tel.: 22220-92 022, in der Straße hinter der Hauptstraße*

Reisebüro

Skíros Travel and Tourism, *Tel.: 22220-92 600, Fax: 22220-92 123, hier erhalten Sie neben Informationen Tickets für Olympic Airways und für die Flying Dolphins; außerdem gibt es eine Autovermietung.*

Einkaufen

Auf Skíros hat das Kunsthandwerk Tradition. Skíros ist bekannt für seine Keramikwaren, Handarbeiten, handgewebte Teppiche und handgearbeitete Kleinmöbel wie Schemel und Truhen. Eine Besonderheit sind die „trochadia“, handgefertigte Sandalen, die zu der Volkstracht der männlichen Inselbewohner gehören.

- *Ceramics Monika*, *Tel.: 22220-93 472, die deutsch sprechende Künstlerin Monika bietet in ihren beiden Geschäften auf der Hauptstraße in Skíros und am Hafen in Linária schöne Keramikwaren an.*
- *Traditional Greek Products Shop*, *Tel.: 22220-93 191, hier finden Sie Spezialitäten der Insel: Honig, Olivenöl, Seife, verschiedene Teesorten, Nüsse, Süßigkeiten und Weine*
- *Argo*, *Tel.: 22220-92 158, aus der Werkstatt des Faltaits Museum stammen die kunsthandwerklichen Gegenstände, die in diesem sehr schönen Geschäft verkauft werden.*

Ausflüge

Mit Motor- und Segelbooten werden ab Linariá Ausflugsfahrten zu den schönsten Badestränden durchgeführt. Die Abfahrtszeiten sind an den Booten angeschlagen. Ab Skíros fährt vormittags ein Bus zu schönen Stränden im Norden. Auf Hinweistafeln sind die Abfahrtszeiten genannt.

Nikos Pappas, *Tel.: 22220-93 472, Fax: 22220-92 412, macht Bootsfahrten rund um die Insel und zu den bekannten Seehöhlen.*

Skópelos Σκοπελος (S. 478ff)

(PLZ 37003, Vorwahl 24240)

Verbindungen mit Tragflügelbooten in den Sommermonaten
- *mit **Vólos** 1–2 x täglich*
- *mit **Ágios Konstantínos**/Festland 1–2 x täglich*

Schiffsverbindungen
- *mit **Vólos** 2–3 x täglich*
- *mit **Skíathos** 2–4 x täglich*
- *mit **Ágios Konstantínos**/Festland 1–2 x täglich*
- *mit **Alónissos** 3–4 x wöchentlich*
- *mit **Skíros** 3–4 x wöchentlich*

Wichtige Anschriften und Telefonnummern
- ***Touristenpolizei**: an der Hafenpromenade, Tel.: 24240-22 235*
- ***Zimmervermittlung**: an der Schiffsanlegestelle, Tel.: 24240-24 567.*
- ***Post und Telefonamt**: an der Hafenpromenade, Öffnungszeiten: 7.30–14 Uhr*
- ***Ärztliche Versorgung**: in Chóra, Tel.: 24240-22 222*

Übernachtung
- *A **Archontiko**, Tel.: 24240-22 049, ganzjährig geöffnet, die gepflegte Pension liegt im Ortszentrum und verfügt über 10 ansprechende Zimmer in einem im traditionellen Stil gebauten Haus.*
- *A **Skopelos Village**, Tel.: 24240-22 517, Fax: 24240-22 958, April–Oktober geöffnet, besonders für Familien mit Kindern geeignet; die Zimmer dieser Bungalowanlage sind freundlich eingerichtet und haben jeweils eine kleine Küchenzeile; die Anlage, zu der auch ein Swimmingpool gehört, liegt am Meer und ist etwa 10 Gehminuten vom Ort entfernt.*
- *B **Prince Stafylos**, Tel.: 24240-22 775, Fax: 24240-22 825, das empfehlenswerte Hotel ist eines der traditionellen Inselhotels mit ansprechend eingerichteten Zimmern, schön angelegtem Garten und Swimmingpool, von Mai bis Oktober geöffnet, etwa 15 Minuten Fußweg vom Ort entfernt*
- *C **Thea Home Pension**, Tel.: 24240-22 859, Fax: 24240-23 556, die kleine Pension, die ruhig am Hang liegt und einen schönen Blick auf Stadt und Hafen bietet, hat 10 angenehme Zimmer und ein Apartment. Der freundliche Besitzer, der lange Jahre einen Coffee Shop in New York hatte, serviert Ihnen auf Wunsch ein opulentes Frühstück mit „Omelettes á la New York". Außerdem vermietet er gut ausgestattete Ferienhäuser am Strand.*
- *C **Rodani Pension**, Tel.: 24240-22 375, in dieser Pension wohnen Sie in modern eingerichteten Studios mit Küchenzeile, einem netten Garten und schönem Blick auf den Hafen.*
- *C **Pension Kir Sotos**, Tel.: 24240-22 549, Fax: 24240-23 668, einfache Pension mit 12 Zimmern in einem restaurierten Haus, mit Gemeinschaftsküche, Innenhof und einer Terrasse mit Blick auf den Hafen*
- *C **Del Sol Studios**, Tel.: 24240-23 334, das Haus, das ca. 10 Gehminuten vom Hafen entfernt liegt, verfügt über 7 gepflegte Studios mit Küchenzeile für 2–3 Personen, Swimmingpool und Tennisplatz, sehr schön ist die ruhige Lage inmitten von Olivenhainen. Der Eigentümer organisiert in der Hochsaison einmal pro Woche einen „Griechischen Abend" mit Tanz und Barbecue.*
- *C **Dolphin Hotel**, Tel.: 24240-23 017, Fax: 24240-23 016, modernes Hotel an der Hafenfront mit geschmackvoll eingerichteten Zimmern mit Kühlschrank und gut ausgestatteten Apartments, einem Swimmingpool und einem schönen Garten*

• C **Dionysos**, Tel.: 24240-23 210, Fax: 24240-22 954, ruhig, am Hügel gelegenes Hotel mit 52 ansprechend eingerichteten Zimmern mit Klimaanlage und Balkon; von dort bietet sich ein schöner Blick auf die Bucht von Skópelos. Zum Hotel gehört eine schöne Gartenanlage mit großem Swimmingpool, einer Sonnenterrasse und Poolbar.
• C **Adrina Beach Hotel**, Tel.: 24240-23 373, Fax: 24240-23 372, neues, im traditionellen Stil gebautes Hotel mit 42 freundlich eingerichteten Zimmern und 10 Suiten, jeweils mit Balkon und Meerblick. Das Hotel liegt in Panormos und hat neben einem Salzwasser-Swimmingpool auch einen eigenen Strand.
• C **Panormos Beach Hotel**, Tel.: 24240-22 711, Fax: 24240-23 366, das Hotel liegt in ruhiger Umgebung in Panórmos, etwa 5 Minuten vom Strand entfernt. Die 34 klimatisierten Zimmer sind im Inselstil eingerichtet. Sehr schön ist der hoteleigene Garten.
• Außerdem gibt es viele **Privatquartiere**; sobald die Schiffe im Hafen einlaufen, sammeln sich Privatvermieter an der Schiffsanlegestelle und bieten den Ankommenden ihre Zimmer und Apartments an.

Busverbindungen

Von Chóra aus fahren mehrmals täglich Busse zu den anderen Inselorten und zu den schönsten Stränden. Es gibt vier Linien; die Busse verkehren in der Hochsaison alle 30 Minuten z. B. nach

• **Stáfilos**, Fahrzeit ca. 5 Minuten,
• **Agnótas** ca. 15 Minuten,
• **Panórmos**: ca. 30 Minuten,
• **Milia**: ca. 35 Minuten,
• **Elios** ca. 45 Minuten,
• **Glossa** ca. 55 Minuten.

Die Abfahrtsstelle der Busse liegt direkt am Hafen.

Zweiradvermietung

An der Hafenpromenade und in der Umgebung des Hafens gibt es mehrere Büros, in denen Mopeds und Mofas vermietet werden, z. B.
Magic Cars, Tel.: 24240-23 250, Fax: 24240-23 243, am östlichen Ende der Promenade.

Taxi

Der Taxistand liegt etwa in der Mitte der Hafenpromenade, Tel.: 24240-22 566

Reisebüros

• **Skopelorama**, am östlichen Ende der Hafenpromenade neben dem Hotel Eleni, Tel.: 24240-23 250, Fax: 24240-23 243, sehr gutes Reisebüro mit freundlichem Service, Auto- und Mopedvermietung, Zimmervermittlung und Geldwechsel. Außerdem werden Bootsfahrten rund um die Insel und Badeausflüge angeboten.
• **Thalpos**, Tel.: 24240-22 947, Fax: 24240-23 057, hinter dem Restaurant Aktaeon im 2. Stock, hier gibt es eine Autovermietung und Zimmervermittlung; außerdem aktuelle Informationen zu Bootsausflügen und geführten Wanderungen und zu Koch- und Töpferkursen.
• **Panormos Travel Agency**, Tel.: 24240-23 380, Fax: 24240-23 748, in Panórmos, hier finden Sie Hilfe bei der Auto- oder Zweiradvermietung, Zimmersuche, Bootsfahrten und Ausflügen zum Fischen.

Restaurants

• **Finikas Taverne**, Tel.: 24240-23 247, man sitzt sehr nett in diesem schönen Gartenrestaurant mit traditioneller Inselküche, wie z. B. Huhn in Wein- oder Käsesauce.

• ***Garden Restaurant Alexander***, *Tel.: 24240-22 324, das Restaurant liegt auf dem Hügel, ca. 5 Minuten vom Hafen entfernt, in einem schönen Garten mit Bäumen, Blumen und einem Brunnen; die Speisen sind gut zubereitet, angemessene Preise*

• ***T´Agnanti***, *Tel.: 24240-33 606, nettes Restaurant in Glóssa, mit schönen Terrassen, die einen schönen Blick auf das Meer und die Nachbarinseln bieten.*

Geschäfte

In den engen Gassen und kopfsteingepflasterten Straßen in der Umgebung des Hafens gibt es viele kleine Läden und Boutiquen. Hier finden Sie neben den üblichen Souvenir- und Geschenkartikeln auch Produkte von Skópelos wie z. B. Holzspielzeug, Töpferwaren und Stickereien, aber auch Mandeln, Honig oder Süßigkeiten.

An der Hafenpromenade liegen zwei Geschäfte mit hochwertigen Waren:

• ***Rodios Pottery***, *Tel.: 24240-22 779, seit drei Generationen stellt die Familie Rodios schwarze Töpferwaren mit schönen Mustern her.*

• ***Archipelagos***, *Tel.: 24240-23 127, Kunsthandwerk, Keramikwaren und Silberschmuck*

Spétses Σπετσες (S. 597ff)

(PLZ 18050, Vorwahl 22980)

Verbindungen mit Tragflügelbooten

- *mit* ***Piräus*** *8–10 x tgl., ca. 2 Std.*
- *mit* ***Póros*** *6 x tgl., ca. 80 Min.*
- *mit* ***Hydra*** *6–8 x tgl., ca. 30 Min.*
- *mit* ***Ägina*** *2 x tgl., ca. 2 Std.*
- *mit* ***Méthana*** *2 x tgl., ca. 1 ¾ Std.*
- *mit* ***Ermíoni*** *3 x tgl., ca. 20 Min.*
- *mit* ***Portochéli*** *6–8 x tgl., ca. 10 Min.*
- *mit* ***Nauplia*** *über* ***Tolón*** *2 x tgl., ca. 1 Std.*

Außerdem fahren die Schnellboote im Sommer nach ***Leonídion***, ***Monemvasía*** *und* ***Neápolis*** *auf der Peloponnes sowie zur Insel* ***Kíthira***.

Schiffsverbindungen

- *mit* ***Piräus*** *2 x tgl., ca. 5 Std.*
- *mit* ***Hydra*** *(ca. 1 Std.), Póros (ca. 2 Std.) und Ägina (ca. 3 Std.) 2 x tgl.*
- *mit* ***Ermíoni*** *2 x tgl., ca. 1 Std.*
- *mit* ***Méthana*** *2 x tgl., ca. 2 ¼ Std.*

Verbindungen mit Wassertaxis

Die Taxen, Tel.: 22980-74 485, fahren je nach Bedarf hinüber zum Festland nach ***Kostá***, *mindestens jedoch 4 x täglich. Die Fahrt dauert knapp 25 Minuten. Den Fahrpreis teilen sich die Passagiere.*

Wichtige Anschriften und Telefonnummern

- ***Touristeninformation:*** *Botsani Straße, am Hafen, Tel.: 22980-73 100*
- ***Touristenpolizei:*** *Tel.: 22980-73 100*
- ***Hafenpolizei:*** *Dapia, Tel.: 22980-72 245*
- ***Post:*** *an der Hafenstraße, Tel.: 22980-72 228, Öffnungszeiten: Mo–Fr 7.30–14 Uhr, im Sommer auch länger geöffnet*
- ***Telefonamt O.T.E.:*** *Dapia, Tel.: 22980-72 399, Öffnungszeiten täglich 8–23 Uhr*
- ***Taxi:*** *Tel.: 22980-72 198*
- ***Medizinische Versorgung:*** *im Krankenhaus, Tel.: 22980-72 472*

Busverbindungen

Es gibt zwei Busrouten auf der Insel:

- *nach Westen bis* **Ágii Anárgiri**, *Haltestelle an der Platía Àgios Mámmas,*
- *nach Osten bis* **Ligonéri**, *Haltestelle am Bouboulinis Platz. An den Busstationen an der Hafenpromenade ist ein Fahrplan ausgehängt.*

Im Sommer fahren die Inselbusse auch mehrmals täglich zu den Stränden; oft sind sie in der Hochsaison dann bei der Rückfahrt am Nachmittag und Abend sehr voll.

Beliebt für Rundfahrten innerhalb des Stadtgebietes sind die bunt geschmückten **Kutschen** *am Fährhafen.*

Übernachtung

- *A* **Lefka Palace**, *Tel.: 22980-72 311, Fax: 22980-72 161, gepflegte Hotel- und Bungalowanlage mit 80 gut eingerichteten Zimmern, Restaurant, Bar, Tennis, Minigolf, Wassersport; sehr schön ist der ausgedehnte Garten mit einem großen Swimmingpool, das Hotel ist von April bis Oktober geöffnet, einige Gehminuten vom Ort entfernt*
- *A* **Possidonion**, *Tel: 22980-72 206, Fax: 22980-72 208, traditionsreiches, 1911 gebautes und erst kürzlich renoviertes Hotel an der Strandpromenade mit geräumigen, hohen Zimmern und einer schönen, zum Meer hin gelegenen Terrasse, von April bis Oktober geöffnet*
- *A* **Spétses**, *Tel.: 22980-72 602, Fax: 22980-72 494, 1 km außerhalb von Spétses gelegenes Hotel mit 77 ansprechend eingerichteten und klimatisierten Zimmern, eigenem Strand, einer netten Strandbar, Restaurant, Bar, Dachgarten und Wassersportangebot*
- *A* **Nissia Traditional Residences**, *Tel.: 22980-75 000, Fax: 22980-75 012, die gepflegte, ganzjährig geöffnete Anlage hat sehr geschmackvoll eingerichtete Studios und Apartments mit gut ausgestatteter Küche, einen großen Swimmingpool und einen schönen Garten. Einige Zimmer haben einen offenen Kamin.*
- *A* **Zoe´s Club Hotel**, *Tel.: 22980-74 447, Fax: 22980-72 841, die Zimmer sind nett eingerichtet und mit Klimaanlagen, Fernseher und Kühlschrank ausgestattet. Sehr schön ist der Swimmingpool; das Frühstück wird auf der Terrasse oder im Zimmer serviert.*
- *B* **Villa Christina**, *Tel.: 22980-72 218, ruhig gelegenes Hotel mit 12 ansprechend eingerichteten Zimmern, von denen einige einen Kühlschrank haben, und einem ruhigen, blumengeschmückten Garten, ca. 150 m vom Hafen entfernt, von Mai bis Oktober geöffnet*
- *C* **Makis und Costis**, *Tel.: 22980-74 497, Fax: 22980-74 167, in ruhiger Lage, etwa 150 m vom Strand in Kounoúpitsa und ca. 350 m vom Hafen entfernt, liegt dieses angenehme Hotel mit 21 nett eingerichteten Zimmern und gut ausgestatteten Studios. Alle Räume sind klimatisiert.*
- *C* **Atlantis**, *Tel.: 22980-72 888, Fax: 22980-74 315, das angenehme, freundliche Hotel ist etwa 8 Gehminuten vom Alten Hafen und etwa 15 Minuten vom Ortszentrum entfernt. Das Hotel hat einen großen Swimmingpool, das Frühstück kann im Garten serviert werden.*
- *C* **Faros**, *Tel.: 22980-72613, Fax: 22980-72614, zentral gelegenes Hotel mit 50 einfachen, teilweise durch den Straßenlärm etwas unruhigen Zimmern, von April bis Oktober geöffnet*
- *C* **Star**, *Tel.: 22980-72 214, Fax: 22980-72 872, das Hotel, das gleich am Fährhafen liegt, hat 50 Zimmer, die alle über Klimaanlage, Fernseher, Kühlschrank und einen Balkon, teilweise mit Meerblick, verfügen. Im Erdgeschoss ist ein nettes Café.*
- *C* **Soleil**, *Tel.: 22980-72 488, Fax: 22980-72 841, das seit mehr als 30 Jahren gut geführte Hotel mit 26 Zimmern, die mit Fernseher und kleinem Kühlschrank ausgestattet sind, liegt direkt an der Hafenstraße.*
- *D* **Klimis**, *Tel.: 22980-73 777, am Fährhafen gelegenes Hotel mit 24 Zimmern, von April bis Oktober geöffnet*

Reisebüros

• ***Takis Tourist and Travel Agency***, *Tel.: 22980-72 215, Fax: 22980-74 315, das Reisebüro am Hafen organisiert Bootsausflüge und ist bei der Zimmersuche behilflich*

• ***Meledon Tourist Agency***, *Tel.: 22980-74 497, Fax: 22980-74 167, Yani Papadimos ist bei der Besorgung von Fahrkarten, Unterkünften, Ausflügen und Bootsfahrten behilflich.*

Restaurants

• ***Lazaros Taverna,*** *freundliche, preiswerte Taverne oberhalb des Hafens mit guten Vorspeisen und traditionell zubereiteten Gerichten*

• ***Garden***, *Tel.: 22980-74 430, nettes Restaurant mit schönem, schattigen Garten, zu dessen Spezialitäten Lamm- und Kaninchengerichte gehören*

• ***Mantalena***, *Tel.: 22980-72 288, bei einem schönen Blick auf den Hafen können Sie hier Moussaka, Pies oder Salate probieren.*

Moped- und Fahrradverleih

Es gibt keinen Autoverleih auf Spétses, wohl aber mehrere Vermieter für Mopeds und Fahrräder. Ab 17 Uhr besteht Fahrverbot für alle Motorfahrzeuge.

Trek Mountain Bikes, *an der Hauptstraße, Tel.. 22980-74 505, sie vermieten gut gewartete Fahrräder und Mountainbikes und geben Empfehlungen für Inseltouren.*

Spilía Σπιλια (S. 505)

(PLZ 33058, Vorwahl 22660))

Übernachtung

• *C **Evrita Beach**, ansprechendes kleineres Hotel mit einem Garten, der fast bis an den Korinthischen Golf heranreicht; zum Kieselstrand sind es nur wenige Schritte.*

• *C **Angelena**, Tel.: 22660-71 247, einfaches Hotel am Wasser*

Stavrós Σταυρος /Makedonien (S. 324)

(PLZ 57014, Vorwahl 23970)

Busverbindungen

*mit **Thessaloníki** 3–4 x täglich*

Fährverbindungen

*mit **Thássos** von Juni bis August 1–2 x wöchentlich, Tel.: 23970-61 242.*

Übernachtung

• *D **Ostria**, Tel.: 23970-65 826, das ganzjährig geöffnete Hotel mit 22 einfachen Zimmern und einem Restaurant liegt außerhalb der Ortschaft, nicht weit vom Strand entfernt*

• *Weitere Unterkunftsmöglichkeiten gibt es in Privathäusern, die von der Agentur Rent Rooms, Tel.: 23970-61 892, vermittelt werden.*

Thássos Θασσος (S. 341ff)

(PLZ 84004, Vorwahl 25930)

Schiffsverbindungen

- *mit* **Kavála** *5–10 x täglich, Fahrzeit 115 Minuten; Zwischenhalt in Skala Prínon*
- *mit* **Keramotí** *5–10 x täglich, Fahrzeit 35 Minuten*
- *mit* **Néa Pérama** *2–3 x täglich, Fahrzeit 60 Minuten*

Zu den Inseln Samothráki und Limnos bestehen keine Schiffsverbindungen.

Wichtige Anschriften und Telefonnummern

- ***Touristeninformation**: am Informationsstand oder bei der Touristenpolizei am Hafen, Tel.: 25930-28500*
- ***Post**: vom Hafen her ausgeschildert, Öffnungszeiten werktags 7.30–15.10 Uhr. In den Sommermonaten gibt es direkt am Hafen ein mobiles Postamt.*
- ***Telefonamt O.T.E.**: in der Parallelstraße zur Hafenpromenade, Öffnungszeiten: werktags 7.30–15.10 Uhr, Sa/So geschlossen; im Juli/August von 7–23 Uhr,*
- ***Ärztliche Versorgung**: im Krankenhaus in Prínos, Tel.: 25930-71 100*

Übernachtung

Es gibt in Thássos ein großes Angebot an Übernachtungsmöglichkeiten. Neben zahlreichen kleineren Hotels und Pensionen werden auch viele Privatzimmer angeboten. Durch die engen Straßen der Stadt verläuft der gesamte Inselverkehr, so dass in vielen Häusern mit Verkehrslärm gerechnet werden muss.

- *A **Amfipolis**, Tel.: 25930-23 101, Fax: 25930-22 110, das gepflegte Hotel in zentraler Lage von Thássos wurde in einem ehemaligen Herrenhaus eingerichtet. Es verfügt über 42 komfortable Zimmer, Restaurant, Bar, Swimmingpool und Sauna, kostenloser Transfer zu einem Privatstrand, von April bis Oktober geöffnet*
- *B **Timoleon**, Tel.: 25930-22 177, Fax: 25930-23 277, an der Hafenpromenade, gegenüber der Schiffsanlegestelle gelegenes Hotel mit Restaurant, Bar und Parkplätzen, von April bis Oktober geöffnet*
- *B **Esperides**, Tel.: 25930-23 257, Fax: 25930-23 259, ansprechende Anlage mit 52 Bungalowzimmern, nur wenige Schritte vom Meer entfernt, von April bis Oktober geöffnet*
- *C **Filoxenia Inn**, Tel.: 25930-23 331, Fax: 25930-22 231, das kleine Hotel mit 24 Zimmern liegt ca. 300 m vom Strand entfernt in einer Seitenstraße von Thássos. Die Zimmer sind mit Kühlschrank, Telefon, Musikanlage und Balkon ausgestattet. Im Garten liegt ein Süßwasserpool mit Sonnenterrasse. Einkaufs- und Unterhaltungsmöglichkeiten befinden sich in unmittelbarer Nähe, von April bis Oktober geöffnet.*
- *C **Chryssa**, Tel.: 25930-23 094, Fax: 25930-23 686, das kleine Familienhotel mit 22 Zimmern liegt ca. 1 km außerhalb der Ortschaft. Zum nächsten schmalen Sandstrand sind es ca. 100 m; von Mai bis September geöffnet.*
- *C **Villa Nysteri**, Tel.: 25930-22 055, Fax: 25930-23 355, das familiär geführte Hotel liegt direkt oberhalb eines flach abfallenden Sandstrandes in einem Pinienhain. Die 23 relativ kleinen Zimmer sind freundlich eingerichtet; von der Hotelterrasse bietet sich ein schöner Blick auf die Bucht; von Mai bis Oktober geöffnet.*

Camping

Im Bereich von Thássos/Stadt gibt es keinen Campingplatz, wohl aber in der Nähe der größeren Ferienorte.

Restaurants

An der Hafenpromenade und am alten Hafen reihen sich zahlreiche Cafés und Restaurants aneinander, die Gelegenheit bieten, das geschäftige Treiben der Stadt, das Anlegen der Fährschiffe und das Kommen und Gehen der Fischerboote zu beobachten. In der Innenstadt gibt es viele Snackbars, Imbissstuben, Pizzerias und kleine Tavernen.

Busverbindungen

Die Busse, Tel.: 25930-22 162, fahren an der Schiffsanlegestelle ab und verbinden die Inselhauptstadt mehrmals täglich mit den Inseldörfern.

In den Monaten Juli und August werden Busse eingesetzt, die im Rundverkehr in beiden Richtungen die Insel umfahren.

Mietwagen und Zweiradverleih

- ***Rent a car Thássos**, Tel. 25930-22 535, Mietstationen in Thássos, Skála Prínon und Skála Potamías*
- ***Rent a car Olympia**, Tel.: 25930-61 943*
- ***Budget**, Tel.: 25930-23 050*

Parkplatz

200 m vom Hafen entfernt liegt ein Parkplatz. Der Weg dorthin ist vom Hafen her ausgeschildert.

Strände

Besser als die kleinen Stadtstrände sind die nahe gelegenen, auch mit Bussen gut erreichbaren Strände außerhalb der Inselhauptstadt.

Ausflüge

In den Reisebüros werden in der Hochsaison folgende Ausflugsfahrten angeboten:

- ***Inselrundfahrten**:*
  - *mit dem Bus, täglich 10–17.30 Uhr*
  - *mit dem Boot, täglich 18–22 Uhr*
- ***zu den Badebuchten und Stränden von:***
  - ***Makríammos**, Abfahrt 10, 11, 12 und 13 Uhr, Rückkehr 16 und 17 Uhr*
  - ***Golden Beach**, Abfahrt 11 Uhr, Rückkehr 17 Uhr*
  - ***Glyfáda** auf der unbewohnten Insel Papalimáni, Abfahrt 10, 11 und 12 Uhr, Rückkehr 14 und 17 Uhr*
- *mehrtägige Fahrt nach **Istanbul**, 1 x wöchentlich*
- ***Bouzouki-Nacht** mit Wein und Tanz, Sa/So 20–1 Uhr*

Spezialitäten

Sehr geschätzt wird der Honig von Thássos, der in vielen Variationen, z. B. mit Feigen oder Walnüssen angeboten wird.

Außerdem gibt es gute Töpfer- und Lederwaren, die auf der Insel hergestellt werden.

Veranstaltungen

In den Monaten Juli/August finden im alten Theater von Thássos Aufführungen antiker Dramen und Folklore-Veranstaltungen statt.

Lektüre

- *Thássos, Geschichte, Archäologie, Fremdenverkehr, o. J.*
- *Thássos, Inselführer, o. J.*
- *Außerdem werden drei Inselkarten angeboten.*

Weitere Inselorte auf Thassos

ÜBERNACHTUNG IN KÍNIRA

- *C* ***Kinira Beach****, Tel.: 25930-41 383, Fax: 25930-41 384, ruhiges Hotel in Hanglage mit 22 relativ kleinen Zimmern, Swimmingpool und schöner Terrasse, zum Strand sind es ca. 500 m, der kostenlose Hotelbus fährt 3 x täglich zum Paradise-Strand.*
- *C* ***Sylvia****, Tel.: 25930-41 246, Fax: 25930-41 247, das Hotel liegt im Ort und ist von einem großen, gepflegten Garten umgeben. Die 31 Zimmer sind freundlich eingerichtet, Balkon mit Meerblick, kleiner Swimmingpool. Zum Kieselstrand von Kínra sind es nur ca. 50 m; von April bis Oktober geöffnet.*

ÜBERNACHTUNG IN LIMENÁRIA

- *B* ***Green Bay****, Tel.: 25930-53 325, Fax: 25930-53 326, kleines Hotel mit 10 freundlich eingerichteten Zimmern, Restaurant und Swimmingpool, ca. 100 m vom Strand entfernt, von April bis Oktober geöffnet*
- ***D Rodon,*** *Tel.: 25930-52 238, Fax: 25930-52 423, moderne Apartmentanlage am Sandstrand von Tripití. Die 15 Zimmer sind mit einer Küchenzeile eingerichtet; vom Balkon bietet sich ein schöner Blick auf das Meer, von April bis Oktober geöffnet*
- *Außerdem gibt es ein großes Angebot an Privatunterkünften und einige größere Hotels, die überwiegend von ausländischen Reisegesellschaften belegt werden.*

ÜBERNACHTUNG IN MAKRIÁMMOS

- *A* ***Makriammos****, Tel.: 25930-22101, Fax: 25930-22 761, von April bis Oktober geöffnete Hotel- und Bungalowanlage mit 206 Räumen, Restaurant, Bar, Tennis- und Volleyballplätzen, Swimmingpools, Kinderspielplatz und großem Wassersportangebot*
- *Die Sportmöglichkeiten und den gepflegten Sandstrand der Hotelanlage können gegen eine Eintrittsgebühr auch Besucher benutzen.*

ÜBERNACHTUNG IN PANAGÍA

Im Ort gibt es neben einigen kleinen Hotels ein großes Angebot an Privatzimmern.

- *B* ***Dionyssos****, Tel. und Fax: 25930-61 822, freundliche Bungalowanlage mit 33 Zimmern, etwa 300 m vom Strand entfernt*
- *C* ***Thassos Inn****, Tel.: 25930-61 612, Fax: 25930-61 027, ganzjährig geöffnetes Hotel mit 15 Zimmern im Ort, ca. 3,5 km vom Strand entfernt*

ÜBERNACHTUNG IN SKÁLA POTAMIÁS

- *C* ***Delfini****, Tel.: 25930-61 462, Fax: 25930-61 275, kleines, ruhig gelegenes Hotel mit 18 freundlich eingerichteten Zimmern, ca. 200 m vom Strand entfernt, von April bis Oktober geöffnet*
- *C* ***Kavouri****, Tel.: 25930-62 031, das im traditionellen Stil gebaute Hotel mit nett eingerichteten Zimmern und einer Terrasse unter Weinreben liegt gleich am kleinen Fischerhafen, von April bis Oktober geöffnet*
- *Außerdem gibt es zahlreiche private Übernachtungsmöglichkeiten.*

ÜBERNACHTUNG IN SKÁLA PRÍNOU

• *A* **Ilio Mare,** *Tel.: 25930-72 083, Fax: 25930-72 085, das Strandhotel verfügt über 37 Zimmer mit Balkon und einer Küchenzeile, Restaurant und Swimmingpool; der Strand ist nur wenige Schritte entfernt, von April bis Oktober geöffnet*

• *B* **Artemis,** *Tel.: 25930-71 176, Fax: 25930-71 960, das Hotel mit 40 freundlich eingerichteten, geräumigen Zimmern wird familiär geführt; zum Haus, das ca. 80 m vom Strand entfernt liegt, gehören ein Restaurant und ein Swimmingpool.*

• *C* **Kazaviti,** *Tel.: 25930-71 650, Fax: 25930-71 812, das Hotel mit 13 ansprechend eingerichteten Zimmern wird durch ein zweites Gebäude ergänzt, in dem sich gut ausgestattete Studios und Apartments für 2–4 Personen befinden. Alle Zimmer mit Balkon, Swimmingpool; von Mai bis September geöffnet*

Theben Θιβα (Thíva) (S. 530ff)

(PLZ 32 200, Vorwahl 22620)

Wichtige Anschriften und Telefonnummern

- *Polizei: Tel.: 22620-27 549*
- *Ärztliche Versorgung: im Krankenhaus, Tel.: 22620-27 733*

Busverbindungen

- *mit* **Athen** *zwischen 8 und 20 Uhr stündliche Verbindung, Fahrzeit 1 ½ Stunden*
- *mit* **Livadiá** *zwischen 6 und 20 Uhr stündliche Verbindung, Fahrzeit 45 Minuten*

Zugverbindungen

- *mit* **Athen** *8–10 x täglich, Fahrzeit 1 ½ Stunden*
- *mit* **Lamía** *und* **Thessaloníki** *7–9 x täglich*

Übernachtung

Es gibt nur zwei ältere, sehr einfache Hotels, die beide in der Epaminondas-Straße in der Fußgängerzone liegen. Sie verfügen über keinerlei Komfort, sind aber sauber.

• *C* **Meletiou**, *Epaminondas 58, Tel.: 22620-27 333, Fax: 22620-23 334, alle Zimmer mit Bad*

• *C* **Niobe**, *Epaminondas 63, Tel.: 22620-27 949, nicht alle Zimmer verfügen über ein eigenes Bad*

Thérmo Θερμο (S. 496f)

(PLZ 30008, Vorwahl 26440)

Übernachtung

C **Thermios Apollon**, *Tel.: 26440-24024, Fax: 26440-24 025, freundliches Haus mit 12 ordentlich ausgestatteten Apartments*

Thessaloníki Θεσσαλονικι (S. 248ff)

(Vorwahl 2310)

Flugverbindungen

- *von und nach Thessaloníki 1 x täglich mit* **München, Frankfurt, Düsseldorf, Zürich** *und* **Wien**.
- *mit* **Athen** *5–7 x täglich*

Mindestens 1 x täglich gibt es Flugverbindungen nach Ioánnina und zu den griechischen Inseln Kórfu, Límnos, Rhodos, Kreta, Lésbos, Skíathos und Skíros..

Der Flughafen „Makedonia International", Tel.: 2310-473312, Fax: 2310-473390, liegt etwa 16 km südlich der Stadt; die Anfahrt vom Zentrum dauert werktags wegen des starken Verkehrs ca. 1 Stunde.

Vom Flughafen fahren die **Busse** *der Linie 78 ins Zentrum zur Platía Aristotéli.*

Schiffsverbindungen

Fähren und Tragflügelboote verbinden Thessaloníki **in den Sommermonaten** *regelmäßig mit Vólos und den Ägäischen Inseln.*

- **Vólos** *1–2 x wöchentlich*
- **Límnos, Lésbos und Chíos** *1–2 x wöchentlich*
- **Sámos, Kós und Rhódos** *1–2 x wöchentlich*
- **Mykonos, Páros, Santorin und Kreta** *1–2 x wöchentlich*

Tragflügelboote *verkehren* **von Anfang Juni bis Anfang September** *5 x wöchentlich zu den Sporadeninseln Skíathos, Skópelos, Skíros und Alónissos. Die Abfahrtszeiten sind Mo, Mi, Fr und So jeweils um 13.45 Uhr, am Sa um 8 Uhr.*

Eisenbahnverbindungen

- *mit* **Athen** *6–8 x tgl., ca. 7 Std.*
- *mit* **Kozáni** *2–3 x tgl., ca. 4 Std.*
- *mit* **Flórina** *3–4 x tgl., ca. 4 Std.*

Der Bahnhof, Tel.: 2310-51 7517, liegt westlich der Platía Dimokratías, an der Odós Monastíriou.

Busverbindungen

- *mit* **Athen** *4–6 x tgl., ca. 7,5 Std.*
- *mit* **Ioánnina** *4 x tgl., ca. 7 Std.*
- *mit* **Kavála** *4–6 x tgl., ca. 3,5 Std.*
- *mit* **Lárissa** *2–3 x tgl., ca. 3,5 Std.*
- *mit* **Tríkala** *3–4 x tgl., ca. 3,5 Std.*
- *mit* **Alexandrópolis** *2–3 x tgl., ca. 6 Std.*
- *mit* **Vólos** *2–3 x tgl., ca. 3,5 Std.*
- *mit* **Pátras** *1–2 x tgl., ca. 7,5 Std.*

Der **Busbahnhof**, *Tel.: 2310-51 41 11 und 2310-51 0834, liegt im Westen der Stadt, in der Nähe des Hauptbahnhofs. Die Abfahrtsstelle der Überlandbusse liegt in der Odós Monastíriou, während die Busse zur Halbinsel Chalkidikí im Osten der Stadt in der Odós Karaskasí abfahren.*

Wichtige Anschriften und Telefonnummern

- ***Touristeninformation***: *in der Griechischen Zentrale für Fremdenverkehr:*
  - *Mitropoleos 34, Tel.: 2310-22 2935, Fax: 2310-26 5504*
  - *am Flughafen, Tel.: 2310-42 5011*
- ***Touristenpolizei***: *4 Dodekanissou, Tel.: 2310-55 4871*
  - *Flughafen, Tel.: 2310-42 5011*
  - *Bahnhof, Tel.: 2310-51 7000*

- **Deutsches Konsulat**: Karolou Diehl 4, Tel.: 2310-22 4911, Fax: 2310-24 0393
- **Österreichisches Konsulat**: Odos Egnatia, Tel.: 2310-23 6500 oder 2310-22 8184
- **Schweizer Konsulat**: Leoforos Nikis, Tel.: 2310-23 4442
- **Hauptpostamt**: Tsimskistraße 23
- **Telefonamt O.T.E.**: Vas. Irakliou 55
- **Olympic Airways**: Komninon 2, Tel.: 2310-61 221
- **Goethe-Institut**: 66 Vas. Olagas, Tel.: 2310-88 96 10, Fax: 2310-23 91 69

Übernachtung

Die Hotelgäste Thessaloníkis sind in erster Linie Geschäftsleute. Da die Stadt nur begrenzt Bademöglichkeiten bietet, fahren die meisten Urlauber zu den Ferienorten auf der Halbinsel Ckalkídiki weiter und besuchen Thessaloníki dann auf Tagesausflügen.

- L **Makedonia Palace**, Megálou Aléxandrou, Tel.: 2310-83 7520-9, Fax: 2310-89 7211, erstklassiges, ganzjährig geöffnetes Hotel mit internationalem Publikum und 287 komfortablen Zimmern, Bar, Restaurant, Kongressräumen, Dachgarten, in zentraler Lage
- A **Electra Palace**, Platía Aristotélou 5a, Tel.: 2310-23 2221, ganzjährig geöffnetes, traditionsreiches Hotel am zentralen Platz der Stadt mit 131 Zimmern, zwei Restaurants, Bar, Café, Geschäften und neu gestaltetem Wellnessbereich; einen schönen Blick auf den Thermäischen Golf bietet das Restaurant auf dem Dachgarten
- A **Holiday Inn Thessaloniki**, 8 Monastíriou, Tel.: 2310-56 3100, Fax: 2310-56 3101, das Hotel liegt nur etwa 200 m vom Bahnhof entfernt, die 178 Zimmer sind gut ausgestattet, guter Service
- A **Capsis Traditional**, 18 Monastíriou, Tel.: 2310-52 1321, Fax: 2310-51 0555, Thessalonikis größtes Stadthotel mit 428 komfortablen Zimmern
- A **Philippion**, Dassos Seich-Sou, Tel.: 2310-20 3320, Fax: 2310-21 8528, großes, gepflegtes Hotel mit 87 angenehm eingerichteten Zimmern und schöner Gartenanlage mit Swimmingpool, ca. 5 km außerhalb der Stadt in ruhiger Grünlage
- B **Astoria**, Tsimíski 20, Tel.: 2310-52 7121, Fax: 2310-53 1564, Restaurant, Dachgarten, Parkplätze, zentral an einer der Hauptstraßen gelegen
- B **Olympia**, Olympou 65, Tel.: 2310-23 5421, Fax: 2310-27 6133, gutes Mittelklassehotel mit 111 Zimmern, Restaurant, Parkmöglichkeiten in relativ ruhiger Lage
- B **Queen Olga**, Vassilissis Olga 44, Tel.: 2310-82 4621, Fax: 2310-83 0550, älteres Hotel mit 148 Zimmern, Restaurant, Dachgarten und Parkmöglichkeit, relativ ruhig
- B **ABC**, Angelaki 41, Tel.: 2310-26 5421, Fax: 2310-27 6542, Hotel mit 99 Zimmern in der Nähe der Universität, das Zentrum ist zu Fuß zu erreichen,
- C **Amalia**, Hermou 33, Tel.: 2310-26832, Fax: 2310-23 3356, kleineres Hotel mit 66 Zimmern, in der Nähe der Markthallen

Hinweis

In den vergangenen Jahren wurde der Versuch unternommen, in denkmalgeschützten, aufwändig restaurierten Häusern Hotels der gehobenen Klasse einzurichten; weitere Projekte sind geplant, z. B. in einer ehemaligen Gerberei.

- A **Kinissi Palace**, Egnatías 41/Syngroú, Tel.: 2310-50 8081, Fax: 2310-52 3904, 52 geräumige, ansprechend eingerichtete Zimmer, im Zentrum von Thessaloníki
- B **Egnatia**, Antigonídon 16, Tel.: 2310-53 0675, Fax: 2310-53 1761, mit 48 sehr schönen Zimmern, zentral gelegen

Restaurants

Einladend sind die schönen Cafés am Aristoteles-Platz und in der Parkanlage am Weißen Turm, wo man bei köstlichen Eisspezialitäten oder einem Café frappé das Großstadtleben beobachten kann. Das Angebot an Restaurants ist vielseitig; originell sind die winzigen Esslokale in den Markthallen, in denen schmackhafte Kleinigkeiten serviert werden.

© igraphic

- *Olympus-Verria, 6, Odós Chapsa, Tel.: 2310-541778, bekannte Spezialitäten aus Nordgriechenland werden in diesem gemütlichen Restaurant serviert, im Hochsommer täglich außer sonntags geöffnet*
- *Aiolia, 10, Odós Mykonos, Tel.: 2310-901167, köstliche Fischgerichte und eine reiche Auswahl an makedonischen Vorspeisen laden zum Genießen ein.*
- *Jenti, 13 Odós Paparéfka, Tel.: 2310-246495, die Taverne, in der Sie dienstags, donnerstags und freitags Rembetika-Musik erleben können, liegt in der Oberstadt am Eingang zur alten Zitadelle; täglich geöffnet von 12 bis 1 Uhr nachts.*

Ein besonderer Anziehungspunkt ist das berühmte ***Kulturzenrum „Mylos"****, Odós Andréou Georgíou, Tel.: 2310-551836, mit zahlreichen Jazz-, Blues- und Pop-Konzerten. Hier gibt es eine große Auswahl an Cafés, Restaurants und Bars, wo Sie einen Kaffee, ein gutes Essen oder einen Drink genießen können.*

Mietwagen

- ***Avis****, Nikis Avenue 3, Tel.: 2310-22 7126*
  - *Flughafen, Tel.: 2310-47 3858*
  - *Makedonia Palace, Tel.: Megálou Aléxandrou, Tel.: 2310-83 7520*
- ***Budget****, Angelaki 15, Tel.: 2310-22 95 19*
  - *am Flughafen, Tel.: 2310-49 1491*
- ***Europcar****, am Flughafen, Tel.: 2310-47 3508*
- ***Eurodollar****, Ethn. Antistaseos 157, Tel.: 2310-45 6630*
- ***National Rent a Car****, Vas. Olgas 48, Tel.: 2310-85 3856*
- ***Thrifty Car Rental****, Angelaki 5, Tel.: 2310-24 1241*

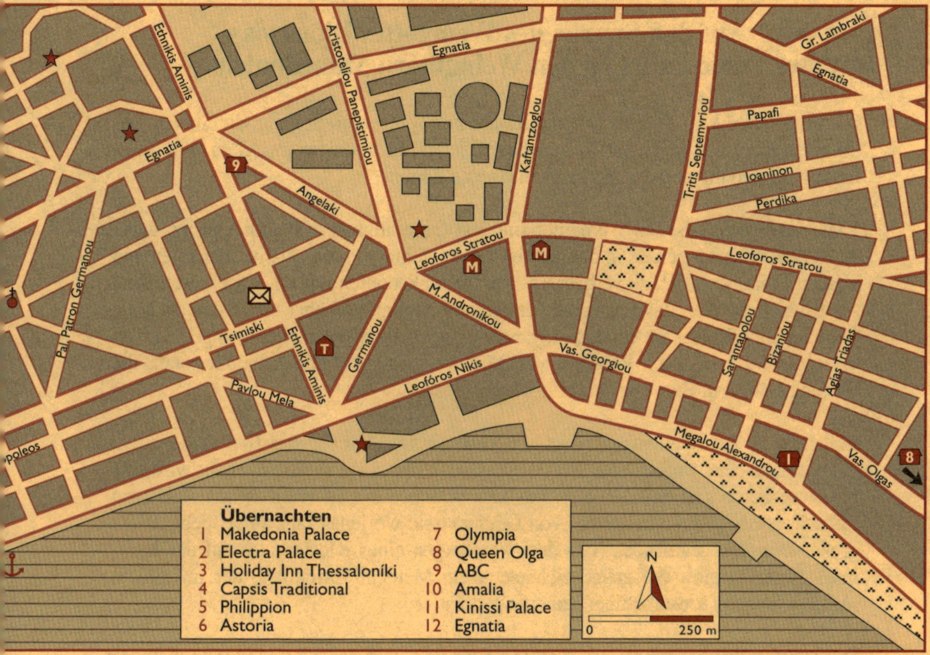

Geschäfte

Die Auswahl an Geschäften und Waren ist groß und von internationalem Standard. Interessant ist der Gegensatz zwischen den eleganten Geschäften der großen Einkaufsstraßen Odós Tsimíski und Odós Mitropóleos und den Ständen in den Markthallen. Empfehlenswert sind Kupfer- und Silberwaren, die teilweise in winzigen Werkstätten hergestellt werden. Sehr groß und preiswert ist das Markenangebot der Sportgeschäfte in der Odós Tsiminski.

Im Archäologischen Museum gibt es Reproduktionen von ausgewählten Museumsstücken.

Ausflüge

Organisierte Stadtrundfahrten werden 3 x wöchentlich mittwochs, freitags und samstags von 10 bis 12.30 Uhr durchgeführt. Sie können in allen Reisebüros gebucht werden.

Reisebüros und Reiseveranstalter bieten Ausflugsfahrten zu den makedonischen Königsgräbern, zum Berg Olymp und zur Mönchsrepublik Áthos an. Außerdem gibt es mehrtägige Rundreisen zu den klassischen Stätten Griechenlands.

INFO Auf den Spuren des Weingottes Dionysos – eine Fahrt zu den Weingütern Makedoniens

Folgen Sie den Vorschlägen der Makedonischen Winzervereinigung, die Sie auf vier „Weinstraßen" zu den besten Weinanbaugebieten Makedoniens zwischen dem Bergmassiv des Olymp und der thrakischen Grenze führen.

Viele der makedonischen Weingüter sind seit Generationen in Familienbesitz; dabei ist es den Winzern gerade in den letzten Jahren gelungen, die Qualität der roten und weißen Weine deutlich zu verbessern. Die für Makedonien typischen Rebsorten sind Asyrtiko, Krassato, Stavoto, Syrah Limnio und Xinomavro, aber es werden auch die französischen Rebsorten Chardonnay, Merlot und Cabernet Sauvignon angebaut. Die Weinlese findet je nach Rebsorte von Mitte August bis Anfang Oktober statt, die Reifung erfolgt in Barriques und Flaschen.

Ein Zentrum des Weinanbaus liegt bei **Náoussa** am Südhang des Berges Vérmion, wo auf sand- und tonhaltigem Boden die Edeltraube Xinomavro angebaut wird; die rubinrote Farbe und das reiche Aroma kennzeichnen diesen Wein. In der Nähe von **Pélla** liegt das Weinanbaugebiet von Goumeníssa, wo jedes Jahr am 1. Februar ein großes Weinfest stattfindet. Von den Weinbergen eines Klostergutes auf der Halbinsel Áthos stammt der ausgezeichnete Wein Metochi Chromitsa, der im milden Meeresklima auf kieselhaltiger Tonerde gedeiht.

Die meisten Winzer haben ihre Weingüter für Besucher geöffnet, kleine Weinstuben zum Verkosten der Weine oder sogar ein eigenes „Museum" mit alten Werkzeugen und Fotos eingerichtet.

Routenvorschläge

- die **Weinstraße der Olympischen Götter**, u.a. mit den Weingütern von Tsantalis und der Domäne Katsaros
- die **Weinstraße der makedonischen Könige**, u.a. mit den Weingütern von Boutaris, Tsantalis und der Vegoritis Winery
- die **Weinstraße der Chalkidikí**, u.a. mit den Weingütern von Tsantalis und der Domäne Pórto Cárras
- die **Weinstraße des Dionysos**, u.a. mit den Weingütern von Maronia Winery, der Domäne Pavlidi und Konstantin Lazaridi

Wenn Sie den Routenvorschlägen folgen, werden Sie auch die touristischen Höhepunkte Makedoniens kennen lernen, denn die Fahrt führt Sie auch zu interessanten Ausgrabungsstätten, traditionellen Dörfern, venezianischen Festungen und schönen Stränden.

i ***Information***
Makedonische Winzervereinigung, Helexpo, Egnatias 154, 54006 Thessaloníki, Tel.: 2310-281632, Fax: 2310-281619, www.wineroads.gr

Strände

Im Stadtgebiet Thessaloníkis gibt es keine empfehlenswerten Bademöglichkeiten, da das Wasser sehr unsauber ist. Viel besucht sind deshalb die südlicher gelegenen Strände bei Peréa und Agia Triáda, zu denen häufige Busverbindung besteht, und die Strände auf der Chalkidikí.

Buchtipp

Papajannopoulos Apostolos, Baudenkmäler Thessalonikis, Athen o.J.

Radiosender

Seit drei Jahren gibt es bei City International von montags bis freitags jeweils von 11.30 Uhr bis 12.30 Uhr ein deutschsprachiges Unterhaltungsprogramm mit Nachrichten, Informationen und Tipps auf der Frequenz FM 106.1.

Übersicht über einige interessante Museen

Die mit der Wahl Thessaloníkis zur Kulturhauptstadt Europas 1997 verbundenen finanziellen Zuschüsse der griechischen Regierung und der EU wurden u.a. zur Einrichtung und Gestaltung der städtischen Museen genutzt. Die interessantesten Museen sind

- *das* ***Archäologische Museum****, 6 Odós Manóli Andrónikou, Tel.: 2310-83 0538, Öffnungszeiten: Mo 12.30–19 Uhr, Di–So 8–19 Uhr, Eintritt: 5 €:*
- *das* ***Byzantinische Museum****, 2, Leofóros Strátou, Tel.: 2310-86 8570, Öffnungszeiten: Mo 12.30–19 Uhr, Di–So 8–19 Uhr, Eintritt: 3 €*
- ***Museum im Weißen Turm****, Leofóros Níkis, Tel.: 2310-26 7832, Öffnungszeiten: Di–So 8.30–15 Uhr, Mo geschlossen, Eintritt: frei. Das Museum zeigt Waffen, Trachten, Fotos und Dokumente aus der Zeit der Befreiungskriege.*
- ***Museum des Makedonischen Freiheitskampfes****, 23, Proxenou Koromila, Tel.: 2310-22 9778, Öffnungszeiten: Di–Sa 9–14 Uhr, So 11–14 Uhr, Mo geschlossen, Eintritt frei*
- ***Ethnologisches Museum von Makedonien und Thrakien****, 68 Odós Vass. Olgas, das Museum ist zurzeit geschlossen; es enthält eine interessante Ausstellung mit Modellen regionaler Hausbauten, Webstühlen, Trachten, Schmuckgegenständen, Holzschnitzereien, Musikinstrumenten, Möbeln u.a.*
- ***Jüdisches Museum von Thessaloniki****, 13, Agiou Mina Street,, Tel.: 2310-25 0406, Öffnungszeiten: Di, Fr und So von 11–14 Uhr, Mi und Do von 11–14 Uhr und von 17–20 Uhr*
- ***Wasser-Museum von Thessaloníki****, 49, Odós 28. Oktovríou, Tel.: 2310-51 4029, das 1890 gebaute Wasserwerk, das die Stadt Thessaloníki mit Wasser versorgte und bis 1978 in Betrieb war, wurde 1997 als Industriemuseum eröffnet; Eintritt frei*
- ***Kulturzentrum Nordgriechenlands****, 108, Odós. Vass. Olgas, Tel.: 2310-82 0240, Öffnungszeiten: Di–So 10–14 Uhr und 18–21 Uhr, Mo geschlossen. Wechselausstellungen zur Geschichte Nordgriechenlands und Ausstellungen moderner griechischer Künstler in einem 1898 gebauten und sorgfältig restaurierten Herrenhaus; im Juli und August geschlossen*
- ***Städtische Kunstgalerie****, 162 Odós Vass. Olgas/25. Martíou, Öffnungszeiten: Di–Fr 9–13 Uhr und 17–21 Uhr, Sa 17–21 Uhr, So 9–13 Uhr, in der 1905 für den türkischen Kommandeur Seifoulah Pascha gebauten „Villa Mordoch" gibt es eine sehenswerte Ikonensammlung und Ausstellungen moderner Kunst.*
- ***Museum für antike, byzantinische und nachbyzantinische Musikinstrumente****, Katouni 12–14, Tel.: 2310-55 5263, mehr als 200 Nachbildungen alter Musikinstrumente sind hier ausgestellt, außerdem gibt es eine Musikbibliothek. Im Auditorium finden regelmäßig Konzerte statt.*

Tolofónas Τολοφονας (S. 506)

(PLZ 33058, Vorwahl 22660)

Übernachtung

*B **Delfi Beach Club**, Tel.: 22660-31 237, Fax: 22660-31 257, moderne Hotelanlage mit Tennisplatz und Bootsverleih, nur wenige Schritte vom Kieselstrand entfernt, ganzjährig geöffnet*

Toróni Τορονι (S. 306)

(PLZ 63072, Vorwahl 23750)

Busverbindungen

- *mit **Thessaloníki** 2 x täglich*
- *mit **Sárti** 2 x täglich*

Übernachtung

- *C **Lainis**, Tel. und Fax: 23750-51 209, das ansprechende, kleine Hotel mit freundlich eingerichteten Zimmern und Studios liegt nur wenige Schritte vom Meer entfernt, von einem Garten umgeben; mit Restaurant*
- *C **Basil**, Tel.: 23750-51 220, modernes Hotel mit 37 Zimmern, die mit Küche und Kühlschrank eingerichtet sind. Das Hotel liegt nur 20 m vom Sandstrand entfernt.*

Tríkala Τρικαλα (S. 458)

(PLZ 42100, Vorwahl 24310)

Busverbindungen

- *nach **Athen** 6–8 x täglich*
- *nach **Vólos** 4 x täglich*
- *nach **Thessaloníki** 4–6 x täglich*
- *nach **Ioánnina** 2 x täglich*
- *nach **Lárissa** stündlich*

*Die Busse nach **Kalambáka**, **Kastráki** und **Metéora** verkehren je nach Saison mehrmals pro Stunde. Der Busbahnhof liegt in der Odós Garibáldou.*

Übernachtung

Alle Hotels sind ganzjährig geöffnet.

- *B **Achillion**, Platia Vassileos Georgiou 1–3, Tel.: 24310-28 192, Fax: 24310-74 858, das Hotel mit 56 ordentlichen Zimmern liegt am zentralen Platz, gleich neben dem Fluss Litheos.*
- *B **Divani**, Dionyssiou 13, Tel.: 24310-27286, Fax: 24310-20 519, das ganzjährig geöffnete Hotel mit 63 modern eingerichteten Zimmern liegt ebenfalls am Litheos-Fluss.*
- *C **Palladion**, Vyronos 4, Tel.: 24310-28091, kleines Hotel mit 18 freundlich eingerichteten Zimmern*

Tríkeri Τρικερι (S. 472)

(PLZ 37009, Vorwahl 24230)

Busverbindungen
mit ***Vólos*** *2 x täglich*

Schiffsverbindungen
(vom Hafen Agía Kiriakí aus)

- *mit* ***Vólos*** *1 x täglich*
- *mit den* ***Sporadeninseln*** *1–2 x/Woche*

Übernachtung

- *Es gibt einige einfache Privatunterkünfte in Tríkeri und im benachbarten Weiler Mílos. Lambis, Tel.: 24230-91 587*

Auf der Insel ***Paléo Tríkeri*** *gibt es ebenfalls einfache Übernachtungsmöglichkeiten.*

- *C* ***Galatia****, Tel.: 24230-55 505, neues Haus mit 16 Apartments für 2–4 Personen, ca. 200 m vom Strand entfernt, von April bis Oktober geöffnet*
- *E* ***Palio Tríkeri****, Tel.: 24230-91 432, ganzjährig geöffnetes Hotel mit 21 einfachen Zimmern*

Tripití Τριπιτι (S. 313)

Bootsverbindungen
Die Boote nach Amouliani verkehren zwischen 7 und 20 Uhr mehrmals täglich, in der Regel im 2-Stunden-Takt. Die einfache Fahrt kostet 0,80 €, PKW 6,50 €.

Trizónia Τριζονια (S. 505)

(PLZ 33058, Vorwahl 22660)

Bootsverbindungen
mit ***Glidáda/Chánia*** *auf dem Festland*
In den Sommermonaten fahren die Boote

- *ab* ***Trizónia****: 10.15; 11.30; 14.00; 15.00; 16.30; 17.45; 19.15; 20.00 und 21.00 Uhr*
- *ab* ***Xania****: 10.30; 12.00; 14.30; 15.15; 16.45; 18.00; 19.30; 20.15 und 21.15 Uhr*

Außerhalb der Hochsaison fahren die Boote seltener, Absprachen sind aber möglich.

Übernachtung
C ***Drymna****, Tel.: 22660-71 204, Fax: 22660-71 304, das kleine Hotel mit 11 Zimmern ist im traditionellen Stil am Hang gebaut und bietet einen schönen Blick auf die Bucht und den Hafen von Trizónia, von April bis Oktober geöffnet.*

Tsangaráda Τσαγγαραδα (S. 469)

(PLZ 37012, Vorwahl 24260)

Übernachtung

Besonders reizvoll ist das Wohnen in den alten Herrenhäusern, die mit viel Sorgfalt und Liebe restauriert wurden.

- *A* **Kastanies**, *Tel.: 24260-49 135, Fax: 24260-49 169, das freundliche Hotel verfügt über 5 Zimmer, die jeweils mit einer Küchenzeile und Bad ausgestattet sind. Ausruhen können Sie sich im Garten im Schatten alter Walnussbäume.*
- *A* **Fakistra**, *Tel.: 24260-49 166, das im traditionellen Stil gebaute Haus mit 6 ansprechend eingerichteten Zimmern liegt ruhig in einem großen Garten; der Strand von Milopótamos ist 3 km entfernt.*
- *B* **Thymeli**, *in Agií Giorgis, Tel. und Fax: 24260-49 595, das ruhig gelegene Bauernhaus aus dem Jahre 1857 wurde liebevoll restauriert und im traditionellen Stil eingerichtet. Die 6 Zimmer verfügen über Dusche oder Bad; der Garten steht den Gästen zur Verfügung; ganzjährig geöffnet.*
- *B* **Pilio Holiday Club**, *Tel.: 24260-49 400, Fax: 24260-49 355, die Hotelanlage wurde mit mehreren Häusern wie ein Piliondorf an den Hang gebaut. Die Zimmer sind im traditionellen Stil eingerichtet, von den Balkons bietet sich ein schöner Blick auf das Meer; in der Anlage gibt es einen großen Swimmingpool. Zum Milopótamos-Strand und nach Tsangaráda sind es jeweils ca. 3 km; gute Wandermöglichkeiten in den Wäldern der näheren Umgebung.*
- *C* **The Lost Unicorn**, *Tel.: 24260-49 930, Fax: 49 931, das kleine, ganzjährig geöffnete Hotel hat 10 freundlich eingerichtete Zimmer.*
- *C* **Diogenis**, *Tel.: 24260-49 519, das ganzjährig geöffnete Hotel verfügt über 10 traditionell eingerichtete Zimmer und einen gemütlichen Kamin.*

Vergína Βεργινα (S. 276ff)

(PLZ 59031, Vorwahl 23310)

Touristenpolizei

Tel.: 23310-22 391

Übernachtung

Dimitra, *Tel.: 23310-63 125, kleines Haus mit 8 Zimmern mit kleiner Küchenzeile*

Véria Βερια (S. 275)

(PLZ 59100, Vorwahl 23310)

Zugverbindungen

- *mit* **Thessaloníki** *4–6 x täglich*
- *mit* **Édessa** *6–8 x täglich*
- *mit* **Flórina** *2–3 x täglich*

Busverbindungen

- mit *Thessaloníki* 6–8 x täglich
- mit *Náoussa* 2–3 x täglich
- mit *Athen* 2–3 x täglich
- mit *Édessa* 2–3 x täglich
- mit *Kozáni* 6–8 x täglich

Übernachtungen

- B *Makedonia*, 50 Kontogeorgaki, Tel.: 23310-66 902, Fax: 23310-27 900, das Stadthotel ist ganzjährig geöffnet und verfügt über 39 ordentliche Zimmer.
- C *Veria*, Tel.: 23310-93 456, Fax: 23310-93 556, etwas außerhalb der Stadt gelegenes Hotel mit 48 Zimmern, ganzjährig geöffnet
- C *Villa Elia*, Elias 10, Tel.: 23310-26800, Fax: 23310-21 880 ganzjährig geöffnetes Hotel mit 35 einfachen Zimmern

Vizítza Βιζιτσα (S. 470)

(PLZ 37010, Vorwahl 24230)

Übernachtung

Sehr reizvoll ist das Wohnen in den alten, sehr schön restaurierten Herrenhäusern (Archontiká), die meist nur über wenige, sehr individuell eingerichtete Zimmer verfügen und einen geruhsamen Aufenthalt versprechen. Die traditionellen Pilionhäuser sind ganzjährig geöffnet.

- L *Glorious Peleys Castle Hotel*, Tel.: 24230-86 671, Fax: 24230-86 611, in dem herrschaftlichen Gebäude aus dem Jahre 1791 wurde ein exklusives, mehrfach ausgezeichnetes Hotel mit nur 11 elegnaten Zimmern eingerichtet.
- L *Archontiko Michopoulou*, Tel.: 24230-86 860, Fax: 24230-86 862,
- A *Archontiko Blana*, Tel.: 24230-86 840, Fax: 24230-43 614,
- A *Archontiko Dimou*, Tel.: 24230-86 718, Fax: 24230-21 222,
- A *Archontiko Karagianopoulou*, Tel.: 24230-86 717, Fax: 24230-86 878
- A *Archontiko Kontou*, Tel.: 24230-86 793, Fax: 24230-210-80 65341
- A *Archontiko Vafiadi*, Tel.: 24230-86 765, Fax: 24230-86 045
- A *Montana*, Tel. und Fax: 24230-86 900, sieben stilvoll eingerichtete Zimmer stehen in dem in charakteristischer Bauweise errichteten Haus zur Verfügung.
- C *Xenonas Thetis*, Tel.: 24230-86 111, ganz im traditionellen Stil der Piliondörfer gebautes und eingerichtetes Gästehaus mit 8 Zimmern, teilweise mit eigenem Bad. Das gepflegte Hotel ist ganzjährig geöffnet.

Vólos Βολος (S. 459f)

(PLZ 38221, Vorwahl 24210)

Busverbindungen in den Sommermonaten

- mit *Athen* 5–7 x täglich, Fahrzeit knapp 6 Stunden
- mit *Thessaloníki* 3–4 x täglich, Fahrzeit ca. 3 Stunden
- mit *Lárissa* 6–8 x täglich, Fahrzeit ca. 1 Stunde
- mit den *Píliondörfern* 2–3 x stündlich, Fahrzeit je nach Entfernung bis zu 3 Stunden
- mit *Kalambáka* 2–4 x täglich, Fahrzeit ca. 3 Stunden

Zugverbindungen in den Sommermonaten

- *mit* **Athen** *1–2 x täglich*
- *mit* **Thessaloníki** *1–2 x täglich*

Fahrplanauskunft erhalten Sie unter der Rufnummer 24210-28 55.

Verbindungen mit Autofähren und Tragflügelbooten

Vólos ist ein wichtiger Hafen für den Schiffsverkehr zu den Nördlichen Sporaden und nach Euböa. Während die Fähren auch Lastwagen und PKW befördern, sind die geschlossenen Tragflügelboote nur für den Passagierdienst geeignet. Die Preise für Fahrten mit den schnelleren „Flying Dolphins" sind deutlich teurer. Für das Übersetzen mit dem PKW zu den Sporaden ist eine rechtzeitige Reservierung nötig, Tel. 24210-23400, 24210-21626 und 24210-31059. Die Schiffsagenturen liegen direkt am Hafen.

- *mit* **Skíathos** *2–3 x täglich*
- *mit* **Alónissos** *1–2 x täglich*
- *mit* **Skópelos** *2–3 x täglich*
- *mit* **Skíros** *1–2 x täglich*

Fahrzeiten der Tragflügelboote *ab Vólos*

- *nach* **Skíathos** *ca. 2 Stunden*
- *nach* **Alónissos** *ca. 2,5 Stunden*
- *nach* **Skópelos** *ca. 2 Stunden*
- *nach* **Skíros** *ca.3 Stunden*

Wichtige Anschriften und Telefonnummern

- ***Touristeninformation:*** *Griechische Zentrale für Fremdenverkehr, Platía Ríga Fereoú, Tel.: 24210-23 500, Fax: 24210-24 750, Mo–Fr 8–14.30 Uhr*
- ***Touristenpolizei:*** *Oktovríou 179, Tel.: 24210-72 421 und 24210-27 094*
- ***Post:*** *Odós Pávlou Méla 63*
- ***Telefonamt O.T.E.:*** *Odós Eleftheríou Venizélou/Iólkou 22, Tel.: 24210-23399*
- ***Deutsches Honorarkonsulat:*** *Leofóros Dimitriádos 251, Tel.: 24210-25 379, Fax: 24210-35 012*
- ***Automobilclub ELPA:*** *Odós Grigoríou Lambráki 2, Tel.: 24210-25001*
- ***Ärztliche Versorgung:*** *im Krankenhaus, Odós Poliméri 134, Tel.: 24210-27 531*

Übernachtung

Alle Hotels sind ganzjährig geöffnet.

- *B* **Alexandros**, *3 Topali/Iassonos, Tel.: 24210-31 221, Fax: 24210-31 224, Stadthotel mit 78 modern eingerichteten Zimmern in der Nähe des Einkaufszentrums*
- *B* **Aegli**, *Argonafton 24, Tel.: 24210-25 691, Fax: 24210-33 006, renoviertes Hotel am Westhafen mit 87 geräumigen Zimmern*
- *B* **Nefeli**, *Koumoundourou 10, Tel.: 24210-30 211, Fax: 24210-35 616, modernes Hotel im Stadtzentrum, wenige Schritte zum Hafen*
- *B* **Park**, *Deligiorgi 2, Tel.: 24210-36 511, Fax: 24210-28 645, das moderne Hotel liegt in der Nähe des Stadtparks, ca. 1 km vom Hafen entfernt*
- *C* **Filippos**, *Solonos 9, Tel.: 24210-37 607, Fax: 24210-39 550, gepflegtes Haus mit 39 Zimmern*
- *C* **Apolafsi**, *2 Kolchidos/Alykes, Tel.: 24210-88 298, das in der Nähe des Hafens gelegene Haus verfügt über 21 moderne Apartments für 2–4 Personen*

Strände

Durch die Ansiedlung von Industriebetrieben und aufgrund des regen Schiffsverkehrs ist das Wasser in der Bucht von Vólos so verschmutzt, dass es sich nur bedingt zum Baden eignet. Bessere Bademöglichkeiten finden Sie an den Stränden des nahe gelegenen Pílion-Gebirges.

Vónitsa Βονιτσα (S. 407)

(PLZ 30002, Vorwahl 26430)

Fährverbindungen

Fähren verbinden das nahe gelegene **Aktion** *mit* **Préveza** *und führen an die Westküste Griechenlands: täglich: 7–19 Uhr alle 30 Minuten, 19–22 Uhr jede volle Stunde. Fahrkarten erhalten Sie in den Büros an der Anlegestelle; die Überfahrt dauert ca. 10 Minuten. Preise für die Überfahrt: pro Person 0,25 €, pro PKW 2,5 €*

Übernachtung

- *B* **Bel Mare**, *Odós Dimárchou, Tel.: 26430-22 394, Fax: 26430-22 564, das Hotel mit 29 ansprechend eingerichteten Zimmern liegt direkt am hübschen Fischerhafen, mit Restaurant*
- *C* **Vonitsa**, *Tel. 26430-22 594, das nette Hotel mit 34 Zimmern liegt etwas außerhalb der Ortschaft direkt am Strand.*
- *C* **Pegasus**, *Tel.: 26430-23 480, Fax: 26430-22 242, das kleine, ganzjährig geöffnete Hotel verfügt über 16 ordentliche Zimmer; es liegt ca. 50 m vom Strand entfernt.*

Vourvouroú Βουρβουρου (S. 308)

(PLZ 63078, Vorwahl 23750)

Übernachtung

- *B* **Manor House**, *Tel.: 23750-91 000, Fax: 23750-91 416, das nach ökologischen Kriterien gebaute Haus liegt nahe am Meer und verfügt über zweckmäßig eingerichtete Zimmer mit Balkon und ist von April bis Oktober geöffnet.*
- *C* **Villa Anna**, *Tel.: 23750-91 410, Fax: 23750-91 482, die gut ausgestatteten Studios für 2 Personen sind von einem großen Garten und Pinienwald umgeben. Von den Balkons bietet sich ein schöner Blick auf die weite Bucht; zum Strand von Vourvouroú sind es nur wenige Schritte, von April bis Oktober geöffnet*
- *C* **Thalassokipos**, *Tel.: 23750-31 945, Fax: 23750-32 065, oberhalb der Bucht gelegenes Haus mit schönem Weitblick; alle 16 Zimmer sind mit Küchenzeilen eingerichtet und haben einen Balkon; von April bis Oktober geöffnet*
- *C* **Psarogiannis Studios**, *Tel. und Fax: 23750-91 292, familiär geführtes Haus mit 16 Zimmern mit Balkon und Meerblick, sowie Restaurant und Café. Das Haus ist nur ca. 50 m vom Strand entfernt, von April bis Oktober geöffnet.*

Xánthi Ξανθι (S. 338)

(PLZ 67100, Vorwahl 25410)

Zugverbindungen

- *mit* **Thessaloníki** *4 x täglich*
- *mit* **Dráma** *4 x täglich*
- *mit* **Kavála** *4–6 x täglich*
- *mit* **Alexandroúpouli** *4 x täglich*

Busverbindungen

- *mit* **Thessaloníki** *2–3 x täglich*
- *mit* **Alexandroúpouli** *2–4 x täglich*
- *mit* **Dráma** *3–5 x täglich*
- *mit* **Komotoní** *2–3 x täglich*

Übernachtung
Alle Hotels in Xánthi sind ganzjährig geöffnet.
• *A* **Zita Palace**, *G. Kondyli, Tel.: 25410-64 414, Fax: 25410-64 410, großes, komfortables Hotel mit 101 geräumigen Zimmern, das überwiegend von Geschäftsleuten besucht wird, mit Swimmingpool, Fitnessräumen, Parkplätzen und französischem Restaurant*
• *B* **Helena**, *Leofórous Strátos & Tsaldari, Tel.: 25410-3 901, Fax: 25410-63 906, neues, komfortables Hotel mit Restaurant und Parkmöglichkeiten*
• *B* **Natassa**, *Tel. 25410-21 521, Fax: 25410-21 525, am Ortsanfang, an der Straße von Xánthi nach Kavála gelegenes Motel mit 75 Zimmern, Restaurant und Parkplatz*
• *C* **Demokritos**, *28. Oktovriou 41, Tel.: 25410-25111, Fax: 25410-25 537, einfaches Stadthotel mit 40 Zimmern*
• *C* **Orfeas**, *40 M. Karaoli, Tel.: 25410-20 121, Fax: 25410-20 998, freundliches Hotel mit 38 ansprechend eingerichteten Zimmern im Zentrum*

Zagorá Ζαγορα (Pilion) (S. 467)

(PLZ 37001, Vorwahl 24260)

Busverbindungen
Es bestehen mehrmals täglich Busverbindungen mit ***Vólos****.*

Übernachtung
• *A* **Antonios Tassios**, *Tel.: 24260-23 038, das Haus verfügt über 10 gut eingerichtete Apartments und ist als Ausgangpunkt für Wanderungen sehr geeignet.*
• *A* **Archontiko Konstantinidi**, *Tel.: 24260-23 391, Fax: 24260-22 671 in dem ehemaligen Herrenhaus wurden 9 Zimmer wohnlich eingerichtet.*
• *A* **Archontiko Gaghianni**, *Tel.: 24260-23 391, Fax: 24260-22 671, das 200 Jahre alte Herrenhaus wurde zu einem kleinen Hotel mit 9 komfortablen Zimmern umgebaut, die im traditionellen Stil eingerichtet sind. Im Restaurant werden griechische Spezialitäten serviert.*
• *E* **Charavgi**, *Tel.: 24260-22 550, Fax: 24260-22 876, einfaches, familiär geführtes Hotel mit 10 sauberen Zimmern*

Zagoriá-Dörfer Ζαγορια (S. 399)

(PLZ 44004, Vorwahl 26530)

Übernachtung
Da die Zahl der Übernachtungsmöglichkeiten beschränkt ist, empfiehlt es sich, rechtzeitig ein Zimmer zu bestellen. Die Zimmerpreise in den restaurierten Herrenhäusern sind vergleichsweise hoch.

IN PÁPINGO
• **Xenonas Kallipo**, *Tel.: 26530-41 081, schönes Steinhaus mit 7 ansprechend, im epirotischen Stil eingerichteten Zimmern mit Du/WC, teilweise mit Kamin; im Restaurant werden traditionelle Gerichte serviert, ganzjährig geöffnet*
• **Xenonas Lakis**, *Tel.: 26530-41 120, im traditionellen Stil gebautes Haus mit 5 Zimmern mit Dusche/WC, Heizung und Telefon; von den Zimmern bietet sich ein schöner Blick auf die Berge, ganzjährig geöffnet*

- *__Dias__, in Mikró Pápingo, Tel.: 26530-41 257, Fax: 26530-41 892, Steinhaus mit 12 Zimmern mit Du/WC und Heizung und einem Restaurant mit schöner Aussicht; Bushaltestelle nur ein paar Schritte entfernt*
- *__Xenonas Ioannidi__ „Proin EOT", in Megálo Pápingo, Tel.: 26530-42 131, 5 traditionell eingerichtete Zimmer mit Du/WC und Heizung in einem alten Steinhaus aus dem Jahre 1847, ganzjährig geöffnet*
- *__Papaevangelou__, Tel.: 26530-41 135, Fax: 26530-41 988, das schöne, im traditionellen Stil gebaute Haus liegt am Ortsrand von Megálo Pápingo und verfügt über 10 wohnliche Zimmer und einen blumengeschmückten Innenhof.*

IN MONODÉNDRI
- *__Xenonas Ladia__, Tel.: 26530-71 483, Haus mit 10 einfach eingerichteten Zimmern, von denen einige eine Kochnische haben, schöner Blick auf die Víkos-Schlucht*
- *__Hotel Vikos__, Tel.: 26530-71 332, direkt in der Ortsmitte gelegene Pension mit 7 netten Zimmern und Innenhof, ganzjährig geöffnet*

IN ARÍSTIS
- *__Xenonas Dinouli__, Tel.: 26530-42 111, am Berg gelegenes Steinhaus mit 5 ansprechend eingerichteten Zimmern mit Du/WC und Heizung und schöner Aussicht, ganzjährig geöffnet; der Ort eignet sich gut als Ausgangspunkt für Kajak- und Wildwasserfahrten und für Bergwanderungen.*

Zákinthos Ζακινθος (S. 445ff)

(PLZ 29100, Vorwahl 2695)

Flugverbindungen
- *mit __Athen__ 2–3 x täglich, Flugzeit ca. 55 Minuten*
- *mit __Kefalloniá__ 4–5 x wöchentlich, Flugzeit ca. 20 Minuten*

Der Flughafen liegt zwischen Zákinthos und Laganás und wird in den Sommermonaten hauptsächlich für Charterflüge genutzt. Eine Busverbindung zum Flughafen besteht nicht.

Schiffsverbindungen
von Zákinthos-Stadt in der Hochsaison
- *nach __Brindisi__ 2–3 x pro Woche*
- *nach __Killíni/Peloponnes__ 8–10 x täglich*

Busverbindungen
Man kann Bus und Fähre zusammen buchen; die Busse fahren bis zu den jeweiligen Busbahnhöfen.
- *nach __Pátras__ 4 x täglich, Fahrzeit insgesamt ca. 3 Stunden*
- *nach __Athen__ 4 x täglich, Fahrzeit insgesamt ca. 7 Stunden*

Wichtige Anschriften und Telefonnummern
- *__Touristeninformation:__ Odós Lombárdou 62, Tel.: 26950-22 550*
- *__Touristenpolzei:__ 26950-27 367*
- *__Hafenpolizei__ und __Fahrplanauskunft:__ Eleftheríos Venizélos 1, Tel.: 26950-22 417*
- *__Post:__ Odós Terséti, Tel.: 26950-22 418, Öffnungszeiten 7.30–14 Uhr*
- *__Telefonamt O.T.E.:__ Vassiléos Georgíou 2, Tel.: 26950-22 499, täglich 7–22 Uhr*
- *__Medizinische Versorgung:__ im Krankenhaus am westlichen Stadtrand, Tel.: 26950-22 515*

Busverbindungen

Die Inselhauptstadt ist durch regelmäßigen, jedoch nicht sehr häufigen Busverkehr mit den größeren Inselortschaften verbunden, z. B. nach **Laganás** *7 x täglich, nach* **Argási** *7 x täglich, nach* **Kalamáki** *5 x täglich. Die Fahrpläne werden häufig geändert. Auskünfte erhalten Sie im Büro an der Odós Fílita 42 Tel.: 26950-22 255, Öffnungszeiten: täglich 8–18 Uhr.*

Übernachtung

IN ZÁKINTHOS-STADT

- *A* **Diana Palace**, *Platía Agíou Márkou, Tel.: 26950-23 070, gepflegtes Hotel mit 77 Zimmern im Zentrum der Stadt, von April bis Oktober geöffnet*
- *B* **Xenia**, *Tel.: 26950-22 232, ganzjährig geöffnetes, älteres Hotel am Hafen mit 39 einfachen, nicht mehr der Kategorie entsprechenden Zimmern und Parkmöglichkeit*
- *C* **Diana**, *Kapodistríou & Mitropóleos 11, Tel.: 26950-28547, Fax: 26950-45 047, gut geführtes Hotel in einem schönen Gebäude mit 48 ansprechend eingerichteten Zimmern, ganzjährig geöffnet*
- *C* **Bitzaro**, *D. Roma 46, Tel.: 26950-23 644, Fax: 26950-23 493, freundliches Mittelklassehotel mit 39 netten Zimmern und Parkmöglichkeiten, in der Nähe des Freibades, von April bis Oktober geöffnet*

IN LAGANÁS

- *B* **Zante Beach**, *Tel. 26950-51 130, Fax: 26950-51 135, großes, älteres Hotel mit 272 Zimmern am langen Sandstrand in einer parkähnlichen Grünanlage mit Meerwasserswimmingpool, außerhalb des Ortes gelegen*
- *C* **Panorama**, *Tel.: 26950-51 144, Fax: 26950-53 006, gepflegtes, kleines Hotel mit 13 Zimmern und Apartments, ca. 300 m vom Strand entfernt*

IN VASSILIKÓS

- *B* **Aquarius**, *Tel.: 26950-35 300, Fax: 26950-35 303, gut geführtes, ruhiges Hotel in einem Pinienhain mit 24 Zimmern, ca. 250 m vom Ionios-Strand entfernt, von Mai bis Oktober geöffnet*

IN PLÁNOS

- *A* **Plagos Beach**, *Tel.: 26950-44147, gepflegte, ruhige Anlage mit 113 ansprechend eingerichteten Zimmern in acht Gebäuden an einem Sand-/Kiesstrand, ca. 2 km vom Ort Plános entfernt*
- *B* **Caravel**, *Tel.: 26950-45261, Fax: 26950-45548, die gepflegte Anlage hat 135 Zimmer im Bungalowstil und liegt an einer kleinen Bucht mit Sand-/Kiesstrand, mit Swimmingpool, Terrasse und Liegewiese, ca. 15 Minuten Fußweg nach Plános*

Motorrad- und Fahrradverleih

Da Zweiräder ideale Fahrzeuge zur Erkundung der Insel sind, gibt es in allen Ferienorten zahlreiche Vermietstationen.

Ausflüge

In den Sommermonaten werden Inselrundfahrten und Ausflüge zur Peloponnes und nach Olympia angeboten.

IWANOWSKI'S
Das kostet Sie Griechenland

- Stand: Mai 2004 -

Auf den grünen Seiten finden Sie Preisbeispiele für Ihren Urlaub in Griechenland, damit Sie sich eine realistische Vorstellung über die Kosten Ihrer Reise machen können. Die angegebenen Preise sind jedoch nur als Orientierungshilfe zu verstehen.

Beförderungskosten

Flüge

Die Preise richten sich auch hier nach Angebot und Nachfrage. Zu beachten sind Ermäßigungen für Kinder, Jugendliche und Studenten sowie aktuelle Sondertarife der einzelnen Fluggesellschaften. Linienflüge gibt es nach Athen und Thessaloníki ab 305 €, Charterflüge werden in den Sommermonaten nach Athen, Thessaloníki, Kavála, Áraxos, Préveza, Kórfu, Kefalloniá, Zákinthos und Skíathos ab 280 € angeboten. In den Sommerferien und vor allem zur Zeit des griechischen Osterfestes ist es empfehlenswert, frühzeitig zu buchen.

Zu beachten ist, dass in Griechenland beim Abflug eine Flughafengebühr bezahlt werden muss: bei innergriechischen Flügen 12,15 €, bei internationalen Flügen 21 €.

Die Preise der **innergriechischen Flüge** sind niedriger als in Mitteleuropa, z. B.

Athen - Thessaloníki	ab 75 €
Athen - Alexandroúpolis	ab 71 €
Athen - Ioánnina	ab 64 €
Athen - Préveza	ab 47 €
Athen - Kórfu	ab 75 €
Athen - Zákinthos	ab 59 €
Thessaloníki - Límnos	ab 50 €
Thessaloníki - Kórfu	ab 65 €

Auto und Schiff

Wer mit dem eigenen Fahrzeug anreisen möchte, kann dies mit einer Überfahrt auf einer der modernen Hochgeschwindigkeitsfähren der großen Reedereien Anek, Minoan oder Superfast verbinden.

Preisbeispiel: von Ancona nach Igoumenítsa, einfache Fahrt pro Person in der Hochsaison

4-Bett-Außenkabine	ab 178 €
Deckspassage	ab 73 €
PKW bis 5,5 m	ab 106 €

Bei Buchung der Hin- und Rückfahrt mit Schiffen derselben Reederei gibt es bis zu 30 % Ermäßigung. Fragen Sie ggf. nach weiteren Ermäßigungen für Senioren, Schüler oder Studenten.

Eisenbahn

Die Anreise mit der Eisenbahn dauert ca. 45 Stunden und bietet gegenüber dem Flug nur einen geringen Preisvorteil.
Preisbeispiel:

Düsseldorf - Athen	279 €
Düsseldorf - Ancona (Fährhafen nach Griechenland)	156 €

Aufenthaltskosten

Übernachten

Hotels Kategorie L	ab 115 € ÜF/DZ p.P.
Hotels Kategorie A	ab 75 € ÜF/DZ p.P.
Hotels Kategorie B	ab 58 € ÜF/DZ p.P.
Hotels Kategorie C	ab 45 € ÜF/DZ p.P.
Hotels Kategorie D	ab 15 € ÜF/DZ p.P.

Die Preise der **Privatzimmer** liegen in der Regel unter den Hotelpreisen der entsprechenden Kategorie; Abweichungen sind bei aufwändig restaurierten, historischen Häusern möglich.

Kategorie A	ab 50 € ÜF/DZ
Kategorie B	ab 40 € ÜF/DZ
Kategorie C	ab 30 € ÜF/DZ
Kategorie D	ab 20 € ÜF/DZ

1 Zimmer-Apartments für 2 Pers.:	ab 200 €/Woche
2 Zimmer-Wohnung für 2–4 Pers.:	ab 300 €/Woche
3 Zimmer-Wohnung für 4–6 Pers.:	ab 400 €/Woche

Außerhalb der Hochsaison sind die Preise deutlich niedriger.

Lebensmittelpreise

Die Lebensmittelpreise für Grundnahrungsmittel sowie für Obst, Gemüse und Getränke liegen im Allgemeinen etwas unter dem Preisniveau in Deutschland,

Milchprodukte, Fleisch und vor allem Fisch sind deutlich teurer. Inzwischen gibt es in den Supermärkten der Ferienregionen auch jene Lebensmittel, die überwiegend von Touristen gekauft werden, wie z. B. Vollkornbrot, Cornflakes, Müsli, Nutella, Käse- und Wurstaufschnitt. Diese Waren sind teurer als in Deutschland.

Speisen und Getränke im Restaurant

Das Preisniveau ist in Griechenland im Allgemeinen etwas niedriger als in Deutschland. Alle Fische werden ausgewogen und nach Gewicht bezahlt; Fischgerichte sind in der Regel etwas teurer als Fleischgerichte.

In der Regel müssen bei Grillgerichten die Beilagen extra bestellt und zusätzlich bezahlt werden.

Insgesamt gilt, dass es große Preisunterschiede zwischen einfachen Tavernen auf dem Lande und den Hotelrestaurants in den Großstädten und Ferienzentren gibt.

Mietfahrzeuge

Die Mietwagenpreise in Griechenland sind vergleichsweise hoch; häufig ist es deshalb preiswerter, den Mietwagen bereits zu Hause vorauszubuchen oder die sogenannten Fly & Drive-Angebote der Reiseveranstalter in Anspruch zu nehmen. Die großen internationalen Vermieter Hertz, Avis, Europcar oder Budget haben Niederlassungen z. B. in Athen, Thessaloníki und Kavála oder auf den Inseln Kórfu, Kefalloniá und Zákinthos. In anderen Orten und in den Ferienzentren bieten örtliche Vermieter ihre Fahrzeuge zu vergleichbaren Preisen an. Achten Sie bei kleineren Agenturen darauf, dass die Kaskoversicherung im Preis eingeschlossen ist, und überprüfen Sie den Zustand des Autos oder Motorrollers.

Preisbeispiel:
Kleinwagen (z. B. Opel Corsa, 3-türig) pro Tag ca. 65–85 €, pro Woche 265–296 €.

In den Hauptreisezeiten ist die Nachfrage groß, eine rechtzeitige Reservierung ist zu empfehlen.

Ein **Mofa** kostet pro Tag zwischen 20 und 25 €, ein **Fahrrad/Mountainbike** zwischen 6 und 12 €.

Benzinpreise

Bleifrei Normal (95 Oktan)	ca. 0,83 €
Bleifrei Super (98 Oktan)	ca. 0,87 €
Diesel	ca. 0,72 €

Bahnfahrten

Preisbeispiel für eine einfache Fahrt mit der Eisenbahn:

Eisenbahnstrecke Athen - Thessaloníki	14 €
Eisenbahnstrecke Thessaloníki - Flórina	7 €
Eisenbahnstrecke Athen - Pátras	12 €

Taxifahrten

Die Preise: Grundgebühr 0,75 €, pro km innerhalb der Stadt 0,26 €, außerhalb der Stadt 0,50 €; Fahrten von und zu Flughäfen kosten 2 € zusätzlich; zum neuen Spáta-Flughafen werden wegen der anfallenden Autobahngebühren 3 € zusätzlich verlangt. Fahrten zu Bahn- und Busbahnhöfen sowie Seehäfen kosten 0,70 € zusätzlich. Für jedes Gepäckstück über 10 kg werden 0,30 € zusätzlich berechnet, ebenso für Nachtfahrten zwischen 1 und 5 Uhr. Sonderzuschläge werden auch Ostern und Weihnachten erhoben. Der Mindesttarif für eine Fahrt beträgt 1,50 €.

Telefongebühren

Gebühren: Ortsgespräche kosten ganztägig 0,02 € pro Minute, Ferngespräche innerhalb Griechenlands kosten 0,06 € pro Minute. Die Gebühren für Auslandsgespräche betragen 0,26 € pro Minute.

Eintrittsgelder

Archäologische Stätten: zwischen 1,50 € und 12 € je nach Bedeutung der Ausgrabungsstätte; **Museen**: zwischen 1,50 € und 12 € je nach Größe und Bedeutung des Museums.
An einigen Ausgrabungsstätten muss eine zusätzliche Eintrittskarte für die Benutzung von Videokameras, in Museen eine zusätzliche Eintrittskarte für Blitzlichtaufnahmen gekauft werden. Schülern und Studenten werden gegen Vorlage eines Studentenausweises Ermäßigungen gewährt.

Sport

Preisbeispiele

Tennis	8–12 € pro Stunde
Surfbretter	12–15 € pro Stunde
Parasailing	ca. 20 € pro 10 Minuten
Wasserski	ca. 15 € pro Stunde
Kanu	8–10 € pro Stunde
Pedalo	6–8 € pro Stunde
Reiten	15–18 € pro Stunde
Segelboot	15–25 € pro Stunde
Surfkurs	ca. 150 € für 10 Unterrichtsstunden
Schnorcheln	ca. 40 € für 3–4 Stunden
Segelkurs	ca. 250 € für 10 Unterrichtsstunden
Tauchkurs	ca. 350 € für 3–4-tägige Tauchkurse

IWANOWSKI'S
Neuigkeiten aus Griechenland
- Stand: Mai 2004 -

News im Web: www.iwanowski.de

Inhalt

1. Allgemeine Informationen

Politik

Januar 2004

Der griechische Ministerpräsident **Kostas Simitis** gab seinen Rücktritt als Präsident der Panhellenischen Sozialistischen Bewegung (PASOK) bekannt und reagierte damit auf Umfragen, die ihm und seiner Partei eine Niederlage bei der im März anstehenden Parlamentswahl vorhersagten. Als Nachfolger von Kostas Simitis wurde **Giorgos Papandreou** als Parteivorsitzender gewählt.

März 2004

• Bei den **Parlamentswahlen** errang die konservative Partei „Néa Dimokratía" 45,38 % der Wählerstimmen; die seit 1993 regierende „Panhellenische Sozialistische Bewegung" (PASOK) blieb 5 Prozentpunkte dahinter zurück. Als neuer Ministerpräsident wurde **Konstantinos Karamanlis** vereidigt. Karamanlis leitet auch das Kulturministerium, das u.a. für die Organisation der Olympischen Spiele zuständig ist; außerdem wurde erstmals ein Ministerium für Tourismus eingerichtet, was die Bedeutung dieses Sektors für die griechische Wirtschaft unterstreicht.

Seit März 2004 bekleidet Anna Benaki-Psarouda das Amt der **Parlamentspräsidentin** und wurde damit als erste Frau an die Spitze des Parlamentes gewählt.

News News News News News News

INFO Informationen zu Konstantinos Karamanlis

Konstantinos Karamanlis wurde 1956 in Athen geboren. Nach dem Abschluss seines Jurastudiums in Athen studierte er Wirtschaftswissenschaften in den USA und promovierte mit einer Arbeit über die Geschichte der Diplomatie in Boston. Anschließend arbeitete er als Rechtsanwalt in Athen, bevor er 1989 Mitglied des griechischen Parlamentes wurde. Bis 1997 war er Mitglied im Parteivorstand der Néa Dimokratía. Karamanlis ist mit 47 Jahren der jüngste Ministerpräsident in der Geschichte des Landes. Als Kernpunkte seines Regierungsprogramms nannte Karamanlis „die Förderung von Bildung und Kultur, Investitionen in das Humankapital und in die Wissenserweiterung".

- Die neue griechische Regierung in Athen hat als Reaktion auf die Terroranschläge in Spanien die NATO um Hilfe durch verstärkte Luft- und Seeaufklärung zur Abwehr chemischer, biologischer und nuklearer Angriffe bei der Sicherung der Olympischen Spiele gebeten. Im Rahmen der Sicherheitsmaßnahmen sollen mehr als 50.000 Polizisten und Soldaten eingesetzt werden.

April 2004

Zu Beginn des Jahres sind in der UNO und im Sicherheitsrat intensive Gespräche zur Zypernfrage geführt worden mit dem Ziel, noch vor dem 1. Mai 2004 eine Lösung zur Wiedervereinigung Zyperns zu finden. Dabei war ein „gemeinsamer Staat" vorgesehen, der sich aus zwei „Teilstaaten" zusammensetzen sollte: einem griechisch-zyprischen Südteil mit 71,5 % der Fläche und einem türkisch-zyprischen Nordteil mit 28,5 %.

Die griechische und die türkische Bevölkerungsgruppe stimmten Ende April darüber ab, wobei die griechischen Zyprer mit 75,8 % gegen den UN-Friedensplan stimmten, während sich im türkischen Landesteil 64,9 % dafür aussprachen. Damit scheiterte das Referendum, da die Zustimmung beider Volksgruppen erforderlich war. Die Vorbehalte der griechischen Bevölkerung richteten sich gegen die Präsenz des türkischen Militärs auf der Insel und dagegen, dass ihnen nur ein begrenztes Recht auf eine Rückkehr in den Norden der Insel zugestanden worden wäre. Seit der Teilung der Insel im Jahre 1974 gibt es 265.000 Flüchtlinge, mehr als 200.000 Menschen haben ihr Eigentum im Norden Zyperns verloren.

Mai 2004

Nach dem Scheitern des Zypernreferendums ist seit dem 1. Mai 2004 nur der griechisch-zyprische Südteil der Insel Mitglied der Europäischen Union. In Nikosia feierten vor allem die griechischen Zyprer das Ereignis mit einem großen Feuerwerk, während im Norden der Insel die türkischen Zyprer bedauerten, dass die Aufnahme in die Europäische Union nicht bis zur Wiedervereinigung verschoben wurde. Trotz der Meinungsverschiedenheiten rief Tassos Papadopoulos, der Präsident der Republik Zypern, die türkische Bevölkerung zum Mitfeiern auf und sagte, dass die griechischen Zyprer „nicht alleine die Vorteile des Beitritts in die EU genießen wollen".

Fremdenverkehr

- Die Saison 2003 brachte für das Tourismusgewerbe in Griechenland erhebliche Einkommensverluste; die Prognosen für 2004 sind wegen der Austragung der Olympischen Spiele in Athen etwas günstiger. Um den Negativtrend zu beenden, wurden ein Tourismusministerium gegründet und die Neuorganisation der Griechischen Fremdenverkehrszentrale EOT beschlossen. Außerdem sollen das Niveau der Dienstleistungen angehoben und für Hotels und Apartments ein Flächen deckendes Kategorisierungssystem eingeführt werden. Durch intensive Informationen sollen den Urlaubern die Besonderheiten Griechenlands im Vergleich zu anderen Urlaubsländern deutlich gemacht werden.

- 2003 wurden insgesamt 373 Strände mit der begehrten „Blauen Flagge" ausgezeichnet, die für hervorragende Wasserqualität, Maßnahmen zum Schutz der Umwelt und gute Organisation verliehen wird. Weniger gut schnitten die Yachthäfen ab, von denen nur 5 die aufgestellten Kriterien erfüllten.

- Die Bemühungen der griechischen Regierung, die Fluggesellschaft Olympic Airways durch Reprivatisierung zu retten, gehen weiter. Das Fluggeschäft von Olympic Airways wird mit dem der Tochtergesellschaften Olympic Aviation und Macedonian Airlines zusammengelegt und unter dem neuen Namen **Olympic Airlines** weitergeführt. Von den insgesamt 60 Maschinen sollen 15 bis 20 verkauft werden, der Flugplan soll jedoch unverändert bleiben. Die neue Gesellschaft wird 1.800 Mitarbeiter beschäftigen; Fracht-, Wartungs- und Cateringgeschäfte werden künftig getrennt geführt.

• Die deutsche Fluggesellschaft Germanwings fliegt 4 x wöchentlich die Route Köln – Athen – Köln und 3 x wöchentlich Köln – Thessaloníki – Köln.

2. Reisepraktische Informationen

• Durch die **Fertigstellung der Attika-Ringstraße** sind nun auch die beiden großen Nationalstraßen, die nach Pátras in Richtung Westen und nach Lamía/Thessaloníki in Richtung Norden führen, miteinander verbunden. Die Mautgebühr beträgt 2 €.

• Die bis Ende 2003 gültige gesetzliche Regelung zur Gewährung von Fahrpreisermäßigungen auf **Fähren** wurde nicht verlängert, so dass nun jede Reederei selbst über Preisermäßigungen für ausgewählte Personengruppen oder Reisekombinationen entscheidet. Vor allem bei der gleichzeitigen Buchung von Hin- und Rückfahrt sowie für Senioren, Schüler und Studenten lohnt sich deshalb ein genauer Preisvergleich.

• Seit dem 15. Juni 2003 kann in ausgewählten Regionen Griechenlands die täglich von 8–20 Uhr ausgestrahlte **deutschsprachige Radiosendung** „Hellas Live" über UKW empfangen werden, z. B. im Großraum Athen, auf Kórfu, Rhódos und Kreta. Die Sendung enthält Nachrichten, aktuelle Informationen über Griechenland, Musik und Unterhaltung.

• **Museen**
Da die intensiven und sehr aufwändigen Restaurierungs- und Modernisierungsarbeiten an vielen Museen noch längst nicht abgeschlossen sind, müssen Besucher sich weiterhin auf einige Provisorien und Unbequemlichkeiten einstellen, z. B. auf plötzlich geänderte **Öffnungszeiten** oder sogar Schließungen, auf verlegte oder schwer zugängliche Eingänge.
Davon betroffen sind u.a.
- das Nationalmuseum und der Kerameikos,
- das Museum in Olympia,
- das Museum in Delphi,
- das Archäologische Museum in Thessaloníki.

Auch auf der Akropolis dauern die Restaurierungsarbeiten mit großen Einrüstungen z.B. an den Propyläen und am Parthenon-Tempel an. Die Rekonstruktionsarbeiten sollen bis Ende 2007 abgeschlossen sein.

3. Hinweise und Ergänzungen zu den einzelnen Regionen

Athen

Athen hat sich in wenigen Jahren spürbar zum Positiven verändert. Durch den Bau des neuen Flughafens „Eleftherios Venizelos", die Modernisierung und Erweiterung des U-Bahnnetzes, die Einschränkung des privaten Autoverkehrs und die Schaffung von Fußgängerzonen in der Innenstadt hat die Stadt an Lebensqualität gewonnen; sogar Luft- und Wasserverschmutzung konnten deutlich reduziert werden. So erwartet den Besucher eine lebendige Metropole, die nach der Besichtigung der jahrhundertealten Kulturdenkmäler zum Bummel über elegante Einkaufsstraßen, zum Besuch eines der vielen Straßencafés oder stimmungsvollen Restaurants in der beliebten, reizvollen Altstadt einlädt. Aber Athen bleibt auch eine Stadt der Gegensätze, denn neben den eleganten Straßen mit exklusiven Geschäften und pompösen Schaufensterdekorationen gibt es einfache Straßen, in denen Straßenhändler CDs, Uhren, Ferngläser, Messer, Knöpfe oder Sesamkringel und Kastanien anbieten.

Die Veränderungen der letzten Jahre lassen sich in vielen Bereichen aufzeigen:

- Wo früher mehrspurige, ständig durch Autos verstopfte Straßen die Innenstadt durchzogen und Lärm und Abgase unerträglich waren, können Fußgänger jetzt über **autofreie Straßen** ungestört flanieren. Besonders reizvoll ist der neu angelegte „archäologische Weg" an der Dionysios Areopagitou, der am Dionysos Theater, am Odeon des Herodes Atticus vorbeiführt zur antiken Agorá und hinauf zur Akropolis.
- Die **Athener Metro** bringt die Fahrgäste zuverlässig, sicher, schnell und preiswert an ihr Ziel. Die Zugfolge ist vom frühen Morgen bis in die Nacht so schnell, dass man nicht auf den Fahrplan schauen muss. Die Metrostationen sind modern, elegant und mit zeitgenössischen Kunstwerken oder Ausstellungen antiker Funde interessant ausgestaltet.
- Athen hat sich zu einer multikulturellen Stadt verändert, was sich z. B. in der Vielfalt der Sprachen auf den Straßen, im Warenangebot auf den Lebensmittelmärkten, an den verschiedenen ethnischen Restaurants zeigt.
- Ab 2004 plant die Athener Stadtverwaltung besondere Maßnahmen, um die **Metropole sauber zu halten**. Nach einer intensiven Aufklärungskampagne werden ab Juni 2004 die neuen Vorschriften von mehr als 500 Stadtpolizisten streng überprüft und Regelverstöße mit teilweise hohen Geldbußen belegt; so wird z. B. das Wegwerfen von Zigarettenschachteln 20 € kosten, die Verschmutzung archäologischer Stätten aber zwischen 4.000 und 8.000 €.

Makedonien

- Im September 2003 wurde das Museum in **Vérgina** eingeweiht. Auf einer Ausstellungsfläche von 1.000 qm werden erstmals die eindrucksvollen Funde der königlichen makedonischen Gräber in ihrer Gesamtheit ausgestellt. Dazu gehören u.a. Grabbeigaben, Münzen, Waffen und kostbarer Schmuck.
- Im März 2004 brach im serbisch-orthodoxen Kloster Hiliandoriou auf dem **Berg Athos** ein Brand aus und beschädigte u.a. das Refektorium, einen Turm und mehrere Klosterzellen. Es gelang den Mönchen jedoch, die wertvolle Ikonensammlung aus dem 14. Jahrhundert in Sicherheit zu bringen.

Epirus

- In Igoumenítsa wurde der neue Hafen mit dem modernen Hafengebäude inzwischen in Betrieb genommen. Das Be- und Entladen der großen Fährschiffe, die auf ihrer Fahrt von und nach Italien hier anlegen, kann jetzt deutlich schneller abgewickelt werden.
- Die neue Autobahn von Igoumenítsa nach Ioánnina ist weitgehend fertig gestellt, aber noch nicht für den Verkehr freigegeben.

Thessalien

- Als Gegenstück zu den großen Häfen Igoumenítsa und Pátras, die Griechenland mit Mitteleuropa verbinden, soll der **Hafen von Vólos** vermehrt Verbindungen nach Osten schaffen. Diesem Ziel diente schon der Ausbau und die Erweiterung des Hafens in den letzten Jahren, verstärkt soll nun darauf hin gearbeitet werden, die günstige geographische Lage von Vólos zu nutzen, um Wirtschaftsmärkte im Nahen und Mittleren Osten zu erschließen. Seit April 2004 besteht eine Schiffsverbindung zwischen Vólos und Istanbul.
- Im **Políongebirge**, in der Ortschaft **Zagorá**, wurde vor einigen Jahren eine Frauenkooperative gegründet mit dem Ziel, traditionelle Methoden und Rezepte der regionalen Küche zu bewahren. Inzwischen wurde an der Platía das eigene Geschäft „Kafeglikopólion“ eröffnet, in dem unter Verwendung von Früchten, Kräutern und Wildblumen der Region selbst gemachte Konfitüren, Liköre, Schnäpse, Kuchen, in Sirup eingelegte Früchte, aber auch Öl, Essig, Seifen und Kerzen verkauft werden. Zur Kooperative gehört auch das „Archóntiko Drakopoulou“, ein altes, sorgfältig restauriertes Herrenhaus mit fünf Zimmern, die allen modernen Komfort bieten, und mit einem schönen Aufenthaltsraum mit Kamin. Tel.: 24260-23 566 oder 24260-23 460.

Zentralgriechenland

- **Antírio – Río-Brücke über den Golf von Korinth**

Am 24. Mai 2004 wurde das letzte Teilstück der Brücke, die das griechische Festland mit der Peloponnes verbindet, eingesetzt. Vier Pfeiler, die am Meeresboden des hier stellenweise bis zu 65 Meter tiefen Golfes gegründet sind, tragen die moderne Schrägseilbrücke. Sie ist inklusive der Zufahrten insgesamt 2.883 m lang, verfügt in jeder Fahrtrichtung über zwei Fahrspuren und eine Sicherheitsspur. Nach der Einweihung am 7. August 2004 kann das Olympische Feuer auf dem Weg nach Athen die neue Brücke passieren.

Eine Herausforderung für die Konstruktion der Brücke ist die rege seismische Aktivität dieser Region. Deshalb haben die Brückenpfeiler an der Basis einen Durchmesser von 90 Metern. Für zusätzliche Sicherheit sorgt die Verstärkung des Untergrundes durch Metalleinsätze.

Für Reisende, die dann nicht mehr auf die Fährverbindung zwischen Río/ Peloponnes und Antírio angewiesen sind, entfallen die Wartezeiten auf die Fähre und die Überfahrt. Die Fahrt über die Brücke soll maximal 5 Minuten dauern.

Die ursprüngliche Idee, eine Brücke zwischen der Peloponnes und Zentralgriechenland zu bauen, stammt schon aus dem Jahr 1880 vom damaligen griechischen Premierminister Charilaos Trikoupis. Gegen Ende des 19. Jahrhunderts wurde die Idee im griechischen Parlament zwar diskutiert, dann jedoch als technisch nicht durchführbar verworfen.

IWANOWSKI'S Olympia-Spezial

News im Web:
www.iwanowski.de

Olympische Fakten

Die **Olympischen Spiele** finden vom 13. bis zum 29. August 2004 statt. Mehr als 10.000 Sportler und mehrere tausend Mannschaftsbegleiter aus 199 NOKs nehmen an den 38 Wettkämpfen teil, die in 28 Sportarten ausgetragen werden. Die **Paralympischen Spiele**, an denen 4.000 Sportler aus ungefähr 130 Ländern in 18 Sportarten teilnehmen werden, finden vom 17. bis zum 28. September 2004 statt. Im **Olympischen Dorf** sollen während der Olympischen Spiele bis zu 16.000 Sportler und Mannschaftsbegleiter und während der Paralympischen Spiele bis zu 6.000 Teilnehmer untergebracht werden.

Die Organisatoren der Spiele rechnen mit mehr als 5 Millionen Besuchern aus aller Welt, denen im Großraum Athen 300.000 **Unterkünfte** in Stadthotels aller Kategorien und in vielen Privathäusern zur Verfügung stehen; außerdem werden während der Spiele im Hafen von Piräus elf Kreuzfahrtschiffe vor Anker liegen, unter ihnen die besten Luxusliner der Welt, wie z.B. die Queen Mary 2.

Das Olympische Feuer wird entzündet

Zur Vorbereitung der Olympischen Spiele waren 29 Großprojekte geplant, zu denen nicht nur Wettkampfstätten wie z.B. die Olympiahallen von Nikaia und Galatsi, das Olympische Reitzentrum von Markopoulo, das Olympische Wassersportzentrum oder der Ausbau der Strecke für den Marathonlauf gehörten, sondern auch u.a. der Umbau des Athener Stadtzentrums, die umfangreichen Arbeiten zur Restaurierung und Konservierung der Akropolis und anderer antiker Stätten, der Neubau von Museen oder die Inbetriebnahme der Athener Straßenbahn und der Vorortbahn, die Athen mit dem Flughafen verbinden soll.

Obwohl einige dieser Vorhaben noch nicht abgeschlossen sind, wurden bei der letzten IOC-Inspektion im Mai 2004 Befürchtungen ausgeräumt, sie könnten nicht rechtzeitig zum Beginn der Spiele fertig gestellt sein. Allerdings lagen im Mai 2004 genaue Pläne der Anfahrtswege, Verkehrsanbindungen und Fahrpläne der öffentlichen Verkehrsmittel noch nicht vor.

Für den **Kartenverkauf** stehen 5,3 Millionen Eintrittskarten zur Verfügung, von denen 68 % (3,6 Millionen Karten) bis 30 € kosten werden. Der **Kartenvorverkauf** liegt bei den NOKs der jeweiligen Länder. Eintrittskarten für die Olympischen Spiele werden in Deutschland über die offizielle Verkaufsagentur DER verkauft. Die Anschrift für **die Bestellung der Karten**: Deutsches Reisebüro GmbH DERTOUR, Emil-von-Behring-Straße 6, 60439 Frankfurt/Main, Tel. 069/ 9588 - 3635, Fax 069/ 9588 - 3606. Für weitere Informationen wenden Sie sich bitte an das DER. Außerdem können Sie Tickets im Internet unter www.athens2004.com/tickets bestellen oder unter der telefonischen Ticket-Hotline (griechisch/englisch/ französisch) 0030-210-3730000.

Die geplanten oder bereits begonnenen Arbeiten an Museen und archäologischen Stätten sind so umfassend, dass sie noch weit über das Jahr 2004 hinausgehen werden, wie z. B. die Einrüstungen auf der Akropolis.

Der Olympische Fackellauf

Am 25. März 2004, dem griechischen Nationalfeiertag und dem Jahrestag der ersten Olympischen Spiele der Neuzeit, wurde in einer Zeremonie im antiken Olympia das Olympische Feuer entzündet. Die Olympische Fackel, die die Form eines Olivenblattes hat und aus Olivenholz und Metall hergestellt ist, wird von Olympia über die Peloponnes und die Inseln im Saronischen Golf in das alte Olympia-Stadion in Athen getragen, in dem 1896 die ersten Olympischen Spiele der Neuzeit stattfanden. Dort wird das Feuer gehütet, bis der Fackellauf am 4. Juli unter dem Motto: „Pass the flame, unite the world" beginnt. 11.300 Fackelträger tragen die Flamme über 5 Kontinente, u. a. zu allen Städten, in denen die Olympischen Spiele jemals ausgetragen wurden. So wird der Fackellauf auch über die deutschen Olympia-Städte München (am 29. Juni) und Berlin (am 30. Juni) führen. Nach 35 Tagen wird die Olympische Fackel nach Griechenland zurückkehren, wo am 13. August die Olympischen Spiele feierlich eröffnet werden.

Durch die Rückkehr der Olympischen Spiele 2004 nach Griechenland, wo während der Olympischen Spiele der Antike Friedenspflicht galt, soll der Aufruf zu Frieden und Völkerverständigung besonders gestärkt werden. In diesem Sinne verabschiedete die UNO-Vollversammlung im November 2003 ohne Gegenstimme eine Resolution zur Olympischen Waffenruhe. Diese sieht vor, dass während der Olympischen Spiele weltweit alle kriegerischen Aktivitäten eingestellt werden sollen.

Geschichte der Olympischen Spiele

Die **Olympischen Spiele der Neuzeit** sind eng mit dem Namen des französischen Pädagogen und Sportlers Baron Pierre de Coubertin verbunden, auf dessen

Anregung hin 1894 das Internationale Olympische Komitee (IOC) gegründet wurde, das schon bald mit der Planung der Spiele begann. Im Frühjahr 1896 fanden in Athen die ersten Olympischen Spiele der Neuzeit statt; insgesamt wurden 42 Wettkämpfe in neun Disziplinen von Sportlern aus 13 Nationen ausgetragen. Die heute noch gültigen Zeremonien wurden bereits von Coubertin festgelegt. Dazu gehört u.a. die feierliche Zeremonie, bei der die olympische Fackel in Olympia durch Sonnenstrahlen entzündet und anschließend von Staffelläufern bis zum jeweiligen Austragungsort getragen wird.

Die ersten **antiken Olympischen Spiele** fanden 776 v. Chr. statt. Hinweise auf den Ablauf und die Bedeutung der Olympischen Spiele sowie auf Namen und Herkunft der olympischen Sieger ergaben sich aus den „Olympischen Oden" des Dichters Pindar und anderen erhaltenen antiken Schriften.

Die Olympischen Spiele fanden bis 393 n. Chr. alle vier Jahre in den Monaten August/September zur Zeit des Vollmondes statt. Herolde zogen durch Griechenland und riefen die Olympischen Spiele und den damit verbundenen Gottesfrieden aus; teilnahmeberechtigt waren alle frei geborenen Männer des Landes und Knaben, die in besonderen Wettkämpfen antraten. Anfangs gab es für die Wettkämpfer nur die Verpflichtung, rechtzeitig zu den Spielen zu erscheinen; in späterer Zeit, als die Spiele ausgeweitet wurden und auch Berufsathleten daran teilnahmen, mussten die Sportler eine 10-monatige Vorbereitungszeit nachweisen und sich 4 Wochen vor Beginn zum gemeinsamen Training in Olympia oder Elis einfinden. Die Vorbereitungszeit endete damit, dass die Wettkämpfer den Olympioniken-Eid ablegten.

Anfangs dauerten die Spiele nur einen Tag, mit der Einführung neuer Disziplinen wurden sie auf sechs Tage verlängert.

Zu den **Wettbewerben** gehörten:

Stadionlauf	(192,24 m)
Doppellauf	(Diaulos; 384,48 m; 724 v. Chr. eingeführt)
Langstreckenlauf	(4.614 m; 720 v. Chr. eingeführt)
Fünfkampf	(Pentathlon; 708 v. Chr. eingeführt; er umfasste die Einzelwettbewerbe Sprung, Stadionlauf, Diskus- und Speerwurf und Ringkampf)
Ringkampf	(708 v. Chr. eingeführt)
Faustkampf	(688 v. Chr. eingeführt)
Wagenrennen mit Vierergespann	(680 v. Chr. eingeführt)
Pferderennen	(648 v. Chr. eingeführt)
Allkampf	(Pankration; 648 v. Chr. eingeführt)
Waffenlauf	(520 v. Chr. eingeführt)

Daneben gab es seit 632 v. Chr. Wettkämpfe für Knaben und seit 396 v. Chr. Wettbewerbe für Herolde und Trompeter.

Gestaltung der Olympischen Spiele

1.Tag	Am Altar des Zeus-Horkios legten die Wettkämpfer den Olympischen Eid ab; Paare und Gruppen für die Ausscheidungskämpfe wurden ausgelost.
2.Tag	Wettkämpfe der Jugendlichen
3.Tag	Pferde- und Wagenrennen im Hippodrom; Entscheidung im Fünfkampf; Totenopfer für Achilleus und Pelops
4.Tag	Am Tag des Vollmonds wurden keine Wettkämpfe ausgetragen. Der Tag war Zeus geweiht, dem zu Ehren Opferfeiern stattfanden, die mit einem Festmahl im Prytaneion endeten.
5.Tag	Laufwettbewerbe; Entscheidungen im Ring-, Faust- und Allkampf; Waffenlauf
6.Tag	Siegerehrungen; Prozessionen; Dankopfer und Festessen

Die Sieger der einzelnen Wettkämpfe wurden durch Herolde ausgerufen und mit einem Kranz aus Ölbaumzweigen geehrt; dabei wurde jeweils nur der erste Sieger ermittelt. Dieser genoss höchstes Ansehen und erhielt Geldgeschenke, Vergünstigungen in seiner Heimatstadt und zahlreiche Ehrungen.

Der olympische Sieger hatte das Recht, eine Siegerstatue im Heiligen Bezirk aufstellen zu lassen; darüber hinaus wurden ihm lebenslängliche Steuerfreiheit und kostenlose Speisung zuteil.

Die modernen Wettkampfstätten

- **Die Olympiahalle für Gewichtheben von Níkaia**

Der neue Sportkomplex umfasst eine Haupthalle mit 5.000 Sitzplätzen, Bereiche zum Aufwärmen, Trainieren und für die medizinische Versorgung • Wettkämpfe: Gewichtheben • Entfernung: 13 km südwestlich vom Zentrum Athens, 4 km nördlich von Piräus

- **Die Olympiahalle von Ano Liossia**

Wettkämpfe: Judo, Ringen • Entfernung: 28 km nordwestlich vom Syntágma-Platz

- **Die Olympiahalle von Galatsi**

Die neue, 32.000 Quadratmeter große Anlage wird über 6.000 Zuschauerplätze und zahlreiche Hilfsanlagen verfügen • Wettkämpfe: Rhythmische Sportgymnastik, Tischtennis • Entfernung: 19 km nordöstlich vom Athener Zentrum

- **Der Olympiakomplex der Küstenzone von Faliro (FCO)**

Das bekannte Stadion für Frieden und Freundschaft liegt direkt am Meer • Wettkämpfe: Volleyball, Handball, Taek Won Do • Entfernung: 13 km südwestlich vom Zentrum

- **Marathon**

Der berühmte Marathonlauf wird der Strecke folgen, die Pheidippides im Jahre 490 v. Chr. zurückgelegt hat, als er vom Schlachtfeld bei Marathon nach Athen zurücklief, um den Sieg über die persischen Angreifer zu verkünden • Wettkampf: Start des Marathon-Laufes • Entfernung: ca. 42 km vom Athener Stadtzentrum

- **Olympisches Schießzentrum von Markópoulo**

Die große Anlage umfasst eine moderne Schießanlage mit vier Gebäuden und 8.000 Zuschauerplätzen sowie Restaurants, Herbergen, Aufnahmebereiche, Parkplätze und eine große Grünanlage • Wettkämpfe: Schießen • Entfernung: ca. 45 km vom Athener Stadtzentrum

- **Olympisches Reitzentrum von Markópoulo**

Zur großen Anlage gehören Geschäftsräume, permanente und temporäre Stände, Felder und Ställe für 300 Pferde. Bei den Erdarbeiten wurden ein 2.500 Jahre alter Schrein der Göttin Aphrodite entdeckt sowie einige ältere Gräber aus Mykenischer Zeit • Wettkämpfe: Pferdesport • Entfernung: ca. 45 km vom Athener Stadtzentrum

- **Olympisches Ruder- und Kanuzentrum von Schiniás**

Es wurden zwei künstliche Seen im Feuchtgebiet von Schiniás angelegt, einer für die Wettkämpfe und der andere zu Trainingszwecken • Wettkämpfe: Rudern, Kanu, Kayak • Entfernung: ca. 48 km vom Athener Stadtzentrum

- **Olympiakomplex Helliniko (HCO)**

An Athens Südküste wurde das ehemalige Flughafengelände zu einer Parkanlage und Wettkampfstätte umgebaut. Außerdem wurde hier auch das Olympische Kanu-Kajak Slalomzentrum gebaut • Wettkämpfe: Baseball, Basketball, Handball, Softball, Hockey, Fechten, Kanu- und Kayak-Slalom • Entfernung: ca. 20 km vom Athener Stadtzentrum

- **Panathinaiko Stadion**

Im hufeisenförmigen Stadion, das nach dem Vorbild des antiken, panathenäischen Stadions gebaut wurde, fanden 1896 die ersten Olympischen Spiele der Neuzeit statt • Wettkämpfe: Bogenschießen, Zieleinlauf der Marathonläufer • Entfernung: im Stadtzentrum von Athen

- **Olympiakomplex von Goudí (GOC)**

Die Anlage Goudi verfügt über Schwimm-, Reit- Lauf- Fecht- und Schießanlagen • Wettkämpfe: Badminton, Moderner Fünfkampf • Entfernung: 10 km östlich des Athener Stadtzentrums

- **Olympischer Sportkomplex von Athen (AOSC)**

In Maroussi liegt das AOSC, der Mittelpunkt der Olympischen Spiele in Athen. In diesem Komplex werden auch die Eröffnungs- und Abschlusszeremonien stattfinden • Wettkämpfe: Leichtathletik (außer Kugelstoßen), Turnen, Basketball, Bahn-Radfahren, Schwimmen, Wasserball, Fußball • Entfernung: ca. 18 km nordöstlich vom Athener Stadtzentrum

Kugelstoßen wird am 18. und 19. August im antiken Stadion von Olympia stattfinden. Durch diese Veranstaltung, die die Spiele der Antike mit denen der Neuzeit verbindet, soll die Einzigartigkeit der Olympischen Spiele von Athen deutlich gemacht werden.

- **Olympische Mountainbike-Wettkampfstätte von Párnitha**

Der Mountainbike-Wettkampf wird auf der schönen Strecke des Párnitha-Berges stattfinden • Wettkämpfe: Mountainbike-Wettkampf • Entfernung: ca. 28 km nördlich des Athener Stadtzentrums

- **Olympiazentrum von Vouliagmeni**

Die Dreikampf- und Rad-Zeitfahr-Wettkämpfe werden in Vouliagmeni stattfinden • Wettkämpfe: Dreikampf, Rad-Zeitfahren • Entfernung: ca. 25 km vom Athener Stadtzentrum

- **Olympisches Segelzentrum von Ágios Kosmás**

Das Olympische Segelzentrum von Ágios Kosmás verfügt über 3.000 Zuschauerplätze • Wettkämpfe: Segeln • Entfernung: 21 km vom Athener Stadtzentrum

- **Olympia Boxhalle von Peristéri**

Die neue Sporthalle verfügt über 8.400 Zuschauerplätze • Wettkämpfe: Boxen • Entfernung: ca. 6 km vom Athener Stadtzentrum

Athener Stadtrundgang

Syntágma-Platz – Altes Schloss – Hotel Grand Bretagne – Schliemann-Haus – Kirche Ágios Dionísios – Akademie der Wissenschaften – Universität – Nationalbibliothek – Rathaus – Zentrales Marktviertel – Platía Monastiráki – Hadrianus Bibliothek – Römische Agorá – Turm der Winde – Centre of Hellenic Traditions – Große und Kleine Mitrópolis – Syntágma-Platz

Zu jedem Aufenthalt in Athen gehören natürlich die Besichtigung der Akropolis und ein Besuch im Nationalmuseum. Wenn Sie Athen etwas besser kennen lernen möchten, sollten Sie sich noch Zeit für einen Stadtrundgang nehmen. Die ca. 4–5-stündige Tour beginnt und endet am Syntágma-Platz und führt Sie zu Sehenswürdigkeiten aus allen Epochen der Athener Stadtgeschichte bis zu den lebhaften Märkten, originellen Läden und einladenden Cafés und Tavernen der Gegenwart.

Gleich zu Beginn sehen Sie an der Ostseite des Syntágma-Platzes **das Königliche Schloss** (s. S. 550), vor dem die **Wachablösung der Evzonen** stattfindet, und den **Nationalgarten** (s. S. 564f). Im Nordosten liegt das 1842/43 gebaute **Nobelhotel Grand Bretagne**, in dem schon viele Prominente aus allen Ländern logiert haben.

Folgen Sie der Odós Venizélou, auch Odós Panepistímiou genannt, zu den schönen klassizistischen Bauten des 19. Jahrhunderts: zur **Villa Heinrich Schliemanns**, in dem sich das Numismatische Museum befindet, zur römisch-katholischen **Kirche Ágios Dionísios**, zur **Akademie der Wissenschaften**, der **Universität** und der **Nationalbibliothek** (s. S. 564).

Wenn Sie hier die Odós Panepistímiou bis zur Odós Stadíou überqueren, laufen Sie durch eine der vielen Athener Einkaufspassagen; für Bücherfreunde lohnt sich ein Besuch der „Stoa tou Biblío", die Sie durch ein schönes schmiedeeisernes Tor betreten. In diesem Gebäude finden Sie 21 kleine Buchhandlungen, die teilweise auch englischsprachige Bücher führen. In der Eingangspassage mit ihren Sitzbänken und einer Plastik und im kleinen Café können Sie sich bei musikalischen Darbietungen entspannen.

Sie folgen der Odós Stadíou nach rechts bis zur Odós Stávrou, biegen links ab und gehen weiter bis zum **Kótzia-Platz** (= Platía Diamarchíou), an dem mehrere klassizistische Gebäude liegen, u.a. an der Odós Athínas das 1872 gebaute **Rathaus.**

Der Odós Athínas nach links folgend, erreichen Sie das zentrale **Marktviertel** der Stadt (s. S. 566), dessen Markthallen schon 1880 eröffnet wurden. Rund um das Marktgebäude treffen Sie auf viele Straßenhändler und Lotterieverkäufer.

Die Odós Athínas führt weiter auf die Akropolis zu bis zum Monastiráki-Platz, in dessen Umgebung das ehemalige Gewerbeviertel Psirrí liegt, wo Sie tagsüber in kleinen Werkstätten und Handwerkerläden originelle Souvenirs entdecken und

Athen-Spaziergang

am Abend eines der vielen Cafés, Restaurants oder Theater besuchen können. Am Monastiráki-Platz beginnt auch der Athener **Flohmarkt** (s. S. 566), der inzwischen jeden Tag geöffnet ist.

Vom Monastiráki-Platz gehen Sie nach links in die Odós Pandrósou mit ihren vielen Souvenirläden bis zur Odós Eólou, folgen dieser nach rechts bis zur **Römischen Agorá** und dem **Turm der Winde** (s. S. 562). Aus türkischer Zeit stammt die **Fethiye-Moschee**. In den umliegenden engen Gassen ziehen sich die Häuser des malerischen Anafiótika-Viertels, das noch viel von seiner Ursprünglichkeit bewahrt hat, bis zur Akropolis hinauf.

Sie können durch eine der Gassen zurück zur Odós Pandrósou gehen und dieser bis zur Platía Mitropóleos folgen, an der die **Große Mitrópolis**, die Athener Bischofskirche, und gleich daneben die **Kleine Mitrópolis** aus byzantinischer Zeit stehen. Über die Odós Mitropóleos gehen Sie dann zurück zum **Syntágma-Platz** oder Sie schlendern in Richtung Akropolis durch die Gassen zur Pláka, die Athener Altstadt, mit ihren vielen einladenden Cafés und Tavernen.

6. MAKEDONIEN UND THRAKIEN

Makedonien im Westen und Thrakien im Osten liegen im Norden Griechenlands und erstrecken sich von der albanischen bis zur türkischen Grenze. Die Provinzen haben sich in den letzten Jahren zu einem beliebten Ferienziel entwickelt; nach Kreta, Rhódos und Kórfu steht die Halbinsel Chalkidikí an vierter Stelle in der Rangfolge der touristischen Ziele.

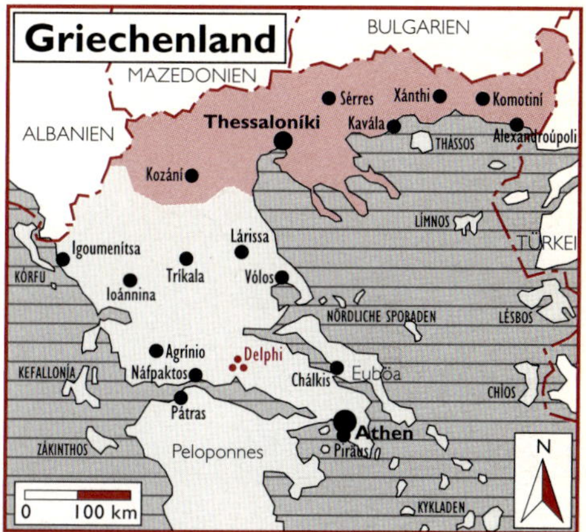

© igraphic

Geschichtlicher Überblick

Die Frühgeschichte Makedoniens ist noch nicht völlig erforscht. Die historische Zeit beginnt mit der Ansiedlung der Volksgruppe der Makedonen im Raum um Édessa. Von den übrigen griechischen Volksstämmen wurden diese zunächst nicht als Hellenen anerkannt – um ihre Anerkennung als Griechen mussten die Makedonen noch im Zeitalter Philipps II. ringen.

Das makedonische Volk war geprägt durch einen freien und starken Bauernstand, durch einen selbstbewussten und einflussreichen Reiteradel und durch ein Königtum, dessen Notwendigkeit unbestritten, dessen Erbfolge aber häufig umkämpft war. Auf Perdikkas I., dessen Regierungszeit um 700 v. Chr. angesetzt wird, geht die Dynastie der Argeaden zurück, zu der auch die beiden bedeutenden Könige Alexander I. und Archelaos (413–399 v. Chr.) gehörten. Der Aufstieg Makedoniens zur Großmacht ist das Verdienst **Philipp II.** (359–336 v. Chr.), dem es gelang, seinen Herrschaftsbereich auf große Gebiete der Balkan-Halbinsel auszuweiten und sogar die griechischen Stadtstaaten in seinen „griechischen Einheitsstaat“ einzubeziehen.

Makedoniens Aufstieg zur Großmacht

Provinztelegramm Makedonien und Thrakien	
Bevölkerung	25,3 % der Gesamtbevölkerung
Fläche	32,4 % der Landesfläche
Hauptort	Thessaloníki, ca. 407.800 Einwohner (im Großraum Thessaloníki 1,1 Millionen Einwohner), Alexandróupolis, ca. 30.000 Einwohner
Kennzeichnung	überwiegend fruchtbares Bauernland, touristisch gut erschlossen, archäologische Sehenswürdigkeiten, sehr gute Bade- und Wassersportmöglichkeiten
Lebensgrundlage der Bevölkerung	Landwirtschaft, Nahrungsmittel- und Tabakindustrie, Fremdenverkehr

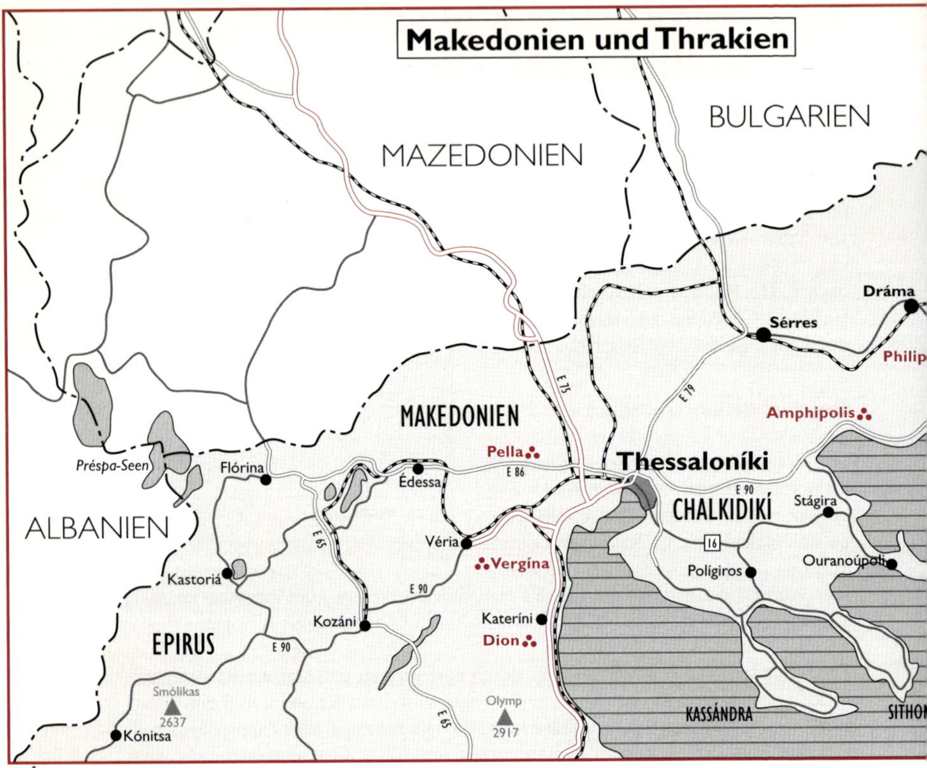

Sein Sohn **Alexander der Große** (336–323 v. Chr.) dehnte das Makedonische Reich bis zum Indus aus und ermöglichte dadurch nicht nur die ersten Ansätze eines Welthandels und -verkehrs, sondern auch die Verbreitung der griechischen Sprache und Kultur. Nach seinem frühen Tod in Babylon wurde das riesige Reich unter seine Nachfolger, die **Diadochen**, aufgeteilt.

Unter Antigonos Gonatas (276–168 v. Chr.) begann die Herrschaft der Antigoniden; mit dem römischen Sieg bei Pydna (146 v. Chr.) endete das makedonische Königtum. Makedonien wurde mit seiner Hauptstadt Thessaloníki römische Provinz. In den nachfolgenden Jahrhunderten drangen Goten, Hunnen und Slawen in Makedonien ein; immer wieder wurde das Land in die Auseinandersetzungen fremder Reiche einbezogen und anderen Herrschaften unterworfen. Von 1371 an gehörte Makedonien zum **Osmanischen Reich**, von dem es sich erst 1912 durch den Anschluss an Griechenland befreien konnte.

Die 500jährige Türkenherrschaft ist in Makedonien äußerlich kaum noch sichtbar; türkische Bauformen haben sich nur an wenigen Stellen, z. B. in Kastoría und Kavala sowie in den thrakischen Städten erhalten.

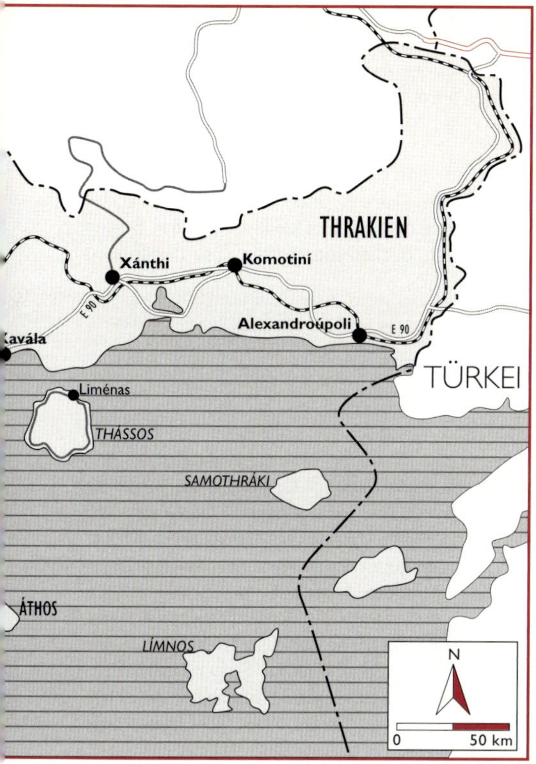

Eine große Veränderung vollzog sich in Makedonien nach der „Kleinasiatischen Katastrophe" mit dem Bevölkerungsaustausch von 1923. Da 1928 ungefähr 45% der Bevölkerung Makedoniens Flüchtlinge waren, die sich eine neue Existenz aufbauen mussten, entwickelte sich Makedonien durch die Gründung neuer Dörfer, die Durchführung einer Landreform und den Einsatz neuer Methoden zur Landerschließung zu einer modernen Region Griechenlands.

Bevölkerungsaustausch mit der Türkei

Geographischer Überblick

Die nordgriechischen Provinzen Makedonien und Thrakien sind geprägt durch vielfältige Landschaftsformen: es gibt Berge, die fast die Höhe von 3.000 m erreichen, Ebenen, die reich an Obstplantagen und Gartenkulturen sind, mit Wald, Getreide- oder Baumwollfeldern bedeckte Hügellandschaften und feinsandige Strände, die sich über viele Kilometer hinziehen. Das Klima ist sowohl durch mediterrane als auch durch kontinentale Einflüsse bestimmt. In den Wintermonaten von November bis März ist es kalt und niederschlagsreich; die Temperaturen sinken in den Gebirgsgegenden bis zu -10 °C. In den Sommermonaten sind die Temperaturen sehr angenehm.

	Mai	Jun	Jul	Aug	Sep	Okt
Höchstwert °C	25	30	32	32	28	23
Mindestwert °C	15	18	21	21	18	14
Wassertemperatur °C	20	23	25	25	23	19

Dieser Klimasituation entspricht die Vegetation Nordgriechenlands, die reicher und üppiger als in anderen Landesteilen Griechenlands ist. Sie werden auf mächtige Eichen, Schatten spendende Kastanien und Platanen und auch auf weite Olivenhaine treffen.

Die landschaftliche Nutzung ist stark ausgeprägt, dabei liegt der Anteil des Ackerlandes weit über dem Landesdurchschnitt. Makedonien wird nicht nur die Kornkammer Griechenlands genannt, da 70 % des Ackerlandes durch den Anbau von Weizen, Gerste, Mais und neuerdings auch Reis genutzt werden, sondern auch der Obstgarten Griechenlands.

In der Ebene von Thessaloníki und an den Osthängen des Vermion-Gebirges dehnen sich weite Plantagen mit Apfel-, Birn-, Kirsch- und Pflaumenbäumen sowie Aprikosen-, Pfirsich und Orangenhaine aus; auf der Chalkidikí und in der Region um Naoússa wird Wein angebaut. In den Beckenlandschaften Ostmakedoniens herrscht Rinderzucht vor.

Zentralmakedonien

Thessaloníki Θεσσαλονικι (ⓘ s. S. 125)

Thessaloníki ist nach Athen/Piräus die zweitgrößte Stadt Griechenlands. Innerhalb des Stadtbereiches zählt die Stadt etwa 408.000 Einwohner, im Großraum von Thessaloníki leben jedoch mehr als 1 Million Menschen. Thessaloníki ist das wichtigste wirtschaftliche Zentrum und der kulturelle Mittelpunkt Nordgriechenlands. Zeichen dafür sind die 1925 gegründete Aristoteles-Universität mit ca. 70.000 Studenten, die internationalen Theater- und Filmfestspiele und die jährlich im September stattfindende große internationale Handelsmesse. 1997 war Thessaloníki die „Kulturhauptstadt Europas".

Thessaloníki – die Hauptstadt Makedoniens

Bei einer kürzlich durchgeführten Bevölkerungsumfrage betonten 87 % der Einwohner von Thessaloníki, dass sie stolz darauf seien, in dieser Stadt zu leben, und 83 % halten sie gar für die schönste Stadt Griechenlands, ganz sicher aber für die liebens- und lebenswerteste Großstadt des Landes mit einem großzügigen Stadtgrundriss, breiten Einkaufsstraßen und zahlreichen Plätzen, mit bedeutenden Baudenkmälern aus römischer, byzantinischer und osmanischer Zeit, mit der gut erhaltenen Oberstadt Áno Póli und mit einem breiten kulturellen Angebot. Aber auch kritische Anmerkungen wurden bei derselben Umfrage laut: zu den großen Problemen der Stadt werden die Verkehrsverhältnisse, die Umweltverschmutzung und die Verschmutzung des Thermäischen Golfes gezählt.

Die Schönheit der Stadt erschließt sich nicht sofort auf den ersten Blick, denn das heutige Stadtbild ist, wie bei vielen anderen Großstädten auch, überwiegend geprägt von modernen Hochhäusern und breiten, verkehrsreichen Straßen.

Nur wer sich beim Bummel durch die Stadt etwas Zeit nimmt, wird schnell den reizvollen Kontrast bemerken zwischen der lauten und schnelllebigen modernen Metropole am Meer und den eher dörflichen Vierteln, die sich an den Hängen bis zur Akropolis hinaufziehen.

Redaktions-Tipps

- **Stadtrundgang** zu den wichtigsten Sehenswürdigkeiten (S. 254ff)
- **Cafébesuch** am Aristoteles-Platz (S. 254)
- Besuch des **Archäologischen Museums** (S. 256)
- Probieren Sie ein Eis, denn Thessaloníki ist für seine Eisspezialitäten bekannt!
- Besuch des **Ladadiká-Viertels** (S. 263) und des **Kulturzentrums** Mylos (S. 263)
- Aufstieg zur Oberstadt (S. 263) und zur **Zitadelle** (S. 264)
- Besuch des **Marktviertels** (S. 262)
- Besuch der **Museen** und Besichtigung der byzantinischen **Kirchen** (S. 266)

Geschichte der Stadt

Im Jahre 316 v. Chr. schloss König Kassandros die antike Stadt Thermä mit 25 kleineren Gemeinden zusammen und gab der neuen Stadt den Namen seiner Frau, die eine Schwester Alexander des Großen war: Thessaloníki. Als Makedonien 146 v. Chr. römische Provinz wurde, gewann Thessaloníki zunehmend an Bedeutung. Die Stadt lag sehr verkehrsgünstig an der römischen Via Egnatia, dem Hauptverkehrs- und Handelsweg zwischen Rom und Byzanz. Bis zur Wahl Konstantinopels zur Hauptstadt des Oströmischen Reiches im Jahre 330 n. Chr. war Thessaloníki die bedeutendste Handelsstadt auf der Balkanhalbinsel und gleichzeitig das kulturelle Zentrum.

Nach seiner Verbannung aus Rom zog **Cicero** sich 58 v. Chr. nach Thessaloníki zurück und verbrachte dort einige Jahre. In den Jahren 49/50 n. Chr. gründete der **Apostel Paulus** in Thessaloníki eine der ersten christlichen Gemeinden in Europa; die beiden an seine Gemeinde gerichteten Briefe sind als die Briefe an die Thessaloniker überliefert; im Jahre 56 besuchte Paulus die Stadt ein zweites Mal.

In den folgenden Jahrhunderten konnten die Stadtbewohner erfolgreich die Angriffe von Goten, Awaren und Slawen abwehren. Im 8. Jahrhundert zogen die beiden aus Thessaloníki stammenden Mönche **Kyrill** und **Methodios** aus, um die slawischen Stämme Südosteuropas zum Christentum zu bekehren. Im Jahre 904 wurde die Stadt von den Sarazenen erobert; 22.000 Einwohner wurden versklavt. Nach der erneuten Eroberung und nochmaligen Zerstörung der Stadt durch die Normannen begann dann eine neue Blütezeit.

Zu Anfang des 13. Jahrhunderts – von 1204–1224 – wurde Thessaloníki Hauptstadt des fränkischen Königreiches unter **Bonifatius von Montferrat**; wechselnde Herrscher, z. B. die Despoten von Épirus, Byzanz und Venedig bestimmten dann die Entwicklung der Stadt, bis Thessaloníki 1430 von den Türken erobert und für die folgenden Jahrhunderte beherrscht wurde. Die griechischen Bewohner wurden in großer Zahl getötet; neu belebt wurde die Stadt erst wieder zu Beginn des 15. Jahrhunderts nach dem Zuzug von etwa 20.000 aus Spanien vertriebenen Juden.

INFO Informationen zu den Juden in Thessaloníki

Im Mai 2001 wurde das „Jüdische Museum“ in Thessaloníki eröffnet, *Odós Vas. Irakliou 24. Tel.: 2310-223.231, **Öffnungszeiten**: Mo–Fr 9–13 Uhr.* Das Museum ist in einem der wenigen noch erhaltenen Gebäude der ehemaligen Judenstadt untergebracht.

Thessaloníki war für fast zwei Jahrtausende eines der großen Zentren jüdischer Religion und Kultur. Die ersten Juden kamen im 2. Jahrhundert v. Chr. aus Alexandria nach Thessaloníki; an die Bewohner der Stadt richtete der Apostel Paulus seine „Thessalonicher Briefe“. Die jüdische Gemeinde wuchs in byzantinischer Zeit und später im 13. Jahrhundert durch den Zuzug von Juden aus Italien. Die Kultur der Stadt war vom Ende des 15. Jahrhunderts an durch jüdische Bürger geprägt, denen auf der Flucht vor christlichen Herrschern der Sultan Asyl angeboten hatte, da die Stadt seit ihrer Eroberung durch die Türken fast menschenleer war. Es waren ashkenasische Juden aus Bayern und Ungarn, in der Mehrzahl aber sephardische Juden aus Spanien und Italien. Im Laufe der Zeit entwickelte Thessaloníki sich zu einem blühenden Wirtschafts- und Kulturzentrum und blieb bis zum Ende der Türkenherrschaft im Jahr 1912 eine deutlich jüdisch geprägte Stadt.

Bei dem großen Brand im Jahre 1917 wurde der größte Teil der jüdischen Wohn-und Handelsviertel zerstört. Synagogen, Gebetshäuser, Schulen, Bibliotheken und viele Gemeindeeinrichtungen verbrannten; über 50.000 Juden verloren ihren ganzen Besitz. Auf dem Gelände des ehemaligen großen jüdischen Friedhofs wurde die Aristoteles-Universität von Thessaloniki errichtet.

Nach 1917 wanderten viele Juden Thessaloníkis nach Palästina aus. Zur Zeit des deutschen Einmarsches 1941 lebten in Griechenland über 70.000 Juden, davon etwa 50.000 in Thessaloníki. Im März 1943 begannen die Deportationen in die Konzentrationslager. Nur 10.000 Juden aus Thessaloniki überlebten den Holocaust, 2000 kehrten nach Thessaloníki zurück.

Der wirtschaftliche Aufschwung der Stadt im 18. Jahrhundert zog wieder viele Griechen an; an den Befreiungskämpfen von 1821 gegen die Türken nahm Thessaloníki von Anfang an teil, jedoch wurden die Aufstände blutig niedergeschlagen. Erst 1912 wurde Thessaloníki an Griechenland angeschlossen.

Zerstörung durch einen Großbrand

Im August 1917 wurde die Stadt – besonders die Altstadt – von einem Großbrand weitgehend zerstört; fast 50.000 Menschen wurden obdachlos. Diese Zahl vergrößerte sich im Zuge des Bevölkerungsaustausches im Jahre 1923 noch durch griechischstämmige Flüchtlinge aus der Türkei.

Die neue Stadtplanung, die von rechtwinklig sich schneidenden Straßen ausging, ermöglichte die Anlage neuer Stadtviertel und berücksichtigte schon die zukünftige Entwicklung und Vergrößerung Thessaloníkis als Zentrum von Nordgriechenland. So gibt es heute neben alten, sehenswerten Häuservierteln aus türkischer Zeit auch moderne Geschäfts- und Bankenviertel, neu erschlossene Wohngebiete, gepflegte Grünanlagen, zahlreiche Plätze mit einladenden Cafés und eine lang gezogene Hafenpromenade.

Die mächtige Zitadelle, die Zinnen der teilweise noch gut erhaltenen byzantinischen Stadtmauern und die dicht gedrängten alten Holzhäuser mit den überragenden Erkern prägen die alten Stadtviertel, die sich vom Meer aus an den Hängen des Chortiátis-Berges emporziehen.

Zeitplanung

• Wenn Sie ***einen*** *Tag Zeit zur Verfügung haben, können Sie dem beschriebenen Stadtrundgang folgen, das Archäologische Museum besuchen, in einem der hübschen Straßencafés ein wenig ausruhen und am Nachmittag hinauf zur Festung fahren, den weiten Blick über die Stadt genießen und in einem der Altstadt-Restaurants zu Abend essen.*

• Wenn Sie ***zwei*** *Tage Zeit zur Verfügung haben:*

1. Tag: Sie können dem beschriebenen 1. Stadtrundgang folgen, das Archäologische und das Byzantinische Museum besuchen, am Abend das Unterhaltungsviertel Ladadiká aufsuchen und dort in einem der Restaurants essen.

2. Tag: Wenn Sie früh am Morgen aufbrechen, können Sie das geschäftige, laute und farbenfrohe Geschehen im Marktviertel beobachten, dort in einer der kleinen Ouzerien eine Pause einlegen, dann hinauf zur Oberstadt fahren und die Sehenswürdigkeiten besichtigen und entweder dort oder in der Ortschaft Panórama bei einem schönen Ausblick zu Abend essen.

Orientierung in Thessaloníki

Orientierung im Stadtzentrum

Die Orientierung in Thessaloníki ist leicht, denn die Stadt ist deutlich dreigeteilt:

- die **Unterstadt** breitet sich mit ihren breiten, schachbrettartig verlaufenden Straßen unten am Meer aus; eine lange Uferpromenade, die Leofóros Níkis, führt vom Hafen bis zum Wahrzeichen Thessaloníkis, dem Weißen Turm; an dieser Straße liegen zwei große, zentrale Plätze: der Eleftherías-Platz mit einem der beiden innerstädtischen Busbahnhöfe und die als Grünanlage gestaltete und als Treffpunkt beliebte Platía Aristotélous mit ihren schönen Cafés. Parallel zum Leofóros Níkis verlaufen die beiden wichtigen Einkaufsstraßen Tsimíski und Ermoú und die Vía Egnatía, die wichtigste Verkehrsachse der Stadt.
- Von der Leofóros Níkis führen viele, langsam ansteigende Straßen nordwärts zur hoch gelegenen **Altstadt**, der „Áno Póli", mit einem Labyrinth aus engen, verwinkelten Gassen und Treppenwegen, in denen die alten, im traditionellen Stil gebauten Häuser dicht aneinander gedrängt stehen.
- Die Gassen ziehen sich weiter hinauf bis zum **Kástro**, dem höchst gelegenen, ganz von hohen Mauern umgebenen Wohnviertel der Stadt mit der alten Zitadelle. Von der Berghöhe bietet sich ein großartiger Blick auf die sich weithin ausdehnende Stadt und auf den Thermäischen Golf.

Die Stadt lässt sich auf **drei Spaziergängen** gut kennen lernen. Der **1. Rundgang** beginnt an der Platía Aristotélous und führt zum Weißen Turm, dem Ar-

Thessaloníki
Byzantinische Stadtmauer
Áno Póli
16
17
18
19
20
25
10
11
24
12
13
21
22
23
14
15
1
2
Olimbiados
Agiou Dimitriou
Iassonidou
Olimbou
Kassandrou
Agiou Dimitriou
Papazoli
Olimbou
Filippou
I. Dragoumi
El. Venizelou
Egnatia
Pal. Patron Germanou
Agias Sofias
Aristotelous
Ermou
Karaoli Dimitriou
Langada
Egnatia
Mitropoleos
Tsimiski
Karolou Dieh
Komninon
El. Venizelou
I. Dragoumi
Leofóros Nikis
Dodekanisou
Monastiriou
Tsimiski
26 Oktovriou
Politechniou
Bahnhof,
Busbahnhof
© igraphic

1 Platía Aristotélous
2 Hafen
3 Weißer Turm
4 Staatstheater von Nordgriechenland
5 Archäologisches Museum
6 Byzantinisches Museum
7 Messegelände
8 Aristoteles Universität
9 Triumphbogen des Galerius
10 Rotonda/Ágios Geórgios
11 Kirche Ágios Dimítrios
12 Römischer Markt
13 Kirche Panagía Chalkéon
14 Markthallen
15 Ladadiká
16 Zitadelle
17 Kloster Vlatádon
18 Kirche Ósios David
19 Kirche Ágios Nikólaos Orfanós
20 Atatürk-Museum
21 Kirche Panagía Acheirópitos
22 Kirche Agía Sofía
23 Kirche Ágii Apóstoli
24 Kirche Agía Ekateríni
25 Kirche Profítis Ilías
Kavafi
Kiriakidi
Viziinoy
Friedhof
Agiou Dimitriou
Aristoteliou Panepistimiou
Ethnikis Aminis
Egnatia
Angelaki
Kaftantzoglou
Tritis Septemvriou
Gr. Lambraki
Papafi
Ioaninon
Perdika
Leoforos Stratou
M. Andronikou
Tsimiski
Germanou
Vas. Georgiou
Leofóros Nikis
Pavlou Mela
Sarantapolou
Bizaniou
Agias Triadas
Megalou Alexandrou
Vas. Olgas
N
0
250 m

chäologischen Museum, dem Galeriusbogen, der Rotonda, der Ágios-Dimítrios-Kirche, zum Römischen Markt und endet wieder an der Platía Aristotélous. Der **zweite Spaziergang** führt zu den Markthallen, die einen Besuch wert sind. Ein **dritter Spaziergang** führt durch die Oberstadt von Thessaloníki zur Festung, der Stadtmauer und zu den Festungstürmen.

P

Parken

Wie in anderen Großstädten gibt es auch in Thessaloníki Verkehrs- und Parkprobleme. Es empfiehlt sich deshalb, das eigene Auto in einem der zahlreichen Parkhäuser (Parking) abzustellen und entweder zu Fuß, mit einem der preiswerten Taxis oder mit den häufig verkehrenden Stadtbussen die einzelnen Sehenswürdigkeiten aufzusuchen. Innerhalb des Zentrums sind die Entfernungen gut zu Fuß zu bewältigen.

1. Stadtrundgang

Der nachfolgend beschriebene 1. Rundgang dauert je nach Besichtigungszeit in den Museen etwa 3–4 Stunden und führt Sie zu den bedeutendsten Sehenswürdigkeiten aus allen Epochen der Stadt, bietet aber auch Gelegenheit, in einem der zahlreichen schönen Straßencafés der modernen Stadt auszuruhen und das Großstadtleben zu beobachten.

Ausgangspunkt des ersten Stadtrundganges ist die **Platía Aristotélous (1)** (Aristoteles-Platz). Dieser große Platz mit seinen prächtigen alten Gebäuden liegt direkt am Meer und ist das Herzstück der Stadt. Nach dem großen Brand von 1917 entwarf der französische Ingenieur und Stadtplaner Ernest Hébrard die Anlage zwischen der Uferpromenade und der Hauptkirche Ágios Dimítrios. Am Aristoteles-Platz findet man unter den Kolonnaden einladende Straßencafés, die ein beliebter Treffpunkt für Jung und Alt sind, bekannte Kinos, in denen die Internationalen Filmfestspiele stattfinden, das elegante, traditionsreiche Hotel Electra Palace, das schon von vielen berühmten Gästen aufgesucht wurde, und die gegenüber liegende **Touristeninformation**, wo Sie die aktuellsten Auskünfte einholen können.

Herzstück der Stadt

Der Aristoteles-Platz öffnet sich zum **Hafen (2)** hin, der seine heutige Gestalt gegen Ende des 19. Jahrhunderts erhielt, als Thessaloníki sich durch den Bau der Eisenbahn zu einem wichtigen Handelszentrum und einem Hauptumschlagplatz für Waren zwischen Mitteleuropa und dem Vorderen Orient entwickelte. In den letzten Jahren wurde damit begonnen, das Hafenviertel zu einem kulturellen Zentrum Thessaloníkis umzugestalten. In den ehemaligen Lagerhallen wurden Ausstellungshallen und Museumskomplexe angesiedelt.

Von der Platía Aristotélous aus führt die breite Promenade **Leofóros Níkis** am Meer entlang bis zum Wahrzeichen Thessaloníkis, dem Weißen Turm. Auf diesem ca. 10 minütigen Weg kommen Sie auch am **Goethe-Institut**, *66 Vas. Olgas, Tel.: 88 9610*, vorbei, das 1955 gegründet wurde und damit eines der ältesten Goethe-Institute im Ausland ist. Mit seinen kulturellen Veranstaltungen, intensiven Sprachkursen und umfangreichen Buch- und Medienbeständen ist das Institut fest in das Kulturleben der Stadt einbezogen; in der Seitenstraße Karolou Diehl finden Sie das **deutsche Generalkonsulat**.

Der "Weiße Turm" ist das Wahrzeichen Thessaloníkis

Der **Weiße Turm (3)** (Léfkos Pírgos) wurde um 1430 von venezianischen Baumeistern als Eckturm der alten Hafenbefestigung gebaut. Im 18. Jahrhundert diente er als Gefängnis der türkischen Janitscharen und erhielt in dieser Zeit den Namen „Blutturm", da der Sultan Mohammed 1826 viele Janitscharen im Turm töten ließ. Später ließ ein türkischer Statthalter den Turm weiß anstreichen, um die blutige Tat vergessen zu machen. Seit 1986 beherbergt der 35 m hohe Turm ein **Museum**, *Leofóros Níkis, Tel.: 26 7832,* ***Öffnungszeiten****: von Mai bis Oktober Mo 12.30–19 Uhr, Di–Fr 8–19 Uhr, Sa/So 8.30–15 Uhr; von November bis April Mo geschlossen, Di–So 8–14.30 Uhr.*

INFO Wer waren die Janitscharen?

Die Janitscharen waren seit der Mitte des 14. Jahrhunderts eine Elitetruppe des osmanischen Heeres, die zunächst aus christlichen Kriegsgefangenen, die zum Islam übergetreten waren, bestand. Später wurde die „Knabenlese" eingeführt; christliche Jungen mussten zum Islam übertreten und erhielten dann eine ausgezeichnete militärische Ausbildung: So wurde eine Truppe gebildet, die ausschließlich dem Sultan zur Treue verpflichtet war. Die Janitscharen lebten zwar nach strengen Gesetzen, die ihnen z. B. den Kontakt mit der Bevölkerung und die Heirat verboten, aber sie genossen auch zahlreiche Privilegien. Ihre Zahl stieg von 20.000 im Jahre 1574 auf über 135.000 im Jahre 1826 an. In den griechischen Befreiungskriegen gelang es ihnen nicht, die Aufständischen zu besiegen; als die Janitscharen 1826 revoltierten, ließ Sultan Mahmud II. ihre Anführer hinrichten und die Truppe der Janitscharen gewaltsam auflösen.

Museum im „Weißen Turm"

Über eine breite, überwölbte Wendeltreppe gelangen Sie vom Erdgeschoss zu den Ausstellungsräumen mit Skulpturen, Fresken, Fragmenten von Boden- und Wandmosaiken, Münzen, Inschriften und Waffen bis hinauf zum Dach; in den beiden oberen Stockwerken befindet sich eine umfangreiche Ikonensammlung. Von der Außenterrasse bietet sich ein weiter Blick auf den Hafen, die Bucht und die Stadt bis hinauf zur Zitadelle.

Der kleine Platz am Weißen Turm und die sich anschließende Parkanlage mit schönen, schattigen Cafés sind ein beliebter Treffpunkt. In den Abendstunden

Reiterstandbild Alexander des Großen

findet hier die „Volta“ statt, bei der sich die Griechen zum Sehen und Gesehenwerden treffen. Entlang der Hafenpromenade und rund um den Weißen Turm sind Souvenirstände aufgebaut, und das moderne **Reiterstandbild Alexander des Großen** dient vor allem griechischen Besuchern als beliebtes Motiv für Familienfotos.

Gegenüber dem Weißen Turm steht der markante Eckbau des **Staatstheaters von Nordgriechenland (4)**, Odós Nikólaou Germanoú, in dessen Obergeschoss die **Kunstgalerie der Gesellschaft für Makedonische Studien** eingerichtet wurde. Hier können Sie historische Ansichten von Thessaloníki und Werke griechischer Maler des 19. Jahrhunderts betrachten. *Öffnungszeiten: So–Fr 9–14 Uhr.*

Wenn Sie der Odós Nikólaou Germanoú bis zu den großen Straßenkreuzungen an der Platía Chánti folgen, sehen Sie auf der gegenüber liegenden Straßenseite das moderne Archäologische Museum, das auf jeden Fall einen Besuch lohnt.

Archäologisches Museum (5), *Manolis Andronikoú 6, Tel.: 830538*

Im Archäologischen Museum sind bedeutende Ausgrabungsfunde Nordgriechenlands ausgestellt: Skulpturen, Vasen, Waffen, Schmuckstücke und Keramikfunde von der Frühzeit bis zur byzantinischen Epoche. *Öffnungszeiten: täglich 8.30–15 Uhr, Mo geschlossen*

Raum 1: Bruchstücke eines ionischen Tempels aus dem 6. Jahrhundert v. Chr.
Raum 2 und 3: Skulpturen aus archaischer, klassischer und hellenistischer Zeit
Raum 4: Fundstücke, die die Geschichte der Stadt Thessaloníki zurück bis zur ersten Besiedelung belegen, u.a. Grä-

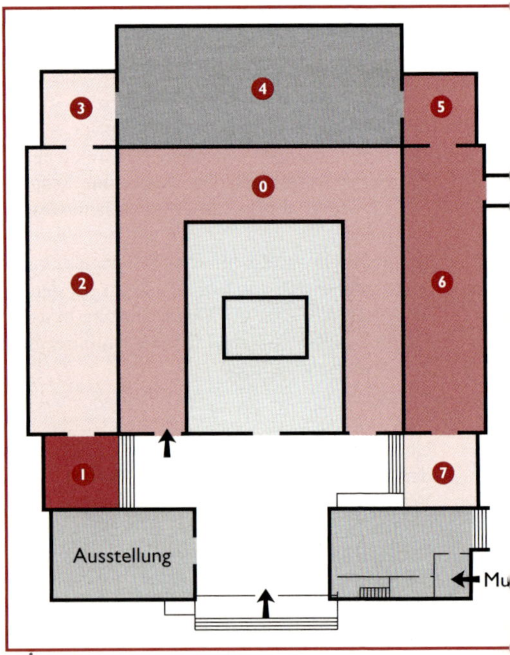

© igraphic

ber, Grabfunde und aus römischer Zeit Funde von der Agora und vom Palastkomplex des Galerius.

Raum 5 und 6: Skulpturen, Votiv- und Grabbeigaben aus der römischen Zeit

Raum 7: Rekonstruktion einer Fassade des Grabes von Agía Paraskeví mit der Originaltüre aus Marmor und Funde aus Potidéa auf Chalkidikí

Raum 8: Die Funde aus den 121 Gräbern von **Síndos** bestehen aus herrlichen Schmuckstücken, Waffen, Rüstungsteilen und Totenmasken aus reinem Gold, die alle die hohe Kunst der Goldschmiede des 6./5. Jahrhunderts v. Chr. bezeugen.

Raum 9: Das Gold von Makedonien – eine Ausstellung, die über die Gewinnung und Verwendung von Gold informiert und Goldfunde aus dem 6.–2. Jahrhundert v. Chr. präsentiert, die bei den Ausgrabungstätten und in Gräbern Makedonien gefunden wurden, z. B. der Efeukranz von Sevastí, das Diadem von Sédes oder der Weinbecher von Dervéni.

Raum 10: Funde aus archaischer Zeit von Siedlungen und Gräbern in Thessaloníki, Chalkidikí und Makedonien

Raum 11: Funde von prähistorischen Siedlungsstätten

Buchtipp

Im Museum sind sehr gute deutschsprachige Ausgaben mit ausführlichen Beschreibungen der Ausstellungsstücke erhältlich.

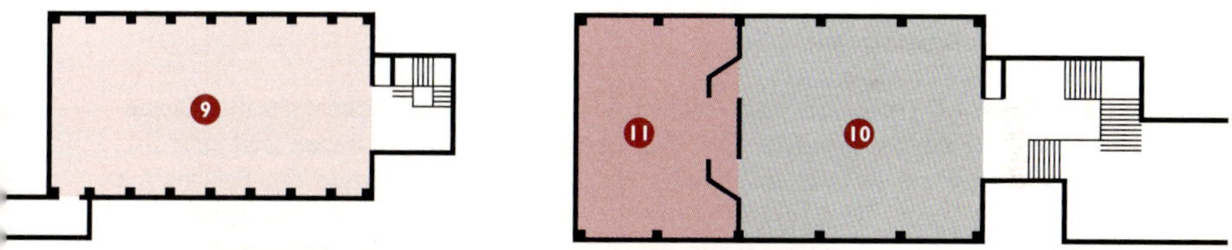

Zeichenstudien vor dem Museum

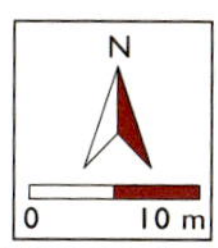

Archäologisches Museum

1997 wurde das **Byzantinische Museum (6)**, *1, Leofóros Strátou, Öffnungszeiten: Mo 12.30–19 Uhr, Di–So 8–19 Uhr,* als ein Zentrum der byzantinischen Kultur eröffnet. Ausgestellt sind – jeweils geordnet nach Themenbereichen – Grabfunde, Architekturfragmente, Ikonen und Mosaike aus der frühbyzantinischen Zeit.

- Saal 1 Frühchristliche Kirche
- Saal 2 Leben und Wohnen in den Anfängen der christlichen Zeit
- Saal 3 Grabstätten der frühen Christen und Beerdigungen.

1997, als Thessaloníki die Kulturhauptstadt Europas war, gab es eine herausragende Sonderausstellung mit den kostbaren Schätzen der Mönchsrepublik Áthos. Ende 2000 wurden drei weitere Säle eröffnet mit dem Schwerpunkt auf der mittelbyzantinischen Zeit (9.–12. Jahrhundert). Themenbereiche sind „ Vom Bilderstreit zum Glanz der Makedonen- und Komnenendynastie", „Die Dynastien der Byzantinischen Kaiser" und „Die Byzantinische Festung".

Aristoteles-Universität mit 70.000 Studenten

Getrennt nur durch die verkehrsreiche Straße Leofóros Strátou schließt sich das weitläufige **Messegelände (7)** an die Museen an. Besonders wichtige Veranstaltungen sind die „Filoxenía", die griechische Touristikmesse im Frühjahr und die Internationale Handelsmesse im September. Die Handelsmesse geht auf ein altes Kaufmannsfest zu Ehren des Heiligen Dimitrios, des Schutzpatrons von Thessaloníki, zurück; die „Dimítria-Festspiele" werden in der heutigen Form mit künstlerischen Darbietungen erst seit 1926 durchgeführt. An das Messegelände schließen sich die 1925 gegründete **Aristoteles-Universität (8)**, die mit 70.000 Studenten zu den größten Hochschulen Europas zählt, **Sportzentrum, Stadion** und **Vergnügungspark** an.

Am Ende des Messegeländes stoßen Sie auf die Hauptverkehrsstraße Thessaloníkis, die **Odós Egnatía**. Die **Via Egnatia** war in römischer Zeit die Ost-West-Achse des Römischen Reiches, die Rom und die Gebiete des Balkans mit Byzanz verband. Diese große Verbindungsstraße durchquerte Thessaloníki und machte die Stadt bedeutsam für den Austausch von Waren jeglicher Art. Hier finden Sie sehenswerte Überreste aus römischer Zeit, z. B. den Triumphbogen des Galerius, die Rotonda, Reste eines Palastes und eines Hippodroms.

Triumphbogen des Galerius

An der Kreuzung von zwei bedeutenden Römerstraßen ließ der römische Kaiser **Galerius** im Jahre 303 n. Chr. den **Triumphbogen (9)** zur Erinnerung an seine Siege über die persischen Heere in Mesopotamien und Armenien errichten. Der Galerius-Bogen war Teil eines größeren Gebäudekomplexes. Der Bau bestand aus 4 Hauptpfeilern, auf denen die Kuppel ruhte, und aus 4 kleineren Bögen, so dass ein von einer Kuppel gekröntes Doppeltor entstand. Die Hauptpfeiler waren mit Marmorreliefs geschmückt, die in 4 übereinander liegenden Bildbändern die Sieges- und Ruhmestaten des Kaisers schilderten. Vom einstigen Triumphbogen sind nur noch Teile der Westpfeiler erhalten; die ganze Ostseite ist zerstört. Nach etwa achtjähriger Bauzeit konnten zu Beginn des neuen Jahrtausends aufwändige Restaurierungsarbeiten abgeschlossen werden; leider waren die starken Oberflächenschäden nicht mehr zu beheben, aber wenigstens konnten die Reliefs, die durch Brände, Witterungseinflüsse und Abgase schwarz geworden waren, aufgehellt werden.

Südlich des Triumphbogens befand sich die Pferderennbahn, das **Hippodrom**; 390 n. Chr. wurden in der Arena mindestens 7.000 Einwohner von Thessaloníki in einem Massaker getötet.

Massive Fundamente eines achteckigen Gebäudes wurden südwestlich vom Galerius-Bogen gefunden und als die Grundmauern des **Palastes** identifiziert, in dessen Inneren ein reich geschmückter Thronsaal lag. Der Palast stammte aus dem Jahre 299, nahm eine Fläche von rund 15.000 m² ein und reichte von der Rotonda bis zum Meer. Seit 2000 ist die archäologische Stätte des Galerius-Palastes an der Platía Navarínou für Besucher zugänglich.

Die Rotonda

In früheren Zeiten miteinander verbunden, ist der Galerius-Bogen heute durch eine kleine Grünanlage von der **Rotonda (10)** getrennt, einem der ältesten und auffälligsten Baudenkmäler Thessaloníkis. Vom Galerius-Bogen aus führte eine auf beiden Seiten mit Säulen geschmückte Straße zu einem kreisrunden Bauwerk, von dem man annimmt, dass es am Anfang des 4. Jahrhunderts, noch zu Lebzeiten des Galerius, als Mausoleum für den Kaiser errichtet wurde. Da Galerius nach seinem Tode aber nicht in Thessaloníki beigesetzt wurde, wandelte man während der Regierungszeit des christlichen Kaisers Theodosius den Grabbau in eine Kirche um und weihte diese dem Heiligen Georg. Dafür wurde der ursprüngliche Bau im Osten um eine Apsis erweitert, außerdem wurde die ganze Anlage um einen Mauerumgang vergrößert.

die Rotonda

Bei der Umwandlung des Rundbaus in die **Ágios-Geórgios-Kirche (10)** wurden außerdem die acht Kuppelnischen mit prächtigen Mosaiken auf Goldgrund ausgeschmückt. An der Kuppel befinden sich 8 Tafeln, auf denen Märtyrer der Ostkirche im Gebet dargestellt sind. In neuerer Zeit wurden Spuren einer weiteren Mosaikreihe entdeckt; in dieser waren wahrscheinlich die 12 Apostel abgebildet, von denen jedoch nur noch Füße und Sandalen erhalten sind. Von der großen Christusdarstellung sind noch der Heiligenschein, Finger der linken Hand und das Kreuz des Zepters erhalten. Drei Engel, deren Gesichter noch erkennbar sind, umschweben die Christusfigur. In den Nischen lassen sich an den Mosaiken Medaillons mit Blumen, Vögeln und Früchten auf goldenem Grund erkennen.

An der Rotonda befindet sich das einzige, noch erhaltene **Minarett** der Stadt, denn in türkischer Zeit war die Rotonda 1590 zur Moschee umgebaut worden. Heute dient die Rotonda als Museum für frühchristliche Kunst, in dem Reliefs, Architekturbruchstücke und Mosaikreste ausgestellt sind. Nach aufwändigen Restaurierungsarbeiten wurde das Museum wieder eröffnet.
Öffnungszeiten: täglich 8.30–15 Uhr, Mo geschlossen

Gegenüber dem Eingang der Rotonda steht die moderne Ágios-Geórgios-Kirche mit interessanten Wandmalereien.

Wenn Sie sich nach dem Verlassen der Rotonda nach rechts wenden, durch die Odós M. Kiriákou bis zur Ágios Dimitríou gehen und dieser nach links folgen, kommen Sie zur Hauptkirche der Stadt, der prachtvollen **Kirche des Heiligen Dimítrios (11)**, die dem Schutzpatron Thessaloníkis gewidmet ist.
Öffnungszeiten der Krypta: 10, Odós Agíou Dimítriou, Öffnungszeiten: Di–So 8–20 Uhr, Mo 12.30–19 Uhr, Fr 8–24 Uhr.

die Hauptkirche der Stadt

Die Kirche wurde 342 n. Chr. als kleine Gedenkstätte für Dimítrios errichtet und dann gegen Ende des 5. Jahrhunderts über einer älteren Krypta zu einer fünfschiffigen Basilika ausgebaut. Während der türkischen Herrschaftszeit zwischen 1493 und 1912 wurde die Kirche als Moschee genutzt. Oftmals repariert und erweitert, wurde sie bei dem großen Brand von 1917 völlig zerstört. In den folgenden Jahren bis 1948 wurde die Kirche mit den erhaltenen, aber im Umkreis zerstreuten Bauteilen rekonstruiert und am 26.Oktober 1949, zum Namensfest des Schutzpatrons, wieder der Bevölkerung übergeben.

Die Kirche ist ein kuppelloses, holzgedecktes Gebäude von ca. 44 m Länge und 33 m Breite. Vier Säulenreihen teilen den Innenraum in 5 Schiffe, ein 6. Schiff mit dem Altar und dem Allerheiligsten ist den anderen vorgelagert. Interessant ist die Kirche vor allem wegen der Kapitelle der antiken Marmorsäulen und der Mosaikbilder, von denen einige aus dem 7. Jahrhundert stammen und bei dem großen Brand von 1917 nicht beschädigt worden waren. Im linken Seitenschiff liegen in einem silbernen Sarkophag die Reliquien des Heiligen Dimítrios, die 1980 aus der italienischen Ortschaft San Lorenzo nach Thessaloníki gebracht worden sind. In der Krypta, wo ein kleines Museum eingerichtet ist, können Sie Mosaikfragmente, Reste der ganz frühen Kapelle und der römischen Thermen sehen, in denen der Überlieferung nach Dimítrios gefangen gehalten wurde und 303 den Märtyrertod starb.

Römischer Markt

Wenn Sie von der Agios Dimítrios-Kirche zurück in Richtung Hafen/Platía Aristotélous gehen, kommen Sie zu der belebten und beliebten **Platía Dikastírion** (der offizielle Name ist Platía Archéas Agorás) mit einer kleinen Parkanlage und den Ausgrabungen des **Römischen Marktes (12)**.

Ausgrabungen der beiden letzten Jahrzehnte brachten Funde zutage, die aus der Zeit vom 3. Jahrhundert v. Chr. bis zur frühbyzantinischen Epoche im 5. Jahrhundert n. Chr. reichen. Während das Gebiet zunächst keine öffentliche Funktion hatte, entstanden hier in der Römerzeit das rechteckige Ratsgebäude, das von Markthallen umgeben war, eine Stoa und die Münze der Stadt; im 2. Jahrhundert wurde ein Odeon gebaut. Am Südende des Forum Romanum befand sich vermutlich das Archiv- und Verwaltungsgebäude. Außerdem wurden Reste eines öffentlichen Bades aus späthellenistischer Zeit entdeckt.

Der Marktplatz, der gegen Ende des 2. Jahrhunderts n. Chr. an der Stelle eines älteren Marktes erbaut wurde, war ein rechteckiger, gepflasterter Platz, der auf

Die Ausgrabungsarbeiten bringen immer neue Schätze ans Licht

drei Seiten von Säulenhallen eingeschlossen wurde. Er war das öffentliche und religiöse Zentrum der Stadt mit prachtvollen Gebäuden. Bei den Ausgrabungsarbeiten, die 1966 begannen und noch fortgeführt werden, wurde neben Silbermünzen, Stein- und Marmorskulpturen, Gebäudeteilen, Straßenpflasterungen, Kanälen und Abwasserleitungen in der Nordost-Stoa ein kleines Theater, das **Odeon**, freigelegt und rekonstruiert, in dem heute Konzert- und Theatervorstellungen stattfinden. Besonders interessant ist eine teilweise unterirdische Passage (ein „Kryptoportikus") im Bereich der südlichen Säulenhalle, die auf beiden Seiten von Geschäften, kleinen Werkstätten und Gaststuben gesäumt war und heute als Ausstellungsraum genutzt wird.

Weitere Pläne sehen den Bau eines unterirdischen Museums an der Westseite der Agora vor, in dem Einzelfunde wie Werkzeuge, Gegenstände aus Bronze, Glas und Tongefäße und Statuetten ausgestellt werden sollen.

An der Südwestecke der Platía Dikastírion liegt die **Kirche Panagía Chalkéon (13)**, *7, Odós Chalkéon, **Öffnungszeiten**: täglich 7–12 Uhr und 18–20 Uhr.* Die Kirche der „Madonna der Kupferschmiede" wurde im Jahre 1028 erbaut und mit Fresken ausgeschmückt, von denen einige noch erhalten sind. Die Kirche ist von einem kleinen Rosengarten umgeben. Auch heute finden Sie in der Straße an der Kirche noch kleine Läden und Werkstätten von Kupferschmieden mit glänzenden Kupfer- und Messingwaren, für die Thessaloníki bekannt ist.

Überreste aus türkischer Zeit

Unmittelbar an der Vía Egnatía können Sie zwei Bauwerke aus türkischer Zeit sehen:
- das **Hamam Bei**, 8, Vía Egnatía, ein Backsteingebäude mit mehreren Kuppeln, das 1444 von Sultan Murad II. erbaut und wegen seiner türkischen Bäder Courta Paradeisos (Bäder des Paradieses) genannt wurde; es kann wegen Restaurierungsarbeiten nur von außen besichtigt werden;
- die um 1468 erbaute Moschee **Hamsa Bei Tsami**, 6, Vía Egnatía, heute Alkazar genannt, wurde 1978 durch ein Erdbeben stark beschädigt und kann ebenfalls nur von außen besichtigt werden.

Von der Vía Egnatía kehren Sie meerwärts zur Platía Aristotélou zurück.

2. Spaziergang zu den Markthallen

Hinweis
Da die Markthallen schon gegen 14 Uhr schließen, sollten Sie früh zu diesem Spaziergang aufbrechen.

Die bekannten **Markthallen (14)** von Thessaloníki befinden sich nahe der Platía Aristotélou in dem Straßenquadrat Odós Egnatía - Odós Elefteríos Venizélous - Odós Ermoú - Odós Aristotélous in einem Gewirr enger Gassen. Von 5 bis 14 Uhr gibt es hier ein vielseitiges und reichliches Angebot zum Schauen und Kaufen; aber es macht auch Spaß, den Bewohnern von Thessaloníki beim Einkaufen und Feilschen zuzuschauen.

Auf dem **Vláli-Markt** und in der **Stóa Modanió**, den beiden Lebensmittel- und Haushaltsmärkten, erwartet Sie ein Gemisch von Gerüchen, ein Gewirr von Stimmen und eine Palette von leuchtenden Farben. Obsthändler locken mit frischen Früchten und Gemüsen, die Fischhändler wiegen Fische ab und sorgen mit ihren Angeboten für abwechslungsreiche Düfte. Die Stóa Modianó wurde zu Beginn des 20. Jahrhunderts von dem Architekten Elias Modiano gebaut. Wie in einem orientalischen Basar waren die Gassen der überdachten Markthalle nach Handwerk und Warenangebot geordnet.

Stoa Modiano – der Lebensmittelmarkt in Thessaloníki

Sehr angenehm riecht es an den Straßenecken, an denen Frauen und Männer vom Lande große Sträuße der verschiedenartigsten frischen Kräuter anbieten; an anderen Ständen werden aus großen Gläsern griechische Süßigkeiten entnommen oder grüne oder schwarze Oliven aus Blechkanistern geschöpft. Nur die Fleischhändler, die immer lautstark ihre Ware angepriesen und das Fleisch zerteilt und geklopft haben, sind nicht mehr anzutreffen, denn im Jahr 2000 wurde der Fleischgroßmarkt aus hygienischen Gründen in einen Vorort umgesiedelt.

Essen und Trinken
Kleine und kleinste Gaststuben laden die Marktbesucher zu einem Kaffee, einem Ouzo oder einer Stärkung mit Souvláki oder Gyros ein. Die Tavernen sind auch abends geöffnet, und so kann man z. B. in der traditionsreichen Taverne „I myrovolos Smyrni" die gute Küche der aus Kleinasien stammenden Griechen kennen lernen, die nach 1922 nach Thessaloníki kamen.

Im **Vatikióti-Markt** finden Sie Schreiner, Schuhmacher, Bürstenverkäufer und Buch-, Briefmarken- und Münzenhändler, während der malerische **Blumenmarkt** *montags bis samstags von 6–14 Uhr* an der Straßenecke Odós Iraklíou/Odós Frángon vor dem alten türkischen Badehaus **Yachoúdi Hamam** aus dem 16. Jahrhundert stattfindet. In der Odós El. Venizélou liegt seit dem 15. Jahrhundert der überdachte Markt „**Bezesteni**", wo in türkischer Zeit vor allem Tuchhändler und Goldschmiede handelten, während heute Händler Waren aller Art anbieten.

Vom Ausgang der Markthallen können Sie über die Odós Aristotélou in wenigen Minuten zurück zum Ausgangspunkt, der Platía Aristotélou, gehen. Wenn Sie noch Lust auf einen Einkaufsbummel ganz anderer Art haben, können Sie sich in den eleganten Geschäften und exklusiven Boutiquen der beiden Boulevards Odós Tsimíski und Odós Mitropóleos umschauen.

Unterhaltung im Ladadiká-Viertel und im Mylos

Auch das **Hafenviertel Ladadiká (15)**, das gleich hinter dem Kai I beginnt, lohnt einen Besuch, denn in den ehemaligen Lagerhallen, Fabrikgebäuden und Werkstätten wurden nach der aufwendigen Sanierung ansprechende Cafés, gemütliche Tavernen, teure Restaurants und elegante Bars und vielseitige Geschäfte eingerichtet. Wie der Name sagt, war das Viertel früher der Sitz der Öl-, Oliven- und Getreidehändler. Bei der großen Brandkatastrophe von 1917 wurde dieses als einziges Viertel der Unterstadt nicht zerstört. Charakteristisch sind die aus rotem Ziegel gebauten Häuser mit ihren schmiedeeisernen Türen und die engen, kopfsteingepflasterten Gassen, die für den Autoverkehr gesperrt sind. Seit 1993 wurde Ladadiká saniert und ist heute das beliebteste Vergnügungsviertel der Stadt mit ganz eigenem Flair.

Das neue Kulturzentrum **Mylos**, *Andreou Georgíou 56, Tel.: 52 59 68,* liegt ebenfalls im Westen der Altstadt in einem Industrieviertel. Die alte, im Jahre 1924 gebaute Getreidemühle „Mylos" ist seit Anfang der 1990er Jahre ein wichtiges kulturelles Zentrum mit vielseitigen Ausstellungen, Theaterinszenierungen und Konzerten und mit Restaurants, Ouzerien und Bars ein beliebter Treffpunkt für alle Generationen. In den Sommermonaten gibt es regelmäßige Filmvorführungen im Freilichtkino. Die 1924 erstmals in Betrieb genommene Mühle arbeitete bis 1987 und hatte eine Kapazität von bis zu 60 Tonnen Mehl täglich. Der ab 1990 durchgeführte Umbau wurde als eine hervorragende „Leistung zur Bewahrung des architektonischen Erbes" prämiert. Gleich gegenüber dem „Mylos" wurde 1997 außerdem das Kulturzentrum „**Vigla**" eröffnet.

3. Spaziergang durch Áno Póli, die Oberstadt von Thessaloníki, mit der Festung, der Stadtmauer und den Stadttürmen

Die Oberstadt ist der älteste erhaltene Teil Thessaloníkis, nachdem der große Brand des Jahres 1917 fast die ganze Stadt zerstört hatte. Die Oberstadt und das dazu gehörige Kástro-Viertel werden durch den alten byzantinischen Festungsring begrenzt. Das Viertel ist geprägt durch steile, gepflasterte Gassen, an denen Häuser liegen, die im traditionellen Balkan-Stil mit einem massiven Sockelgeschoss und einem hölzernen Obergeschoss mit Erkern erbaut sind. Da viele dieser Häuser jedoch verfallen, wurden neuerdings Verordnungen zum Schutz der historischen Altstadt erlassen, die den Erhalt der historischen Substanz und die unmittelbare Umgebung der Häuser sichern sollen. Außerdem gibt es in der Áno Poli eine Vielzahl kleiner, mittelalterlicher Kirchen.

Hinweis

Da der Fußweg zur Oberstadt mühsam und zeitaufwendig ist, lohnt es sich, mit Bus oder Taxi hinaufzufahren; bei der Anfahrt mit dem eigenen Wagen ist es schwierig, oben einen Parkplatz zu finden.

Bus

Sie können vom Eleftherías-Platz unten an der Hafenpromenade mit dem Bus Nr. 23 hinauf in die Oberstadt fahren und dort innerhalb der alten Stadtmauern aussteigen.

Auto

Mit dem eigenen Wagen fahren Sie über die Leofóros Níkis am Weißen Turm vorbei, biegen links in die Odós N. Germanoú, wieder links in die Odós Angeláki (der Ausschilderung Panórama nach), folgen der Odós Ethinikís Aminís bis zur Odós Agíou Dimitríou, fahren nach links bis zur ersten Abzweigung rechts, der Anapafseos, weiter über die Zorgrafou hinauf zur Festung, die dann bereits zu sehen ist, und folgen von dort bergan der Ausschilderung „Ano Pólis" bis hinauf zur Festung.

Die Oberstadt beginnt an der Odós Olympiádos, nördlich der Odós Agíou Dimítriou, und zieht sich mit ihren engen und steilen Gassen hinauf bis zur **Zitadelle (16)**, die an der höchsten Stelle der Stadt liegt und bis 1989 als Gefängnis genutzt wurde. An der Zitadelle ist die beste Stelle, um den Spaziergang durch die Oberstadt zu beginnen.

die alte Festung

Schon zur Gründungszeit wurde die Stadt Thessaloníki mit starken **Stadtmauern** befestigt, die in römischer Zeit ergänzt wurden. Die Mauern, die noch eine Vormauer hatten, waren bei einer Länge von etwa 8 km zwischen 10 und 12 m hoch; außerhalb des Mauerringes verlief noch ein im unteren Stadtbereich mit Meerwasser gefüllter Graben. Die ca. 4,5 m breite Steinmauer hatte in der Oberstadt 7 Tortürme, wovon sich auch der Name **Eptapirgíon** (= 7 Türme) für den ganzen Bezirk herleitet. Die Festung wurde an der Stelle der alten Akropolis gebaut und in byzantinischer und türkischer Zeit immer wieder verstärkt. Thessaloníki war bis 1869 von diesen starken Stadtmauern umgeben, die dann auf türkischen Befehl niedergerissen wurden, um die Stadt zu „modernisieren", wie es damals offiziell hieß.

Heute sind von den ehemals mächtigen Stadtmauern nur noch Reste zu sehen, auch die Zitadelle ist nicht mehr zu besteigen. Dennoch lohnt sich ein Besuch der Akropolis von Thessaloníki, um von dort oben den prächtigen Ausblick auf die Stadt und das Meer zu genießen und um in den engen, verwinkelten Gassen mit alten Häusern und blühenden Gärten die Atmosphäre einer vergangenen Zeit zu spüren. Beim Hinabsteigen entlang der Festungsmauern kommen Sie in das alte türkische Viertel mit einigen alten Brunnen, dem Kloster Vlatadon, der Kirche Osios Davíd und der kleinen Kirche Agios Nikólaos Orfanós.

Das **Kloster Vlatádon (17)**, das gegenüber dem Stadttor Andrónikos Paleológos liegt, wurde zwischen 1351 und 1371 von Dorothéos Vlátes, dem damaligen Metropoliten von Thessaloníki gegründet und blieb als einziges von 20 Klöstern in Thessaloníki erhalten. Während der Restaurierung im Jahre 1983 wurden in der Klosterkirche Fresken aus dem 11. Jahrhundert entdeckt, die auf eine noch ältere Kapelle hinweisen. Außerdem besitzt das Kloster eine wertvolle Sammlung alter Handschriften. *Öffnungszeiten: täglich 8.30–12 Uhr, 17–19 Uhr.*

Unterhalb des Klosters, im engen Straßengewirr nahe bei der Odós Dimitríou Poliokitoú, liegt ganz versteckt die kleine, unscheinbare **Kirche Ósios Davíd (18)**, die Ende des 5./Anfang des 6. Jahrhunderts auf römischen Überresten erbaut und von den Mönchen des heute nicht mehr bestehenden Klosters Látomos genutzt wurde. Nach der Eroberung Thessaloníkis im Jahre 1430 wurde das Gebäude in eine Moschee umgewandelt; dabei wurden die Wandmalereien und die Bodenmosaike überdeckt. Erst nach der Befreiung der Stadt 1921 wurde das bemerkenswerte **Apsismosaik** aus dem 5. Jahrhundert entdeckt, das einen bartlosen, von einem Glorienschein umgebenen Christus zeigt. 1929 wurden im Inneren der Kirche wertvolle Wandmalerein freigelegt, 1980 wurde die Westwand, 1991 das Propylon auf der Südseite rekonstruiert. Die Kirche ist von einem kleinen, stillen Garten umgeben mit schönem Blick auf das Meer. *Öffnungszeiten: täglich 8.30–12 Uhr, 17–19 Uhr.*

Auch die im 14. Jh. gebaute Kirche **Agios Nikólaos Orfanós (19)** liegt versteckt hinter einer Mauer zwischen alten, teilweise schön gerichteten Wohnhäusern und ist wegen ihrer sehr gut erhaltenen Fresken einen Besuch wert. *Öffnungszeiten: von Mai bis September täglich 8–12 Uhr, 18–19 Uhr, von Oktober bis April 9–12.30 Uhr.* Außerdem können Sie noch das **Geburtshaus Kemal Atatürks (20)** gleich neben dem türkischen Generalkonsulat, *75 Odós Apóstolou Pávlou*, besichtigen. *Öffnungszeiten: Mo–Fr 9–17 Uhr.* Im **Atatürk-Museum** sind Einrichtungsgegenstände, Schriftstücke, Bilder und Uniformen ausgestellt.

INFO Informationen über Mustafa Kemal Pascha

Mustafa Kemal Pascha, später „Atatürk – Vater der Türken“ genannt, wurde 1881 in Thessaloníki geboren. Er gilt als der Begründer der modernen Türkei. Nach der Abschaffung des Sultanats wurde er 1923 zum 1. Präsidenten des jungen türkischen Staates gewählt. Es gelang ihm, durch eine kluge Beschränkung der eigenen Machtbefugnisse und durch eine geschickte Außenpolitik seinem Land in der Völkergemeinschaft zu neuem Ansehen zu verhelfen. Grundlegende, tiefgreifende Reformen ergaben sich aus dem Streben nach einer starken Europäisierung des Landes, wie sie in der Übernahme der lateinischen Schrift, europäischer Kleidung und des Schulwesens deutlich wurde. Atatürk starb 1938 in Istanbul; seine Gebeine wurden 1953 im Atatürk-Museum in Ankara beigesetzt.

Vom Atatürk-Museum gehen Sie meerwärts bergab zur Rotonda und zurück zur Hafenpromenade.

Spaziergang zu einigen der sehenswertesten Kirchen in Thessaloníki

Thessaloníki bietet hervorragende Möglichkeiten, die **byzantinische Kultur** kennen zu lernen. Wie sich im südlichen Griechenland die kulturelle Entwicklung des antiken Hellas ablesen lässt, so kann Thessaloníki als Spiegelbild der byzantinischen Kultur gelten. Während die prächtigen Bauten des byzantinischen Kaiserreiches durch Eroberungen und Brände immer wieder zerstört wurden und nur noch die mächtigen Mauern erhalten sind, vermitteln die 21 Kirchen und Klöster mit ihren prachtvollen Mosaiken und Wandmalereien Eindrücke von allen Entwicklungsphasen der byzantinischen Kunst.

Buchtipp
Papajannopouls, Apostolos, Baudenkmäler Thessaloníkis, Thessaloníki 1993
In diesem Buch finden Sie eine umfassende Darstellung sowohl der Baudenkmäler Thessaloníkis aus römischer Zeit als auch der christlichen Kirchen und der Bauten aus türkischer Zeit.

Übersicht über die Kirchen Thessaloníkis

Öffnungszeiten: Auf dem Stadtplan ist die Lage der interessantesten Kirchen eingezeichnet, so dass Sie sich gut orientieren können. Eine kurze Übersicht soll die Auswahl erleichtern. Die meisten Kirchen sind während der Mittagszeit von 14–17 Uhr geschlossen.

- **Agía Ekateríni (21)**

13. Jahrhundert; Bauwerk der „Makedonischen Schule"; schöne Fresken aus der Entstehungszeit; kunstvolle Mauerfugung an den Außenwänden

- **Agía Sofía (22)**

8. Jahrhundert; quadratischer Kirchenbau mit Kuppel; sehr schöne Mosaike; prächtige Säulenkapitelle – z.Zt. geschlossen wegen Restaurierungsarbeiten

- **Agíi Apóstoli (23)**

14. Jahrhundert; kreuzförmige Kirche mit Kuppel aus Backstein; gemauerte Zisterne; bedeutende Fresken und Mosaike aus dem 14. Jh.

- **Agios Nikólaos Orfanós (19)**

14. Jahrhundert; thematisch interessante Fresken

- **Panagía Acheiropítos (24)**

5. Jahrhundert; dreischiffige Basilika; schöne Mosaiken und Kapitelle; der Name der Kirche geht auf eine wundertätige Ikone zurück

- **Panagía Chalkéon (13)**

11. Jahrhundert; kreuzförmiger Grundriß mit Kuppel; Fresken aus dem 11. und 14. Jahrhundert sind noch gut erhalten

- **Profítis Ilías (25)**

14. Jahrhundert; kreuzförmige Kuppelkirche nach dem Vorbild der Klosterkirchen von Áthos; schöne Fresken

Übersicht über einige interessante Museen

Die mit der Wahl Thessaloníkis zur Kulturhauptstadt Europas 1997 verbundenen finanziellen Zuschüsse der griechischen Regierung und der EU wurden u.a. zur Modernisierung, Einrichtung und Gestaltung der städtischen Museen genutzt.
Die drei **interessantesten** Museen sind

- das **Archäologische Museum**, *6 Odós Manóli Andrónikou, Tel.: 2310-830 538*
- das **Byzantinische Museum**, *2, Leofóros Strátou*
- **Museum im Weißen Turm**, *Leofóros Níkis, Tel.: 2310-267832*

Bei **besonderem Interesse** lohnen auch die weiteren Museen einen Besuch:

- **Ethnologisches Museum von Makedonien und Thrakien**, *68 Odós Vass. Olgas, Tel.: 2310-830 591, Eintritt frei,* interessante Ausstellung mit Modellen regionaler Hausbauten, Webstühlen, Trachten, Schmuckgegenständen, Holzschnitzereien, Musikinstrumenten, Möbeln u.a.
- **Zentrum jüdischer Geschichte in Thessaloníki**, *24 Odós Tsimíski, Tel.: 2310-272 840,* das 1985 gegründete Zentrum beschäftigt sich mit der jüdischen Kultur in Griechenland von 1492 bis 1943.
- **Wasserwerk-Museum von Thessaloníki**, *49, Odós 26. Oktovríou, Tel.: 2310-514 029,* das 1890 gebaute Wasserwerk, das die Stadt Thessaloníki mit Wasser versorgte und bis 1978 in Betrieb war, wurde 1997 als Industriemuseum eröffnet.
- **Kriminalmuseum**, *Odós 26. Oktovriou,* Schusswaffen prominenter Verbrecher, Mordwerkzeuge aller Art und Dokumentationen bekannter Kriminalfälle sind im Museum zu betrachten.
- **Kulturzentrum Nordgriechenlands**, *108, Odós. Vass. Olgas.* Wechselausstellungen zur Geschichte Nordgriechenlands und Ausstellungen moderner griechischer Künstler in der Kapantzis-Villa, einem 1898 gebauten und sorgfältig restaurierten Herrenhaus
- **Städtische Kunstgalerie**, *162 Odós Vass. Olgas/25. Martíou,* in der 1905 für den türkischen Kommandeur Seifoulah Pascha gebauten „Villa Mordoch" gibt es eine sehenswerte Ikonensammlung und Ausstellungen moderner Kunst.
- **Eisenbahnmuseum**, *Néa Odós Monastiriou 128, Tel.: 2310-599134,* neue Ausstellung im denkmalgeschützten Militärbahnhof von Dialógi.

Ausflugsziele in der Umgebung von Thessaloníki

Auf den Spuren der makedonischen Könige

(Thessaloníki - Síndos - Pella - Édessa - Lefkádia - Véria - Vergína - Thessaloníki)

Entfernung
220 km

Wegstrecke
Ausgehend vom Zentrum Thessaloníkis folgen Sie auf der Egnatía und später der Odós Monastíriou der Ausschilderung nach Édessa. Man überquert nach 11 km den Fluss ***Gallikós****, der auch heute noch geringe Mengen Gold führt. Nach 19 km biegt eine Straße zum 3 km entfernten Ort Síndos ab.*

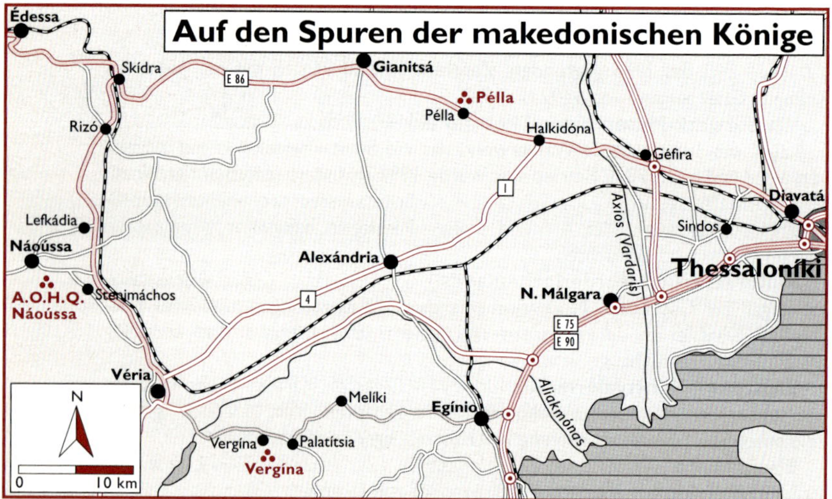

© igraphic

Síndos Σινδος

In **Síndos** wurden im Juni 1980 die Gräber eines Friedhofs aus der Zeit 560/550 bis 450/440 v. Chr. ausgegraben. Die Gräber, in denen jeweils nur ein Leichnam lag, waren mit dicken Sandschichten aus dem nahe gelegenen Fluss Gallikós bedeckt; dessen Wasser hatte die Gräber überschwemmt und die Oxydation metallener Grabbeigaben verursacht, goldene Gegenstände jedoch unversehrt gelassen. Die Goldfunde von Síndos sind höchst eindrucksvoll: den männlichen Toten waren u.a. Helme, Schwerter und auch Rüstungsteile aus Gold beigegeben; die Frauen aber wurden mit ihrem Goldschmuck (Ohrringen, Halsketten, Ringen und Fibeln) begraben. Darüber hinaus fand man in 5 Gräbern Goldmasken, die das ganze Gesicht des Toten bedeckten. Besonders interessant sind auch die bronzenen und eisernen Gegenstände, die den Glauben an ein Weiterleben nach dem Tode verdeutlichen. Die wesentlichen Funde aus Síndos befinden sich im Archäologischen Museum in Thessaloníki.

Auf der Weiterfahrt kommen Sie in weites sumpfiges Land. Im Altertum zogen sich durch dieses Sumpfgebiet schiffbare Gräben, die die alte makedonische Hauptstadt Pella mit dem Thermäischen Golf verbanden. Auch heute noch ist dieses westlich von Thessaloníki gelegene Gebiet geprägt durch die Flüsse **Áxios** (420 km Länge, davon 56 km auf griechischem Staatsgebiet) und **Aliakmón** (320 km Länge). Áxios und Aliakmón entspringen auf der Landmasse der nördlichen, niederschlagsreichen Balkan-Halbinsel und verursachen in ihrem Mündungsgebiet große Veränderungen durch Deltaanschüttungen und das Ausräumen von Lockersedimenten bei Hochwasser. Die Abflusswerte im Mündungsbereich dieser Flüsse schwanken extrem, wie die Auswertungsergebnisse von E. Fels belegen:

Fluss	***im Sommer***	***im Frühjahr bei starken Regenfällen und Schneeschmelze***
Áxios	10 m^3/sek	3.800 m^3/sek
Aliakmón	13 m^3/sek	3.300 m^3/sek

Um die Flüsse wirtschaftlich nutzen zu können, wurden in den letzten Jahren Staudämme und Bewässerungsanlagen errichtet. Im Mündungsgebiet von Áxios und Aliakmón dehnen sich jetzt weite Reis- und Baumwollfelder aus.

Nach etwa 35 km erreichen Sie das Landstädtchen **Néa Halkidóna** (ⓘ s. S. 125). Der freundliche Ort ist mit mehreren Tavernen, Geschäften und zwei modernen Hotels als Standquartier für die Besichtigungen von Pélla und Vergína gut geeignet.

Nach 42 km erreichen Sie die alte makedonische Hauptstadt Pella, eine der bekanntesten Ausgrabungsstätten Nordgriechenlands. Vor dem Ausgrabungsgelände weist das Schild „Pella" auf den heutigen Ort hin, in dem es zwar Tavernen, Geschäfte, Banken und eine Post, jedoch keine Übernachtungsmöglichkeiten gibt. Im Ort Pélla zeigt ein Schild den Weg zum alten „Palast", wo die Ausgrabungsarbeiten noch andauern. Das eingezäunte Gelände ist zur Zeit nicht für Besucher zugänglich.

Pella Πελλα (ⓘ s. S. 125)

Öffnungszeiten des Ausgrabungsgeländes: im Sommer täglich 8–19 Uhr, im Winter täglich außer Mo von 8.30–15 Uhr, Tel.: 0382/31160.

Geschichte der Stadt

In den Bergen und Ebenen Makedoniens bewahrten die von Norden eingewanderten Stämme ihre alte Einrichtung der Königsherrschaft. In der Hauptstadt **Aigai** lebten die makedonischen Könige Aeropos, Alketas und Amyntas, denen es gelang, einen starken und reichen Staat aufzubauen. In den Jahren 413–399 v. Chr. verlegte dann **Archelaos** den Königssitz von Aigai nach Pella. Dieser zwischen

Áxios und Aliakmón gelegene Ort lag nur etwa 50 km von Aigai und nur 22 km von der Küste entfernt und war durch den schiffbaren Fluss Loudias mit dem Meer verbunden.

Archelaos rief die bedeutendsten Künstler seiner Zeit nach Pella, z. B. **Zeuxis**, den berühmten Maler, der den Palast mit der Darstellung der bekannten griechischen Mythen schmückte; und **Euripides**, der in Pella seine großen Tragödien „Iphigenie in Aulis“, „Die Bacchen“ und „Alkmeon“ schuf. In Pella wurden die beiden größten Vertreter des makedonischen Königshauses geboren: Philipp II. und sein Sohn und Nachfolger Alexander der Große. Während ihrer Regierungszeit gewann die Stadt ihre geschichtliche Bedeutung.

Hinweis
Leider sind die Hinweistafeln nur griechisch beschriftet.

Die Ausgrabungen in Pella begannen mit dem politischen Anschluss Makedoniens an Griechenland. Schon 1914 wurden erste kunstvolle Bronzegegenstände und Teile eines Hauses freigelegt. Die Ausgrabungen mussten jedoch wegen politischer Unruhen unterbrochen werden; planmäßige, großflächige Grabungsarbeiten wurden erst wieder seit 1957 durchgeführt. Dabei konnten unter einer dünnen Erdschicht die Fundamente großzügiger Gebäude, geradlinig verlaufende Straßen und Röhrenleitungen des Wasserversorgungssystems aufgedeckt werden. Es zeigte sich, dass auch Pella nach dem hippodamischen System angelegt war.

INFO Informationen zu Hippodamos

Hippodamos war ein griechischer Architekt des 5. Jahrhunderts v. Chr. Er stammte aus Milet, wo er die während der ionischen Kolonisation entwickelte Stadtplanung kennen lernte und fortführte. Diese Stadtplanungen waren geprägt von rechtwinklig sich kreuzenden Straßen, zwischen denen gleichförmige Baublöcke lagen. Hippodamos wurde berühmt durch seine beispielhaften Entwürfe für die Städte Piräus und Rhodos, die Vorbild für viele Neugründungen waren.

Überreste der antiken Stadt Pella

Die Häuser hatten jeweils einen zentralen Hof umgeben von Säulenhallen. Heute sind die rekonstruierten ionischen Säulen weithin sichtbar; die zahlreichen Dachziegel, die nach der Zerstörung die Fußböden bedeckten, tragen Stempel, die den Namen der Stadt eindeutig belegen: – „von Pella“. An-

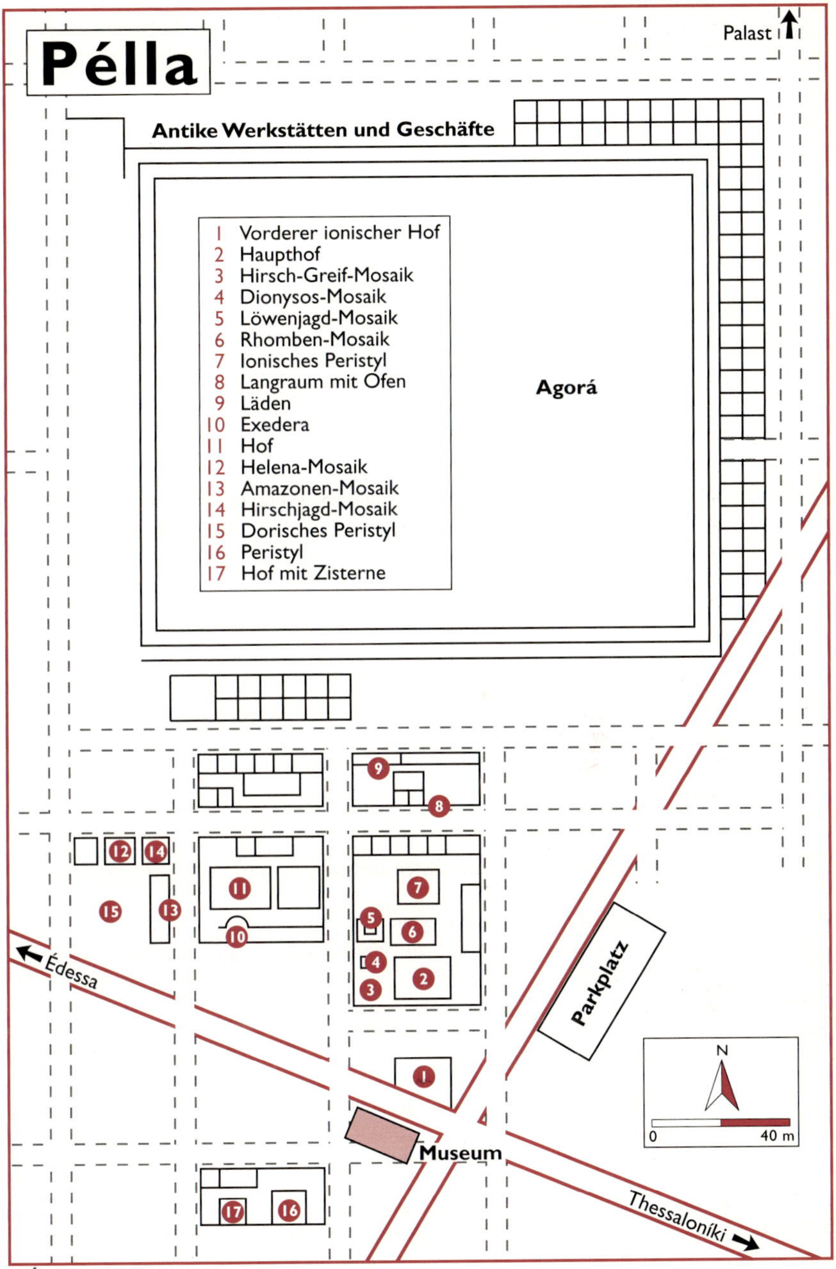
Pélla
Palast
Antike Werkstätten und Geschäfte
1 Vorderer ionischer Hof
2 Haupthof
3 Hirsch-Greif-Mosaik
4 Dionysos-Mosaik
5 Löwenjagd-Mosaik
6 Rhomben-Mosaik
7 Ionisches Peristyl
8 Langraum mit Ofen
9 Läden
10 Exedera
11 Hof
12 Helena-Mosaik
13 Amazonen-Mosaik
14 Hirschjagd-Mosaik
15 Dorisches Peristyl
16 Peristyl
17 Hof mit Zisterne
Agorá
Édessa
Parkplatz
N
0
40 m
Museum
Thessaloníki

dere Ziegel sind gekennzeichnet durch Eigennamen oder die Bezeichnung „königlich". Kürzlich wurde die Agorá weiter freigelegt; die Funde von Tonsiegeln und Schreibgriffeln im südwestlichen Teil der Agorá weisen den Standort des Stadtarchivs aus. Unter Wohngebäuden entdeckten die Archäologen die Reste eines Friedhofs aus dem 4. Jahrhundert v. Chr. An der nördlichen Stoa wurden die Reste einer überlebensgroßen Bronzestatue und einer Herme gefunden, die Herakles, den mythischen Stammvater des makedonischen Königshauses, darstellte. Außerdem wurde ein großes Kammergrab aus dem späten 4. Jahrhundert v. Chr. mit gut erhaltenen Wandmalereien freigelegt.

Durch die Ausgrabungsfunde wurden die antiken Quellen bestätigt, die von der totalen Plünderung und Zerstörung Pellas nach der Eroberung durch die Römer berichten.

Ausgrabungsfunde aus der Region

Im **Museum** sind die Funde von Pella ausgestellt und in griechischer und englischer Sprache beschriftet: Grabinschriften, Arbeiten griechischer Bildhauer, wie z. B. ein Hund aus Marmor, Götterstatuetten von Poseidon und Athena und die eines Jünglings und eines Reiters. Die Statuette der Athena ist wegen ihres mit 2 Hörnern geschmückten Helmes sehr auffällig; wahrscheinlich war die Kultstatue, die im Tempel der Athena Alkidemos stand, das Vorbild der kleinen Statuette. *Öffnungszeiten: im Sommer Mo 12–19 Uhr, Di–So 8–19 Uhr, im Winter täglich außer Mo 8.30–15 Uhr.*

Die bedeutendsten Ausgrabungsfunde aber sind die Mosaikfußböden, die aus verschiedenfarbigen Kieselsteinen gelegt sind. In einigen Häusern fanden sich Mosaikböden mit geometrischen Mustern, die von stilisierten Wellen umrandet sind, andere mit ornamentalem Schmuck oder mit gegenständlichen Darstellungen. Es wurden insgesamt 7 Mosaikböden freigelegt, die wahrscheinlich alle aus der Zeit um 300 v. Chr. stammen. Einige Mosaike wurden am Fundort belassen, die besonders eindrucksvollen mit gegenständlichen Darstellungen befinden sich jedoch im Museum.

Mosaikbilder

Die wertvollsten Mosaikbilder führen dem Betrachter dramatische Geschehnisse vor Augen:

- bei einer Löwenjagd gerade jenen Augenblick, da ein Jüngling einem anderen (vielleicht dem jungen Alexander) zu Hilfe eilt und ihn vor dem Löwen rettet;
- Dionysos auf einem Panther; in der Hand einen mit Bändern geschmückten Thyrosstab;
- eine Hirschjagd; bei der mit Schwert und Doppelaxt bewaffnete Jünglinge gerade einen Hirsch gestellt haben. Dieser Mosaikboden weist noch eine weitere Besonderheit auf: am oberen Bildrand erkennt man die Inschrift „Gnosis hat es gemacht"; das ist der älteste, uns überlieferte Name eines Mosaiksetzers aus der Zeit um 300 v. Chr.;
- den Raub der Helena (das Mosaik befand sich im selben Haus wie die Hirschjagd); Helena, die von Theseus zu ihrer Dienerin flieht, während der Wagenlenker Phorbas das Pferdegespann zu zügeln versucht. Dieses künstlerisch wertvollste Mosaik wurde halb zerstört aufgefunden; es hatte wahrscheinlich ein bedeutendes Gemälde aus dem 4. Jahrhundert v. Chr. zur Vorlage.

Die Schönheit der Flusskieselmosaike macht deutlich, dass sich Makedonien mit seiner Hauptstadt Pella zur Zeit Philipps II. und seines Sohnes Alexander des Großen längst nicht mehr im Zustand des Barbarentums befand, wie die Athener es noch immer glaubten.

Buchtipp
Im Museum sind Veröffentlichungen zu den Ausgrabungen in deutscher Sprache erhältlich:
Ioannis Touratsoglou, Makedonien, Geschichte, Monumente, Museen Pella, Lefkadia, Mieza

An der Straße zum kleinen Ort **Néa Pélla** liegt nach ca. 2 km das sogenannte „**Bad des Alexander**". Es ist ein hellenistischer Brunnen, der in römischer Zeit ausgebessert und mit einem Weihrelief geschmückt wurde. Gleich nach dem Ortseingang von Néa Pélla liegen auf der rechten Straßenseite Überreste der römischen Kolonie. Auch hier werden die Ausgrabungsarbeiten noch fortgesetzt.

Überreste aus römischer Zeit

Die Straße nach **Édessa** führt durch fruchtbares Gebiet mit Getreidefeldern und großen Obstplantagen. Die landwirtschaftliche Nutzung dieses Gebietes wurde durch die Trockenlegung des **Gianitsá-Sees** möglich. In den Sommermonaten sind an den Straßenrändern Verkaufsstände aufgebaut, an denen die Bauern frisches Obst anbieten.

In **Gianitsá** wurde Ende 1998 ein Stein mit einer Ritzzeichnung entdeckt, der von den Archäologen als das älteste schriftliche Zeugnis dieser Region angesehen wird. Die Zeichnungen, die aus gezackten Linien und Punkten bestehen, sollen aus der Zeit um 5300 v. Chr. stammen und eine primitive Symbolschrift darstellen. Die endgültige Bewertung des Fundes steht jedoch noch aus.

Fahrstrecke
Von Gianitsá fahren Sie auf der Hauptstraße weiter bis Skídra. Von dort können Sie einen ***Abstecher nach Édessa*** *machen und folgen dazu der Hauptstraße, bis Sie nach ca. 15 km den Ort Édessa mit seinem hübschen Stadtbild und dem berühmten Wasserfall erreichen.*
Weitere Informationen zu Édessa finden Sie im Kapitel Westmakedonien, S. 363.

Hinweis
Wenn Ihnen genügend Zeit für eine mehrtägige Rundfahrt durch Westmakedonien zur Verfügung steht oder wenn Sie von Thessaloníki/Chalkidikí aus zur griechischen Westküste reisen wollen, können Sie von Édessa aus dorthin weiterfahren (s. Kapitel Westmakedonien, S. 363).

Sie setzen die Fahrt fort und biegen in Skídra links ab in Richtung Náoussa/Véria. An dieser Strecke liegt der kleine Ort **Lefkádia**, in dessen Umgebung sehenswerte makedonische Grabgebäude gefunden wurden. Diese Gräber waren Teile eines ausgedehnten Friedhofs am Rande der antiken Stadt Mieza, die hier lokalisiert wird.

Buchtipp
John Touratsoglou, Lefkádia, Keramos Guides 1993, Lykabettos Press
Diese kleine Schrift informiert in englischer Sprache über die Gräber von Lefkádia

Das „Grab des Totengerichts" von Lefkádia aus dem 3. Jh. v. Chr.

Makedonische Grabbauten

Die Grabgebäude bestanden aus ein oder zwei Grabkammern und waren mit Fassaden geschmückt, die zeitgenössischen Tempeln mit dorischen oder ionischen Säulen ähnelten. Nach der Bestattung der Toten wurden sie mit Erde überdeckt; der so entstandene Erdhügel wurde mit Bäumen bepflanzt, um das Grab unzugänglich zu machen.

Besonders sehenswert sind das 1954 freigelegte „Grab des Totengerichts" und das 1971 entdeckte „Palmettengrab" aus dem 3. Jahrhundert v. Chr. mit ihren kunstvoll gestalteten Fassaden. Obwohl die Gräber schon ausgeplündert waren, konnten die Archäologen kleine Objekte aus Elfenbein und Bruchstücke eines Relieffrieses freilegen. Über den Grabgebäuden sind Schutzdächer errichtet worden.

Schlüssel
Die Gräber können besichtigt werden; den Schlüssel hat der Wärter am „Großen Grab", auch „Grab des Totengerichts" genannt.

Miëza

Nymphaion von Miëza

Um seinen Sohn Alexander dem Einfluss der Mutter zu entziehen, schickte König Philipp II. den jungen Alexander mit ausgewählten Freunden für drei Jahre ins **Nymphaion der Stadt Miëza**, wo sie gemeinsam von dem Philosophen Aristoteles unterrichtet wurden. Die enge Beziehung, die in jenen Jahren zwischen Lehrer und Schüler entstand, blieb auch während der späteren Lebensjahre erhalten. Häufig sandte Alexander von seinen Eroberungszügen Kuriere zu Aristoteles, die diesem Beobachtungen und Berichte über fremdartige Pflanzen, Tiere und andere Besonderheiten der Fremde übermittelten. Die baulichen Überreste des Nymphaion sind sehr gering; von großem Reiz ist aber die Ursprünglichkeit des Ortes mit dichtem Pflanzenwuchs, Schatten spendenden Platanen, frischen Quellbächen und versteckten Höhleneingängen.

Buchtipp
- *Mary* **Renault**, *Feuer vom Olymp, Hamburg/Reinbek*
- *Mary* **Renault**, *Ein Weltreich zu erobern, Hamburg/Reinbek*

In Romanform werden Leben und Taten Alexander des Großen sehr anschaulich und spannend dargestellt.

Die Straße führt weiter nach Náoussa, einer kleinen Ortschaft am Fuße des Vérmion-Gebirges.

Náoussa Ναουσσα (ⓘ s. S. 125)

Náoussa ist bei Weinkennern bekannt wegen seines guten, trockenen Brousko. Im **Weinmuseum** *(Tel.: 23320-41666)* von Náoussa, das von der Winzerfamilie Boutari gegründet wurde, sind traditionelle Werkzeuge der Weinherstellung, Flaschenetiketten, Fotos und Dokumentationen zum Weinanbau ausgestellt.

Karnevalsfreunden ist Náoussa wegen der vielen Feierlichkeiten ein Begriff, deren Höhepunkt alljährlich der Boulas-Tanz ist, der von maskierten Männern aufgeführt wird und an die Zeit der Türkenherrschaft erinnern soll. Im Ort finden sich Hinweisschilder („Aristoteles' school") zum antiken Nymphaion von Mieza.

Auch die Umgebung Náoussas ist sehr reizvoll; während das umliegende Bergland in den Sommermonaten gerne von Wanderern und Pflanzenliebhabern aufgesucht wird, ist es in der kalten Jahreszeit ein beliebtes Ziel für Wintersportler, denn in Náoussa und im 18 km entfernten Ort Selí liegt eines der bekanntesten griechischen Wintersportzentren.

Selí Σελι

In den Wintermonaten (von Mitte Januar bis Mitte März) sind im 2.025 m hohen Vérmion-Gebirge mehrere Skilifte in Betrieb. In Schutzhütten stehen auch Übernachtungsmöglichkeiten zur Verfügung. *Aktuelle Informationen über Wetterverhältnisse und Übernachtungsmöglichkeiten erhalten Sie direkt beim Wintersportzentrum, Tel.: 23320-28 567, oder beim Griechischen Ski- und Bergsteigerverband in Athen, Tel.: 210-64 33 368.*

Véria Βερια (ⓘ s. S. 125)

Von Náoussa führt die Straße weiter nach **Véria**; einer kleinen Stadt am Osthang des Vérmion-Gebirges, in der knapp 30.000 Einwohner leben. Der Ort wird von mehreren kleinen Rinnsalen durchzogen, die später in den Aliakmón münden. Von der langen Geschichte der Stadt, die schon im 5. Jahrhundert v. Chr. erwähnt wird, zeugen die Überreste eines hellenistischen Turmes und Teile der römischen Stadtmauer; aus der Zeit der Türkenherrschaft blieben einige schöne alte Häuser erhalten. Mittelpunkt des Ortes ist die Platía Platanoú; der große Markt dient vor allem dem Obstverkauf. Sehenswert ist die Rekonstruktion der sogenannten **„Treppe des Apostels Paulus"**, von der aus dieser den Stadtbewohnern die neue Glaubenslehre predigte.

Sehenswürdigkeiten in Véria

Die Stadt hat viele kleine Kirchlein aus nachbyzantinischer Zeit, die meist unauffällig in Hinterhöfen liegen. Sie wurden in den vergangenen Jahrhunderten dort versteckt errichtet, um nicht die Aufmerksamkeit der türkischen Herrscher zu erregen. Im **Archäologischen Museum**, *Tel.: 23310-24 972,* sind Funde von der Paleolithischen bis zur osmanischen Zeit ausgestellt, z. B. Spangen und Waffen aus den Gräbern von **Lefkádia** und **Vergína** (ⓘ s. S. 125), römische Portraits und Skulpturfragmente sowie Grabstelen aus hellenistischer und römischer Zeit.
Öffnungszeiten: täglich 8.30–15 Uhr, Mo geschlossen.

Die Fahrt geht weiter nach **Vergína/Palatítsia**, das man nach der Überquerung des Aliakmón nach 11 km erreicht.

Die Ausgrabungen von Vergína

Öffnungszeiten: täglich außer Mo 8.30–15 Uhr, im Sommer 8 bis 19 Uhr Tel.: 23310-92 347

Der Museumsbesuch zählt zu den Höhepunkten einer Makedonienreise

Das Museum von Vergína ist eines der ungewöhnlichsten Museen Griechenlands. Hier wurden in den 70er Jahren makedonische Gräber freigelegt, deren Grabbeigaben darauf schließen lassen, dass es sich u.a. um das Grab König **Philipps II.** von Makedonien, des Vaters von Alexander dem Großen, handelt. Diese Grabbeigaben sind von seltener Pracht: Gefäße aus Silber und Bronze, 5 kostbare, aus Elfenbein geschnitzte Portraitköpfe, Waffen und Rüstungsteile (z. B. ein vergoldetes Beinschienenpaar, das aufgrund einer einseitig verkürzten Schiene auf den Besitzer Philipp II. hinweist, da König Philipp nach einer Verwundung ein kürzeres Bein hatte und deshalb hinkte) sowie 2 Schreine aus reinem Gold, die auf dem Deckel das Symbol des makedonischen Königshauses, den 12-strahligen Stern, tragen.

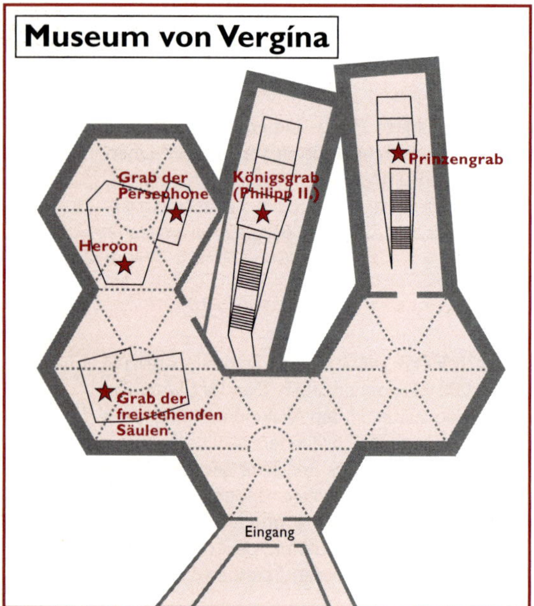

Nach der Überführung aus dem Archäologischen Museum in Thessaloníki sind die Schätze seit 1997 im **Museum von Vergína** zu bewundern, das unterirdisch unter einem „Grabhügel" eingerichtet wurde. Zwei Rampen führen ins Innere, dorthin, wo die bedeutendsten freigelegten Grabbauten in vier sechseckigen, voll klimatisierten Räumen eindrucksvoll präsentiert werden.

Im Eingangsbereich befindet sich eine Ausstellung mit Grabmonumenten, Grabstelen und Artefakten. Das erste und kleinste der makedonischen Gräber ist das „Grab der freistehenden Säulen", das völlig zerstört aufgefunden wurde. Seine Bedeutung liegt darin, dass an ihm die Entwicklung der Grabbauten in Makedonien abzulesen ist.

Das zweite Grab ist das „Grab der Persephone", das seinen Namen nach den hier unzerstört aufgefundenen Wandmalereien erhielt. Sie stammen wahrscheinlich vom berühmten Maler **Nikomachos** und zeigen den Raub der Persephone.

Im sogenannten „**Heroon**" wird durch die Grabfunde der Totenkult der Könige verdeutlicht.

Die Truhe und der Blätterkranz sind aus purem Gold

Das bedeutendste Grab ist das **Philipp-Grab** mit den Maßen 9,50 x 5,50 m. Es besteht aus einer tiefen Vorkammer und der Hauptkammer. Der Grabbau ist die Nachbildung eines dorischen Tempelhauses mit einer Marmortüre und einem gemalten Fries (1,16 x 5,56 m). Die Darstellung zeigt drei Reiter und Treiber, die ein Reh, einen Löwen und einen Eber mit Hunden jagen; zwei der Jäger sind wahrscheinlich König Philipp II. und sein Sohn Alexander. Wie die Malereien im „Grab der Persophone" zählen auch diese zu den einzig erhalten gebliebenen Malereien dieser Epoche. In der Grabkammer wurde ein Marmorsarkophag gefunden mit einer goldenen Truhe aus purem Gold und dem 12-strahligen Makedonenstern, Waffen und einer Krone aus Gold; die übrigen kostbaren Grabbeigaben sind in Vitrinen ausgestellt.

In der Vorkammer wurde ein weiterer Marmorsarkophag mit einem königlichen Diadem gefunden und einer kleinen Truhe, die wahrscheinlich die Asche von Kleopatra enthielt, Philipps jüngster Frau, die nach seinem Tode ermordet wurde.

Das letzte Grab ist das sogenannte „Prinzengrab", das Alexander IV, dem Sohn Alexander des Großen, zugeschrieben wird. Es ähnelt dem Grab Philipps, ist aber kleiner und weniger prunkvoll ausgeschmückt. Auch hier wurden Waffen, Grabbeigaben, Vasen und eine Totenbahre gefunden.

Außerdem zeigt das Museum eine Ausstellung über das Leben und Werk von Manolis Andronikos, dem Entdecker und Ausgräber der Fundstelle; ein Videofilm gibt Auskunft über die Arbeit der Archäologen.

Im Umfeld der Grabungen entdeckten Archäologen 1999 ein weiteres Soldatengrab aus der Zeit Alexander des Großen, das interessanterweise ungeplündert war. Darin wurden eine große Anzahl von Bronze- und Tongefäßen, Silbergefäße und Waffen gefunden. Eine sehr gut erhaltene Öllampe ermöglichte eine genaue Datierung.

INFO Die Entdeckungen von Vergína

Die Entdeckung der Königsgräber wird zu den großen archäologischen Sensationen des 20. Jahrhunderts gerechnet, den Funden **Schliemanns** in **Troja** vergleichbar.

Die Geschichte der Ausgrabungen liest sich wie ein archäologisches Detektivspiel: Angeregt von Plutarchs Hinweisen aus dem 1. nachchristlichen Jahrhundert, suchte der griechische Archäologe **Manolis Andronikos** seit 1951 die alte Hauptstadt **Aigai** nicht länger bei Édessa, sondern vermutete sie in der Nähe von Vergína. Er ging davon aus, dass im Bereich der bereits entdeckten großen Gräberfelder auch die Gräber der Makedonenkönige zu finden sein müssten, denn nach alter Überlieferung wurden die makedonischen Könige auch dann noch in Aigai beigesetzt, als die Residenz und der Regierungssitz längst nach Pella verlegt worden waren. Das delphische Orakel hatte nämlich prophezeit, dass das makedonische Herrschergeschlecht aussterben werde, wenn ein König an einem fremden Ort beigesetzt würde. So wurde denn wohl auch **Philipp II. von Makedonien** nach seiner Ermordung gemäß dem alten Brauch in Aigai beigesetzt. Sein Sohn **Alexander** übernahm die Herrschaft; mit ihm erfüllte sich der Orakelspruch, als nach seinem Tod die Beisetzung in Babylon stattfand und sein mächtiges Reich zerfiel.

Im großen Grabungsgelände, das durch aufgeworfene Erdhügel geprägt ist, fiel den Archäologen eine besonders große Aufschüttung (die große **Tumba**) auf, die 110 m lang und 12,5 m hoch war. Grabungsarbeiten und Suchgeräte brachten zwar Fragmente von Grabdenkmälern zutage, Hinweise auf vorhandene Königsgräber fanden sich aber erst Ende 1977, als Andronikos unter der Aufschüttung auf drei beieinander liegende Grabbauten stieß.

Bei einem der Gräber entdeckten die Archäologen eine zweiflügelige Marmortüre. Es war die erste antike Tür, die sich noch ungeöffnet an ihrem ursprünglichen Platz befand. Die Aufregung der Archäologen wuchs: vor ihnen lag ein makedonisches Grab, das noch nicht aufgebrochen und beraubt worden war! Andronikos ließ sich am rückwärtigen Abschnitt des Grabhauses an einem Seil hinab in die größere, 4,48 x 4,48 m messende Grabkammer und stieß dort auf Aufsehen erregende Funde: silberne und goldene Gefäße, Schalen und Vasen von hohem künstlerischen Wert, kunstvoll gearbeitete Schmuckstücke, aber auch Waffen und Teile einer Rüstung mit Gold- und Elfenbeinschmuck, die wohl bei Zeremonien oder zu Repräsentationszwecken als Prunkwaffen gedient hatten.

In einem Marmorsarkophag befand sich eine kleine Truhe (40 x 33,5 x 17 cm) aus purem Gold, deren Deckel mit einem Sonnenstern, dem Emblem des makedonischen Königshauses, geschmückt ist. In der Truhe lagen unter goldenen Eichenblättern in Purpurgewebe eingehüllte Knochenreste eines Mannes, von dem man annimmt, dass es sich um Philipp II. handelt. Daneben fand man einen Stirnreif aus Silber und Gold, ein königliches Diadem, wie es von makedonischen Münzen her bekannt ist. Eindrucksvoll sind auch acht kleine Elfenbeinköpfe, von denen wahrscheinlich fünf, sicher aber drei, bestimmt werden konnten. Diese zeigen den bärtigen, auf einem Auge erblindeten Philipp II., den sehr jungen Alexander und seine Mutter Olympias.

Auch die Funde im Vorraum der großen Grabkammer waren überraschend: ein zweiter, etwas größerer Marmorsarkophag, ein Kranz aus Myrtenblättern und -blüten, ein vergoldeter Hals- und Brustschutz, vergoldete Beinschienen und eine Amphore. Der Sarkophag wurde geöffnet und barg in seinem Inneren ebenfalls eine mit dem Sonnenstern geschmückte goldene Truhe. Ein Goldpurpurgewebe mit wunderschönen Pflanzenmotiven enthielt die Gebeine einer Frau und ein Frauendiadem aus goldenen Blüten und Blättern.

Im August 1978 stießen die Archäologen auf ein drittes Grab in ähnlicher architektonischer Gestaltung. Im Vorraum schildert ein vierseitiger Wandfries ein Wagenrennen mit Zweiergespannen. In der großen Grabkammer befanden sich 27 schöne silberne Gefäße, vergoldete Beinschienen, ein Kranz aus goldenem Eichenlaub und goldene Eicheln. Anstelle eines Sarkophages stand an der Westwand der Grabkammer ein wie ein Altar gemauerter Tisch, auf dem in einer Vertiefung eine silberne Urne mit Gebeinresten einer bisher noch nicht identifizierten Person stand.

Andronikos ließ dieses Grab wieder schließen, um die Funde nicht zu gefährden.

Auf einem Hügel westlich der heutigen Ortschaft liegen die **Überreste eines Palastes** aus dem 3. Jahrhundert v. Chr., der dem König **Antigonos Gonatas** (278–239 v. Chr.) zugeschrieben wird und dem Königspalast in Pella sehr ähnlich gewesen sein soll. Den großen Palast, der wohl zweigeschossig aus Lehmziegeln gebaut war, betrat man durch einen 10 m breiten Torbau (**Propylon**) und gelangte in den großen quadratischen **Innenhof**, dessen Seitenlänge 45 m betrug. Er war von vier Säulenhallen umgeben, hinter denen im Westen, Süden und Osten die **„Staatsgemächer“** lagen. Diese Räume waren mit Wandmalereien und teilweise auch mit Mosaikböden geschmückt.

Den nördlichen Abschluss der Palastanlage bildete die fast 105 m lange und 9,5 m tiefe Terrasse, von der aus man weit in die Ebene blicken konnte. Unterhalb des Palastes lagen das Theater und ein kleiner Tempel.

Nicht weit entfernt, wurden weitere Gräber aufgedeckt:
- das Heuzey-Grab, das 1861 freigelegt wurde, bestand aus zwei von einem Tonnengewölbe überwölbten Grabkammern. Im 4,80 m langen und 3,85 m breiten Grab waren zwei Marmorliegen zur Aufbahrung der Toten aufgestellt;
- außerdem wurden drei Kammergräber aus dem 3. Jahrhundert v. Chr. gefunden.

Von Vergína aus kann man, der Ausschilderung nach Thessaloníki folgend, über die Schnellstraße nach Thessaloníki oder zur Chalkidikí zurückkehren.

Zwischen Thessaloníki und Olymp – an der „Olympischen Riviera“

Unterhalb des Olymp-Massivs am Thermäischen Golf liegt die „Olympische Riviera“ mit ihrer 70 km langen Küste mit weiten Sandstränden und guten Bade- und Wassersportmöglichkeiten. Die Ferienorte an der Küste zwischen Kateríni und Litóchoron, die sowohl an der Eisenbahnstrecke Westeuropa - Thessaloníki - Athen als auch an der Autobahnstrecke nach Athen liegen, sind in den Sommermonaten stark besucht. Die Strände sind teilweise überfüllt; die zahlreichen kleinen Hotels, über 20 Campingplätze, Restaurants, Cafés, Imbissstuben und die zahllosen Souvenirgeschäfte sind ganz auf Besucher, besonders auch auf Reisende aus den osteuropäischen Ländern, eingestellt.

Die Fahrt zum Olymp ist vor allem für Bergwanderer und Bergsteiger interessant und bietet auch dem naturkundlich und archäologisch Interessierten viel Sehenswertes.

Entfernung
Thessaloníki - Lárissa ca. 140 km

Wegstrecke
Sie fahren von Thessaloníki über die Autobahn in Richtung Athen. Die Straße ist überwiegend zweispurig mit jeweils einer dritten Mehrzweckspur ausgebaut; hinter Kateríni wird eine Mautgebühr erhoben.

Kateríni Κατερινι (ⓘ s. S. 125)

Sie durchfahren die fruchtbare Ebene von Kateríni und erreichen die Kreisstadt und das Einkaufszentrum dieser Region. Die Stadt liegt etwa 8 km vom Meer entfernt und hat knapp 30.000 Einwohner; die Touristeninformation, *Tel.: 23510-23440,* und Geschäfte finden Sie in der Fußgängerzone. Lohnend ist am Samstagmorgen ein Besuch des Marktes; im September zieht das „Traubenfest“ viele Besucher an. Der kilometerlange Strand von **Paralía Kateríni** ist feinsandig, schattenlos und mit Duschen ausgestattet, im Sommer jedoch sehr stark besucht und laut. An der Strandpromenade liegen viele Hotels, Pensionen, Cafés und Restaurants.

Methóni (ⓘ s. S. 125), **Álikes** und **Skotinís** sind ehemalige Fischerorte, die sich zu kleinen Ferienorten entwickelt haben, während der Fremdenverkehr sich vor allem in **Leptokariá** (ⓘ s. S. 125) von seiner lautesten und hektischen Seite zeigt. Am langen Kiesstrand gibt es Umkleidekabinen, Duschen und Sonnenschirme.

Platamón Πλαταμον (ⓘ s. S. 125)

Platamón ist mit zahllosen Geschäften, Restaurants, Bars, Discos, Hotels und Pensionen der Hauptferienort an der „Olympischen Riviera“ und im Sommer völlig überlaufen. Hier können Sie kaum Ruhe finden, zumal der starke Auto- und Eisenbahnverkehr zusätzlichen Lärm verursacht. Am ca. 3 km langen, oft überfüllten Strand wechseln Sand-, Kies- und Felsabschnitte.

Wanderung zur fränkischen Festung
Öffnungszeiten im Sommer:
täglich außer Mo von 8–19 Uhr, Sa/So von 8.30–15 Uhr
Etwa 5 km südlich von Platamón erhebt sich auf einem Hügel die Ruine einer ***fränkischen Festung****, die 1204 unter Bonifatius von Montferrat errichtet worden ist. Zu allen Zeiten wussten Byzantiner, Kreuzfahrer und Türken die strategisch günstige Lage zu schätzen und bauten deshalb die Burg auf dem Felssporn immer weiter aus. Von der großen Burganlage sind die Überreste der Burgmauern, ein großes Steintor und ein Wachtturm erhalten. 1997 wurde die Burganlage restauriert. In den Sommermonaten werden im Innenhof der Burg Theaterstücke und Konzerte aufgeführt. Von der Höhe bietet sich ein großartiger Ausblick auf das Meer und zum Berg Olymp.*

Zum Göttersitz Olymp Ολυμπος

In der griechischen Mythologie galt der Olymp als Sitz der Götter, die von der Höhe des Berges aus die Geschicke der Welt lenkten (s. Kapitel 4: Die Götter des Olymp, S. 53).

Etwa 16 km hinter Kateríni zweigt bei Limáni Litócherou eine Straße ab zum Ort **Litóchoro** (ⓘ s. S. 125). Litóchoro eignet sich sehr gut als Ausgangsort für Bergwanderungen und Exkursionen und ist auch der günstigste Ausgangspunkt

INFO Informationen zum Bergmassiv des Olymp

Der Anblick der Olympischen Bergkette macht eindrucksvoll die für Griechenland so typische, gegenseitige Durchdringung von Land und Meer deutlich. Das stark gegliederte, mit fast 40 km Länge und 30 km Breite gewaltige Bergmassiv erhebt sich aus der weiten thessalischen Ebene, nur 20 km vom Meer entfernt, zur Höhe von fast 3.000 m. Es besteht im wesentlichen aus Schiefer und Marmorgestein und ist durch große geologische Kontraste geprägt. Das Hauptmassiv ist durch einen tiefen Einschnitt geteilt. Im Norden erhebt sich der „Hohe Olymp“ mit seinen höchsten Gipfeln **Mítikas** (2.917 m), **Skolió** (2.912 m), **Skála** (2.866 m), **Stefáni** (Thron des Zeus, 2.911 m), **Túmba** (2.785 m) und **Profítis Ilías** (2.786 m); im Süden liegt der „Niedere Olymp“, eine leicht zugängliche, teilweise baumbestandene Hügelkette in einer Höhenlage von 1.200–1.600 m, auf der heute Almwirtschaft betrieben wird.

Der Olymp ist berühmt wegen seiner reichen Fauna und Flora. Die höchsten Gipfel des Bergmassivs, das Plateau der Musen, das Gebiet von Mavrolóngos und die Schlucht des Enípeos wurden schon 1938 zum Naturschutzgebiet erklärt. Dies dient nicht nur dem Schutz der sehr artenreichen Pflanzenwelt, sondern auch dem Schutz der Tierwelt, deren Bestand durch ständiges Bejagen und Wildern gefährdet war.

Heute leben auf dem Olymp-Massiv noch kleine Herden von Gemsen neben kleineren Tieren und Vögeln. In den Wäldern sollen auch noch Wölfe und Schakale heimisch sein.

zur Besteigung des Olymp. Der kleine, gepflegt wirkende Ort ist ganz von Tagesausflüglern, Bergwanderern und Bergsteigern geprägt. Das Leben spielt sich vor allem am Hauptplatz, an der Kentrikí Platía, und in den benachbarten Gassen ab, wo es zahlreiche Geschäfte, Tavernen und Kafenía gibt. Auch Hotels und Pensionen sind ausreichend vorhanden. Am Hauptplatz ist eine Hinweistafel mit Informationen zum Olymp-Massiv und mit Wegmarkierungen aufgestellt.

Hinweis zu Wanderungen

Aktuelle Hinweise zur Bergbesteigung und zur Belegung der Schutzhütten sowie den neuesten Wetterbericht erhalten Sie im Büro des Griechischen Alpinen Clubs ebenfalls am Hauptplatz. Auf dem Olymp-Massiv gibt es Wanderwege und Kletterrouten aller Längen und Schwierigkeitsgrade. Neben dem Aufstieg zum Gipfel gibt es sehr schöne, leichtere Wanderungen durch den Nationalpark. Nehmen Sie auf jeden Fall ausreichend Wasser mit! Gutes Schuhwerk, ein warmer Pullover oder eine Windjacke sind ebenfalls erforderlich, denn auf den Gipfeln kann es auch im Sommer wegen des starken Windes sehr kalt sein. Außerdem ist der Olymp für seine häufig wechselnden Wetterverhältnisse bekannt; in kürzester Zeit

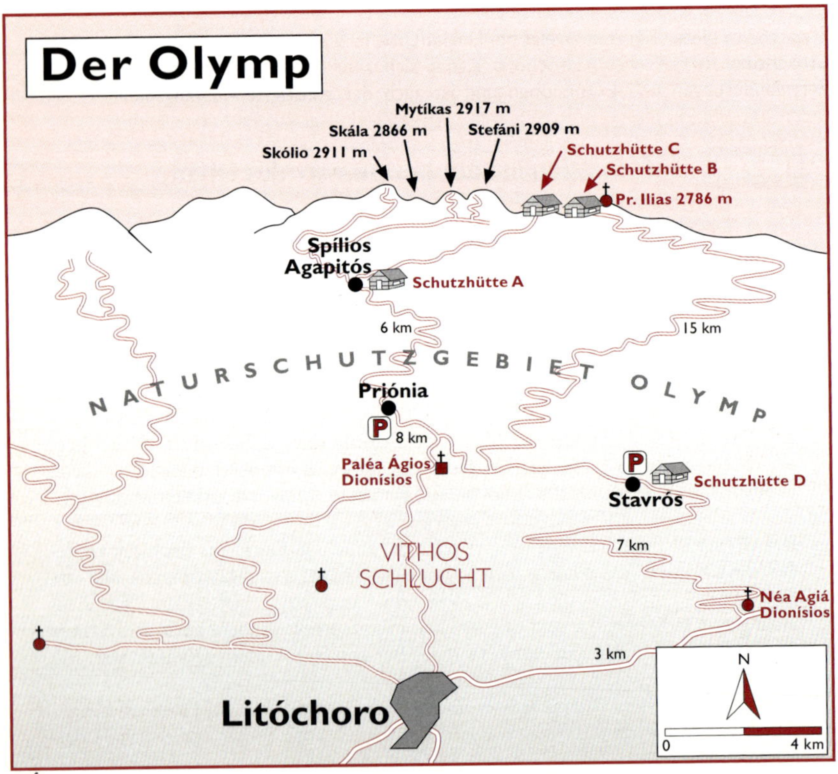

ziehen Wind und Wolken auf, bringen Regen und Gewitter mit sich und lassen die Temperatur drastisch sinken. Denken Sie daran, dass sich mit den Wetterverhältnissen auch die Begehbarkeit der Wegstrecken extrem schnell ändern kann; für unerfahrene Bergwanderer und Bergsteiger ist deshalb der Anschluss an eine Gruppe ratsam.

Wanderung durch die Vithós-Schlucht

Eine mehrstündige, sehr reizvolle Wanderung führt von Litóchoron durch die Vithós-Schlucht nach Priónia.

Dieser Weg, der durch dichte Buchen- und Kiefernwälder führt, an sanften Almwiesen entlang geht, an der Höhle eines Eremiten und an einem Wasserfall vorbei führt, einen Wildbach mehrmals überquert und an manchen Stellen durch steil aufragende Felswände begrenzt wird, beeindruckt durch die Unberührtheit der Landschaft, durch großartige Ausblicke auf den Olymp und durch den Artenreichtum der Pflanzenwelt. In der Region, die schon 1938 zum Naturschutzgebiet erklärt wurde, gibt es mehr als 1.800 verschiedene Pflanzenarten.

Wanderung

Aber auch Vogelliebhaber kommen auf ihre Kosten. Vor den steilen Felswänden kreisen Turmfalken und Sperber, und in den Wäldern sind die für Griechenland ganz untypischen Schwanz- und Haubenmeisen, Gimpel und Rotkehlchen zu Hause.

Da der Weg viele Steigungen hat, sollten Sie nur wenig Gepäck mitnehmen. Getränke gibt es nur am Endpunkt der Wanderung auf der Höhe in Prionia; gutes Schuhwerk ist unbedingt notwendig.

Diese Wanderung ist auch im Frühjahr sehr reizvoll, wenn durch die Schneeschmelze viele kleine Rinnsale ins Tal gehen, die durchquert werden müssen. Durch den Wasserreichtum entfaltet sich dann an vielen Stellen ein vielfarbenes Blütenmeer.

Auffahrt mit dem Wagen von Litóchoro nach Priónia

Entfernung

18 km

Wegstrecke

Von Litóchoro aus fährt man zunächst über eine asphaltierte Straße zum ***Kloster Néo Ágios Dionísiou****. Unterhalb des Klosters, das auf den im 11. Jahrhundert dort lebenden Einsiedler Dionisios zurückgeht, fließen die Wasser des* ***Enipeos****, an dessen Ufern Wildblumen blühen; die Hänge sind mit Tannen, Pinien, Walnuss- und Haselnussbäumen bewachsen.*

Vor dem Parkplatz des Klosters beginnt die weiterhin asphaltierte Straße, die durch bewaldetes Gebiet bis zur Schutzhütte ***Stávros*** *auf 944 m Höhe führt. Ein großer Parkplatz bietet genügend Platz für Autos und Reisebusse.*

Übernachtung

Die vom Alpinen Club eingerichtete Schutzhütte (Hütte D) ist in den Sommermonaten täglich geöffnet und bietet 35 Personen Unterkunft; in den Sommermonaten ist die rechtzeitige Anmeldung erforderlich. Hier finden Sie auch ein gut geführtes Restaurant, das ein beliebtes Ausflugsziel griechischer Urlauber ist. Von ***Stávros*** *aus führt ein geschotterter, stellenweise schon asphaltierter Weg vorbei an den Überresten des alten* ***Klosters Ágios Dionísiou*** *(Metochi) und* *weiter durch einen schönen Wald von Schwarzföhren zur Sägerei* ***Priónia*** *in 1.100 m Höhe. Dort gibt es am großen Parkplatz eine Holzhütte, in der Getränke verkauft werden, einen kleinen, erfrischenden Wasserfall, Bänke und eine Informationstafel über die verschiedenen Wandermöglichkeiten. Hier endet der Fahrweg.*

Aufstieg zum Olymp

In Priónia beginnt mit dem Fußweg der eigentliche Aufstieg zum Olymp, für den es zwei Alternativen gibt:

- **Weg 1 (rote Markierung): Besteigung des Mítikas-Gipfels**

Der etwa 6 km lange, ansteigende Weg führt durch einen herrlichen Mischwald von Schwarzföhren und Buchen; nach etwa 45 Minuten kommt man zu einer kleinen Quelle, an der man seine Wasserflasche nachfüllen kann und nach ca. 3 Stunden erreicht man in 2.100 m Höhe die Schutzhütte A in Kataphrígio Spílios Agapitós.

Übernachtung

Die Schutzhütte wird von Mitte Mai bis Mitte Oktober bewirtschaftet und bietet Platz für 90 Personen. Da sie in den Sommermonaten viel besucht wird, empfiehlt sich auf jeden Fall für eine Übernachtung die telefonische Voranmeldung. Tel.: 23520-81800

Von der Schutzhütte A führt der Weg in ca. 2 Stunden steil zum **Skála-Gipfel** (2.866 m), von dem sich ein großartiger Rundblick über das Olymp-Massiv bietet, und dann weiter mit derselben Markierung in ca. 2 Stunden zum **Mítikas** (2.917 m), dem Göttersitz. Dieser letzte Abschnitt ist beschwerlich und stellenweise gefährlich, da er in eine sehr steile Felswand eingeschnitten ist.

- **Weg 2 (blaue Markierung): Besteigung des Profítis Ilías**

Der Weg beginnt am Parkplatz hinter dem verfallenen Kloster Ágios Dionísiou zwischen Stávros und Priónia und führt durch eine landschaftlich sehr reizvolle Gegend in 4–5 Stunden nach **Petróstrunga** (2.225 m) und von dort über kahles Gestein zum schwierigen **Skoúrta-Pass**. Nach einer weiteren Stunde kommen Sie zum **Plateau der Musen**, wo es zwei Berghütten gibt.

Übernachtung

Die König-Paul Schutzhütte C des Bergsteigerclubs Thessaloníki ist von Mai bis Oktober geöffnet.

Von Schutzhütte A zur Schutzhütte B

Von der Schutzhütte A kann man auf direktem Weg die Südwestseite des Olymp in 3–4 Stunden erreichen, wo sich in **Vryssopoules** die Schutzhütte B befindet.

Übernachtung

Die Schutzhütte B bietet Unterkunftmöglichkeiten für 50 Personen und ist ganzjährig bewirtschaftet.

Die Ausgrabungen der antiken Stadt Díon Διον (ⓘ s. S. 125)

Wegstrecke

Fahren Sie von Litóchoro zurück in Richtung Thessaloníki; bevor Sie die Nationalstraße erreichen, zweigt eine ausgeschilderte Straße nach Díon ab.

Schon bevor Sie das Gelände der antiken Stadt betreten, beeindruckt der großartige Blick auf das gewaltige Bergmassiv des Olymp, der sich im Hintergrund erhebt.

Geschichte der Stadt

Díon – die heilige Stadt Makedoniens

Der makedonische König **Archelaos** (413–399 v. Chr.) errichtete in Díon ein Zeus-Heiligtum mit Stadion und Theater und schützte den Ort durch eine Stadtmauer. Während seiner Regierungszeit wurden dort viele sportliche Wettkämpfe ausgetragen und im Theater die Tragödien des **Euripides** uraufgeführt. Das Volk brachte den Olympischen Göttern Opfer und Weihegaben, Díon wurde zur heiligen Stadt Makedoniens. Dort feierte König **Philipp II.** seinen Sieg über die reiche Stadt Olynthos, und **Alexander der Große** opferte im Zeus-Heiligtum, bevor er 334 v. Chr. zum großen Feldzug gegen die Perser aufbrach. Um 220 v. Chr. wurde die Stadt zerstört, jedoch bald wieder aufgebaut. Nach der Schlacht von **Pydna** (168 v. Chr.), in der der letzte makedonische König Perseus den Römern unterlag, wurde Díon eine bedeutende römische Siedlung und in christlicher Zeit auch Bischofssitz. Durch die Truppen des Gotenkönigs **Alarich** wurde die Stadt um 400 endgültig zerstört.

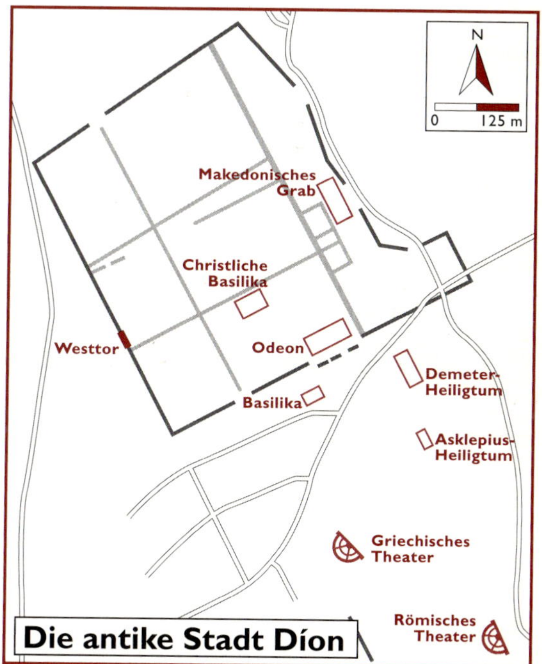

Die Ausgrabungen

Tel.: 23510-53 206, ***Öffnungszeiten:*** *Mo 12.30–19 Uhr, Di–Fr 8–19 Uhr, Sa/So 8.30–15 Uhr*

Die Ausgrabungen im Heiligtum des Olympischen Zeus, die seit 1962 durchgeführt werden, waren gerade in den letzten Jahren sehr erfolgreich. Sie vermitteln einen guten Eindruck der antiken Stadt mit ihren Bauwerken, Heiligtümern, Wohnhäusern und den öffentlichen Bädern.

Ein Rundgang durch das archäologische Gelände führt

- zur **Stadtmauer** und zur gepflasterten **Heiligen Straße**, die in ihrer ganzen Länge freigelegt werden konnte; besonders eindrucksvoll ist die Mauer mit Marmorreliefs von Schilden.
- zu den Überresten des **hellenistischen** und des **römischen Theaters**, des **Odeons** und der großen **Thermalbäder** aus römischer Zeit und
- zu den makedonischen Kammergäbern, in denen Totenklinen, Grabbeigaben und Schmuck gefunden wurden.

Am Ufer des Flusses Vafíras konnte 1998 die große **Opferstätte des Zeus** freigelegt werden. Man entdeckte drei Reihen von jeweils 11 in den Boden eingelassenen Marmorpfählen, an denen Bronzeringe angebracht waren. An diese Halteringe wurden die Rinder angebunden, die dem Zeus geopfert wurden. Jedes Jahr zum Zeitpunkt der Tag- und Nachtgleiche im September fand das Opferfest statt, bei dem 100 Tiere geopfert wurden; die makedonischen Könige nahmen regelmäßig an diesem größten makedonischen Fest teil.

Die „Schildmauer“

Ein weiterer bedeutender Fund ist das Teilstück eines Bronzeschildes, der wie die Funde in Vergína einen vielzackigen Stern trägt, der als das Wappen des makedonischen Königshauses gilt. Außerdem trägt der Schild Teile der Aufschrift „Basileos Demetriou“, woraus die Archäologen den Schluss ziehen, es handele sich um den Schild des Demetrios Poliokretes, der ein Nachfolger Alexander des Großen war und zwischen 294 und 287 v. Chr. regierte. Demetrios hatte den Schild wohl als Weihegabe dem Zeus gestiftet.

Das vorbildlich angelegte **Archäologische Museum** zeigt die Funde aus der Zeit der Stadtgründung bis etwa 400 n. Chr., z. B. Gefäße aus Silber, Schmuck aus Bronze, Waffen aus Eisen, Grabstelen, Weihgaben, Kultstatuetten, Statuen wie z. B. die Asklepiadengruppe und Goldkränze mit Efeublättern.

Störche in Díon

Nördlich des Asklepios-Tempel führt ein Weg zu den Überresten eines Demeter-Heiligtums und eines Isis-Heiligtums. In dem feuchten Gelände leben etliche Störche.

Chalkidikí Χαλκιδικι

Häufig wird die Halbinsel Chalkidikí, deren Name auf die zahlreichen Stadtgründungen der Siedler der antiken Städte Chalkis und Eretreia zurückgeht, wegen ihrer Form mit dem ins Meer gestoßenen Dreizack des Poseidon verglichen. Drei Landzungen, die Halbinseln **Kassándra**, **Sithonía** und **Áthos**, ragen ins Ägäische Meer.

Die Chalkidikí ist 3.000 km^2 groß und wird von Nordwesten nach Südosten von einer Gebirgskette durchzogen, deren höchste Erhebung der Berg Áthos mit 2.033 m ist. Nach Norden ist die Chalkidikí durch eine Seensenke von Makedonien abgegrenzt, nach Süden öffnet sie sich dem **Thermäischen** und **Strymonischen Golf**.

Die vier Regionen der Chalkidikí weisen große Unterschiede auf:

- Der erste Finger, die Halbinsel **Kassándra**, ist am schnellsten von Thessaloníki aus zu erreichen. Hier finden Sie eine sanft hügelige, mit Kiefern und Pinien bewachsene Landschaft, mit fruchtbaren Feldern und Weingärten und langen, feinsandigen Stränden. Da verwundert es nicht, dass hier die ersten größeren Hotelkomplexe und Ferienanlagen entstanden, die im Laufe der Jahre immer weiter ausgebaut und modernen Ansprüchen angepasst wurden. Der Anstieg des Fremdenverkehrs hat zu weit reichenden Veränderungen geführt: die kleinen, früher beschaulichen Fischerdörfer haben sich zu lebhaften Ferienorten mit großem touristischen Unterhaltungsangebot entwickelt; der Fremdenverkehr ist zum wichtigen wirtschaftlichen Faktor angewachsen.
- Der zweite Finger, die Halbinsel **Sithonía**, ist vor allem durch Pinienwälder und Weideland geprägt. An der Westküste gibt es einige beliebte Ferienorte, aber im Vergleich mit der Kassándra ist Sithónia ursprünglicher, unerforschter und individueller geblieben. Eine Ringstraße erschließt die Halbinsel, von der an vielen Stellen Straßen oder unbefestigte Wege zu kleinen und größeren Buchten mit schönen Stränden führen. Für Wassersportler, Radfahrer und Wanderer bietet die Sithonía gute Sportmöglichkeiten.
- Der dritte Finger, die Halbinsel **Áthos**, wird dominiert von der Mönchsrepublik Áthos, zu der nur Männer mit einer besonderen Genehmigung Zutritt haben. Vor der Mönchsrepublik liegen der beliebte Ferienort Ouranópolis, die kleine Insel Amolianí und schöne Sand- und Kiesstrände.

Redaktions-Tipps

- Genießen Sie das saubere Wasser, die ausgezeichneten Sandstrände und die schönen Buchten der Chalkidikí, Wassersport jeder Art ist überall möglich.
- Besuchen Sie die **Tropfsteinhöhle von Petrálona**, ein weit verzweigtes Höhlensystem mit eindrucksvollen Stalagmiten und Stalaktiten (S. 290).
- Machen Sie eine **Áthos-Kreuzfahrt** und werfen Sie vom Schiff aus einen Blick auf einige Klöster der Mönchsrepublik (S. 315).
- Machen Sie eine **Wanderung** durch den „grünen Garten Griechenlands“ oder brechen Sie zu einer **Mountainbike-Tour** auf der Sithonía auf (S. 302).
- Besuchen Sie eine der griechischen Kellereien und nehmen Sie sich Zeit für eine **Weinprobe** (S. 233).

- Das **Binnenland** der Chalkidikí ist durch den Gebirgszug Holomóndas geprägt, dessen höchster Berg auf 1.165 m ansteigt. Von Thessaloníki aus durchquert eine gut ausgebaute Straße das Innere der Chalkidikí und führt zur Verwaltungshauptstadt Polígiros und den vom Fremdenverkehr nur wenig berührten Bergdörfern.

Buchtipp

Sehr informativ ist die Broschüre „Chalkidikí – In Poseidons Reich", die von der Chalkidikí Hotelvereinigung in deutscher Sprache herausgegeben

wird und Vorschläge für Wanderungen auf der Chalkidikí enthält. Anschrift: Halkidiki Hotel Association, G. Papandreou 33, 546 46 Thessaloníki, Tel.: 0030-2310-429020, Fax: 0030-2310-429021.

Von Thessaloníki nach Néa Moudaniá und zur Halbinsel Kassándra

Streckenhinweis

Von Thessaloníki aus kann man die Halbinsel Kassándra auf **zwei** *Straßen erreichen:*

- *über die autobahnähnlich ausgebaute Schnellstraße*
- *über die an der Westküste der Chalkidikí entlang führende Straße, an der kleine Badeorte liegen.*

Hinweis

Da die Bademöglichkeiten im Stadtgebiet von Thessaloníki nicht sehr gut sind, fahren viele Stadtbewohner an den Wochenenden und in den Sommerferien zu den nahe gelegenen Badeorten an der Westküste der Chalkidikí; die dortigen Strände und Hotels sind dann recht voll. Man muss sich also zeitig nach einer Übernachtungsmöglichkeit umschauen.

In den kleinen Orten **Peréa, Agía Triáda, Néa Michanióna, Epanomí, Néa Kallikrátia** und **Néa Iráklia** (ⓘ zu allen s. S. 125) erinnern nur noch die Fischerboote im Hafen daran, dass die Bewohner in der Vergangenheit als Fischer ihren Lebensunterhalt verdienten. Das saubere Meerwasser, die langen sandigen Strandabschnitte und die gemütlichen Tavernen, die nur durch eine schmale Straße vom Strand getrennt sind, ziehen immer mehr Feriengäste an. Aber es sind überwiegend Griechen, die hier ihre Ferien verbringen, denn viele besitzen hier Ferienwohnungen oder Ferienhäuser. Die Zahl der Restaurants ist sehr groß, aber es gibt nur wenige große Hotels.

Néa Moudaniá Νεα Μουδανια (ⓘ s. S. 125)

empfehlenswerte Fischtavernen

Néa Moudaniá ist nicht nur das Handelszentrum der Chalkidikí, sondern entwickelte sich in den letzten Jahren auch zu einem beliebten Ferienzentrum. Der Ort verfügt über Geschäfte aller Art, Tavernen und Restaurants, Banken, Post- und Telefonamt. Mittelpunkt des Ortes sind seit dem 19. Jahrhundert, als Néa Moudaniá ein wichtiger Warenumschlagplatz der Region war, der Marktplatz und der Hafen. Der ehemals beschauliche Fischerort wird auch heute noch wegen seiner guten Fisch- und Angelmöglichkeiten von Griechen gern besucht. Deshalb finden Sie am Hafen mehrere Tavernen, in denen frisch gefangener Fisch schmackhaft zubereitet wird. Für Abendunterhaltung sorgen Diskotheken und Tavernen, die z.T. ein folkloristisches Programm bieten. In Hafennähe befindet sich auch ein kleiner Vergnügungspark für Kinder mit Schiffsschaukeln, Kettenkarussell und Scootern.

Die Bademöglichkeiten sind außerhalb der Ortschaft recht gut; alte Kiefern am Strand bieten reichlich Schatten.

Am Ortsrand von Néa Moudaniá liegt der kleine Park der „Panagia von Korifini". Dort wird am 8. September jeden Jahres das traditionelle Fest der Panagía gefeiert. Ebenfalls im September veranstaltet der Nautik-Verband von Néa Moudaniá einen zweitägigen Angelwettbewerb. Offene Schnellboote und traditionelle Segler kreuzen dann vor allen Kaps der Chalkidikí, um Thun- und Schwertfische in allen Größen zu fangen.

An der großen Straßenkreuzung von Néa Moudaniá zweigt die südliche Straße zur Halbinsel Kassándra ab; die nach Osten gehende Straße führt zur Hauptstadt Polígiros und zur Halbinsel Sithonía.

Sehenswürdigkeiten im Westteil der Chalkidikí

Die Tropfsteinhöhle von Petrálona Πετραλονα (Kókkines Pétres) (ⓘ s. S. 125)

Öffnungszeiten: *Die Höhle ist täglich geöffnet, im Sommer bis 19 Uhr; Führungen finden nur in griechischer Sprache statt; gelegentlich findet sich ein Führer, der ein wenig deutsch oder englisch spricht.*

Entfernung
ca. 55 km von Thessaloníki

Wegstrecke
Sie fahren auf der Straße Thessaloníki - Néa Moudaniá bis zum Ort Eleochóra, biegen ab und folgen der Ausschilderung „Cave of Petralona" bzw. „Cave".
Mit dem ***Bus*** *fahren Sie die Strecke ab bzw. nach Thessaloníki bis zum Ort Eleochóra, von dort nehmen Sie ein Taxi oder gehen zu Fuß weiter (ca. 6 km).*
Es besteht auch die Möglichkeit, von den Hotels der Kassándra aus an ***organisierten Halbtagsausflügen*** *teilzunehmen.*

Die Tropfsteinhöhle von Petrálona liegt 800 m außerhalb der gleichnamigen Ortschaft am Fuß des Berges **Katsíkas** in 250 m Höhe. Die Höhle ist mit Stalagmiten, Stalaktiten und Säulen aller erdenklichen Formen ausgestattet; ihre Einzigartigkeit besteht aber in dem bedeutsamen Fund eines Menschenskeletts und eines Menschenschädels, der als der älteste bisher bekannte Schädel Europas gilt.

Entdeckung des Höhlenlabyrinths

Die Höhle wurde 1959 von Dorfbewohnern entdeckt. Der Geologe und Höhlenforscher Ioánnis **Petrolichos** erforschte das Höhlenlabyrinth und zeichnete das Höhlensystem auf. Die Sensation des Jahres 1960 war der Fund eines menschlichen Schädels mit dem dazugehörigen Skelett, dessen Alter von Wissenschaftlern mit 700.000 Jahren angegeben wird und damit noch älter als das des Neandertalers ist. Diese bedeutsamen Funde befinden sich heute in der Paläontologischen Abteilung der Universität Thessaloníki.

Die Ausgrabungen durch die Anthropologische Gesellschaft Nord-Griechenlands unter Dr. Aris Poulianos brachten eine Vielzahl von Spuren menschlicher Existenz ans Licht: Menschenknochen, Schädelknochen von Höhlenbären und insgesamt 34 anderen Tierarten, Werkzeuge aus Kalkstein, Quarz, Bauxit und Tierknochen sowie Feuerspuren, die die ältesten bisher bekannten der Welt sind, ca. 1 Million Jahre alt. Alle diese Funde weisen daraufhin, dass die Höhle schon im unteren und Mittleren Pleistozän (1.000.000–550.000 Jahre vor unserer Zeit) von Menschen bewohnt wurde. Diese Urmenschen, deren wissenschaftlicher Name Archanthropus Europeus Petraloniensis ist, bilden eine fortgeschrittene Form des Homo Erectus.

Rundgang

Der Rundgang durch die beleuchtete Höhle dauert etwa 30 Minuten. Die Temperatur beträgt konstant 17 °C. Der Weg ist stellenweise rutschig und holperig. Der Besucher betritt die Höhle durch einen künstlichen Stollen, in dem sich Schaukästen mit verschiedenen Werkzeugen und Tierknochen befinden, die alle in der Höhle gefunden wurden. Der Hauptgang zieht sich von Süden nach Westen. Die Gesamtlänge der Gänge beträgt 1,5 km bei einer Gesamtfläche der Höhle von 10.400 m^2. Wenn man die eigentliche Höhle betritt, sieht man neben prachtvollen Tropfsteingebilden auch fossile Essensreste, bedeutsame Feuerspuren, einen 15 m tiefen Querschnitt durch die 24 Schichten aus Sedimenten, die den Boden der Höhle allmählich erhöht haben, und schließlich das sogenannte **Mausoleum**, jenen Raum, in dem der Schädel und das Skelett eines der Urbewohner der Höhle entdeckt wurden.

Die Erforschung der Höhle ist noch nicht abgeschlossen, die wissenschaftliche Auswertung wird fortgesetzt.

In der Nähe des Höhleneingangs befindet sich das **Höhlenmuseum**, in dem viele Fundstücke aus der Höhle sowie die Rekonstruktion des Höhlengrabes zu sehen sind. Zur besseren Information sind alle Ausstellungsstücke auch in englischer Sprache erklärt. In einem umlaufenden Wandfries wird die Entwicklung des Lebens auf der Erde anschaulich dargestellt.

Die antike Stadt Olynthos Ολινθος (ⓘ s. S. 125)

Öffnungszeiten: Di–So von 8 bis 14 Uhr, Mo geschlossen, Tel.: 2730-2 18 62

Entfernung
ca. 65 km von Thessaloníki und ca. 22 km von Polígiros

Wegstrecke
Sie fahren auf der Straße Thessaloníki-Kassándra bis zur großen Ampelkreuzung bei Néa Moudaniá und biegen hier in Richtung Gerakiní ab. Auf der linken Seite zweigt dann nach ca. 6 km eine kleine Straße zum Dorf ***Néa Ólinthos*** *ab, auf der man durch Wiesen und Felder zu den Überresten der großen antiken Stadt Olynthos gelangt.*

Kurz vor Olynthos sehen Sie von der Straße aus einen Hügel mit doppelter Kuppe, wo man Siedlungsspuren aus prähistorischer Zeit fand.

Die Stadt Olynthos lag in einem Gebiet, das schon in prähistorischer Zeit besiedelt war und später von einem makedonischen Stamm besetzt wurde. Nach der Zerstörung während der Perserkriege (481 v. Chr.) wurde die Stadt wieder aufgebaut und gewann in der Regierungszeit des Makedonenkönigs Perdikkasl I. (432 v. Chr.) als Hauptstadt des **Chalkidischen Bundes** große Bedeutung. Als die auf etwa 20.000 Einwohner angewachsene Stadt in die Auseinandersetzungen zwischen Athen und Makedonien einbezogen wurde, eroberte Philipp II. die Stadt und zerstörte sie 348 v. Chr. endgültig.

Häusergrundrisse der antiken Stadt Olynthos

Die Ausgrabungsarbeiten wurden 1928-1934 von amerikanischen Archäologen begonnen; inzwischen ist das Gelände weitgehend erforscht. Die Stadt war von einer Stadtmauer umgeben, in die vier Tore eingelassen waren. Da in Olynthos neben der Anlage von Straßenzügen auch die 30–50 cm hohen Grundmauern von öffentlichen und privaten Häusern sichtbar sind, vermitteln die Überreste anschaulich das Bild einer sorgfältigen Stadtplanung mit einer normierten Ordnung von Grundstücken, Häusern und rechtwinklig sich schneidenden Straßen.

Die einzelnen Wohnviertel setzten sich aus 12–18 Gebäuden zusammen; die Häuser waren nach einheitlichem Bauplan gebaut; jedes Haus hatte mehrere Zimmer und eine Vorhalle mit dorischen Säulen.

Am südöstlichen Stadtrand stießen die Archäologen auf große Häuser mit sehr unterschiedlichen Grundrissen; auf den bedeutendsten Fund traf man im sogenannten **„Haus des Glücks“**, wo die bisher ältesten Fußbodenmosaike Griechenlands entdeckt wurden. Aus kleinen dunklen und hellen Kieseln sind im Speisesaal des Hauses und in dessen Vorraum Mosaike zu sehen, auf denen Dionysos auf einem Panther und Thetis mit ihrem Sohn Achilles dargestellt sind. In weiteren Häusern wurden ebenfalls Bodenmosaike freigelegt.

Eindrucksvolles Bodenmosaik

Auf dem Ausgrabungsgelände wurde ein neues Museum eröffnet, das sehr ansprechend einen Einblick in das öffentliche und soziale Leben, Wohnen und Arbeiten in der Stadt gibt.

Die Halbinsel Kassándra Κασσανδρα

1 ***Zeiteinteilung***
Für die Rundfahrt um die Halbinsel ab Néa Moudaniá (ca. 125 km) und kurze Aufenthalte in den kleinen Ortschaften benötigen Sie einen Tag.

Kassándra ist die westliche Halbinsel der Chalkidikí mit den Thessaloníki nächst gelegenen Feriengebieten. Die Landschaft ist geprägt von tiefblauem Meer, wogenden Weizenfeldern und grünen Kiefernwäldern. Die Hügel sind mit Pinienwäldern bedeckt, Blumen und Sträucher leuchten in üppiger Farbenpracht, und Himmel und Meer ergänzen die Farbsymphonie durch vielfältige Blautöne. Entlang der 230 km langen Küste wechseln Sand- und Felsenbuchten mit weiten, langen Sandstränden; das Wasser ist insbesondere an der Ostküste ruhig und kristallklar und bestens geeignet für alle Wassersportarten.

Ferienorte der Halbinsel Kassándra

Da Kassándra durch gut ausgebaute Straßen von Thessaloníki aus mit Bus, Taxi oder Auto schnell zu erreichen ist, haben sich die ehemals kleinen Fischerdörfer zu beliebten, teilweise stark besuchten Ferienorten entwickelt. Nicht nur in den großen Ferienzentren wie **Sáni**, **Kallithéa** oder **Chaniótis** gibt es ein umfangreiches Sport- und Unterhaltungsprogramm, auch in den kleineren Ortschaften finden Sie viele Hotels mit hoteleigenen Swimmingpools, Bars, Restaurants und Diskotheken, ebenso wie Tennisplätze, Reitställe, Minigolfplätze und Ausleihstellen für Boote, Sportgeräte und Sportausrüstungen. Die örtlichen Geschäfte bieten neben den üblichen Souvenirs auch schöne handgewebte Teppiche, handgestrickte Pullover und Lederwaren an. Während der Sommermonate ist die Kassándra als Reiseziel für Individualreisende nicht sehr geeignet, da die meisten Hotels von den großen Reiseveranstaltern belegt werden. Außer Hotels, Apartmenthäusern, Pensionen und Privatquartieren gibt es neben privaten Campingplätzen die von der Griechischen Zentrale für Fremdenverkehr eingerichteten Anlagen. Diese öffentlichen Campingplätze sind gut geführt, sauber und in der Regel sehr schön angelegt unter Schatten spendenden Bäumen mit im Sommer blühenden Oleander- und Hibiskushecken.

Überall in Griechenland ist das freie Zelten untersagt. Dennoch werden zunehmend gerade die Küstenabschnitte von Kassándra und Sithonía von Campern aufgesucht. Die dadurch auftretenden Probleme sind offensichtlich: Abfälle und Verunreinigungen häufen sich an den Stränden und verunstalten die schönsten Buchten. Da nur selten Kontrollen durchgeführt werden, nimmt die Zahl der freien Camper und damit auch diese Problematik von Jahr zu Jahr zu.

Waldbrandgefahr

Wie überall in Griechenland sind auch auf der Chalkidikí Warntafeln aufgestellt, die auf die große Waldbrandgefahr hinweisen. Auf Kassándra wurden vor einigen Jahren durch einen riesigen Brand einige der schönsten Kiefernwälder der Chalkidikí vernichtet.

Viele Dörfer der Halbinsel Kassándra machen schon durch ihren Namen deutlich, dass sie erst in den 20er Jahren des 20. Jahrhunderts gegründet wurden. Im Zuge des großen Bevölkerungsaustausches mit der Türkei siedelten sich griechische Flüchtlinge auf der Chalkidikí an, benannten ihre Dörfer nach ihren alten Heimatorten und setzten nur die Silbe Néos oder Néa (Neu) davor: Néa Kallikratía, Néa Moudaniá, Néa Potidéa u.a. Durch diese Besiedlungsmaßnahme wurde ein Teil Griechenlands wieder bevölkert, der über Jahrhunderte nahezu menschenleer gewesen war.

An großartigen historischen Stätten bietet die Halbinsel Kassándra im Vergleich zum übrigen Griechenland nicht sonderlich viel, dennoch gibt es in fast jedem Ort kleine interessante Sehenswürdigkeiten, die man auf kurzen Spazierwegen erreicht.

Routenverlauf

Die folgende Beschreibung folgt der Route der Inselstraße, die entlang der Küste von Néa Moudaniá zu den Ortschaften der Halbinsel Kassándra: ***Néa Potidéa – Néa Fokéa - Afitos - Kallithéa - Kriopigí - Políchrono - Chaniótis - Pefkochório - Palioúri - Néa Skióni - Agios Ioannis - Kalándra - Possídi - Phoúrka - Síviri****. Dort wendet sich die Straße ins Landesinnere und führt zur Inselhauptstadt* ***Kassándra*** *und von dort zurück nach Kallithéa.*

Von Néa Fokéa aus geht eine Straße zu den Orten, die an der Westküste Kassándras liegen: **Sáni** und **Xenophóndos**.

Rundfahrt um die Halbinsel Kassándra

Rundfahrt

Hinter Néa Moudaniá nähern sich die beiden Küsten der Kassándra einander so sehr, dass eine **Landenge** entsteht, die von einem schmalen Kanal durchstochen wird. Dieser 1.250 m lange Kanal verbindet den Thermäischen Golf mit dem Golf Kassándras und trennt die Halbinsel Kassándra vom Festland ab. Während der Kanal in der Vergangenheit dazu diente, Feinden den Zugang zur Kassándra zu erschweren, wird er heute hauptsächlich von Fischer- und Sportbooten befahren. An beiden Enden des Kanals wurden kleine Schutzhäfen eingerichtet. Heute überquert eine moderne Brücke den Kanal.

Néa Potidéa Νεα Ποτιδεα (ⓘ s. S. 125)

Gleich hinter der Brücke liegt der Ort **Néa Potidéa** mit einem kleinen Hafen, in dem sich am Abend die bunten Fischerboote einfinden, und mit einer modernen, blumengeschmückten Platía, etlichen Tavernen und Geschäften. Beliebter Treffpunkt ist die Hafenpromenade; am Strand werden im Sommer Sonnenschirme, Tretboote und Wasserski vermietet. Reizvoll ist der Blick auf die Steilufer und die kleinen Kiesbuchten an der Ostküste der Kassándra.

Néa Potidéa wurde 1922 von ostthrakischen Flüchtlingen gegründet. Die Geschichte dieses Gebietes reicht bis ins 7. vorchristliche Jahrhundert zurück, als sich die Korinther im Jahre 625 v. Chr. in der Stadt **Poteidea** niederließen. Historische Bedeutung bekam Poteidea einmal, als im Jahre 480 v. Chr. der Perserkönig **Xerxes** auf seinem Feldzug gegen die Griechen vor der Küste anlegte, und ein zweites Mal, als die Bewohner Poteideas sich einer athenischen Entscheidung widersetzten und damit zum Ausbruch des Peloponnesischen Krieges beitrugen. Nach der Zerstörung der Stadt wurde an derselben Stelle im Jahre 316 v. Chr. durch **Kassandros** die Stadt Kassandreia gegründet, die – wie Pella – zeitweilig makedonische Hauptstadt war. Man kann noch einige Überreste der antiken Mauer besichtigen. Nach dem Sieg der Römer blühte die Stadt erneut auf, wie durch eine stadteigene Münzanstalt belegt ist. 269 n. Chr. konnten die Bewohner einer Belagerung durch die Goten standhalten; 540 aber wurde die Stadt durch die Hunnen zerstört.

die antike Stadt Poteidea

Obwohl schon bald mit dem Wiederaufbau begonnen wurde, erreichte die Stadt nie mehr die einstige Bedeutung und verödete dann im 14. Jahrhundert völlig.

Sehenswürdigkeiten

- In antiker und byzantinischer Zeit verlief entlang des Kanals eine 1.200 m lange Schutzmauer, von der noch geringe Überreste zu sehen sind.
- das Denkmal des Chalasmós aus der Zeit der Befreiungskriege, im Süden des Ortes
- die Kapelle der Taxiarchen, die aus antikem Baumaterial 1872 errichtet wurde, 1 km südöstlich
- die archäologische Sammlung im Rathaus.

Sáni Σανι (ⓘ s. S. 125)

Folgt man der Inselstraße weiter nach Süden, zweigt nach ca. 10 km die Straße nach **Sáni** ab. Die schöne Landschaft und die weißen Sandstrände ließen Sáni zu einem touristischen Zentrum mit ausgezeichneten Sport- und Unterhaltungsmöglichkeiten werden. Zum großen Hotel- und Bungalowkomplex „Sáni Beach Holiday Resort“, der mit vier Anlagen in einem ca. 400 ha großen Naturschutzgebiet liegt, gehören der lange feinsandige Strand, der neu angelegte Yachthafen mit Booten und Yachten aus aller Welt, Sportplätze, mehrere Swimmingpools und ein umfangreiches Sportangebot. In der Zeit von Ende Juni bis Ende September findet das Sáni Festival mit Konzerten, Tanzveranstaltungen und Kunstausstellungen

Ferienort „Sáni Beach“

griechischer Künstler statt, im Juli treffen sich beim Sáni-Jazzfest internationale Stars.

Sehenswürdigkeiten

An der Stelle des heutigen Ferienzentrums wird die antike Stadt Sane vermutet. Bei Ausgrabungsarbeiten, die seit 1996 durchgeführt werden, wurden an der Küste, nördlich des Hotels Sani Beach, ein römischer Gutshof und 18 Gräber aus frühchristlicher Zeit freigelegt, zu deren Grabbeigaben Münzen, Öllampen und Schmuck gehörten. Da die Ausgrabungsarbeiten von der Hotelgesellschaft finanziert werden, informiert das Sani Beach Hotel über den weiteren Fortgang der Arbeiten.

antike Stadt

Der auf dem Gelände des Sani Beach Holiday Resort stehende **Turm der Stavronikíta** ist ein noch teilweise erhaltener Wehrturm aus dem 14./15. Jahrhundert, der zum Besitz des gleichnamigen Áthos-Klosters gehörte und in unsicheren Zeiten als Zufluchtsort vor Piraten diente.

Néa Fokéa Νεα Φοκεα (ⓘ s. S. 125)

Wollen Sie die Rundreise fortsetzen, kehren Sie zur Hauptstraße zurück und erreichen bald den 1922 von kleinasiatischen Flüchtlingen gegründeten Ort **Néa Fokéa**, einen kleinen Fischerort mit malerischen Fischtavernen direkt am Meer. Hier verkaufen die Fischer morgens, was sie in der Nacht gefangen haben.

Von der kleinen Hafenbucht können Sie zu Fuß zum 17 m hohen, alten **Wehrturm Ágios Pávlos** gehen, der 1407 auf einem kleinen Kap als Schutzbau und Lagerhaus aus antikem Baumaterial errichtet wurde und den kleinen Ort noch heute überragt. Während der Befreiungskriege diente er Emmanuél Pápas, dem Anführer der Aufständischen, als Aufenthaltsort.

Auf dem Weg zum Turm Ágios Pávlos weist von der Hauptstraße her das Schild „makedonian Tomb" auf ein **makedonisches Grab** aus dem 4. Jahrhundert v. Chr. hin, das 1984 entdeckt wurde. Das antike Grab, zu dem einige Stufen hinab führen, wurde später als Kirche genutzt. Der Überlieferung nach soll sich hier der Apostel Paulus aufgehalten haben; von dem Tropfwasser, das sich an einer Stelle sammelt, soll eine heilende Wirkung ausgehen. Heute ist der dunkle Raum mit Ikonen geschmückt.

Áfitos Αφιτος (ⓘ s. S. 125)

5 km weiter liegt der Ort **Áfitos**, der 1922 von Flüchtlingsfamilien aus Kleinasien bevölkert wurde und in dem heute knapp 850 Menschen leben. Aufgrund der natürlich befestigten Lage und des Wasserreichtums war diese Gegend seit dem 8. Jahrhundert v. Chr. ununterbrochen besiedelt. 1821 wurde die Ortschaft durch die Türken zerstört, schon 1827 aber wieder aufgebaut. Aus dieser Zeit stammen die meisten der noch erhaltenen alten, aus heimischem Naturstein erbauten Häuser, die durch ihre traditionelle Architektur den Reiz des Ortes ausmachen.

reizvolle Architektur

Mittelpunkt des Ortes und beliebter Treffpunkt ist die schöne Platía mit Bänken und kleinen Kafenía. 1858/1859 wurde die Kirche des Heiligen Dimítrios, die einzige Kuppelbasilika auf der Chalkidikí, aus Naturstein gebaut und mit schönen Holzschnitzereien ausgestaltet; der Glockenturm wurde mit einfachen Reliefs verziert. Gleich vor der Kirche wurden die Grundmauern einer frühchristlichen Basilika entdeckt; an der Dorfstraße konnten 1996 bei Kanalisationsarbeiten Überreste der antiken Stadt Aphytos freigelegt werden. Zu den Fundstücken gehören Graburnen aus dem 4. Jahrhundert v. Chr. Entdeckt wurde auch der antike Steinbruch Moudounos.

Am Strand der Chalkidikí

Der Strand von Afitos liegt ca. 5 Gehminuten vom Ort entfernt und ist nur über eine steile, zum Meer hinunter führende Straße zu erreichen. Am Strand werden Liegen, Sonnenschirmen und Kanus vermietet. Besonders reizvoll ist der Strand, wenn in den Monaten August/September die Strandlilien blühen.

Feste

Am letzten Sonntag im Juli beginnt um 7 Uhr ein Schwimmwettbewerb, bei dem die Teilnehmer von Áfitos aus die Toróni-Bucht bis Nikítis/Sithonía durchqueren müssen. Auch Feriengäste sind als Teilnehmer bei der 25 km langen Strecke willkommen; die Anmeldung muss jedes Jahr spätestens bis zum 31. Mai erfolgen. Schon in Deutschland können Sie dazu Informationen einholen beim Deutschen Schwimmverband in Kassel, Tel.: 0561/940830.

Kallithéa Καλλιθεα (ⓘ s. S. 125)

In der nächsten Ortschaft **Kallithéa** beginnt die Küstenstraße, die die ganze südliche Halbinsel umfährt. Kallithéa ist einer der größeren, lebhaften Ferienorte auf Kassándra mit vielen Hotels, Restaurants, Tavernen, Bars und Diskotheken. Entlang der Küste zwischen Kallithéa und Kriopigí liegen einige der größten und bekanntesten Hotelanlagen der Halbinsel.

Das Zentrum von Kallithéa ist eine moderne Fußgängerzone mit Cafés, Restaurants und zahllosen Geschäften, in denen fast überall auch deutsch gesprochen wird. Am Abend sorgen Straßenlaternen für stimmungsvolle Beleuchtung. Kallithéa ist für unternehmungslustige Nachtschwärmer eher geeignet als für ruhesuchende Feriengäste.

sauberer Strand

Der Strand von Kallithéa ist nur schmal, wird aber sehr sauber gehalten. Am Strand von Kallithéa, unweit vom Hotel Ammon Zeus, können Sie zwischen Bäumen in einem überwucherten Garten die Überreste eines **Tempels des Ammon Zeus** aus dem 4. Jahrhundert v. Chr. entdecken. Grund für den Doppelnamen des Tempels war, dass in antiker Zeit der ägyptische Gott Ammon mit dem griechischen Gott Zeus gleichgesetzt wurde. Teilweise erhalten sind noch das Tempelfundament und drei steinerne Sitzreihen. Die Ausgrabungsfunde von 1968 sind im Museum von Polígiros ausgestellt.

Gott des Weines

Einige Schritte entfernt liegt in südwestlicher Richtung der **Tempel der Nymphen** und des **Gottes Dionysos**, der als Gott des Weines auf Chalkidikí sehr verehrt wurde. Das Heiligtum wurde im 5. Jahrhundert v. Chr. errichtet; im selben Tempel wurden auch die in den Wäldern lebenden Nymphen verehrt, die den Gott Dionysos groß gezogen haben sollen. Außerdem ist noch die Ruine einer kleinen byzantinischen Kirche zu sehen.

Ein Schild weist den Weg zu einer in den Felsen geschlagenen Treppe, die zu einer Felsenhöhle mit schönen Stalaktiten führt.

Kriopigí Κριοπιγι (ⓘ s. S. 125)

Der nächste Ort ist **Kriopigí**, der etwa 1 km vom Meer entfernt liegt; eine ausgeschilderte Straße führt hinunter zum feinsandigen Strand. Entlang dieser Straße und am Strand liegen viele Hotels, Restaurants und Tavernen. Den Namen „Kalte Quelle“ verdankt der Ort einer Quelle im alten Dorfzentrum, von der die Dorfbewohner sagen, dass ihr Wasser ein langes Leben verleiht.

Beliebt ist der lange **Pigadákia Strand**, an dem man ab Mittag auch ausreichend Schatten findet. Erfreulicherweise wird der Strand von der Gemeinde sauber gehalten. Nicht weit entfernt liegt ein gepflegter Campingplatz der Griechischen Zentrale für Fremdenverkehr.

Ausflugsziel „Schildkrötensee“

Schildkrötensee

Ein schöner Ausflug führt Sie zum Schildkrötensee. Dazu fahren Sie weiter bis zur Kilometertafel 33 nach Süden, biegen dort rechts ab auf eine unbefestigte Straße (Ausschilderung: Ergostássio Kassandrino) und fahren ca. 1,6 km bis zu einer Passhöhe, von der der linke Weg steil hinunter führt, bis man nach weiteren ca. 1,5 km eine Verzweigung erreicht, der man weiter nach rechts folgt. Nach etwa 500 m fährt man nach rechts steil hinauf (gegenüber einem gelben Schild nach Políchrono (ⓘ s. S. 125)) und erreicht nach 700 m den von Kiefern umstandenen Waldsee Mavrvára, in dem viele Wasserschildkröten leben. Am dicht bewachsenen Ufer sind Picknicktische und Bänke aufgestellt, außerdem gibt es einen Trinkwasserbrunnen. Für die Rückfahrt nimmt man den selben Weg.

Chanióti Χανιοτι (ⓘ s. S. 125)

In **Chanióti** nimmt die Zahl der Besucher von Jahr zu Jahr zu und übersteigt in den Sommermonaten längst die Zahl der Einwohner. Entsprechend vergrößert sich im Ort das Angebot an Hotels, Pensionen, Restaurants, Geschäften, Sport- und Unterhaltungsmöglichkeiten, so dass Chanióti zu den lebhaftesten Orten der Chalkidikí gezählt werden kann. Treffpunkt am Abend ist die „Platía Kentrikí“ mit ihrem hübschen Springbrunnen und mehreren Straßencafés; hier finden Sie auch die **Touristeninformation**, *Tel.: 23740-52662, die von Anfang Mai bis Ende September geöffnet ist.*

Im Ort gibt es einen schönen, jedoch viel besuchten Sandstrand mit Duschen, Kabinen, Tretboot- und Surfbrettverleih; an der Strandpromenade gibt es Hotels, Cafés und Eiscafés. Etwas Schatten finden Sie in der kleinen Parkanlage.

Pefkochório Πεφκοχοριο (ⓘ s. S. 125)

Auch in Pefkochório ist der Fremdenverkehr mit zahllosen Hotels, Restaurants, Geschäften und Reisebüros tonangebend. Die Uferstraße wurde für den Autoverkehr gesperrt und lädt jetzt zum Flanieren und zum Einkaufsbummel ein. Organisierte Bootsausflüge bringen Ausflügler hinüber zur Halbinsel Sithonía.

Die breite Durchgangsstraße trennt den am Meer gelegenen, schnell wachsenden Ortsteil vom alten Ort Pefkochório; ein Spaziergang führt zum alten Ort mit seinen kleinen Häusern mit üppig blühenden Gärten, zwei neu gestalteten Dorfplätzen mit Springbrunnen, zum alten Rathaus und zur Dorfkirche Ágios Athanásios, die aus der Mitte des 19. Jahrhunderts stammt.

Zwischen Pefkochório und Palioúri zweigen Stichstraßen zur **Lagune Glarókavos** ab. Zwei Landzungen schließen sie fast völlig vom Meer ab, nur durch eine etwa 20 m breite Öffnung können Fischerboote in die Lagune einlaufen.

Palioúri Παλιουρι (ⓘ s. S. 125)

der schöne Sandstrand von Palioúri

Blühende Oleanderbüsche am Straßenrand, Kiefern- und Pinienwälder auf den Berghöhen und kilometerlange Strände zeichnen den Süden der Halbinsel Kassandra aus. Am langen Sandstrand von **Paralía Palioúri** wurde das Xenia Hotel geschlossen; der schöne Strand, der sich bis zum kleinen Naturhafen an der Bucht von Palioúri hinzieht, ist noch nicht überlaufen; am Südende der Bucht entstand etwas landeinwärts gelegen eine moderne Hotelanlage, am **Kap Chroússo**, nur wenige Schritte vom Strand entfernt, gibt es kleine gepflegte Hotels.

Der etwa 3 km vom Meer entfernt liegende Ort **Palioúri** hat sich mit seinen engen Straßen, alten Steinbacköfen, kleinen Tavernen und der Kirche seinen Eigencharakter noch bewahrt. Im Hof des Rathauses befindet sich eine kleine Sammlung antiker Funde, Überreste der antiken Stadt, die an dieser Stelle lag. Übernachtungsmöglichkeiten gibt es in kleineren Hotels und vielen Privathäusern.

Die Straße umfährt die Südspitze Kassándras und führt über **Agía Paraskeví** und **Loutrá Agía Paraskeví** mit seiner kleinen schwefelhaltigen Heilquelle und der modernen therapeutischen Thermalbadeanstalt zum Fischerort Néa Skióni.

Agía Paraskeví Αγια Παρασκευι

Agía Paraskeví, ein ruhiger Ort mit kleinen Hausgärten, üppigen Blumenkästen, mehreren Kafenía und einigen Privatzimmern, ist Ausgangspunkt für eine Wanderung oder Mountainbike-Fahrt über den Kassándra-Höhenweg. Die ca. 22 km lange Strecke bis zum Strandort Foúrka dauert ca. 5–6 Stunden und bietet immer wieder großartige Ausblicke auf den Thermäischen Golf und die Ostküste der

Kassándra. Der durchgängig markierte Weg erfordert gutes Schuhwerk und eine gute Kondition; auf jeden Fall sollten Sie ausreichend Wasser und Verpflegung mitnehmen: nach der anstrengenden Wanderung können Sie am Strand von Foúrka ein erfrischendes Bad nehmen. Falls Sie nur einen Streckenabschnitt gehen wollen, können Sie über kleine Stichstraßen zu den Küstenorten hinabsteigen, wo Sie Bushaltestellen finden.

Néa Skióni Νεα Σκιονι (ⓘ s. S. 125)

In Néa Skióni werden überwiegend Zimmer und Apartments in Privathäusern angeboten; größere Hotels fehlen, so dass der Ort noch vergleichsweise ursprünglich wirkt. Am Hafenplatz wurde ein kleiner Sandstrand aufgeschüttet, an anderen Stellen ist der Strand eher grob kieselig.

sehenswertes Treiben im Hafen von Néa Skióni

In dem kleinen, malerischen Hafen liegen zahlreiche Fischerboote, die am Abend zum Fischen hinausfahren. Viele Boote haben jeweils drei starke Lampen an Bug oder Heck, durch deren Lichtschein die Fische angelockt werden sollen. Tagsüber können Sie die Fischer beim Flicken der Netze oder anderen vorbereitenden Arbeiten beobachten; es ist ein geschäftiges Treiben im kleinen Hafen, wo Boote ausgebessert werden und Tank- und Kühlwagen hin- und herfahren. Die Boote liegen dicht gedrängt, nicht jedes kann direkt an der Hafenmauer festmachen. So ist es für den Beobachter interessant, für den Fischer aber mühsam und zeitaufwändig, wenn dieser mit seinem Boot vor den anderen wieder losfahren möchte und sich dafür aus dem Gewirr der locker miteinander verbundenen Boote freimachen muss.

Zu den Sehenswürdigkeiten des Ortes zählen die Kirche Panagía Faneroméni mit Wandmalereien aus dem 17. Jahrhundert und geringe Überreste des antiken Ortes Skioni, der ältesten Kolonie der Kassándra, die südöstlich der heutigen Ortschaft lag.

An der Wegstrecke nach Kalándra liegen zwischen Olivenhainen und Getreidefeldern zahlreiche Apartmentanlagen und Privathäuser; nur an wenigen Stellen ist der Zugang zum Meer möglich.

Kalándra Καλανδρα (ⓘ s. S. 125)

antike Kolonie Mendi

Die nächste Ortschaft ist das Bergdorf **Kalándra**, in dessen Nähe noch die Überreste des antiken Mendi zu sehen sind. Mendi war eine um 750 v. Chr. gegründete Kolonie der Eretrier; hier wurde der Bildhauer Paionios geboren, der die berühmte Nike-Statue für das Siegesmonument von Messene und Naupaktos geschaffen hat, die im Museum von Olympia steht.

Sehenswürdigkeiten des Ortes sind die **Kapelle der Panagía** mit weitgehend unbeschädigten Wandmalereien aus dem Jahre 1619 und einem Altar auf einem antiken Opfertisch. Am 23. August wird in der Kapelle, die 1 km westlich des Dorfes liegt, das Fest der Panagía gefeiert. Vom **Hügel Vígla** mit geringen Überresten der Akropolis von Mendi bietet sich ein schöner Ausblick auf die Küste.

Nur 3 km von Kalándra entfernt liegt der kleine Ferienort **Possídi**. Possídi bietet in Privathäusern und Ferienanlagen gute Übernachtungsmöglichkeiten. Die Strandabschnitte sind sauber und noch nicht überlaufen. An der Küste steht ein Leuchtturm aus dem Jahre 1864.

Foúrka Φουρκα

Von der Hauptstraße biegt eine Straße rechts zum im Landesinneren gelegenen, ruhigen Bergdorf **Foúrka** ab, das wegen seiner traditionellen Häuser und zwei Kirchen aus dem 16. Jahrhundert einen Besuch lohnt. Die Kirche Ágios Ioánnou tou Pródromou im Dorfzentrum, die auf den Fundamenten einer viel älteren Kirche gebaut wurde, ist mit alten Wandmalereien und sehr alten Bildhauerarbeiten geschmückt. Im Ort gibt es einfache Übernachtungsmöglichkeiten. Ein reizvoller Spazierweg führt zur Kapelle Panagía tou Meletí, die in einem schönen Kiefernwald liegt.

Eine kleine Straße verbindet das Foúrka mit dem dazugehörigen, 3 km entfernten Küstenort **Skála Foúrka** mit einem schönen Sandstrand, der im Sommer aber stark besucht ist.

Síviri Σιβιρι

Kassándra Festival

Die Inselstraße führt weiter zum ehemaligen Fischerort **Síviri**, der sich mit seinem kleinen Hafen, einem breiten, dunklen Sandstrand, Tavernen und vielen Privatzimmern und Apartmenthäusern zu einem lebhaften Ferienort entwickelt. Viele Besucher werden auch vom „Kassándra Festival" angezogen, das von Juni bis September im neu gebauten Amphitheater mit Konzerten und Theateraufführungen stattfindet.

Kassándria Κασσανδρια

Die Straße führt weiter zur Inselhauptstadt **Kassándria**, dem lebhaften Handels- und Geschäftszentrum der Kassándra, wo Sie im Bereich der Fußgängerzone Banken, Behörden, Geschäfte und Arztpraxen finden. Zu den **Sehenswürdigkeiten** des Ortes gehören die alte **Bischofskirche**, über deren Westeingang ein reliefgeschmückter Türsturz eingearbeitet ist, der wahrscheinlich von der frühchristlichen Ágios-Dimítrios-Kirche in Thessaloníki stammt, eine **Windmühle** aus dem 19. Jahrhundert und der gut erhaltene alte Ortsteil mit **Steinhäusern** aus dem 18. und 19. Jahrhundert. Ein Bummel durch das alte Stadtviertel und ein Besuch des Wochenmarktes lohnen einen Stopp in Kassándria.

In allen Orten der Chalkidikí findet sich ein schönes Plätzchen

Folgt man der Hauptstraße weiter, stößt man in Kallithéa wieder ans Meer; hier endet die Rundfahrt um die Halbinsel Kassándra.

Halbinsel Sithonía Σιθονια

Obwohl der zweite Finger der Chalkidikí, die Halbinsel Sithonía, touristisch weniger erschlossen ist als Kassándra; nimmt auch hier die Bedeutung des Fremdenverkehrs ständig zu. Aber es gibt keine – mit Ausnahme von Pórto Cárras – riesigen Hotelanlagen, sondern eher individuell ausgerichtete kleinere und mittlere Hotels, Apartmenthäuser und Privatpensionen. Auch das abendliche Unterhaltungsprogramm ist weniger vielseitig als auf Kassándra, so dass Sithonía vor allem für diejenigen geeignet ist, die eher Ursprünglichkeit, Einsamkeit und Stille suchen. Dazu lädt Sithonía mit zahlreichen, abgeschiedenen Sand- und Felsenbuchten an kristallklarem Wasser, von Pinien umrahmten Stränden, großen, schattigen Olivenbaumhainen, malerischen Häfen, beschaulichen Fischerdörfern, Pinienwäldern und kleinen Bachläufen im Landesinneren ein.

Dieses idyllische Bild wird leider zunehmend zerstört, denn immer mehr Menschen, die von der Küstenstraße auf die einladenden, menschenleeren Badebuchten sehen, beschließen, dort zu zelten oder ihre Wohnmobile abzustellen. So geschieht es, dass eine verlockend erscheinende Bucht sich beim Näherkommen immer mehr als eine Ansammlung von Müll und Unrat erweist, und das, obwohl das freie Zelten in Griechenland offiziell verboten ist. Man versucht nun zunehmend, diesem Missstand durch häufigere Polizeikontrollen und durch ein verstärktes Angebot an Campingplätzen zu begegnen.

Entfernung
ca. 120 km

Wegstrecke
Von Thessaloníki aus fahren Sie in Richtung Chalkidikí bis Néa Moudaniá, wo Sie an der großen Ampelkreuzung links in Richtung Gerakiní abbiegen.

Gerakiní Γερακινι und Umgebung (ⓘ s. S. 125)

Ab Gerakiní finden Sie entlang der Küste zahlreiche kleine Ferienorte, unberührte Strände mit guten Gelegenheiten zum Schwimmen, Schnorcheln und Surfen. In Gerakiní, dem Verladehafen für Magnesit, entstand neben einer Bergarbeitersiedlung ein Ferienzentrum mit einer Ansammlung von Hotels, Restaurants und Geschäften an einer langen Uferstraße. Vom schönen langen Sandstrand aus lassen sich gut die ein- und auslaufenden Schiffe beobachten; das Wasser ist sauber. Der ebenfalls einladende lange Sandstrand von **Psakoúdia Beach** mit Übernachtungsmöglichkeiten und Restaurants schließt sich an.

Frauenkloster Evangelismós

Vatopédi ist ein kleiner Ort an der Hauptstraße mit nur etwa 300 Einwohnern; von hier aus führt eine Straße in Richtung Ormília zum großen **Frauenkloster Evangelismós**, in dem noch heute über 100 Nonnen leben. Das Kloster war schon im 14. Jahrhundert als Außenstelle des Áthos-Klosters Vatopédi gegründet worden. Während des Befreiungskampfes wurde es 1821 zerstört, später teilweise wieder aufgebaut und zu Beginn des 20. Jahrhunderts endgültig von den Mönchen verlassen.

In den 1970er Jahren richteten einige Nonnen von den Metéora-Klöstern sich in den alten Gebäuden ein. Die Aufnahme weiterer Schwestern in den folgenden Jahren erforderte mehrere Neubauten, so dass Evangelismós heute eines der größten Frauenklöster in Griechenland ist. Die Nonnen haben eigene Werkstätten eingerichtet, in denen Stickereien, Webarbeiten, Schnitzereien und Ikonen hergestellt und zum Verkauf angeboten werden. Zum Kloster gehört auch ein modernes Medizinisches Zentrum.
Öffnungszeiten: Di, Do und Sa von 10–14 Uhr, So von 10–16 Uhr.

Zum Ort **Ormília** sind es nur 3 km. Der Ort hat einige traditionelle Kafenía und feiert jedes Jahr Ende Juni ein großes Kirchweihfest. Im Ortskern steht die Ágios-Geórgios-Kirche aus dem Jahre 1818.

Metamórfosi Μεταμορφωσι (ⓘ s. S. 125)

Metamórfosi, das erst 1923 gegründet wurde, entwickelt sich immer mehr zu einem gern besuchten Ferienort. Die Straße führt direkt zum langen, allerdings schattenlosen Sandstrand, in dessen Umgebung es auch Privatunterkünfte, Campingplätze und einfache Tavernen gibt. Schatten finden Sie im kleinen Park oberhalb des Strandes. Metamórfosi ist ein beliebtes Ausflugsziel der Griechen, die nach dem Besuch des nahe gelegenen Klosters Móni Timíou Pródromou zum Strand kommen.

Von der Hauptstraße führt ein ausgeschilderter Weg hinauf zum großen, modernen **Frauenkloster Móni Timíou Pródromou**, das auf der Berghöhe liegt. Die Klosterkirche wurde in den 1990er Jahren mit Fresken im traditionellen Stil ausgemalt. *Öffnungszeiten: täglich vormittags bis 12 Uhr, nachmittags 17–20 Uhr, Mi und Fr geschlossen, Frauen dürfen das Kloster nicht in Hosen betreten.*

Ein befestigter Weg führt auch zum **Kloster Ágios Arsénios.** Vom neuen Kloster, in dem noch einige sehr freundliche Mönche leben, bietet sich ein sehr schöner Blick auf die Bucht von Toronéos. Frauen dürfen das Kloster nicht mit langen Hosen, Männer nicht mit Shorts betreten!

Rundfahrt um die Halbinsel Sithonía

In **Nikítis** beginnt die gut ausgebaute Straße, die um ganz Sithonía herumführt. Sie können die Halbinsel bequem in einem Tag umfahren (ca. 120 km), beginnend an der Westküste, über **Néa Marmarás**, **Pórto Koúfo**, **Sikéa**, **Sárti**, **Vourvouroú** und **Ormos Panagías**.

Die Bienenkästen werden geleert

Sithonía ist ein waldreiches Mittelgebirgsland, das im Innern von vielen Wasserläufen durchzogen wird, die von den Bergen **Karvoúnas** (567 m), **Páklara** (598 m) und **Ítamos** (753 m) herabfließen. Ähnlich wie Kassándra bietet Sithonía keine großartigen Sehenswürdigkeiten, aber bei den kleinen Ortschaften gibt es lokale Ausflugsziele, die durchaus einen Abstecher lohnen, herrliche Strände und ein wunderschönes, bergiges Hinterland mit reicher Vegetation.

Nikíti Νικιτι (Nikítas) (ⓘ s. S. 125)

geführte Wanderungen und Radtouren

Nikíti ist die erste Ortschaft auf Sithonía. Zwar reichen die Spuren, die man in der Umgebung von Nikítis fand, bis in die vorgeschichtliche Zeit und auf die antike Stadt Galipsos zurück, aber der heutige Ort wurde erst nach den Befreiungskriegen von 1821 aufgebaut. Die Hauptstraße trennt den alten, hoch gelegenen Ortsteil von dem modernen Ferienort ab, der sich in der Nähe des schmalen, aber kilometerlangen Sandstrandes mit Apartmenthäusern, Ferienwohnungen, Geschäften und Tavernen immer weiter ausbreitet. In den Sommermonaten werden geführte Wanderungen und Radtouren angeboten.

Bei einem Bummel durch den alten Ort sehen Sie noch einige der traditionellen Häuser, die teilweise in den letzten Jahren restauriert wurden. Sehenswert sind die **Friedhofskirche mit Wandmalereien** aus dem 16. Jahrhundert und die ca. 10 km entfernt liegende **Kapelle zu Ehren des Apostel Paulus** (Ágios Pávlos), der an dieser Stelle eine Quelle durch einen Schwertschlag erschlossen haben soll.

Bei den Ausgrabungsarbeiten wurde auch ein Mosaikfußboden freigelegt

Zur **Kapelle Ágios Geórgios** und den Überresten **frühchristlicher Gräber und Kirchen**, die knapp 3 km südlich des Ortes liegen, führt ein schöner Spaziergang. Dazu biegt man ca. 800 m nach der großen Ampelkreuzung rechts ab (an der Bäckerei Christos) und folgt der Ausschilderung „Camping Nikíti". Nach ca. 1,5 km erreicht man die kleine Kapelle, die auf dem Fundament einer frühchristlichen Basilika erbaut wurde. Die Ausgrabungen bei einer zweiten frühchristlichen Kapelle dauern noch an. Bisher wurden ein gut erhaltener Mosaikboden, einige Säulenstümpfe und die Grundmauern freigelegt.

Südlich von Níkíti liegen einige schöne Buchten, zu denen kleine, meist geschotterte Stichstraßen von der Küstenstraße hinunter führen. Schon von der Küstenstraße aus hat man einen herrlichen Blick auf die Badebuchten von **Ágios Geórgios**, **Ágios Ioánnis**, **Kalógria**, **Elía** oder **Lagomádra** mit ihren schönen Sandstränden und kleinen, vorgelagerten Inseln.

Dieses Gebiet ist bei Surfern sehr beliebt, aber auch für Familien mit Kleinkindern gut geeignet. Es gibt Campingplätze, einfache Imbissstuben, Surf- und Bootsverleih und etliche Hotel- und Clubanlagen.

Néos Marmarás Νεος Μαρμαρασ (ⓘ s. S. 125)

Der Ort wurde erst nach 1922 von kleinasiatischen Flüchtlingen gegründet. Heute ist Néos Marmarás mit knapp 3.000 Einwohnern der größte Ort an der Westküste von Sithonía, ein lebhafter Ferienort mit zahlreichen Hotels, Pensionen und Privatzimmern, Restaurants, Tavernen, Geschäften und Betrieben. Zur touristischen Entwicklung haben die schöne Lage auf vier kleinen Halbinseln und die beiden Häfen, die den Ort begrenzen, beigetragen.

lebhafter Ferienort

Restaurants an der Hafenpromenade laden zum Verweilen ein

Die beiden Häfen sind durch die lange Uferstraße miteinander verbunden; das Zentrum mit Tavernen, Cafés und Geschäften liegt direkt am Fährhafen, wo die Tragflügelboote zu den Sporaden und die kleinen Boote nach Pórto Cárras verkehren. In Néos Marmarás wurde der erste „schwimmende Hafen" Griechenlands fertig gestellt: das Bauwerk besteht aus einem 200 m langen Wellenbrecher und zwei je 80 m langen Kais, unter denen das Wasser frei zirkulieren kann.

Ausflüge

Néos Marmarás eignet sich als Ausgangsort für kleine Ausflüge:

- *zum dicht bewaldeten Berg* **Draounéli**, *auf dem noch Rotwild lebt;*
- *zur Insel* **Kelífos**, *die dicht bewaldet und wegen ihrer Quellen „Psaria" bekannt ist,*
- *zum schönen* **Bergdorf Parthenónas**, *das in 350 m Höhe im Inneren der Sithonía liegt und inzwischen über eine gut ausgebaute Straße erreichbar ist.*

Blick auf das alte Bergdorf Parthenónas

Der Ort, der in den vergangenen Jahrzehnten von den meisten Bewohnern verlassen worden und schon weitgehend verfallen war, wird nun seit einigen Jahren von neuen Besitzern wieder belebt, die die im traditionellen Stil aus Naturstein gebauten Häuser restaurieren und als Sommerwohnsitz nutzen. Am besten stellen Sie Ihr Fahrzeug unterhalb des Ortes ab und erkunden die Ortschaft zu Fuß. Von der Berghöhe und von der schönen Taverne Drossiá können Sie einen herrlichen Blick auf die Küste genießen. An der am Meer entlang weiter nach Süden führenden Straße liegt das Landgut des **Klosters Óssios Grigoríou**. *Öffnungszeiten: täglich 9–14 Uhr und 18–21 Uhr.*

Eine Mauer umschließt die zweigeschossigen, aus Naturstein gebauten Wohnhäuser der Mönche und die bereits 1865 gebaute Kirche mit einem kleinen Glockenturm. Das Landgut gehört zum Kloster Grigórios auf Áthos und wird von den Mönchen nur im Winter bewohnt, denn diese verbringen die Sommermonate auf Áthos. Einladend ist der Klostergarten mit Oliven- und Zitronenbäumen und üppig blühenden Blumen.

Bootsverbindung

Ausflugsboote fahren in den Sommermonaten mehrmals wöchentlich nach Pórto Cárras und zur Ostküste der Halbinsel Kassándra. Außerdem werden Fahrten nach Ouranoúpolis angeboten und Fahrten entlang der Küste des Berges Áthos.

Feste

Im Sommer gibt es 2 Volksfeste in Néos Marmaras:
- *am 27.7. das Fest der Panteleímona;*
- *am 29.8.: das Fest des Ágios Ioánnis.*

Südlich von Néos Marmarás liegt die luxuriöse Ferienanlage **Pórto Cárras** (ⓘ s. S. 125), umgeben von Zitronenhainen, Weinstöcken und Pistazienbäumen an einem langen, feinen Sandstrand, die ein Projekt des griechischen Reeders Carras war und jetzt im Besitz eines großen Konsortiums ist. Der gesamte Komplex von **Pórto Cárras** besteht aus drei Hotels verschiedener Kategorien; zum Komplex gehören ein schöner Yachthafen, ein 18-Loch-Golfplatz, Reitstall und ein Spielkasino. Das Unterhaltungs- und Sportprogramm ist sehr vielseitig. In der **Weinkellerei** Domaine Cárras, die Sie über die weiter nach Süden führende Straße erreichen, werden für Besuchergruppen Führungen angeboten; Einzelreisende können in der Eingangshalle das Sortiment der Cárras-Weine verkosten. *Öffnungszeiten: Mo–Fr 8–13.30 Uhr.*

luxuriöse Ferienanlage

Weinprobe in Pórto Cárras

Von Pórto Cárras bis nach Tristiniká bei Toróni verläuft neben der Küstenstraße eine kleinere Straße, die dicht am Meer entlang führt und immer wieder schöne Ausblicke auf kleine Buchten an kristallklarem Wasser bietet.

Toróni Τορονι (ⓘ s. S. 125)

Die Besiedlung des Gebietes reicht bis in die vorgeschichtliche Zeit zurück. Heute ist Toróni ein beliebter Badeort mit einem malerischen Hafen, schönen Stränden, Restaurants und Tavernen und mit Überresten einer Befestigungsanlage der antiken Stadt. Sehenswert sind die Überreste der frühchristlichen Kirche **Ágios Athanásios**, deren älteste Bauteile aus dem 6. Jahrhundert stammen, und die **Ruinen der byzantinischen Festung** auf der Halbinsel Lekythos. Beim

Schnorcheln in der Lekythos-Bucht können Sie Überreste der Hafenanlage der antiken Stadt entdecken.

Hinweis
Von Toróni aus gibt es eine direkte Straßenverbindung zum 10 km entfernten Ort Sikiá, die durch das sehr reizvolle, gebirgige Landesinnere führt, aber sehr kurvenreich ist.

Folgt man von Toróni der Küstenstraße weiter nach Süden, erreicht man den Ferienort **Pórto Koufó** (ⓘ s. S. 125), der ideale Wassersportbedingungen bietet. Der Hafen, der in einer von Bergen umrahmten Bucht liegt, gehört zu den sichersten Naturhäfen Griechenlands; die Hafeneinfahrt ist nur 300 m breit. Treffpunkt ist der Hafen, in dem viele Segelboote liegen, mit guten Fischtavernen.

An der Südspitze Sithonías, bei Kartalia, fällt das Land steil zum Meer ab; die Steilküste ragt mehr als 100 m hoch. Die Küstenstraße führt nun zur Ostküste Sithonías und zum Ort **Kalamítsi**, in dessen Umgebung schöne Sandbuchten liegen, die teilweise auch etwas Schatten bieten. An diesem Küstenabschnitt gibt es mehrere Campingplätze und Übernachtungsmöglichkeiten in Privathäusern. Der Fremdenverkehr fasst erst allmählich Fuß. Reizvoll ist es, zu den kleinen vorgelagerten Felseninseln zu schwimmen; für Taucher bietet die Felsenküste der Sithonía ausgezeichnete Möglichkeiten; die ansässige Tauchschule bietet Kurse, Tauchausflüge und Ausrüstungen an. Von der Hauptstraße zweigen Stichstraßen zu den langen Sandstränden von Klimatária Beach und Kriarítsi Beach, an denen es Campingplätze und viele freie Camper gibt.

ausgezeichnete Tauchmöglichkeiten

Sikiá Σικια

Sikiá ist mit 2.500 Einwohnern die Kreisstadt der Halbinsel mit Supermarkt, Post, Geschäften, Kafenía und Tavernen und zugleich eine der ältesten Ortschaften der Chalkidikí. Im historischen Ortskern des Bergdorfes mit seinen engen Gassen und den alten Häusern aus dem 19. Jahrhundert steht die Kirche Ágios Athanássios aus dem Jahre 1865.

Westlich der Ortschaft weisen Mauerreste auf dem Berg Koúkos auf eine prähistorische Siedlung hin. Bei Paralía Sikiás, dem etwa 3 km entfernten Strand von Sikiás, sind noch die Stümpfe von Windmühlen aus dem 19. Jahrhundert zu sehen.

Sárti Σαρτι (ⓘ s. S. 125)

Der kleine Ort **Sárti** wurde erst 1922 gegründet, als Flüchtlinge aus Kleinasien sich auf Sithonía eine neue Heimat aufbauten. Inzwischen hat Sárti sich zu einem lebhaften Ferienort entwickelt, der fast ausschließlich vom Fremdenverkehr lebt, auf den er sich mit Hotels, Restaurants, Geschäften und einem breiten Sportangebot schnell eingestellt hat. Geschäftiges Zentrum ist die Platía mit Tavernen, Bars und Kafenía; abendlicher Treffpunkt ist die Uferpromenade. Im Ortszentrum verstecken sich die kleinen Häuser der ersten Siedler hinter blühenden Hibiskussträuchern und Bougainvilleen-Hecken. Am 15. August wird im Dorf das Fest der

Panagía gefeiert. Der Strand ist feinsandig, das Wasser sauber. Im Westen der Ortschaft liegen die Überreste des **Klosters Xiropótamou** mit einer kleinen Kirche aus dem Jahre 1867. Besonders schön ist bei klarem Wetter der Blick auf den gegenüber liegenden Berg Áthos.

schöne Fahrt auf der Küstenstraße

Der nächste, etwa 30 km lange Abschnitt der Straße, die zwischen Sárti und Vourvouroú oberhalb der Küste verläuft, ist durch zahlreiche Kurven, reiche Vegetation, unberührte Strandabschnitte, an denen Pinien bis dicht ans Meer wachsen und schöne Aussichten auf die Áthos-Halbinsel geprägt. Stichstraßen führen von der Küstenstraße hinunter ans Meer zu wunderschönen Buchten mit kristallklarem Wasser, feinen Sandstränden, Bootsanlegestellen und Campingplätzen.

Vourvouroú Βουρβουρου (ⓘ s. S. 125)

Vourvouroú, ehemals ein kleines Fischerdorf, ist heute ein beliebter Ferienort mit gepflegten Villen, freundlichen Apartmenthäusern und schönen Ferienanlagen, die versteckt zwischen Pinienwäldern und Olivenhainen liegen. In der lang gezogenen Ortschaft ist der Zugang zum Meer nicht leicht zu finden. Die Bucht von Vourvouroú ist eine wunderschöne Naturlandschaft mit kleinen Inseln, ins Meer ragenden Landzungen und feinen Sandstränden in geschützten Buchten. Die flach abfallenden Strände sind auch für Familien mit Kleinkindern gut geeignet. Von Vourvouroú aus werden Bootsausflüge zu den der Küste vorgelagerten kleinen Inseln durchgeführt von denen **Diáporos** die größte ist. Auf Diáporos sind in den Sommermonaten Kafenía und Bars geöffnet. Traumhaft schön ist der Blick von Vourvouroú hinüber zur Áthos-Halbinsel.

Blick zur Halbinsel Áthos

Der ca. 7 km entfernte Nachbarort **Órmos Panagías** ist der Hafen der landeinwärts liegenden Ortschaft **Ágios Nikólaos** mit zweistöckigen, herrschaftlichen Häuser im traditionellen Stil. Von Órmos Panagías aus werden im Sommer organisierte Tagesausflüge zur Halbinsel der Mönchsrepublik Áthos angeboten, die an der Küste der Mönchsrepublik entlang führen und wenigstens von ferne einen Blick auf die Klöster ermöglichen.
Abfahrtszeit: 9.30 Uhr, Rückkehr: 17 Uhr.

Hinweis
Órmos Panagías ist der Endpunkt der Rundfahrt um die Halbinsel Sithonía. Wollen Sie in Richtung Thessaloníki oder Kassándra zurückfahren, können Sie in Órmos Panagías nach Westen abbiegen, so dass Sie dann wieder auf die Straße Nikíti - Gerakiní - Néa Moudaná stoßen.

Für die Weiterfahrt zur **Mönchsrepublik Áthos** fahren Sie über **Ágios Nikólaos** (3 km), **Pirgadíkia** (14 km) und **Planá** (8 km), nach **Ierissós** (23 km). An dieser landschaftlich sehr schönen Strecke, die abschnittsweise oberhalb des Golfes Ágios Óros verläuft und herrliche Blicke auf den Golf bietet, liegt der kleine Ort **Pirgadíkia**, der auch Übernachtungsmöglichkeiten bietet. Die Tavernen am kleinen Hafen laden zu einer Fahrtunterbrechung ein. Im Ort selbst gibt es nur einen kleinen Strand; über unbefestigte Wege sind mehrere Buchten zu erreichen, die zum Schwimmen und Schnorcheln besser geeignet sind. Der alte Ortsteil von

Pirgadíkia liegt östlich des Hafens; er wurde von griechischen Flüchtlingen in den 1920er Jahren gegründet. Die Überreste eines Wehrturms im Kámbos erinnern daran, dass dieses Gebiet früher zum Besitz der Áthos-Klöster gehörte.

Die Straße führt durch Laub- und Pinienwälder; die Dörfer **Plána** und **Gomáti** liegen mit ihren alten Steinhäusern abgeschieden im Bergland. Nach 23 km ist Ierissós erreicht (s. nächstes Kapitel).

Von Thessaloniki durch das Binnenland der Chalkidikí nach Ouranópolis und zur Mönchsrepublik Áthos

Entfernung
ca. 140 km

Wegstrecke
Eine gut ausgebaute Straße führt von Thessaloníki aus quer durch die Chalkidikí bis nach Ouranópolis, der letzten Stadt vor der Mönchsrepublik Áthos.

Von Thessaloníki der Ausschilderung nach Polígiros folgend, kann man zu den Heilbädern **Thérmi** mit seinen heißen Quellen sowie **Souroti** mit seinen Mineralbädern fahren. Hinter der nächsten Ortschaft **Vassilikiá** liegt links von der Straße das **Kloster Agía Anastasías**, dessen Ursprung bis ins 9. Jahrhundert zurückreicht und das nach der Zerstörung von 1821 wieder aufgebaut wurde. In der Klosterkirche werden die Reliquien der Heiligen Anastasía aufbewahrt, die im 3. Jahrhundert lebte und hier verehrt wird. Die freundlichen Mönche sind gerne bereit, über die Geschichte des Klosters und die Ausgestaltung der Kirche zu informieren.

Nach der Ortschaft **Galátista**, die an der Stelle des antiken **Anthemous** liegt und heute wegen seiner vielen Kirchen und der alten Wassermühlen aus dem 15. Jahrhundert sehenswert ist, erreicht man die Ortschaft Ágios Pródromos, wo eine Straße nach Polígiros, der Hauptstadt der Chalkidikí, abzweigt.

Polígiros Πολιγιρος (ⓘ s. S. 125)

Polígiros ist mit knapp 6.000 Einwohnern das Verwaltungszentrum der Halbinsel Chalkidikí und zugleich ihr wirtschaftliches Zentrum. Es ist ein malerisches Bergstädtchen in 560 m Höhe mit den für diese Gegend charakteristischen Häusern mit Ziegeldächern und vorkragenden Obergeschossen. Bauern und Händler treffen hier zusammen; vom Tourismus ist das Leben im Ort noch kaum berührt. Im **Archäologischen Museum**, *Platía Iroon, Tel.: 23710-22148,* sind Ausgrabungsfunde der Chalkidikí ausgestellt, darunter auch Funde aus Stágira und Ierissós. *Öffnungszeiten: Mo–Sa 9–13 Uhr.*

Verwaltungszentrum der Chalkidikí

Vom Ort aus kann man eine Fahrt zum **Berg Holomóntas** (1.165 m) machen. Dort bietet sich ein herrlicher Blick über das Bergland der Chalkidikí und die drei zum Meer weisenden Finger Kassándra, Sithonía und Áthos.

Kehrt man nach diesem Abstecher nach **Ágios Pródromos** zurück, beginnt dort ein landschaftlich sehr schöner, aber auch kurvenreicher Streckenabschnitt. Die Straße führt vorbei an alten Gebirgsdörfern und ihren im traditionellen Baustil errichteten Häusern, klaren Gebirgsbächen mit malerischen kleinen Rundbogenbrücken, uralten Kastanien und riesigen Platanen. Sie begegnen Ziegenherden und beladenen Maultieren und treffen vielleicht auch auf Landschildkröten. An den Hügeln sehen Sie farbig gestrichene Bienenkästen, denn diese Gegend ist für ihren besonders guten Honig bekannt.

malerische Brücken

Bienenkästen am Wegesrand

Arnéa Αρνεα (ⓘ s. S. 125)

Arnéa ist bekannt für die große Auswahl an hier hergestellten Flokatis

Das Gebirgsdorf Arnéa ist mit seiner traditionellen makedonischen Architektur des 18. und 19. Jahrhunderts die wohl sehenswerteste Stadt des Binnenlandes der Chalkidikí. Arneá ist das Zentrum eines ertragreichen Obst- und Weinanbaugebietes, aber auch ein touristischer Anziehungspunkt.

Hinweis

Da die Hauptstraße direkt auf den zentralen Platz mit Bushaltestelle und Parkmöglichkeiten zuführt, herrscht hier viel Verkehr. Weitere Parkplätze finden Sie in den Nebenstraßen.

Die meisten Besucher kommen nach Arnéa, um den Frauen des Ortes beim Spinnen und Weben der traditionellen Teppiche und Wandbehänge zuzuschauen. Wie sehr der Ort von der Herstellung und dem Verkauf dieser „Flokáti" lebt, lässt sich überall ablesen: auf den Hausdächern und Balkonen liegt die Schafswolle zum Trocknen aus, Frauen sitzen handarbeitend vor den Häusern und Geschäften, deren Regale mit den in schönen Farben und Mustern gefertigten Teppichen gefüllt sind. Die Preise für die Handarbeiten sind insgesamt angemessen.

Am Hauptplatz, der „Bazári" genannt wird, treffen sich die Männer des Ortes in den Kafenía und an der alten Platane, aus deren Stamm das Wasser aus einem Quellrohr in den Brunnen plätschert. Sehenswert sind aber auch die im traditionellen Stil gebauten Häuser aus dem 19. Jahrhundert, die an den einstigen Wohlstand des Ortes erinnern. Es sind zwei- oder dreigeschossige Häuser mit rotgedeckten Dächern, schmiedeeisernen Balkons und Erkern. Auffälliges Merkmal ist, dass die Obergeschosse immer die unteren überragen.

Die Haupterwerbszweige, die den Einwohnern damals einen solchen Wohlstand verschafften, dass sie solche Häuser bauen konnten, waren die Imkerei, die Holzverarbeitung und die Herstellung von Schafswollteppichen (Flokatis), von Webdecken und Wollkleidung.

traditionelle Architektur

In den letzten Jahren wurden EU-Mittel zur Restaurierung der alten Häuser, von denen drei besonders schön gerichtet sind, eingesetzt. Das **Katsángelos-Haus** aus dem Jahre 1855 steht oberhalb des Bazári und wird als **Folklore-Museum** und Ausstellungsraum genutzt; das **Mitsíou-Haus** wurde zu einem stilvollen Hotel mit einem Café im Obergeschoss umgebaut, während das **Varnáos-Haus** als Wohn- und Geschäftshaus dient. Vom Bazári führt die Straße zum zweiten Platz des Ortes, der Platía Chorostási, mit dem Wahrzeichen der Stadt, dem im Jahre 1889 gebauten Uhrenturm der Kirche Ágios Stéfanos, und der alten Schule von 1871.

Nach der Ortsbesichtigung sollten Sie die **Spezialitäten** des Ortes probieren. Dazu gehören der Honig von den Hängen des Holomondás-Gebirges, der mit Joghurt und Walnüssen serviert wird oder ein Honig- oder ein Ouzo-Eis!

Ein ausgeschilderter **Wanderweg** führt Sie vom Chorostási-Platz zur Kirche Agía Paraskeví, wo in einem Eichenwäldchen ein Spiel- und Rastplatz eingerichtet wurde.

Von Arnéa führt die Straße weiter nach **Paleochóri**. Von dort lohnt sich ein Ausflug zum kleinen beschaulichen Ort **Megáli Panagía** und der etwa 2 km außerhalb stehenden Kirche, die dem Ort den Namen gab. Die 1863 gebaute Panagía-Kirche, in der eine wundertätige Ikone aufbewahrt wurde, war eine sehr bekannte Wallfahrtskirche, die mit kostbaren Holzschnitzereien ausgeschmückt war.

Stágira Σταγιρα

Statue des Aristoteles

Die Hauptstraße führt weiter zum kleinen Städtchen **Stágira**, das den Anspruch erhebt, der Geburtsort von Aristoteles zu sein. In einem Park mit einem Kastell und Schatten spendenden Bäumen wurde eine hohe Statue des großen Philosophen und Naturwissenschaftlers aus weißem Marmor errichtet. Inzwischen weiß man, dass die antike Siedlung Stágira weiter östlich am Meer in der Nähe der heutigen Ortschaft Olimbiáda lag.

Folgt man weiter der Hauptstraße, geht die Fahrt über **Stratoníki** nach **Stratóni**, wo man die Ostküste der Chalkidikí erreicht. An der Küstenstraße, die von Stratóni nordwärts zur Hauptverbindungsstraße Thessaloníki - Kavála führt, liegt die Ortschaft **Olimbiada** (ⓘ s. S. 125), in deren Umgebung die antike Stadt Stagira entdeckt wurde.

INFO Informationen zu Aristoteles

Aristoteles wurde im Jahre 384 v. Chr. als Sohn eines Arztes, der später am königlichen Hof in Pella wirkte, geboren. Als er 18 Jahre alt war, verließ er seine makedonische Heimat, um in Athen das Studium an der Akademie Platons aufzunehmen. Dort lebte er 20 Jahre, wurde Platons größter geistiger Nachfolger und verließ die Akademie erst nach Platons Tod. Nach längerem Aufenthalt am Hofe des Tyrannen Hermias wurde er von König Philipp II. als Erzieher des jungen Prinzen Alexander nach Pella berufen.

Die Statue des Aristoteles

Als Philosoph, Naturwissenschaftler und Lehrer veröffentlichte er eine große Zahl von Schriften, die von der Vielfalt seines umfangreichen Wissens zeugen: aus Medizin, Astronomie, Zoologie und Botanik, ebenso aus den Bereichen Theologie, Musik, Dichtung und bildnerischer Kunst trug er seine Beobachtungen und Gedanken zusammen, systematisierte sie und schuf damit die Grundvoraussetzungen für unser abendländisches Denken.

Olimbiáda ist ein freundlicher kleiner Ferienort, der sich allmählich auf den zunehmenden Fremdenverkehr in den Sommermonaten mit Privatunterkünften, kleinen Hotels, Restaurants, Geschäften und Campingplätzen eingerichtet hat. Die Strände sind gut besucht, kleine Tavernen sorgen für Erfrischungsmöglichkeiten. Die antike Stadt wurde um 650 v. Chr. als Kolonie der Insel Ándros gegründet, gehörte zum Attischen Seebund und verbündete sich 424 v. Chr. mit Sparta gegen die Athener. 348 v. Chr. wurde die Stadt durch Philipp II. zerstört, der sie aber später wieder aufbauen ließ, um damit seine Achtung und Wertschätzung gegenüber Aristoteles zu zeigen. Aristoteles starb auf Euböa, wurde aber in Stagira bestattet. Die Archäologen legten bisher Teile der Stadtmauer, Häuserfundamente und Rundtürme aus der Heimatstadt des Aristoteles frei; die Arbeiten dauern zur Zeit noch an.

Von Olimbiáda führt die Straße nach Süden zurück nach Stratóni und weiter zum Fischer- und Bootsbauerdorf Ierissós.

Blick auf die Akropolis der antiken Stadt

Ierissós Ιερισσοσς (ⓘ s. S. 125)

Eine wichtige Erwerbsgrundlage für die Einwohner von Ierissós ist auch heute noch der Schiffsbau. Die Fischerboote und Kaikis werden in kleinen Werften nach überlieferter Tradition gefertigt, was bedeutet, dass die Schiffsbauer ausschließlich Holz für ihre Boote verwenden. Am Hafen, dessen Mole auf antiken Fundamenten gebaut ist, und entlang der Straße kann man den Handwerkern beim Bauen oder Ausbessern der Boote zusehen.

Schiffsbau

Besser als zum Schwimmen ist Ierissós für Surfer geeignet, die hier günstige Windverhältnisse vorfinden.

Die Geschichte des Ortes reicht bis ins 7. Jahrhundert v. Chr. zurück. Die antike Stadt Akanthos gehörte wegen ihrer reichen Bodenschätze und der guten Handelsbeziehungen zu den wichtigsten Städten der Chalkidikí. Nach der Zerstörung im Jahre 168 v. Chr. durch die Römer, blühte die Stadt in byzantinischer Zeit wieder auf und wurde zum Bischofssitz. Aus dieser Zeit stammen die Sehenswürdigkeiten des Ortes, die **Überreste der Burg** und einer byzantinischen Kirche und der 2 km westlich stehende **Turm Krouna**, der in einer Höhe von etwa 15 m gut erhalten ist und zur Befestigungsanlage gehörte. Ein Schild an der Durchgangsstraße weist auf die Überreste von „Ancient Akanthos" hin.

Am 3. Ostertag wird alljährlich der Toten der Befreiungskriege mit einer Zeremonie gedacht, bei der die Bewohner einen feierlichen, ernsten Schreittanz aufführen.

Von Ierissós führt die Straße weiter nach **Néa Róda** und Tripití zur Mönchsrepublik Áthos.

Die Halbinsel Ágion Óros Αγιον Ορος

Auf dem östlichen Finger der Halbinsel Chalkidikí lernen Sie die landschaftliche Vielfalt des Ágion Óros mit bis zu 2.000 m hoch aufragenden, dicht bewaldeten Berggipfeln, tiefen Schluchten, schroffen Felsen, grünen Tälern, kleinen Meeresbuchten und langen Stränden ebenso kennen wie eine üppige Vegetation mit Kastanienbäumen, Platanen, Olivenbäumen, Orchideen, Hibiskus und Oleander. Im nördlichen Teil der Halbinsel liegen die Ortschaften Tripití und Ouranoúpoli; hinter Ouranoúpoli verläuft die „Grenze" zur Mönchsrepublik Áthos, die von Frauen nicht überschritten werden darf.

Tripití Τριπιτι (ⓘ s. S. 125)

Tripití ist der kleine Hafen für die Boote und Fähren, die mehrmals täglich zur vorgelagerten Insel Amouliani hinüberfahren.

Historische Bedeutung hat der Ort, weil in der Nähe der heutigen Ortschaft die Soldaten des Perserkönigs **Xerxes** im Jahre 483 v. Chr. die Landenge durchstachen. Sie hoben einen **Kanal** aus, den die persische Flotte durchfahren konnte,

der Kanal von Tripití

um so die gefährliche Küste vor der Áthos-Halbinsel zu meiden, an der 10 Jahre zuvor ein großer Teil der Flotte gescheitert war. Der Kanal war ca. 2.900 m lang und so breit, dass zwei große Galeeren nebeneinander passieren konnten. Heute erinnert nur noch eine flache, quer über die Halbinsel verlaufende Bodensenke an den früheren Kanal.

Die Insel Amoulianí Αμουλιανι (ⓘ s. S. 125)

Amoulianí ist mit etwa 5 km Länge und 2 km Breite die größte der kleinen vorgelagerten Inseln und wird von rund tausend Menschen bewohnt. Die einzige Ortschaft der Insel wurde erst 1923 von Flüchtlingen gegründet; bis dahin war die Insel im Besitz der Mönche vom Berg Áthos, die hier Oliven und Wein anbauten.

Wilkommen auf der Insel Amouliani

Der Inselort ist durch eine asphaltierte Straße mit den schönsten Stränden verbunden; unbefestigte Wege, die für Wanderungen gut geeignet sind, führen durch Wiesen und duftende Macchia zu kleinen Buchten mit sauberem Wasser. Der beliebteste Strand ist Límni Alikí, der in nur 30 Gehminuten gut zu erreichen ist; am 800 m langen Sandstrand gibt es auch einen Campingplatz, eine Taverne und einen Kanu- und Tretbootverleih. Wer die Insel im Frühjahr oder Herbst bereist und Ruhe und Ursprünglichkeit genießt, kann sich den Rummel kaum vorstellen, der in den Sommermonaten auf Amoulianí herrscht, wenn griechische Familien ihre Sommerquartiere aufsuchen und ausländische Touristen die Hotels füllen.

Der Küstenabschnitt zwischen Tripití und Ouranoúpoli ist geprägt durch kilometerlange Sandstrände. Entlang der Küstenstraße werden viele Hotels gebaut.

Ouranoúpoli Ουρανουπολι (ⓘ s. S. 125)

Auf der Südseite der Landenge liegt der Ferienort **Ouranóupoli**, der letzte Ort vor der „Grenze" zur Mönchsrepublik Áthos, zu der nur Klosterbrüder und Männer mit spezieller Einreisegenehmigung Zutritt haben. Ouranoúpoli ist ein freundlicher Hafenort mit rund 600 Einwohnern, der geprägt ist durch die Nähe zur Mönchsrepublik. Im Alltag dreht sich alles um die Ankunft oder Abfahrt der Mönche und ihrer Besucher am Hafen; Reisebusse und Ausflugsboote bringen ihre Passagiere nach Ouranoúpoli, die von hier aus zu einer Bootsfahrt entlang der Áthos-Küste aufbrechen.

Bootsverbindung

Zweimal täglich (im Sommer um 10.30 und 13.30 Uhr) starten die Ausflugsboote zu ihrer Fahrt entlang der Áthos-Küste, die etwa 2 ½ Stunden dauert. Da für die Schiffe ein Mindestabstand von 500 m bis zur Küste vorgeschrieben ist, sollten Sie ein Fernglas und ein Teleobjektiv für die Kamera mitnehmen. Die Fahrkarten erhalten Sie bei der Athoniki Shipping Agency, Tel.: 23770-71149, und bei anderen Agenturen am Hafen.

Am Ortsstrand von Ouranoúpoli

Im Ort hat man sich mit etlichen Hotels, Restaurants, Fischtavernen, Cafés und Souvenirläden auf die Tagesausflügler eingestellt. Aber Ouranoúpoli ist auch für einen längeren Aufenthalt geeignet; im Süden und Osten der Ortschaft gibt es mehrere kleine Buchten mit feinem Kieselstrand, die zum Baden und Surfen gut geeignet sind, jedoch nur wenig Schatten bieten. Ouranoúpoli wurde 1922-23 von Flüchtlingen aus Kappadokien an der Stelle der alten hellenistischen Stadt gebaut, die im Jahre 315 v. Chr. von Aristarchos, dem Bruder des Kassandros, gegründet worden war.

Wahrzeichen des Ortes ist der große, fünfstöckige **Prosphorion- Turm**, der 1344 zum Schutz des Áthos-Klosters Vatopedion mit Schießscharten und hölzernen Balkonen errichtet wurde. Der Turm wurde im 19. Jahrhundert, wahrscheinlich durch ein Erdbeben, stark beschädigt; er wurde wieder aufgebaut und soll nun zu einem Museum umgebaut werden.

Die Mönchsrepublik Áthos Αθος (ⓘ s. S. 125)

Auf der dritten Landzunge der Chalkidikí liegt die autonome, orthodoxe Mönchsrepublik Áthos (Ágios Óros). Áthos, der östliche Finger der Chalkidikí ist aus kristallinen Schiefern und Marmorgestein aufgebaut und mit Wald und Macchia bewachsen. An der Südspitze der Landzunge erhebt sich der höchste Berg der Chalkidikí, der Berg **Óros Áthos** mit 2.033 m. Die Mönchsrepublik ist 336 km^2 groß; in den 20 Großklöstern leben zur Zeit noch etwa 2.000 Mönche.

Selbstverwaltung der Mönchsrepublik

Áthos wurde 1926 an Griechenland angeschlossen, erhielt aber eine eigene Verfassung und Verwaltung; diese Sonderstellung wurde in der griechischen Verfassung von 1975 erneut bestätigt. Die Selbstverwaltung der Mönchsrepublik wird durch Vertreter der 20 Klöster ausgeübt. Der Verwaltungssitz ist der Ort **Kariés**; das rechtliche und geistliche Oberhaupt ist der ökumenische Patriarch von Konstantinopel. Die Halbinsel wurde schon im 9. Jahrhundert von Einsiedlern bewohnt. Der aus Trapezunt stammende **Athanasios** gründete 963 im Südosten das erste Kloster **Móni Megístis Lávras** (Kloster Große Lawra), dem dann bald weitere Klostergründungen durch Georgier, Russen, Bulgaren und Serben folgten. Da die Halbinsel oft von Seeräubern heimgesucht wurde, wurden die Außenseiten der mehrstöckigen Klostergebäude häufig abweisend und uneinnehmbar wie Festungen gebaut.

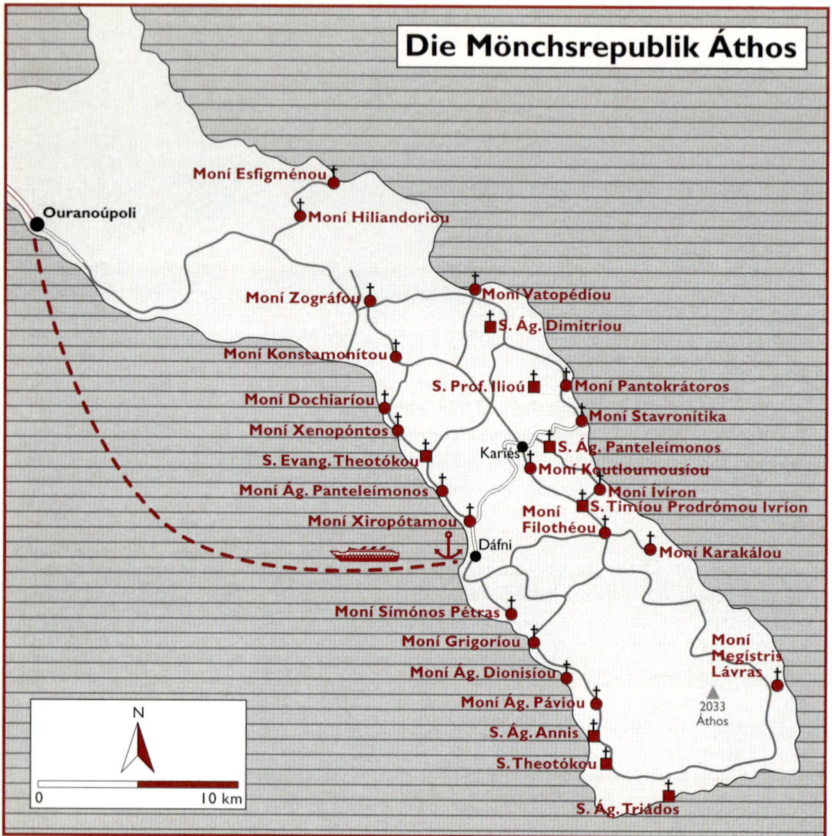

© igraphic

Zur Blütezeit, im 15./16. Jahrhundert, lebten in mehr als 40 Großklöstern rund 40.000 Mönche. Ihr Ansehen war sehr hoch; der Wohlstand ihrer Klöster mehrte sich durch Stiftungen und Sammlungen mit einzigartigen Kunstschätzen, zu denen byzantinische Ikonen, mittelalterliche Handschriften, Mosaike und Fresken gehörten.

Gegen Ende des 16. Jahrhunderts wurde die Zahl der Großklöster auf 20 beschränkt; diese Regelung gilt bis heute. Die Klöster stehen zueinander in einer bestimmten, wenn auch veränderbaren Rangfolge.

Eine grundsätzliche Unterscheidung ergibt sich daraus, dass:

- 11 Klöster die **koinovitischen Regeln** befolgen (d.h.: die Mönche führen ein gemeinsames Leben ohne privaten Besitz und leisten die Gelübde der Armut, des Zölibats und des Gehorsams),

• 9 Klöster die **idiorhythmischen Regeln** befolgen (d.h.: die Mönche leben mit geringem Privatbesitz innerhalb eines Klosters und versorgen sich selbst; sie leisten das Gelübde der Ehelosigkeit).

Die Bootsfahrt führt am russisch-orthodoxen Kloster Ágios Pandeleímonos vorbei

Daneben gibt es noch 14 dörfliche Wohngemeinschaften (die **Skitä**), in denen Mönche nach strengem Mönchsideal leben. Diese Skitä gehören jeweils zu einem Mutterkloster.

In 204 Zellen (**Kellia**) und weiteren Einsiedeleien leben noch Mönche und Eremiten; ihre Zahl steigt seit einigen Jahren wieder an.

Kloster Megístis Lávras: Das Kloster wurde 963 vom Heiligen Athanasios gegründet und ist damit das älteste und auch ranghöchste Kloster. Es wurde im 16. Jahrhundert mit eindrucksvollen Wandmalereien der kretischen Maler Theophanes und Katelanos ausgestaltet. Tel.: 23770-23313.

Kloster Filothéou: Das um 1015 gegründete Kloster liegt hoch über der Ostküste; sehenswert ist das Katholikon. Tel.: 237702-3256

Kloster Vatopédiou: Das große Kloster wurde um 972 an der Ostküste gebaut und zieht viele Besucher an. Sehenswert sind die Klosterkirche mit Mosaiken aus dem 11./12. Jahrhundert und Fresken aus dem 14. Jahrhundert, das große Refektorium und die Klosterbibliothek. Tel.: 23770-23219

Kloster Simónos Pétras: Das Kloster steht mit seinen sieben Stockwerken hoch aufragend an der Westküste. Es wurde um 1350 gebaut, durch einen Brand stark beschädigt und wieder aufgebaut. Tel.: 23770-23254

Kloster Iviron: Das 976 gegründete, schön an der Ostküste gelegene Kloster wird wegen seiner Nähe zu Kariés gerne besucht. In der Kapelle sind interessante Fresken aus dem 17. Jahrhundert zu sehen, die Bibliothek ist reich an alten Büchern, Handschriften und Urkunden. Tel.: 23770-23203

Kloster Ágiou Pávlou: Das im 8.–10. Jahrhundert erbaute Kloster besitzt eine große Bibliothek mit über 12.000 Büchern und Handschriften. Tel.: 23770-23355.

Kloster Hiliandoriou: Das 1197 gegründete serbisch-orthodoxe Kloster liegt im Landesinneren und besitzt eine kostbare Ikonensammlung. Tel.: 23770- 23281

Kloster Stavronítika: Das schon im 10. Jahrhundert gegründete Kloster beeindruckt durch die schöne Lage direkt über dem Meer. Hier lebte und arbeitete der kretische Maler Theophanes. Tel.: 23770-23255.

Kloster Dionisíou: Festungsähnliches Kloster, das 1374 auf einem Felsen direkt am Meer gebaut wurde; Klosterkirche und Refektorium sind mit Fresken im kretischen Stil aus den Jahren 1546/47 ausgestaltet. Das Kloster besitzt eine reichhaltige Bibliothek. Tel.: 23770-23272.

Kloster Xenopóntos: Das um 1083 gegründete Kloster wurde aufwändig restauriert und beeindruckt durch die große Klosterkirche mit kostbaren Fresken. Tel.: 23770-23249

Kloster Koutloumousíou: Das Kloster wurde um 1150 gegründet und ist mit Wandmalereien aus dem 16. Jahrhundert ausgestaltet. Tel.: 23770-23226.

Kloster Óssios Grigóriou: Das Kloster an der Westküste entstand um 1345; es ist dem Heiligen Nikolaus geweiht. Tel.: 23770-23218.

Kloster Pantokrátoros: Das Kloster an der Ostküste wurde 1357 gegründet; zu seinem Besitz gehören eine Handschriftensammlung und eine Ikone der Pangía Tel.: 23770-23253.

Kloster Esfigménou: Um 1016 an der Ostküste gegründetes Kloster mit schönen Wandmalereien in der Klosterkirche. Tel.: 23770-23282.

Kloster Xiropótamou: Das Kloster, das 965 gegründet wurde, liegt an der Straße von Dáfni nach Kariés. Tel.: 23770-23251.

Kloster Panteleímonos: Das russisch-orthodoxe Kloster wurde um 1030 an der Westküste gegründet; es liegt nur etwa 1 Wegstunde von Dáfni entfernt. Sehenswert ist der Goldaltar mit der Ikone des Heiligen Panteleímonos. Tel.: 23770-23252.

Kloster Zográfou: Das im 9. Jahrhundert gegründete bulgarisch-orthodoxe Kloster liegt im Inneren der Halbinsel; die mehrstöckige Klosteranlage stammt größtenteils aus dem 19. Jahrhundert. Tel.: 23770-23247.

Kloster Dochiaríou: Das Kloster wurde um 950 gegründet; sehenswert sind die Fresken in der Klosterkirche und der Klosterschatz. Tel.: 23770-23245.

Kloster Konstamonítou: Das im 11. Jahrhundert gegründete Kloster liegt im Inneren der Halbinsel; die heute benutzten Gebäude stammen aus dem 19. und 20. Jahrhundert. Tel.: 23770-23278.

Kloster Karakálou: Die kleine Klosteranlage wurde im 11. Jahrhundert gegründet; die Klosterkirche wurde im 18. Jahrhundert mit Wandmalereien ausgestaltet. Tel.: 23770-23225.

Hinweis
Bzgl. der Einreiseformalitäten lesen Sie bitte in den Gelben Seiten (S. 125ff).

Ostmakedonien und Thrakien

Von Thessaloniki über Sérres nach Kavála

Es gibt zwei große Straßenverbindungen zwischen Thessaloníki und Kavála:
- die nördliche, durchs Bergland führende Straße Thessaloníki - Lachanás - Sérres - Dráma - Kavála (183 km)
- und die an der Seensenke Makedoniens entlang führende Straße Thessaloníki - Langadíkia - Rendína - Amfípoli - Kavála (165 km).

Die Anfahrtsstrecke über Sérres und Dráma nach Kavála

Entfernung
ca. 183 km

Wegstrecke
Sie verlassen Thessaloníki auf der Langádas-Straße in Richtung Kavála. Die im weiteren Verlauf ansteigende, sehr kurvenreiche Straße, die abschnittsweise begradigt wird, führt über Lachanás und senkt sich dann zum breiten Tal des Strimónas-Flusses.

Der **Strimónas** entspringt in den bulgarischen Bergen und durchfließt in Griechenland eine breite und fruchtbare Ebene, die auf beiden Seiten von über 1.000 m hohen Bergketten eingeschlossen wird. Wo der Fluss in den Strymonischen Golf mündet, verlief in früherer Zeit die Grenze zwischen Makedonien und Thrakien.

Die Straße durchquert das Strimónas-Tal und erreicht nach ca. 72 km Sérres, ein wichtiges Handels- und Wirtschaftszentrum dieser Region.

Sérres Σερρες (ⓘ s. S. 125)

Geschichte der Stadt

Sérres, das antike Sira, war schon zur Zeit Herodots Distrikthauptstadt mit strategischer Bedeutung. In ihrer wechselvollen Geschichte geriet die Stadt in den Besitz von Byzantinern, Bulgaren und Türken; die letzteren eroberten die Stadt 1368 und hielten sie bis 1913 besetzt. Nach der Zerstörung durch die Bulgaren wurde sie am 10. August 1913 Griechenland zuerkannt. Heute ist Sérres eine lebhafte Stadt mit breiten Straßen und schönen Parkanlagen, in der etwa 40.000 Menschen leben.

Vom modernen Stadtbild hebt sich das ehemalige **Türkenviertel** mit seinen Moscheen malerisch ab. Ein alter Basar dient als **Museum**, in dem Funde aus griechischer und römischer Zeit ausgestellt sind.

Im Mittelpunkt der Stadt liegt die **Metropolitenkirche** (Ágii Theodóri); es ist eine dreischiffige Basilika, die in der ersten Hälfte des 12. Jahrhunderts errichtet wurde. Die Fresken, die aus dem 14. Jahrhundert stammen, wurden bei einem Brand im Jahre 1849 stark beschädigt.

Überragt wird die Stadt von den Ruinen einer byzantinischen Festung aus dem 14. Jahrhundert, die an der Stelle der alten Akropolis liegt.

Von Sérres führt die Straße über Néa Zíchni (Abzweigung nach Amfípoli) und Alistráti nach Dráma und bietet sehr schöne Ausblicke auf die Strimónas-Ebene und die sie umschließenden Berge.

Dráma Δραμα (ⓘ s. S. 125)

Zentrum des Tabakanbaus

Dráma ist mit 30.000 Einwohnern eine moderne Stadt mit hübschen Parkanlagen und ein wichtiges Zentrum des griechischen Tabakanbaus. So wird die Ebene von Dráma auch die „Goldene Ebene" genannt und der Tabak als das Gold von Dráma bezeichnet.

1999 wurde ein neues archäologisches und historisches Museum eröffnet mit einer Sammlung von Exponaten, die die Zeit von der mittleren Altsteinzeit (ca. 5000 v. Chr.) bis zu den Balkankriegen von 1912/13 umfasst.

In der Nähe von Dráma, zwischen den Dörfern Choristís und Kallífitos, wurde ein antiker Marmorbruch entdeckt, der bis in die römische Zeit betrieben worden war. Der weißgraue Marmor war von sehr guter Qualität und wurde zum Bau von öffentlichen und privaten Häusern verwendet.

Ab Dráma führt die Straße über **Doxáto**, wo sich ein Nonnenkloster befindet, und Philippi (s. Kapitel 6: Ostmakedonien und Thrakien – Sehenswertes in der Umgebung von Kavála, S. 332) nach Kavála.

Ausflug

Von Dráma aus kann man auf guter Straße durch eine sehr reizvolle und abwechslungsreiche Landschaft nach Xánthi fahren (94 km): Sie sehen weite Getreide- und Tabakfelder, mit Macchia oder dichten Laubwäldern bedeckte Berghänge, darinnen wie Farbtupfer bunte, hölzerne Bienenkästen, Flussläufe mit schönen, alten Steinbrücken, Ziegenherden, Kühe mit bunten Almglocken und schwer beladene Esel.

An dieser Strecke liegt der kleine Ort **Stavroúpolis**, wo 1935 ein gewölbtes Marmorgrab mit goldenen Grabbeigaben aus dem 2. Jahrhundert v. Chr. ausgegraben wurde. Ungewöhnlich sind die direkt auf den Marmor aufgetragenen Malereien. Diese Technik wurde in Makedonien sonst nicht angewandt.

Oberhalb von Stavroúpolis haben Sie einen herrlichen Blick auf den Néstos-Fluss, der die Grenze zwischen Makedonien und Thrakien bildet.

INFO Informationen über griechischen Tabak

Der Tabakanbau gehört zu den traditionellen Erwerbsquellen Nordgriechenlands. Ursprünglich wurde der Anbau der klassischen Orienttabakpflanzen bevorzugt, dann stellte man sich jedoch zunehmend auf die leichteren Virginia- und Berley-Tabake um, da die internationale Nachfrage sich verstärkt auf diese Sorten richtete.

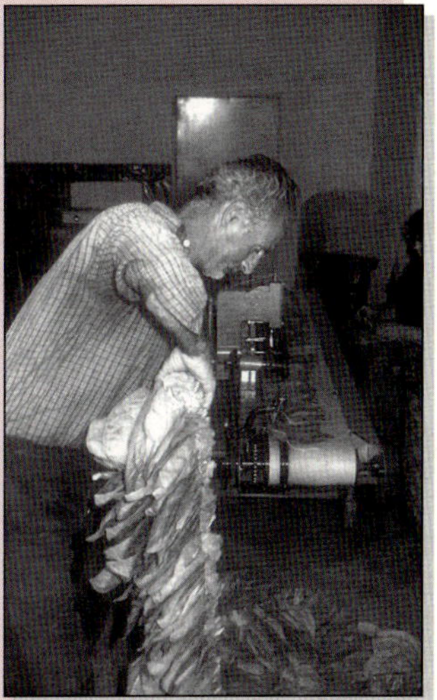

Die Tabakblätter werden zu einer Kette zusammengenäht

Tabakanbau und -ernte

Der sehr kleine Tabaksamen wird im März gesät; die jungen Pflanzen werden dann im Mai aufs Feld gebracht. Wärme und Feuchtigkeit sind Voraussetzungen für das Gedeihen; gelegentlich ist es deshalb nötig, die Felder mit leichten Netzen gegen Sonne und Austrocknung zu schützen. Die Tabakblätter werden im Juni/Juli stufenweise von unten nach oben geerntet. Die Bauern tragen die frisch gepflückten Blätter in Kiepen in die Häuser, wo die Frauen sie sortieren, sie mit einer Nähnadel oder einer Art Nähmaschine aneinander nähen und in Ringen aufeinander legen. Diese Ringe werden zum Trocknen ca. 15 Tage auf den Hausdächern ausgelegt und bis Oktober/Dezember weiter getrocknet.

Die Bauern, die sich heute oftmals in Genossenschaften zusammenschließen, beliefern die Betriebe in den umliegenden kleinen Landstädten, wo der Tabak weiterverarbeitet wird. In Griechenland wird auf über 100.000 Hektar Land Tabak angebaut; das macht einen Ertrag von mehr als 120.000 t Rohtabak aus. Von den Einnahmen aus Tabakanbau und -verarbeitung leben heute mehr als 650.000 Menschen.

Im europäischen Vergleich gehören die Griechen zu den starken Rauchern: statistisch rauchen 30 % der Europäer, aber in Griechenland sind es 49 % der Männer und 29 % der Frauen! Zwar gilt inzwischen in öffentlichen Gebäuden generelles Rauchverbot, aber dieses findet nur wenig Beachtung.

Von Thessaloniki über Amfípoli nach Kavála

Entfernung

ca. 170 km

1. Streckenalternative:

Von Thessaloníki führt die Hauptstraße am Südufer des Korónia-Sees und des Vólvi-Sees entlang über Langadíkia nach Réndina und von dort nach Kavála. Da diese Straße eine wichtige Straßenverbindung zur Türkei ist, ist der Verkehr entsprechend stark und wird vor allem durch LKW häufig behindert.

An dieser Strecke liegen die kleinen Heilbäder **Loutrá Vólvis** *mit Thermalquellen und* **Loutrá Apollonías** *mit schwefelhaltigen Quellen. Bei Apollonía wurden im Jahre 2000 Überreste der antiken Stadt und ihrer Befestigungen entdeckt; zu den Funden gehörten außerdem Goldmünzen aus der Zeit Alexander des Großen und Gräber mit goldenen Grabbeigaben.*

2. Streckenalternative

Schöner und interessanter ist die Fahrt am Nordufer der beiden Seen entlang.

Wegstrecke

Sie verlassen Thessaloníki auf der Langadás-Straße und folgen der Ausschilderung „Rendina". Sie erreichen Langadás und können von dort auf gut ausgebauter Straße durch ein landschaftlich reizvolles Gebiet am Nordufer des Korónia-Sees und des Vólvi-Sees entlang bis zum Strimonischen Golf fahren. Nach ca. 75 km stoßen Sie bei Rendína auf die Hauptstraße, die von Thessaloníki nach Kavála führt

Langadás Λαγγαδας

Nach etwa 12 km können Sie einen Abstecher zum kleinen Thermalbad Langadás mit seinen alkalischen Quellen machen.

Das Klappern der Störche erfüllt die Luft

Langadás ist ein geschäftiger Ort mit 7.000 Einwohnern, der vor allem durch die vielen Storchennester gefällt, die sich auf Hausdächern, Leitungsmasten und Bäumen befinden. Man kann die Störche beim Flug oder beim Füttern der Jungen ganz aus der Nähe beobachten. Ihr Klappern bei der Begrüßung oder Abwehr von Artgenossen erfüllt die Luft.

Feste

Wenn Sie im Mai nach Langadás kommen, können Sie den rituellen Feuertänzen zuschauen, die alljährlich am 21. Mai zu Ehren der Helena und des Heiligen Konstantin stattfinden. Am Vormittag des Festtages wird ein geschmückter Stier auf den Dorfplatz geführt, wo die rituellen Tänze stattfinden. Am Nachmittag wird ein großes Feuer angezündet; die Bevölkerung wartet auf die Feuertänzer (die

Anasteriden), die, heilige Ikonen mit sich tragend, in ekstatischem Zustand zum Trommelrhythmus über der verlöschenden Glut tanzen, ohne dabei verletzt zu werden. Dieser Brauch geht der Überlieferung nach bis ins 13. Jahrhundert zurück: In dem abgelegenen thrakischen Dorf Kósti geriet die kleine Kapelle des Heiligen Konstantinos in Brand; als auch die Ikonen von den Flammen verzehrt zu werden drohten, „stöhnten" (anastenazo) diese so laut auf, dass sich einige der Dorfbewohner ins flammende Feuer stürzten, um die Ikonen zu retten. Wunderbarerweise gelang die Rettung, ohne dass die Bauern verletzt wurden. Die Ikonen blieben im Besitz der Familien und wurden weiter vererbt. Als das Gebiet 1914 an Bulgarien fiel, flohen die Familien mit ihren Heiligenbildern u.a. nach Langadás, wo diese seitdem aufbewahrt werden. Der eigentliche Ursprung des Festes mag jedoch in dem noch weiter zurückliegenden vorchristlichen Dionysos-Kult zu suchen sein.

Sie fahren nun am Nordufer des Korónia-Sees entlang. Der See ist 14,5 km lang, 5 km breit und an keiner Stelle mehr als 6 m tief und wird im Norden von der Bergkette des Vólvis begrenzt. Das dichte Uferschilf bietet Lebensraum für viele Vogel- und Insektenarten, ein kleines Paradies auch für Vogelkundler und Naturfreunde.

Der Schäfer treibt seine Herde am „Reiherbaum" vorbei

Ausflug ins Schutzgebiet der Störche und Graureiher

Folgt man weiter der Hauptstraße am See entlang, lohnt sich ein Abstecher nach Skolári. Hinter Evangelismós biegt eine kleine Straße rechts ab nach **Skolári**. In der Nähe des Dorfes sieht man riesige, sehr alte Bäume mit tief herabhängenden Zweigen, grau besprenkelt vom Kot der zahlreichen Reiher, die sich das Geäst zum Wohnsitz gewählt haben. Es ist eindrucksvoll, wenn sich aus dem Baum Scharen von Reihern lösen und am Himmel ihre Kreise ziehen, um sich dann nach einiger Zeit wieder niederzulassen. Die Reiher stehen unter Naturschutz. Sie halten sich in dieser Gegend von Februar/März bis September auf. Bei Néa Skolári ist ein Sommerrückzugsgebiet der Störche als **Naturschutzgebiet** ausgewiesen; in diesem eingezäunten Areal bieten sich vom Aussichtsplatz gute Möglichkeiten zur Vogelbeobachtung.

Die "Nymphensteine"

Kehrt man zur Hauptstraße zurück, sieht man zwischen der Abzweigung nach Profítis und **Nimfópetra** verwitterte Steinformationen, deren Spitzen mehrere Meter aus dem Feld emporragen.

Zwei weitere „Nymphensteine" sehen Sie auf dem Dorfplatz von Nimfópetra. Zwischen Megáli Vólvi und Mikrí Vólvi gibt es einige gute Bademöglichkeiten; in Mikrí Vólvi lädt eine nette Taverne direkt am See zu einer Fahrtunterbrechung ein.

Ausflug

Kurz vor Réndina zweigt eine Straße ins Binnenland zum Dorf ***Aréthousa*** *ab, das in der Antike bekannt war als der Ort, wo der aus Athen verbannte Dichter Euripides den Tod fand. In römischer Zeit gab es in Aréthousa sogar eine Poststation, wo die Reisenden ausstiegen, um das „Grab des Euripides" zu besuchen. Außerdem soll Aristoteles auf einem Hügel der Stadt eine Schule nach dem Vorbild der platonischen Akademie gegründet und Alexander der Große als Jüngling in einer der heißen Quellen gebadet haben. Der heutige Ort bietet kaum noch antike Überreste; der Abstecher lohnt sich nur, wenn genügend Zeit zur Verfügung steht und Sie gerne einmal den Einheimischen bei der Ernte und Verarbeitung von Tabakblättern zuschauen möchten.*

Tabakanbau und -verarbeitung

Rendína, wo die beiden beschriebenen Uferstraßen zusammenstoßen, liegt am Ostende des Vólvi-Sees; durch den Abfluss der beiden Seen in den Strimonischen Golf bildet sich ein Engtal. Diese „makedonischen Thermopylen" durchquert die Straße. Im Mittelalter wurde der Eingang des Engpasses von einer Burg bewacht, deren Überreste auf dem Berghügel, rechts von der Straße, noch erkennbar sind.

Stavrós Σταυρος (ⓘ s. S. 125)

Hinter Rendína, bevor die Straße den Strimonischen Golf erreicht, biegt nach etwa 4 km eine Straße rechts nach Stavrós ab. Der lang gezogene Ort hat sich zu einem typischen Ferienort mit vielen Restaurants und Geschäften und lebhaftem Verkehr entwickelt. Ganz hübsch ist der kleine Fischerhafen, wo sich die Männer zum Angeln einfinden; Ruhe und Schatten gibt es im Park, wo Picknicktische unter alten Platanen stehen. In Ortsnähe liegt ein schöner, sanft abfallender grauer Sandstrand mit Schatten spendenden Bäumen, der in den Sommermonaten aber stark besucht ist. Außerhalb des Dorfes finden Sie helle Sandstrände mit sauberem Wasser, die jedoch völlig schattenlos und im Sommer viel besucht sind. Zum höher gelegenen Ortsteil von Stavrós führt eine Straße.

Die Hauptstraße führt weiter nach **Asproválta** (ⓘ s. S. 125) an den Strimonischen Golf, wo die Vorberge des Kerdílio-Gebirges nahe ans Meer heranrücken.

Dieser Küstenabschnitt mit langen Kies- und Sandstränden entwickelte sich in den letzten Jahren zu einem beliebten, viel besuchten Feriengebiet mit Hotels, Campingplätzen und einem großen Angebot an Privatzimmern. An der Durchfahrtsstraße reihen sich zahllose Geschäfte, Restaurants, Cafébars und Diskotheken aneinander, in den Sommermonaten kann es im Bereich der Hauptstraße drangvoll eng werden.

Folgt man weiter der Straße nach Kavála, trifft man hinter **Néa Kerdília** auf den Fluss Strimónas.

Der Löwe von Amfípolis Αμφιπολις

Wenn Sie den berühmten steinernen Löwen von Amfípolis anschauen möchten, müssen Sie gleich hinter Néa Kerdília nach links auf die alte Straße abbiegen. Sie sehen dann auf der linken Seite den mächtigen, steinernen Löwen von Amfípolis, der die Brücke über den Strimónas bewacht. Er steht auf einem großen Sockel aus antiken Steinen. Der Löwe, dessen Bruchstücke weit verstreut lagen und teilweise aus dem Fluss geborgen werden mussten, wurde in den Jahren 1936–37 wieder zusammengesetzt. Er war im 4. Jahrhundert v. Chr. ursprünglich zu Ehren des Laomedon von Mytilene errichtet worden, einem Seeoffizier Alexander des Großen.

Der Löwe von Amfípolis

Hinweis

Sehr empfehlenswert ist ein Besuch des neuen Archäologischen Museums, das sehr anschaulich über die antike Stadt Amfípolis informiert.
Fahren Sie dazu vom Löwen aus weiter über die alte Brücke und biegen Sie an der nächsten großen Straßenkreuzung nach links ab zum Museum. Auch von der neuen Autostraße ist das ca. 3 km entfernte Museum direkt ausgeschildert. Von dort können Sie dann auf derselben Straße zum Ausgrabungsgelände oberhalb des Ortes weiterfahren.

Archäologisches Museum Amfípolis

In dem neuen Museumsgebäude sind Funde aus Amfípolis und der näheren Umgebung ausgestellt. Sehr gut gestaltete Schautafeln informieren in griechischer und englischer Sprache über das Leben in der antiken Stadt, über Begräbnisformen und siedlungsgeschichtliche Aspekte von der Steinzeit bis zur Gegenwart. Eine Sonderausstellung ist Philipp II. von Makedonien gewidmet. *Öffnungszeiten des Museums: täglich 8–14.30 Uhr, Mo geschlossen.*

Die antike Stadt Amfípolis (ⓘ s. S. 125)

Das weitläufige Gelände der antiken Stadt Amfípolis wird seit 1956 ausgegraben; Teile der Stadtmauer und der Tore, Häuserreste und ein Heiligtum vermitteln einen Eindruck von der einstigen Größe und Bedeutung dieser Stadt. Ihr ursprünglicher Name war Ennea Hodoi (das bedeutet Neun-Wege), weil an dieser Stelle neun wichtige Handelsstraßen zusammentrafen. Die Stadt war wegen ihrer reichen Bodenschätze zu wirtschaftlicher Bedeutung gelangt und wurde deshalb in den Konflikt zwischen Athen und Sparta einbezogen. Nach den Spartanern eroberte Philipp II. von Makedonien die Stadt und erbeutete damit auch die wichtigen Gold- und Silberminen des nahe gelegenen Pangaíon-Gebirges.

Die schnellste Verbindung für die Weiterfahrt nach Kavála ist die gut ausgebaute Straße, die an der Küste entlang und zu den dort gelegenen Ferienorten und nach Kavála führt. Von der Küstenstraße sieht man die kilometerlangen Sandstrände, die auch im Hochsommer noch nicht überlaufen sind.

Néa Péramos Νεα Περαμος (ⓘ s. S. 125)

Néa Péramos liegt in einer großen, im Südwesten durch eine Landzunge begrenzten Bucht, an deren höchster Stelle die Überreste einer byzantinischen Befestigungsanlage zu sehen sind. Im Ort finden Sie ausreichend Übernachtungsmöglichkeiten, Tavernen und Geschäfte. Im Sommer verkehrt eine Autofähre 2–3 x täglich zur Insel Thássos. Die Fahrzeit beträgt etwa eine Stunde. Genauere Informationen erhalten Sie bei der Hafenpolizei; der Weg zur Abfahrtsstelle ist ausgeschildert.

Néa Iraklítsa Νεα Ιρακλιτσα (ⓘ s. S. 125)

liegt in einem Weinanbaugebiet und ist ein hübscher Ort mit gemütlicher Atmosphäre. In den Sommermonaten herrscht am langen Sandstrand und an der Strandpromenade mit vielen Restaurants, Bars und Freiluftdiskotheken jedoch ziemlicher Rummel.

schöne Sandstrände

Zwischen Néa Iraklítsa und Palió zieht sich eine herrliche Bucht mit feinem Sandstrand hin.

Auch **Palió**, wo es ebenfalls viele mittlere Hotels und Privatquartiere gibt, hat einen ca. 2 km langen Sandstrand. Hinter der Ortschaft beginnen schon die Außenbezirke Kaválas mit schönen Strandabschnitten.

Die **Alternativstrecke** von Amfípoli nach Kavála führt durch das gebirgige Binnenland, an den Hängen **des Pangaíon** vorbei, nach Kavála

Kavála Καβαλα (ⓘ s. S. 125)

Kavála ist mit knapp 62.000 Einwohnern die zweitgrößte Stadt Makedoniens und ein wichtiges Handels- und Wirtschaftszentrum in Ostmakedonien. Die Stadt liegt sehr schön in einer tiefen Bucht und zieht sich amphitheatralisch an den Hängen des Símvolo-Berges hinauf. Dem Ankommenden zeigt Kavála ein freundliches, farbenfrohes Bild: die Häuser, die sich am Berg ausbreiten, leuchten in vielen Farben; durch die Straßen fahren auffällig orangefarbene Taxis, und im Hafen sind noch immer die braunen und grünen Fischernetze vor den bunten Fischerbooten zum Flicken ausgebreitet.

Blick auf die Altstadt und den Aquädukt

Mittelpunkt der Stadt ist der große Hafen mit der neuen Promenade und der Marina, wo auch die Fährschiffe anlegen. Nach Westen dehnt sich die moderne Stadt aus mit breiten Autostraßen, großen Plätzen, vielen Hochhäusern und Geschäften, im Osten liegt auf einem Felsvorsprung die malerische Altstadt mit ihren noch in türkischer Zeit gebauten niedrigen Häusern, kleinen Vorgärten und engen, gepflasterten Gassen. Über der Stadt erhebt sich die große byzantinische Festung. Kennzeichen der Stadt ist der noch gut erhaltene Aquädukt, der sich durch die Innenstadt zieht.

Redaktions-Tipps

- Stadtrundgang durch die **Altstadt** (S. 327)
- Baden an einem der langen **Sandstrände** in der Umgebung (S. 331)
- Fahrt zu den **Ausgrabungen von Philippi** (S. 332)
- Ausflug nach **Thássos** (S. 341)

Geschichte der Stadt

Die Stadt Kavála geht auf die antike Siedlung Neapolis zurück, die im 7. Jahrhundert v. Chr. als Kolonie von Thássos gegründet worden war. Der Name der Stadt ist mit bedeutenden historischen Ereignissen verbunden, z. B.:

- mit der Schlacht von Philippi (s. S. 333), als die Flotte der römischen Feldherren Brutus und Cassius im Hafen von Kavála lag;
- mit dem Besuch des Apostels Paulus, der hier zum ersten Mal auf europäischem Boden predigte;
- mit dem Besuch des Evangelisten Lukas, als man der neuen christlichen Religion zu Ehren der Stadt Neapolis den Namen Christopolis gab.

In byzantinischer Zeit entstand die starke Festung, die Ausdruck der zunehmenden Bedeutung der Stadt war und deren Reste heute noch zu sehen sind. Die Stadt wurde von den Normannen niedergebrannt und dann, nach einer Zeit der venezianischen Besetzung, 1380 von den Türken erobert und bis 1912 beherrscht. Während der Türkenzeit war der Ort eine wichtige Station zum Pferdewechsel auf der in Ost-West-Richtung verlaufenden Handelsstraße. Aus dieser Zeit soll der moderne Name Kavála stammen. Im 19. Jahrhundert war Kavála ein wichtiges Zentrum des Tabakanbaus und Tabakhandels; wohlhabende Kaufleute ließen sich in der Stadt nieder; in den neuen Fabriken fanden viele Menschen Arbeit. Seit 1913 gehört Kavála zu Griechenland, zu dessen schönsten Städten der Ort gerechnet wird.

schönes Stadtbild

Sehenswertes in Kavála

Die Sehenswürdigkeiten der Alt- und Neustadt kann man am besten auf einem etwa zweistündigen Stadtrundgang kennen lernen:

Das Zentrum der modernen Stadt ist der „Platz der Freiheit“, die **Platía Eleftherías (1)**, nur wenige Meter vom Hafen entfernt. In der Umgebung des Platzes finden Sie Banken, Taxistände, Hotels, Restaurants und Geschäfte. Ausgangspunkt des Stadtrundgangs ist der große **Hafen (2)**, der durch zwei lange Molen begrenzt wird; innerhalb des großen Hafens liegt der innere Hafen, ein kleines, künstliches Becken. Auf den beiden einander gegenüber liegenden Einfahrtsseiten sind die Schiffsanlegestellen: im Westen die Anlegeplätze der Fährschiffe zur Insel Thássos; im Osten sieht man die Anlegestellen der Linienschiffe, der Marine- und

Kavála
Thessalonikis
Ypsilandou
Nikis
Dangli
Omonias
Ptolemeou
Iordanou
Filota
Komninon
Philippou
Kiprou
Venizelou
Averof
Erithrou Stavrou
Pl. 28is Oktovríou
nach Philipi, Thessaloníki
Dangli
Chrysostomou
Vasileos Pavlou
Thássos (ca. 2 Std.)
Agäische Inseln
Hafenkai
MOLE
1 Platía Eleftherías
2 Hafen
3 Hafenpromenade
4 Aquädukt
5 Imaret
6 Panagía-Kirche
7 Das Geburtshaus von Muhammed Ali
8 Leuchtturm
9 Kastell
10 Dimotikí Kapnothíki
11 Rathaus
12 Kloster Lazaristón
13 Städtisches Museum
14 Archäologisches Museum
15 Städtisches Schwimmbad

Polizeiboote. Beherrscht wird das Hafenbild von den vielen bunt gestrichenen Fischerbooten und den Fischern, die hier noch immer ihre braunen und grünen Netze ausbreiten und flicken, sowie den Händlern, die gleich am Hafen lautstark den frisch gefangenen Fisch anpreisen, auswiegen und verkaufen.

Entlang der neu gestalteten **Hafenpromenade (3)** findet man zahlreiche Restaurants, Cafés und Tavernen und das Schwimmbad der Stadt.

türkischer Aquädukt

Östlich vom Hafen führt die Odós Koundouriótou zum Wahrzeichen der Stadt, dem „**Kamares**". Der türkische **Aquädukt (4)** ist ein doppelgeschossiges Bauwerk, das in der Mitte des 16. Jahrhunderts auf Befehl des türkischen Herrschers Suleiman nach römischem Vorbild errichtet wurde. Es versorgte Kavála und die Zitadelle mit Wasser. Es ist ein 15 m hoher, wuchtig wirkender Bau mit zwei Bogenreihen. In der oberen Reihe wechseln jeweils zwei kleinere aufeinander gesetzte Bögen mit den Hauptbögen ab. Der Aquädukt trennt heute die Neustadt von der Altstadt ab, durch die der weitere Rundgang führt.

Folgen Sie an der Odós Koundouriótou nach rechts hügelaufwärts den braunen Hinweisschildern „Castle – Akropolis" und „Panagia – Old Town". Folgen Sie an der nächsten Kreuzung zunächst *türkisches Viertel*

dem Schild „Mehmet Alis House“. Unterhalb des Kastells breitet sich am Berghang das alte **türkische Panagía-Viertel** mit kopfsteingepflasterten Gassen, Treppenwegen, verfallenden, teilweise auch restaurierten Häusern im türkischen Stil aus. Sehenswert sind in diesem Viertel das Imaret und das Geburtshaus des Mehmet (oder Muhammed) Ali, der von 1769–1849 lebte und der Begründer der letzten ägyptischen Dynastie war.

Das **Imaret (5)** ist ein alter Gebäudekomplex aus dem 19. Jahrhundert, der von Muhammed Ali gestiftet wurde und zunächst als theologisches Seminar, dann als Armen- oder Altenhaus diente. Das Imaret besteht aus mehreren, durch Höfe und Terrassen miteinander verbundenen Gebäuden und weist sich schon durch seine Kuppeln als türkisches Bauwerk aus. Im Inneren ist heute ein ansprechendes Café eingerichtet.

Wenn Sie der Odós Poulídou folgen, die gegenüber dem Imaret allmählich bergan führt, kommen Sie am südlichen Ende des Kastell-Hügels zur Platía des Panagía-Viertels mit der **Panagía-Kirche (6)**, die im Inneren ganz mit Wandmalereien ausgestaltet ist. Auf dem Platz steht vor seinem Geburtshaus die **bronzene Reiterstatue des Muhammed Ali**.

Das **Geburtshaus von Muhammed Ali (7)** **(Museum)** veranschaulicht die Lebensweise seiner Bewohner. Es gliedert sich in einen von Männern und einen von Frauen bewohnten Teil. Im Obergeschoss befanden sich neben den Baderäumen die Haremsräume mit ihren Liegestätten, dem Kamin und den holzgeschnitzten Fenstervorbauten, die den Männern den Einblick verwehrten. Den anderen, abgetrennten Teil des Hauses bewohnte Muhammed Ali. Die Räume waren ähnlich gestaltet, jedoch zum Meer hin ausgerichtet. Das Arbeitszimmer Alis war mit einem zweiten Raum verbunden, in dem sich seine bewaffneten Leibwächter aufhielten. Im Arbeitszimmer sind Fotografien seiner Nachfolger auf dem ägyptischen Thron ausgestellt. *Öffnungszeiten: täglich 8–20 Uhr.*

Die Reiterstatue des Muhammed Ali

Sie können der Straße weiter bis zum kleinen **Leuchtturm (8)** folgen, wo sich Ihnen ein schöner Blick auf das Meer und die moderne Stadt bietet. Gehen Sie dann zurück bis zur letzten Kreuzung und folgen den Schildern „Castle/Burg“ und „Byzantine Castle“ über Treppenstufen und durch winklige Gassen bis zur Festung. Das mittelalterliche **Kastell (9)** wurde um 1425 an der Stelle der antiken Akropolis gebaut, der Mauerwall, der Wehrgang mit seinen Zinnen und Reste der alten Türme sind noch gut erhalten. Das Kastell ist ganztägig geöffnet, der Eintritt ist frei; jedoch wird um eine Spende gebeten. Von der Festung haben Sie einen schönen Blick auf die Stadt und die gegenüber liegende Insel Thássos; im Innenhof gibt es ein kleines Gartenlokal. In den Sommermonaten werden im Innenhof der Festung Theaterstücke antiker und moderner Dichter aufgeführt.

Das Rathaus von Kavála

Nach dem Verlassen der Burg wenden Sie sich nach links und folgen der Odós Isidorou und den Hinweisschildern „Kentro" abwärts; nachdem Sie durch einen alten Torbogen der Festung gegangen sind, sehen Sie schon den Aquädukt wieder vor sich. Die Odós Iustianou führt Sie direkt dorthin.

Sie überqueren die verkehrsreiche Hauptstraße, wenden sich nach links und gehen durch die schmale Odós Dardanelion mit vielen kleinen Läden in das geschäftige Àgios-Nikólaos-Viertel. In diesem ehemaligen Marktviertel können Sie von Kochtöpfen über Kleider, Blumenzwiebeln, Bücher, Ikonen, Bohrmaschinen und Gewürzen alles nur Denkbare kaufen. Kleine Tavernen und Cafés laden zu einer Rast ein.

Markt-viertel

Setzt man den Spaziergang fort, sieht man in dem Viertel an der Platía 28. Oktovríou und in der Odós Kíprou einige der repräsentativen Gebäude der Stadt, z. B. die **Dimotikí Kapnothíki (10)**, ein ehemaliges Fabrikgebäude im neoklassizistischen Stil. In anderen Tabaklagerhallen sind heute Cafés, Restaurants und Geschäfte zu finden. Einige Gebäude waren im 19. Jahrhundert als Herrenhäuser von wohlhabenden und einflussreichen Tabakhändlern gebaut worden und werden seit ihrer Restaurierung als öffentliche Einrichtungen genutzt, wie z. B. das heutige **Rathaus (11)**. Ebenfalls in der Odós Kíprou steht das ehemalige **Kloster Lazaristón (12)**.

In der Odós Philíppou ist ebenfalls in einem alten Herrenhaus des 19. Jahrhunderts das **Städtische Museum (13)**, *Tel.: 2510-22 2706*, eingerichtet worden, in dem neben einer volkskundlichen Sammlung mit alten Trachten und traditionellen Hausgeräten die Darstellung der Stadtgeschichte und eine kleine Ausstellung moderner Kunst zu sehen sind.

Wenn Sie nun in Richtung Hafen gehen, stoßen Sie auf das **Archäologische Museum (14)**, *Tel.: 2510-22 2335*, das westlich vom Hafen in einem kleinen Park an der Hafenpromenade liegt. *Öffnungszeiten: werktags: 8.30–17 Uhr, sonn- und feiertags 10–14 Uhr, Mo geschlossen.* Im Museum sind Fundstücke aus Kavála, Philippi, Amfípoli, Dráma und Sérres ausgestellt, von denen vor allem Keramiken und Terrakotten aus dem 7.–5. Jahrhundert v. Chr. und ein rekonstruiertes Grab aus Amfípoli mit fragmentarischen Fresken beeindrucken.

Museum von Kavála

Über die Hafenpromenade kommen Sie wieder zum Ausgangspunkt am Hafen zurück.

Strände

Für einen längeren Badeurlaub eignen sich die Ferienorte in der Umgebung Kaválas oder die vorgelagerten Inseln natürlich besser, aber auch

Kavála selbst hat etliche gute Bademöglichkeiten. Direkt im Zentrum, an der Hafenpromenade, liegt das **Städtische Schwimmbad (15)** *mit einem schönen Sandstrand, der für ein kurzes Bad durchaus ausreicht. Wenn Sie mehr Zeit am Strand verbringen wollen, können Sie zu den außerhalb gelegenen Stränden fahren, die alle auch mit örtlichen Bussen erreichbar sind. Organisierte, mit allen Einrichtungen versehene Strände sind:*

- *Kalamítsa (4 km Entfernung, Tretboote),*
- *Bátis (5 km Entfernung, Camping, sanitäre Einrichtungen, Tretboote, Restaurant, von der Griechischen Zentrale für Fremdenverkehr angelegt),*
- *Tosca Beach (7 km Entfernung, Bungalows in schöner Anlage).*

Daneben gibt es noch viele außerhalb gelegene, einsame Sandstrände und Buchten ohne Einrichtungen in Richtung Néa Iraklítsa und Néa Péramos.

Sehenswertes in der Umgebung von Kavála

„Bei Philippi sehen wir uns wieder" – Geschichte und Ausgrabungen der antiken Stadt Philippi Φιλιππι

Öffnungszeiten: täglich 8–19 Uhr, Eintritt

Entfernung
von Kavála: 18 km

Wegstrecke
von der Hafenstraße in Kavála folgen Sie der Ausschilderung bergan nach Dráma/Thessaloníki. Nach etwa 8 km biegen Sie rechts in Richtung Dráma ab und fahren etwa 7 km bis zum Ende der Ortschaft Krinídes, wo Sie die Ausschilderung „Archaeological area of Philippi" mit dem Parkplatz gleich rechts an der Straße sehen.

Bus
Von Kavála aus gibt es mehrmals täglich eine direkte Busverbindung auf der Strecke Kavála - Dráma.

Das Ausgrabungsgelände liegt auf beiden Seiten der Straße. Eingang und Kasse finden Sie 300 m entfernt rechts an der Straße.

Hinweis
Für den Besuch des weitläufigen Ausgrabungsgeländes sollten Sie ausreichend Zeit ansetzen. Wenn Sie die Ausgrabungsstätte am Vormittag im Sommer besuchen, ist es ratsam, mit der Besichtigung bei den rechts von der Straße gelegenen Ausgrabungen am Theater zu beginnen, da Sie sonst in der Mittagshitze den anstrengenderen Teil vor sich haben.

Geschichte Philippis

361 v. Chr. wurde der Ort Krinídes von dem Athener Kallistratos gegründet und schnell durch seine Goldbergwerke bekannt. Nach der Eroberung und neuen

Befestigung 358 v. Chr. durch Philipp II. wurde der Ort in Philippi umbenannt; es war zeitweise die wichtigste makedonische Stadt und geriet dann nach der Erschöpfung der Goldvorkommen weitgehend in Vergessenheit. In römischer Zeit trat Philippi wieder ins Licht der Öffentlichkeit. Hier wurde nach Caesars Tod im Jahre 42 v. Chr. die entscheidende Schlacht zwischen seinen Erben, Oktavian und Antonius, und seinen Mördern, Brutus und Cassius, ausgetragen. Nach der Entzweiung der Sieger begründete Oktavian, der spätere Kaiser Augustus, hier durch die zwangsweise Ansiedlung der Anhänger des Antonius eine römische Kolonie.

die Schlacht von Philippi

Es entwickelte sich eine blühende Kolonialstadt mit über 25.000 Einwohnern, in die im Jahre 50 der Apostel Paulus reiste, um die neue Glaubensslehre zu verkünden. Philippi war der erste Ort in Europa, in dem Paulus predigte und eine christliche Gemeinde gründete. Jahre später sandte er an die dort lebenden Christen seinen „Philipperbrief".

Die Ausgrabungen von Philippi

Die Ruinen von Philippi, die überwiegend aus römischer und frühchristlicher Zeit stammen, vermitteln einen guten Eindruck von der ehemaligen Größe der Stadt. Im Norden (d.h. rechts von der Straße) können Sie auf dem **Akropolis-Hügel** die Reste der antiken Festungsmauer, die von Philipp II. im Jahre 365 v. Chr. gebaut wurde, der byzantinischen Mauern und auch des mittelalterlichen Kástros erkennen; besonders interessant aber sind die Überreste der **Basilika A** aus dem 5. Jahrhundert und das **Theater**, das von den Römern zu einer Arena umgebaut wurde, in der die beliebten Gladiatorenkämpfe und Tierhatzen stattfanden.

Überreste aus römischer und frühchristlicher Zeit

Hinweis

In den Monaten Juli/August werden im Theater antike Dramen aufgeführt. Eintrittskarten erhalten Sie bei der Griechischen Zentrale für Fremdenverkehr und in den Reisebüros in Kavála.

Ebenfalls nördlich der Straße, in der Nähe der Basilika A, sieht man das **Gefängnis**, in dem der Apostel Paulus mit seinem Begleiter Silas gefangen gewesen und aus dem er durch ein Erdbeben befreit worden sein soll.

Im Süden (d.h. links von der Straße) liegen die bedeutsameren Funde. Betritt man das Ausgrabungsgelände, befindet man sich gleich innerhalb des **römischen Forums**, dessen Ausmaße von 148 x 70 m durch die 1 m hohen Mauerreste noch gut erkennbar sind. Zum Forum, dem Marktplatz der römischen Stadt, gehörten auch zwei Tempel, die sich in der nordwestlichen und nordöstlichen Ecke gegenüber standen. Da die beiden Tempel sich in ihrer Bauweise entsprachen, lassen sich die Mauerreste des nordöstlichen Tempels in Gedanken mit den Fassadenresten des nordwestlichen Tempels zu einem Ganzen vervollständigen.

Westlich des Forums liegen die eindrucksvollen Überreste der **frühchristlichen Basilika B**, die auch Direklar-Basilika (vom türkischen Wort Säule abgeleitet) genannt wird. Sie ist mit ihren drei aufrecht stehenden Säulen zum Kennzeichen

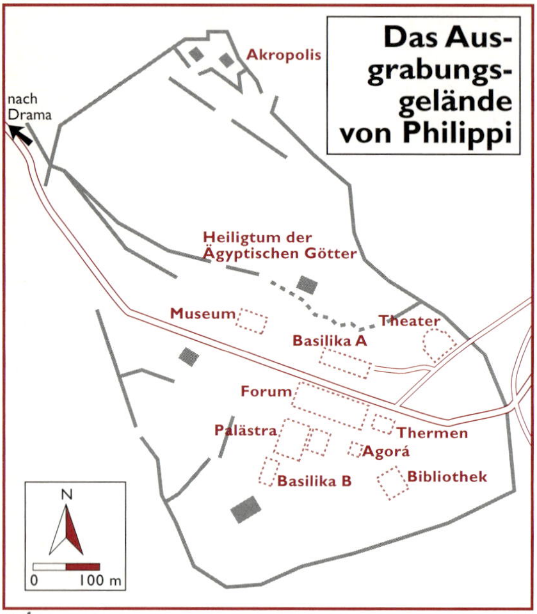

© igraphic

Philippis geworden. Mit dem Bau der Kirche hatte man um 560 begonnen, aber der Einsturz der großen Kuppel verhinderte, dass die Kirche jemals fertig gestellt wurde.

Bei weiteren Grabungen wurde die **Oktogon-Kirche** freigelegt, eine Märtyrer-Gedenkstätte, die gegen Ende des 4. Jahrhunderts entstand; außerdem stießen die Archäologen auf ein makedonisches Grab, dessen Beigaben sich im Museum von Kavála befinden.

Das kleine **Museum von Philippi**, *Tel.: 2510-516251*, liegt im archäologischen Gelände auf einer Anhöhe rechts von der Straße etwa 300 m weiter. Dort sind Ausgrabungsstücke aus hellenistischer, römischer und frühchristlicher Zeit aus der Umgebung Philippis ausgestellt. In der Eingangshalle sieht man Funde aus der neolithischen Siedlung Dikili Tasch.

Die Ausgrabungen von Philippi stammen vorwiegend aus römischer Zeit

Hinweis
Dikili Tasch erreichen Sie, wenn Sie in Krinídes der Ausschilderung zum Dorf Philippi folgen und nach ca. 2 km links abbiegen.

Wenn Sie vom Museum aus nur 1 km weiter gehen, kommen Sie zur **Kirche der Heiligen Lydia**, die der ersten getauften europäischen Christin gewidmet ist. Die moderne Kirche liegt dicht bei den Resten der alten Kirche und wird von den Griechen gerne als Taufkirche benutzt.

Gehen Sie ein paar Schritte weiter zum kleinen Fluss, wo Sie ein idyllisches Plätzchen zum Rasten finden. Hier soll der Überlieferung nach die erste Taufe auf europäischem Boden stattgefunden haben.

Kloster Ikosifínissas M. Ικοσιφινισσας

Entfernung
ca. 27 km

Wegstrecke
Sie fahren zunächst in Richtung Dráma und biegen nach ca. 5 km in Richtung Thessaloníki ab. In Eleftheroúpouli biegen Sie rechts ab nach Nikísiani/Sérres. Nach ca. 13 km folgen Sie der Ausschilderung nach links zum Kloster. Die Straße führt ins Gebirge hinauf bis zum Kloster; Souvenirstände, Restaurants, Händler und parkende Autos bestimmen das Bild vor dem Klostereingang. ***Öffnungszeiten****: täglich, während der Mittagszeit von 14–17 Uhr geschlossen.*

Viele Gläubige kommen voller Hoffnung zum Kloster

Das Kloster Ikosifinissas soll in den Jahren 443–454 von dem aus Jerusalem kommenden Mönch Sozon errichtet worden sein. Dieser hatte eine Stimme gehört, die ihm befahl, in den Bergen Makedoniens ein Kloster zu gründen. Im Traum zeigte ihm ein Vogel die Stelle, an der er Wasser finden würde. Das Kloster, in dem heute etwa 50 Mönche leben, zählt zu seinen Schätzen ein handgeschriebenes Evangeliar aus dem Jahre 1378, dessen Einband mit Edelsteinen geschmückt ist. Das Kloster ist ein beliebtes Ausflugsziel der Griechen; die Heilkraft des Wassers aus dem Klosterbrunnen und die beiden Bäume, die auf dem Dach der Kirche scheinbar ohne Erde und Wasser gedeihen, sind Inhalt vieler Glaubensgeschichten.

Auf dem Klosterfriedhof ruhen die Gebeine zahlreicher Mönche und Heiligen.

Wanderungen im Pangaíon-Gebirge
Eleftherópouli *eignet sich auch gut als Ausgangspunkt für Wanderungen im Pangaíon-Gebirge, das mit seinen dichten Laubwäldern ein beliebtes Wandergebiet ist. Die Gipfel des Pangaíon sind Pilaf Tepe (956 m), Rhodolívos (1.927 m), Mati (1.836 m) und Kumbili (1.724 m). Rhodolívos und Kumbili bieten hervorragende Kliffs zum Felsenklettern. Von Eleftherópoulis geht eine Forststraße zum Pilaf Tepe; Ausgangsorte für Bergsteiger können Kormísta, Avlí und Nikísiani sein. In Kormisti können auch Maultiere gemietet werden.*

Ausgangspunkt für Wanderungen

Übernachtung
Auf 1.550 m Höhe bietet die Argíris-Petaloúdas-Schutzhütte Übernachtungsmöglichkeit für 25 Personen; Voranmeldungen beim Alpinen Club in Kavála sind erforderlich.

Nach Keramotí, dem Fährhafen nach Thássos

Wegbeschreibung
von Kavála der Ausschilderung zum Flughafen folgen; diese Straße führt über Eratinó und Agíasma nach Keramotí

Die flache, von Seen und Sümpfen durchzogene Landschaft ist wie die Lagunen entlang der Küste ein wichtiges Vogelschutzgebiet mit großer Artenvielfalt. Hier leben Pelikane, Flamingos, Reiher und viele andere Wasservögel.

Keramotí Κεραμοτι (ⓘ s. S. 125)

Ausgangsort zur Insel Thássos

Etwa 48 km südöstlich von Kavála liegt auf einer Landzunge der Hafenort Keramotí, der vor allem davon profitiert, dass von hier aus die Überfahrt nach Thássos kürzer und preisgünstiger als von Kavála ist. Die mehrmals täglich verkehrenden Fähren bringen so viele Durchreisende mit, dass sich das Geschäft für die vielen kleinen Cafés, Tavernen und Supermärkte an der Hafenpromenade lohnt. Aber der Ort lädt mit seinem langen Sandstrand und dem flach abfallendem Wasser durchaus auch zu einem längeren Aufenthalt ein. Der Strand wird von einem schmalen Waldstreifen begrenzt und ist auch im Sommer noch nicht überlaufen. Hier kann man lange Strandspaziergänge machen, die bis zur Néstos-Mündung führen. Mittelpunkt des Ortes ist die Hafenpromenade; am Fischerhafen können Sie den Fischern beim Flicken der Netze und bei den Vorbereitungen für das nächste Auslaufen zuschauen.

Zum Naturschutzpark am Néstos

Wegbeschreibung
*Man folgt der Hauptstraße von Kavála nach Alexandroúpoli und zweigt zunächst nach etwa 29 km hinter Gravoúna nach **Chrissoúpoli** ab.*

An der Straße, die in den Ort führt, ca. 200 m vor dem Kreisverkehr auf der rechten Seite, finden Sie in einem kleinen, versteckt liegenden Haus das „Nature Conservation Museum of Néstos", das von der „Gesellschaft für Naturschutz und ökologische Landesentwicklung" eingerichtet wurde. *Die genauen **Öffnungszeiten** können Sie unter der Rufnummer 25410-22 143 erfragen.* Der Besuch ist als Vorbereitung auf die Fahrt zum Naturschutzgebiet Néstos gut geeignet. Einen schönen Blick auf den Néstos haben Sie von der Terrasse einer kleinen Taverne, die ca. 5 km von Chrissoúpoli entfernt am Fluss liegt. Dorthin durchfahren Sie den Ort, biegen am Ortsende links ab und folgen auf einer geschotterten Straße den Schildern „Café Néstos". Nachdem Sie auf die Hauptstraße zurückgekehrt sind, erreichen Sie hinter der Ortschaft Parádisos den Fluss **Néstos**, der die Grenze zwischen Makedonien und Thrakien bildet, und das Naturschutzgebiet am Néstos.

Hinweis
*Zum Naturschutzgebiet, Tel.: 25410-22 669, biegt man im nächsten Ort **Toxótes** links ab in Richtung Bahnhof und folgt der Straße in Richtung Galáni, die parallel zum Néstos verläuft und an einem Parkplatz endet.*

INFO Informationen zum Naturparadies am Néstos

Jenseits der bulgarischen Grenze entspringt der Néstos, dessen Flusslandschaft ein einzigartiges europäisches Naturerbe ist. Sämtliche Naturzonen Nordgriechenlands sind in diesem Bereich zu sehen. Das seit 1980 geschützte, 850 ha große Urwaldgebiet umfasst die südlichsten Fichtenwälder Europas, große Balkaneichen-Wälder sowie weite Busch- und Auwälder.

Am Unterlauf des Néstos, an den Flussarmen und auf den Lagunen des Deltas leben viele in Europa inzwischen selten gewordene Vogelarten. Fast 260 Vogelarten, unter ihnen Stelz- und Watvögel und Löffler, brüten in diesem Gebiet, auch Seeschwalben bilden große Brutkolonien. Außerdem ist das Néstos-Delta Zwischenstation für viele Vogelarten auf ihrem Weg nach Süden. Im Wasser leben neben vielen Fischarten Seefrösche, Wasserschildkröten und die ungiftigen Würfelnattern.

Schöne Wanderwege führen durch das Naturschutzgebiet

Aber auch dieses Naturparadies ist vom Menschen bedroht. Die vielen, ständig größer werdenden Ziegenherden weiden das Land ab; durch Rodung und Abflämmen wird bis dahin unberührtes Land zur landwirtschaftlichen Nutzung erschlossen; durch den Bau eines Staudammes soll die ganzjährige Bewässerung der Felder ermöglicht werden. Um das „europäische Naturerbe“ zu schützen, haben in Chrisoúpoulis griechische und deutsche Naturschützer ein Naturschutzzentrum eingerichtet und ein Konzept zum Schutz des Néstos-Tales erarbeitet.

Auch für Wanderer ist das Naturschutzgebiet bestens geeignet; die Wege führen an Teichen, Süßwasserseen und Lagunen entlang und durch schöne Wald- und Dünengebiete. Vom Parkplatz aus ist ein Wanderweg durch das Naturschutzgebiet auf Wandertafeln eingezeichnet, die Ausschilderung weiterer Wanderwege ist in Vorbereitung.

Übernachtung
Übernachtungsmöglichkeiten gibt es in Komniná bei Stavroúpoli und in Chrissoúpoli.

Von Kavála nach Alexandroúpolis

Entfernung
ca. 180 km

Wegstrecke
*Man verlässt Kavála in östlicher Richtung und folgt der Ausschilderung nach **Xánthi** (58 km). Die Straße führt durch die Ortschaften **Néa Karváli, Pontolívado** und **Gravoúna**, in deren Nähe sich jeweils Reste aus antiker Zeit befinden.*

Sie durchfahren bis Xánthi flaches Land, das durch den Anbau von Getreide und Tabak landwirtschaftlich genutzt und im Norden von Bergketten begrenzt wird. Die kleinen Dörfer wirken mit ihren Minaretts und den Häusern mit Holzbalkonen recht orientalisch; hier leben auch heute noch türkische Bauern, die den hochgeschätzten **Xantiyaka** anbauen, einen besonders hochwertigen Tabak.

Xánthi Ξανθι

Nach ca. 58 km erreichen Sie Xánthi, die Hauptstadt des gleichnamigen Distriktes mit knapp 35.000 Einwohnern. Die Stadt ist das landwirtschaftliche Zentrum dieser Region mit vielen Tabak verarbeitenden Fabriken. Zeichen der türkischen Vergangenheit ist das im Zentrum liegende malerische **türkische Stadtviertel**. Bei einem Spaziergang durch die Altstadt sehen Sie restaurierte Herrenhäuser aus dem 19. Jahrhundert, in denen z. B. das Rathaus und das Volkskundemuseum eingerichtet wurden; Sie hören von den Minaretts den Ruf der Müezzin, die mehrmals täglich die moslemischen Bewohner der Stadt zum Gebet rufen. Oberhalb des Ortes liegen die Überreste der **byzantinischen Festung**.

Anfang September wird das „Altstadtfest" mit vielen kulturellen Veranstaltungen gefeiert.

Ausflug ins Gebiet der Pomaken

Bergdörfer der Pomaken

Wenn Sie an der Lebensweise der Pomaken interessiert sind, können Sie diese in den nördlich von Xánthi gelegenen Dörfern besuchen. Fahren Sie dazu zunächst in Richtung Dráma, zweigen dann nach ca. 8 km nach rechts in Richtung Echínos und ins Rhodópi-Gebirge ab. In den abgelegenen Bergdörfern lebt die Volksgruppe der muslimischen, griechisch-sprechenden Pomaken, über deren Herkunft es unterschiedliche Theorien gibt. So werden sie einmal als Nachfahren der alten thrakisch-griechischen Bevölkerung angesehen, zum anderen als Bulgaren, die im 16. Jahrhundert islamisiert wurden. Nur selten kommen Besucher in diese Dörfer, auf deren Feldern Frauen die schwere Feldarbeit verrichten.

Zwei Straßen führen von Xánthi nach Komotiní
- die alte, etwas kürzere, durch das Bergland führende Via Egnatia, an der für den archäologisch Interessierten in Anastasioupolis, Kerasiá, Mosynopolis und Paradimi kleine Ausgrabungsgelände liegen (ca. 47 km);

- die Hauptstraße, die über Lágos am Vistonída-See entlang durch fruchtbares Gebiet nach Komotiní führt (ca. 56 km).

die antike Stadt Abderon

Von dieser Straße kann man einen Abstecher zu den Ausgrabungen von **Abderon (Avdira)** machen. In **Vafeíka** biegt man rechts nach **Ávdira** ab und erreicht nach etwa 13 km den heutigen Ort Ávdira (ⓘ s. S. 125), der mehrere Kilometer landeinwärts liegt. Dort wurde das sehenswerte **Archäologische Museum** eröffnet, das mit Münzen, Gefäßen, Handwerksgeräten, Schmuckstücken, Grabstelen und Grabfragmenten, Schautafeln und erklärenden Texten ein anschauliches Bild vom Leben in der Stadt vom 7. Jahrhundert v. Chr. bis zur Neuzeit vermittelt. Die Ausstellung ist in die Themenbereiche Privatleben, öffentliches Leben und Bestattungsriten gegliedert. Außerdem gibt es Informationsmaterial zur Geschichte und zum Verlauf der Ausgrabungen.

Das **Ausgrabungsgelände** liegt einige Kilometer südlich bei **Paralía Avdíron**.
Öffnungszeiten des Ausgrabungsgeländes: täglich 8.30–14.30 Uhr, Mo geschlossen.

Seit 1950 legten Archäologen große Teile der Stadtmauern, ein Tor aus dem 4. Jahrhundert v. Chr., Fundamente von Wohnhäusern vor allem aus hellenistischer und römischer Zeit, Straßenanlagen, Reste des Theaters und ein hellenistisches Gebäude mit 2 Höfen und 26 Räumen frei. Interessant sind weiterhin das „Haus der Delphine“ mit einem schönen Mosaikfußboden und die Überreste von Werkstätten und Läden.

Die Gründung der Stadt Abdera wird der Überlieferung nach **Herakles** zugeschrieben, dessen Freund Abderos an dieser Stelle von den Pferden des **Diomedes** getötet worden sein soll. Vom 7. Jahrhundert v. Chr. bis in römische Zeit war die Stadt bewohnt, dann wurde sie wegen ihres ungesunden Klimas aufgegeben.

Die Stadt Abdera war mit den Namen bedeutender Männer eng verbunden: der Dichter **Anakreon**, die Philosophen **Demokritos** und **Leukippos** und der Sophist **Protagoras** lebten in dieser Stadt, die trotz ihrer angesehenen Philosophenschule in der Antike oft belächelt wurde, denn ihre Bewohner galten als die Schildbürger Griechenlands. Ein literarisches Denkmal wurde den Bewohnern durch Christoph Martin Wielands Roman „Die Abderiten“ gesetzt.

Lágos Λαγος

Lágos, der Hafen von Komotiní, liegt auf einer Landzunge, die den Vistonída-See vom Vistonischen Golf trennt. Die Hauptstraße führt über einen Damm an einer Lagune vorbei, die vielen verschiedenen Wasservögeln ideale Lebens- und Brutbedingungen bietet. Die Haupterwerbsquelle von Lágos sind Fisch-

Das Kirchlein Ágios Nikólaos

zucht und -handel; hauptsächlich Aale werden noch lebend in Tanks nach Mitteleuropa versandt. Von der Straße sieht man das kleine, auf einer Insel gelegene Kirchlein des **Ágios Nikólaos**, das über einen Holzsteg erreichbar ist. Die Kirche gehört zum Áthos-Kloster Vatopédiou und ist zu besichtigen. *Öffnungszeiten: in der Mittagszeit von 13–17 Uhr geschlossen.*

Der malerische Yachthafen, schöne feinsandige Strände, Pinienwälder und Lagunen, kleine Hotels und Campingplätze sind Zeichen eines allmählich wachsenden Fremdenverkehrs.

Komotiní Κομοτινι (ⓘ s. S. 125)

türkisch geprägte Architektur

Komotiní liegt an den Ausläufern des **Rhodópi-Gebirges**, nur 25 km von der bulgarischen Grenze entfernt. Die Universitätsstadt hat etwa 40.000 Einwohner, von denen etwas weniger als die Hälfte Türken oder bulgarisch-sprachige Pomaken sind. Das Stadtbild mit Moscheen, Minaretts, Kaffeehäusern und Marktständen ist durch türkische Architektur und islamischen Einfluss geprägt. Komotiní ist das Marktzentrum dieser Region für Tabak, Vieh und andere landwirtschaftliche Produkte. Bekannt ist der alljährlich in der Karwoche stattfindende Viehmarkt.

Das **Archäologische Museum** zeigt Funde aus ganz Thrakien; sehenswert ist die 1964 in **Didimoteichon** gefundene goldene Kaiserbüste, die möglicherweise **Marc Aurel** darstellt. Im **Byzantinischen Museum** sind Ikonen, Priestergewänder und kirchliche Gerätschaften ausgestellt. Im **Volkskundemuseum** sind Trachten, Urkunden und Schmuckstücke zu besichtigen.

Sehenswürdigkeiten zwischen Komotiní und Alexandróupoli:

- **Marónia** (34 km): Ruinen der antiken Stadt, die Kirche Aíia Charalámbos
- **Strímni** (22 km): Höhlen mit prähistorischen Funden, am 8. Januar wird der Tag der Frauenherrschaft gefeiert
- **Arísvi** (16 km): 6 Bögen einer römischen Brücke an der Stelle, an der die Via Egnatia den Fluss Philioúri überquerte
- **Aratos** (12 km): Minarett und türkische Häuser
- **Mesimvría** (55 km): Überreste einer Befestigung aus dem 4. Jahrhundert v. Chr., römische Ruinen

Alexandróupoli Αλεξανδρουπολι (ⓘ s. S. 125)

Hinweis

Hinweisschilder nach Alexandrópolis zeigen oft nur die Abkürzung Alex/polis.

Die Stadt Alexandroúpoli entstand erst 1871, als der kleine, Dedeagatsch genannte Ort eine Bahnverbindung mit Edirne erhielt und sich allmählich zu einem geschäftigen Ort entwickelte. 1919 wurde die Stadt zu Ehren König Alexanders in Alexandroúpoli umbenannt. Heute leben in dem modernen Hafenort knapp 40.000 Menschen. Die Hauptstraße, über die der gesamte Verkehr in die Türkei rollt, verläuft parallel zum Meer. Ort der abendlichen Volta ist die Hafenpromenade mit dem Wahrzeichen der Stadt, dem weißen Leuchtturm. Alexandroúpolis ist der Fährhafen zur Insel Samothráki; Fahrkarten gibt es in den Fährbüros am Hafen.

Im Mai 2000 eröffnete der Ökumenische Patriarch von Konstantinopel ein neues **Museum für Kirchenkunst**. Das Museum wurde in einem klassizistischen Bau eingerichtet und zeigt in acht Sälen etwa 400 Exponate aus dem 16.–20. Jahrhundert, z. B. Ikonen, liturgische Geräte, kirchliche Gewänder und Holzschnitzereien.

Sumpf- und Seenlandschaft

Die Straße zur Türkei folgt dem Flusslauf des **Évros**, der in den Bergen Bulgariens entspringt und nach 514 km (davon 204 km auf griechischem Staatsgebiet) gegenüber von Samothráki ins Ägäische Meer mündet. Seit 1923 bildet der Évros die Grenze zwischen Griechenland und der Türkei. Die Landschaft von Alexandroúpoli bis zur türkischen Grenze ist durch Sümpfe und Seen geprägt; dort sind, wie auch an den beiden Mündungen des Evros, viele Fisch- und Vogelarten zu beobachten, u.a. Wildgänse und Seeadler.

Die Straße führt weiter nach **Didimóticho** (8.400 Einwohner), das schon ganz türkisch/orientalisch wirkt, aber schon von Kaiser **Trajan** zu Ehren seiner Frau Plotina gegründet worden war.

Über **Thoúrio** und **Orestiáda** erreicht die Straße die Grenzstation **Kastaniés**.

Die Nordägäischen Inseln

Thássos Θασσος (ⓘ s. S. 125)

Inseltelegramm Thássos	
Größe	379 km², 16.000 Einwohner
Hauptort	Thássos (Liménas, Limin), 3.500 Einwohner
Inselbeschreibung	reich bewaldete und fruchtbare Insel mit schönen Stränden; gut ausgebautes Straßennetz und häufige Busverbindungen zwischen den Orten; touristisch gut erschlossen mit ausgezeichneten Wassersportbedingungen
Lebensgrundlage der Bevölkerung	Landwirtschaft, Fischfang, Marmorbrüche, Fremdenverkehr
Sehenswürdigkeiten	Thássos – Stadt mit antikem Theater und Akropolishügel; das Ausgrabungsgelände von Alikí; die Bergdörfer mit ihrer eigenständigen Architektur; das Kloster Archángelos; das Vágis-Museum in Potamiá

Die Insel Thássos ist nur etwa 12 km vom Festland entfernt und von Kavála und Keramotí aus mit der Autofähre gut zu erreichen. Einige der Fährschiffe von Kavála legen zunächst im kleinen Hafen **Skála Prínou** an und fahren von dort weiter zum Hauptort **Thássos/Liménas**. In den Sommermonaten verkehren außerdem die schnellen Tragflügelboote der "Flying Dolphins" zwischen Kavála und Liménas.

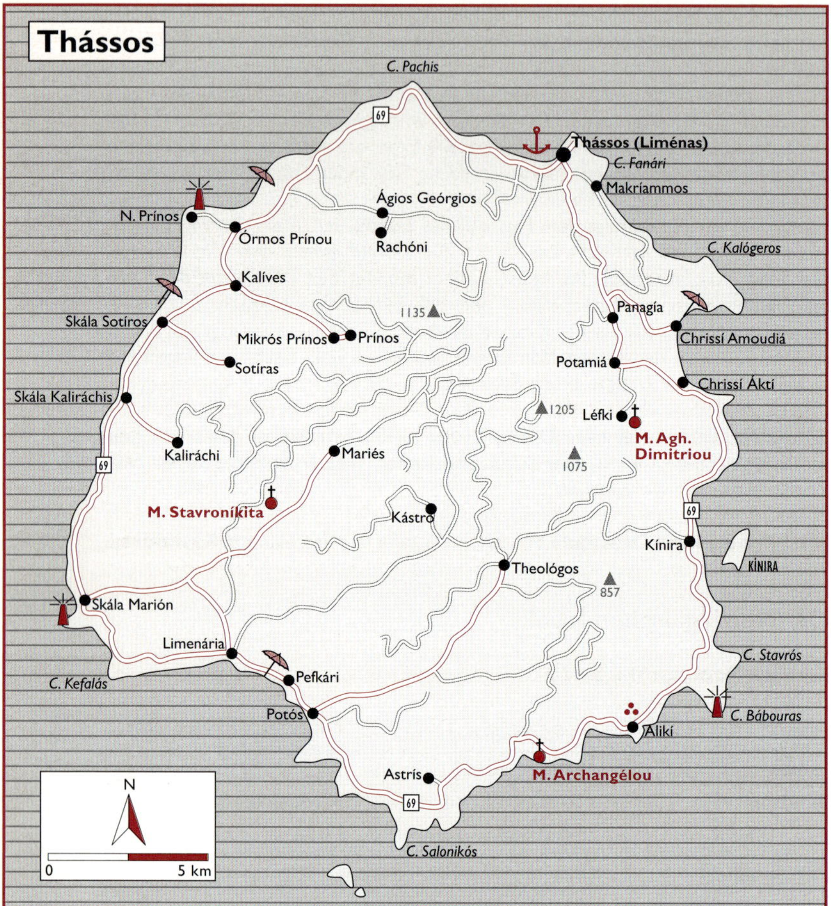

Thássos, die nördlichste Insel im Ägäischen Meer, ist vulkanischen Ursprungs, 398 km² groß bei einer Länge von 25 km und einer Breite von ca. 20 km. Eindrucksvoll ist die landschaftliche Vielfalt mit Erhebungen zwischen 1.100 und 1.200 m im Landesinneren, mit steil abfallenden, bewaldeten Schluchten, bizarren Marmorfelsen, tiefen Tälern und langen Stränden. Leider wüteten im vergangenen Jahrzehnt mehrmals heftige Flächenbrände und zerstörten einen Großteil des Baumbestandes auf der „grünen Insel". Inzwischen zeigen die Aufforstungen erste Erfolge, die nachgewachsene Macchia, Sträucher und Bäume überziehen mit ihrem Grün wieder die Berghänge. Aber es gibt auf der Insel auch noch dichte Wälder mit Kiefern, Eichen, Platanen und Kastanien, silbern schimmernde Olivenhaine, schöne Sandstrände und Badebuchten, in denen Schatten spendende Bäume teilweise bis an das kristallklare Wasser heranwachsen.

Der Hafen von Thássos

Heute leben auf Thássos ca. 16.000 Menschen; dabei konzentriert sich die Bevölkerung auf die Hauptstadt Thássos, auf den Hafenort Skála Prínou und auf Limenária. In den letzten Jahren hat der Tourismus auf Thássos stark zugenommen. Viele Hotels, Pensionen und Apartmenthäuser, Geschäfte, Autovermietungen und der Verleih von Liegestühlen, Sonnenschirmen und Pedalos selbst an abgelegenen Buchten sind Anzeichen dafür, dass sich der Fremdenverkehr vor allem in den Küstenorten längst etabliert hat, während die kleinen Bergdörfer im Inselinneren davon noch immer wenig berührt sind. Wer also in den Ferien Ruhe sucht, sollte im Frühjahr oder Herbst nach Thássos reisen, wenn deutlich weniger Besucher kommen und die Insel wunderschön blüht und auf vielen Wegen zum Wandern einlädt.

Rund um die Insel führt eine ca. 100 km lange, gut ausgebaute Straße, die die Erkundung der Insel mit dem Bus oder dem eigenen Fahrzeug leicht macht.

Geschichte der Insel

Die Geschichte der Insel reicht bis ins 3. Jahrtausend v. Chr. zurück. Um 680 v. Chr. folgten Bewohner der Insel Páros der Aufforderung des delphischen Orakels, die Insel Thássos zu besiedeln; sie gründeten den Hauptort Thássos, der sich bald zu einer der wichtigsten und wohlhabendsten Städte Nordgriechenlands entwickelte. Von der einstigen Bedeutung und der blühenden Kultur der Insel zeugen noch die an vielen Orten freigelegten Ruinen alter Stadtmauern, Heiligtümer und Tempel sowie die kostbaren thassischen Münzen. Der Wohlstand der Insel ergab sich sowohl aus den ergiebigen Bodenschätzen an Gold, Silber, Eisen und Kupfer, Amethysten und Opalen auf der Insel selbst, als auch aus der Besitznahme und Ausbeutung der Goldminen auf dem Festland im Pangaíon-Gebirge.

Geschichte von Thássos

Der natürliche Reichtum der Insel bedeutete aber zugleich auch Gefahr, denn immer wieder versuchten andere Staaten, die Insel in ihren Besitz zu bringen. So geriet Thássos in Auseinandersetzungen mit Persern, mit Athen, Sparta und Makedonien, mit Römern, Byzantinern und Kreuzfahrern. Neben den Bodenschätzen verfügte Thássos noch über 2 weitere wichtige Einnahmequellen: der im Altertum hochgeschätzte thassische Wein war ein bedeutendes Ausfuhrprodukt, und die Marmorbrüche lieferten den begehrten weißen Marmor für ganz Hellas.

Nachdem die Insel im 13. Jahrhundert zum Besitztum Venedigs gehörte, wurde sie 1466 von den Türken erobert, deren Herrschaft fast vier Jahrhunderte dauerte. Erst 1912 wurde Thássos mit Griechenland vereinigt. Auch heute zählt Thássos wieder zu den wohlhabendsten griechischen Inseln, weil das milde, ausgeglichene

Klima **gute Obst- und Weinernten** ermöglicht, **Honig und Öl** von Thássos auch heute noch den besten Ruf haben und sehr begehrt sind, die Marmorbrüche weiterhin hervorragendes Material liefern, der Fremdenverkehr deutlich zunimmt. Außerdem sind in der Nordägäis rund um Thássos Erdölvorkommen entdeckt worden, die inzwischen ausgebeutet werden.

Thássos ist durch Fähren und die schnellen "Flying Dolphins" mit dem Festland verbunden

Inselhauptstadt Thássos

(ⓘ s. S. 125)

Die Inselhauptstadt ist eine lebhafte Hafenstadt, die vielerlei Unterhaltungsmöglichkeiten bietet. Tagsüber können die nahe gelegenen Badestrände aufgesucht werden, am späten Nachmittag können Sie durch die Einkaufsstraßen mit vielen kleinen Geschäften bummeln, um dann in einem der vielen Restaurants am Meer den Tag ausklingen zu lassen.

Das Kirchlein von Evraíokastro

Vielleicht möchten Sie einen kleinen **Spaziergang** machen, bevor Sie sich zum Essen oder zur Entspannung am alten Hafen niederlassen. Am nördlichen Ende des alten Hafens liegen zwei kleine Werften; gleich oberhalb befinden sich die den Aposteln geweihte Kapelle und das mit zwei antiken Säulen bestandene **Evraíokastro**, von wo sich ein schöner Blick auf die Stadt und das Meer bietet. Hier fand man Spuren eines hellenistischen Heiligtums und einer frühchristlichen Basilika; außerdem Reste des antiken **Demetriades-Viertels**, ein mit Flachreliefs geschmücktes Stadttor, auf denen Artemis und Hermes dargestellt sind.

Die Stadtmauern, die die drei höchsten Hügel der Stadt und einen großen Teil des Tales umschlossen und 3,5 km lang waren, stammen mit Türmen und Toren aus dem 6./5. Jahrhundert v. Chr. und umgeben teilweise noch die heutige Stadt.

Auf zwei **Stadtrundgängen** können Sie die Überreste der antiken Stadt besichtigen.

1. Rundgang: Hafen - Theater - Kastell (Akropolis) - Hafen
(ca. 2 Stunden)

Der Rundgang beginnt am alten Kriegshafen, der heute den kleinen Kaikis als Anlegeplatz dient. Im Altertum waren die beiden Hafenmolen durch Mauern geschützt; die Fundamente eines großen runden Turmes sind in der Ecke der südlichen Mole zu erkennen. Vom alten Hafen aus geht es zum **Poseidon-Tempel** und zum **Dionysion** (vgl. Rundgang 2, Agora) und weiter zum **Theater**, das inmitten eines kleinen Eichenwaldes liegt. Der früheste Theaterbau stammt, wie die seit 1957 durchgeführten Ausgrabungen zeigen, aus dem 5. Jahrhundert v. Chr.; er wurde im 4. Jahrhundert erneuert und dann von den Römern so umgebaut, dass er sich für Gladiatorenspiele eignete.

Hinweis
Seit einigen Jahren werden hier in den Monaten Juli und August antike Dramen und Folklore-Tänze aufgeführt, bei denen die außergewöhnlich gute Akustik beeindruckt.

Spaziergang zu den antiken Stätten

Der steil ansteigende Weg führt vom Theater weiter zur **Akropolis**, wo man die Ruine des byzantinischen Kastells erkennt, das im 13. Jahrhundert auf den Fundamenten eines **Heiligtums des Pythischen Apollons** errichtet worden ist. Apollon wurde auf Thássos besonders verehrt, da sein Orakel den Bewohnern von Paros geraten hatte, die Insel Thássos zu kolonisieren. In der Außenmauer, in der Nähe des Ausganges, sieht man ein aus dem 4. Jahrhundert v. Chr. stammendes Relief mit der Darstellung eines Totenmahles.

Folgt man der alten Stadtmauer nach Südwesten, trifft man auf die geringen Reste eines mittelalterlichen Dorfes, das unterhalb des Kastells lag. Der Weg führt weiter zu einer Terrasse, auf der sich marmorne Fundamente eines **Tempels der Athena Poliouchos** aus dem 5. Jahrhundert v. Chr. befinden. Es wurden Scherben gefunden, auf denen Weihinschriften an Athena entziffert werden konnten. Der Pfad führt hinunter zu einem **Heiligtum des Gottes Pan**, der auf zwei leider stark beschädigten Reliefs dargestellt ist, wie er Ziegen durch das Spiel auf seiner Panflöte (Syrinx) anlockt.

Der Weg führt weiter abwärts zum Meer an vier Toren vorbei:

- zum **Tor des Parmenon**, gebaut ca. 510–490 v. Chr.; der Erbauer hat sich durch die Inschrift „Parmenon machte mich" verewigt,
- zum **Tor des Silenos**,
- zum **Tor des Dionysos** und des **Herakles**, den Schutzgöttern der Stadt (gebaut ca. 506 v. Chr.; nur die Reliefdarstellung des Herakles ist noch erhalten und befindet sich im Museum von Istanbul),
- zum **Tor des Zeus** und der **Hera**, das das Haupttor der Stadt war.

In Richtung zum Meer lagen in alter Zeit noch ein weiteres Tor und mehrere Türme. Der Rundgang endet, wenn Sie vom Zeus-Tor hinunter in die Stadt gehen, wieder an der Hafenpromenade.

2. Rundgang: Agorá - Museum - Dionysion

Auch der 2. Spaziergang beginnt am alten Hafen; von dort aus sehen Sie schon die antiken Stätten und das kleine Museum. Der Eingang zur **Agorá** liegt dem Museum gleich gegenüber. *Öffnungszeiten: die Agora ist wegen Bauarbeiten zur Zeit geschlossen; die vorgesehenen* ***Öffnungszeiten*** *sind: täglich 8.30–15 Uhr, Mo geschlossen.*

Die seit 1948 vom Französischen Archäologischen Institut durchgeführten und teilweise noch andauernden Ausgrabungsarbeiten vermitteln einen Eindruck von der Bedeutung der einstigen Stadt. Freigelegt wurden bisher u. a.:
- Reste der Säulenhallen, die den Marktplatz, die **Agorá**, rings umgaben;
- ein Denkmal für den Athleten **Theagenes**, der im 5. Jahrhundert v. Chr. auf Thássos geboren wurde, bei den Olympischen Spielen mehrfach Siege errang und von seiner Heimatstadt durch eine Siegessäule geehrt wurde;
- ein **Heiligtum des Zeus Agoraios** aus dem 5./4. Jahrhundert v. Chr.,
- ein Rundbau (**Tholos**) des 3./2. Jahrhunderts v. Chr.,
- ein Denkmal für den Feldherrn **Glaukos**, der als Mitbegründer der Stadt im 7. Jahrhundert v. Chr. gilt und ein Freund des großen Dichters **Archilochos** war.

Im gegenüber liegenden **Museum** können Sie wertvolle Funde aus archaischer bis römischer Zeit sehen: Grabstelen, Inschriften, Statuen und Skulpturen, Keramiken und Schmuckstücke. *Öffnungszeiten*: Das Museum wird zur Zeit renoviert; *die nach der Renovierung vorgesehenen* ***Öffnungszeiten*** *sind: täglich 8.30–15 Uhr, Mo geschlossen.*

Besonders sehenswert sind
in der **Eingangshalle**:
- ein überlebensgroßer, archaischer Jüngling (Kouros, um 600 v. Chr.), der wohl den einen widdertragenden Apollon darstellt;
- ein Löwenkopf aus Elfenbein (Mitte des 5. Jahrhunderts v. Chr.);

in **Raum B**:
- ein Kopf des Dionysos (Anfang des 3. Jahrhunderts v. Chr.), den man einem Schüler des Praxiteles zuschreibt;
- eine Reliefplatte aus der Schule des Praxiteles (3. Jahrhundert v. Chr), die Aphrodite auf einem Delphin reitend darstellt;

in **Raum C**:
- eine kleine Artemis-Figur und goldene, reich verzierte Schmuckstücke sowie eine Sammlung verschiedener Öllämpchen aus archaischer und klassischer Zeit.

Das **Dionysion**, das nördlich der Agorá liegt, war dem Gott Dionysos geweiht; es konnte noch nicht vollständig aufgedeckt werden, da ein Teil des Geländes im Laufe der Zeit überbaut worden ist. Neben einem Gebäude mit vier Säulen sind zwei Altäre zu sehen, die aus der archaischen Periode bzw. der Zeit des 5./4. Jahrhunderts v. Chr. stammen. In hellenistischer Zeit wurden zu Ehren des Dionysos Figuren als Sinnbilder für die Tragödie und Komödie aufgestellt.

Die Agorá von Thássos

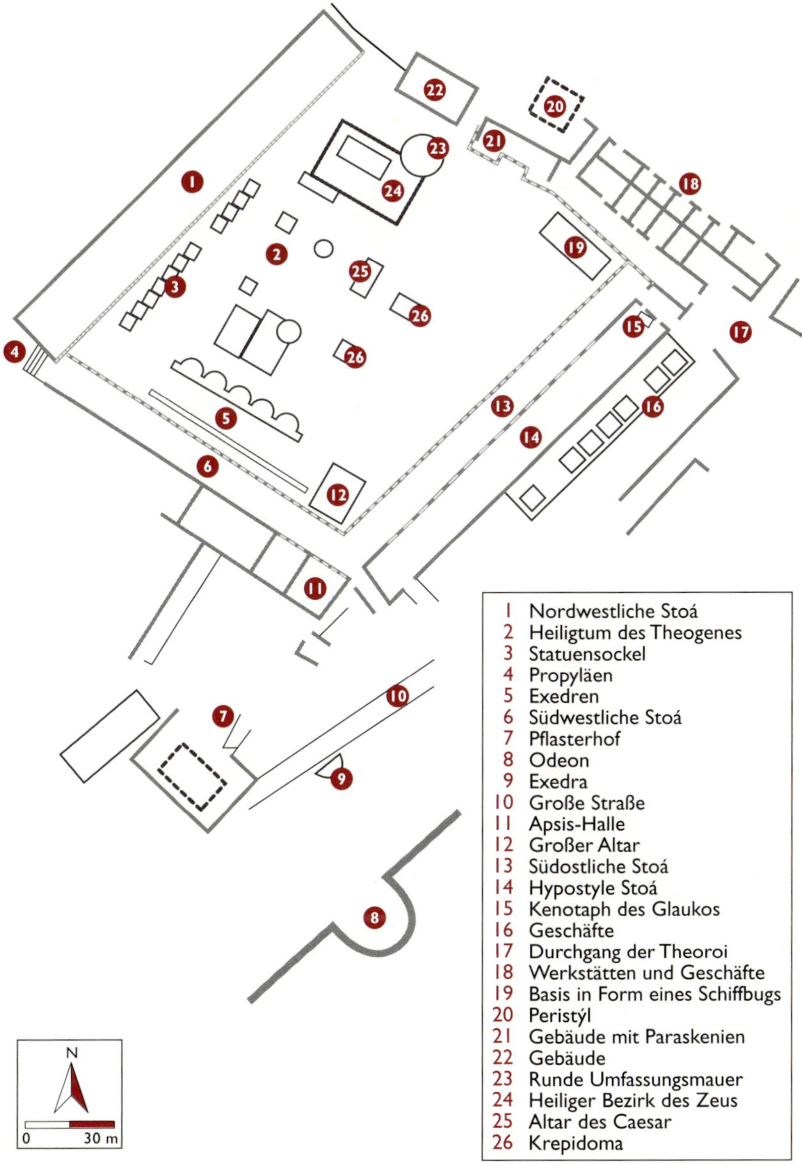

1	Nordwestliche Stoá
2	Heiligtum des Theogenes
3	Statuensockel
4	Propyläen
5	Exedren
6	Südwestliche Stoá
7	Pflasterhof
8	Odeon
9	Exedra
10	Große Straße
11	Apsis-Halle
12	Großer Altar
13	Südostliche Stoá
14	Hypostyle Stoá
15	Kenotaph des Glaukos
16	Geschäfte
17	Durchgang der Theoroi
18	Werkstätten und Geschäfte
19	Basis in Form eines Schiffbugs
20	Peristýl
21	Gebäude mit Paraskenien
22	Gebäude
23	Runde Umfassungsmauer
24	Heiliger Bezirk des Zeus
25	Altar des Caesar
26	Krepidoma

INFO Informationen zum Gott Dionysos

Mit der Gestalt des Gottes sind sehr viele, auch widersprüchliche Überlieferungen verbunden. Dionysos war der Gott der Fruchtbarkeit und der Gott des Weines; so wurden z. B. während des Dionysos-Festes die Weinfässer in einer feierlichen Weihe geöffnet, an die sich dann ein Wett-Trinken anschloss. Er war auch der Gott der Ekstase; die ihm geweihten großen Feste – die **Lenäen** und die **Dionysien** – erreichten ihren Höhepunkt in großartigen Maskeraden und Theateraufführungen. In der bildenden Kunst gelten als Kennzeichen des Dionysos der Thyrsos-Stab (ein mit Weinlaub und Efeu umwundener Stab, der in einem Pinienzapfen steckt), Rebzweig, Pantherfell und Kantharos (ein Becher mit 2 geschweiften, hochgezogenen Henkeln).

Inselrundfahrt

Bei der lohnenden Rundfahrt (ca. 100 km) lernen Sie die landschaftliche Vielfalt der Insel kennen. Sie durchfahren dichte Kiefernwälder, die sich über die bergige Insel hinziehen, sehen weite Weizen- und Weinfelder, die sich mit Olivenhainen abwechseln; erfrischen sich an den zahlreichen Bergquellen oder suchen Schatten unter mächtigen Platanen; besuchen alte Inseldörfer mit malerischen Häusern, suchen im Süden der Insel eines der stillen Klöster auf und finden menschenleere, mit Kiefern bestandene Badebuchten und können an langen Sandstränden oder in felsigen Buchten in kristallklarem Wasser schwimmen und schnorcheln.

Hinweis
Wenn Sie morgens zur Rundfahrt aufbrechen, sollten Sie die Fahrt entlang der Ostküste beginnen, um dann am Abend die schönen Sonnenuntergänge an der Westküste zu erleben.

Makriámmos Μακριαμμος

schöner Sandstrand

Nur 3 km von der Inselhauptstadt entfernt, liegt der beliebte Ferienort Makriámmos mit komfortablen Hotelanlagen an einem langen Sandstrand. Es verkehren regelmäßig Boote zwischen Thássos-Stadt und dem Strand von Makriámmos.

Panagía Παναγια

Die Inselstraße führt durch eine schöne Gebirgslandschaft zum 11 km entfernten Ort Panagía, der vor etwa 300 Jahren in einer Schlucht am Berghang gebaut wurde. Sehenswert sind der große Brunnen in der Ortsmitte und die engen Gassen mit den aus dem 19. Jahrhundert stammenden Häusern mit hölzernen Balkonen und vorgebauten Dächern.

Auf der Berghöhe steht die besuchenswerte alte Dorfkirche mit einer interessanten Ikonensammlung. Im Kircheninneren ist hinter Glas die Fahne von Richard

Löwenherz zu sehen, die dieser während des Kreuzzuges mit sich führte. Am 15. August wird hier das Fest Mariä Himmelfahrt mit einem besonderen Gottesdient und anschließendem Festessen bei Musik und Tanz gefeiert. Oberhalb der Kirche liegt ein Restaurant an einer Stelle, wo drei Quellen sprudeln und alte Platanen ein grünes Laubdach bilden.

Chríssi Ammoudiá Χρισσι Αμμουδια

Von Panagía führt eine kurvenreiche Straße hinunter zum Meer und zum breiten, 3,5 km langen **feinen Sandstrand** von Chríssi Ammoudiá (auch Golden Beach genannt), der als schönster Strand von Thássos gilt. Hier gibt es einen Campingplatz, einige Restaurants und Stranduschen. Die Bucht, die wegen der günstigen Windverhältnisse auch von Surfern sehr geschätzt wird, ist sehr schön von Kiefern und Olivenhainen umgeben, die sich bis an den Strand ziehen und Schatten bieten.

Am **Kap Pírgos** sind noch die Überreste eines Turmes aus dem 5. Jahrhundert v. Chr. zu sehen.

Potamiá Ποταμια

Zwischen Panagía und dem nur 3 km entfernten Dorf Potamiá bieten sich immer wieder herrliche Ausblicke auf die weite Bucht von Potamía. Das landeinwärts gelegene Dorf Potamiá mit seinen engen Gassen liegt am Fuße des Berges Ipsário und ist von üppiger Vegetation umgeben. Es ist der geeignete Ausgangsort für eine Wanderung auf den 1.204 m hohen Berg. Ein Hinweisschild an der Hauptstraße macht auf das örtliche **Museum** aufmerksam, in dem Arbeiten des griechischen Bildhauers **Vágis** ausgestellt sind. *Öffnungszeiten: täglich außer Mo 9–14 Uhr.*

Vágis-Museum

INFO Informationen zu Polignótos Vágis

Polignótos Vágis gilt als einer der bedeutendsten modernen Bildhauer Amerikas. Er wurde 1894 in Potamiá geboren. Sein Vater, von Beruf Schreiner und Holzschnitzer, stammte von Thássos, seine Mutter aus Limnos. Die Familie hatte 7 Kinder. 1911 schickte sein Vater ihn nach Amerika, wo er sich mittellos durchkämpfen musste und erst nach Beendigung des 1. Weltkrieges in New York mit einem Bildhauerstudium beginnen konnte. Erste Erfolge stellten sich bereits 1922 ein. Später ließ er sich auf Long Island nieder und erhielt schon ab 1925 internationale Anerkennung.

Skulpturen von Vágis befinden sich u.a. im Metropolitan Museum von New York; im New Yorker Museum of Modern Art und in den Museen von Ohio, Toledo und Tel Aviv sowie in Privatsammlungen. 1963 besuchte Vágis seine Heimat und stiftete sein Werk „demVolk und der Regierung von Griechenland“. Vágis starb 1965. In der alten Volksschule der Gemeinde Potamiá wurde 1981 das Museum Vágis eröffnet.

Skála Potamiás Σκαλα Ποταμιας

In **Skála Potamiás**, dem Ferienort am Meer, gibt es lebhaften Fremdenverkehr. An der Hafenpromenade reihen sich zahlreiche Restaurants und Tavernen aneinander; am feinsandigen Ortsstrand gibt es einen Tretboot- und Surfbrettverleih. Aus dem Jahre 1918 stammt das Gebäude, das Mönche des Prodrómos-Kloster errichteten. Ausflugsboote fahren in den Sommermonaten gelegentlich zur kleinen Insel **Gramvoúsa**, wo sich im Altertum die berühmten Erzbergwerke befanden, von denen schon Herodot berichtet.

Waldbrandgefahr

An der Inselstraße, von der sich immer wieder großartige Ausblicke auf das vielfarbige Meer bieten, sehen Sie häufig bunt gestrichene Bienenkästen und Verkaufsstände, an denen der köstliche Thássos-Honig angeboten wird. Sie kommen bald zu einer Stelle, an der ein Feuerwehreinsatzwagen ständig stationiert ist; dies zeigt, ebenso wie die allerorts aufgestellten Schilder, wie groß die Gefahr eines Waldbrandes ist. Wenn Sie der Inselstraße weiter folgen, stoßen Sie immer wieder auf Schäden der letzten Waldbrände. Die Berge, die von dichtem Kiefernwald bedeckt waren, sind noch weithin kahl und werden erst ganz allmählich wieder von dünner Macchia überzogen. Mit einem umfangreichen Wiederaufforstungsprogramm wurde bereits begonnen.

Von der Inselstraße bietet sich ein schöner Blick auf das vorgelagerte Inselchen **Kínira** (ⓘ s. S. 125) und den gleichnamigen Ort, der sich an der buchtenreichen Küste ausdehnt und einige gute Übernachtungsmöglichkeiten bietet. Kiefernwälder ziehen sich hinunter bis zu den kieseligen Strandabschnitten am kristallklaren Wasser. Die Inselstraße folgt weiterhin in vielen Kurven der Küstenlinie, führt am **Kap Bábouras** vorbei bis zu den beiden schönen, jedoch viel besuchten Badebuchten von **Alikí**, die nur durch einen kleinen Landstreifen von einander getrennt sind. Hier sind noch Überreste der antiken Stadt zu erkennen, die wegen ihrer Marmorsteinbrüche bekannt war. Bereits im 6. Jahrhundert v. Chr. wurde mit dem Abbruch des weißen Marmors von Thássos begonnen. Meißelspuren und große, passend zugeschnittene Marmorblöcke erinnern daran. Zwischen den beiden Badebuchten liegt das archäologische Gelände mit Resten eines Tempels und einiger Grabanlagen aus dem 7. Jahrhundert v. Chr.; zu sehen sind außerdem die Überreste zweier frühchristlicher Basiliken aus dem 5. Jahrhundert.

sehenswertes Kloster

Die Straße verläuft an der Küste entlang und bietet schöne Ausblicke auf das Meer, auf steil abfallende Felsen und dann auf das großartig und eindrucksvoll gelegene **Kloster Archángelos**. *Öffnungszeiten: täglich: 9–14 Uhr und 17–20 Uhr.* Am Klostereingang liegen Schultertücher und lange Hosen für die Besucher bereit, damit das Kloster nur in angemessener Kleidung betreten wird. Das Nonnenkloster, das dem Erzengel Michael geweiht ist, lohnt einen Besuch. Die gepflegte Anlage, die durch den Neubau einer Kirche erweitert wurde, besitzt zahlreiche wertvolle Ikonen. Mit viel Liebe sorgen die Nonnen für den Klostergarten, in dem in den Sommermonaten Bougainvillea, Geranien und Dahlien leuchten. Farbtupfer sind auch die schönen Blüten der Schlafbäume (Acacia Konstantinopolis). Von der Terrasse des Klosters haben Sie einen herrlichen Rundblick; im Kloster selbst bieten sich viele gute Fotomotive.

Die Straße führt an der Südküste entlang nach **Astrís** mit seinem schönen Sand- und Kieselstrand und weiter nach **Potós**, einem lebhaften, viel besuchten Ferienort mit zahlreichen Geschäften, Restaurants und Übernachtungsmöglichkeiten und einem sehr schönen, feinsandigen Strand, südöstlich von Potós unterhalb der Straße.

Auf den Dächern von Theológos

Ausflug

Von Potós führt eine asphaltierte Straße ins Inselinnere zum Bergdorf ***Theológos****, das in einem großen, dichten Waldgebiet liegt.*
Die Häuser des unter Denkmalschutz stehenden Dorfes sind in der traditionellen Inselarchitektur aus Bruchstein gebaut und mit Schiefer gedeckt, die ehemaligen Herrenhäuser mit schmiedeeisernen Balkongeländern und Holzveranden geschmückt. Einen Blick wert ist die Kirche des Heiligen Dimítrios. Theológos war bis ins 19. Jahrhundert die Hauptstadt der Insel und Heimatdorf des Revolutionsführers Chatzigiorgíos. Sehr schön ist es, hoch über den Dächern des Ortes auf der Terrasse einer Taverne zu sitzen und entspannt den Dorfkatzen beim Spielen zuzusehen.
Im Sommer verliert der Ort seinen ursprünglichen Reiz, wenn Reisebusse Touristen zum „griechischen Abend mit Musik und Tanz" nach Theológos bringen, aber außerhalb der Reisesaison ist der Ort weiterhin sehr reizvoll.

Von Potós führt die Inselstraße über **Pefkári** mit einer schönen Badebucht hinunter nach **Limenária**, dem zweitgrößten Ort der Insel.

Limenária Λιμεναρια

In den Sommermonaten ist der Ort stark besucht, dann sind Cafés, Restaurants, Straßen und Strände meist überfüllt. Aber außerhalb der Saison kann man die „griechische Atmosphäre" in den Tavernen, Cafés oder Bars an der neuen Hafenpromenade in aller Ruhe genießen. Die öffentlichen Gebäude wie Polizei, Post und Telefonamt O.T.E. und viele Geschäfte liegen dicht beieinander im Zentrum des Ortes. Limenária wurde im 19. Jahrhunderts gegründet, als die deutschen Firmen Krupp und Speidel die Schürfrechte der Erzvorkommen von Limenária erwarben und eine Siedlung für die Arbeiter und Angestellten bauten. Oberhalb der Ortschaft liegt die sogenannte „**Krupp-Villa**", die heute jedoch nicht mehr bewohnt ist; das Gebäude verfällt und wird von Gebüsch

An der Strandpromenade

überwuchert. Hübsch ist der **kleine Fischerhafen**, wo noch immer die bunt gestrichenen Fischerboote anlegen, die Fischer ihre Netze flicken und die fangfrischen Fische zum Kauf anbieten. Außer dem recht schmalen Ortsstrand gibt es etwas außerhalb im Westen des Ortes einen feinen Sandstrand.

Ausflug

Von Limenária führt eine unbefestigte Straße durch Olivenhaine und über teilweise verbrannte Berghügel zum 800 m hoch gelegenen Bergdorf ***Kástro****. Das Dorf war von seinen Bewohnern schon weitgehend verlassen, als neue Eigentümer aus Liménas und Kavála sich hier ansiedelten und die alten Steinhäuser restaurierten oder neue Wohnhäuser bauten. Interessant sind die kleine Kirche und der Friedhof mit dem Gebeinhaus. Die phantastische Sicht auf die kahlen Berghügel und die Ursprünglichkeit und Abgeschiedenheit des Dorfes entschädigen für die etwas mühsame Anfahrt.*

Die Küstenstraße führt an der weiten Bucht von Limenária entlang durch eine reizvolle Landschaft zum Ort **Skála Marión**, dem Hafen des am Berg gelegenen Dorfes Mariés. In der Umgebung gibt es einige schöne Sandstrände.

Ausflug

Skala Marion *ist der Ausgangspunkt für eine Fahrt ins landschaftlich sehr reizvolle, gebirgige Inselinnere, zur Ortschaft* ***Mariés*** *mit den Resten einer prähistorischen Siedlung sowie zu den Klöstern* ***Móni Panagías*** *und* ***Ágios Panteleímon****.*

reizvolle Bergdörfer

Die Hauptstraße führt weiter nach Norden zum Ort **Skála Kaliráchis**, der touristisch gut erschlossen ist. Von hier aus lohnt sich ein Abstecher zum 4 km entfernten Dorf **Kalirácchi** mit seinen alten Häusern in einer schönen Berglandschaft. **Skála Sotíros** ist der nächste Ort an der Inselstraße; 3,5 km landeinwärts liegt Sotíras, wo sich Überreste römischer Thermen befinden.

Die Inselstraße verlässt die Küste und führt weiter zur Ortschaft **Prínos** mit alten Häusern im traditionellen Stil. Von Prínos kann man über eine zwar asphaltierte, aber sehr kurvenreiche Straße zu den alten **Bergdörfern Mikró** und **Megáli Kazavití** fahren. Die Berglandschaft ist sehr eindrucksvoll mit ihren mächtigen Laub- und Nadelbäumen. Die Straße führt weiter zum Hafenort **Skála Prínou**, wo die Fährschiffe aus Kavála und Péramos anlegen. Im Ort herrscht rege Betriebsamkeit; alles ist auf die Ankunft oder Abfahrt der Besucher abgestimmt.

Die Küste zwischen Skála Prínou und der Inselhauptstadt ist dicht bebaut; überall gibt es wie in **Skála Rachóni** Hotels, Pensionen und Privatunterkünfte; an den Stränden mit feinem Sand- oder Kies gibt es gute Wassersportmöglichkeiten. Während in Skála Rachóni in den Sommermonaten reger Betrieb herrscht, geht es im nur 5 km entfernten Bergdorf **Rachóni**, das von Obstbaum- und Olivenhainen umgeben ist, sehr viel ruhiger zu. Sie können sich im Kafeníon am Dorfplatz ein wenig ausruhen und dann einen Spaziergang durch den kleinen Ort mit seinen alten, schiefergedeckten Häusern machen. Die Inselrundfahrt endet nach ca. 100 km in Thássos-Stadt.

Samothráki Σαμοθρακι (ⓘ s. S. 125)

Inseltelegramm Samothráki	
Größe	178 km², 3.500 Einwohner
Hauptort	Samothráki (Chóra), 2.000 Einwohner
Inselbeschreibung	gebirgige, wasserreiche Insel mit dichtem Waldbestand und mehreren, meist steinigen Stränden; touristisch noch wenig erschlossen, es bestehen Busverbindungen zwischen den Ortschaften
Lebensgrundlage der Bevölkerung	Landwirtschaft, Fischfang und etwas Fremdenverkehr
Sehenswürdigkeiten	das „Heiligtum der Großen Götter" in Paleópolis; der Mondberg; die Wasserfälle bei Kremasto

Samothráki ist durch eine raue Berglandschaft, dichte Wälder sowie viele Quellen und großen Pflanzenreichtum geprägt, aber es gibt auch einige, allerdings meist steinige Strände und schöne Badebuchten, die zum Schwimmen und Tauchen sehr geeignet sind. Allmählich entwickelt sich deshalb auch auf dieser Insel der Fremdenverkehr, der durch die vergleichsweise ungünstigen Verkehrsverbindungen (nur 2 x wöchentlich fährt ein Schiff ab Kavála) erschwert wird. Deshalb ist die Insel besonders für Besucher geeignet, die Ursprünglichkeit und Ruhe suchen, aber auch Wanderer und Bergsteiger, Naturfreunde, Vogelliebhaber, Wassersportler und archäologisch Interessierte kommen auf ihre Kosten.

Trotz der geringen Flächenausdehnung erreicht die wild zerklüftete Bergkette, die die Insel von Westen nach Osten durchzieht, im **Fengári**, dem Mondberg,

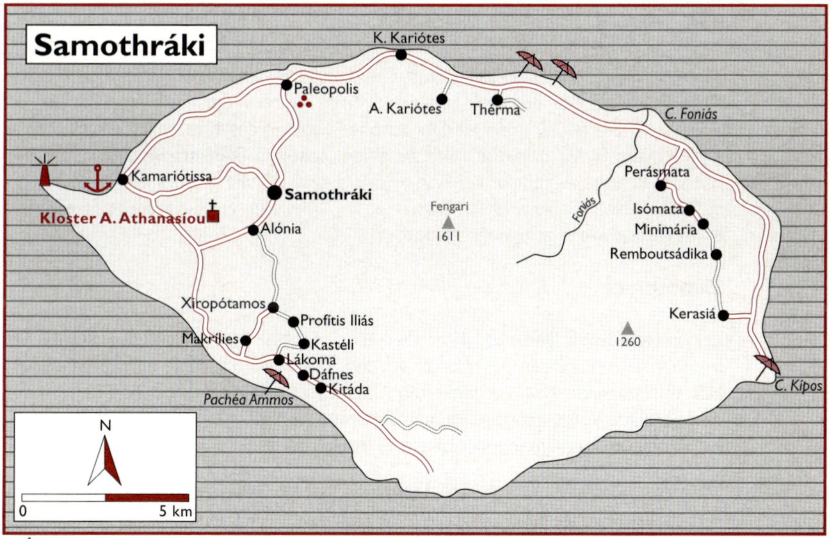

eine Höhe von 1.611 m. An den Nordhängen des Fengári wachsen dichte Eichenwälder, der Boden ist von Farnen bedeckt. Von den einstmals großen Wildbeständen leben nur noch wenige Tiere in den Bergen.

Geschichte der Insel

Bedeutung des Kabiren-Kults

Die Besiedlung der Insel reicht bis in die Jungsteinzeit (6. Jahrtausend v. Chr.) zurück; um 700 v. Chr. gründeten griechische Einwanderer aus Lesbos die Stadt Paleópolis. Im 4./5. Jahrhundert v. Chr. gewann der **Kabiren-Kult** an Bedeutung; besondere Förderung erfuhr das Heiligtum durch die Makedonen-Könige und die Diadochen. In der römischen Epoche wurde die Insel hochgeschätzt; in byzantinischer Zeit entstanden zahlreiche frühchristliche Kirchen. Später gelangte die Insel in genuesischen Besitz, wovon noch heute die Ruinen der starken Festung Chóra und eine kleine Befestigungsanlage in Paleópolis zeugen.

Nach der Inbesitznahme durch die Türken im Jahre 1456 verlor die Insel an Bedeutung; im griechischen Freiheitskampf 1821 und in den Balkankriegen des 20. Jahrhunderts war Samothráke ein wichtiger Stützpunkt. Seit 1912 gehört auch diese Insel zu Griechenland.

Sehenswertes auf Samothráki

Ausgangsort zur Erkundung der Insel ist der Hafenort Kamariótissa, von wo aus drei asphaltierte Straßen nach Samothráki (Chóra), zur Nordküste und entlang der Westküste führen. Das Inselinnere und der Südosten der Insel sind teilweise nur auf unbefestigten Wegen zu Fuß, mit dem Moped oder dem Esel zu erreichen.

Kamariótissa Καμαριοτισσα

ist ein lebhaftes Hafenstädtchen mit Geschäften, Restaurants, Hotels und etlichen Privatzimmern. Bei der Ankunft der Fähren warten die Vermieter bereits auf Gäste und bieten Zimmer an. Ein schöner Spaziergang führt nach Akrotirí, dem westlichsten Punkt der Insel, und zu einem schönen Badestrand. Unterwegs bieten sich schöne Ausblicke auf Kamariótissa und auf die hoch aufragenden Berge des Sáos-Gebirges. Vom Hafen Kamariótissa führt eine gut ausgebaute Straße zum 6 km landeinwärts gelegenen Hauptort

Samothráki,

der auch **Chóra** genannt wird. Der Ort, der im Mittelalter zum Schutz vor fremden Eindringlingen gegründet worden war, liegt malerisch am Berghang und lädt mit seinen engen, verwinkelten Gassen, den frisch geweißten Häusern mit den winzigen Vorgärten und kleinen Tavernen zu einem kurzen Aufenthalt ein. Es gibt einige Privatzimmer, jedoch keine Hotels.

1999 wurde das **Museum für Volkskunde**, *Tel.: 25510-41 227,* neu gestaltet, *Öffnungszeiten im Sommer täglich 9–14 Uhr und 17–21 Uhr.* Ausgestellt sind alte landwirtschaftliche Geräte und Werkzeuge, Einrichtungsgegenstände der vergangenen Jahrhunderte und traditionelle Kleidungsstücke. Ein Spaziergang führt hinauf zu den Überresten der genuesischen Befestigungsanlage, der ehemaligen Gattilusiburg.

An der Nordküste der Insel führt die asphaltierte Straße von Kamariótissa zur größten archäologischen Sehenswürdigkeit Samothrákis, zum „Heiligtum der Großen Götter" in Paleópolis.

Paleópolis Παλεοπολις

Das Ausgrabungsgelände von Paleópolis (das bedeutet: Alte Stadt) befindet sich in hügeligem Gelände vor hoch aufragenden Bergen. Schon 1863 wurde hier mit den Ausgrabungsarbeiten begonnen, die zunächst von Österreichern, dann vom Amerikanischen Archäologischen Institut durchgeführt wurden. Bei den Grabungen konnte das gesamte „Heiligtum der Großen Götter" freigelegt werden.

„Geflügelte Nike"

Im **Archäologischen Museum** steht eine Kopie der **„Geflügelten Nike"**, das Original zählt zu den kostbarsten Schätzen des Louvre. Das Museum zeigt außerdem Funde aus dem Heiligtum der Großen Götter: Skulpturen, Keramiken, Vasen aus Terrakotta, Schmuckstücke, Votivgaben und Weihgeschenke aus den Gräbern. Interessant ist auch die Rekonstruktion der wichtigsten Gebäude des Heiligtums. Außer den Ausgrabungen des Heiligtums in Paleópolis kann man noch eine Befestigung, das sogenannte **Ruinen-Viereck**, besichtigen, die im Mittelalter aus den Bausteinen des Heiligtums errichtet worden war. Außerdem sieht man Überreste der mächtigen **Stadtmauern** aus archaischer und hellenistischer Zeit.

Die Straße führt im weiteren Verlauf nach Thérma und bietet sehr schöne Ausblicke auf das Meer und auf die hoch aufragenden Berge. Neben Kamariótissa und Chóra ist **Thérma/Loutrá** mit seinem kleinen Hafen der beliebteste Ort der Insel. Hier können Sie in den Kafenía und Tavernen im Schatten alter Platanen sitzen und das Dorfleben beobachten oder sich im 40–60 °C warmen Wasser des Thermalbades entspannen, das vom Wasser der nahe gelegenen Schwefelquelle gespeist wird. Thérma ist der Ausgangsort einiger schöner Wanderungen, z. B. zu den sehenswerten Wasserfällen von Foniás, oder einer Tageswanderung hinauf zum 1.611 m hohen Berg Fengári (Mondberg).

Aufstieg auf den „Mondberg"

Der Weg zu den **Wasserfällen von Foniás** führt an einem Bachlauf entlang und durch einen schönen Wald mit alten Eichen und riesigen Platanen bis zum Wasserfall, der sich aus etwa 20 m Höhe in die Tiefe stürzt. Im „Becken" können Abgehärtete im etwa 15 °C warmen Wasser schwimmen. Der **Fengári** (**Mondberg**) ist mit 1.611 m Höhe der höchste Berg der Insel; Aufstiegsmöglichkeiten gibt es ab **Chóra** oder **Thermí** (ca. 3 Stunden je Wegstrecke) oder von Süden her ab Profitis Elias (ebenfalls ca. 6 Stunden). Bei klarem Wetter kann man von der Höhe die Gipfel des Áthos erkennen, und nach Osten geht der Blick bis zur türkischen Küste. Schon Homer erzählt, dass Poseidon von diesem Berg aus den Kampf um Troja beobachtet habe.

INFO Informationen zum „Kult der Großen Götter"

Die Insel war im Altertum durch den hier beheimateten Kult der Großen Götter, den **Kabiren-Kult**, berühmt. Heute kennt man zwar durch Ausgrabungsfunde, durch Textstellen antiker Autoren und durch Vergleiche mit anderen bekannten Kulten einige Einzelheiten, aber das Wesentliche dieses geheimnisvollen Mysterienkultes ist noch immer weitgehend unerforscht. Der „Kult der Großen Götter" ging auf thrakische Erd- und Fruchtbarkeitsgötter zurück: verehrt wurden die Große Mutter **Axieros**, der Gott **Kadmiros** und das jugendliche Zwillingspaar der **Kabiren**. Die Griechen übernahmen diese Gottheiten und fügten ihnen noch die Götter der Unterwelt **Hades** und **Persephone** hinzu.

Die Kabiren wurden zu Schutzgöttern der Seefahrer. Die Mysterien der Großen Götter waren in der ganzen griechischen Welt bekannt und genossen großes Ansehen. Sie ähnelten den Mysterien von Eleusis, denn auch auf Samothráke erhofften sich die Menschen von der Einweihung in die Mysterien ein glückliches irdisches Leben und ein zufriedenes Dasein nach dem Tode.

Dieser Einweihung konnten sich alle Menschen unterziehen, da nicht nur Griechen, sondern auch Angehörige

Samothráki
Das Heiligtum der Großen Götter

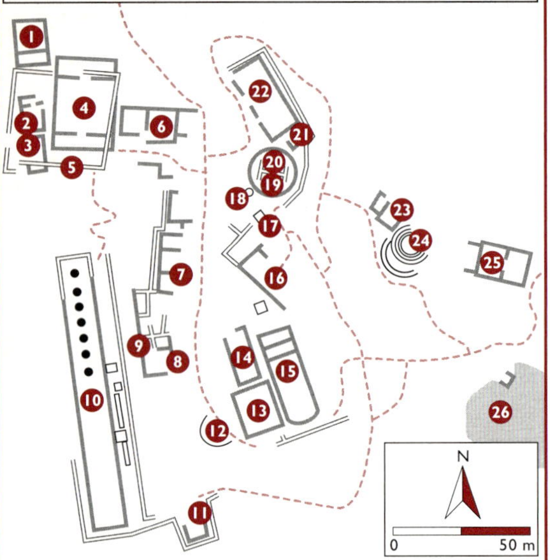

- 1-3 Späthellenistische Gebäude
- 4 Unvollendeter frühhellinistischer Bau
- 5 Byzantinisches Fort
- 6 Stiftungsbau einer Milesierin
- 7 Speisezimmer
- 8 Räume unbestimmten Verwendungszwecks
- 9 Nische
- 10 Stoá
- 11 Nikebrunnen
- 12 Theater
- 13 Altarhof
- 14 Halle der Weihgeschenke
- 15 Hieron
- 16 Heiliger Bezirk (Temenos)
- 17 Altar der Hekate
- 18 Heiliger Fels
- 19 Tholos der Arsinoë
- 20 Archaischer Bezirk (7. Jh.)
- 21 Sakristei, Heiliges Haus
- 22 Anaktoron
- 23 Den Großen Göttern von Philipp III. und Alexander IV. geweihter Bau
- 24 Versammlungsstätte
- 25 Propylon Ptolemaios II.
- 26 Südliche Nekropole

anderer Volksstämme, ja sogar Sklaven, Frauen und Kinder, zugelassen waren. Die Einführung in die Mysterien vollzog sich in 2 Graden:
1. die Einweihung (**Myisis**)
2. die Wahrnehmung (**Epopteia**), die ohne Wartezeiten aufeinander folgen konnten.

Die Feiern fanden nachts bei Fackellicht statt; jeder Gläubige trug eine tönerne Öllampe mit den Initialen der Großen Götter. Die Einweisung in den 1. Grad erfolgte öffentlich im „**Anaktoron**". Dabei erhielt jeder Gläubige ein großes Tuch, das die Kraft haben sollte, ihn vor Gefahren zu bewahren, und einen eisernen Ring, der als Amulett getragen wurde. Nach der Einweihung durfte der Myste das innere Heiligtum betreten, wo ein Priester ihm heilige Symbole zeigte und ihn bei rituellen Handlungen anleitete. Die Einweihung in den 2. Grad geschah im „**Hieron**": sie war wieder mit einer rituellen Reinigung und der Schau heiliger Gegenstände verbunden. Der Eingeweihte sollte dadurch in seinem Entschluss bestärkt werden, ein moralisch einwandfreies Leben zu führen.

An den Mysterien von Samothráke nahmen viele berühmte Menschen teil. So sollen auch **Platon**, **Aristophanes**, **Philipp II. von Makedonien** (der dabei – nach Herodot – seine Frau **Olympias**, die Mutter Alexander des Großen, kennen lernte) und Kaiser **Hadrian** eingeweiht worden sein.

Bedeutung der wichtigsten Bauwerke			
	Bauwerk	*Entstehungszeit*	*Bedeutung*
1	**Anaktoron**	6. Jh. v. Chr.	Einweihung, Heilige Wohnung
2	**Saal für Weihgeschenke**	6. Jh. v. Chr.	Aufbewahrung der Votivgaben
3	**Hieron**	6. Jh. v. Chr., Fassade aus dem 4. Jh. v. Chr., Giebel aus dem 2. Jh. v. Chr.	Einweisung in die 2. Stufe
4	**Propylon**	3. Jh. v. Chr.	Weihinschrift von König Ptolemaios II. und seiner Frau Berenike
5	**Arsinoeon**	289–281 v. Chr.	größter überdachter Rundbau der Antike auf griechischem Boden mit 20 m Durchmesser
6	**Temenos**	4. Jh. v. Chr.	„Heiliger Bezirk"; festliche Aufführung des Heiligen Dramas
7	**Theater**	2. Jh. v. Chr.	Aufführungen antiker Dramen
8	**Stoá**	3. Jh. v. Chr.	mit Denkmälern geschmückte Wandelhalle
9	**Nike-Brunnen**	3. Jh. v. Chr.	1863 wurde in diesem Votivbau die berühmte Statue der „Geflügelten Nike von Samothráki" entdeckt
10	**antiker Friedhof**	Gräber 7.–2. Jh. v. Chr.	

Weitere Sehenswürdigkeiten und Ausflugsmöglichkeiten

Am besten lernt man die Insel auf Spaziergängen kennen, die zu den kleinen, oft versteckt liegenden Dörfern führen. Meist gibt es auch in den abgelegensten Ortschaften eine Taverne zum Ausruhen:

• **Alónia**, nur eine kurze Wegstrecke von Chóra entfernt, zieht an den Wochenenden mit drei traditionellen Kafenía und einem Restaurant viele Besucher an;

• **Profítis Ilías**, der höchst gelegene Ort Samothrákis, ist ein beliebtes Ausflugsziel mit einer bekannten Taverne, die täglich frischen Fisch, aber auch Fleischgerichte vom Holzkohlengrill anbietet; am 20. Juli wird zu Ehren des Propheten Ilias das große Inselfest mit Essen, Wein und Tanz gefeiert;

• **Lákoma** liegt inmitten von Olivenhainen an der Straße, die nach Pachéa Ammos, dem schönsten Strand der Insel, führt. An der Straße können Sie die Überreste der alten Ölmühlen sehen.

Bienenkästen am Wegesrand

Sandstrände und organisierte Bootsausflüge

Die **Südküste bei Kremastó** mit ihren steilen Granitfelsen ist nur mit dem eigenen Boot oder auf einem der organisierten **Bootsausflüge** zu erreichen, die ab Thérma angeboten werden. In anderen Ortschaften kann man mit den Fischern Abfahrtszeiten und Preise vereinbaren; die Fahrt dauert bei ruhiger See ab Kamariótissa etwa 4 Stunden. Mit etwas Glück können Sie auf diesen Fahrten Kormorane oder sogar auch Mittelmeerrobben beobachten.

Die Strände

Die Strände auf Samothráki sind meist grobkieselig oder steinig, das Wasser aber ist sehr sauber und zum Schwimmen bestens geeignet.

• Der einzige Sand- bzw. sehr feinkieselige Strand liegt bei ***Pachéa Ámmos****. Es ist ein sehr schöner, ca. 700 m langer Badestrand im Süden der Insel, der im Sommer mit Booten und Bussen angefahren wird. Außerdem führt von Lákoma eine asphaltierte Straße zum Strand, wo es auch ein Restaurant und Übernachtungsmöglichkeiten gibt. Oberhalb des Strandes, auf einem steilen Felsen, liegt die kleine* ***Kapelle Panagía Kremniótissa****. Von dort können Sie einen herrlichen Blick auf das Meer und die Berge genießen.*

• Der größte Strand liegt bei ***Ákros Kípos*** *im Südosten. Eine asphaltierte Straße führt zum dunklen Kiesstrand, der allerdings keinen Schatten bietet, dafür aber auch im Hochsommer noch nicht überlaufen ist.*

Límnos Λιμνος (ⓘ s. S. 125)

Inseltelegramm Límnos	
Größe	478 km², 25.000 Einwohner
Hauptort	Mírina
Inselbeschreibung	stellenweise fruchtbare, sonst mit viel Macchia überzogene Insel mit guten Badestränden, starker Präsenz des griechischen Militärs und vergleichsweise wenig Fremdenverkehr
Lebensgrundlage der Bevölkerung	Landwirtschaft
Sehenswürdigkeiten	der Ort Mírina; das Kabiren-Heiligtum; die kleinen Inseldörfer

Im Gegensatz zum waldreichen Samothráki ist Límnos geprägt von Obst- und Weingärten. Die Insel ist besonders im östlichen Teil, der aus vulkanischem Felsgestein besteht, sehr fruchtbar und wird landwirtschaftlich genutzt.

Inselbeschreibung

Obwohl Límnos zahlreiche schöne Badebuchten und Strände besitzt, wird die Insel von Touristen relativ wenig besucht. Ein Grund dafür ist, dass die Inseldörfer mit Hotels, Pensionen oder Privatquartieren nicht direkt an der Küste liegen, so dass die Strände meist erst nach längerem, etwa 15–20-minütigem Fußweg oder über schlechte Schotterwege mit dem Fahrzeug erreichbar sind. Ein weiterer Grund ist die Präsenz des griechischen Militärs, das aufgrund der Nähe zur Türkei auf Límnos stark vertreten ist. So liegt im Norden und Osten der Insel militärisches Sperrgebiet; viele Buchten, die optisch zum Baden einladen, sind umzäunt oder sogar vermint. Wer aber die Unannehmlichkeit des längeren Anmarsches bzw. Anfahrtsweges nicht scheut, statt dessen den Aufenthalt unter Griechen genießt, findet auf Límnos in den von Bäumen und Gärten umgebenen Dörfern gute Möglichkeiten für einen erholsamen Badeaufenthalt.

Geschichte der Insel

Die Insel war schon in antiker Zeit besiedelt; eine der ältesten Siedlungen des ägäischen Raumes (Poliochni), deren Bewohner wahrscheinlich **Pelasger** waren, wurde östlich der Hafenstadt Moúdros freigelegt. Die Geschichte von Límnos berichtet von ständig wechselnden Herrschaften seit der römischen Zeit. Von 1202–1269 war die Insel im Besitz der Venezianer, die die Hauptstadt durch eine mächtige Festung sicherten; der Zugehörigkeit zum Byzantinischen Reich folgten die Herrschaft der Genueser und später erneut der Venezianer, bis Límnos 1479 von den Türken erobert wurde. Die türkische Herrschaft endete erst 1912, und seit 1920 gehört Límnos wieder zu Griechenland.

Sehenswürdigkeiten der Insel

Die stark gegliederte, buchtenreiche Insel ist vor allem durch die beiden großen Buchten Pourniás und Moúdros geprägt. Vom Hauptort Mírina führen asphaltierte

Die Inselhauptstadt breitet sich unterhalb der venezianischen Festung aus

Straßen in alle größeren Ortschaften; die Hauptstraße der Insel verbindet Mírina mit dem Flughafen und Moúdros.

Die Inselhauptstadt **Mírina** liegt malerisch an zwei Buchten. Wenn das Schiff in den Hafen einläuft, zeigt der Ort sich freundlich und einladend mit einer Reihe gemütlicher Tavernen an der Hafenmole. Die Hafenbucht ist durch einen Felsenvorsprung gekennzeichnet, um den herum sich die Stadt ausbreitet und auf dessen Höhe sich die **venezianische Festung** aus dem 13. Jahrhundert erhebt. Der Aufstieg zur Burg wird mit einer sehr schönen Aussicht über die Insel belohnt. Im Ort mit seinen engen, kopfsteingepflasterten Gassen und den alten Kapitänshäusern mit ihren Holzveranden gibt es alle notwendigen Geschäfte und öffentlichen Einrichtungen; das Leben spielt sich vor allem am Hafen ab.

Obwohl Mírina eine lange Geschichte hat, gibt es nur wenige Sehenswürdigkeiten aus der Vergangenheit. Interessante Funde gibt es im **Archäologischen Museum**, das in einem stattlichen Herrenhaus eingerichtet wurde. Die Funde stammen sämtlich von Límnos und geben in ihrer chronologischen Anordnung einen guten Überblick über die Geschichte der Insel.

Im **Byzantinischen Museum** sind Ikonen, Fresken und liturgische Gerätschaften und Gewänder ausgestellt.

Inselrundfahrt

Es gibt keine spektakulären Sehenswürdigkeiten auf Límnos, aber es ist doch reizvoll, die kleinen Inseldörfer mit ihren alten Kirchlein, stattlichen Herrenhäusern, den schönen Dorfplätzen und herrlichen Ausblicken auf das Meer zu besuchen und die dörfliche Atmosphäre in einem der traditionellen Kafenía kennen zu lernen.

- **Kondiás** ist ein nettes Feriendorf inmitten eines kleinen Kiefernwäldchens mit einer Kapelle und den Stümpfen alter Getreide-Windmühlen; etwa 3 km entfernt liegen einige Sandstrände, zum Teil mit starker Brandung.

alte Herrenhäuser

- **Város**: die alten Herrenhäuser aus dem 19. Jahrhundert vermitteln einen Eindruck vom Wohlstand jener Zeit; Restaurants am Dorfplatz bieten frischen Fisch und Wein von Límnos.
- **Atsikí**: der Glockenturm der Kirche Ágios Geórgios und der alte Dorfbrunnen sind Zeichen der Steinmetzkunst, die hier seit Generationen ausgeübt wird. Der Ort hat einige sehr gute Fischtavernen und ist wegen des schönen Ausblicks auf die Poúrnias-Bucht sehr beliebt. In der Nähe liegt der Strand von Ágios Ermoláos mit schönen Badebuchten.

- **Repanídi** ist eines der ältesten Dörfer von Límnos mit typischen Steinhäusern des 19. Jahrhunderts.
- **Moúdros** ist der zweitgrößte Ort der Insel. Der freundliche Hafenort, der sich hügelaufwärts zieht, entwickelt sich zu einem beliebten Ferienort mit Hotels, Restaurants, netten Fischtavernen und den Stränden Àgios Pávlos, Fanaráki und Chavoúli. Ein Spaziergang führt zur sehenswerten Taxiarchen-Kirche aus dem Jahre 1370 mit ihren schönen Holzschnitzereien und hinauf zu den Ruinen der Festung Paleókastro. An der Inselhauptstraße liegt neben dem dörflichen Friedhof der „Englische Friedhof" mit Gräbern der Aliierten.
- **Kamínia**: der kleine, schön gelegene Ort hat einen alten Steinbrunnen und eine Kirche mit Glockenturm, die auf den Ruinen einer älteren Kirche gebaut wurde.
- **Políochni:** der Weg zu den Ausgrabungen von Políochni ist von Moúdros (6 km) her ausgeschildert; der Ort ist über eine asphaltierte Straße zu erreichen. Die archäologische Stätte liegt gleich am Orteingang, *Öffnungszeiten: im Sommer täglich 8–19 Uhr, Mo geschlossen.*

Die Ausgrabungen wurden seit 1930 von der Italienischen Archäologischen Schule in Athen durchgeführt und legten Siedlungen aus der Jungsteinzeit und der Bronzezeit frei. Die Siedlung war von einer 5 m hohen Steinmauer umgeben. Innerhalb der Stadtmauer gab es ein Straßennetz mit sich rechtwinklig kreuzenden Straßen und kleine Plätze mit Brunnen. Die großen, geräumigen Häuser waren in großen Blöcken angeordnet.

- **Kallíópi**: der kleine Ort, der erstmals im 12./13. Jahrhundert erwähnt wurde, hat einen netten Hafen und einen kleinen Strand.
- **Kondópouli**: im Ort gibt es einige Töpfereien und landestypische Tavernen. In der Nähe liegen die beiden einzigen Seen von Límnos, Áliki und Chortarolímni, an deren Ufern Flamingos überwintern.

Im Ort ist der Weg zum Kabirenheiligtum und zur antiken Stadt Hephaisteia ausgeschildert (Sanctuary of Kabeirioi and Hephaistia).

Kabiren-Heiligtum

Das **Kabiren-Heiligtum** der antiken Stadt **Hephaisteia** wurde 1937 im Norden der Insel, an der Pournias-Bucht, freigelegt. Außer Überresten der Stadt wurden Gräber des 8.-6. Jahrhunderts v. Chr., eine Wandelhalle (Stoá), Reste eines Theaters aus dem 5. Jahrhundert v. Chr. und Tempelreste ausgegraben. Die Funde der seit 1926 durchgeführten Grabungen des Italienischen Archäologischen Institutes befinden sich im Museum von Mírina und im Nationalmuseum von Athen. *Öffnungszeiten der Ausgrabungsstätte: Täglich 9–15.30 Uhr, Mo geschlossen.*

- **Pláka**: traditionelles Fischerdorf mit kleinem Hafen und geringen Überresten einer Burg und der älteren Siedlung Vriokástro.
- **Katálakos**: beliebtes Ausflugsziel mit mehreren Kafenía und Tavernen, in denen inseltypische Gerichte serviert werden.
- **Kornós**: der Ort ist bei den Einheimischen vor allem wegen des „Tsipouro" bekannt, der wegen seiner guten Qualität sehr geschätzt wird. Im Ort gibt es noch einige alte Herrenhäuser, die von Inselbewohnern nach ihrer Rückkehr aus Ägypten gebaut worden waren. In der Nähe liegen die schönen Strände von Ágios Ioánnis.

- **Káspakas**: das Dorf mit alten, Schatten spendenden Platanen liegt am Fuße des Berges Ágfios Athanásios; ein Spaziergang führt zu zwei Wasserfällen, deren Wasser aus 15 m Höhe herunter stürzt.

Strände

Da es sich um militärisches Sperrgebiet handelt, sind einige Strandgebiete eingezäunt; Fotografieren ist an den meisten Stränden verboten.

- *In **Mírina** und in der näheren Umgebung gibt es Badebuchten mit schönen Sandstränden, Bäumen, sanitären Einrichtungen und einigen Kinderspielgeräten; weitere Strände gibt es z. B. bei:*
- ***Ágios Ioánnis:** Sand- und Kiesstrände, Schattendächer (2 km zum Strand), Umkleidekabinen und Tavernen;*
- ***Kondiás**: hoch gelegener Ort; lange Sandstrände (3 km zum Strand), z.T. mit Brandung*
- ***Platí**: schöner langer Sandstrand mit Umkleidekabinen und Duschen, Taverne und einige Privatquartiere, in denen vorwiegend Griechen Urlaub machen, 15–20 Minuten Fußweg vom Ort zum Strand*

Der Hafen ist der Mittelpunkt von Mírina

- ***Thános**: sauberer Sandstrand, von Wiesen und Feldern umgeben, das hoch gelegene Bergdorf liegt etwa 2 km vom Meer entfernt*
- *Daneben gibt es noch zahlreiche sehr schöne Buchten, die teilweise jedoch vermint sind. Achten Sie bitte daher unbedingt auf die aufgestellten Hinweisschilder! Die abgelegeneren Strände haben keine Schattendächer, Duschen oder Tavernen, fast überall aber gibt es Umkleidekabinen.*

Ausflüge

*In der Hochsaison werden von Fischern Bootsfahrten zur kleinen Insel **Ágios Efstrátios** und gelegentlich auch zum **Berg Áthos** durchgeführt. Diese Fahrten sind auf den Tafeln am Hafen angezeigt.*

Westmakedonien

Westmakedonien ist geprägt durch lange Gebirgsketten mit dicht bewaldeten Hängen, breite Flüsse, die von steinernen Brücken überspannt werden, Wasserfälle, tiefe Schluchten und weite Täler mit großen Pfirsich-, Kirsch- und Apfelbaumplantagen. Es gibt wunderschöne Seen und Naturschutzgebiete, stille Fischerdörfer, byzantinische Kirchlein, Weinanbaugebiete und bekannte Wintersportzentren.

Redaktions-Tipps

- Machen Sie einen Spaziergang durch den üppig blühenden Ort **Édessa** und zum großen Wasserfall (S. 363ff)!
- Besuchen Sie das Naturschutzgebiet der **Préspa-Seen** (S. 366ff) mit seinem großen Pflanzen- und Tierreichtum!
- Machen Sie in **Kastoriá** einen Stadtrundgang, besichtigen Sie die alten Patrizierhäuser und schauen Sie bei der Pelzverarbeitung zu (S. 369ff)!
- Besuchen Sie in **Katafígio** das neue Alexis-Sorbas-Museum (S. 373)!

Édessa Εδεσσα und Umgebung (ⓘ s. S. 125)

Der Ort **Édessa** liegt auf einem halbkreisförmigen Plateau vor den Höhen des Vérmion-Gebirges und zählt zu den schönsten Ortschaften Nordgriechenlands. Besonders sehenswert ist der bekannte Wasserfall im Norden der Stadt. Édessa wird von vielen kleinen Bachläufen durchzogen, die der Stadt den Namen gaben (Vodena = Édessa = Wasser). Die Stadt hat als Hauptumschlagsort der Obsternte und als Zentrum der Konservenindustrie wirtschaftliche Bedeutung.

Geschichte der Stadt

Thrakische Stämme waren die ersten Siedler in Édessa, das im Altertum den Namen Aigaí trug. Nach den neuesten Ausgrabungsergebnissen von Vergína muss jedoch die Annahme, dass Édessa der alte makedonische Königssitz Aigai gewesen sei, angezweifelt werden, denn die Funde in Édessa weisen nur auf eine kleine Siedlung hin. Erst im 4. Jahrhundert, während der Herrschaft Philipp II., wurde die Stadt zur Hauptstadt Makedoniens. 168 v. Chr. wurde Édessa von den Römern erobert und in römischer Zeit zu einer Festung ausgebaut, die wegen ihrer verkehrsgünstigen Lage an der Via Egnatia an Bedeutung gewann. Im Laufe der Jahrhunderte wurde die Festung immer wieder umkämpft, die Stadt fiel in den Besitz von Slawen und Türken. Seit 1912 gehört Édessa zu Griechenland.

Sehenswürdigkeiten

Édessa, die wasserreiche Stadt

Wie sehr Édessa vom Wasser geprägt ist, zeigt sich bei jedem Spaziergang durch den hübschen Ort, den viele schmale Bachläufe durchziehen, die von kleinen Brücken überspannt werden. Die Bäche versorgen die Stadt, in der etwa 15.000 Menschen leben, auch im Sommer noch mit genügend Wasser, so dass an den Straßen prachtvoll blühende Oleanderbüsche, Hibiskushecken und Rosensträucher leuchten. Es ist ausreichend Wasser da für kleine Grünanlagen mit Springbrunnen, Granatapfel- und Feigenbäume, blühende Vorgärten und Schatten spendende Platanen im Stadtgarten.

Die größte Sehenswürdigkeit der Stadt ist der berühmte **Wasserfall** im Norden der Stadt; der Weg dorthin ist vom Zentrum aus ausgeschildert. Von einem kleinen Parkplatz aus, auf dem Händler Erfrischungen und Souvenirs anbieten, führt ein schmaler Weg zum Wasserfall-Park. Durch Erosion und Witterung entstanden eine Vielzahl kleiner und großer Wasserfälle, die in Kaskaden vom Hang strömen. Der **große Wasserfall** „Karanos“ stürzt aus 25 m Höhe steil herab und wird malerisch vom Grün der Granatapfel-, Feigen- und Mandelbäume eingerahmt. Eine besondere Attraktion ist es, sich unter die Kaskade zu stellen, die Wassermassen herunterstürzen zu hören, wie durch einen Schleier zu sehen und doch nur ein paar Wasserspritzer abzubekommen. Unterhalb des Kataraktes liegt eine kleine **Tropfsteinhöhle**, in die man etwa 20 m weit hineingehen kann.

Schön ist auch der oberhalb gelegene kühle und schattige **Stadtpark** mit Aussichtpavillons und mächtigen, alten Bäumen. Eine schöne Aussicht bietet sich vom **Erzbischöflichen Palais**, wo an der Stelle eines antiken Tempels die Kirche **Koimisistis Panagías** liegt. In der mittelbyzantinischen Metropolis sehen Sie Wandmalereien aus dem 11.–14. Jahrhundert.

archäologische Funde

Von der antiken Stadt sind Überreste der Akropolis zu besichtigen. Da die alte hoch gelegene Stadt aber weitgehend überbaut wurde, wurden die Ausgrabungsarbeiten überwiegend in der Unterstadt „Longos“ durchgeführt. Dabei konnten Überreste einer bis zu 5 m hohen Stadtmauer mit Toren und Türmen aus dem 4. Jahrhundert v. Chr. und Fundamente hellenistischer Wohnhäuser freigelegt werden. Sehr schön ist der Blick über die gut erhaltene Säulenreihe der römischen „Via Colonnata“ über die weite Ebene bis zur heutigen Stadt. Das Gelände finden Sie an der Straße nach Pélla, ausgeschildert nach „Longa“. Das **Museum** wurde in der „Yeni Cami-Moschee“ eingerichtet, einem türkischen Gebäude aus dem 19. Jahrhundert. Die archäologische Sammlung umfasst vor allem die Ausgrabungsfunde aus Longos, Ton- und Glasgefäße sowie Inschriften aus hellenistischer und römischer Zeit; leider ist das Museum seit mehreren Jahren geschlossen.

Ausflug zum Vegorítis-See

Wegstrecke: Von Édessa aus folgen Sie der Ausschilderung nach Arníssa und Flórina. Sie erreichen auf der Straße nach Flórina nach etwa 22 km, den ***Vegorítis-See*** *(540 m ü.M.), der mit 80,5 km^2 bei einer maximalen Breite von 8 km und einer Länge von 13 km einer der größten und auch schönsten Seen Griechenlands ist. Er ist bis zu 50 m tief und wegen seines Fischreichtums bekannt und als Ausflugsziel beliebt. Der Zugang zum See ist nicht leicht zu finden; am besten gelingt es von* ***Arníssa*** *aus, das inmitten eines großen Obstanbaugebietes liegt. Im Ort gibt es Geschäfte, kleine Tavernen und Übernachtungsmöglichkeiten in Privatzimmern und einem Hotel. Auch in den Sommermonaten kommen nur wenige Touristen her, die die Ruhe und ein Bad im See genießen.*

lohnendes Ausflugsziel

Im Norden des Vegorítis-Sees, in der Nähe von **Arníssa**, liegt eine kleine Insel, auf der Reste einer Moschee, zwei prähistorische Siedlungsstätten und Mauern aus römischer Zeit zu finden sind. Der Überlieferung nach soll die Moschee Mittelpunkt eines Dorfes gewesen sein, das heute versunken ist. Die Hauptstraße führt nördlich am Vegorítis-See vorbei; nach 29 km erreichen Sie den Ort **Vévi** und nach weiteren 20 km den Ort **Flórina**.

Hinweis

Eine Streckenalternative bietet sich für die ***direkte Weiterfahrt nach Kastoriá*** *an: Vom Vegorítis-See verläuft am westlichen Seeufer eine Straße, die weiter durch das Bergland über Amíndeo, Rodónas, Léchovo und Vérga nach Kastoriá führt. Eine Unterbrechung der Fahrt lohnt sich in* ***Aetós****, sehr schöne Übernachtungsmöglichkeiten gibt es in Nimféo.*

Bären in Griechenland

In der Nähe von Aetós befindet sich das „**Arcturus Bär Zentrum**", *Tel.: 23860-41 500*, wo innerhalb eines weitläufigen, aber eingezäunten Waldgebietes einige Braunbären leben, die zuvor aus Gefangenschaft befreit worden oder verletzt gefunden und in der Klinik im nahe gelegenen Ort Fanós behandelt worden waren.

Im Ort Agrapidiés zweigt eine Straße zum Dorf **Nimféo** (ⓘ s. S. 125) ab. Nur knapp 250 Menschen leben in dem kleinen, 1.350 m hoch gelegenen Dorf, das sich mit seinen kopfsteingepflasterten Gassen und den alten Steinhäusern seinen ursprünglichen Reiz bewahrt hat und sich erst allmählich dem Fremdenverkehr öffnet. Das Dorf ist bekannt für sehr schöne Silber- und Goldschmiedearbeiten, die hier angefertigt werden. Ruhe Suchende können in alten, sehr noblen Herrenhäusern übernachten, die nach der Restaurierung wieder im traditionellen Stil eingerichtet wurden. Zu den sehenswerten Gebäuden von Nimféo gehören die Nikios-Schule mit ihrem schönen Uhrenturm und das Herrenhaus „Archontikó Míssiou" mit reichen Wandmalereien an Decken und Wänden. Das Reitzentrum (Kéntro Ipassías, *Tel.: 23860-31 132*) bietet organisierte Reitausflüge zu den umliegenden Ortschaften an, die durch eine sehr schöne Berglandschaft führen.

Flórina Φλορινα und Umgebung

(ⓘ s. S. 125)

Flórina ist mit 11.200 Einwohnern die letzte größere Ortschaft vor der Grenze Mazedoniens (FYROM), die nur 18 km entfernt ist. Der Ort liegt in 680 m Höhe und ist wegen seines guten und auch im Sommer angenehmen Klimas bekannt. Das Stadtbild, das noch vor wenigen Jahren vor allem durch alte türkische Häuser geprägt war, wird zunehmend durch Neubauten verändert, da die Stadt sich durch die Ansiedlung von Handwerksbetrieben und durch die Obstkonservenindustrie ständig vergrößert. Mittelpunkt des Ortes ist der Hauptplatz, an dem die Geschäftsstraßen zusammenstoßen und sich am Abend die Bewohner zur Volta treffen.

Der Stadtbrunnen von Flórina

Flórina verfügt über gute Unterkunftsmöglichkeiten. Diese können im Sommer genutzt werden, wenn man Flórina als Ausgangsort für die Fahrt zu den Préspa-Seen wählt; im Winter bieten sich in der Umgebung von Flórina gute Möglichkeiten zum Skiabfahrts- und Langlauf.

Die Stadt wurde um 350 v. Chr. von Philipp II. gegründet, wie Ausgrabungen im Süden der Stadt, in Ágios Charálambos, bestätigen. Die Annahme, Flórina sei mit der antiken Stadt Herakleia Lyncestis identisch, wurde durch Inschriftenfunde widerlegt, die eindeutig den antiken Ort beim heutigen Bitola bestätigen. Im **Museum** sind Funde aus der näheren Umgebung ausgestellt; seit 1995 gibt es auch ein Museum für zeitgenössische Kunst.

2,5 km außerhalb von Flórina liegt der kleine **Zoologische Garten**, in dem Wölfe, Braunbären und Wildschweine leben.

Die Préspa-Seen Πρεσπα (ⓘ s. S. 125)

Von Flórina kann man zu den **Préspa-Seen** fahren, die noch immer zu den unberührtesten Naturlandschaften Griechenlands gehören und zu jeder Jahreszeit von besonderem Reiz sind.

Tipp
Die Straßen sind kurvenreich und nicht durchgängig asphaltiert, so dass für die kurze Wegstrecke von ca. 50 km ausreichend Zeit angesetzt werden sollte.

Hinter Flórina führt die Straße auf die Berge zu, die weit ins Jahr hinein schneebedeckt sind, und steigt in vielen Kurven über den **Pissodérion-Pass** auf 1.580 m Höhe an; im kleinen Ort Pissodéri gibt es ein Gasthaus. Sie führt weiter durch schöne Gebirgslandschaften mit großartigen Ausblicken auf die Seen; bei Trígono zweigt rechts die Straße nach **Ágios Germanós** und zu den **Préspa-Seen** ab, die sich in den Großen (Megáli Préspa) und den Kleinen (Mikrí Préspa) See gliedern. Vom **Großen Préspa-See** gehören zu den Anliegerstaaten **Mazedonien** (FYROM) 189 km², **Albanien** 48 km² und **Griechenland** 38 km². Der **Kleine Préspa-See**, der ganz auf **griechischem** Staatsgebiet liegt, umfasst 43 km².

Die Préspa-Seen sind ein Paradies für Naturfreunde

Die Seen, die 853 m über dem Meeresspiegel liegen, sind ringsum von bis zu 2.000 m ansteigenden Bergen umschlossen und durch einen unterirdischen Abfluss mit dem Ohrid-See verbunden. Nach 1936 war die Umgebung des Kleinen Préspa-Sees militärisches Sperrgebiet, das jetzt jedoch frei zugänglich ist. 1971 wurde das Gebiet am

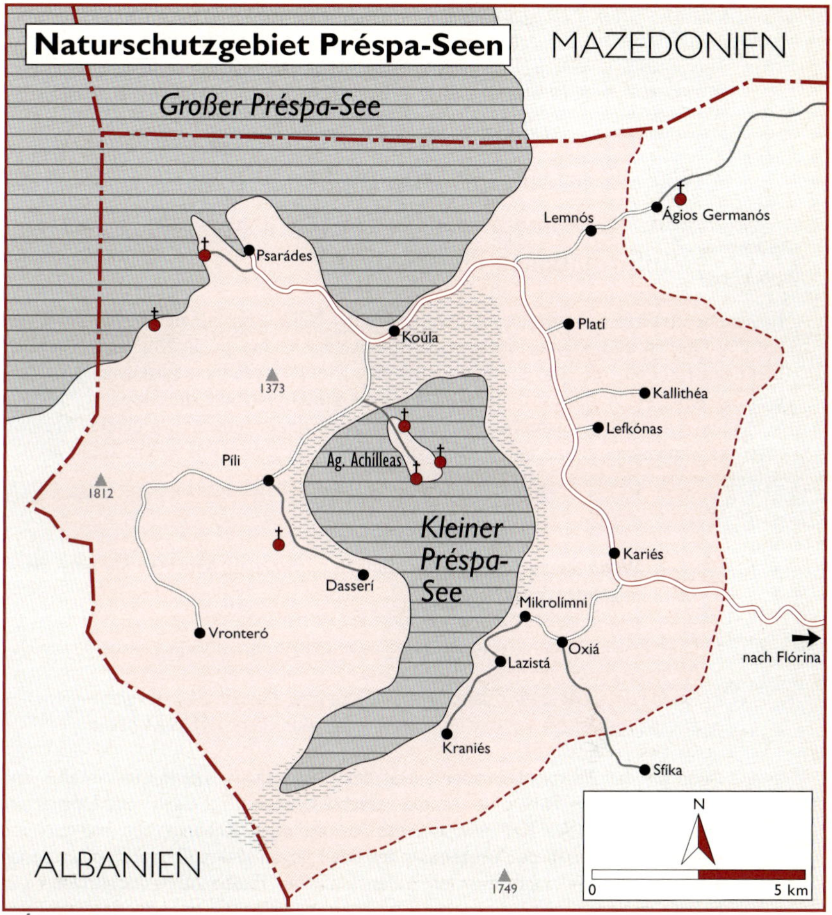

© igraphic

Großen Préspa-See zum Nationalpark erklärt, der mit seinem großen Pflanzen- und Tierreichtum ein äußerst lohnendes Reiseziel ist. Anfang des Jahres 2000 wurde in Ágios Germanós die Gründung des „Balkan-Parks" bekannt gegeben. Das vom WWF und von örtlichen Umweltorganisationen initiierte Projekt ist das erste grenzübergreifende Naturschutzgebi der Anliegerstaaten. Das ca. 30 Hektar große Gebiet mit 1.500 verschiedenen Pflanzenarten ist Heimat von 40 Säugetierarten, 11 Amphibien-, 17 Reptil- und 260 Vogelarten, von denen einige sehr selten oder sogar vom Aussterben bedroht sind.

Eine kleine Zusammenstellung soll Ihnen einen Überblick über den Tierreichtum geben:

Insekten	Schlangen/ Echsen	Vögel/Seevögel
Sattelschrecke, Skorpion, Wolfsspinne, Wollafterraupe	Eidechse, Pfeilnatter, Sandviper, Würfelnatter	Beutelmeise, Drosselrohrsänger, Neuntöter, Purpurreiher, Schlangenadler, Schwarzkehlchen, Seidenreiher, Stieglitz, Storch, Wiedehopf, Zwergscharbe, Kormoran, Pelikan

Auch Braunbären leben noch in dieser Gegend.

INFO Informationen über Pelikane

Besonderes Interesse verdienen die Pelikane in der Nähe der schmalen Landbrücke, die den Großen und Kleinen Préspa-See miteinander verbindet. In Kolonien leben hier etwa 120 Pelikanpaare; der bräunlich-weiße Krauskopf-Pelikan (artengeschützt) und der schwarz-weiße rosa Pelikan haben hier ihre Brutstätten, die Sie vom Ausguckstand her gut sehen können. Innerhalb des Naturschutzgebietes wurde eine biologische Forschungsstation eingerichtet, in der Biologen der Universität Athen arbeiten.

Wenn Sie zu Naturbeobachtungen aufbrechen, beachten Sie bitte die folgenden Hinweise:

- *Die günstigste Beobachtungszeit ist der frühe Morgen.*
- *Es gibt Ausguckstände (Hochsitze), die die besten Aussichtsmöglichkeiten bieten.*
- *Nehmen Sie ein Fernglas mit.*
- *Gehen Sie nicht barfuß, da es sowohl Schlangen als auch Blutegel gibt.*
- *Im Sommer ist ein Insektenschutzmittel, vor allem gegen Mücken, nötig.*

Naturerlebnisse am Préspa-See

Auch für den Pflanzenliebhaber bietet der Nationalpark viel Interessantes. Wenn Sie bergan gehen, finden Sie u.a. die verschiedensten Orchideen- und Lilienarten, z. B. das männliche Knabenkraut, das lockerblütige Knabenkraut, Nelkenwurz, weißer Asphodel. In der Umgebung der Seen liegen kleine Ortschaften, in denen Sie Geschäfte und auch Tavernen finden. Einfache Übernachtungsmöglichkeiten in Privatquartieren gibt es in den Ortschaften Ágios Germanós, Psarádes und Vronteró.

Ágios Germanós (ⓘ s. S. 125) ist der kleine Hauptort der Region mit einer Touristeninformation und Zimmerreservierung, *Tel.: 23850-51452*. Hier erhalten Sie in englischer Sprache Informationen über Flora, Fauna und Geologie des Naturschutzgebietes. Charakteristisch für den Ort sind die im 18. und 19. Jahrhundert gebauten, meist zweigeschossigen Häuser, deren Fassaden durch Erker und Balkone mit schmiedeeisernen Brüstungen aufgelockert sind. Eines der alten Steinhäuser wurde als Hotel gerichtet. Sehenswert ist an der Platía das Kirchlein Ágios Germanós mit Inschriften und Fresken aus dem 18. Jahrhundert; an einigen Stellen sind sogar noch alte Wandmalereien aus dem 11. Jahrhundert zu erkennen. Der neuere Anbau stammt aus dem Jahre 1882; die Kirche Ágios Athanássios aus dem Jahre 1816.

Von Ágios Germanós führt eine befestigte Straße über die schmale Landenge zwischen den beiden Seen über Koúla zum Fischerdorf Psarádes. An dieser Straße finden Sie bei Koúla einen schönen Sandstrand und vor allem am frühen Morgen beste Voraussetzungen zur Vogelbeobachtung.

Der Fischerort **Psarádes** liegt auf einer Halbinsel im Großen Préspa-See und hat sich mit mehreren kleinen Fischtavernen und einem Angebot an Bootsausflügen auf Besucher eingestellt. Die Ausflugsfahrten mit den traditionellen Fischerbooten führen zu Felsenhöhlen, die nur per Boot erreichbar sind. Hier lebten im 14. und 15. Jahrhundert Mönche, die Bilder von Heiligen und biblische Szenen auf die nackten Felsen malten. Sehenswert ist neben der **Eremitage Metarmóphosis** aus dem 13. Jahrhundert auch die in einer Höhle liegende Kapelle der Panagía tís Eleoússas mit Fresken aus dem frühen 15. Jahrhundert.

Ausflug zur Insel Ágios Achíllios

Von **Píli** fahren Ausflugsboote zur **Insel Ágios Achíllios** (ⓘ s. S. 125) im Kleinen Préspa-See, wo sich die Überreste einer antiken Siedlung und mehrerer byzantinischer Kirchlein befinden, z. B. von der Kirche Panagía Pórfyra mit Fresken aus dem 15.–17. Jahrhundert. Von besonderem Interesse ist die Ruine der dreischiffigen Basilika Ágios Achílleios, in der im 11. Jahrhundert die Reliquien des Bischofs Achílleios aufbewahrt waren. Nach der Plünderung und weitgehenden Zerstörung durch die Alemannen im Jahre 1072 wurde die Kirche am Ende des 11. Jahrhunderts wieder aufgebaut und diente bis ins 15. Jahrhundert als Gotteshaus.

Hinweis

*Die direkte Weiterfahrt vom Préspa-See nach Kastoriá ist über **Trígono** (ca. 38 km ab Trígono) über eine kurvenreiche, durchs Bergland führende Straße möglich, die aber nicht durchgängig ausgebaut ist und sehr zeitaufwändig zu befahren ist.*

Kastoriá Καστορια und Umgebung (ⓘ s. S. 125)

Kastoriá wird zu den schönsten Städten Griechenlands gezählt. Sie liegt, von den bewaldeten Gebirgen Vítsi und Grámmos umgeben, auf einer Halbinsel, die in den gleichnamigen See hinein ragt.

Kastoriá ist eine lebhafte Handelsstadt mit etwa 20.000 Einwohnern. Die Stadt ist das Zentrum der griechischen Pelzverarbeitungsindustrie, die einem Großteil der Bevölkerung Arbeitsplätze bietet und sich über Griechenland hinaus einen guten Ruf erworben hat, wie der Zustrom zu der jährlich im Mai stattfindenden, internationalen Pelzmesse zeigt.

Die idyllische Lage am See macht Kastoriás Reiz aus

Eine Schautafel zeigt, wie die Pelze verarbeitet werden

Die Auswahl an Pelzmänteln, Pelzjacken, Stolen etc. ist sehr groß; die Preise sind in den Sommermonaten vergleichsweise niedrig. Die günstigen Preise erklären sich u.a. daraus, dass in Kastoriá vorwiegend kleine Pelzstücke, besonders Nerze, verarbeitet werden.

interessante Pelzausstellung

Diese werden in einer bestimmten Technik geschickt zusammengefügt, so dass ein einheitliches Gesamtbild entsteht. Einen Überblick über das breite Sortiment können Sie sich in der ständigen **Pelzausstellung**, Exthessi Gounarikón, *Tel.: 24670-27 771*, verschaffen, die *täglich von 9–17 Uhr geöffnet ist, So geschlossen.*

Geschichte der Stadt

Die Geschichte der Stadt reicht bis ins 5. Jahrhundert v. Chr. zurück; in römischer Zeit wurde die Stadt mehrfach zerstört, dann von Kaiser Justinian wieder aufgebaut und befestigt. Überreste der Stadtmauer aus dieser Zeit sind jeweils am östlichen und westlichen Teil der Mauer erhalten.

Die weitere Geschichte ist wechselhaft:

990	Eroberung durch die Bulgaren
1018	Befreiung durch Basileios II.
1083	Eroberung durch Robert Guiscard
1218–1241	Zugehörigkeit zum Despotat Épirus
1258–1282	Blütezeit unter Michael VIII. Paleologos
1345–1380	Herrschaftszeit der Serben
1385	Beginn der türkischen Herrschaftszeit

traditionelle Architektur

Zu Beginn des 19. Jahrhunderts siedelten sich viele Pelzzüchter, die sich auf die Aufzucht von Bibern spezialisierten, und Kürschner in Kastoriá an. Aus dieser Zeit stammen einige der großen, geräumigen Häuser, die an den schmalen, kopfsteingepflasterten Gassen liegen. Aber die Mehrzahl der alten, ehemals prächtigen Patrizierhäuser (**Archontiká**), die wesentlich den Reiz Kastoriás mitbestimmen, wurden schon im 17. und 18. Jahrhundert errichtet. Diese Häuser sind geprägt durch einen schweren Unterbau mit Holz-Stützbalken, ein weit darüber hinaus ragendes Obergeschoss mit vielen Fenstern und hölzernen Schlagläden und ein Dach mit einer geringen Dachneigung.

In den alten Stadtvierteln Apozári und Dóltso, die sich am See entlang ziehen, sind einige der großen alten Herrenhäuser auch für Besucher zugänglich, wie z. B. das **Natzis-Haus** oder die Häuser der alten Familien Basara, Mantsouras, Pouliopoulos oder Scoutari; manche Häuser sind jedoch nicht mehr bewohnt und deshalb leider dem Verfall preisgegeben.

Neben den Archontiká prägen die vielen **byzantinischen Kirchen** das Stadtbild von Kastoriá. Von den ehemals 72 Kirchen sind noch 54 erhalten; viele dieser im 11.–18. Jahrhundert erbauten Kirchen und Kapellen wurden 1924 unter Denkmalschutz gestellt.

Kirchenschlüssel
Die meisten Kirchen sind verschlossen. Die Schlüssel, die Sie für die Besichtigung der 5 für Besucher zugänglichen Kirchen brauchen, erhalten Sie im Byzantinischen Museum, Tel.: 2460-/26 781, das beim Hotel Xenia liegt.

Kirche	Entstehungszeit	Sehenswürdigkeit
Ágii Anárgiri	10. Jh.	dreischiffige Basilika mit Fresken aus dem 12. Jh.
Ágios Nikólaos Kasnítzis	10. Jh.	Fresken aus dem 11./12. Jh.
Ágios Stéfanos	11. Jh.	dreischiffige Basilika mit Fresken aus dem 11.–14. Jh.
Panagía Koubelidikí	10./11. Jh.	Fresken aus dem 13.–15. Jh.
Taxiárchis tis Mitrópolis	12./13. Jh.	Fresken aus dem 17. Jh.

Kastoriá besitzt zwei interessante Museen:

- Das **Volkskundemuseum** (Archontikó Nerantzi Ainazi), *Tel.: 24670- 28 603,* wurde in einem historischen Herrenhaus eingerichtet und zeigt neben alten Volkstrachten und Einrichtungsgegenständen auch Werkzeuge, die in der Pelzverarbeitung benötigt wurden. *Öffnungszeiten: im Allgemeinen werktags 10.30–12 Uhr und 16–19 Uhr, So geschlossen.*
- Das **Byzantinische Museum**, *Platía Dexaméni, Tel.: 24670-26 781,* zeigt eine interessante Ausstellung mit Ikonen aus dem 12.–17. Jahrhundert. Auf Wunsch begleitet der Museumswärter Sie auch zu fünf Kirchen in der Stadt. *Öffnungszeiten: im Allgemeinen Di–Sa 8.30–15 Uhr, Mo geschlossen.*

Der **Kastoriá**- oder **Oréstias-See** liegt 620 m über dem Meeresspiegel, ist 28,7 km² groß und bei einer Tiefe von 7–15 m etwa 6,5 km lang und 5 km breit und reich an Karpfen, Aalen und Schleien; an den Ufern sind bis zu 150 Vogelarten beheimatet. Im Sommer ist der See das beliebteste Ausflugsziel der Stadtbewohner. Hier beginnen die Bootsfahrten über den See, *Tel.: 24670-26 777,* hier liegt auch der Kastoriá Yachtclub, *Tel.: 24670-28 956,* mit einem Segelboot- und Wasserskiangebot. Angler schätzen den fischreichen See, den sie auch im Winter mit besonders konstruierten Booten, den sogenannten „plaves" befahren. Ein besonders schöner Spaziergang führt Sie am südlichen Seeufer entlang, an dem sich

Ein Blick auf den fischreichen Kastoriá-See

– ebenso wie am nördlichen Ufer – mehrere Bootsanlegestellen sowie zahlreiche Tavernen und Restaurants befinden. Ihr Ziel kann die 3 km außerhalb der Stadt gelegene Klosterkirche **Panagía Mavriótissa** sein, die im 11. Jahrhundert erbaut wurde und noch sehr gut erhaltene Fresken aufweist. Seit dem 16. Jahrhundert steht die „Apostelkirche" so dicht daneben, dass man von einer Doppelkirche sprechen kann. Vor dieser Doppelkirche spendet eine mächtige Platane Schatten, von der man sagt, dass sie so alt wie die erste Kirche sei. Gegenüber liegt ein altes Patrizierhaus, das Sie auch von innen besichtigen können.

Auch sportliche Aktivitäten sind in Kastoriá möglich, z. B. Wandern und Bergsteigen, Rudern, Segeln, Surfen, Wasserski oder Mountainbiking. In den Wintermonaten ist das Skigebiet auf dem Berg Vítsi in 1.800 m Höhe ein beliebtes Ausflugsziel. *Informationen über Schneeverhältnisse und den Zustand der Pisten erhalten Sie bei der Kastoria-Ski-Gesellschaft, Tel.: 24670- 24 884.*

Karneval

Zu den lokalen Festen von Kastoriá zählen besonders der Karneval, die Pelzmesse im Mai, die „Woche der Emigranten" im Juli und die „traditionelle Hochzeit" am 15. August.

Von Kastoriá aus bieten sich die folgenden **Möglichkeiten zur Weiterfahrt** oder für eine Rundfahrt an:

1. Route: Kastoriá - Neápolis - Siátista - Kozáni - Véria - Thessaloníki (ca. 270 km)

2. Route: Kastoriá - Neápolis - Kónitsa - Ioánnina (ca. 186 km) (s. Kapitel 7, Épirus)

3. Route: Kastoriá - Neápolis - Siátista - Metéora/Kalambáka (ca. 153 km) (s. Kapitel 8, Thessalien)

Vom Zentrum Kastoriás aus fahren Sie über **Dispilió** (6 km), **Árgos Orestikó** (12 km; der Ort ist bekannt für seine handgewebten Teppiche), Vogatsikó (26 km) nach **Neápolis** (43 km). Hier erreichen Sie die Hauptverkehrsstraße zwischen Makedonien und Épirus und können nun Ihre weitere Route wählen.

1. Route: Kastoriá - Neápolis - Siátista - Kozáni - Véria - Thessaloníki (270 km)

Sie fahren zunächst zum Gebirgsdorf **Siátista** (24 km), das einige schöne Fachwerkhäuser aus dem 18. Jahrhundert bewahrt hat, wie z. B. das 1962 restaurierte **Poulikos-Herrenhaus**, und – wie Kastoriá – überwiegend von der Pelzverarbeitung lebt.

Kozáni Κοζανι (ⓘ s. S. 125)

Die Straße führt weiter nach **Kozáni** (26 km). Diese Stadt ist der Verkehrsknotenpunkt zwischen Makedonien und Épirus und mit ca. 30.000 Einwohnern ein wichtiges Handels- und Gewerbezentrum, in dem vorwiegend Textilien und landwirtschaftliche Geräte hergestellt werden. Im Zentrum der Stadt, an der Platía Níkis, steht das Wahrzeichen der Stadt, der hohe **Uhrenturm** aus dem Jahre

1855. Während die meisten Neubauten sich an den breiten Alleen entlang ziehen, liegen die alten, vielfach noch gut erhaltenen Fachwerkhäuser an winkligen Straßen hinter hohen Gartenmauern.

Besonders lohnend ist ein Besuch der **Bibliothek**, die über sehr wertvolle Handschriften und alte Bücher aus dem 16./17./18. Jahrhundert verfügt, die aus der im Mittelalter berühmten „Schule von Kozani" stammen.

Im **Historischen Museum**, *Odós Iónos Dragoúmi,* sind Funde von der prähistorischen bis zur römischen Zeit ausgestellt.

Alexis-Sorbas-Museum

Im August 1999 wurde im nahe gelegenen Dorf **Katafígio** der Grundstein für das **Alexis-Sorbas-Museum** gesetzt, denn aus diesem Dorf stammt der makedonische Wanderarbeiter Jorgos Sorbas, der Nikos Kazantzakis nach einer Begegnung auf der Halbinsel Máni zu seinem Roman Alexis Sorbas inspirierte. Jorgos Sorbas wurde um 1870 in Katafígio geboren; er begab sich schon früh auf Reisen und lernte auf der Chalkidikí seine erste Frau Eleni kennen, mit der er 12 Kinder in die Welt setzte. Der lebenslustige und unrastige Mann machte sich später allein nach Serbien auf, um dort in der Nähe von Skopje nach Bodenschätzen zu suchen. Er starb 1942 in Skopje, wo er seine zweite Frau und eine Tochter zurückließ. Seine Nachkommen leben noch heute in der Nähe von Skopje und Belgrad. An der Stelle seines Geburtshauses soll das Museum über sein Leben erzählen, das durch die Verfilmung mit Anthony Quinn, Alan Bates und Irene Pappas und die Musik von Mikis Theodorakis weltbekannt wurde.

Von Kozáni fahren Sie in Richtung Véria über **Drépano**, (8 km) nach **Polímilos** (26 km). Hinter diesem Ort steigt die Straße in sehr steilen Serpentinen zum **Chantóva-Pass** auf 1.360 m Höhe an. Von der Passhöhe bietet sich ein schöner Blick auf Kastanéa und weiter, wenn der Bergrücken überquert ist, auf den nur 3 km entfernten, tief unten im Tal fließenden Aliakmón.

Die Straße gehört allen!

Kastanéa (43 km) liegt 820 m hoch inmitten großer Apfel- und Nussbaumplantagen. In der Nähe liegt das Kloster **Panagía toú Soumelá**, das 1930 von Flüchtlingen aus der Nähe von Trapezunt erbaut wurde und eine berühmte, dem Heiligen Lukas zugeschriebene Ikone besitzt. Jährlich findet am 15. August eine Wallfahrt zum Kloster statt.

Die Straße führt weiter abwärts durch schöne Eichen- und Buchenwälder nach **Georgianí** (52 km) und von dort über Véria nach Thessaloníki.

7. ÉPIRUS

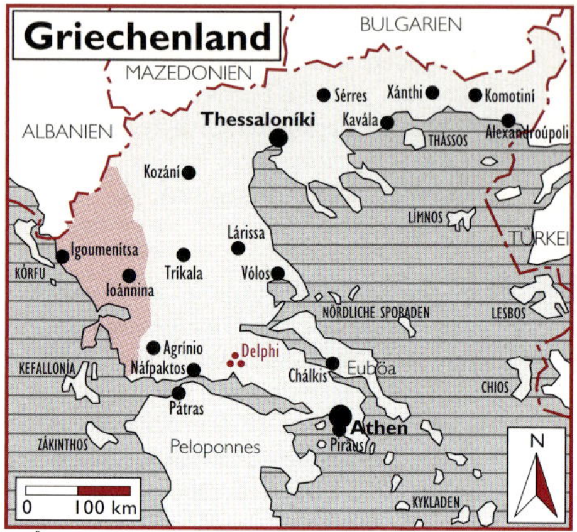

© graphic

Nordwest-Griechenland umfasst die Provinz **Épirus**, die **Ionischen Inseln** und die beiden Regierungsbezirke **Ätolien** und **Evritanien**, die verwaltungsrechtlich jedoch zu Mittelgriechenland zählen.

Épirus gliedert sich in die Nomoi Ioánnina, Árta, Préveza und Igoumenítsa. Diese Provinz ist die nordwestlichste Landschaft Griechenlands; die Grenzen bilden im Norden Albanien, im Westen das Ionische Meer, im Süden der Ambrakische Golf und im Osten das Píndos-Gebirge. Épirus ist von jeweils einer gut ausgebauten Hauptstraße in West-Ost- und Nord-Süd-Richtung durchzogen, in deren Schnittpunkt die Provinzhauptstadt Ioánnina liegt. Ein großes Straßenbauprojekt ist die neue Autobahn „Egnatía Odós", die von der Hafenstadt Igoumenítsa über Ioánnina nach Thessaloníki und weiter bis nach Istanbul führen soll; einzelne Teilstücke dieser Straße sind bereits fertiggestellt.

Fremdenverkehr

Für den Fremdenverkehr hat Épirus in den letzten Jahren durch die Fährverbindungen von Igoumenítsa nach Italien stark an Bedeutung gewonnen; dennoch wird dieser Landesteil auch heute noch von vielen Reisenden nur als Durchgangsland zu den Hauptferiengebieten benutzt. Dabei hält Épirus im Landesinnern eine Fülle außergewöhnlicher und interessanter Sehenswürdigkeiten bereit und besitzt an seiner Küste hübsche, kleine Ferienorte mit schönen Stränden und Badebuchten, die einen längeren Aufenthalt lohnen.

Provinztelegramm Épirus	
Bevölkerung	8,6 % der Gesamtbevölkerung
Fläche	14,4 % der Gesamtfläche
Hauptort	Ioánnina, ca. 40.000 Einwohner
Kennzeichnung	ein von Gebirgsketten durchzogenes Land; die lang gezogene Küste ist fast hafenlos, weist aber schöne Strandabschnitte auf; gute Straßen; der Fremdenverkehr hat in den letzten Jahren auch in dieser Region Fuß gefasst
Lebensgrundlage der Bevölkerung	Viehzucht, Baumwoll-, Tabak- und Weinanbau, Obstplantagen, und zunehmend Fremdenverkehr

Geschichtlicher Überblick

Der Name Epeiros (= Festland) wurde durch die korinthischen Kolonisten auf den vorgelagerten Inseln Korfu und Leukas (heute Léfkas) geprägt. Von dort breiteten sich schon seit der mykenischen Zeit Einflüsse der griechischen Kultur aus. Jedoch betrachteten die Griechen die im Norden wohnenden Epiroten-Stämme mit ihren Königen und Stammesheiligtümern bis ins 4. Jahrhundert v. Chr. als Barbaren, denn als Barbar galt den Griechen ursprünglich jeder, der nicht griechisch sprach. Erst unter der Vorherrschaft des Molosser-Stammes löste Épirus sich aus der Abkapselung und knüpfte Beziehungen zu den Nachbarn Makedonien im Nordosten und Korfu und Tarent im Westen. In der Zeit des Hellenismus wurde Épirus mit der Hauptstadt Ambrakia einheitlich regiert; im Jahre 233 v. Chr. wurde es Republik. Seit 146 v. Chr. war Épirus Teil der römischen Provinz Makedonia, im Jahre 67 n. Chr. wurde es eigenständige Provinz und umfasste bis 300 n. Chr. auch Albanien. Nach dem Eindringen der Slawen wurde Alt-Épirus mit der Hauptstadt Nikopolis dem Byzantinischen Reich angegliedert.

Geschichte der Provinz

Die wechselvolle Geschichte der Provinz Épirus drückt sich sowohl in den verschiedenen Regentschaften, die das Land erfahren hat, als auch in den unterschiedlichen Grenzen aus. Unter der Herrschaft der Serben (seit 1348) wanderten Albaner in den Westteil ein, die nach der Eroberung durch die Türken 1430 zum Islam übertraten. Der Osten und Südosten von Épirus blieben jedoch griechisch und damit auch christlich. Nach dem griechischen Freiheitskampf 1821 gegen die Türken wurden kleine Gebiete von Épirus 1834 und 1881 Griechenland zuerkannt; der Hauptteil mit dem Zentrum Ioánnina wurde jedoch erst 1912 Griechenland angegliedert. 1923 wurde durch Verträge der Grenzverlauf zwischen Griechenland und Albanien geregelt.

Während des 2. Weltkrieges konzentrierte sich im Norden von Épirus der erfolgreiche griechische Widerstand gegen die aus Albanien einmarschierenden Italiener. Nach 1944 wurde nach der Vertreibung der dort ansässigen Albaner der Westen von Épirus von Griechen neu besiedelt. Der Nordosten von Épirus am Dreiländereck Griechenland-Albanien-Mazedonien (FYROM) wurde am stärksten vom griechischen Bürgerkrieg 1943–49 betroffen.

Zu den verschiedenen Bevölkerungsgruppen von Épirus gehören auch die im 12. Jahrhundert eingewanderten Aromunen oder Kutzowlachen. Diese Nachfahren der alteingesessenen Balkanvölker der Illyrer, Thraker u.a. haben sich lange ihre kulturelle Eigenständigkeit in Sprache, Siedlungsform, Kleidung und Lebensweise bewahrt und sich erst aufgrund der insgesamt größeren Mobilität der Bevölkerung allmählich den anderen Volksgruppen angepasst.

Geographischer Überblick

Naturgeographie

Épirus ist von den östlichen Landesteilen des griechischen Festlandes durch das Píndos-Gebirge getrennt. Dieses verläuft parallel zur Küste in Nordwest-Südost-Richtung von Albanien bis an die Grenze zu Thessalien. Die Berge von Épirus gehören zur Kette des dinarischen Faltengebirgssystems, das die Fortsetzung der südöstlichen Kalkzone der Alpen bildet und vorwiegend aus Kalk und Flysch aufgebaut ist. Die Píndos-Kette besteht aus den Berggipfeln (von Nord nach Süd) Grámmos (2.520 m), Smólikas (2.637 m), Tímfi (2.497 m), Peristéri (2.295 m), Tsoumérka (2.469 m), Timfristós (2.315 m) und Vardoúsia (2.437 m). Die Gebirgsgruppe des Píndos ist durch große landschaftliche Vielfalt geprägt: hohe alpine Gipfel, abgeflachte, pultförmige Kuppen, Gebirgseinöden, aber auch tiefe Schluchten, bewaldete Täler, Flüsse und Sturzbäche, Seen sowie eine Vielzahl von Quellen. Ein weiteres Merkmals des Píndos-Gebirges mit seinen verkarsteten Kalksteinflächen ist die unterirdische Entwässerung, die z.T. durch Höhlenflüsse erfolgt. So gibt es in dieser Region viele Höhlen, stellenweise sogar richtige Höhlenlandschaften, mit Wasserläufen und Seen.

landschaftliche Vielfalt

Épirus hat als Gebirgsland größere Ebenen nur am Ambrakischen Golf bei Árta, im Süden bei Agrínion und in der aus Schwemmland bestehenden Küstenebene des Archeláos an der Lagune von Messolóngion. Lange Sandstrände ziehen sich an der Westküste entlang und machen die Region zwischen Igouménitsa und Préveza zu einem beliebten Feriengebiet.

Das **Klima** von Épirus ist nur in Küstennähe als mediterran zu bezeichnen, im Landesinneren herrscht kontinentales Klima vor. Den teilweise sehr heißen Sommern folgen kalte, im Bergland auch schneereiche Winter.

Vegetation

Der größte Teil der Provinz Épirus ist niederschlagreiches Gebiet; das bedeutet, dass Épirus auch im Sommer ein grünes Mittelgebirgsland ohne die Kargheit des Südens ist. Die Gebirgshöhen sind teilweise noch durch Wälder geprägt; die gegenwärtigen Aufforstungsmaßnahmen werden durch die günstigen Niederschlagsmengen erleichtert.

Landwirtschaft

Die landwirtschaftlich genutzte Fläche von 359 400 ha entspricht 8,8 % der landwirtschaftlichen Nutzfläche Griechenlands; das Ackerland wird überwiegend für den Anbau von Futterpflanzen und Getreide – auf Korfu auch Frühkartoffelanbau – genutzt. Als Industriepflanze wird in der Gegend von Agrínion Tabak angebaut, und in der Archeláos- und der Árachthos-Ebene wird vorrangig Baumwolle geerntet. Auf den vorgelagerten Ionischen Inseln und an den Hängen der Píndos-Berge wird Wein angebaut.

An zweiter Stelle der landwirtschaftlichen Nutzung steht das Baumland. Entlang der Küste und auf den Inseln sind neben Apfel-, Birnen-, Kirsch-, Pfirsich- und Aprikosenbäumen vor allem Oliven-, Feigen-, Nuss-, Kastanien-, Apfelsinen- und Mandelbäume verbreitet.

Der Viehhaltung kommt in Nordwest-Griechenland besondere Bedeutung zu, da der Gebirgscharakter des Landes die Kleinviehhaltung, insbesondere von Schafen und Ziegen, fördert und die Haltung von Last- und Tragtieren erforderlich macht.

Industrie

Es gibt nur wenige Betriebe mit überregionaler Bedeutung; die kleinen Gewerbebetriebe der Landstädte decken den Bedarf des Umlandes. Lediglich der Gold-, Kupfer- und Messingverarbeitung in Ioánnina kommt größere Bedeutung zu.

Fremdenverkehr

Später als andere Regionen hat Épirus sich dem Fremdenverkehr geöffnet. Durch die ausgezeichneten Fährverbindungen zwischen den italienischen Hafenstädten und Igoumenítsa (die Überfahrt der schnellsten Schiffe dauert nur noch 15 Stunden!) haben sich vor allem die ehemaligen Dörfer in der Küstenregion zu beliebten Ferienorten entwickelt; neben Kórfu haben auch die anderen Ionischen Inseln an Bedeutung gewonnen. Im Landesinneren sind der Víkos-Aóos-Nationalpark und die Provinzhauptstadt Ioánnina besondere Anziehungspunkte.

Igoumenítsa Ιγουμενιτσα und Umgebung

(ⓘ s. S. 125)

schnelle Fährverbindungen nach Italien

Igoumenítsa ist die westlichste Hafenstadt des griechischen Festlandes, in der von Italien oder Korfu kommende Fährschiffe anlegen. Durch die besseren Verbindungen mit den italienischen Häfen, durch neue, komfortable und vor allem schnellere Schiffe hat Igoumenítsa stark an Bedeutung gewonnen. Zeichen dafür sind der weitere Ausbau des Hafens und des Straßennetzes, viele Hotel- und Geschäftsneubauten und die Ausdehnung der Stadt an den Berghängen. Für das Umland ist Igoumenítsa ein wichtiges Zentrum mit Banken, vielen Geschäften, einem Krankenhaus und allen notwendigen öffentlichen Einrichtungen.

Redaktions-Tipps

- Machen Sie von **Igoumenítsa** aus eine Tagesfahrt „Durch die Schluchten des Balkan", die durch wilde Gebirgslandschaften bis zur albanischen Grenze führt (S. 379f)!
- Machen Sie eine Wanderung zu den **Quellen des Acheron** (S. 386)!
- Besuchen Sie die Ausgrabungsstätte des **Totenorakels am Acheron** (S. 386ff!
- Erleben Sie die Sehenswürdigkeiten von **Ioánnina** auf einem Stadtrundgang (S. 392ff), und besuchen Sie die See-Insel Níki (S. 395f)!
- Besuchen Sie in **Dodóna** die älteste Orakelstätte Griechenlands (S. 396ff)!
- Machen Sie einen Ausflug zu den **Zagoriá-Dörfern** (S. 399ff) und zur unberührten Landschaften des Víkos Aóos Nationalparks (S. 402).
- Besichtigen Sie in **Árta** die interessanten byzantinischen Kirchen und Klöster (S. 404ff).

Sehenswürdigkeiten in Igoumenítsa

An der Hauptstraße, die am Hafen entlang führt, liegen die Agenturen aller wichtigen Schifffahrtslinien, mehrere Banken mit Geldautomaten, Autovermietungen, Tankstellen, Souvenirläden sowie zahlreiche Cafés und Restaurants. Hier ist man ganz auf die Bedürfnisse der Durchreisenden eingestellt, während in den landeinwärts gelegenen Parallelstraßen sich die Geschäfte für den täglichen Bedarf finden. An der neu angelegten Hafenpromenade, die am Yachthafen entlang bis zu einer kleinen Parkanlage führt, gibt es einige nette Cafés, die den ganzen Tag über zu einem beliebtem Treffpunkt geworden sind. Oberhalb der Stadt erhebt sich die Ruine des Kastells. Nördlich von Igoumenítsa gibt es gute **Bademöglichkeiten** am nördlichen Abschnitt der Bucht von **Drépano**; der lange Sandstrand am flach abfallenden Wasser bietet stellenweise auch etwas Schatten.

Ausflugsziele in der Umgebung von Igoumenítsa

Gitáni Γιτανι

Hinweis
Das Ausgrabungsgelände ist nur während der Sommermonate, und auch dann nur sehr unregelmäßig, geöffnet. Die Fahrt lohnt sich nur bei großem archäologischen Interesse.

Die archäologische Sehenswürdigkeit von Gitáni liegt ca. 7 km von Igoumenítsa entfernt und ist von der Hauptstraße nach Ioánnina her ausgeschildert. Dieser Ausschilderung folgend, kommen Sie zunächst zur kleinen Ortschaft Giroméri und zum Kloster **Móni Ragioú**. Die Ausschilderung führt Sie weiter über einen unbefestigten Weg, durch Orangenhaine und an einem gestauten Fluss entlang bis zum eingezäunten archäologischen Gelände. Die Stadt Gitáni wurde bereits im 3. Jahrhundert v. Chr. von den Thesprotiern gegründet und mit einer Befestigungsanlage umgeben, deren geringe Überreste heute noch zu sehen sind. Die unterhalb der Akropolis erkennbaren Ruinen stammen aus römisch-byzantinischer Zeit.

Ausflug

***„Durch die Schluchten des Balkan"* – eine Tagesfahrt von Igoumenítsa durch wilde Gebirgslandschaften zur albanischen Grenze**

empfehlenswerte Tagestour im Grenzland zu Albanien

Für diese Fahrt gilt der Spruch: Der Weg ist das Ziel! Es gibt keine herausragenden Sehenswürdigkeiten an dieser Strecke, wohl aber viele landschaftliche Höhepunkte, herrliche Fotomotive und Gelegenheiten für Naturbeobachtungen.

Tipp
Nehmen Sie für diese Fahrt ausreichend Getränke und auch etwas zum Essen mit, da die wenigen kleinen Tavernen auch im Sommer nicht immer geöffnet haben; machen Sie statt dessen ein kleines Picknick unter schattigen Bäumen an einem der kleinen Bachläufe oder in einem Klostergarten.

An der Hauptstraße von Igoumenítsa nach Ioánnina zweigt nach etwa 9 km nach links eine Straße ab, die durch Olivenhaine, über den Fluss Kalamás (auf den Karten auch als Thýamis eingezeichnet) und durch eine landwirtschaftlich genutzte, von bewaldeten Bergen eingeschlossene Ebene nach **Filiátes** führt. Nach etwa 7 km folgen Sie nach rechts den Hinweisschildern „Archaelogical Site, Kloster Iéra Móni Giromeníou" und zum „Volkskundlichen Museum Tsamanta". Die insgesamt recht gut ausgebaute Straße führt am Fluss Kalamás entlang durch eine einsame Berglandschaft mit schönen Kastanien- und Ahornwäldern: in den Monaten April/Mai sieht man wie violette Farbtupfer die blühenden Mandel- und Judasbäume. Dazwischen liegen kleine, verlassen wirkende Bergdörfer, und nach etwa 3 km sieht man hoch am Berghang, wie eine kleine Festung, das **Kloster Giroméni**, das der Koímisis Theotókou geweiht ist. Das Kloster wurde bereits im 14. Jahrhundert gegründet, 1568 wurde die Hauptkirche erneuert. Die Fresken stammen aus dem 17. Jahrhundert, die holzgeschnitzte Ikonostase aus dem 18. Jahrhundert. Die Fahrt geht weiter durch eine abwechslungsreiche Landschaft mit steil aufragenden, kahlen Felsgipfeln, Hügeln mit dichter, mannshoher Macchia und durch Flusstäler mit dichtem Baumbestand; im kleinen Ort **Mavronéri** gibt es sogar ein altes Kafeníon und eine kleine Taverne. Auch in dieser fast menschenleeren Gegend sind an den Wegrändern Bildstöcke und Heiligenhäuschen aufgestellt, in denen ein Öllämpchen brennt. Hinter **Ambelóna**, einer größeren Ortschaft, an deren Ortseingang ein Kriegerdenkmal aus dem Jahre 1968 steht, beginnt eine serpentinenreiche Straße, von der ein Weg zum Kloster Ágios Athanasíou abzweigt. Direkt an der Straße liegt das kleine, aufgelassene Kloster **Ágios Geórgios** in ländlicher Idylle mit zutraulichen Ziegen, deren Halsglocken in der stillen Landschaft weithin zu hören sind.

Ruhe und Abgeschiedenheit finden Sie am kleinen Kloster Ágios Geórgios

Am Straßenrand weist ein Schild zum 2 km entfernten „**Thesprotis Volkskundemuseum Tsamánta**" hin. Das 1983 gegründete Museum wurde in dem alten Schulgebäude des Ortes eingerichtet, das früher von bis zu 39 Kindern besucht wurde. Der freundliche Museumswärter zeigt Ihnen altes Werkzeug, reich bestickte Volkstrachten, Aussteuertruhen, alte Karten und Urkunden und freut sich über Ihren Eintrag in sein Gästebuch. *Öffnungszeiten: vom 1. April–30. Oktober täglich* ***außer Montag*** *10–13.30 und 17–19 Uhr, vom 1. November–31. März Di–Fr 11–14 und 17–19 Uhr, So 10–14 und 17–19 Uhr.* Nach insgesamt 56 km ab Igoumenítsa erreichen Sie das einsam gelegene Dorf **Lías**, das aus nur wenigen Häusern und einem liebevoll gepflegten Kirchlein mit Quelle und Brunnen besteht. Bekannt wurde der Ort durch das Buch **„Eleni"** von **Nicholas Gage** und seine Verfilmung, in dem die Lebensgeschichte einer griechischen Mutter geschildert wird, die ihre Kinder im griechischen Bürgerkrieg vor der Deportation rettet und dafür mit ihrem Leben bezahlt. Elenis Haus ist nur schwer zu finden: wenn Sie der Ausschilderung nach Perivóli und der asphaltierten Straße folgen, sehen Sie oberhalb der Kirche nur noch eine verfallene, von Pflanzen überwucherte Ruine in der Odós Elénis Gatsojiánni. Von der Anhöhe bietet sich ein weiter Blick bis hinüber nach Albanien.

Unterkunft

finden Sie im Lías Inn in der Ortsmitte. Das Haus verfügt über 6 Zimmer mit Balkon und einen schönen Innenhof. Die Wirtsleute sprechen Deutsch.

Für die **Weiterfahrt** bieten sich **zwei Alternativen** an:

1. von Lías über Lísta nach Vrosnía und von dort über die Hauptstraße zurück nach Igoumenítsa
2. von Lías über Kefalochóri und Keramítsa nach Filiátes und zurück nach Igoumenítsa.

Hinter Lías senkt sich die kurvenreiche Straße allmählich wieder, flankiert von dicht bewachsenen Bergketten, und führt vorbei an zahlreichen Kirchlein und verlassenen Klöstern, am Kalamás entlang, dann wieder durch schattige Wälder. In dem lang gestreckten Straßenort **Vrosnía** laden zum Abschluss der Fahrt mehrere Ausflugstavernen zu einem landestypischen Essen ein. Das noch etwa 40 km entfernte Igoumenítsa ist nun schnell über die Hauptstraße zu erreichen.

Ferienorte südlich von Igoumenítsa

Platariá Πλαταρια (ⓘ s. S. 125)

15 km von Igoumenítsa

Das an einer tiefen Bucht gelegene Fischerdorf öffnet sich zunehmend dem Fremdenverkehr. In den Tavernen an der kleinen Hafenpromenade wird fangfrischer Fisch serviert, in den Sommermonaten werden Ausflugsfahrten nach Kórfu angeboten. Der lang gezogene Badestrand am Ortsrand ist schmal und bietet nur wenig Schatten, jedoch wurden bereits etliche Palmen angepflanzt. In der näheren Umgebung gibt es einige schöne Buchten mit kurzen Kiesstränden; das Wasser ist sehr sauber. Viele der Dorfbewohner haben in Deutschland gearbeitet und sprechen recht gut deutsch.

Sívota Σιβοτα (ⓘ s. S. 125)

25 km von Igoumenítsa

Hinter Plataríá zweigt eine landschaftlich sehr schöne, aber kurvenreiche Straße nach Sívota von der Hauptstraße ab und folgt dem weiteren Küstenverlauf bis Párga. Schöne, geschützte Buchten mit kleinen, bewaldeten Inseln, eine unter Denkmalschutz gestellte Hafenfront, ein kleiner Hafen mit bunt gestrichenen Fischerbooten, ausgelegten Fischernetzen und Yachten aus aller Welt, eine Hafenpromenade und ein hübscher Dorfplatz mit Cafés und Restaurants sowie schöne Strände und Badebuchten in nächster Umgebung machen Sívota zunehmend zu einem beliebten Ferienort. Es gibt mehrere neue Hotels, zahlreiche Privatunterkünfte und einen Campingplatz, Geschäfte, eine Bank, Auto- und Bootsvermietung; außerdem werden Bootsausflüge nach Kórfu, Páxi und zu den umliegenden Badestränden angeboten, wie z. B. nach **Mégas Ámmos** und **Béllа Vráka**, an denen auch kleine Tavernen liegen.

reizvoller Hafenort

Blick auf die reizvolle Hafenbucht von Sívota

Zwischen Sívota und Pérdika gibt es mehrere kleine Buchten an kristallklarem Wasser, das sich gut zum Schwimmen, Schnorcheln und Tauchen eignet. Malerisch ist der kleine Kiesstrand am Kirchlein **Agías Paraskevís**, zu dem ein unbefestigter Weg hinunterführt. Alte Olivenbäume spenden ausreichend

Schatten, und ein vorgelagertes Inselchen schützt die Bucht vor stürmischen Winden.

Pérdika Περδικα (ⓘ s. S. 125)

ca. 36 km von Igoumenítsa

Hoch auf dem Berg, von Olivenhainen umgeben, liegt die Ortschaft mit Geschäften, mehreren Restaurants und etlichen Hotelneubauten. Eine Straße führt hinunter zur **Arilla-Bucht**, an der sich ein dunkler Sandstrand entlang zieht; einige Strohdächer bieten etwas Schatten. Das Strandrestaurant mit großer Terrasse ist ein beliebtes Ausflugsziel. Ein kleiner Fischerhafen mit einer winzigen Kapelle, die in den Berg hinein gebaut ist, schließt die Bucht ab. Am Berghang liegen einige Hotels mit wunderbarem Blick über die Bucht. An der weiter nach Süden führenden Straße ist der Weg zu einem neu angelegten Park ausgeschildert. Ein schöner, etwa einstündiger Spaziergang führt an einem Bach entlang und durch eine weitgehend unberührte Natur; wo man im Schatten der Bäume ausruhen kann.

Karavostási Καραβοστασι (ⓘ s. S. 125)

ca. 38 km von Igoumenítsa

Die kleine Sommersiedlung besteht nur aus wenigen Ferienhäusern, Tavernen und kleinen Hotels. Der lange Sandstrand ist von Felsen eingerahmt und weitgehend schattenlos.

Spaziergang

Am Strand ist der Weg zu einer archäologischen Sehenswürdigkeit ausgeschildert. Diese ist etwa 3 km entfernt; hoch auf einem Felsen, mit Blick hinüber zu den Inseln Páxi und Antípaxi, sind die Überreste antiker Mauern zu erkennen. Der Aufstieg dorthin ist vor allem im Sommer recht beschwerlich.

Der erste Teil dieses Weges eignet sich jedoch gut für einen Spaziergang. Ein unbefestigter Weg führt durch schöne Olivenhaine mit alten Bäumen bis zu einem Ausflugslokal, das in den Sommermonaten geöffnet ist.

Von Igoumenítsa über Párga nach Préveza

Ferienorte an langem Sandstrand

Von Igoumenítsa führt eine gut ausgebaute Straße (E 55) nach Süden bis Préveza. An diesem Küstenabschnitt mit schönen Strandabschnitten und malerischen Kiesbuchten liegen einige hübsche Ferienorte, von denen Párga der bekannteste ist. Aber auch die anderen Ortschaften entwickeln sich zu beliebten Ferienzielen. Außerdem sind über diese Strecke drei bedeutsame Ausgrabungsstätten zu erreichen, die einen Besuch lohnen: das Totenorakel am Acheron, Kassópe und Nikópolis und Aktion.

Die Straße, die im Sommer von blühenden Oleanderbüschen gesäumt ist, führt zunächst am Meer entlang, dann durch bewaldetes Hügelland, vorbei an dem verlandenden, stellenweise versumpften See bei Katavótra, dessen Fläche im Frühjahr fast vollständig von Seerosen bedeckt ist, und bietet immer wieder herrliche Fernblicke auf das Meer, kleine vorgelagerte Inseln und das nahe gelegene Gebirge.

Oberhalb der Hauptstraße liegt die Ortschaft **Margaríti** mit den Überresten eines venezianischen Kastells, das später in türkischen Besitz überging, einem Minarett, das an die Zeit der Türkenherrschaft erinnert, großen Storchennestern auf den Hausdächern und einer einladenden Taverne unter einer alten Platane. Das hoch gelegene Dorf **Agiá** wirkt trotz der Nähe zu Párga noch sehr ursprünglich. Zwei kleine Restaurants – die wenigen Stühle stehen auf dem Bürgersteig und sind nur durch ein schmiedeisernes Gitter von der Straße getrennt – bieten einen herrlichen Blick auf die Festungsruine von Agiá und auf das Meer mit der felsigen, buchtenreichen Küste.

Párga Παργα (ⓘ s. S. 125)

Nur etwa 50 km südlich von Igoumenítsa zweigt von der E 55 bei **Mórfion** die Straße nach Párga ab, die zum Meer hinabführt, wo nach etwa 10 km zwischen zwei Buchten der Ort Párga liegt, der sich zu einem sehr beliebten und betriebsamen Ferienort mit Ferienanlagen, Hotels, Pensionen und Privatzimmern entwickelt hat. Das Publikum ist international, das abendliche Unterhaltungsprogramm abwechslungsreich und sehr laut, so dass Párga in der Hochsaison für Ruhe Suchende nicht mehr der geeignete Platz ist.

Párga wird von drei Festungen überragt

Der Hafenort liegt sehr malerisch in einer von Felsen eingerahmten Bucht, in deren Rücken sich die farbig gestrichenen Häuser amphitheatralisch den Hang hinaufziehen. Kleine Inseln schirmen die Bucht ab, eine ist mit einem strahlend weißen Kirchlein geschmückt. Der Ort wird von drei Festungen beherrscht. Diese sind Zeichen der wechselvollen, dramatischen Geschichte der Stadt, die abwechselnd im Besitz von Venedig, Frankreich, England und der Türkei war. Zu sehen sind die große venezianische Festung aus dem 14. Jahrhundert, eine kleinere, unter Napoleon erbaute französische Festung und die Festung Letitza, die die Bewohner von Párga selbst errichtet haben. Als einzige Stadt des griechischen Festlandes geriet Párga erst nach dem Untergang Venedigs im Jahre 1798 unter türkische Herrschaft; 1809 wurde die Stadt von den Briten, die das Erbe Venedigs im Ionischen Meer antraten, an Ali Pascha von Ioánnina verkauft und gehörte bis zur Befreiung 1913 zum Osmanischen Reich.

Die kleinen vorgelagerten Inseln schützen die Bucht von Párga

Lohnend ist ein Spaziergang hinauf zur großen Festung, von wo sich ein herrlicher Blick auf den Ort und die Bucht bietet. Im Hochsommer finden hier gelegentlich Theateraufführungen oder folkloristische Veranstaltungen statt. An der Hafenbucht zieht sich die Promenade mit vielen Cafés und Restaurants entlang; abends findet hier die „Volta“ statt. In den schmalen Straßen des Ortes, durch die kaum ein Auto passt, gibt es ebenfalls zahlreiche Restaurants und Geschäfte aller Art. Nahezu jedes Haus wird touristisch genutzt, dennoch gibt es immer noch stille Winkel, in denen Fischer ihre Netze auslegen, Frauen Kräuter sortieren und zum Kauf vorbereiten oder Männer Fische schuppen. Párga ist von dichtem Grün umgeben: große Olivenhaine, die von den Venezianern angelegt wurden, und Kiefern und Zypressen prägen die Landschaft; zahlreiche unbefestigte Pfade eignen sich gut für kleinere Wanderungen oder Fahrradausflüge.

Bademöglichkeiten

gibt es direkt am Ortsstrand und an den umliegenden Kiesbuchten, die zu Fuß, mit dem Auto oder auch mit Ausflugsbooten leicht erreichbar und entsprechend voll sind:

- *Ortsstrand: der Strand mit dem schönen Blick auf die kleinen Inseln ist sehr stark besucht und im Sommer drangvoll eng, Sonnenschirm- und Liegenverleih, Bootsverleih*
- ***Váltos** (3 km entfernt): 500 m langer, grobsandiger, teilweise kieseliger Strand, von Felsen eingeschlossen, mit einem kleinen Yachthafen und einem schönem Blick auf die Festung; am Strand gibt es Tavernen und Restaurants, in den dahinter liegenden Gassen werden zahlreiche Apartments und Zimmer angeboten. Der Váltos-Strand ist zu Fuß (ca. 15 Minuten) oder mit dem Wagen zu erreichen; in der Hochsaison fahren im halbstündigen Abstand kleine Boote von Párga aus dorthin. Boot- und Surfbrettverleih*
- ***Líchnos** (2 km entfernt): Eine asphaltierte Straße führt hinunter zum schönen, grobkörnigen Sandstrand mit Duschen, Sonnenliegen, Tavernen und Bootsverleih; Ausflugsboote bringen Gäste von Párga mehrmals täglich hierhin. Entlang der Straße liegen etliche Hotel- und Apartmentanlagen.*
- ***Chrisogiáli** (5 km entfernt): Sandstrand mit Einrichtungen und Tavernen; Ferienwohnungen und Hotelanlage*
- ***Aginàki** (8 km entfernt): tiefe Bucht mit schmalem, kleinen Strandabschnitt mit Kieseln, Liegestühlen, Bootsverleih*

Inselfahrten Párga ist der Ausgangsort für Ausflüge zu den Inseln **Páxi** und **Antípaxi**. Diese dem Festland vorgelagerten Inseln sind nur 12 Seemeilen von Párga entfernt und von dort und von Korfu aus mit den im Sommer täglich verkehrenden Ausflugsbooten zu erreichen (vgl. Kapitel Ionische Inseln: Paxi/Antipaxi, S. 423).

Ausflugsziele in der Umgebung von Párga

Rundfahrt von Párga zu einsamen Bergdörfern, unbekannten archäologischen Sehenswürdigkeiten und zu den Quellen des Acheron

Strecke

Párga – Paramithiá

Von Párga kommend, überquert man die Hauptstraße Igoumenítsa – Préveza und folgt der Ausschilderung nach **Paramithiá**. Die Besiedlung des Ortes, in dem heute etwa 2 700 Menschen leben, geht bis auf die Antike zurück. Oberhalb des Ortes liegen Überreste eines alten venezianischen Kastells, dessen Fundamente aus hellenistischer Zeit stammen. Unterhalb der Festungsanlage sieht man die

Ruine der aus dem 6./7. Jahrhundert stammenden Ágios Donátos-Basilika. An der Durchgangsstraße liegt rechts die ausgeschilderte „Church of the Koimesis" (Megáli Ekklisía), die nach dem Vorbild der Káto Panagía-Kirche in Árta im 13. Jahrhundert gebaut wurde und von einem kleinen Friedhof umgeben ist. Auf dem Glockenturm hat ein Storch sein Nest gebaut.

Die Fahrt geht weiter in Richtung **Chrysavgí** und folgt von der Ortschaft Dafnoúla aus der Ausschilderung zum Kloster Ágios Ioánnis, nach Àno Velliáni, nach Ancient Eléa und zur Höhle Ágios Arsénios. Die Straße zu der antiken Stätte von **Eléa** führt ca. 4 km bergan. Auf einem Bergsporn sehen Sie die meterdicken, polygonalen Mauern der antiken Stadt aus dem 3. Jahrhundert, die zur Bergseite hin gesichert war. Die gut erhaltenen, stellenweise mannshoch erhaltenen Mauern sind ebenso eindrucksvoll wie der Ausblick auf die weite Tiefebene, die sich unten im Tal ausbreitet.

Die mächtigen Mauern der antiken Stadt Eléa

Bei der Rückfahrt sehen Sie ein altes Schild, das zu einem Kloster (Monastíri B) weist. Zwar ist die Einsiedelei verlassen und die kleine Kapelle mit ihrem schönen, alten geschnitzten Holzkreuz an der Türe leider verschlossen, aber der Platz eignet sich gut für ein kleines Picknick in völliger Abgeschiedenheit. Hinter Dafnoúla, ausgeschildert und nur knapp 500 m von der Straße entfernt, liegt eine Begräbnisstätte aus dem 3. Jahrhundert v. Chr.; nur wenig weiter liegt die ebenfalls ausgeschilderte Àgios-Donátou-Zitadelle.

Wenn Sie Zeit haben, können Sie einen knapp 10 km langen Abstecher zu der „historischen Siedlung von **Soulíon**" machen. Die Straße schraubt sich in zahllosen Serpentinen zunächst bergauf, bietet schöne Ausblicke auf das Flusstal des Acheron und senkt sich dann zwischen schroffen Bergketten wieder talwärts, vorbei an unberührten, teilweise auch verlassenen Weilern, die in völliger Abgeschiedenheit in dieser Gebirgslandschaft liegen. Dies war die Heimat der Soulioten, einer zunächst albanisch, später aber griechisch sprechenden Volksgruppe, die sich vor den Türken in diese unwegsame Gegend flüchtete und sich im 17. Jahrhundert immer wieder gegen die türkische Herrschaft auflehnte. Als sie im Kampf gegen Ali Pascha 1803 unterlagen, wanderten sie nach Párga und zu den Ionischen Inseln aus, kehrten im Unabhängigkeitskrieg aber nach Soúli zurück. Nachdem sie bei Karpenísi eine Niederlage erlitten hatten, siedelten sie sich auf Kefalloniá neu an. Vom alten Dorf Soúli sind nur noch die Ruinen der Häuser zu sehen und die großen, in den Felsen geschlagenen Zisternen; der neue Ort ist im Sommer ein beliebtes und viel besuchtes Ausflugsziel.

Freiheitskampf der Soulioten

Wenn Sie von diesem Abstecher zur Straße zurückkehren, fahren Sie zunächst durch Olivenhaine am Acheron entlang. Im Frühjahr führt der Fluss so viel Was-

Am Ufer des Flusses Acheron

ser, dass reizvolle Kanutouren möglich sind; im Sommer aber kann man den Acheron trockenen Fußes durchqueren.

Ein Wanderweg zu **den Quellen des Acheron** ist ausgeschildert. Der angenehme Spaziergang führt am Fluss entlang bis zu seinem Ursprung; im Sommer bietet die Acheron-Schlucht mit ihrem schattigem Laubwald angenehme Kühle und an manchen Stellen eiskaltes Wasser zur Erfrischung. Bei der Rückkehr können Sie in einer der Tavernen einkehren, wo Sie im Schatten großer Platanen direkt am Wasser sitzen. Im Sommer kann es hier recht voll werden; wenn Sie aber wochentags in aller Frühe aufbrechen, können Sie am Acheron mit etwas Glück noch Adler und Geier sehen.

Für die Rückfahrt wählen Sie die Strecke über Dzára, Mórfi, wo Sie auf die Hauptstraße Igoumenítsa - Préveza stoßen und nach weiteren 12 km wieder Párga erreichen. Kehrt man von Párga zur E 55 zurück und folgt dieser weiter nach Süden, erreicht man nach ca. 10 km die fruchtbare Mündungsebene des Acheron und sieht schon an der Hauptstraße die Ausschilderung zum Nekromanteion, dem Totenorakel am Acheron. Sie durchfahren den Ort Mesopótamon und folgen der Ausschilderung „Nekromandío" im Dorf nach links zum Ausgrabungsgelände.

Das Totenorakel (Nekromanteion) am Acheron Αχερον

Öffnungszeiten: täglich 9–15 Uhr

Ausgrabungen des Totenorakels

Unter der Leitung des Archäologen Sotirios Dakaris wurde von der Griechischen Archäologischen Gesellschaft 1958 mit den Ausgrabungen in der Nähe der heutigen Ortschaft Mesopótamos begonnen. Der Entscheidung für diese Stelle lagen die homerischen Texte (Odyssee Homer II., 10, 513 und Homer II., 23, 72) zugrunde. Um 800 v. Chr. beschrieb Homer die Lage des Ortes, an der die Lebenden das Totenreich betreten konnten, so präzise, dass die Archäologen tatsächlich in den Jahren 1958-1964 auf die Überreste des Totenorakels stießen.

In antiker Zeit durchfloss der Acheron den See Acheronísia, vereinigte sich mit dem Fluss Kokkytos und mündete dann in den Golf von Ammoudá. Früher gab es hier ein ausgedehntes, häufig verseuchtes Sumpfgebiet, das heute trocken gelegt ist. In der furchtbaren Ebene findet man Maisfelder, die von langen Pappelreihen begrenzt werden. Die Landschaft wirkt gar nicht düster und unheimlich, aber in antiker Zeit durchströmte der Acheron noch tief und reißend enge und düstere Schluchten oder stürzte sich in Kaskaden in die Tiefe. Das wirkte auf die Menschen so bedrohlich und Furcht einflößend, dass sie an dieser Stelle den Eingang zum Totenreich vorzufinden glaubten.

Dort in der Unterwelt, im Hades, befanden sich die Seelen der Toten; Chairon, der alte Fährmann, brachte sie in einem lecken Boot über den Acheron. Den Verstorbenen wurde eine Münze als Fährpreis in den Mund gesteckt. Den Eingang zum Totenreich bewachte der Höllenhund Kerberos (Zerberus), der den Eintretenden zwar freundlich zuwedelte, aber niemanden wieder aus der Unterwelt herausließ.

Bedeutung der Orakelstätte

Schon sehr früh entstand hier eine Orakelstätte, der in der Antike große Bedeutung zukam: ein Lebender konnte in dieser Kultstätte Kontakt mit einem bestimmten Verstorbenen aufnehmen, diesen um Rat und Hilfe bitten, Fragen an ihn richten oder Verzeihung erbitten:

- **Orpheus**, der den Tod von Eurydike beklagte, versuchte durch seine Lieder die Unterweltgötter zu beeinflussen, ihm Eurydike zurückzugeben;
- **Periander**, der Tyrann von Korinth, befragte seine verstorbene Frau Melissa, wo sie den Schatz eines Freundes versteckt habe;
- **Odysseus** stieg auf Anraten der Zauberin Kirke in die Unterwelt hinab, um von dem blinden Seher Teiresias den Heimweg nach Ithaka zu erfragen.

Wenn Sie das Ausgrabungsgelände betreten (vielleicht im Sommer bei strahlender Helligkeit), fällt es schwer, die düstere, geheimnisvolle und bedrohliche Atmosphäre der Orakelstätte nachzuempfinden, denn der heutige Ort mit dem Gebäude einer kleinen Klosterkirche aus dem 18. Jahrhundert vermittelt nichts mehr von der einstigen Düsternis. Es ist ein etwa 62 x 46 m großes Bauwerk aus sorgfältig bearbeiteten polygonalen Steinblöcken. Erhalten sind Außen- und Innenmauern und Torbögen bis zu einer Höhe von 3,50 m. Ein oberes zweites Stockwerk war wahrscheinlich aus gebrannten Ziegeln errichtet. Heute fällt in die ausgegrabenen Kammern und Säle und in das Labyrinth so viel Licht, dass der Ort nicht unheimlich wirkt. Etwa in der Mitte der Anlage entdeckte man einen

Das Totenorakel am Acheron

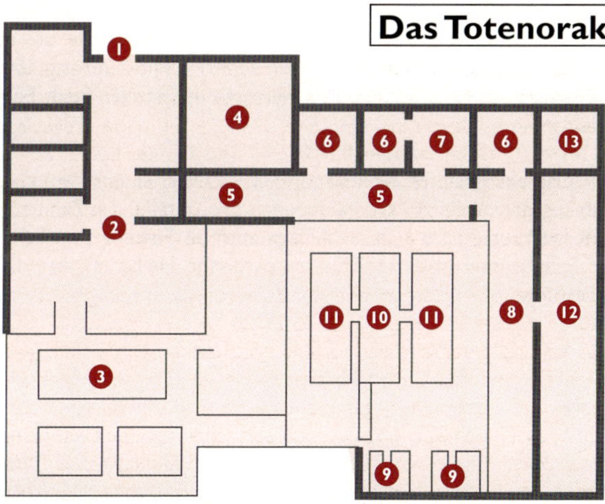

1 Eingang
2 Hof mit Kammern und Magazinen
3 Raum der Priester
4 Lagerraum
5 Nord-Korridor
6 Rituelle Schlafräume
7 Bad
8 Ost-Korridor
9 Labyrinth
10 Zentraler Opferraum
11 Raum für Weihegaben
12 Östlicher Außenhof
13 Reinigungsraum

unterirdischen, aus dem anstehenden Fels gehauenen etwa 15 x 4 m großen Raum, der möglicherweise der eigentliche Zugang zur Unterwelt war. Heutige Besucher können ihn über eine eiserne Treppe erreichen; zur Zeit des Totenorakels war er allein den Göttern der Unterwelt vorbehalten.

Eintritt in die Unterwelt

Im antiken Griechenland glaubte man, dass das Leben des Menschen mit dem körperlichen Tod nicht beendet ist, sondern dass die Seele im Hades weiterlebt, und zwar in ganz unterschiedlicher Weise, denn entscheidend für Freuden oder Leiden in der Unterwelt war die Lebensführung im irdischen Leben. Da es auch böse, rachsüchtige und Gefahr bringende Seelen gab, war jedes Zusammentreffen der Lebenden mit den Toten nicht ungefährlich. Deshalb musste jeder Ratsuchende sich körperlich und seelisch durch eine genau vorgeschriebene Kost, durch Bäder und Ruhelager auf den Kontakt mit dem Verstorbenen vorbereiten; durch Spenden von Honig und Milch, von Wein und Wasser und durch das Blut geopferter Tiere sollte die Seele des Toten besänftigt werden.

Der Ankommende wurde aus dem strahlenden Tageslicht in tiefe Dunkelheit geführt; er überließ sich der Führung eines Priesters und unbekannten, geheimnisvollen Ritualen, irrte in völliger Dunkelheit durch ein Labyrinth, das die verschlungenen Pfade der Unterwelt versinnbildlichen sollte, und gelangte dann in den Mittelsaal des Heiligtums, wo der Schatten der Toten erschien. Nach dieser Begegnung verließ der Ratsuchende die Orakelstätte auf einem anderen Weg, denn er sollte weiteren Besuchern nicht begegnen. Durch die östliche Pforte kam er in einen Raum, in dem eine erneute Reinigung vollzogen wurde, um den Einfluss des Todes zu überwinden. Danach stieg er den Hügel hinab zum Fluss mit dem Versprechen, strengstes Stillschweigen über alles zu bewahren.

Bei den Ausgrabungen wurden viele Vasen, Weihgeschenke, Aufbewahrungsgefäße für Honig und Früchte, eiserne Werkzeuge und Mühlsteine gefunden. Interessant ist auch ein tönernes Weihgeschenk aus dem 3. Jahrhundert v. Chr., das Persephone, die Göttin der Unterwelt, darstellt. Das alte Heiligtum wurde bei der Eroberung von Épirus durch die Römer 167 v. Chr. zerstört. Mit den Ausgrabungen des Acheron-Heiligtums konnten auch die Überreste der antiken Stadt Ephyra freigelegt werden.

Die Deutung der Ausgrabungsstätte als Totenorakel ist nicht unumstritten; aufgrund der Bestimmung der in der Anlage gefundenen Bronzeteile, u.a. Zahnräder, als Teile antiker Pfeilgeschütze lässt sich die Anlage auch als Festung zum Schutz der antiken Stadt Ephyra interpretieren. Das unterirdische Heiligtum war dann die Zisterne der Festung.

Kassópe

Wegstrecke

Wenn Sie noch den antiken Ort Kassópe aufsuchen möchten, können Sie auf der schmalen Straße von Mesopótamon über ***Kanaláki*** *und* ***Mirsíni*** *weiter fahren. Hinter der Ortschaft finden Sie links von der Straße, in Richtung* ***Kamarína****, die Ausgrabungen von Kassópe.*

Eine andere Straße führt über **Kanaláki** und **Kriopigí** durch eine besonders im Frühjahr sehr reizvolle Landschaft. An den bewaldeten Berghängen ziehen Schaf- und Ziegenherden entlang; kleine Gehöfte liegen zwischen blühenden Obstbaumgärten, Zypressen- und Olivenhainen.

Eine unbefestigte Straße führt steil hinauf nach **Kriopigí**, und nach 23 km erreichen Sie das schön gelegene Ausgrabungsgelände von Kassópe. Die Stadt **Kassópe** entstand im 3. Jahrhundert v. Chr. durch den Zusammenschluss mehrerer kleiner Dörfer, die in 550–650 m Höhe an den Berghängen des Zálongo gebaut waren. Als die Römer 167 v. Chr. Épirus eroberten, wurde die Stadt zerstört und gewann nicht wieder an Bedeutung. Die heute aufgedeckten Mauern stammen aus hellenistischer Zeit; es sind Reste der Stadtmauern, ein sogenanntes Gästehaus, eine Stoa aus der 2. Hälfte des 3. Jahrhundert v. Chr. und Theaterbauten zu erkennen.

Nur etwa 300 m vom Ausgrabungsgelände entfernt, am steil ansteigenden Bergstock Zálongo, liegt das kleine Kloster **Ágios Dimítrios**, das im 13. Jahrhundert (manche Quellen sagen im 8. Jahrhundert) erbaut und dessen Wiederaufbau 1816 beendet wurde. Das Kloster wurde während des 2. Weltkrieges zerstört und 1952 restauriert.

Wanderung zum Zálongo-Berg

Dauer des Aufstiegs: 20 Minuten

Oberhalb des Klosters steht ein Denkmal, das an den heldenhaften Kampf der Soulioten im griechischen Befreiungskrieg erinnert. Nachdem alle Männer im Kampf gefallen waren, zogen sich die Frauen mit ihren Kindern auf den Berg zurück. Dort sollen sie sich – so erzählen griechische Heldengeschichten – zum souliotischen Rundtanz am Abhang des Zálongo-Berges an den Händen gefasst haben, wobei nach jeder Tanzrunde eine von ihnen in den Abgrund sprang.

Zur Erinnerung an den "Todestanz" der souliotischen Frauen

Wenn Sie auf die Straße zurückkehren und ihr in südlicher Richtung nach **Archángelos** folgen, treffen Sie wieder auf die Hauptstraße von Igoumenítsa nach Préveza.

Nikópolis Νικοπολις und Aktion

Etwa 8 km vor Préveza geht es zur römischen Stadt **Nikópolis**, die schon fast ganz von undurchdringlichen Brombeerhecken und anderen Pflanzen überwuchert war, bevor die Ausgrabungsarbeiten wieder aufgenommen und die Ruinen freigelegt wurden. Zu sehen sind das römische Theater, das Stadion, Fundamente verschiedener Wohnhäuser, mächtige Stadtmauern und Reste der römischen Wasserleitung; daneben findet man die Ruinen von vier frühchristlichen Basiliken, deren Fußbodenmosaike stellenweise gut erhalten sind.

See-schlacht von Aktion

Die Geschichte der Stadt Nikópolis hängt eng mit der **Aktions** zusammen, das nur wenige Kilometer südlich liegt. Im Hafen von Aktion fand im Jahre 31 v. Chr. die berühmte Seeschlacht statt, in der Octavian über Antonius siegte. Agrippa, der Befehlshaber Octavians, schlug mit seinen kleinen, manövrierfähigen Kriegsschiffen die vereinte Flotte von Antonius und der ägyptischen Königin Kleopatra. Während der Schlacht konnte Kleopatra fliehen, ihr Liebhaber Antonius folgte ihr – aber die gesamte Flotte wurde vernichtet. Zur Erinnerung an seinen Sieg, der ihm die Macht über das gesamte Römische Reich sicherte, gründete Oktavian, der seit 27 v. Chr. den Herrschertitel Augustus führte, die Kolonie Nikópolis. Dort siedelte er zwangsweise die Bewohner von Ambrákia (dem heutigen Árta) und anderen Städten Ätoliens und Akarniens an.

Für zwei Jahrhunderte war Nikópolis die größte und bedeutendste römische Stadt in Griechenland; dort verbrachte der **Apostel Paulus** einen Winter, und der römische Philosoph **Epiktet** zog sich nach seiner Vertreibung aus Rom dorthin zurück.

Von der Hauptstraße sieht man die schönen, langen Sandstrände, die von Dünen begrenzt sind; das Wasser ist flach abfallend und auch für kleine Kinder gut geeignet. Parallel zur Hauptstraße verläuft eine kleinere Straße, an der einige Sommersiedlungen mit etlichen neuen Hotels, Appartementanlagen, Campingplätzen und Tavernen inmitten von Olivenhainen liegen, wie z. B. in **Vráchos**, **Ligiá**, **Riza**, **Kanáli**, und **Mítikas**.

Préveza Πρεβεζα (ⓘ s. S. 125)

Handels- und Fährhafen Préveza

Nur 8 km südlich von Nikópolis liegt die Stadt Préveza an der Meerenge, die das Ionische Meer mit dem Ambrakischen Golf verbindet. Die Stadt mit etwa 15.000 Einwohnern ist ein wichtiger Handels- und Fährhafen und das wirtschaftliche Zentrum dieser Region. An der verkehrsreichen Hafenstraße findet man Agenturen von Reedereien, Mietwagenfirmen und Verwaltungsgebäude, an der autofreien Hafenpromenade liegen schöne Cafés und Restaurants. An der Hafenpromenade ist auch die Fähranlegestelle für die Überfahrt nach Zentralgriechenland und Aktion, das am gegenüber liegenden Ufer des Golfes liegt. *Die Fährboote überqueren die Meerenge von 6–23 Uhr halbstündlich, die Überfahrt dauert etwa 10 Minuten.* Der neue Immersed-Tunnel ist von der E 55 her gut ausgeschildert. Die kostenpflichtige Fahrt durch den Tunnel wurde als Ergänzung zu den Fähren gebaut und bringt deutliche Zeitersparnis mit sich.

Préveza ist auf drei Seiten vom Meer umgeben; früher wurde die Stadt von Festungsanlagen geschützt, die jedoch bis auf das venezianische Kastell, von dem aus sich ein schöner Blick auf den Ambrakischen Golf bietet, völlig verfallen sind. Sehenswert sind die Kathedrale mit einer schönen Ikonenwand und ein venezianischer Uhrenturm.

An der Stelle der heutigen Stadt lag einst die von König Pyrrhos von Épirus um 290 v. Chr. gegründete Stadt Berenike; nur wenige Überreste erinnern an diese Siedlung, denn für den Aufbau von Nikópolis wurden die Steine Berenikes als

Baumaterial verwendet. Die Stadt geriet in den folgenden Jahrhunderten in den wechselnden Besitz der Venezianer, der Türken, der Franzosen und wieder der Türken, bis sie nach den Balkankriegen Griechenland zugesprochen wurde.

Gelegenheit zum Baden gibt es zwar schon direkt am Hafen, aber viel einladender ist der lange Sandstrand Monólithi, nur 10 Minuten von der Stadt entfernt, und die schönen Sandstrände an dem nördlichen Küstenabschnitt zwischen Párga und Préveza.

Ioánnina Ιοαννινα und Umgebung (ⓘ s. S. 125)

Knapp 100 km beträgt die Entfernung zwischen Igoumenítsa und Ioánnina. Auf dieser wichtigsten Straßenverbindung zwischen dem Fährhafen Igoumenítsa und dem Norden Griechenlands und der Türkei liegt der gesamte Verkehr, der in den letzten Jahren so stark angewachsen ist, dass inzwischen mit dem Bau einer vierspurigen Autobahn begonnen wurde. Noch aber müssen Sie für diese kurvenreiche Strecke, die durch eine reizvolle Berglandschaft führt, mit mindestens 1 ½ Stunden Fahrzeit rechnen.

schönes Stadtbild

Ioánnina, die Hauptstadt von Épirus, ist ein wichtiger Wirtschaftsstandort und zugleich als Universitätsstadt das kulturelle Zentrum der Provinz Épirus. Die Stadt, in der ca. 45.000 Einwohner leben und wochentags sehr viel Verkehr herrscht, liegt malerisch am Pambótis-See; das Stadtbild ist durch den traditionellen Baustil der Häuser des 18. Jahrhunderts und schöne Park- und Grünanlagen geprägt. In der Neustadt dominieren Verwaltungsgebäude und moderne Geschäftsviertel, während es in den schmalen Gassen der Altstadt viele kleine Läden gibt, die u.a. die in Griechenland bekannten Silber- und Kupferarbeiten aus Ioánnina anbieten.

Am Ufer des **Pambótis-See** zieht sich die lange Promenade entlang, deren Cafés und Restaurants ein beliebter Treffpunkt sind. An der Promenade, an der moderne Plastiken aufgestellt wurden, findet auch die abendliche Volta statt. Bunt geschmückte Pferdekutschen fahren mit Geläut am See entlang, kleine Boote bringen Passagiere zu den kunstgeschichtlich interessanten Kirchen auf der Insel im See.

Geschichte der Stadt

Geschichte der Stadt

Ioánnina ist als mittelalterliche Festung auf einer Halbinsel entstanden; sie soll schon 528 n. Chr. von Kaiser Justinian gegründet worden sein und ihren Namen von einem früheren, am See gelegenen Kloster des Heiligen **Johannes Prodromos** herleiten. Im 13. Jahrhundert wurde Ioánnina Hauptstadt des Despotats von Épirus, war seit 1366 Sitz eines serbischen Teilfürstentums und geriet 1430 unter türkische Herrschaft. Eine kulturelle und wirtschaftliche Blütezeit erlebte Ioánnina in der Regierungszeit des **Ali von Tepelen**, der 1788 von den Türken zum Pascha ernannt wurde und dem es gelang, in Ioánnina einen fast autonomen Staat aufzubauen. Erst 1912, im 1. Balkankrieg, wurde die Stadt an Griechenland angeschlossen; sie war im 2. Weltkrieg und im griechischen Bürgerkrieg von strategischer Bedeutung. Seit 1966 ist Ioánnina wieder Sitz einer Universität.

Zu den Sehenswürdigkeiten der Stadt zählen
- **Herrenhäuser** aus dem 16. Jahrhundert
- die **Aslan-Pascha-Moschee** und die **Fetiye-Moschee** mit dem Grab Ali Paschas
- das **Archäologische Museum** mit Funden aus Nordwest-Griechenland vom Paläolithikum bis zur byzantinischen Zeit,
- das **Volkskunde-Museum** (in der Zitadelle),
- die **Zitadelle** (Phrourion) und
- die **Seeinsel** mit zahlreichen Klöstern.

Stadtrundgang

Auf einem Stadtrundgang lässt sich die reizvolle Stadt kennen lernen:
Kentrikí Platía - Zitadelle - Aslan-Pascha-Moschee - Altstadt
Dauer des Rundgangs: ca. 3–4 Stunden

Ausgangspunkt ist der große geschäftige Platz, die **Kentrikí Platía (1)** mit dem bekannten Glockenturm (To Roloi). Von dort führt die Averof-Straße zur Zitadelle (Froúrion) und dem dortigen Volkskundemuseum (Municipal Museum); der Weg dorthin ist ausgeschildert. Entlang der Straße gibt es etliche Souvenirläden und kleine Restaurants. Zuerst kommen Sie am **Archäologischen Museum (2)** vorbei. *Öffnungszeiten: täglich 8–15 Uhr, Sa und So 9–15 Uhr, montags geschlossen.* Das Museum besitzt eine umfangreiche Sammlung von alten Werkzeugen, Keramiken, Waffen und Schmuckstücken, sowie Skulpturen, Münzen und Inschriften aus klassischer und hellenistischer Zeit. Ausgestellt sind auch die Funde aus dem sogenannten Nekromanteion, dem Ort des Totenorakels am Acheron.

Zitadelle

Die Altstadt mit der **Zitadelle (3)**, die von den Serben gebaut und im 18. Jahrhundert unter Ali Pascha verstärkt wurde, ist von starken Mauern umgeben: innerhalb der Mauern zieht sich ein Gewirr von kleinen, engen Gassen hinauf bis zur großen Moschee.

Die **Moschee des Aslan-Pascha (4)** steht seit 1618 auf jenem Felsen, auf dem sich zuvor das Kloster des Ágios Ioánnis Pródromos befand. Die Moschee war das Symbol der türkischen Herrschaft und wurde bis 1922 von der türkischen Minderheit in Ioánnina als Gotteshaus benutzt. 1933 wurde sie in das **Volkskundemuseum** umgewandelt. *Öffnungszeiten: täglich 8–15 Uhr, Sa und So 9–15 Uhr, montags geschlossen.* Alle Ausstellungsstücke beziehen sich auf die Darstellung des griechischen Widerstandes gegen die Türkenherrschaft; darüber hinaus werden Volkstrachten und Schmuckstücke aus dem 18. und 19. Jahrhundert gezeigt. Beiderseits des Weges hinauf zur Moschee sieht man alte Geschütze und Kanonenkugeln.

Vom Minarett sehen Sie hinunter auf die innere Festung und die **Fetiye-Moschee (5)**, in der sich das Grab Ali Paschas befindet.

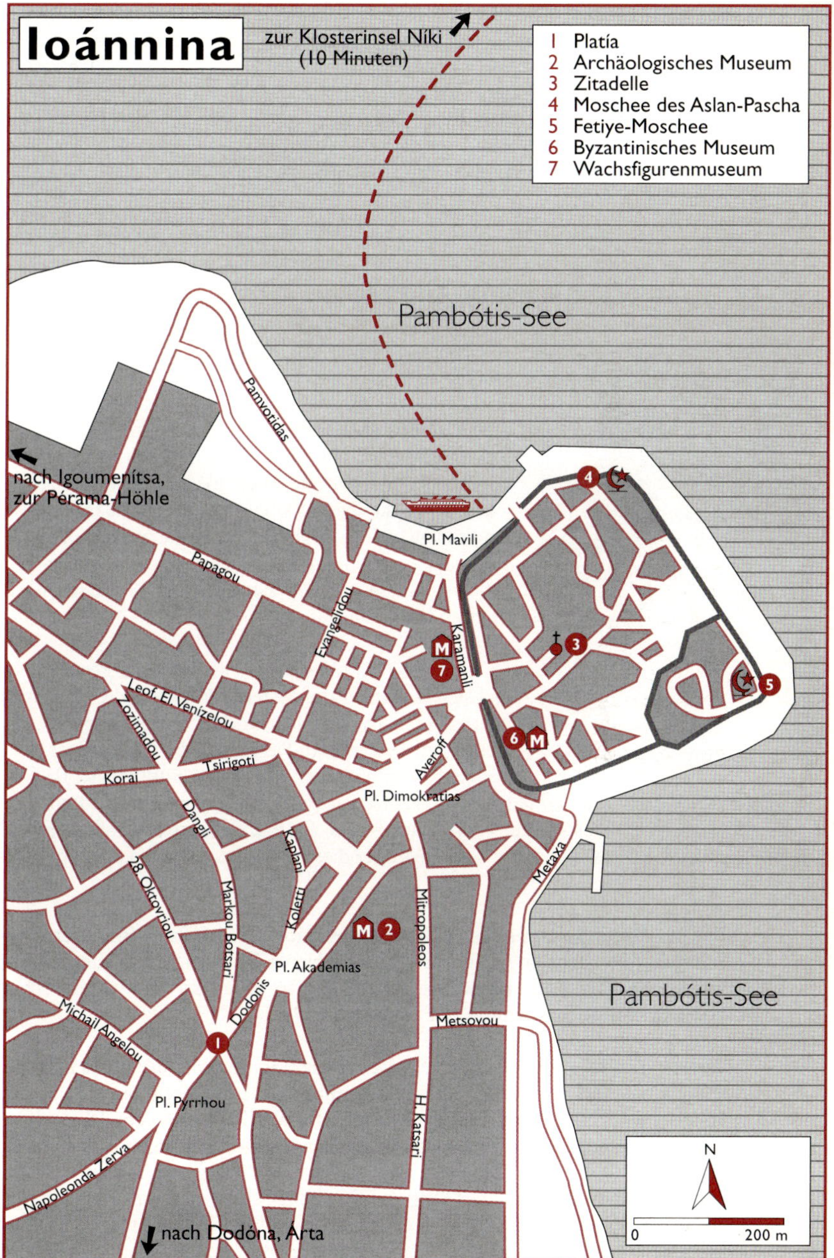
Ioánnina
zur Klosterinsel Níki (10 Minuten)
1 Platía
2 Archäologisches Museum
3 Zitadelle
4 Moschee des Aslan-Pascha
5 Fetiye-Moschee
6 Byzantinisches Museum
7 Wachsfigurenmuseum
Pambótis-See
Pamvotidas
nach Igoumenítsa, zur Pérama-Höhle
Pl. Mavili
Papagou
Evangelidou
Karamanli
Leof. El. Venizelou
Zozimadou
Tsirigoti
Korai
Averoff
Pl. Dimokratias
Daneli
Kaplani
Metaxa
28. Oktovriou
Markou Botsari
Koletti
Mitropoleos
Pl. Akademias
Dodonis
Pambótis-See
Metsovou
Michail Angelou
Pl. Pyrrhou
H. Katsari
Napoleonda Zerva
nach Dodóna, Árta
N
0
200 m

Von der Zitadelle ist der Weg zur inneren Festung und zum sehenswerten Byzantinischen Museum ausgeschildert. Beides ist nur ca. 5 Gehminuten entfernt. In der ausgedehnten Inneren Festung mit byzantinischen Festungsmauern, Überresten eines Wachhauses, Ali Paschas Serail und **Ali Paschas Grab** wurde das **Byzantinische Museum (6)** eingerichtet. *Öffnungszeiten im Sommer: täglich 8–19 Uhr, Mo 12.30–19 Uhr; im Winter: täglich 8–14.30 Uhr, Mo geschlossen.* Mit derselben Eintrittskarte können Sie auch die Silberausstellung im benachbarten Gebäude besuchen.

INFO Informationen zu Ali Pascha

Ali Pascha wurde 1744 in Tepeleni, einem Ort im nördlichen Épirus, geboren. In jungen Jahren schloss er sich einer Räuberbande an, wurde aber bald vom Sultan zum Inspektor mit der Aufgabe der Straßenkontrolle ernannt. Um 1788 übernahm er das Armeekommando, besetzte die Stadt Ioánnina und wurde als Pascha Ioánninas bestätigt. In den folgenden Jahren eroberte er die Regionen von Árta, Préveza und Himárra, vergrößerte seinen Machtbereich und machte Ioánnina zum größten Handels- und Wirtschaftszentrum Griechenlands.

Da die persönliche Macht Ali Paschas ständig wuchs und sich an seinem Hof Männer aufhielten, die später als Anführer der Griechen im Befreiungskampf bekannt wurden, wurde Ali Pascha vom Sultan des Hochverrats beschuldigt und zum Tode verurteilt. Ali Pascha verstärkte die Festung Ioánnina und hielt 1½ Jahre der Belagerung stand. Durch eine List wurde er dann auf die Seeinsel gelockt, wo er 1822 erschossen wurde. Sein enthaupteter Körper wurde neben der Fetiye-Moschee beigesetzt.

Von der Festung bietet sich eine prächtige Aussicht auf den Pambótis-See, auf die Stadt und die höchsten Gipfel des Píndos-Gebirges. Bevor Sie die Festung verlassen, können Sie noch ein wenig in dem kleinen Café ausruhen, das im alten Gemäuer eingerichtet wurde.

traditionelle Architektur

Von der Zitadelle aus gehen Sie hinunter in das Gassengewirr der Altstadt. Dabei können Sie noch einige der alten **Herrenhäuser** besichtigen, die sich in der Pouqueville-, Dangli- und Tsákaloff-Straße befinden. Diese aus dem 18. Jahrhundert stammenden Häuser sind von türkischen Bauelementen geprägt, wie z. B. überdachten Erkern und Loggien, Arkaden in den Obergeschossen und schön angelegten Innenhöfe. Auf dem Weg zum Pambótis-See, *in der Odós Karamanli 15,* finden Sie das 2001 eröffnete **Wachsfigurenmuseum (7)** von Athanassios Vrellis, in dem Szenen aus der Geschichte und dem griechischen Alltag nachgebildet sind. *Öffnungszeiten: im Sommer täglich 9 –16 Uhr, Eintritt frei.* In den kleinen Straßen werden Ihnen in den Geschäften und Schaufenstern die reichen Messing- und Silberauslagen auffallen, die den Ruf Ioánninas als Stadt der Silberschmiede bestätigen.

Am Pambótis-See werden Ihnen die bunt geschmückten Pferdewagen begegnen, mit denen Sie auf einer Rundfahrt ebenfalls die Stadt kennen lernen können. Ausgangsort der Kutschfahrten ist die Seepromenade, wo auch die Boote zur sehenswerten Insel Níki abfahren.

Die See-Insel Níki Νικι und ihre Klöster

Nördlich der Stadt, am Fuß des Mitsikelis-Berges, liegt der 11 km lange, 3 km breite und 9–20 m tiefe **Pambótis-See**. Der See hat einen reichen Fischbestand, wobei Hechte, Aale und Krebse den Hauptfang ausmachen. Am Seeufer von Ioánnina legen die kleinen Schiffe ab, die zur im Pambótis-See gelegenen Insel Níki fahren. *Die Fahrt dauert etwa 10 Minuten; die Fahrten werden ganztägig alle 30 Minuten durchgeführt.*

Fahrt zur See-Insel Níki

Auf der Insel kommen Sie in ein malerisches Fischerdorf mit engen Gassen und weiß gekalkten Häusern, von denen sich farbenprächtige, üppige Blumen und Pflanzen leuchtend abheben. Ziel der Besucher sind die kleinen Kirchen und Klöster der Insel, von denen vier zu besichtigen sind. Die ersten Bewohner kamen im 17. Jahrhundert von der Halbinsel **Máni** auf der Peloponnes und gründeten den kleinen Inselort, der heute unter Denkmalschutz steht.

Westlich des Hafens befindet sich das kleine **Kloster Ágios Nikólaos Spanós** (**Philanthropinum**). Die Klosterkirche wurde 1292 von Michael Philanthropinos erbaut und um 1560 durch Anbauten in Hufeisenform erweitert. Sehenswert sind im Hauptschiff die gut erhaltenen Fresken und im südlichen Anbau die Darstellungen großer Persönlichkeiten aus der Antike: Solon, Thukydides, Platon, Aristoteles und Plutarch. Aus der Zeit um 1540 stammt die Darstellung des Heiligen Nikolaos an der Nordwand, zu dessen Füßen die „5 Philanthropen“, die Gründer der Kirche, knien.

Geht man weiter, so trifft man auf das **Kloster Ágios Nikólaos Dílios** aus dem 11./13. Jahrhundert. Es ist das älteste Kloster der Insel und bewahrt im Inneren teilweise gut erhaltene Fresken aus dem Jahre 1534 mit Szenen aus dem Marienleben, der Nikolauslegende und vom Jüngsten Gericht. Südlich der Kirche des Heiligen Nikólaos Dílios steht das **Kloster Eleúsa**, dessen Gründungsjahr nicht genau bekannt ist. Im Innern befinden sich Fresken aus dem 18. Jahrhundert und eine Ikone der Eleúsa, die dem Kloster den Namen gab. Am Ostende der Insel finden Sie das **Kloster Ágios Ioánnis Pródromos**, das im 13. Jahrhundert gegründet und im 16. Jahrhundert erneuert wurde. Seine Fresken stammen aus dem 18. und 19. Jahrhundert.

ältestes Kloster der Insel

Dicht dabei liegt das **Kloster Ágios Panteleímon**, in dessen Räumen 1958 ein kleines Museum zur Erinnerung an Ali Pascha eingerichtet wurde. Ausgestellt sind

Möbel, Bilder, Darstellungen und Gebrauchsgegenstände, die das Leben Ali Paschas und die Unabhängigkeitsbestrebungen der Griechen gegen die Türken-Herrschaft verdeutlichen.

Ausflugsziele in der Umgebung Ioánninas

Von Ioánnina aus bieten sich verschiedene Ausflugsziele an:
für den **archäologisch-kunstgeschichtlich** Interessierten:

- **Dodóna**, die älteste Orakelstätte Griechenlands
- die **Zagoriá-Dörfer** (epirotische Architektur)

für den **naturkundlich** Interessierten:

- die Tropfsteinhöhle von **Pérama**
- die Tropfsteinhöhle bei **Prámanta**
- der Nationalpark **Víkos Aóuu**

für **Bergsteiger** und **Kanu-Fahrer:**

- das **Píndos-Gebirge**
- die **Bergflüsse** Loúros, Metsovitikós und Árachthos

Dodóna Δοδονα, die älteste Orakelstätte Griechenlands (ⓘ s. S. 125)

Öffnungszeiten: täglich 8–17 Uhr, So bis 15 Uhr

Entfernung
21 km von Ioánnina

Wegstrecke
*Von Ioánnina aus fahren Sie auf der nach Árta ausgeschilderten Straße etwa 7 km bis **Pediní**, biegen dort nach rechts ab und erreichen nach etwa 14 km den Ort und das Ausgrabungsgelände von Dodóna, Tel.: 26510-82287.*

bedeutende Orakelstätte

Das Heiligtum von Dodóna ist die alte Kultstätte des Pelasgischen Zeus und der Dione. Sie gilt als die älteste Orakelstätte des griechischen Festlandes und wird schon bei Homer und Hesiod erwähnt. Das Bestehen des Heiligtums lässt sich durch Funde bis ins 3. Jahrtausend v. Chr. zurückverfolgen, die die Verehrung der griechischen Erdgöttin bezeugen. Durch das Hirtenvolk der Thesproter, dem die Eiche als heiliger Baum galt, wurde im 2. Jahrtausend v. Chr. die Verehrung der Erde mit dem Baumkult verbunden. Eine mächtige Eiche stand innerhalb des heiligen Bezirks, als dessen Schutzgott die Griechen später Zeus verehrten. Priester deuteten das Orakel aus dem Rauschen der heiligen Eiche, dem Flug der Tauben und dem Klang eines ehernen Kessels.

Nach einer Epoche des Niedergangs im 5. Jahrhundert v. Chr. gewann die Orakelstätte unter der Herrschaft der makedonischen Regenten Philipp II. und Alexander dem Großen erneut an Bedeutung. Nach der Zerstörung im Jahre 219 v. Chr. wurde der Tempel wieder aufgebaut, dann jedoch von den Römern 168-167 v. Chr. in Brand gesteckt; aber erst im Jahr 392 n. Chr. wurde die uralte Zeus-Eiche gefällt.

Das Orakel von Dodóna wurde weniger in großen staatspolitischen Entscheidungen um Rat befragt, als vielmehr von der ratsuchenden Bevölkerung bei privaten Problemen um Hilfe gebeten. Im Nationalmuseum von Athen sind Bleiplatten ausgestellt, auf denen Fragen und auch Antworten des Orakels eingeritzt sind.

Das antike Theater von Dodóna bot Platz für 18.000 Zuschauer

1873 entdeckte Konstantin **Karapanos** die antike Stätte; durch die Ausgrabungsarbeiten konnten bisher 3 größere Bauten freigelegt werden: das **Theater**, der „**Säulensaal**" des Rathauses und das **Heiligtum** des Zeus.

Man betritt das Gelände, in dem die Ausgrabungen zur Zeit vom Archäologischen Institut der Universität Ioánnina fortgeführt werden, von Westen her und besichtigt zunächst das **Theater**, das im 3. Jahrhundert v. Chr. von König Pyrrhos errichtet wurde. In früherer Zeit konnten bis zu 18.000 Menschen den Aufführungen sowie musischen und athletischen Wettkämpfen zuschauen. In römischer Zeit wurde das Theater in eine Arena für Tierhatzen und Gladiatorenkämpfe umgewandelt.

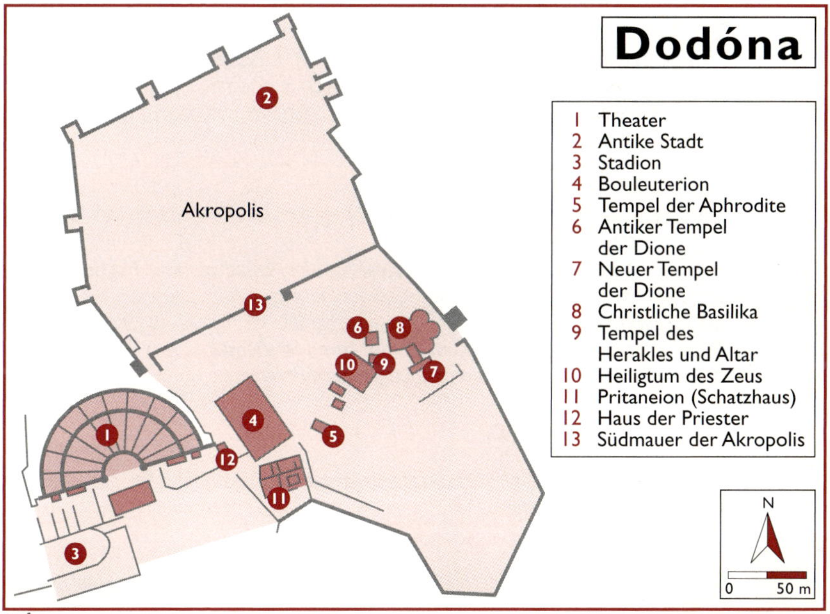

Hinweis
Gelegentlich wurden im Theater in den Sommermonaten Stücke antiker Autoren aufgeführt, aus Sicherheitsgründen finden diese z. Zt. jedoch nicht statt.

Oberhalb des Theaters lag die antike Stadt Dodóna, die noch kaum freigelegt ist. Das eigentliche **Orakel-Heiligtum**, das aus mehreren Tempeln, kleinen Schatzkammern und Weihdenkmälern bestand, befindet sich östlich des Theaters; ebenso der sogenannte „**Säulensaal**" aus dem 3. Jahrhundert v. Chr., der Teil des Rathauses (Bouleuterion) war und den Gesandten und offiziellen Vertretern der Städte als Versammlungsraum diente. Der **Zeus-Tempel** wurde im 4. Jahrhundert v. Chr. neben der heiligen Eiche errichtet; später wurde der Heilige Bezirk von einer Mauer umgeben. Bisher konnten Überreste eines alten und neuen Tempels der Dione und ein Herakles-Tempel aufgedeckt werden. Im Osten der Ausgrabungsstätte fand man Reste einer frühchristlichen Basilika aus dem 6. Jahrhundert.

„Geschichtsmuseum"

Auf dem **Rückweg** können Sie einen Abstecher zum nur wenige Kilometer weiter in Richtung Árta liegenden **Wachsfigurenmuseum Vrellis** machen, *Tel.: 26510-92128*, das in einem im epirotischen Stil gebauten Herrenhaus eingerichtet wurde, 12 km südlich von Ioánnina. *Öffnungszeiten: von April bis September 9.30–17 Uhr, von Oktober bis März 10–16 Uhr.* Im Museum sind Personen und Szenen aus der neueren griechischen Geschichte von der Zeit Ali Paschas bis zum 2. Weltkrieg sehr anschaulich und lebendig dargestellt.

Die Tropfsteinhöhle von Pérama Περαμα

Öffnungszeiten: 1. April–31. Oktober: 8–20 Uhr, 1. November bis 31. März 8.30–19.30 Uhr, Telefon: 26510-81521. Die Führungen in griechischer Sprache werden in den Sommermonaten alle 15–20 Minuten durchgeführt und dauern ca. 45 Minuten.

Entfernung
4 km nördlich von Ioánnina

Wegstrecke
Folgen Sie vom Zentrum zunächst der Ausschilderung Flughafen/Tríkala und später den Schildern „Cave of Pérama".
Im Ort Pérama biegen Sie von der Hauptstraße nach links ab und finden den Eingang zur Höhle nach ca. 400 m auf der linken Straßenseite.
Es gibt auch regelmäßige Busverbindungen nach Pérama.

Bootsverbindung
In den Sommermonaten gibt es gelegentlich auch die Möglichkeit, von Ioánnina aus mit dem Boot zum gegenüber liegenden Ufer des Pambótis-See nach Pérama zu fahren.

Hinweise
- *Die Lufttemperatur in der Höhle beträgt 18 °C, so dass eine Jacke zu empfehlen ist.*

- *Die Wege sind stellenweise rutschig, so dass Vorsicht geboten ist.*
- *Der Rückweg aus der Höhle ist recht beschwerlich, da man zunächst 163 Stufen zum Ausgang hinaufsteigen und dann noch 10 Minuten bis zum Eingang gehen muss.*

Die Tropfsteinhöhle, die am Fuße des Berges Mitsikéli liegt und eine der schönsten Höhlen Griechenlands ist, wurde 1940/41 von Dorfbewohnern entdeckt und in den folgenden Jahren gründlich erforscht. Die Höhle hat eine Fläche von 14.800 m², die Länge der Höhlengänge beträgt knapp 1.100 m. Man findet 19 verschiedenartige Stalagmiten und Stalaktitensorten; die bemerkenswertesten Tropfsteine, unter ihnen ein äußerst seltener kreuzförmiger Stalaktit, haben bildhafte Namen wie „Sphinx", „Löwenpranke" oder „Schleier der Persephone". In der Höhle liegen malerische kleine Seen.

Lesetipp
Petrochilou Anna, Die Höhle von Pérama, Athen 1988
Die kleine Broschüre ist am Höhleneingang erhältlich.

Die Tropfsteinhöhle von Prámanta Πραμαντα

Öffnungszeiten: Da die Höhle nicht regelmäßig geöffnet ist, sollten Sie die aktuellen Öffnungszeiten im Informationsbüro in Ioánnina erfragen.

bedeutende Höhlen in der Umgebung Ioánninas

Entfernung
63 km südöstlich von Ioánnina

Wegstrecke
von Ioánnina aus führt eine kleine Straße in südlicher Richtung am Seeufer entlang und weiter über Katsikás, Servianá und Pláka nach Prámanta. Etwa 5 km vom Ort entfernt liegt in 900 m Höhe die kleine Tropfsteinhöhle.

Die kleine Anemotripa-Höhle wurde erst 1960 entdeckt. Interessant sind zwei kleine Seen, von denen der eine weiß, der andere rot schimmert. Die Gesamtfläche der Höhle beträgt 1.350 m², die Höhlengänge sind 350 m lang. Die Lufttemperatur beträgt 19 °C.

Die Zagoriá-Dörfer Ζαγορια (ⓘ s. S. 125)

Entfernung
ca. 60 km von Ioánnina

Wegstrecke
Man erreicht die Zagoriá-Dörfer über die von Ioánnina nordwärts nach Kónitsa und Kastoriá führende Straße. Nach etwa 20 km biegen Sie bei der Ortschaft Asfáka rechts ab in Richtung „Central-Zagori" bzw. zum „Vikos-Canyon"; die Straße führt über ***Vítsa*** *nach* ***Monodéndri*** *(38 km von Ioánnina) und zum Víkos-Aoos-Nationalpark.*

Im Norden Ioánninas liegen die **Zagorochória**, eine Gruppe von 46 Dorfgemeinden zwischen dem Mitsikéli und den Tímpfi-Bergen. Diese Dörfer mit alten

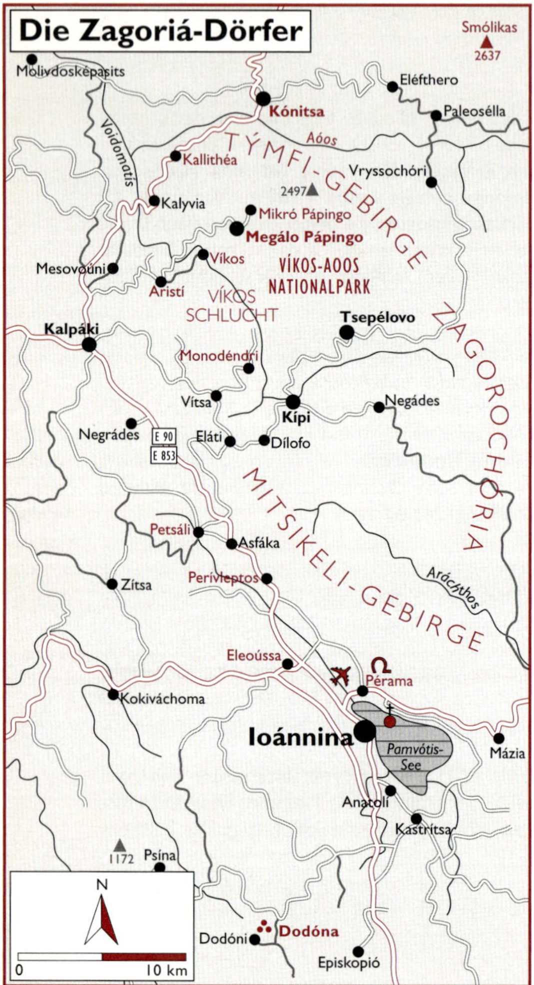

Patrizierhäusern und schönen Kirchen liegen in einer großartigen, wilden, fast unberührten Landschaft mit dichten Nadelwäldern, reich fließenden Quellbächen und üppiger Vegetation. Allen Dörfern gemeinsam ist die ungewöhnliche Architektur der meist zweistöckigen Häuser, die mit dünnen Schieferplatten gedeckt und ganz der umgebenden Landschaft angepasst sind. Ein Teil der Dörfer liegt im Nationalpark Víkos-Aoos.

Die Zagoriá-Dörfer haben eine gemeinsame geschichtliche Entwicklung. Ausgrabungsfunde belegen, dass das Gebiet schon im Altertum besiedelt war; die Herrenhäuser, Kirchen und Steinbrücken geben einen Eindruck von der im 15. Jahrhundert beginnenden wirtschaftlichen und kulturellen Blütezeit. Heute stehen die meisten Dörfer der Zagoriá unter Denkmalschutz.

Typisch für die Bauweise der Häuser ist die Verwendung des Flyschsteins als Baumaterial. Dieses in Schichten von unterschiedlicher Stärke ausgebildete und in dieser Gegend reichlich vorkommende Gestein ist im Abbau und in der Verarbeitung sehr einfach zu handhaben und wird daher auch für den Bau von Umfassungsmauern und Innenhöfen sowie für Dachziegel und Straßenpflasterungen verwendet.

Die Verwaltungsberichte aus der Zeit Ali Paschas weisen die in der Zagoriá lebenden Menschen als eine streng christliche Bevölkerung aus, die stark dem Glauben, der Heimat und der Tradition verhaftet waren. Diese Eigenschaften wurden lange bewahrt; erst in den letzten Jahren wanderten viele der Gebirgler in die Städte aus, um dort Arbeit zu finden. Die Verbindung zur Heimat wird aber aufrechterhalten; der Aufenthalt in der Fremde wird nur als vorübergehend angesehen. In jüngster Zeit bietet der langsam aufkommende Fremdenverkehr eine neue Einnahmequelle.

Das heutige Verwaltungszentrum der Zagoriá ist Grevenítio.

Hinweis

Die meisten Dörfer der Zagoriá sind mit dem Auto über kleine Straßen zu erreichen, die von der Hauptstraße ausgehen und als Stichstraße im Ort enden. Verbindungen der Ortschaften miteinander bestehen nur selten, so dass man meistens zur Hauptstraße zurückkehren muss. Übernachtungsmöglichkeiten gibt es in Vítsa, Monodéndri, Megálo und Mikró Pápingo und Kípi.

Nach dem Verlassen der Hauptstraße sehen Sie schon bald die charakteristischen Steinbrücken, alte Dorfkirchen mit sehenswerten Fresken, verlassene Klöster und traditionelle Steinhäuser in den Ortschaften **Eláti**, **Dílófo**, **Koukoúli** und **Kípi**, das zu den schönsten der Zagoría-Dörfer gehört. Hier gibt es ein kleines Volkskundemuseum und in der Umgebung acht alte Steinbrücken über den Fluss Voidomátis, von denen die Plákida-Brücke mit ihren drei Bögen die schönste ist. Sie überspannt den Fluss etwa 1 km vor dem Ort und ist nicht nur ein schönes Fotomotiv, sondern auch noch begehbar.

alte Herrenhäuser, Steinbrücken und großartige Naturerlebnisse

Monodéndri (ⓘ s. S. 125) ist die bekannteste Ortschaft der Zagoriá und gehört zu den traditionsreichsten Dörfern von Épirus mit seinen schönen Herrenhäusern, den kleinen Kirchen und dem alten Dorfplatz, wo eine riesige Platane Schatten spendet. Einige der Häuser wurden restauriert und bieten jetzt sehr reizvolle Übernachtungsmöglichkeiten, die vor allem von Wanderern und Naturliebhabern genutzt werden. Von der Höhe des Dorfes bietet sich ein herrlicher Blick auf die Víkos-Schlucht.

Wanderungen

Monodéndri ist der Ausgangspunkt für schöne Wanderungen, z. B.

- *der Weg zum verlassenen Kloster **Agía Paraskeví** beginnt am Dorfplatz und führt über enge Pfade und schmale Felsensteige, die nur für schwindelfreie Wanderer geeignet sind, durch eine wilde, unberührte Landschaft und bietet dabei eindrucksvolle Ausblicke auf den tiefen, ca. 200 m breiten Canyon mit seinen massiven Felswänden. Die Wanderung zum Kloster, das 1412 am Rand der Schlucht gebaut und mit Fresken ausgeschmückt wurde, wird mit einem geradezu atemberaubenden Blick auf den Grund der Víkos-Schlucht belohnt. Ein schmaler Pfad führt am Abhang entlang zur Höhle „Megáli Spília", die während der Türkenzeit als Zufluchtsort diente.*
- ***durch die Víkos-Schlucht zu den Quellen des Voidomátis***

Die ausgeschilderte Tageswanderung beginnt in Monodéndri mit dem etwa einstündigen, steilen Abstieg in die Víkos-Schlucht und führt dann auf beschwerlichem Weg am Fluss entlang, der von Oktober bis Juni Wasser führt. An beiden Ufern wachsen die verschiedenartigsten Wildblumen und Heilpflanzen. Kurz bevor man nach etwa 4 Stunden die Quellen erreicht, zweigt ein Weg zum Dorf Víkos ab. Der Weg ist gut beschildert; da der Fluss im Hochsommer kein Wasser führt, müssen Sie unbedingt genügend Wasser mitnehmen.

- *Eine weniger anstrengende Wanderung führt zwischen Klidonía und Arísti am Voidomatis entlang durch schattige Platanenwälder.*

Der malerische Bergort **Vítsa**, besitzt ebenfalls einige traditionelle, inzwischen restaurierte Häuser, die sich am Berghang ausbreiten, und Kirchen aus dem 17. und 18. Jahrhundert. Eine schöne **Wanderung** beginnt an der Dorfkirche und führt über einen breiten, aber nicht durchgängig ausgeschilderten Weg durch dichten Wald zum verlassenen Kloster Profítis Ilías aus dem Jahre 1683, dessen kleine Kapelle restauriert wird. Der Weg bietet schöne Ausblicke auf Monodéndri und die Víkos-Schlucht.

Der Nationalpark Víkos Aóos Βικος Αοος

Die Víkos-Schlucht ist Teil des Nationalparks Víkos Aóos, der zum Schutz der einzigartigen Flora und Fauna von Épirus 1971 geschaffen wurde. Der Víkos-Aóos-Nationalpark, der ein Gebiet von 126.000 km^2 unberührter Wildnis und intakter Natur umfasst, ist ein Paradies für Naturliebhaber und Wanderer, aber auch zum Bergsteigen, Klettern, Gleitschirmfliegen und für Kayak- und Wildwasserfahrten auf dem Aóos-Fluss bestens geeignet.

dichte Wälder mit reichem Wildbestand

Épirus verfügt über einige der ausgedehntesten Waldgebiete Griechenlands. Hier finden sich neben der Schwarzkiefer vor allem Laubbäume wie Buche und Eiche, die ein hohes Alter und riesige Ausmaße erreichen. In den dichten Wäldern leben neben Wildziegen, Wildschweinen und Rotwild auch noch Braunbären, Luchse und Wölfe; auf den steilen Felsen klettern Gemsen, und in Felsklippen und -spalten bauen Adler und Geier ihre Nester.

Die als wahres Pflanzenparadies bekannte Víkos-Schlucht, die 10 km lang ist und deren Wände etwa 600 m steil abfallen, beeindruckt durch ihre Wildheit und ihre Unberührtheit. Sie beginnt hinter der Ortschaft Monodéndri und endet beim Dorf Víkos. So eindrucksvoll wie der Blick in die tiefe Schlucht ist auch die tiefe Stille, die den Wanderer hier umgibt.

Von Monodéndri führt eine Straße durch dichte Laubwälder zum sogenannten **Víkos-Balkon**, von wo aus Sie tief hinunter in die Schlucht blicken können. Zum Schutzgebiet des Nationalparks gehören auch das Flussbett des **Aóos** und die Dörfer **Mikró Pápingo** und **Megálo Pápingo**. Eindrucksvoll sind die steilen Felstürme bei Mikró Pápingo, die hoch in den Himmel ragen, und der nächtliche, tiefschwarze Himmel mit vielen bekannten Sternbildern zwischen denen eine Fülle von kleinen und kleinsten Sternen-Nebeln schimmert. Megálo Pápingo ist mit seinen alten Steinhäusern, den Kirchen und ihren Glockentürmen ein malerischer Ort, in dem es inzwischen Tavernen, Cafés und Übernachtungsmöglichkeiten gibt.

Wanderung zur Schlucht des Aóos-Flusses

Ausgangsort für die Wanderung zur Aóos-Schlucht ist die kleine, noch türkisch geprägte Stadt ***Kónitsa****, die sich an den dicht bewaldeten Hängen des Trapezitis-Berges (2.022 m) hinaufzieht. Im Süden der Stadt fließt der Aóos in* *die Ebene in Richtung Albanien ab; an dieser Stelle spannt sich die berühmte alte Bogenbrücke über den Fluss, und gleich daneben sieht man die moderne Straßenbrücke.*

schöne Bergwanderungen

Die Schlucht des Aóos trennt ein mächtiges Bergmassiv: im Nordosten liegt der 2.637 m hohe **Smolikás**, im Südwesten der 2.497 m hohe **Tímfi**. Das Gebiet des Aóos-Flusses ist noch fast unberührt; inmitten des ausgedehnten Waldgebietes liegt das Kloster **Móni Stomíou**, das von Kónitsa aus auf einem Fußweg zu erreichen ist.

Wanderung zum Kloster Móni Stomíou
Rechts von der alten Brücke von Kónitsa führt ein Weg am Fluss entlang, stößt dann auf einen rechts aufwärtsführenden Pfad, auf dem man nach etwa 2 Stunden das Kloster erreicht. Hinter dem Kloster ist eine kleine Quelle, an der man sich erfrischen und zelten kann.

Buchtipp
Matz, *Hans, Wildwasserfahrten in Griechenland, Graz 1987*

Zítsa Ζιτσα

Entfernung
26 km von Ioánnina

Wegstrecke
Von Ioánnina aus fahren Sie auf der Straße in Richtung Igoumenítsa über Eleoúsa nach Klimátia, biegen vor Klimátia rechts ab und erreichen auf diesem Weg die Ortschaft Zítsa.

Dieses Dorf, das rings von Weinbergen umgeben und für seinen Rosé-Wein bekannt ist, wird durch den typisch epirotischen Baustil geprägt: die kleinen, schiefergedeckten Häuser haben Holzerker, Veranden, Lauben und schön angelegte Innenhöfe. Bekannt wurde Zítsa durch den Besuch **Lord Byrons** und seines Freundes **Hobhouse**, die in Zítsa übernachteten, als sie sich auf dem Weg zu Ali Pascha befanden.

Außerhalb der Ortschaft liegt das aus dem 14. Jahrhundert stammende **Kloster Profítis Ilías**, dessen reizvolle Fresken und eine holzgeschnitzte, mit vergoldeten Pflanzenornamenten verzierte Ikonostase sehenswert sind. An den Besuch Lord Byrons im Jahre 1809 erinnert eine im Innenhof aufgestellte Tafel.

Ein freundlicher Hirte

Árta und der Ambrakische Golf

Eine gut ausgebaute Straße führt von Ioánnina nach Árta (78 km) und überquert den Fluss **Loúros**, an dessen Ufer große Platanen Schatten spenden; an seiner Quelle und an der Straße entlang des Flusses laden Tavernen zum Verweilen ein.

Fahrt durch die Ambrakische Ebene

Der Loúros durchfließt die Schlucht zwischen den Bergzügen des **Zakorachí** im Westen und des **Xerovoúni** im Osten sowie den Stausee, der durch den Louros-Staudamm gebildet wird. Bei **Ágios Geórgios** sind Bögen eines Aquäduktes erkennbar; die in den Felsen geschlagene Wasserleitung versorgte in römischer Zeit die mehr als 60 km entfernt liegende Stadt Nikópolis. Die Straße führt nochmals über den Fluss und verläuft dann durch die fruchtbare **Ambrakische Ebene**.

Bevor Sie in Árta einfahren und auf einer modernen Brücke den Fluss **Árachthos** überqueren, sehen Sie die alte steinerne **Bogenbrücke** aus dem Jahre 1612, deren Fundamente aber schon aus frühchristlicher Zeit stammen. Das tragische Schicksal ihres Baumeisters, wird in vielen bekannten Volksliedern besungen und wurde von Nikos Kazantzakis in seinem gleichnamigen Werk verarbeitet.

Árta Αρτα (ⓘ s. S. 125)

Geschichte der Stadt

Der antike Name der Stadt war Ambrakia. Der Ort entstand im 7. Jahrhundert v. Chr. als Kolonie von Korinth; der Molosser König Pyrrhos machte die Stadt 295 v. Chr. zur Hauptstadt seines Reiches. Nach der Gründung der nahe gelegenen Stadt Nikópolis durch Augustus wurde die Bevölkerung Ambrakias zwangsweise in die neue Stadt umgesiedelt. Ambrakia verlor dann bis zum Mittelalter an Bedeutung. Im 13. Jahrhundert wurde die nun Árta genannte Stadt zur Festung ausgebaut und erlebte als Hauptstadt des Despotats von Épirus eine Blütezeit in Kunst und Wissenschaft. 1449 eroberten die Türken die Stadt, die zwischenzeitlich in den Besitz Venedigs und Frankreichs gelangt war, dann wieder unter türkische Herrschaft geriet und 1881 endgültig Griechenland zuerkannt wurde.

Sehenswertes

Die sehr schön in einer Flussschleife des Árachthos gelegene Stadt Árta ist mit knapp 22.000 Einwohnern die zweitgrößte Stadt der Provinz Épirus.

Altstadt

Das Stadtbild ist geprägt durch die türkischen Häuser im alten Stadtviertel, das sich bis zur Zitadelle hinaufzieht. Ein Besuch Ártas ist vor allem wegen der vielen Kirchen mit sehenswerten Fresken und Mosaiken für Liebhaber byzantinischer Kirchenkunst interessant.

Zu den **Sehenswürdigkeiten** der Stadt gehören:
- die **Zitadelle** (Phroúrion)
- die **Metropolitenkirche** Panagía Parigorítissa (= Museum)

- die „**Brücke von Árta**" (alte türkische Bogenbrücke)
- Kirchen und Klöster in der näheren Umgebung Ártas

Die **Zitadelle (6)** wurde im 13. Jahrhundert unter Verwendung antiker Mauerreste von dem Despoten Michael II. am Ufer des Árachthos errichtet und von den Türken und Ali Pascha weiter ausgebaut. Innerhalb der Burgmauern liegt das Xenía-Hotel; der Burgbereich ist jetzt das beliebte Ziel der abendlichen Volta.

Am Hauptplatz der Stadt, der Platía Skoúfas, liegt die ehemalige **Kirche Panagía Parigorítissa (1)** (Kirche der trostreichen Gottesmutter). Diese gilt als einzigartig in Griechenland, da sie nicht in byzantinischer Tradition erbaut wurde, sondern geprägt ist von Stilelementen westlicher Kirchenarchitektur. Besonders fällt dabei die Stützpfeilerkonstruktion der mächtigen Kirchenkuppel auf; die sehenswerten Kuppelmosaiken aus dem13. Jahrhundert wurden wahrscheinlich von bedeutenden Künstlern aus Thessaloníki oder Konstantinopel gestaltet; die Wandmalereien stammen aus dem 16. Jahrhundert. Die Kirche wurde um 1290 errichtet und war die Hauptkirche des Despotats von Épirus. Nach einer umfassenden Restaurierung in den 60er Jahren wandelte man sie in ein **Museum** um, in dem frühchristliche und byzantinische Skulpturen aus Árta und Umgebung ausgestellt sind. *Öffnungszeiten: werktags: 8–13 Uhr und 15–18Uhr, sonn- und feiertags 9–13 Uhr und 15–17 Uhr, Mo geschlossen.*

Von der antiken Stadt Ambrakia sind Teile der Stadtmauer und die Fundamente eines dorischen **Apollon-Tempels (2)** zu erkennen sowie die Überreste des **Theaters (3)**, von dem die kleine Orchestra und vier Sitzreihen erhalten sind.

Übersicht über die Kirchen und Klöster im Raum Árta

byzantinische Kirchen und Klöster

in der Stadt:

- die **Kirche Agía Theodóra (4)** aus dem 11. Jahrhundert ist der Schutzheiligen der Stadt geweiht; sie besitzt wertvolle Wandmalereien und Kapitelle aus einer frühchristlichen Kirche des 5. oder 6. Jahrhunderts;
- die kleine **Kirche Ágios Vassílios (5)** aus dem 13. Jahrhundert hat im Inneren schöne Wandmalereien und Ikonen und ist von außen mit Fayencekacheln und versetzt angebrachten Ziegeln verziert;
- die **Kreuzkuppelkirche des Ágios Nikólaos tis Ródias** aus dem späten 13. Jahrhundert mit Fresken einheimischer Künstler,
- die Kirche **Ágios Vassílios tis Géphyras** aus dem 15. Jahrhundert, die in der Nähe des Flusses Árachthos liegt, war über Jahrhunderte halb im Boden versunken, bis sie 1972 freigelegt wurde. Die hohe Kirchenkuppel wird ins 9. Jahrhundert datiert.

Klöster in der näheren Umgebung:

- das **Kloster Vlachérna** (im Nordosten von Árta), stammt aus dem 13. Jahrhundert; erhalten ist die dreischiffige Hauptkirche. Im Inneren befinden sich das Grabmal des Despoten Michael II.; seit 1225 war es ein Frauenkloster;
- das **Nonnenkloster Káto Panagía** aus dem 13. Jahrhundert mit teilweise erhaltenen Fresken in der Apsis aus dem 13. Jahrhundert und Wandmalereien aus dem 18. Jahrhundert; für die Kapitelle und Säulenbasen zwischen den Kirchenschiffen wurden spätrömische Bauteile aus der antiken Stadt Amvrakia verwendet. Im Kloster werden dort angefertigte Handarbeiten wie Teppiche, Decken und Tischläufer zum Verkauf angeboten;
- das **Kloster Pétas** (im Osten der Stadt) wurde im 14. Jahrhundert gebaut und zeigt eine Grabinschrift aus dem 17. Jahrhundert;
- das **Kloster Dimítrios Katsoúris** (im Südwesten der Stadt bei der Ortschaft Plissgí) aus dem 10. Jahrhundert ist die älteste Kirche im Raum Ártas. Die

Fresken werden ins 12. und 13. Jahrhundert datiert, die jüngste Schicht der Wandmalereien stammt aus dem 17. und 18. Jahrhundert.

Der Ambrakische Golf

Vogelparadies

Naturliebhaber sollten sich Zeit für eine Fahrt zum Ambrakischen Golf nehmen. Die Landschaft, die geprägt ist durch Sumpfgebiete, Lagunen, Nehrungen, Feuchtwiesen und Auwälder ist ein richtiges Vogelparadies, in dem u.a. Stelzenläufer, Reiher, Eisvögel und Pelikane zu beobachten sind. Kleine Stichstraßen führen von der Hauptstraße in das Feuchtgebiet.

Von Árta führt die gut ausgebaute Straße am Ambrakischen Golf entlang nach **Amfilochía**. Bei dem kleinen Fischerort (4.700 Einwohner) ragt dieser weit ins Land hinein. Die Straßen und Häuser ziehen sich den Berg hinauf, auf dessen Höhe sich die Überreste der antiken Stadt Herákleia Limnaia mit Befestigungsanlagen aus der Zeit um 400 v. Chr. befinden. Das beschauliche Dorf, das von Ali Pascha von Tebelen neu gegründet wurde, hat ein kleines Strandbad.

In Amfilochía teilt sich die Straße und führt nach Süden über Agrínio und Messolóngi nach Náfpaktos in Zentralgriechenland; eine weitere Straße führt ab Agrínio über Karpeníssi nach Lamía (s. Kapitel Zentralgriechenland, S. 490).

Von Amfilochía führt eine dritte Straße nach Westen am Südufer des Golfes entlang durch eine hügelige Landschaft mit Sümpfen und weiten Baumwollfeldern. Am Wasser selbst liegen die kleinen Ortschaften **Loutráki** mit einem schönen Badestrand und **Vónitsa** (ⓘ s. S. 125) mit hübschem Hafen und einer recht gut erhaltenen venezianischen Festung aus dem Jahre 1676. Auf dem Weg hinauf zur Festung kommen Sie an der alten Kapelle der Panagía vorbei; von der Höhe genießen Sie den Ausblick auf den Ambrakischen Golf.

Hinter Vónitsa führt die Hauptstraße nach **Ágios Nikólaos** und weiter über einen Damm zur Insel **Léfkas**. Bei Agios Nikólaos liegt das **Sumpfgebiet des Voulkariá-Sees**, der für seinen Reichtum an Fischen und Wasservögeln und als Vogelbrutparadies bekannt ist.

Von Vónitsa führt eine gut befahrbare Nebenstraße durch landwirtschaftlich genutztes Gebiet zum antiken Ort **Aktion**, wo 31 v. Chr. die berühmte und entscheidende Seeschlacht zwischen **Oktavian** und **Antonius** stattfand. Bei Aktion liegt der **Flughafen von Préveza**, auf dem auch internationale Charterflugzeuge landen. Fähren verbinden Aktion im Pendelverkehr mit Préveza. Fahrkarten erhalten Sie in den Büros an der Anlegestelle; die Überfahrt dauert ca. 10 Minuten.

Die Ionischen Inseln

Die Ionischen Inseln sind der griechischen Westküste und der Peloponnes vorgelagert. Zu dieser Gruppe gehören die 7 „großen“ Inseln: Kórfu (Kerkyra), Páxi, Léfkas, Íthaka, Kefalloniá, Zákinthos und Kíthira, wovon die andere Bezeichnung dieser Inselgruppe „Eptanísia = sieben Inseln“ hergeleitet wird, und zahlreiche weitere kleine und kleinste Inseln, die von den größeren Inseln bei einem Tagesausflug gut zu besuchen sind. Allen Inseln gemeinsam sind die reiche Vegetation, das milde Klima und die kulturelle Entwicklung unter venezianischer Herrschaft vom 12. Jahrhundert bis zur Mitte des 18. Jahrhunderts. Nach dem Anschluss der Inseln an Griechenland wurden sie zwar zu einer Verwaltungseinheit zusammengefasst, jedoch sind die Beziehungen der Inseln untereinander nur schwach ausgeprägt.

reiche Vegetation

Die Inseln sind sehr gebirgig; die höchste Erhebung der gesamten Inselgruppe ist der Berg Ainos Óros mit 1.628 m auf Kefalloniá. Die Inseln bestehen aus einer Vielfalt zerklüfteter Massen von Kalksteinfelsen, die stellenweise mit steilen Wänden aus dem Meer hervorragen, sich zu teils kahlen, teils fruchtbaren Hochebenen oder zu gezackten Berggipfeln erheben. Auf den größeren Inseln Kórfu, Kefalloniá und Zákinthos ziehen sich zwischen den Gebirgsmassen breite, fruchtbare Täler hin mit vorwiegend Olivenbäumen und Weinanbau, wobei die Trauben auch bei der Korinthenproduktion Verwendung finden. Daneben gibt es Zitronen- und Orangenhaine, Getreide- und Baumwollfelder.

mildes Klima

Die Ionischen Inseln zählen zu den klimatisch besonders begünstigten Regionen Griechenlands mit regenreichen Wintern und warmen, manchmal schwülen Sommern; das Klima ist insgesamt gemäßigt. Aufgrund der niederschlagsreichen Wintermonate ist die Vegetation auf den Inseln sehr üppig. Die Sonnenscheindauer liegt im Jahresdurchschnitt bei ca. 2.500 Stunden.

Durchschnittstemperaturen in °C											
J	F	M	A	M	J	J	A	S	O	N	D
10	10	12	15	19	23	26	26	23	19	15	11

Dem Besucher zeigen die Inseln ganz unterschiedliche Gesichter:

- **Kórfu**, eine der grünsten Inseln Griechenlands, ist schon seit mehr als 100 Jahren ein ausgesuchtes Reiseziel, das von vielen berühmten Persönlichkeiten wegen seines milden Klimas und der reizvollen Landschaft sehr geschätzt wurde und wird. Kórfu ist touristisch sehr stark erschlossen und bietet in den viel besuchten Ferienorten Hotels und Restaurants aller Kategorien und ein breites Unterhaltungs- und Sportangebot. Vor allem in den Sommermonaten prägen Urlauber aus aller Welt das Bild der Insel; wer eher Ruhe und landestypische Eindrücke sucht, reist besser im Frühjahr oder Herbst nach Kórfu.
- **Kefalloniá**, obwohl größer als Kórfu, ist die unbekanntere der beiden Inseln und wurde erst in den letzten Jahren für den internationalen Fremdenverkehr entdeckt. Kefalloniá bietet gute Verkehrsverbindungen zu den Nachbarinseln und

lockt mit reizvollen Hafenstädtchen, schönen Stränden und interessanten Tropfsteinhöhlen.

- **Íthaka**, die Insel des Odysseus, lohnt mehr als nur einen Tagesausflug. Zwar gibt es keine spektakulären Sehenswürdigkeiten, wohl aber einsame Badebuchten, gute Wandermöglichkeiten auf alten Hirtenpfaden und archäologische Stätten, die schon von Homer erwähnt wurden.
- **Páxi** und **Antípaxi** locken mit ihren schönen Stränden Tagesausflügler von Kórfu und Párga an; in den Sommermonaten findet man hier erst am Abend etwas Ruhe.
- **Léfkas** ist eine grüne Insel, die sehr bequem über eine Brücke zu erreichen ist und vor allem von Individualreisenden und Griechen besucht wird, die die schönen Strände und die griechische Atmosphäre der kleinen Fischerorte genießen.
- **Zákinthos**, von den Venezianern „Blume der Levant" genannt, ist eine vulkanische Insel mit fruchtbaren Böden, Weinbergen und Olivenhainen, feinsandigen Stränden und beliebten Ferienorten.
- **Kíthira** ist der Peloponnes vorgelagert, wird aber den Ionischen Inseln zugerechnet und in neuerer Zeit vom weit entfernten Nomos Attika aus verwaltet. Aufgrund ihrer isolierten Lage und ihrer kargen, fast rauen Landschaft ist die Insel vom Fremdenverkehr noch wenig berührt. Die meisten Urlauber sind Griechen, die hier die Sommermonate mit ihren Familien verbringen.

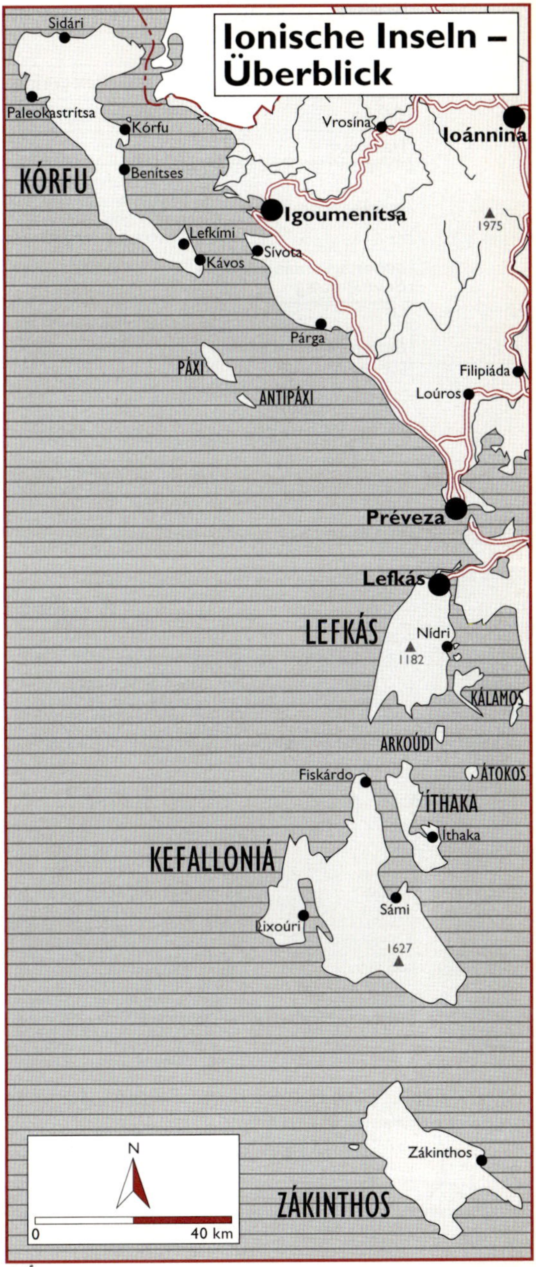

Kórfu Κερκιρα (Kérkira) (ⓘ s. S. 125)

Inseltelegramm Kórfu	
Größe	593 km², ca. 110.000 Einwohner
Hauptort	Kórfu, ca. 40.000 Einwohner
Inselbeschreibung	fruchtbare, landschaftlich reizvolle Insel mit mildem Klima; touristisch voll erschlossen mit internationalem Publikum und großem Hotel-, Unterhaltungs- und Sportprogramm, sehr gut ausgebautes Straßennetz
Lebensgrundlage der Bevölkerung	Fremdenverkehr, Landwirtschaft, Handel
Sehenswürdigkeiten	Festung, Palast und Kirchen in Kórfu-Stadt; die Klosterinsel Vlachérna und die„Mäuseinsel“ Pontikonissi; das Achilleion bei Gastoúri; die Klöster Angelokástro und Paleokastrítsa

Kórfu (Kérkira) ist die interessanteste und wirtschaftlich bedeutendste Insel dieser Inselgruppe und zugleich ein sehr traditionsreiches und wichtiges Fremdenverkehrszentrum Griechenlands, das seit vielen Jahrzehnten wegen seines guten Klimas, der archäologischen Fundstätten und historischen Bauwerke, wegen der landschaftlichen Schönheiten, der schönen Badestrände und der vielseitigen Sport- und Unterhaltungsmöglichkeiten viel besucht wird.

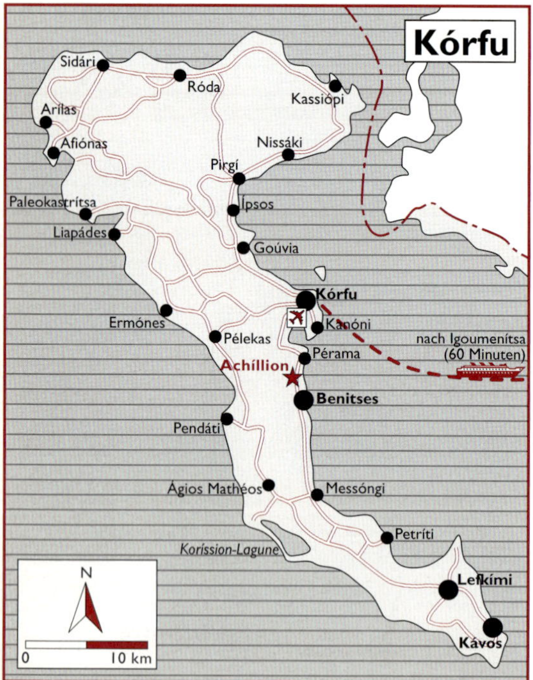

Das moderne Kórfu präsentiert sich darüber hinaus als geeigneter Ort für internationale Tagungen und politische Konferenzen, und als ein Ferienziel, das sich zunehmend um den Umweltschutz und eine saubere Umwelt mit intakten Ökosystemen bemüht.

Die Insel ist wie eine Sichel (daher auch der alte Inselname Drepane) der stellenweise nur 2,5 km entfernten Küste von Épirus vorgelagert und nur durch eine schmale Meerenge von Albanien getrennt.

Eine Inselrundfahrt beeindruckt durch die Vielseitigkeit der Landschaften: üppig grüne Olivenhaine wechseln ab mit Getreidefeldern, Obstplantagen und kleinen Laub- und Nadelwäldern; zahllose Buchten mit schönen Sandstränden oder steilen Felsenklippen, einsame Dünenlandschaften und dramatische Steilküsten geben den Blick frei auf das in fein abgestuften Blautönen leuchtende Ionische Meer, malerische Dörfer, kleine Fischerhäfen mit traditionellen Fischlokalen, alte Klöster mit blumengeschmückten Innenhöfen und traditionelle Landgüter aus venezianischer Zeit.

Sehenswürdigkeiten

Das Angebot an Sport- und Freizeitmöglichkeiten ist riesig: Wassersportler finden Gelegenheit zum Schwimmen, Schnorcheln, Surfen, Rudern, Wasserski, Paragliding und Tauchen (allerdings ohne die verbotenen Sauerstoffflaschen); an Land bieten viele Hotels Tennisplätze und Reitgelegenheiten an. Sie können bei einem Kricketturnier zuschauen, das nach britischer Tradition auf der Esplanade ausgetragen wird oder in der Gáritsa-Bucht eines der internationalen Motorbootrennen besuchen.

Zu den Sehenswürdigkeiten Kórfus gehören die malerische Inselhauptstadt, das Achillion, die Ruinen der antiken Stadt, die „Mäuseinsel", die vielen Burgen der Insel, das Kloster von Paläokastrítsa und die interessanten Museen. Zu den kulturellen Ereignissen der Insel zählen vor allem die Feierlichkeiten der Osterwoche und die Prozessionen zu Ehren des Heiligen Spíridon, aber auch der Karneval mit einem großen Umzug und dem Verbrennen des „karnevalos".

Die vielen Vorzüge haben Kórfu neben Kreta, Rhodos und einigen Kykladeninseln zu einer der meist besuchten griechischen Inseln gemacht; entsprechend touristisch geht es in den Sommermonaten zu. Wer ein stilleres Kórfu entdecken möchte, sollte im Frühjahr oder Herbst auf die Insel kommen!

Geschichte der Insel

Den antiken Namen Korkyra, der schon von Herodot erwähnt wird, trägt die von den Korinthern um 734 v. Chr. gegründete Kolonie, die schon bald Reichtum und Macht gewinnt. Im Jahre 665 v. Chr. besiegten die Korfioten die Flotte Korinths und sagten sich von der Mutterkolonie los. 229 v. Chr. gerät die Insel unter römische Herrschaft; bedeutende Römer wie Cicero, Cato und Kaiser Nero besuchen die Insel; 336 n. Chr. fällt sie an das Oströmische Reich. Während der Kreuzzüge landen viele Kreuzfahrer auf der Insel, die in den folgenden Jahren von Venedig, Genua und Neapel in Besitz genommen wird. Unter dem Einfluss Venedigs wird die Stadt mit ausgedehnten Befestigungsanlagen gesichert, die sich im Kampf gegen die Türken bewähren.

Bis zum Ende der Republik Venedig 1797 bleibt Kórfu in deren Machtbereich; danach wird Kórfu mit den anderen Ionischen Inseln von Frankreich in Besitz genommen. Aber schon 1799 wird die Inselgruppe unter russisch-türkischem Protektorat zur Republik ausgerufen. Durch die Vereinbarungen des Tilsiter Friedens von 1807 kommt Kórfu erneut zu Frankreich; nach Unterzeichnung des Pariser Vertrages 1815 werden unter englischer Schutzherrschaft die Vereinigten Staaten der Ionischen Inseln errichtet. Im Mai 1864 übergibt Großbritannien die Insel an das befreite Griechenland. 1916 wird Kórfu von den Alliierten als Militärstützpunkt genutzt; während des 2. Weltkriegs wird Kórfu zunächst von Italie-

Geschichte der Insel

nern, ab 1943 von deutschen Truppen besetzt. Nach dem 2. Weltkrieg kommt es zu Auseinandersetzungen zwischen Griechenland und Albanien, die beide die Meerenge zwischen Korfu und dem albanischen Festland beanspruchen.

Inselhauptstadt Kórfu
(ⓘ s. S. 125)

Die Inselhauptstadt liegt auf einer schmalen Landzunge etwa in der Mitte der Ostküste. Den besonderen Reiz der Stadt macht das harmonische Nebeneinander der verschiedensten Baustile aus, die sich aus der langen Geschichte und den Einflüssen vieler fremder Kulturen erklären.

Unverwechselbar und besonders reizvoll ist die **Altstadt**, die als Ganzes unter Denkmalschutz steht und nun auch für die Aufnahme in die UNESCO-Liste des Weltkulturerbes vorgeschlagen wurde. Die Altstadt ist durch enge, verwinkelte, von Brückenbögen überspannte, kopfsteingepflasterte Gassen, Arkadengänge, kunstvoll geschmiedete Straßenlaternen, Tore und Balkongeländer, byzantinische Kirchlein, steinerne Brunnen geprägt. An die Altstadt schließt sich die **Neustadt** mit der großen Esplanade, dem Spianada-Platz, und mit breiten, baumbestandenen Straßen an. Hier finden in den Sommermonaten die beliebten Platzkonzerte der beiden städtischen Orchester und der drei bekannten Blaskapellen statt.

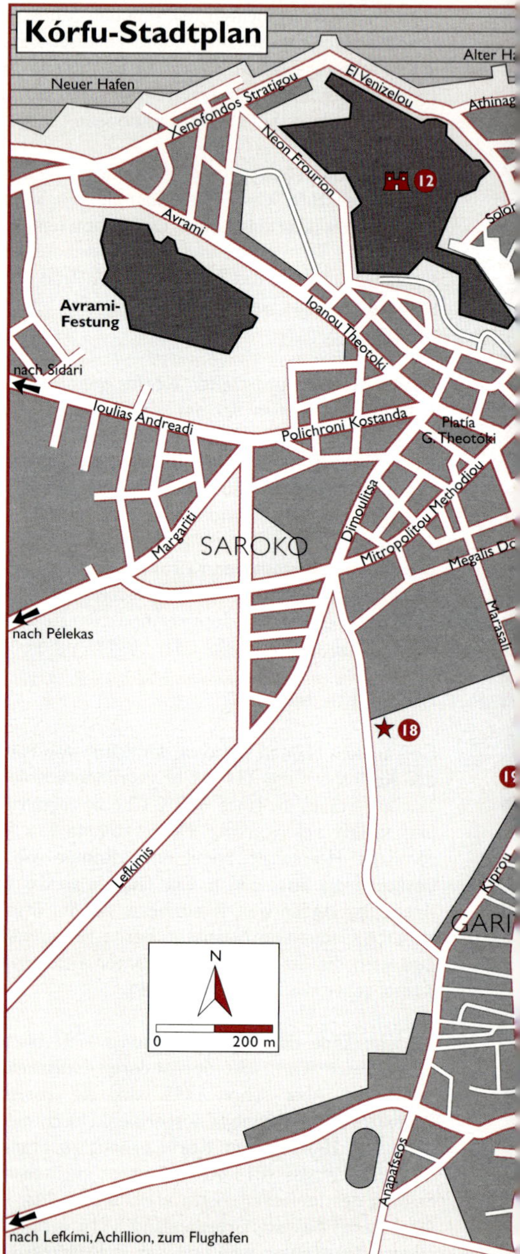

1 Esplande (Spianada)
2 Maitland Rotonda
3 Alte Festung
4 Ágios Geórgios-Kirche
5 Hafen Mandráki
6 Kirche Panagía Mandrákina
7 Alter Königspalast
8 Asiatisches Museum
9 Haus der Lesegemeinschaft
10 Byzantinisches Museum
11 Hafenanlagen
12 Neue Festung
13 Metrópolis
14 Kirche Ágios Spíridon
15 Rathaus
16 Römische Kathedrale
17 Archäologisches Museum
18 Britischer Soldatenfriedhof
19 Menekratos-Grabmal

Auf einem Stadtrundgang können Sie die Sehenswürdigkeiten der Stadt kennen lernen, die Beschaulichkeit und Muße der alten Stadtviertel genießen und als Kontrast dazu die lebhafte Geschäftigkeit an der Esplanade und in den Geschäftsstraßen beobachten. In den Sommermonaten drängen sich Korfioten und Besucher in den Straßen, nicht Ruhe, sondern Hektik prägt das Straßenbild.

Hinweis

In Kórfu-Stadt einen Parkplatz zu finden ist sehr schwer. Versuchen Sie es an den ausgeschilderten Parkplätzen an der Esplanade (Spianada), am Alten Hafen und im Westen der Neuen Festung.

Stadtrundgang: Esplanade - Alte Festung - Königspalast - Hafen - Neue Festung - Theater - Agios Spiridon - Esplanade

sehenswerte Arkadenhäuser

Die **Esplanade (1)** (auch Spianada genannt), ein großer Platz mit vielen Cafés, liegt zwischen der Stadt und der Alten Festung und wurde von den Venezianern als Parade- und Exerzierplatz benutzt. Im Westen der Esplanade liegt das berühmte „Listón", eine Häuserzeile mit eleganten Arkadenhäusern, die während der französischen Besatzungszeit von 1807–1814 im Empirestil errichtet wurden und zunächst als Garnisonsunterkünfte dienten. Der ungewöhnliche Name geht darauf zurück, dass zunächst wohl nur vornehme Familien, deren Namen auf der „Liste d´or" aufgeführt waren, das Recht hatten, unter den Arkaden zu promenieren. Heute reihen sich hier gepflegte Cafés und Restaurants aneinander. Die Esplanada ist der zentrale Treffpunkt für die Stadtbewohner, die sich hier in den Cafés unter den Arkaden und am Wochenende zur abendlichen Volta treffen oder dem Kricketspiel im nördlichen Teil zuschauen, das als Relikt der britischen Kolonialzeit sich noch heute großer Beliebtheit erfreut.

Im südlichen Bereich steht die **„Maitland Rotonda" (2)**, ein im ionischen Stil errichteter Rundbau, der an den 1. englischen Hochkommissar Maitland erinnert, der von 1816–1824 auf Kórfu wirkte.

Alte Festung

Zwischen der Esplanade und der **Alten Festung** (Palaion Frourion, Zitadelle) **(3)** verläuft der Festungsgraben, der im 16. Jahrhundert ausgehoben wurde und heute von einer Brücke überquert wird. Hier steht das Standbild des Grafen von der Schulenburg, der in venezianischen Diensten 1716 die erfolgreiche Verteidigung gegen die Türken geleitet hatte. ***Öffnungszeiten*** *der Alten Festung: täglich von 9–19 Uhr, außer Mo; in den Sommermonaten finden hier „Ton- und Lichtspiele" und Tanzaufführungen statt.* Die Anfänge der Festung gehen auf die byzantinische Zeit zurück; 1546 wurde sie von den Venezianern auf einem Gebirgsvorsprung mit zwei Hügeln ausgebaut und vergrößert und später von den Engländern durch Schutzwälle befestigt.

Im Süden der Festung liegt die **Ágios Geórgios-Kirche (4)**, die 1830 von den Briten nach dem Vorbild eines dorischen Tempels errichtet wurde. An der Nordseite befinden sich neben modernen militärischen Anlagen noch die alten venezianischen Kasernen. Auf dem Hügel an der Spitze des Felsens liegt das „Meeresschloss" (das Castel del Mare) mit dem ehemaligen Pulvermagazin; landeinwärts befindet sich das „Castel di terra" mit einem Signal- und Leuchtturm. Von dort blickt man herunter auf den kleinen **Hafen Mandráki (5)**, den ehemaligen Kriegshafen der Venezianer. An der Spitze des Vorsprungs lag im Altertum ein Tempel der Hera Akraia.

Von der Festung aus gehen Sie zur Esplanade zurück und wenden sich nach rechts. Sie kommen an der kleinen **Kirche Panagía Mandrákina (6)** aus dem 17. Jahrhundert vorbei und erreichen den **Alten Königspalast (7)**, *Tel.: 26610-483101*, ***Öffnungszeiten:** Di–So 8.30–15 Uhr, Mo geschlossen.* Das Gebäude wurde in den Jahren 1816–1819 von den Engländern als Residenz für die britischen Gouverneure und als Schatzhaus für den Orden von St. Michael und St. Georg errichtet. Nach der Übergabe durch die britische Regierung im Jahre 1864 an den König der Hellenen diente es diesem als königliche Residenz. Der Palast hatte unter Kriegseinwirkungen stark gelitten; seit den Restaurierungsarbeiten sind die Staatsräume (Thron-, Speise- und Ballsaal) Repräsentationszwecken vorbehalten, die ehemaligen Privaträume des britischen Oberkommissars wurden zu einem Museum umgewandelt.

Alter Königspalast

Das **Asiatische Museum (8)**, *Tel.: 26610-30 443*, befindet sich im Alten Schloss und beeindruckt durch die prunkvolle Architektur mit breiten Marmortreppen und prächtigen Kuppelsälen. Das Museum präsentiert die von Georg Manos gestiftete Sammlung chinesischer, indischer und japanischer Kunst, die von der Jungsteinzeit bis ins 19. Jahrhundert reicht. In einem Seitenflügel befindet sich das Archiv der Ionischen Akademie. Eine stufenweise Erweiterung des Museums hat bereits begonnen. ***Öffnungszeiten:** täglich 8.30–15 Uhr, Mo geschlossen.*

Vom Palast gehen Sie am **Erzbischöflichen Palais**, in dem sich die Griechische Nationalbank befindet, und am **Haus der Lesegemeinschaft (9)**, *120, Odós Kapodistríou*, vorbei zum Byzantinischen Museum und weiter zum Hafen. Im Haus der Lesegemeinschaft, einem schön gerichteten Gebäude des 19. Jahrhunderts, befindet sich die 30.000, meist englischsprachige Bücher umfassende Bibliothek der 1836 gegründeten Lesegemeinschaft, die als die älteste literarische Gesellschaft des modernen Griechenlands gilt.

Das **Byzantinische Museum (10)**, *Tel.: 26610-38 313*, wurde in der Kirche Panagía Antivouniótssa, Odós Arseníou, eingerichtet. Hier finden Sie eine bedeutende Ikonensammlung mit wertvollen Ikonen des 16. und 17. Jahrhunderts. ***Öffnungszeiten:** täglich 8.30–15 Uhr, Mo geschlossen*

Die **Hafenanlagen (11)** ziehen sich am Nordrand der Stadt entlang. Am Westende liegt der Neue Hafen mit Anlegestellen für die großen Fähr- und Kreuzfahrtschiffe; am Ostrand sind die Anlegekais der Fährboote von Igoumenítsa im östlichen Bereich liegt der Alte Hafen.

Vom Alten Hafen aus können Sie über den Solomou-Platz die **Neue Festung (12)** (Néo Froúrio), *Tel.: 26610-27477*, erreichen. ***Öffnungszeiten:** täglich 9–17 Uhr, im Sommer bis 21 Uhr, Mo geschlossen, Eingang von der Solomos-Straße aus.* Die Neue Festung (Neon Frourion), die in den Jahren 1577–1588 von den Venezianern zur Verteidigung gegen die Türken erbaut wurde, zeigt deutliche Zeichen des Verfalls. Beweise der venezianischen Herrschaft sind die beiden in der westlichen Mauer erhaltenen großen Löwen von San Marco. Unterhalb der Festung im Burggraben findet *Mo–Sa von 6–14 Uhr* ein Obst- und Gemüsemarkt statt.

sehenswerte Altstadt

Zwischen der Neuen Festung und der Esplanade liegt die **Altstadt** mit ihren malerischen Gassen, die durch steile Treppen miteinander verbunden sind und mehreren Kirchen und Kapellen. Besonders sehenswert sind die **Metrópolis (13)**, die orthodoxe Kathedrale der Stadt, mit einer wertvollen Sammlung byzantinischer Ikonen und die **Kirche Ágios Spíridon (14)**, die in den Jahren 1589–1596 zu Ehren des Heiligen Spíridon, des Erzbischofes von Zypern, errichtet worden war; sein Leichnam wurde 1489 nach Kórfu überführt und liegt in einem kostbaren, mit Edelsteinen verzierten Silberschrein rechts vom Hochaltar. Der Heilige Spiridon wird noch heute sehr verehrt; seine Gebeine werden jährlich viermal in feierlicher Prozession rund um die Stadt und über die Esplanade getragen, und zwar am Palmsonntag, am Karsamstag, am 11. August und am 1. Sonntag im November. Mit diesen Tagen werden die Taten des Heiligen Spíridon verbunden, um derentwillen er so große Verehrung erfährt und die den Verlauf der Prozession bestimmen:

- die Errettung vor einer Hungersnot im Jahre 1553,
- die Rettung vor den Pestseuchen der Jahre 1630 und 1673,
- die Befreiung von den Türken 1716.

Südlich der Kirche Ágios Spíridon, an der geschäftigen Einkaufsstraße Voulgareós, liegt das heutige **Rathaus (15)**. Das Gebäude war als venezianische Loggia zwischen 1663 und 1673 von korfiotischen Geschäftsleuten für ihre Zusammenkünfte erbaut worden und ist eines der schönsten Gebäude aus venezianischer Zeit. 1720 wurde es in das **Theater** San Giacomo umgewandelt und dient seit 1903 als Rathaus. Am Rathausplatz, der Platía Dimarchíou, gibt es einige gute Cafés und Restaurants. Dem Rathaus gegenüber steht die **Römische Kathedrale (16)** von 1658, die während des 2. Weltkrieges stark beschädigt und später gründlich restauriert wurde.

beliebte Kutschenfahrt

Das **Campiello-Viertel** zwischen der Esplanade und dem Alten Hafen ist ein altes, malerisches Wohnviertel mit engen Gassen, mehrstöckigen Häusern, zwischen denen Leinen gespannt sind, an denen die Wäsche flattert, kleinen, baumbestandenen Plätzen und sehenswerten Kirchlein. Von der Kathedrale können Sie zurück zur Esplanade gehen und dort von einem der vielen Cafés aus dem geschäftigen Treiben und den vorbeifahrenden bunt geschmückten, mit Glocken behängten Pferdewagen zusehen.

Weitere Sehenswürdigkeiten

Archäologisches Museum (17), *5, Odós Vraïla, Tel.: 26610-30 680*
Wegstrecke: von der Spianada aus gehen Sie in südlicher Richtung am Meer entlang. Hinter dem großen Komplex des Kórfu Palace Hotels biegen Sie rechts ab in die Vraila-Straße. *Öffnungszeiten: täglich 8.30–15 Uhr, Mo geschlossen.* Im Museum sind archaische Funde, Skulpturen aus griechischer und römischer Zeit,

Bronze- und Terrakotta-Figuren u.a. zu sehen. Das bedeutendste Ausstellungsstück finden Sie in der Halle der Gorgonen. Es ist der restaurierte **Gorgo-Giebelfries** von der Westfront des archaischen Artemis-Tempels, der von 590 bis 580 v. Chr. errichtet worden war. Der Fries mit der von zwei Löwen (oder Panthern) flankierten Gorgo gehört zu den ältesten erhaltenen monumentalen Reliefs in Griechenland. Wahrscheinlich vom Grabmal des Menekrates stammt eine ebenfalls sehenswerte Löwen-Skulptur. Interessant ist auch die Münzensammlung.

Britischer Soldatenfriedhof (18), *25, Odós Kolokotróni*
Nicht weit vom Archäologischen Museum entfernt liegt der Friedhof mit schönen alten Grabsteinen aus dem 19. Jahrhundert, schattigen Bäumen und wild wachsenden Blumen.

Etwa 500 m südlich des Archäologischen Museums sehen Sie im Garten einer Polizeistation das **Grabmal des Menekratos (19)**, ein Rundbau aus dem 7. oder 6. Jahrhundert v. Chr.

Sehenswürdigkeiten in der Umgebung von Kórfu-Stadt

- **Anemólilos, Paleópolis und Análipsi** (9 km in südlicher Richtung)
- Die 1824 in Kanoní gebaute **Villa Monrepos** ist die frühere Villa des britischen Hochkommissars Sir Frederic Adams und diente später der griechischen Königsfamilie als Sommerresidenz. Das Haus steht an der Stelle der **antiken Stadt Paleopolis**, von der die Überreste des dorischen Apollon-Tempels aus dem 5. Jahrhundert freigelegt wurden. Seit 1998 sind die Villa und die sehr schöne Parkanlage für die Öffentlichkeit zugänglich. Auf dem Gelände liegen die Überreste von drei antiken Tempeln, von denen der dorischen Kardáki-Tempel aus dem 6. Jahrhundert v. Chr. am besten erhalten ist.
- Der **Badestrand von Mon Repos** verfügt über Duschen und einen Kinderspielplatz und bietet ausreichend Schatten.
- Im Vorort Anémomilos steht die **Kirche der Heiligen Jason und Sosipatros**, die als Besipiel für die byzantinische Sakralarchitektur des 12. Jahrhunderts gilt; im Innern sind die Ikonostase und die gut erhaltenen Ikonen sehenswert.

Kanoní: Kloster Vlachérna und die „Mäuseinsel" Pontikoníssi

Der starke Fremdenverkehr und der nahe gelegene Flughafen beeinträchtigen durch Lärm und Müll zwar den Reiz der nur 4 km südlich von Kórfu-Stadt liegenden Halbinsel Análipsis, aber die häufig fotografierte „Postkartenidylle" in Kanoní blieb dennoch erhalten: ein wunderschöner Blick auf die Einfahrt in den antiken Hyllaikos-Hafen und die beiden winzigen, vor der Küste liegenden Inseln, auf denen jeweils ein Kloster steht.

Wahrzeichen von Kórfu

Hinweis
Da es kaum Parkmöglichkeiten in Kanoní gibt, ist es ratsamer mit dem halbstündlich verkehrenden Bus Nr. 2 ab dem Spianada-Platz zu fahren.

Das Wahrzeichen von Kórfu

Das ehemalige **Frauenkloster Vlachérna** mit der kleinen Kapelle Panagía toú Vlachernoú stammt aus dem 17. Jahrhundert. Ein schmaler Steg verbindet die kleine Insel mit Kórfu.

Kleine Boote fahren hinüber nach **Pontikonísi**, der „**Mäuseinsel**", deren Anblick Arnold Böcklin zu seinem Gemälde „Die Toteninsel" veranlasst haben soll. Das Inselchen mit dem alten, von Zypressen umstandenen Kloster Sotiras aus dem 13. Jahrhundert lädt zu einer kleinen Rast ein. Der Überlieferung nach soll die Insel das Phäaken-Schiff sein, das Odysseus in die Heimat zurückbrachte und bei der Einfahrt in den Hafen vom Meeresgott Poseidon in einen Stein verwandelt wurde.

Achíllion

Das Achíllion ist eine der meist besuchten Sehenswürdigkeiten Kórfus, nicht weit von der Inselhauptstadt entfernt.

Entfernung
Rundfahrt von ca. 25 km

Wegstrecke
Folgen Sie der Straße in Richtung Flughafen und weiter der Ausschilderung nach Benítses. Es gibt nur wenige Parkplätze; deshalb sollte man möglichst am frühen Morgen losfahren.

Bus
Vom San-Rocco-Platz in Kórfu-Stadt fahren Busse mindestens 6 x täglich zum Achíllion, Fahrzeit ca. 20 Minuten.

viel besuchtes Touristenziel

Nach ungefähr 8 km sehen Sie bei **Gastouri**, auf der Höhe eines bewaldeten Vorsprungs, die große **Villa Achíllion**, die 1890/91 für die Kaiserin Elisabeth von Österreich (genannt Sissi) gebaut und nach deren Ermordung 1907 von Kaiser Wilhelm II. gekauft worden war. *Öffnungszeiten: täglich 8.30–19 Uhr.* Kaiserin Sissi ließ das Schloss 1892 nach eigenen Vorstellungen vom italienischen Architekten Rafaele Carito bauen. Die dem homerischen Helden Achilles gewidmete Residenz liegt in einer sehr großen Parkanlage mit üppiger Vegetation, Statuen der Musen

INFO Informationen zur Kaiserin „Sissi“

Im September 1998 gedachte man vielerorts der österreichischen Kaiserin Elisabeth, deren Todestag sich zum 100. Male jährte. Die schillernde Persönlichkeit und das wechselvolle Leben von „Sissi“, wie sie liebevoll genannt wurde, waren Anlass für zahlreiche Romane und Filme, von denen die Sissi-Filme mit Romy Schneider in der Hauptrolle am bekanntesten wurden.

Elisabeth wurde am 24. Dezember 1837 in München als zweite Tochter des Herzogs Maximilian von Bayern und seiner Frau Maria Ludowika geboren. Schon im Jahre 1854 wurde ihre Heirat mit dem österreichischen Kaiser Franz Joseph I. aus politischen und dynastischen Gründen arrangiert. Als Kaiserin von Österreich und ab 1867 auch als Königin von Ungarn musste sie vielfältige Aufgaben und Pflichten des Hofes wahrnehmen, die ihr um so schwerer fielen, als sie, die zwanglos in der ländlichen Residenz ihrer Eltern aufgewachsen war, sich immer stärker durch die strenge höfische Etikette eingeengt und oft auch missverstanden fühlte. Elisabeth und Franz Joseph hatten drei Töchter und einen Sohn, Kronprinz Rudolf.

Aus Abneigung gegen das Leben am Hofe, das ihr nur wenig Zeit für ihre Kinder ließ und die Meinungsverschiedenheiten mit der Schwiegermutter und die Spannungen im Zusammenleben mit Franz Joseph verstärkte, blieb sie immer häufiger dem Wiener Hof fern. Sie litt unter einem „Nervenleiden“ und suchte deshalb Genesung und Abwechslung auf vielen Reisen. In ihren letzten Lebensjahren verbrachte sie viele Wochen auf Kórfu.

und Büsten von Philosophen und Dichtern. Besonders fallen zwei große Skulpturen des Achilles auf: der „sterbende Achill“, den Sissi beim Berliner Bildhauer Ernst Herter in Auftrag gab, und den „siegreichen Achill“, den Kaiser Wilhelm II. aufstellen ließ. Einige der Statuen kaufte Sissi während einer Italienreise, darunter Kopien aus den Museen von Neapel und Florenz.

Villa Achíllion

Im Erdgeschoss des klassizistischen Gebäudes, dessen Räumlichkeiten in unterschiedlichen Stilen eingerichtet sind, beeindrucken die Freskenmalereien an den Decken und der prachtvolle Treppenaufgang. Die unteren Räume, in denen Erinnerungsstücke, Möbel, Bilder, Fotos und Dokumente der beiden königlichen Besitzer ausgestellt sind, können besichtigt werden. Von der obersten Terrasse kann man die herrliche Aussicht auf die Stadt Kórfu und den Inselnorden genießen.

Bevor Sie nach Kórfu zurückkehren, können Sie im nahe gelegenen Café mit einer großen Terrasse eine Pause einlegen oder in der gegenüber liegenden Weinkellerei einen der guten Inselweine verkosten oder einen typisch korfiotischen Kumquat-Likör probieren.

Bei der Rückkehr nach Kórfu durchfahren Sie den lebhaften Fremdenverkehrsort **Pérama**.

Feriengebiete und Strände an der Ostküste

Als Standort für einen Badeurlaub ist die Stadt Kórfu nicht sehr geeignet, da sie nur wenig Bademöglichkeiten an kleinen, meist überfüllten Stränden bietet. Der Fremdenverkehr konzentriert sich vor allem auf die Ferienorte an der Ostküste. Dabei muss in den südlich von Kórfu-Stadt gelegenen Orten mit Lärmbelästigungen durch den nahe gelegenen Flughafen gerechnet werden. Schöner als die stark überlaufenen Orte **Benítses** und **Messóngi** ist das touristische Zentrum von **Goúvia, Dássia und Ípsos** auf der Halbinsel Komméno mit vielseitigem Sport- und Freizeitangebot.

Von Kórfu-Stadt an der Ostküste entlang in den Norden

(36 km bis Kassiópi)

Die Ostküste ist die touristisch am meisten erschlossene Region Kórfus. Es ist vor allem die Nähe zur Inselhauptstadt und zum Flughafen, die den Küstenabschnitt zwischen Kórfu-Stadt und Pirgí für internationale Reiseveranstalter so attraktiv macht. Die weitaus schöneren Strände und Landschaften beginnen jedoch erst nördlich von Pirgí.

Yacht-zentrum

In den Ferienzentren **Gouvía** mit einem großen Yachtversorgungshafen, **Dassía**, **Ípsos** und **Pirgí** gibt es zahllose Restaurants, Diskotheken, Bars, Geschäfte, Hotels, Pensionen, Apartmenthäuser und Privathäuser aller Kategorien, von denen die größeren Hotelanlagen für das internationale Publikum ein umfangreiches Sport- und Unterhaltungsprogramm bieten. An diesem Küstenabschnitt wechseln schmale Sand- und Kieselstrände ab. Das Wasser ist im Allgemeinen sauber, jedoch wird häufig Seegras angespült. Zwischen Ípsos und Nissáki gibt es schöne Strandabschnitte mit kristallklarem Wasser, Sand- oder Kiesbuchten, Felsen und bis ans Meer heranwachsende Olivenbaumhaine, jedoch führt die viel befahrene Hauptstraße direkt hinter dem Strand entlang. Erst nördlich von Pirgí beginnt der landschaftlich reizvollere Küstenabschnitt, wobei immer wieder kleine Stichstraßen von der Hauptstraße hinunter ans Meer und zu kleinen Strandsiedlungen mit Privatzimmern und Apartments oder auch zu großen, der Landschaft gut angepassten Hotelanlagen führen.

Das Haus des Schriftstellers Lawrence Durrell

An der Küste liegen die Orte **Barbáti** mit schönem Strand und schattigen Olivenbäumen, **Nissáki** mit Kieselstrand an kristallklarem Wasser, **Kéndroma** mit uriger Inselatmosphäre und schönem Ausblick hinüber zur albanischen Küste und **Kálami** mit einer sehr schönen Badebucht, wo die Olivenbäume bis ans Meer wachsen. Hier kann man das „Weiße Haus" besuchen, in dem der Schriftsteller Lawrence Durrell von 1937–1939 lebte und sein Buch über Kórfu schrieb.

Buchtipps

- *Lawrence Durrell, Kórfu. Insel der Phäaken, Rowohlt Verlag*
- *Lawrence Durrell, Schwarze Oliven, Rowohlt Verlag*

Bei der Weiterfahrt lohnt es sich, von der Hauptstraße einen Abstecher nach **Kouloúra** zu machen und den schönen Ausblick zu genießen, den der kleine Ort mit seinem malerischen Fischerhafen auf die weite Bucht und die Küste von Épirus und Albanien bietet. Der Strand ist ziemlich stark besucht. Hinter Kouloúra beginnt die Fahrt durch eine reizvolle, abwechslungsreiche Berglandschaft. Die Straße windet sich an den Hängen des **Pantokrátor**, des höchsten Inselberges, empor und bietet immer wieder schöne Ausblicke auf das Meer und führt dann zum Ort **Kassiópi** mit seiner verfallenen byzantinischen Festung und einem malerischen Hafen.

Die Nordküste der Insel zwischen Kassiópi Κασσιοπι und Sidári Σιδαρι

Zwischen den Fischerorten Kassiópi und Sidári erstreckt sich die Nordküste der Insel. An diesem kilometerlangen, insgesamt weniger als die Ostküste erschlossenen Küstenabschnitt gibt es ideale Bade- und Wassersportbedingungen. Zahlreiche Tavernen bieten korfiotische Spezialitäten an, das Angebot an kleineren Hotels, Pensionen und Privatzimmern ist groß und nimmt noch weiter zu. Es gibt überall Bars und Tavernen, Geschäfte und Surfbrettverleih. Die Nordküste bietet vor allem Surfern ideale Bedingungen, da ein beständiger Wind von Norden bläst.

Die Sand- und Lehmklippen von Sidári

Die Straße führt weiter zu den Ortschaften **Anacharávi**, **Róda** mit einem schönen Dünenstrand, großem Wassersportangebot und guten Bedingungen für geübte Windsurfer bis nach Sidári. **Sidári** ist ein beliebter Ferienort mit allen touristischen Einrichtungen und vielen neuen privaten Übernachtungsmöglichkeiten. Der Ort ist bekannt für die ungewöhnlichen, bizarr geformten Lehmklippen und -terrassen, die sich nach Westen zu einer beeindruckenden Steilküste verändern. Der breite, sanft abfallende Sandstrand ist auch für Kinder gut geeignet.

Bootsverbindungen

Von Sidári, Kassiópi und Róda aus verkehren regelmäßig Fähren zu den drei kleinen, nördlichsten Inseln Griechenlands nach ***Mathrákion, Othóni und Eríkoussa****. Kaíkis bringen Tagesausflügler zu schönen Sandstränden an kristallklarem Wasser. Sie können zu kleinen Wanderungen auf Ziegenpfaden aufbrechen oder von einer der urigen Tavernen aus die schönen Ausblicke und die Ruhe genießen.*

Die Westküste der Insel

Die Westküste ist zerklüftet, felsig und buchtenreich. Zu den zahlreichen Buchten mit kleinen, teils sandigen, steinigen oder kiesigen Stränden und klarem Wasser, das sich gut zum Schnorcheln und Tauchen eignet, führen kleine Stichstraßen. Da die Strände nur selten gut erreichbar sind, ist dieser Küstenabschnitt insgesamt zwar weniger erschlossen als die Ostküste, aber auch hier sind in den vergangenen Jahren viele Hotelanlagen entstanden, z. B. in den Ferienorten **Àgios Stéfanos**, **Aríllas** und **Afiónas**.

Paleokastrítsa Παλεοκαστριτσα

Besonders beliebt ist das Gebiet um Paleokastrítsa, entsprechend groß ist das touristische Angebot mit Geschäften, Tavernen, Restaurants, Bars und Diskotheken, mit Hotels, Pensionen und vielen Privatquartieren. In den Sommermonaten und an Feiertagen ist Paleokastrítsa sehr voll; dann ist es sehr schwer, neben den vielen Ausflugsbussen noch einen Parkplatz zu finden. Paleokastrítsa liegt sehr schön inmitten von Olivenhainen an einer tiefen Bucht, die von steil ansteigenden Felsen eingeschlossen wird. Klares Wasser, mehrere Buchten mit kleinen Kiesstränden, die teilweise nur mit dem Boot erreichbar sind, Felsvorsprünge und zahlreiche Unterwasserhöhlen, die zum Schnorcheln und Tauchen einladen, machen den besonderen Reiz aus.

reizvolles Inselkloster

Ein weiterer Anziehungspunkt ist das **Kloster Paleokastrítsa**, das sich auf einer felsigen Halbinsel erhebt. Es gilt als das schönste Kloster von Kórfu und gehört in jedes Ausflugsprogramm.

Vom Ort führt eine steile, sehr kurvenreiche Straße hinauf zum **Kloster Paleokastrítsa**, das der Panagía Theotókos geweiht ist und im Jahre 1228 erbaut wurde. Die Klosteranlage ist liebevoll gepflegt; in allen Winkeln blühen Blumen in leuchtenden Farben und bieten beste Fotomotive. Die heutigen Gebäude, von denen vor allem die Hauptkirche und die steinernen Bögen im Klosterhof sehenswert sind, stammen aus dem 18. Jahrhundert. Die Kirche ist mit Ikonen ausgestaltet; das Museum zeigt eine Ikonensammlung mit Ikonen aus dem 17. und 18. Jahrhundert; im unteren Stockwerk sind alte Öl- und Weinpressen zu sehen. Besucher aus aller Welt werfen Münzen in den alten Brunnen im Innenhof und hoffen auf die Erfüllung ihrer Wünsche. Von der Höhe bietet sich ein herrlicher Blick auf die Bucht. *Öffnungszeiten: 8–13 Uhr, 17–20 Uhr.*

schöne Bergdörfer

Ein schöner Ausflug führt Sie zum etwa 6 km nördlich gelegenen Bergdorf **Makrádes**. Von dort führt eine Straße zum Fuß des Berges **Angelokástro**. Ein Aufstieg von knapp 30 Minuten führt Sie zum Gipfel mit der Festungsruine aus dem 13. Jahrhundert. In der Festung liegt die Erzengel-Kirche aus dem Jahre 1784. Von der Höhe der Festung bietet sich ein herrlicher Ausblick auf die Westküste. Wie Makrádes ist auch das Dorf **Lákones** einen Ausflug wert, denn hier bieten die Dorfbewohner köstlichen Honig, Wein vom Fass, Kräuter, Nüsse und Schnitzereien aus Olivenholz zum Verkauf an.

Auch der Küstenabschnitt südlich von Paleokastrítsa wurde in den letzten Jahren mit Hotelanlagen, Restaurants, Strandeinrichtungen und Sportangeboten gut erschlossen und wird von vielen Reiseveranstaltern angeboten wie z. B. **Ermónes** und **Glifáda** (ⓘ s. S. 125/Korfú). Die Bucht von Glifáda zählt mit ihrem breiten, flach abfallenden Strand, dem „Golden Beach" zu den schönsten Buchten der Westküste, ebenso wie die **Bucht von Mirtiótissa**, die per Boot von Ermónes und Glifáda aus zu erreichen ist. Auf dem Landweg muss man von der Straße aus etwa 20 Minuten zu Fuß gehen. Dafür wird man mit einem feinen Sandstrand an kristallklarem Wasser belohnt. Es gibt keine Übernachtungsmöglichkeiten, wohl aber Tavernen.

Páxi Παξι /Antípaxi Αντιπαξι (ⓘ s. S. 125)

Inseltelegramm Páxi/Antípaxi	
Größe	19 km², ca. 3.000 Einwohner
Hauptort	Gáios, 400 Einwohner
Inselbeschreibung	fruchtbares Land mit Olivenhainen und Weinbergen, kleine Straße (8 km) zwischen den Hauptorten Gáios und Lákka
Lebensgrundlage der Bevölkerung	Fischfang, Weinanbau, Fremdenverkehr
Sehenswürdigkeiten	die Grotten von Páxi

Páxi

Knapp 3.000 Menschen leben in den kleinen Dörfern der nur 19 km² großen Insel Páxi; der Hauptort Gáios und der etwa 8 km entfernte Ort Lákka sind durch Autobusverkehr miteinander verbunden. In den Sommermonaten herrscht auf der kleinen Insel tagsüber rege Betriebsamkeit, denn mehrmals täglich bringen Fähren und Ausflugsboote von Kórfu und Párga Besucher für einen Tagesausflug nach Páxi. Die Insel ist darauf gut eingerichtet.

Páxi – ein beliebtes Ausflugsziel

Páxi ist eine hügelige, grüne Insel. In **Gáios**, das einen schönen Blick auf die vorgelagerte Festungsinsel Ágios Nikólaos bietet, ziehen sich die Häuser an der Hafenpromenade entlang; im Hafen liegen bunte Fischerboote und elegante Yachten vor Anker. Die meisten Fischer fahren inzwischen mit ihren Booten nicht mehr zum Fischfang aus, sondern benutzen sie als „Wassertaxis" für die Fahrt zu den Inselstränden.

Die kleine Insel ist zum Baden und Wandern bestens geeignet; es gibt viele Strände (die meisten sind jedoch steinig oder felsig), die zu Fuß oder auch mit einem gemieteten Fahrrad erreicht werden können. Die Wege zu den Stränden und ins Inselinnere führen über zahllose Eselspfade durch Weinberge (es gibt einen guten Rosé-Wein), Zitronenbaumgärten und große, silbrig schimmernde Olivenhaine. Das auf Páxi gewonnene Olivenöl ist wegen seiner hervorragenden Qualität bekannt; die Produktion ist auch die Haupterwerbsquelle der Insel.

Am alten Hafen in Gáios werden Bootsausflüge zu den Stränden von Páxi und Antípaxi angeboten. Außerdem kann eine Bootsfahrt rund um die Insel unternommen werden. Dabei kann man auch die an der Südwestküste gelegenen Grotten besuchen, von denen die interessantesten die Kastanítha, Grammatikó und die **Seehöhle von Ipapantís** sind. Das Felsentor an der Westküste von Páxi ist ein beliebtes Fotomotiv.

Im Norden liegt der Ort **Lákka**, der sich zu einem lebhaften Tauchsportzentrum entwickelt hat; die felsige Küste und das sehr klare Wasser bieten beste Voraussetzungen für Taucher und Unterwasserfotografen.

Antípaxi

Das gegenüber liegende Inselchen Antípaxi ist nur 3 km² groß und nur noch in den Sommermonaten von einigen Familien bewohnt. Die mehrmals täglich von Gáios und Lákka kommenden Boote bringen Ausflügler zu den schönen Stränden von Antípaxi, die im Sommer entsprechend stark besucht sind. Nach der Rückkehr vom Strand locken Tavernen mit dem guten lokalen Inselwein. Da Antípaxi dem Reisenden nur wenige Privatquartiere bietet, fahren die meisten Besucher am Abend wieder zurück.

Léfkas Λεφκας (ⓘ s. S. 125)

Inseltelegramm Léfkas	
Größe	302 km², 24.600 Einwohner
Hauptort	Léfkas, 6.700 Einwohner
Inselbeschreibung	die Insel ist nur durch einen schmalen Kanal vom Festland getrennt; ein gebirgiges, verkarstetes Land mit dem 1.158 m hohen Gipfel Eláti und fruchtbaren Tälern mit Getreidefeldern und Weingärten; die Straßen sind nicht durchgängig asphaltiert; schöne Strände und Buchten, vergleichsweise wenig Tourismus
Lebensgrundlage der Bevölkerung	Landwirtschaft mit Weinanbau, Fremdenverkehr
Sehenswürdigkeiten	die venezianische Festung Santa Maura in Léfkas; das Fischerdorf Nidrí; das Dörpfeld-Museum in Nidrí; der lefkadische Felsen

Léfkas oder Lefkáda wird die Insel genannt, die nur durch einen schmalen Kanal vom Festland getrennt und über eine Schwimmbrücke bequem zu erreichen ist. Der Fremdenverkehr hat später eingesetzt als auf den anderen Ionischen Inseln, und noch immer sind es überwiegend Griechen, die hier ihren Urlaub verbringen. Léfkas verfügt über ausgezeichnete Strände, freundliche Hafenorte und schöne Bergdörfer. Die Geschichte der Insel ist durch ihre strategisch wichtige Lage geprägt. Korinther, Römer, Venezianer und Türken hatten Léfkas in ihrem Besitz, bevor 1863 der Anschluss an Griechenland erfolgte.

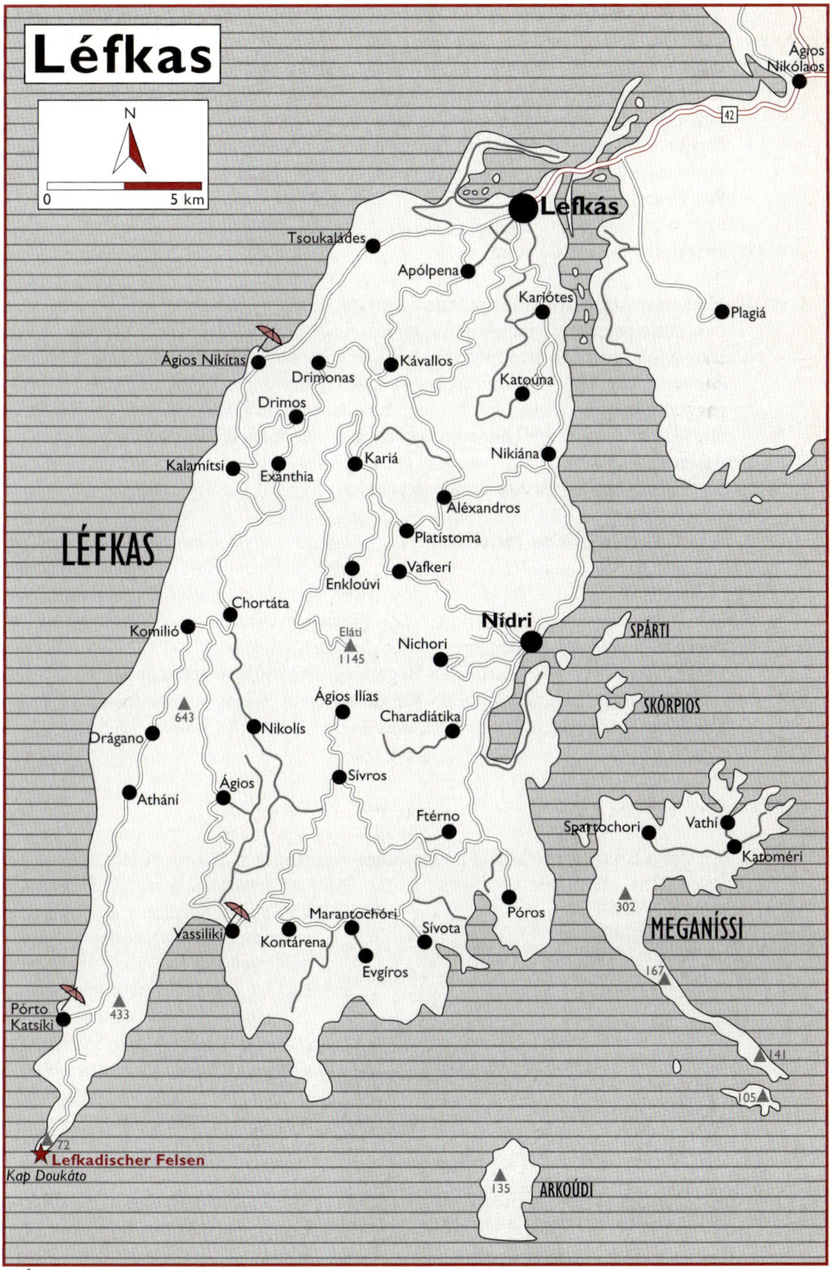
Léfkas
N
0
5 km
Ágios Nikólaos
42
Lefkás
Tsoukaládes
Apólpena
Kariótes
Plagiá
Ágios Nikítas
Drimonas
Kávallos
Katoúna
Drimos
Nikiána
Kalamítsi
Exánthia
Kariá
Aléxandros
LÉFKAS
Platístoma
Enkloúvi
Vafkerí
Chortáta
Komilió
Eláti
1145
Nídri
SPÁRTI
Nichori
Ágios Ilías
SKÓRPIOS
643
Charadiátika
Drágano
Nikolís
Sívros
Ágios
Athání
Ftérno
Spartochori
Vathí
Katoméri
302
Póros
Marantochóri
Sívota
MEGANÍSSI
Vassilíki
Kontárena
Evgíros
167
Pórto Katsíki
433
141
105
72
Lefkadischer Felsen
Kap Doukáto
135
ARKOÚDI

Sehenswürdigkeiten der Insel

Gleich nach dem Überqueren der Brücke sieht man die venezianische Festung Santa Maura, die im 13. Jahrhundert gebaut wurde. Wo Sträucher und Hecken das alte Gemäuer nicht überwuchert haben, sind noch der Eingang der Festung, die dicken Mauern und mehrere Kanonenrohre zu erkennen. Die von den Türken durch einen Mauerring verstärkte Festung wurde 1888 durch die Explosion eines Pulvermagazins zerstört.

Inselhauptstadt Léfkas

Man erreicht die **Inselhauptstadt Léfkas**, die an der Spitze einer Halbinsel liegt und auf einer Seite von einer Lagune, auf der anderen Seite von der Bucht von Drepanoú umgeben ist. Zentrum der Stadt ist der große Hauptplatz mit Hotels, Banken, Geschäften, Restaurants und Cafés. Abseits der verkehrsreichen Durchgangsstraße geht es in Léfkas recht beschaulich zu. In den Gassen der Altstadt finden Sie viele kleine Läden. Im Hafen, der nur für kleinere Schiffe geeignet ist, liegen viele Boote und Yachten vor Anker. Täglich verbinden in den Sommermonaten Fähren Léfkas mit Kefalloniá und Ithaka.

Das **Volkskundliche Museum**, *Odós Marinoú 1*, zeigt historische Trachten, Fotos, alte Handarbeiten, Werkzeug und landwirtschaftliche Gerätschaften. *Öffnungszeiten: täglich 10–13 Uhr, 19–21 Uhr in den Sommermonaten.* Das **Archäologische Museum**, *Odós Faneroménis 21*, informiert über die von Wilhelm Dörpfeld durchgeführten Ausgrabungen in Nidrí aus den Jahren 1905–1912. *Öffnungszeiten: Di–So 9–13 Uhr.* Die besten Bademöglichkeiten der Stadt finden Sie an der Nordseite der Lagune, wo auch für Surfer gute Winde aufkommen. Für einen längeren Strandurlaub fahren Sie besser in den Süden der Insel.

Nidrí Νιδρι

An der Ostküste hat sich der ehemalige Fischerort zum touristischen Zentrum von Léfkas entwickelt. Hier legen in den Sommermonaten 2 x täglich Fähren aus Ithaka und Kefalloniá an, außerdem verkehren Ausflugsboote zwischen den Inseln.

Blick auf den Hafen von Nidrí

Im Ort gibt es Privatzimmer, Apartmentanlagen und kleine Hotels, mehrere Supermärkte, Souvenirgeschäfte und Reisebüros; am Hafen und an der Promenade liegen Tavernen und Cafés, die vor allem am Abend gut besucht sind.

Sehr hübsch ist der Blick auf den Hafen mit Yachten aus aller Welt und auf die vorgelagerten kleinen, dicht bewaldeten Inseln in der großen Bucht. Die Strände liegen an den Enden des Ortes, 4 km westlich stürzt aus 10 m Höhe ein Wasserfall herab, der jedoch im Sommer nur wenig Wasser führt.

Die wichtigste Sehenswürdigkeit sind die **Überreste der bronzezeitlichen Gräber**, die in der Umgebung von Nidrí zwischen 1905 und 1912 von dem deutschen Archäologen Wilhelm Dörpfeld ausgegraben wurden. Diese Funde sind im kleinen **Museum** ausgestellt, dem ehemaligen Wohnhaus von Dörpfeld, wo dieser bis 1940 lebte.

INFO Informationen zu Wilhelm Dörpfeld

Wilhelm Dörpfeld wurde am 26. Dezember 1853 in Wuppertal geboren. Als Architekt war er in den Jahren 1877 bis 1881 bei den Ausgrabungen in Olympia beteiligt. Ab 1882 wirkte er am Deutschen Archäologischen Institut von Athen, dessen Leiter er von 1887–1911 war, und arbeitete an den Ausgrabungen in Troja und Mykene mit.

Er gilt als der Begründer der modernen Grabungsmethoden, da er erstmals systematisch aus Einzelbeobachtungen Grabungsbefunde beurteilte. Sein besonderes Interesse galt den Erzählungen Homers; so glaubte er, in Nídri den Heimatort des Odysseus gefunden zu haben und damit die Insel Ithaka, die Homer beschrieben hatte. Dörpfeld verbrachte seine letzten Lebensjahre auf Kórfu und Léfkas, wo er am 25. April 1940 starb. Sein Grab liegt oberhalb des Ortes bei der Kapelle Agía Kiriakí.

Ausflugsboote und Fähren verbinden Nídri mit der vorgelagerten, nur 18 km^2 großen **Insel Meganíssi**, auf der 1.200 Menschen leben. Vier kleine Ortschaften, schöne Strände, sehenswerte Grotten und wenig Fremdenverkehr machen den Reiz der Insel aus.

Zur **Insel Skorpiós** fahren zwar auch Ausflugsboote, aber diese umrunden die Insel nur, denn fremde Besucher sind auf der Privatinsel der Reederfamilie Onassis nicht erwünscht.

gute Wassersportbedingungen

Im Süden Léfkas liegt in einer weiten Bucht der Ort **Vassilikí**, der sich zunehmend zu einem beliebten Ferienort entwickelt. Dazu tragen sowohl das schöne Ortsbild mit engen Gassen und dem malerischen Hafen bei als auch die ausgezeichneten Wassersportbedingungen, die Vassilikí zu einem Windsurfing-Zentrum gemacht haben. Zwischen Vassilikí und Ithaka und Kefalloniá besteht ganzjährig eine Fährverbindung. Ausflugsboote fahren zum schönen Sandstrand von Pórto Katsíki.

Ganz im Südwesten der Insel liegt die Halbinsel Lefkáta mit dem **Lefkadischen Felsen**.

Hinweise

Die Fahrt zum Lefkadischen Felsen ist sehr zeitaufwändig und wegen der schlechten Straßenverhältnisse sogar etwas abenteuerlich; sie sollten für diesen Ausflug einen ganzen Tag planen.

Die Anfahrt erfolgt über Kamilió und Atháni; in beiden Ortschaften gibt es kleine Geschäfte, Tavernen und Privatquartiere; für die knapp 21 bzw. 15 km lange, meist unbefestigte und sehr holprige Strecke brauchen Sie gut 1–2 Stunden.

Erfrischen können Sie sich an den schönen Stränden Gialós, Enkremní und Pórto Katsíki, die an dieser Strecke liegen.

An der Südspitze der Insel steht an der Stelle, an der sich in antiker Zeit ein Apollon-Tempel befand, ein Leuchtturm. Hier soll sich die antike Dichterin **Sappho** aus unerwiderter Liebe ins Meer gestürzt haben.

INFO Informationen zu Sappho

Die Dichterin wurde um 615 v. Chr. in Antissa auf Lésbos geboren und lebte mit ihrer Familie in Mytilene. Sie begann schon sehr früh zu dichten, und mit ihren Liedern breitete sich ihr Ruhm in ganz Griechenland aus. Sie heiratete einen Geschäftsmann aus Andros, wurde durch ihn und ihre eigenen Angehörigen in die politischen Geschicke einbezogen und zweimal von der Insel verbannt. Nach dem Tode ihres Mannes kehrte sie nach Lésbos zurück und scharte dort junge Mädchen um sich, die in Tanz, Musik und Allgemeinbildung unterrichtet und in den Kult der Aphrodite eingeweiht wurden.

Der Überlieferung nach soll Sappho sich aus unerwiderter Liebe zum schönen Jüngling Phaon vom Lefkadischen Felsen gestürzt haben. Ihre Lieder, Hochzeitsweisen, Götterhymnen und Liebeslieder drücken ihre Gedanken, Empfindungen und Leidenschaften aus; da sie voller Begeisterung auch die Anmut und Schönheit der jungen Mädchen ihres Kreises pries, wurde Sappho, die Lesbierin, zum Inbegriff der homoerotischen Liebe.

Erst durch den Wandel der sittlichen Wertvorstellungen durch das Christentum geriet die Dichtung Sapphos in Verruf, in antiker Zeit lobte man die vollendete Dichtkunst der Sappho, die von hohen religiösen Vorstellungen und tiefen Gefühlen geprägt war. So lesen wir bei Platon:

„Einige zählen neun der Musen;
Doch, wahrlich, zu wenig!
Zähle die Zehnte dazu:
Sappho von Lesbos ist's."

Die Kenntnis ihres Werkes und ihrer Lebensgeschichte wurde durch die sorgfältigen Werkausgaben der Gelehrten von Alexandria überliefert, denen jeweils biographische Bemerkungen vorangestellt waren. Von ihren Gedichten sind viele nur bruchstückhaft erhalten, denn zusammen mit den Schriften anderer „heidnischer Autoren" ging das meiste von Sapphos Werk im Jahre 1078 im Zuge der großen Bücherverbrennungen unter Papst Gregor VII verloren.

Durch eine glückliche Fügung wurden eines Tages Verse von Sappho auf Papyri entdeckt, in denen eine ägyptische Mumie eingewickelt war. Eines ihrer bekanntesten Gedichte beginnt:

„Einer meint: die Reiter, ein andrer: Fußvolk,
mancher: Schiffe seien auf dunkler Erde
hier das Schönste, ich aber das, wonach man
trachtet in Liebe...“ (Sappho)

An der Westküste liegt der Ferienort Ágios Nikítas, der wegen seiner schönen Lage, den Stränden und dem sehr sauberen Wasser immer beliebter wird. In den Sommermonaten kann der kleine Ort die vielen Besucher kaum aufnehmen, Tavernen, Hotels, Parkplätze und Strände sind dann überfüllt.

Einladend sind auch die anderen kleinen Fischerorte mit ihren malerischen Häfen, in denen neben den Fischerbooten Jachten und Ausflugsboote anlegen. An den Hafenmolen liegen Tavernen und Kafenía meist dicht beieinander und laden zum Verweilen und Beobachten ein.

Die schön gelegenen Bergdörfer auf Léfkas sind einen Besuch wert

Im Inselinneren lohnt das **Bergdorf Kariá** einen Besuch. Der schöne Dorfplatz lädt zum beschaulichen Verweilen unter alten, Schatten spendenden Bäumen ein; in den Geschäften werden Webarbeiten und Stickereien angeboten, die im Ort nach traditionellen Vorlagen angefertigt werden. Alljährlich wird am 11. August ein großes „Hochzeitsfest“ gefeiert, bei dem das in Inseltracht gekleidete „Brautpaar“ nach alten Zeremonien getraut wird; die „Hochzeitsfeier“ findet für alle Gäste mit viel Tanz, Musik und Spießbraten auf dem Dorfplatz statt.

Ithaka Ιθακι (Itháki) (ⓘ s. S. 125)

Inseltelegramm Ithaka	
Größe	103 km², 9.000 Einwohner
Hauptort	Vathí, 2.300 Einwohner
Inselbeschreibung	gebirgiges Land, nur wenig ebene Flächen, karger Boden, stark gegliederte Küsten mit kleinen Häfen, Oliven- und Mandelbaumhaine, Weingärten
Lebensgrundlage der Bevölkerung	Landwirtschaft, Fischfang
Sehenswürdigkeiten	der reizvolle Hafenort Vathí; die Nymphengrotte (Marmorospíleo); die Aréthousa-Quelle; der Étos-Berg mit den Ruinen der antiken Stadt Alalkomenes; antike Fundstätten in der Nähe von Stavrós und Pelikata

Ithaka, oder „Itháki", wie die Griechen die Insel nennen, ist unter den „bedeutenden" Ionischen Inseln die kleinste, nur durch eine 2–4 km breite Meerenge von Kefalloniá getrennt. Die gebirgige, weithin karge „Insel des Odysseus" setzt sich aus zwei Halbinseln zusammen. Die Fährschiffe legen in der Inselhauptstadt Vathí, im ca. 9 km von Vathí entfernten Píso Aetos oder in Fríkes an und verbinden Ithaka regelmäßig mit den Nachbarinseln und dem Festland.

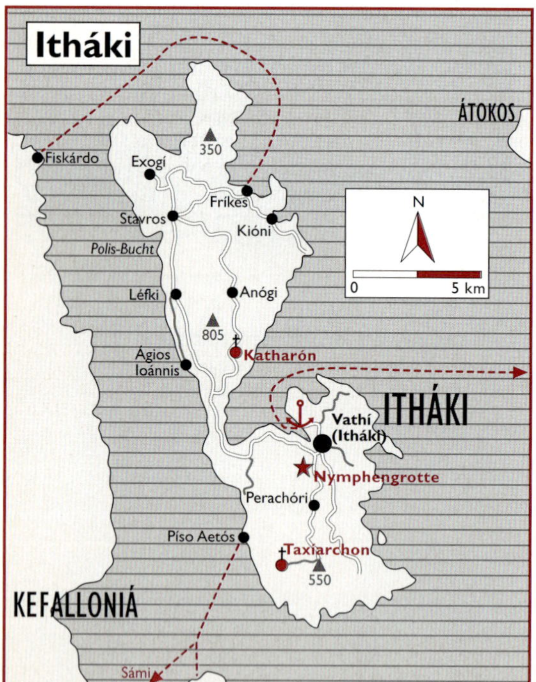

Viele der Inselsehenswürdigkeiten stehen in enger Verbindung zum listenreichen **Odysseus**, der nach Beendigung des Trojanischen Krieges erst nach jahrelanger Irrfahrt zu seiner Heimatinsel zurückkehrte, wo seine Erlebnisse und Abenteuer, die Homer in den 24 Gesängen der „Odyssee" beschreibt, ihr Ende fanden. Die Frage, welches die Insel des Odysseus ist, bleibt bis heute unbeantwortet, denn wie Léfkas und Kefalloniá beansprucht auch Ithaka, die Heimatinsel des Odysseus zu sein.

Inselhauptstadt Vathí Βαθι

Die Einfahrt in die geschützte, von Bergen umschlossene Bucht von Vathí ist ein Erlebnis. Wer mit dem Schiff in die Bucht einfährt, sieht zu beiden Seiten die tiefgrünen Berghänge, die sich von dem kristallklaren, in vielen Blautönen schimmernden Wasser abheben und auf deren Höhen Windmühlentürme stehen; in der Mitte der Bucht liegt die kleine Insel Lazaretto mit einer kleinen Kapelle, und in der Tiefe der Bucht ziehen sich die pastellfarbenen Häuser der Inselhauptstadt hangaufwärts, während im Hafen Segelyachten und Fischerboote ankern.

Unverwechselbar ist der Blick auf die große Bucht von Vathí

An der **Hafenpromenade**, die sich an der Bucht entlang zieht, liegen Geschäfte, Kafenía und Tavernen; die große **Platía** mit Banken, drei Períptera auf engstem Raum und schönen, überdachten Cafés ist der Treffpunkt des Ortes. Es herrscht eine ruhige, entspannte Atmosphäre; wenn jedoch ein großes Fährschiff in den Hafen einläuft, breiten sich für kurze Zeit Hektik und Betriebsamkeit in den engen Straßen aus, denn das Schiff wird direkt von der Hauptstraße aus be- und entladen, Freunde und Verwandte werden abgeholt und begrüßt, Fremden werden Zimmer zur Übernachtung angeboten. Es dauert jedoch nicht lange, bis wieder die gewohnte Ruhe und Beschaulichkeit einkehren!

Sehenswertes in Vathí und der näheren Umgebung

Mitten in der fast kreisrunden Hafenbucht liegt das Inselchen **Lazaretto**, das in der Vergangenheit als Lazarett und als Gefängnis diente; heute steht dort ein kleines Kirchlein. Im Sommer ist Lazaretto ein beliebtes Ziel der Badegäste, die vom schmalen Ortsstrand aus dorthin schwimmen – so wie es einst Lord Byron und Heinrich Schliemann während ihrer Aufenthalte auf Ithaka machten.

Das Inselchen Lazaretto lädt zum Schwimmen ein

Zum **Archäologischen Museum**, *Tel.: 26610-32 200*, biegen Sie beim OTE-Gebäude an der Hafenpromenade ab. Im Museum sind vor allem Keramikfunde der Insel aus mykenischer Zeit ausgestellt. *Öffnungszeiten: Di–So 8.30–15 Uhr, Mo geschlossen, Eintritt frei.*

Das **Nautical-Folklore-Museum** liegt in der Parallelstraße zur Hafenpromenade und zeigt vor allem maritime Gebrauchsgegenstände, aber auch Trachten, altes Handwerkszeug und Möbel. *Öffnungszeiten: Di–So 8.30–15 Uhr, Mo geschlossen, Eintritt frei.*

Historische Fotos können Sie bei einem Besuch in der **Villa Dracoúlis** anschauen. Das schöne, alte Herrenhaus an der Hafenpromenade ist eines der wenigen Gebäude von Vathí, das bei dem großen Erdbeben von 1953 nicht zerstört wurde. Heute dient es als Café-Restaurant des „Yachting Club" und ist mit seinem schönen Garten und dem von Palmen umstandenen Meerwasserbecken ein beliebter Treffpunkt. Folgt man der Hafenpromenade nach Norden, sieht man an einem Haus eine Gedenktafel für den Freiheitskämpfer **Odysseus Androutsos**.

Spaziergang zu venezianischen Überresten

Am Ortseingang von Vathí, an der Straße in Richtung Píso Aetos, weist ein verwittertes Schild „Panorama from Ithaca Bay" auf einen kurzen Fußweg zur **Ruine einer alten venezianischen Festung** hin. Der kleine Abstecher lohnt sich wegen des großartigen Ausblickes auf die Bucht und den Hafen von Vathí und auf die eindrucksvolle Küstenlandschaft. Zum Fotografieren sind die Lichtverhältnisse am späten Nachmittag besonders gut.

Wenige Schritte unterhalb der Straße führt ein Fußweg zur **Dexiá-Bucht** mit einem schmalen Sandstrand, kristallklarem Wasser und Picknicktischen. Olivenbäume, die bis ans Wasser reichen, spenden angenehmen Schatten. An die Dexia-Bucht schließt sich der **Phorcys-Strand** (Port of Phorcys) an.

Der Weg zur **Nymphengrotte** („Cave of the nymphs") ist von Vathí her ausgeschildert. Bevor sich die Straße, die in Richtung Stávros aus der Stadt führt, zur Dexiá-Bucht senkt, zweigt linker Hand die ausgeschilderte Straße zur Nymphengrotte ab, die durch Olivenhaine aufwärts zur ca. 2,5 km entfernten Grotte führt. *Öffnungszeiten: in den Sommermonaten täglich bis 17 Uhr, in der Vor- und Nachsaison ist das eingezäunte Gelände ganz verschlossen. Erkundigen Sie sich bitte im Ort nach der genauen Öffnungszeit.* Eine Treppe führt hinunter in die bis zu 10 m hohe Höhle, deren Stalagmiten und Stalaktiten verschiedenfarbig illuminiert werden. Nach dem Verlassen der Höhle genießt man die Helligkeit des Tages und den herrlichen Ausblick auf die Bucht und den Ort Vathí.

antike Quelle

Auch der ca. 4 km lange Weg zur **Aréthousa-Quelle**, mit deren Wasser Eumaios, der treue Schweinehirt, die Herden des Odysseus tränkte, ist von Vathí her ausgeschildert. Eine gut ausgebaute Fahrstraße führt stetig bergan vorbei an Weingärten und silbrig schimmernden Olivenhainen bis zum berühmten Marathía-Plateau, wo einst die Schweineställe des Odysseus gestanden haben sollen. Von dort ist ein Fußweg zur „Eumaios-Höhle" ausgeschildert. Bevor man die Höhe des Marathía-Plateaus erreicht, zweigt ein Fußweg, nicht mehr als ein schmaler Eselspfad, zur Aréthousa-Quelle ab. Dieser Weg durch die Macchia ist vor allem im Frühjahr als kurze Wanderung wunderschön, wenn die Luft von intensivem Blütenduft erfüllt ist und vielfarbige Blüten leuchten. Das letzte Stück des Weges führt über Felsgestein zur kleinen Felsenquelle, deren Ursprung heute kaum noch erkennbar ist.

Tipp

Auch in der Vor- und Nachsaison sollten Sie einen Sonnenschutz und etwas Wasser mitnehmen, da es auf diesem Weg keinen Schatten gibt.

Sehenswertes in der Umgebung von Vathí

An der Inselstraße in Richtung Píso Aétos sind die Ausgrabungen der „Ancient City of Alalkomenes" ausgeschildert. Auf der Höhe des 381 m hohen Berges Aetos, der sich über dem schmalen, die beiden Inselhälften trennenden Isthmus erhebt, lag die im 8. Jahrhundert v. Chr. gegründete **antike Stadt Alalkomenes**. Britische Archäologen legten Teile der antiken Stadt frei, die von der mykenischen bis zur römischen Zeit besiedelt war. Erkennbar sind die Überreste öffentlicher Gebäude, einer polygonalen Mauer und eines archaischen Tempels. Von der Höhe bietet sich ein herrlicher Blick auf Ithaka und das benachbarte Kefalloniá. Nur die Mauern längst verlassener und verfallener Häuser erinnern in dem kleinen, nur 3 km von Vathí entfernten Ort **Perachóri** daran, dass dieser Ort zur Zeit der venezianischen Herrschaft im 16.–18. Jahrhundert die bedeutendste Siedlung der Insel war.

antikes Gelände

Die Dorfstraße führt hinauf bis zur neuen Kirche, wo ein ausgeschilderter Fußweg beginnt, der in etwa 15 Minuten zu den Überresten der mittelalterlichen Stadt führt. Etwas oberhalb der Kirche steht eine kleine Kapelle mit teilweise recht gut erhaltenen Fresken, die zur Zeit restauriert werden.

Taverne

Gleich unterhalb der neuen Kirche bietet sich von der Terrasse der Taverne „O Kalyora" ein großartiger Blick auf die Bucht und den Ort Vathí.

Wanderung

Von Perachóri aus kann man noch weiter bis zum etwa 3 km oberhalb des Ortes gelegenen ***Kloster Taxiárchos*** *gehen. Das Kloster wurde 1645 gegründet, am Anfang des 20. Jahrhunderts dann aber aufgegeben. Der Weg führt durch eine einsame Berglandschaft zur Höhe.*

Inselrundfahrt

Die vorgeschlagene Rundfahrt führt über gut ausgebaute Straßen in den Nordteil von Ithaka und über die östliche Inselstraße zum Kloster Katharón und zum kleinen Ort Anógi und weiter nach Stavrós, das eng mit dem Namen des Odysseus verbunden ist. Von Stavrós geht es weiter zum malerischen Hafenort Fríkes und zu dem hübschen Ferienort Kióni an der Kióni-Bucht. Der Rückweg führt über das fast verlassene Bergdorf Exochí wieder nach Stavrós und an der Westküste entlang zurück nach Vathí.

Die Straße führt entlang der tiefen, fjordähnlichen Bucht von Vathí, vorbei an der Dexiá-Bucht und am Phorcys-Strand. Nach etwa 9 km zweigt die Straße nach **Píso Aetos** ab, dem kleinen Fischerhafen und der Anlegestelle der Fähren nach Kefalloniá. Die Inselstraße führt über die schmale Landenge, die die beiden Inselhälften miteinander verbindet, und gibt dort überraschend einen wunderschönen Ausblick auf den Süden von Ithaka auf der rechten und gleichzeitig auf Kefalloniá auf der linken Seite frei.

herrlicher Ausblick

An der folgenden Straßenkreuzung wendet man sich nach rechts, der Ausschilderung zum Kloster Katharón folgend. Die Straße führt in Serpentinen steil bergan, bietet herrliche Aussichten und erreicht 6 km nach der Abzweigung von der Hauptstraße das **Kloster Katharón**, das in 550 m Höhe auf einem Bergplateau gebaut wurde. Im schönem, mit Blumen geschmückten Innenhof steht die im Jahre 1696 gebaute und reich mit Fresken ausgeschmückte Kirche. Besondere Beachtung verdient die Marien-Ikone, die der Überlieferung nach vom Apostel Lukas gemalt sein soll. Das Kloster wird von Mönchen und einer Familie bewirtschaftet; außerhalb weiden Schafe und Ziegen. Deshalb bitten die Mönche auf einem Türschild: „Please close the door because the goats come inside"!

Einige Schritte vom Kloster entfernt steht der Glockenturm (nahe dabei wurde ein großer Funkmast errichtet, der die Idylle etwas stört). Von der Höhe haben Sie einen großartigen Fernblick. *Das Kloster ist ganzjährig geöffnet.*

Fest
Am 7. September findet im Kloster das Kirchweihfest statt, das mit Musik, Tanz, Essen und Wein gefeiert wird.

Die Straße führt weiter durch Olivenhaine und erreicht nach knapp 3 km das **Bergdorf Anogí**, das mit vielen aufgegebenen Häusern an den Hängen weitgehend verlassen wirkt. Es ist eines der ältesten Dörfer Ithakas. Mittelpunkt des Ortes ist die im 16. Jahrhundert gebaute Panagía-Kirche mit teilweise gut erhaltenen Fresken. Das traditionelle Kafeníon befindet sich gleich neben dem venezianischen Glockenturm. Außerhalb des Ortes wurden Bänke aufgestellt, die zum Verweilen und Betrachten der herrlichen Ausblicke einladen. Nach wenigen Kilometern erreicht die Straße den Ort **Stavrós**, der als die „Stadt des Odysseus" gilt. Heute ist Stavrós, wo noch etwa 300 Menschen leben, Einkaufszentrum für die Dörfer des Nordens mit mehreren Geschäften, einem Postamt, einer Krankenstation und einigen kleinen Tavernen. Mittelpunkt des Ortes sind die rote Kuppelkirche und die kleine Parkanlage mit einer Büste des Odysseus.

Odysseus – der Held von Ithaka

Zu den Sehenswürdigkeiten des Ortes gehören

- das **Archäologische Museum** (der Weg dorthin ist ausgeschildert) mit Funden aus der nahe gelegenen Pólis-Bucht und der antiken Stadt
- die **„Stadt des Odysseus"**, die von englischen Archäologen nördlich von Pelikata ausgegraben wurde; es sind nur sehr geringe Überreste der Siedlung erhalten, die um 2200 v. Chr. gegründet worden war
- die **Pólis-Bucht**: von der Dorfkirche führt ein ausgeschilderter, teilweise unbefestigter Weg hinunter in die Bucht, von der die Schiffe des Odysseus ausgelaufen sein sollen. Unten in der Bucht weist ein Schild „Archaeological site" zur **Louzios-Höhle**, die im Nordwesten der Bucht liegt. Ein kurzer Fußweg führt an der Bucht ent-

lang zur Höhle, die seit 1930 erforscht wurde. Die Archäologen stießen auf Bruchstücke von 12 Dreifüßen, Keramikfunde von der mykenischen bis zur römischen Zeit; darunter eine Weihgabe aus mykenischer Zeit mit einer Widmung an Odysseus.

Von Stavrós führt die Straße zum malerischen und immer beliebter werdenden Fischerort **Fríkes** (ⓘ s. S. 125/Ithaka). Der kleine Ort besteht nur aus wenigen Häusern, kleinen Hotels und Appartementhäusern und ein paar Tavernen, deren Tische direkt an dem kleinen Hafen aufgestellt sind. Die Atmosphäre ist geruhsam und beschaulich; nur kurz bevor die tägliche Fähre nach Léfkas anlegt, kommt etwas Betriebsamkeit auf. Bademöglichkeiten gibt es an mehreren kleinen Kiesstränden, die entlang der Straße nach Kióni liegen.

Der reizvolle Fischerort Kióni

Von Fríkes sind es nur noch 6 km zum kleinen Ort **Kióni** (ⓘ s. S. 125/Ithaka), dessen Häuser sich am Hang zu einer schönen Bucht hinabziehen. Unten in der kleinen Hafenbucht stehen einige Tavernen am Wasser, es gibt ein paar Geschäfte und einige Übernachtungsmöglichkeiten. Im Sommer gehen hier zahlreiche Yachten vor Anker, viele Besucher kommen zu einem Tagesausflug. Damit der kleine Ort durch den Verkehr nicht völlig verstopft wird, wurden außerhalb des Dorfzentrums Parkmöglichkeiten eingerichtet.

Zur Fortsetzung der Rundfahrt fährt man zunächst nach Fríkes zurück und von dort ins weitgehend verlassene Bergdorf **Exochí**, zu dem die Straße sich in vielen Kehren hinaufwindet. Wenn das Dorf vor allem im Frühjahr nicht gerade „in den Wolken" verschwindet, bietet sich ein herrlicher Blick auf Platrithías und die Afáles-Bucht. Es gibt keine Geschäfte, keine Taverne, nur ein Kartentelefon verbindet mit der Außenwelt. An der Straße von Exochí nach Stavrós sehen Sie die Ausschilderung zur „Schule Homers". Ein ca. 20-minütiger Fußweg führt durch eine schöne Hügellandschaft, vorbei an der Ágios Athanásios-Kapelle mit ihrem kleinen Glockenstuhl, bis zum Ausgrabungsgelände. Die bisher freigelegten Überreste sind eher spärlich, jedoch werden die Grabungsarbeiten fortgesetzt. Gesichert ist bisher jedoch nicht, dass sich hier tatsächlich eine Schule Homers befunden hat.

die „Schule Homers"

Die Straße führt zurück nach Stavrós und von dort an der Westküste entlang nach **Léfki**. Dort zweigt eine asphaltierte Straße nach **Ágios Ioánnis** ab, einem kleinen Ort mit mehreren kleinen Kiesstränden und sehr sauberem Wasser.

Für die Weiterfahrt fährt man zurück bis zur Hauptstraße in Léfki und von dort zurück nach Vathí.

Kefalloniá Κεφαλλονια (ⓘ s. S. 125)

Inseltelegramm Kefalloniá	
Größe	781 km², 39.000 Einwohner
Hauptort	Argostóli, 9.000 Einwohner
Inselbeschreibung	die größte der Ionischen Inseln ist fruchtbar mit vielen Weingärten und Olivenhainen; sie ist von einer hohen Gebirgskette durchzogen, deren höchste Erhebung der Berg Enos mit 1.628 m ist; es gibt dichte Pinien- und Tannenwälder, schöne Zypressenhaine, einige reizvolle Strände und eindrucksvolle Höhlen; die Insel ist mit einem gut ausgebauten Straßennetz ausgestattet.
Lebensgrundlage der Bevölkerung	Landwirtschaft, Fischfang und zunehmend Fremdenverkehr
Sehenswürdigkeiten	das Archäologische Museum in Argostóli; die Meerwassermühlen von Argostóli; der Hafenort Sámi mit Überresten der antiken Stadt; das malerische Fischerdorf Fiskárdo; der unterirdische See von Melissáni mit einer Höhle; die Tropfsteinhöhle von Drogaráti; die Burgreste in Kástro, der alten Inselhauptstadt Ágios Geórgios

Kefalloniá ist die größte der Ionischen Inseln, eine fruchtbare Insel mit stellenweise üppiger Vegetation, mildem Klima, malerischen Hafenorten, einigen sehr schönen Stränden, dichten Tannenwäldern, eindrucksvollen Höhlen und abwechslungsreichen Landschaften.

Fremdenverkehr

Trotz dieser Vorzüge wurde die Insel überraschenderweise erst recht spät für den Fremdenverkehr entdeckt, so dass Kefalloniá bis heute viel von seiner Ursprünglichkeit bewahren konnte. Größere Hotels, die auch von internationalen Reiseveranstaltern angefahren werden, gibt es nur auf den Halbinseln Lássi und Lixoúri in der Nähe der Inselhauptstadt; in den übrigen Ferienorten überwiegen kleinere Hotels und private Übernachtungsmöglichkeiten. In den Sommermonaten sind diese Ferienorte sehr gut besucht, und es gibt kaum ein Haus, das nicht das Schild „rooms to let" ausgehängt hat. Für diejenigen, die die Insel auf einer Rundreise oder auf Wanderungen kennen lernen möchten, sind das Frühjahr oder der Herbst besonders geeignet; allerdings muss man bis Ende April/Anfang Mai damit rechnen, dass noch nicht alle Hotels, Restaurants und Geschäfte geöffnet sind, obwohl das Wetter schon angenehm warm ist. Ab Mitte Oktober bereiten sich die Inselbewohner schon wieder auf den Winter vor.

Wein

Versäumen Sie nicht, den „Róbola" zu probieren, der zu den Spitzenweinen Griechenlands zählt. Es ist ein feiner, trockener Weißwein, der aus der seltenen Traubensorte "Robola" gekeltert wird. Gegen Ende des 13. Jahrhunderts brachten Venezianer die ersten Setzlinge auf die Insel; heute wird diese Rebsorte unter strenger staatlicher Kontrolle nur in bestimmten Bergregionen auf Kefalloniá angebaut. Mit einem Fest beginnt jeweils am 20. August die Weinlese; dann wird der Wein ab März des folgenden Jahres auf Flaschen gezogen. Sie erkennen diese an der typischen Verpackung in einem Säckchen.

© graphic

Inselhauptstadt Argostóli Αργοστολι

Schon in der Antike war die Bucht von Argostóli als hervorragender natürlicher Hafen bekannt. Durch das schwere Erdbeben von 1953 wurde Argostóli, das seit 1757 die Hauptstadt der Insel ist, weitgehend zerstört. Die wieder aufgebauten Häuser ziehen sich an der weiten Bucht entlang hangaufwärts; Mittelpunkt und Treffpunkt des Ortes sind die große palmenbestandene Platía Valianós mit ihren Cafés und Restaurants und dem Denkmal von P. Vallianós, dem Wohltäter der Insel, sowie die lange Hafenstraße „Adoni Tritsi" mit Banken, Geschäften, Hotels, Tavernen und dem farbenfrohen Obstmarkt. An der mit Mosaiken gepflasterten

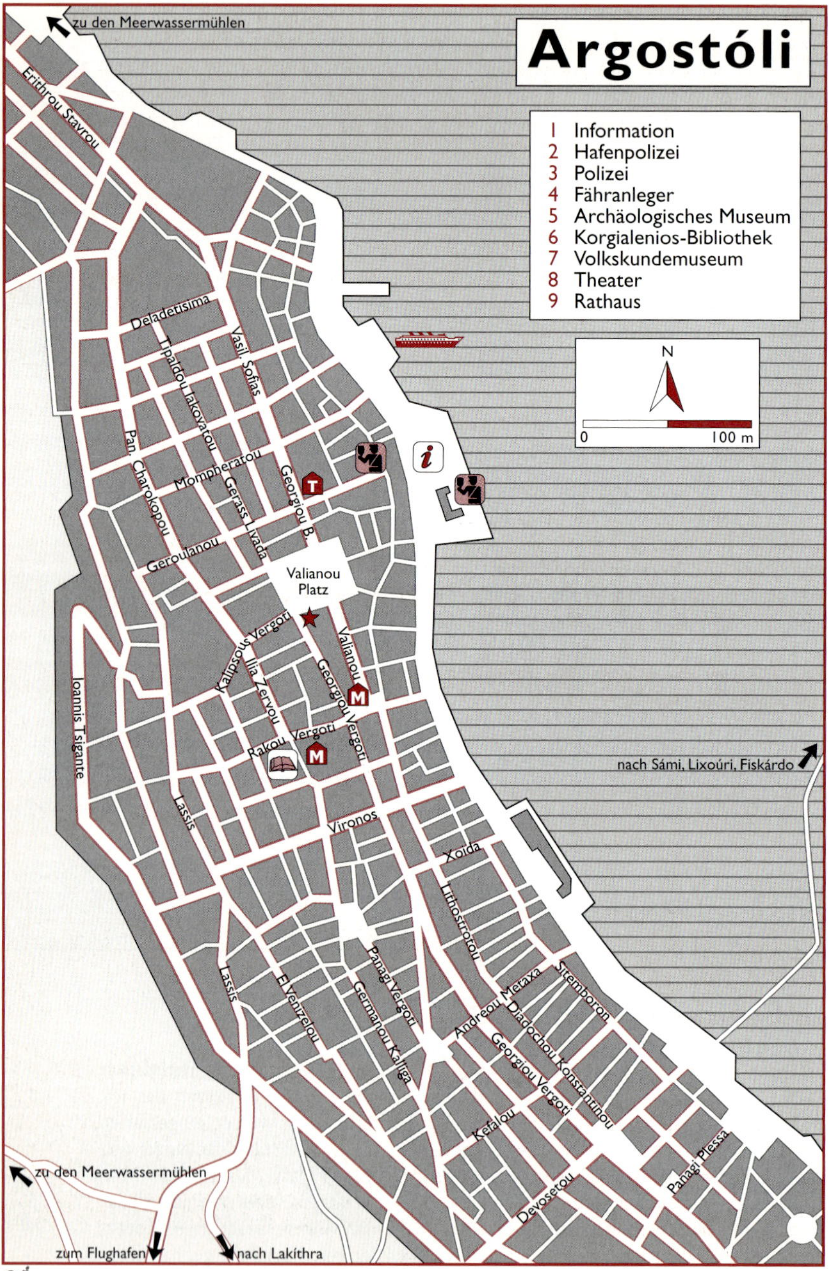
Argostóli
1 Information
2 Hafenpolizei
3 Polizei
4 Fähranleger
5 Archäologisches Museum
6 Korgialenios-Bibliothek
7 Volkskundemuseum
8 Theater
9 Rathaus
N
0
100 m
zu den Meerwassermühlen
Erithrou Stavrou
Deladetisima
Tipaldou Iakovatou
Vasil. Sofias
Pan. Charokopou
Mompheratou
Gerass. Livada
Georgiou B.
Geroulanou
Valianou Platz
Kalipsous Vergoti
Ilia Zervou
Valianou
Georgiou Vergoti
Ioannis Tsigante
Rakou Vergoti
Lassis
Vironos
Xoida
Lithostrotou
Lassis
El. Venizelou
Germanou Kalliga
Panagi Vergoti
Andreou Metaxa
Diadochou Konstantinou
Georgiou Vergoti
Stemboron
Kefalou
Devosetou
Panagi Plessa
nach Sámi, Lixoúri, Fiskárdo
zu den Meerwassermühlen
zum Flughafen
nach Lakíthra

Hafenpromenade wurden Palmen gepflanzt und Bänke aufgestellt; von hier aus kann man gut die einfahrenden Fährschiffe und Segelyachten beobachten. Am Platz gegenüber dem Archäologischen Museum beginnt die belebte Fußgängerzone, die Odós Lithostrótou, in der zahlreiche Straßencafés zum Ausruhen nach einem Einkaufsbummel einladen. Ein schöner Blick auf die Stadt bietet sich vom Hügel „Phanoúrio".

Sehenswürdigkeiten der Stadt

Da nur wenige Gebäude das große Erdbeben von 1953 überstanden, ist von der einstigen, wohlhabenden Inselhauptstadt kaum etwas zu sehen. Erhalten blieben die 1813 unter britischer Herrschaft erbaute Steinbrücke von Drapano, die Argostóli mit der gegenüber liegenden Küste verbindet, und der dort aufgestellte Obelisk.

Im **Archäologischen Museum (5)**, *Ecke P.Valianou/Rokou Vergoti, Tel.: 26710-28 300,* sind Funde von der mykenischen bis zur römischen Zeit ausgestellt; besondere Beachtung verdienen Grabfunde aus mykenischer Zeit, ein Tonrelief aus der Höhle von Melissáni, das den Hirtengott Pan und nach seiner Flötenmusik tanzende Frauen darstellt und neue Funde aus einem mykenischen Grab bei der Ortschaft Tsánnata bei Póros. Außerdem gibt es eine umfangreiche Sammlung römischer und byzantinischer Münzen. *Öffnungszeiten: täglich 8.30–15 Uhr, Mo geschlossen.* Das repräsentative Gebäude der **Korgialenios-Bibliothek (6)**, *Odós Zervou, Tel.: 26710-22 584,* mit der großen Freitreppe birgt eine der größten griechischen Bibliotheken mit einem Bestand von über 53.000 Büchern; im kleinen **Historischen und Volkskundlichen Museum (7)**, das im Erdgeschoss der Bibliothek eingerichtet wurde, gibt es eine interessante Bilderausstellung, die das Aussehen der Stadt vor dem Erdbeben veranschaulicht, und eine Sammlung kunsthandwerklicher Arbeiten aus dem 17.–19. Jahrhundert sowie Trachten, Schmuck, Möbel und Gebrauchsgegenstände jener Zeit. *Öffnungszeiten: täglich 9–14 Uhr, So geschlossen.*

reiche Bibliotheksbestände

Die Meerwassermühlen von Argostóli

Eine der Hauptattraktionen von Argostóli, die Meerwasserversickerung (Katavóthres) an der Nordspitze der Halbinsel Lássi, kann zur Zeit leider nicht besichtigt werden. Die Menge des hier im Boden verschwindenden Meerwassers reichte in der Vergangenheit aus, um hier die sogenannten **Meerwassermühlen** zu betreiben. Eine Farbprobe, die 1963 von österreichischen Wissenschaftlern durchgeführt wurde, ergab, dass die hier versickernden Wässer an der Ostküste der Insel, in der Melisáni-Höhle in der Nähe von Sámi, wieder hervortreten.

Der Leuchtturm auf der Halbinsel Lássi

ein beliebtes Ausflugsziel

Der **Leuchtturm Ágios Theodóri** steht am Ende der **Halbinsel Lássi**; er wurde 1880 von den Engländern im Stil eines dorischen Tempel errichtet und nach der Zerstörung durch das Erdbeben neu aufgebaut. Vor allem am Abend zur Zeit des Sonnenuntergangs ist ein Spaziergang zum Leuchtturm sehr beliebt, aber auch tagsüber lohnt sich ein kleiner Ausflug zum 3,5 km entfernten Leuchtturm, um den Blick auf die **Halbinsel Lixoúri** zu genießen.

Die **Ausgrabungen von Krane**
Von der antiken Stadt des 4./3. Jahrhunderts v. Chr. sind nur geringe Reste der Akropolis und ihrer Stadtmauer erhalten. Zu sehen sind vor allem Funde aus byzantinischer Zeit, als der Ort durch eine starke Befestigungsanlage gesichert war. Entfernung: 1 km südöstlich der Stadt

Sehenswürdigkeiten der Insel

Der Reiz Kefalloniás liegt vor allem in der Verschiedenartigkeit seiner Landschaften und der noch vielerorts vom Fremdenverkehr unberührten Lebensweise seiner Bewohner. Die große landschaftliche Vielfalt der Insel lernen Sie am besten auf einer Rundfahrt kennen: Nach einem Rundgang durch die Inselhauptstadt können Sie die im Süden liegende Gegend Livatho besuchen. Die Ortschaften der Insel wirken mit ihren meist in Pastellfarben gestrichenen Häuser, ihren roten Ziegeldächern und den blumengeschmückten, mit schmiedeeisernen Gittern geschützten Balkonen hell und freundlich – nichts erinnert mehr an das starke Erdbeben, das im Jahre 1953 die meisten Ortschaften der Insel zerstörte.

Rundfahrt durch den Südteil der Insel

Entfernung
ca. 100 km mit Abstechern

Die Strecke führt von Argostóli nach Süden durch das Livatho an der Küste entlang bis zum Ferienort Néa Skála und weiter nach Póros; von dort zum hübschen Hafenort Sámi mit der zauberhaften Badebucht Antisamos Bay und durch das bergige Inselinnere wieder zurück nach Argostóli. Südlich der Inselhauptstadt breitet sich am Fuße des mächtigen, 1.628 m hohen Berges Énos der

„der Garten Kefalloniás"

Liváthos aus, ein fruchtbares Hügelland mit reich tragenden Obst- und Weingärten, weiten Olivenhainen und schattigen Pinienwäldern, das den Beinamen „Garten Kefalloniás" trägt. Eingebettet in diese liebliche Landschaft liegen 25 Ortschaften, in denen prächtige Villen mit gepflegten Gartenanlagen dominieren, wie z. B. in Kourkoumelatá oder in Metaxáta, wo sich Lord Byron 1823 für einige Monate aufhielt.

Zu den Sehenswürdigkeiten dieser Region zählen:

- die **mykenischen Gräber** von Mazarakata, die über einen Dromos zu erreichen sind,
- die mächtige **Festung Ágios Geórgios**, die sich 300 m über der Küstenebene erhebt und bis 1757 das Verwaltungszentrum Kefalloniás war. Unterhalb der

Burg lag der Ort Ágios Geórgios, die einstige Hauptstadt der Insel, die seit byzantinischer Zeit durch eine mächtige Festungsanlage geschützt war, deren Ausmaße heute noch gut erkennbar sind. Auf einer Fläche von 16.000 m² lebten in der Blütezeit der Stadt fast 15.000 Einwohner. Zu sehen sind u.a. die Ruine der Kirche San Marco und ein Pulvermagazin. Von der Höhe der Festung bietet sich ein herrlicher Blick über den Südteil der Insel und auf das nahe Kloster Ágios Andréas. *Öffnungszeiten: Di–Sa 8.30–19 Uhr, So 8.30–15 Uhr, Mo geschlossen.*

- das **Nonnenkloster Ágios Andréas** mit der alten Klosterkirche und schönen Fresken aus dem 12.–17. Jahrhundert, die erst durch das Erdbeben unter dem abgebröckelten Putz entdeckt wurden und heute Kernstück des im Kloster eingerichteten Museums sind, eine neuere Kirche mit sehenswerten Ikonen und ein versilberter Schrein mit einer Reliquie des heiligen Andréas. *Öffnungszeiten: täglich 9–14 Uhr und 17–20 Uhr.*
- die Ruine des **Klosters Sissíon**, das bereits im 13. Jahrhundert von Franz von Assisi gegründet worden sein soll, bei dem großen Erdbeben jedoch zerstört wurde. Etwas oberhalb des ersten Klosters wurde ein neues Kloster gebaut, das noch bewohnt ist.
- das kleine Bergdorf **Markópoulo**, das im August viele Gläubige und Besucher anzieht, wenn am 15. August das Fest von Maria Himmelfahrt auf ganz besondere Art gefeiert wird: im Mittelpunkt eines ungewöhnlichen christlichen Schlangenkults steht das Erscheinen der bissigen, aber ungefährlichen „Europäischen Katzennatter" *(Telescopus fallax)*. Wenn die „Schlangen der Muttergottes" in die Kirche kommen, versuchen die Gläubigen sie zu berühren und erhoffen sich davon Schutz vor Naturkatastrophen und Schicksalsschlägen.

großer Festtag in Markópoulo

Die Fahrt geht entlang der Südküste nach **Néa Skála**, einem beliebten Ferienort, der an der Stelle der antiken Stadt liegt. Sehenswert sind

- die **Römische Villa** mit gut erhaltenen Mosaiken aus dem 3. Jahrhundert n. Chr., die 1956 unweit des Strandes entdeckt wurde,
- die Überreste eines antiken Tempels aus dem 6. Jahrhundert v. Chr., die bei der kleinen Kapelle Ágios Geórgios an der Straße nach Póros liegen.

• Póros Πορος

Direkt am Meer entlang führt die Straße weiter zu dem kleinen **Hafenort Póros**, der sich vor den Berghängen des Énos ausdehnt. Hier legen die Fähren aus Killíni an, die Kefalloniá ganzjährig mit der Peloponnes verbinden. Póros hat sich zu einem beliebten Ferienort entwickelt; es fehlt nicht an Hotels, Restaurants, Geschäften und guten Bademöglichkeiten in kleinen Kiesbuchten oder sandigen Strandabschnitten. Das kristallklare Wasser lädt zwischen kleinen, vorgelagerten Inselchen und Felsen zum Schwimmen und Schnorcheln ein.

Hafenort Póros

In der Umgebung von Póros liegen:

- ein **mykenisches Kuppelgrab** bei Tsanáta aus der Zeit um 1350 v. Chr., das etwa 1 km entfernt an der Straße nach Argostóli liegt und zur Zeit noch weiter ausgegraben wird,
- das **Kloster Iperagias Theotókou Átrou**, das einsam auf der Höhe des 894 m hohen Berges Átros liegt. Drei Mönche wohnen noch im Kloster, das 1264

erstmals erwähnt wurde und deshalb als das älteste Kloster der Insel zählt. Das Kloster, das der Maria geweiht ist, ist nur über einen steilen, unbefestigten Weg zu erreichen, aber der herrliche Blick auf Póros und über das Meer bis hinüber zur Peloponnes entschädigen für die Mühe.

Folgt man der gut ausgebauten Straße weiter, erreicht man nach 24 km den **Hafenort Sámi** an der gleichnamigen Bucht. In der Antike war Sámi die bedeutendste Stadt der Insel, heute ist es ein wichtiger Fährhafen von Kefalloniá mit regelmäßigen Schiffsverbindungen nach Léfkas, Ithaka und Pátras. Dennoch geht es im Ort, in dem knapp 1.000 Einwohner leben, keineswegs hektisch zu.

„Filmstadt" Sámi

Mehrere Hotels, Restaurants und Straßencafés sind auf die Besucher eingestellt, die den Ort wegen seiner angenehmen Atmosphäre, der antiken Sehenswürdigkeiten, den eindrucksvollen Höhlen und der reizvollen Umgebung zu schätzen wissen. Sogar für den Film wurde Sámi entdeckt: 250 Handwerker verwandelten das Städtchen und ließen für kurze Zeit die modernen Gebäude hinter „historischen" Fassaden verschwinden, bauten einen Glockenturm und versahen die Gebäude an der Hafenpromenade mit Arkaden. In der so entstandenen Inselhauptstadt Argostóli der 1940er Jahre wurde der Film „Corellis Mandoline" nach dem gleichnamigen Bestsellerroman des Engländers Louis de Bernières gedreht.

Zu den Sehenswürdigkeiten von Sámi und der näheren Umgebung zählen:

- die **Überreste der antiken Stadtmauer**, die teilweise recht gut erhalten ist und sich vom Meer aus über 3.400 m an den beiden Berghängen entlang zieht bis hinauf zu einem etwa 5 m hohen, aus mächtigen Steinblöcken gebauten Wehrturm und einem kleinen Kirchlein, das zusammen mit einer kleinen Glocke 1954 an der Stelle einer durch das Erdbeben zerstörten Kirche errichtet wurde,
- das **Kloster Theotokoú Agrílion**; wenn Sie das Eingangstor aufgeschoben haben, werden Sie von Hund und Katze begrüßt, die die Einsamkeit mit den Mönchen teilen. Von der Klosteranlage bietet sich ein herrlicher Blick über die Insel,
- die wunderschöne, bis hinunter ans Wasser bewachsene **Antisamos-Bucht** mit ihrem hellen Kiesstrand und dem kristallklaren Wasser,
- die Überreste der **antiken Hafenanlage**, deren Freilegung noch nicht abgeschlossen ist,
- die **Ruinen römischer Thermen** aus dem 3. Jahrhundert n. Chr. mit teilweise erhaltenen Bodenmosaiken,
- die große **Tropfsteinhöhle von Drongarati**, die mit großen Stalaktiten und Stalagmiten begeistert; wegen der außergewöhnlich guten Akustik finden in der Höhle gelegentlich Konzerte statt, so ist in der Vergangenheit auch Mikis Theodorakis hier schon aufgetreten. *Öffnungszeiten: täglich 8.30–20 Uhr, ca. 4 km von Sámi entfernt.*

sehenswerte Höhlen

- die **Melissani-Höhle**, deren Schönheiten Sie auf einer Bootsfahrt kennen lernen können. Unterirdische Wasserläufe verbinden die Höhle mit den Quellen bei Argostóli. Der 2.400 m² große Höhlensee leuchtet im einfallenden Licht in den herrlichsten Blautönen. Die Bootsfahrt dauert ca. 20 Minuten. *Öffnungszeiten: täglich 8.30–bis 20 Uhr, Entfernung von Sámi ca. 8 km.*

Von Sámi folgt man der Ausschilderung nach Argostóli. Die Straße führt an den Hängen des 1.628 m hohen **Berges Énos** entlang, der von dichten Tannenwäldern bestanden ist, die unter Naturschutz gestellt wurden.

bedeutendes Kloster

Die Weiterfahrt können Sie bei dem Wegweiser zum Dorf Valsamáta für einen Abstecher zum **Kloster Ágios Gerasímou** unterbrechen. Das Kloster, das zu Ehren des Inselheiligen im 16. Jahrhundert entstand und nach dem Erdbeben von 1953 wieder aufgebaut wurde, ist das wichtigste Kloster Kefalloniás. Sehr schön sind der Glockenturm und die uralte Platane, die im Jahre 1679 gepflanzt wurde. Große Prozessionen mit anschließendem Volksfest finden am 16. August und am 20. Oktober statt. Entfernung: ca. 15 km von Argostóli.

Fahren Sie anschließend zurück nach Valsamáta und folgen dann der Straße nach Argostóli, die Sie über den Damm zurück zur Inselhauptstadt bringt.

Rundfahrt durch den Nordteil der Insel

Entfernung
mit Abstechern ca. 120 km

Diese Strecke führt von Argostóli an der Ostseite des Golfes auf der Küstenstraße bis zum reizvollen Ort Ássos und von dort weiter in den landschaftlich sehr reizvollen Norden bis zum hübschen Fischerort Fiskárdo. Die Rückfahrt verläuft durch das bergige Hochland und führt durch einsame Bergdörfer und zu einigen der schönsten Strände Kefalloniás. Immer wieder bieten sich herrliche Ausblicke auf die gegenüber liegende Insel Ithaka. Von Agía Efimía führt die Straße zurück nach Argostóli.

An dieser Strecke lohnt sich ein Abstecher

- zum **Mírtos-Strand**, einem der schönsten Strände Kefalloniás. Bei Divaráta zweigt eine ausgeschilderte, befestigte Straße hinunter zur Mírtos-Bucht ab. An der sanft geschwungenen Bucht, die von hohen Felsen umgeben ist, zieht sich ein fast weißer Kieselstrand entlang; das Wasser ist kristallklar, der Strand sauber und gepflegt. Am besten heben Sie sich das Bad für den Nachmittag auf, wenn Sie auf der Rückfahrt nach Divarató zurückkommen;

venezianische Festung

- zum **Hafenort Ássos** mit den Überresten einer venezianischen Festung aus dem 16. Jahrhundert. Eine schmale Straße führt in vielen Serpentinen hinunter zu dem kleinen Ort mit seinem malerischen Fischerhafen und der schönen Platía. Restaurants und einige ruhige Übernachtungsmöglichkeiten laden zu längerem Aufenthalt ein. Ein schöner Spaziergang führt über eine schmale Landenge zur Halbinsel Ássos, auf deren Gipfel die Venezianer eine starke Befestigungsanlage errichtet hatten. Heute beeindruckt vor allem der schöne Ausblick auf den Ort Ássos und die buchtenreiche Westküste Kefalloniás.

Man kehrt zur Hauptstraße zurück und folgt der weiteren Ausschilderung nach Fiskárdo. Auf dieser schönen Fahrt bieten sich immer wieder großartige Ausblicke aufs Meer und hinüber zur Nachbarinsel Ithaka. Die Straße führt durch eine zunächst von dichter Macchia überzogene Berglandschaft zu kleinen Bergdörfern, in deren Umgebung die Bewohner kleine, nur mühsam zu bewirtschaftende Terrassenfelder angelegt haben.

• Fiskárdo Φισκαρδο

Die Straße führt zum reizvollen Hafenort Fiskárdo, der durch das Erdbeben von 1953 kaum zerstört wurde und wegen seiner besonderen Atmosphäre ein beliebtes Ausflugsziel ist. An der Hafenbucht stehen kleine, in verschiedenen Pastellfarben getünchte und mit Blumen geschmückte Häuser, in denen Cafés und Souvenirgeschäfte eingerichtet wurden. An der Mole haben die Wirte der zahlreichen Tavernen Tische unter Sonnendächern aufgestellt; hier kann man voller Muße sitzen und die im Hafen liegenden eleganten Segelyachten und die Fischer mit ihren bunt gestrichenen Fischerbooten beobachten. Der Ort wurde nach dem italienischen Normannenführer Robert Guiscard benannt, der 1085 in der byzantinischen Kirche beigesetzt wurde, deren Überreste an der Spitze der vorgelagerten Halbinsel ebenso noch zu sehen sind wie die Mauerreste eines venezianischen Leuchtturmes und die Ruinen zweier Festungstürme. In der Umgebung Fiskárdos liegen einige kleine Kiesbuchten, die zum Baden einladen.

Fiskárdo ist einer der hübschesten Orte auf Kefalloniá

Für den Rückweg fährt man von Fiskárdo in Richtung Adipáta und stößt dann wieder auf die Hauptstraße, die südwärts zurück nach Argostóli führt. Alternativ kann man ab **Vasilikiádes** der zur Ostküste führenden Straße bis nach **Agía Efimía** folgen, einem beschaulichen Fischerort mit schönem Strand. Von Agía Efimía führt eine Straße wieder zurück nach Divaráta, dem Ausgangsort zur Mírtos-Bucht mit einem der Prachtstrände von Kefalloniá, und zurück nach Argostóli.

Hinweis
Informationen zu den vom Aussterben bedrohten Mönchsrobben im Mittelmeer lesen Sie bitte in Kapitel Nördliche Sporaden: Alónissos, S. 485.

Übersicht über die bekanntesten Strände Kefalloniás
Kefalloniá besitzt zahlreiche schöne Strände mit feinem Sand oder Kies, von denen nur wenige stark besucht sind.

- *Platís Gialós Beach: ca. 4 km von Argostóli, viel besuchter, zwischen Felsen liegender Sandstrand mit Parkplatz, sanitären Einrichtungen und Sportgeräten*
- *Mákris Gialós Beach: ebenfalls ca. 4 km von Argostóli entfernt, schöne Bucht mit langem Sandstrand, viel Betrieb*

- *Skála: grober Sandstrand mit Dünenlandschaft; das Wasser ist anfangs recht seicht und deshalb auch für Kleinkinder gut geeignet, etwas Schatten durch ein kleines Wäldchen*
- *Póros: Kiesstrände, gute Tauch- und Schnorchelbedingungen an den felsigen Buchten*
- *Sámi: Kiesstrände am Ende des Dorfes und die wunderschöne* **Antisamos-Bucht**
- *Assos: schöne, kleine Strandabschnitte mit Kies*
- *Lepáda: langer, viel besuchter Sandstrand*
- *Mírtos-Beach: von steilen Felswänden begrenzte Bucht mit weißem Kieselstrand und kristallklarem Wasser*

Zákinthos Ζακινθος (ⓘ s. S. 125)

Inseltelegramm Zákinthos	
Größe	406 km², 35.000 Einwohner
Hauptort	Zákinthos (Zánte), 9.300 Einwohner
Inselbeschreibung	vulkanische Insel, fruchtbares Land mit Weinbergen und Olivenhainen; ein angenehm mildes Klima, feinsandige Badestrände und reizvolle Dörfer kennzeichnen die Insel.
Lebensgrundlage der Bevölkerung	Landwirtschaft, Fremdenverkehr
Sehenswürdigkeiten	das Stadtbild von Zánte mit den Überresten einer venezianischen Festung; das Museum von Zánte mit einer Ikonensammlung und Skulpturen aus hellenistischer und byzantinischer Zeit; die „Blaue Grotte" an der Bucht von Koríthi

Zákinthos wird bereits bei Homer erwähnt: Unter der Führung von Odysseus zogen auch Männer aus Zákinthos in den Trojanischen Krieg. Von 1484 bis 1797 stand „Zante" unter venezianischer Herrschaft. Von den Italienern, auf deren jahrhundertelange Herrschaft in den Ortschaften die von Arkaden gesäumten Plätze und reich geschmückten Kirchen mit schlanken Glockentürmen hinweisen, wurde die Insel „Blume der Levante" genannt.

venezianisches Erbe

Inselhauptstadt Zákinthos

Zákinthos liegt in einer weiten Bucht inmitten einer fruchtbaren Landschaft. Nach dem schweren Erdbeben von 1953, das die Stadt zu fast 90 % zerstörte, wurden die repräsentativen öffentlichen Gebäude und Kirchen nach alten Plänen wieder aufgebaut und die Straßen und Plätze wieder angelegt, so dass noch etwas von der ursprünglichen Atmosphäre zu spüren ist. Zánte ist mit 10.000 Einwohnern ein lebhafter, fast italienisch anmutender Ort mit schönen Straßencafés an der Platía Agíou Márkou.

Sehenswürdigkeiten der Stadt sind
- die große **Venezianische Festung** mit den Überresten einer byzantinischen Kirche, oberhalb der Stadt, von der sich ein herrlicher Blick über die Bucht bis

hinüber zur Peloponnes bietet. Die Militäranlagen und ein kleines Gefängnis sind noch erhalten. *Öffnungszeiten: täglich 9–15 Uhr, Mo geschlossen,*

- das **Solomos Museum** an der Platía Márkou ist leicht am Campanile zu erkennen; ausgestellt sind Gegenstände, Fotos und Bilder, die an den Freiheitsdichter Dionysos Solomos (1798–1857) erinnern. *Öffnungszeiten: täglich 9–14 Uhr,*
- das **Zákinthos-Museum** am Solomos-Platz mit einer reichen Ikonensammlung, Fresken aus dem 17. Jahrhundert und Bildern der „Ionischen Schule" aus dem 18. Jahrhundert, *Öffnungszeiten: täglich 8–14.30 Uhr, Mo geschlossen,*
- die **Ágios Dionísios-Kirche**, Akti Lombardou,deren Glockenturm das Wahrzeichen der Stadt ist. Die Kirche ist dem Heiligen Dionísios geweiht, dessen Gebeine in einem Silbersarkophag aufbewahrt sind. Die neuen Wandmalereien beschreiben das Leben und Wirken des Inselheiligen. *Öffnungszeiten: täglich 9–12 Uhr und 16–19 Uhr.*

Feste

*Zu den großen **Festen** der Insel gehören der Karnevalsumzug am Faschingssonntag und die Prozession mit den Reliquien des Heiligen Dionísios am 24. August und am 17. Dezember, die mit einem großen Feuerwerk enden.*

Bademöglichkeiten

gibt es im Strandbad direkt im Zentrum und am Strand von Argássi.

Sehenswürdigkeiten der Insel

Die lebhaften Badeorte **Argássi** und **Laganás** sind die touristischen Zentren der Insel mit langen, feinsandigen Sandbuchten, zahlreichen Hotels, vielen Geschäften, Souvenirläden und Restaurants.

Die grüne Insel bietet interessante Sehenswürdigkeiten und Naturschönheiten:

- die alte **dreibogige Brücke** in der Nähe der Ortschaft Argássi, die im 19. Jahrhundert von den Venezianern gebaut wurde;
- **das Kap und der Leuchtturm von Kerí** direkt über der Steilküste; nicht weit entfernt, ebenfalls direkt über den Klippen, liegt das Leuchtturm-Restaurant;
- von Koríthi, dem nördlichsten Ort auf Zákinthos, führt eine Straße zum Leuchtturm am **Kap Skinári**;
- von Koríthi und dem kleinen Hafen Ágios Nikólaos starten Ausflugsboote zur „**Blauen Grotte**“ mit einem wunderschönen Farbenspiel; *Bootsfahrt zur „Blauen Grotte“*
- ebenfalls von Ágios Nikólaos fahren Ausflugsboote zum „**Shipwreck Beach**“, wo ein gestrandetes Schiffswrack zwischen Felsen zu sehen ist;
- zwei Kirchen von **Macherádo**: die im 14. Jahrhundert mit großen Wandmalereien ausgestaltete **Kirche Agía Mávra** und die **Ipapánti-Kirche** mit ihrem auffälligen Glockenturm.

Strände

- ***Zákinthos**: besser als die ortsnahen Strände ist das gepflegte Freibad mit Kiesstrand, Duschen und Umkleidekabinen*
- ***Laganás**: viel besuchte, im Sommer stellenweise überfüllte Sandstrände, Verleih von Surfbrettern, Tretbooten und Kanus*
- ***Argássi**: mehrere feine Sandstrände unterhalb des Skopos-Berges, breites Wassersportangebot*
- ***Keri**: Kiesstrand mit Bootsverleih*
- ***Skópos**: sehr schöne, allerdings viel besuchte Badebuchten mit großem Wassersportangebot*
- ***Alikes**: langer Sandstrand mit Wassersportangebot*
- ***Plános**: mehrere schöne Strände*

INFO Informationen zu den Karettaschildkröten *(Caretta caretta)*

Die Lebensbedingungen der Meeresschildkröten haben sich im gesamten mediterranen Raum in den letzten Jahrzehnten deutlich verschlechtert, da die Küstenregionen der Anrainerstaaten und die Inseln immer stärker besiedelt werden und der Tourismus sich auch an bis dahin ungestörten, „einsamen“ Stränden ausbreitet.

Nach mehr als 12-jährigen Bemühungen wurde im Jahre 2000 die Laganás-Bucht zum National-Meerespark erklärt. Die Bucht wurde mit Strand und Meer in drei Schutzzonen aufgeteilt, wobei die Stellen des Strandes, an denen die etwa 700 Schildkröten ihre Eier ablegen und ausbrüten, als absolute Schutzzonen gelten, wo nur wissenschaftliche Beobachtungen erlaubt sind. In den beiden anderen Schutzzonen dürfen Besucher tagsüber schwimmen und spazieren gehen.

Meeresschildkröten gehören zu einer alten Gruppe von Reptilien, deren Evolutionsprozess umgekehrt wurde, als sie sich vom Land ins Meer zurückzogen. Doch dieser Umkehrungsprozess ist nicht vollständig gelungen: obwohl Meeresschildkröten sich sehr gut im Wasser zurechtfinden, schnelle Schwimmer sind und lange tauchen können, ist ihre Verwandtschaft zu den landorientierten Vorfahren doch unübersehbar. Wie diese müssen Meeresschildkröten Luft atmen und an Land zurückkehren, um ihre Eier zu legen.

Die Meeresschildkröten erreichen eine Länge von ca. 1–1,2 m. Die Muttertiere kriechen im Abstand von 2–3 Jahren im Schutze der Nacht an Land, hinterlassen dabei eine Art Raupenspur und graben dann im Sand Nester in ½–1 m Tiefe, wo sie ca. 100 Eier ablegen. Beim Rückzug ins Meer glätten sie den Sand wieder und verwischen ihre Spur. Dieser Vorgang wiederholt sich bei den gleichen Muttertieren bis zu 5 Mal im Zeitraum von Mitte Juni bis Mitte August. Wenn die Nester ungestört bleiben, entschlüpfen den Eiern nachts die Jungen und eilen instinktiv zum Meer.

Die griechische Schildkrötenschutzorganisation (STPS) bemüht sich, den Lebensraum und die Überlebensmöglichkeiten der jungen Meeresschildkröten zu schützen und zu verbessern. An die Besucher der Strände werden eindringliche Bitten gerichtet, die scheuen und schreckhaften Tiere nicht zu stören.

Kíthira Κιθιρα (ⓘ s. S. 125)

Inseltelegramm Kíthira	
Größe	262 km², 3.000 Einwohner
Hauptort	Kíthira, 680 Einwohner
Inselbeschreibung	felsige, kahle Insel, nur stellenweise fruchtbarer Boden
Lebensgrundlage der Bevölkerung	ein wenig Landwirtschaft, Imkerei

Obwohl die Insel der Peloponnes vorgelagert ist, wird sie historisch den Ionischen Inseln zugerechnet und in neuerer Zeit vom weit entfernten Nomos Attika her verwaltet. Aufgrund ihrer isolierten Lage und ihrer kargen, fast rauen Landschaft ist die Insel vom Fremdenverkehr noch wenig berührt. Die meisten Urlauber sind Griechen, die in den Sommermonaten mit ihren Familien in ihre Heimat zurückkehren.

Anlegestellen der Fähren aus Piräus, Kreta und vom Peloponnes sind **Agía Pelagiá** und **Diakoftí** an der Ostküste. Von dort führt die gut ausgebaute Inselstraße zur Inselhauptstadt Kíthira, die an der Südspitze der Insel liegt. An dieser Straße liegen die Ortschaften **Potamós**, das wirtschaftliche Zentrum der Insel mit einem interessanten Wochenmarkt und alten Kafenía am schönen Dorfplatz und **Livádi** mit einem Byzantinischen Museum.

Inselhauptstadt Kíthira

Inselhauptstadt Kíthira

Kíthira (auch Chóra genannt) ist ein hübscher Ort mit einem Gewirr enger Gassen und einer venezianischen Festung, die den Ort überragt. Die Burg wurde 1503 von den Venezianern erbaut; im Inneren sind noch eine Zisterne, vier Kirchen und der Gouverneurspalast erhalten. Von der Höhe bieten sich herrliche Ausblicke auf die Ägäis. Einen Besuch lohnt das **Archäologische Museum** an der Hauptstraße mit Funden von der Insel. *Öffnungszeiten: täglich 9–14.30 Uhr, Mo geschlossen.*

Nur 3 km entfernt liegt der Hafen- und Ferienort **Kapsáli** mit Hotels, Pensionen und Geschäften. An der schönen Uferpromenade mit mehreren Cafés und Tavernen kann man gut die Ankunft und Abfahrt vieler Yachten beobachten.

Sehenswürdigkeiten der Insel sind

- die antiken Stätten von **Paleokástro** und **Paleópoli** mit Siedlungsspuren aus minoischer Zeit,
- die Tropfsteinhöhle von **Agías Sofías** mit kleinen Seen und winzigen geschmückten Kapellen,
- das **Kloster Myrtidiótissa**, das größte Kloster der Insel, mit der reich geschmückten, 1857 erbauten Klosterkirche, in der eine als wundertätig verehrte Ikone aufbewahrt wird.

Die Insel **Antíkithira**, auf der ganzjährig nur noch etwa 75 Menschen leben, ist 2–3 x wöchentlich durch Fährschiffe mit Kíthira verbunden. Da die großen Fähren nicht im Hafen von Pótamos anlegen können, müssen Passagiere und Fracht ausgebootet werden, was jedoch nur bei ruhiger See möglich ist. So ist die Dauer eines Aufenthaltes nie so ganz sicher im Voraus zu bestimmen! Es gibt mehrere private Übernachtungsmöglichkeiten in Pótamos.

Die Funde von Aigila zeigen, dass Antíkithira schon in antiker Zeit besiedelt war; zu den wenigen Sehenswürdigkeit zählen die Überreste der antiken Stadt und der kleinen venezianischen Festung.

8. THESSALIEN

Die Provinz Thessalien umfasst die Bezirke Lárissa, Tríkala, Kárditsa und Magnísia mit den Nördlichen Sporaden. Die drei größeren Städte der Provinz, Lárissa, Vólos und Tríkala, sind durch gute Straßen miteinander verbunden und auch von Athen bzw. Thessaloníki aus gut erreichbar. Zu den meist besuchten Sehenswürdigkeiten zählen die **Metéora-Klöster**, das Bergdorf **Makrinítsa**, das **Pílion-Gebirge** und die Sporadeninseln **Skíathos** und **Skópelos**.

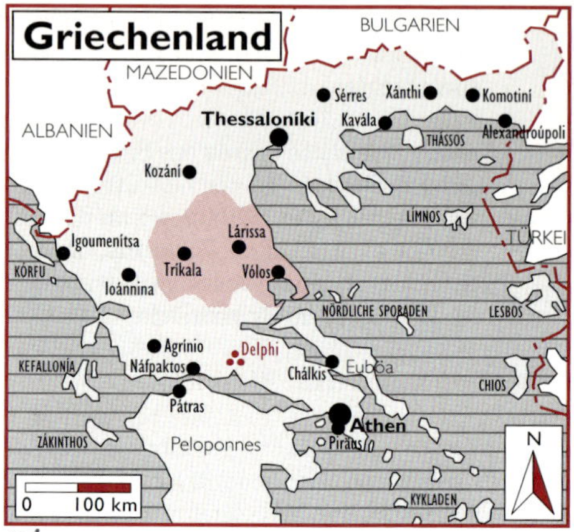

© igraphic

Geschichtlicher Überblick

Während durch viele Funde eine ansehnliche jungsteinzeitliche Kultur belegt wird, hatte Thessalien an der kulturellen Entwicklung des mykenischen Zeitalters und später des klassischen Griechenlands nur wenig Anteil. Die Volksstämme Thessaliens wurden zunächst durch die von Adelsgeschlechtern gewählten Könige regiert, die ihre Abstammung bis auf Herakles zurückführten. Später gewannen die großen Adelsfamilien an Bedeutung; sie beherrschten die Städte, die sich schließlich zu einem Bund zusammenschlossen.

Nach der Herrschaft des Tyrannen Iason und seines Nachfolgers im 4. Jahrhundert v. Chr. wurde Thessalien im Jahre 344 v. Chr. von **Philipp von Makedonien** erobert und seinem Königreich eingegliedert. Es folgte die Herrschaft von **Pyrrhos**, dem König von Épirus. 146 v. Chr. wurde Thessalien Teil der römischen Provinz Makedonia. Im 12. Jahrhundert wurde es das Zentrum eines bulgarisch-walachischen Königreiches; im Jahre 1396 geriet es für 5 Jahrhunderte unter türkische Herrschaft. Erst 1881 wurde der größte Teil an Griechenland abgetreten; seit 1912 gehört auch das restliche, nordöstliche Gebiet zu Griechenland.

Provinztelegramm Thessalien	
Bevölkerung	7,5 % der Gesamtbevölkerung
Fläche	10,5 % der Gesamtfläche
Beschreibung	die verkehrsmäßig gut erschlossene Provinz ist geprägt durch weite, fruchtbare Ebenen, wasserreiche Berggegenden, sehr schöne Strände und malerische Bergdörfer. Vorgelagert sind die Inseln der Nördlichen Sporaden.
Lebensgrundlage der Bevölkerung	Landwirtschaft, Handel, Fremdenverkehr

Geographischer Überblick

Die Provinz Thessalien ist durch das Gegensatzpaar Ebene - Gebirge gekennzeichnet. Sie ist eine ausgedehnte Ebene, die sich zwischen uralten Bergmassiven erstreckt. Im Norden ist sie durch die Kamvoúnia-Berge von Makedonien getrennt; im Westen liegt das Píndos-Gebirge und trennt Thessalien von Épirus; im Osten versperren **Olymp**, **Óssa** und **Pílion** den Weg zur Meeresküste; im Süden wird Thessalien durch das **Othrys-Gebirge** begrenzt.

Thessalien ist die größte Beckenlandschaft Griechenlands, eine weit ausgedehnte Senke, die durch die mittelthessalische Schwelle in eine westliche und östliche

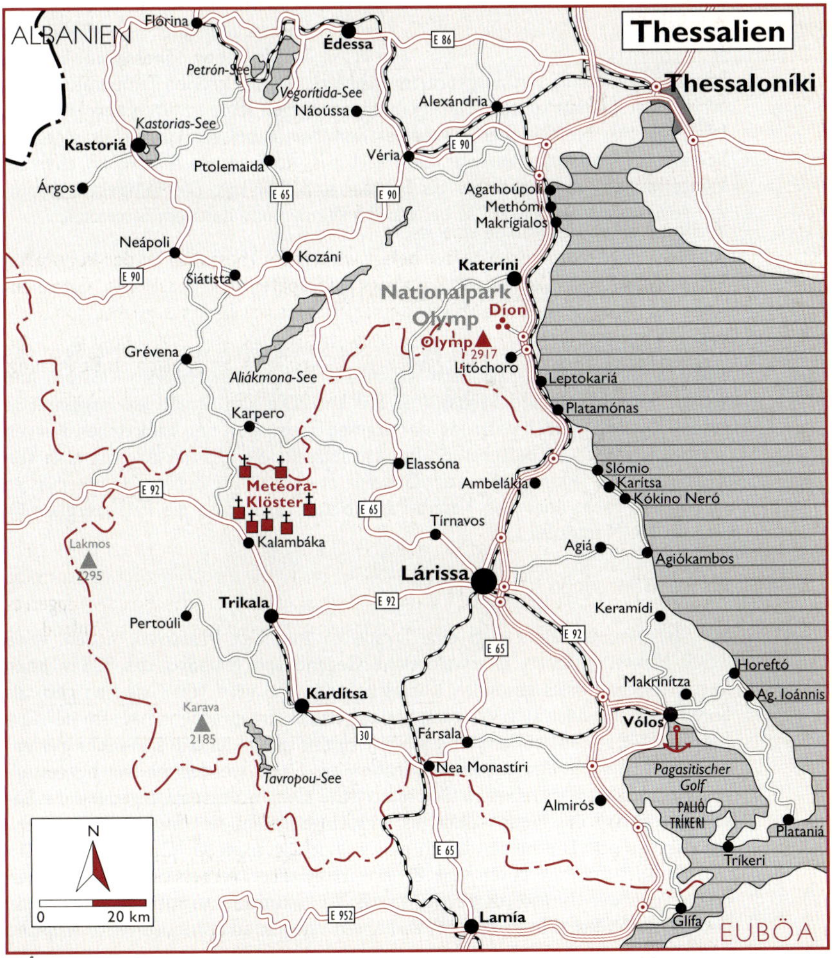

Redaktions-Tipps

- Besuchen Sie die einzigartig gelegenen Klöster auf den **Metéora-Felsen** und nehmen Sie sich auch Zeit für eine Wanderung (S. 453ff)!
- Machen Sie auf einer Rundfahrt um die **Pílion-Halbinsel** mehrere Abstecher in die alten Bergdörfer und genießen Sie die schönen Strände (S. 461ff)!
- Genießen Sie die Fahrt mit der **Schmalspurbahn**, die von Vólos durch reizvolle Landschaften nach Miliés führt (S. 471).

Kammer geteilt wird, die als „Kornkammern Griechenlands" bezeichnet werden. Die Thessalische Ebene wird durch den Fluss Pinios entwässert, der im Píndos-Gebirge entspringt und nach der Aufnahme zahlreicher Quellflüsse das **Tempe-Tal** durchfließt und in den **Thermäischen Golf** mündet. Die hohen Gebirgsketten sind bedeckt mit Kiefern-, Eichen- und Buchenwäldern, in denen Rotwild und Füchse, aber auch noch Bären und Wölfe leben. Thessalien hat ein kontinentales Klima mit ausgeprägten Jahreszeiten und großen Temperaturunterschieden. Auf einen kurzen Frühling mit angenehmen Temperaturen von 18–22 °C folgt von Mai bis Oktober ein heißer Sommer; dabei gilt Lárissa als eine der heißesten Städte Griechenlands. Der Herbst ist noch sommerlich warm, aber die Wintermonate von Dezember bis Februar sind sehr kalt. Die Temperaturen sinken gelegentlich bis auf -20 °C bei starken Winden und heftigem Schneefall.

Klima

Von Épirus nach Thessalien

Die in west-östlicher Richtung verlaufende Straße führt von Ioánnina über den 1.820 m hohen Katára-Pass nach Kalambáka und zu den Metéora-Klöstern und weiter nach Tríkala und Lárissa (ca. 210 km). Die alte Straße ist insgesamt in gutem Zustand, jedoch aufgrund der starken Steigungen und zahlreichen Kurven nur zeitaufwendig zu befahren. So braucht man für die 115 km lange Strecke von Ioánnina bis zur Abzweigung nach Grévena etwa 2 ¼ Stunden. Im Sommer ist es ratsam, die Fahrt über den Katára-Pass so zu planen, dass die Passüberquerung nicht in die Mittagszeit fällt.

Métsovo Μετσοβο (ⓘ s. S. 125)

Von der Hauptstraße zweigt eine Straße ab zum Ort **Métsovo**, in dem etwa 3.000 Menschen leben. Die waldreiche Gegend von Métsovo, das 925 m hoch liegt, ist wegen ihres gesunden Klimas bekannt und wird von Griechen gern als Sommerfrische oder zum Wintersport aufgesucht. Entsprechend hat sich der Ort mit Geschäften, Restaurants und einigen Hotels auf in- und ausländische Feriengäste eingestellt; in den kleinen Geschäften des Ortes werden die hier hergestellten Holzprodukte angeboten. Der malerische Ort, in dessen Umgebung die Bäche und Flüsse des Píndos-Gebirges entspringen, zieht sich mit seinen Häusern am Berg empor. Die beiden durch eine Schlucht getrennten Ortsteile **Prosíllio** und **Aníllio** sind nur durch eine Brücke miteinander verbunden. Im ehemaligen Herrenhaus der Familie Tositsa wurde das **Volkskundemuseum** eingerichtet, in dem neben Volkstrachten, Möbeln und altem Hausrat auch handgewebte Teppiche und Decken mit überlieferten Mustern zu besichtigen sind.

ganzjähriger Ferienort

Kalambáka Καλαμπακα und die Metéora-Klöster (ⓘ s. S. 125)

Kalambáka (ⓘ s. S. 125), am Fuß der Metéora-Felsen gelegen, ist der wichtigste Ausgangsort für die Besichtigung der Metéora-Klöster. Der Ort mit ca. 8.000 Einwohnern hat sich mit zahlreichen Cafés und Tavernen an den beiden zentralen Plätzen, mit vielen Hotels und einem großen Angebot an Privatquartieren sowie mit mehreren Campingplätzen ganz auf den Fremdenverkehr eingerichtet. Trotzdem empfiehlt es sich, in der Hochsaison gleich nach einer möglichst frühen Anreise eine Unterkunft festzumachen, da die Zimmernachfrage groß ist.
Wie Kalambáka ist auch der kleine Ort **Kastráki** (ⓘ s. S. 125) gut als Ausgangsort zu den Metéora-Klöstern geeignet. Auch in Kastráki finden Sie ausreichend Geschäfte, Übernachtungsmöglichkeiten und Tavernen, von denen einige schöne Ausblicke auf die imposanten Felsen bieten.

Wie Adlerhorste bauten die Mönche ihre Klöster auf die nackten Felsen

Die Metéora-Klöster Μετεορα

Schon von weitem sind die riesigen, dunkelgrauen, schroff und abweisend wirkenden Felsen sichtbar. Aus der fruchtbaren thessalischen Ebene mit Weingärten und Obstplantagen steigen die Felsen, die vorwiegend aus Konglomeratsandstein mit kristallinen Schiefer- und Marmorgesteinsschichten zusammengesetzt sind, steil auf. Die Felsmasse, die aus vielen 250–300 m hohen Steinsäulen besteht, ist von tiefen Zerklüftungen geprägt; diese tiefen Einschnitte sollen dadurch entstanden sein, dass in der Zeit des Tertiärs ein reißender, aus dem Norden kommender Gebirgsfluss Sand und Geröll mit sich fortriss und auch das feste Gestein ständig veränderte. Im Laufe der Zeit entstanden seltsam geformte Einzelfelsen. Diese abgeschiedenen, nur äußerst schwer zugänglichen Felsen waren seit dem 11. Jahrhundert von wenigen Eremiten bewohnt. Hier gründete in der Mitte des 14. Jahrhunderts ein Mönch namens **Athanasios Meteoritis** ein Kloster. Weitere Klostergründungen folgten, und man nannte die Klöster die **„zwischen Himmel und Erde Schwebenden"**.

Einzelne Felsen ragen aus der Felslandschaft steil auf

In der Blütezeit gab es 24 Metéora-Klöster; die Mönche standen aufgrund ihrer Bildung, ih-

Die Metéora-Klöster waren für viele Jahrhunderte nur über Strickleitern oder mit Körben erreichbar

rer Schriftkenntnisse und ihrer Bereitschaft, griechischen Flüchtlingen eine Zuflucht zu gewähren, in hohem Ansehen. Der allmähliche Verfall der Klöster setzte im 18. Jahrhundert ein, als die verschiedenen Mönchsorden Besitzansprüche gegeneinander geltend zu machen versuchten. Die Gebäude konnten nur über Stufen, die in den Felsen eingehauen waren, über Strickleitern oder über mit Seilwinden hoch gezogenen Körben erreicht werden. Heute führt eine gut ausgebaute Autostraße, die selbst für Reisebusse befahrbar ist, hinauf zu den Klöstern, die sich zu einem der meist besuchten Reiseziele in Griechenland entwickelt haben. Einsamkeit und Isolation der Klöster gingen verloren; die wenigen Mönche und Nonnen von Metéora leben heute von den Einnahmen aus dem Fremdenverkehr.

Hinweise

Alle Klöster sind mit dem eigenen Fahrzeug gut erreichbar, jedoch reicht die Zahl der Parkplätze in der Hochsaison nicht aus. Vom jeweiligen Parkplatz muss man noch bis zu ca. 30 Minuten zu Fuß zu den Klöstern laufen.

Von Kalambáka und Kastráki aus fahren ***Busse*** *um 9, 10, 11 und 13.30 Uhr nach Metéora.*

Wenn Sie die Klöster erwandern wollen, ist es ratsam, mit dem Bus bis zur Endstation am Kloster Metamorphósis zu fahren und von dort bergab zu gehen. Nehmen Sie auf jeden Fall einen Sonnenschutz und genügend Trinkwasser mit.

Zeitplanung und Öffnungszeiten

Am besten beginnen Sie mit der Besichtigung gleich am frühen Morgen, bevor die Reisebusse ankommen. Für die Besichtigung brauchen Sie mindestens einen halben Tag, für die Besichtigung aller Klöster mindestens zwei Tage.

Die Klöster sind von 9–13 Uhr und nach der Mittagsruhe wieder von 15–18 Uhr geöffnet. Nur das Kloster Ágios Nikólaos ist täglich geöffnet, die anderen Klöster haben jeweils einen Ruhetag.

Kloster Rousanoú	*Ruhetag am Mittwoch*
Kloster Agía Triáda	*Ruhetag am Donnerstag*
Kloster Ágios Stéfanos	*Ruhetag am Montag*
Kloster Varlaám	*Ruhetag am Freitag*
Kloster Metamórphosis	*Ruhetag am Dienstag*

An Feiertagen sind alle Klöster geschlossen.

Hinweis

Für den Besuch der Klöster ist ***angemessene Kleidung*** *vorgeschrieben, d. h. Frauen müssen Röcke tragen, die Schultern müssen bedeckt sein;*

Männer in Shorts und ärmellosen T-Shirts werden nicht eingelassen. In den Klöstern liegen aber Decken bereit, die Sie notfalls überhängen können.
***Videoaufnahmen** sind in allen Klöstern nicht erlaubt.*

Buchtipp
*Theotekni Mitsikosta, **Meteora, Der Felsenwald Griechenlands**. Athen*
Der von einer auf Metéora lebenden Nonne verfasste Band ist auch in deutscher Sprache im Kloster erhältlich.

Das Kloster Metamórphosis

Kloster Metamórphosis (Megálo Metéoron)

Öffnungszeiten: täglich außer Di von 9–13 Uhr und von 15–18 Uhr, Tel.: 0432- 22 278

Am Ende der Fahrstraße liegt das größte und beeindruckendste Kloster der Metéora. Es wurde zwischen 1356 und 1372 von Athanasios auf der Plattform „Breiter Felsen“ (Plathys Lithos) in 534 m Höhe gebaut. Die in früherer Zeit gebräuchliche Strickleiter und die Netze, in denen die Mönche nach oben gezogen wurden, wurden durch eine Seilbahn ersetzt, die die Belieferung des Klosters erleichtert.

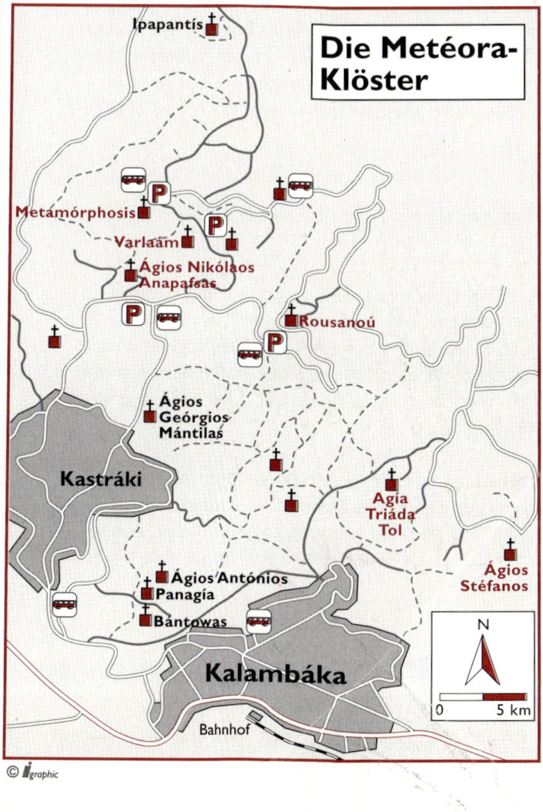

Vom Parkplatz aus erreicht man die Höhe heute über 264 Stufen. Der Rundgang durch die Klosteranlage führt zu Arbeitsräumen, den Lagerräumen, der Küche, und zum Refektorium, das als Museum eingerichtet wurde und eine interessante Ausstellung von liturgischen Geräten Grabtüchern, Kruzifixen, Ikonen und sehr schönen alten Handarbeiten zeigt. Sehenswert ist die Metamórphosis-Kirche, die in den Jahren 1545–1552 mit einer interessanten Kuppelgestaltung errichtet und mit sehr schönen Wandmalereien von Theophanes von Kreta ausgestaltet wurde. Es gibt noch drei weitere Kirchen, die dem Heiligen Johannes und dem Heiligen Athanasios gewidmet sind. Das große Kloster, in dem früher mehr als 100 Mönche lebten, wird heute nur noch von 16 Mönchen bewohnt.

Kloster Varlaám

Öffnungszeiten: täglich außer Freitag von 9–13 Uhr und von 15–18 Uhr, Tel.: 0432 - 22 277

Bau des Klosters

Im Jahre 1517 gründeten zwei Brüder aus Ioánnina das Kloster an jener Stelle, an der seit 1350 die Klause des Einsiedlers Vaarlam gestanden hatte. Unter großen Mühen und mit Hilfe vom Kloster Metéoron ausgeliehener Maultiere konnte das Gebäude zu Ehren des Heiligen Johannes und aller Heiligen errichtet werden. Im Jahre 1870 wurde die Kirche mit ihren Fresken von 1565 restauriert, von denen das „Jüngste Gericht" besonders sehenswert ist. Während der deutschen Besatzungszeit wurde das Kloster geschlossen und erst 1961 wieder eröffnet.

Der Zugang über 195 Stufen ist noch immer beschwerlich, obwohl die 1923 aus dem Felsen geschlagenen Steintreppen eine deutliche Erleichterung gegenüber den bis dahin gebräuchlichen Transportkörben darstellen. In der Klosterbibliothek können Handschriften aus dem 11., 14. und 16. Jahrhundert sowie Urkunden und Bücher angeschaut werden. Auch dieses Kloster wird noch von einigen Mönchen bewohnt.

Kloster Agías Triáda

Öffnungszeiten: täglich außer Donnerstag von 9–13 Uhr und von 15–18 Uhr, Tel.: 0432 - 22 220

großartige Lage des Klosters

Die Lage dieses Klosters auf der Kuppe eines 565 m hohen, frei stehenden Felsens ist einmalig! Das Kloster ist über 140 Stufen zu erreichen, die 1925 in den Felsen geschlagen wurden. Die Hauptkirche der Heiligen Dreifaltigkeit wurde 1476 von dem Mönch Dometios errichtet; der Narthex des Katholikon stammt aus dem Jahre 1692, die Fresken wurden erst 1925 gemalt. Die 1682 gebaute Kapelle ist dem Heiligen Johannes gewidmet.

Eine in den Felsen gehauene Kapelle und eine kleine Kirche gehören ebenfalls zur Klosteranlage. Die Transportkörbe, mit denen die Mönche in früherer Zeit von der Felsenhöhe herabgelassen oder aus dem Tal heraufgezogen wurden, können noch bestaunt werden. Das Kloster diente als spektakuläre Kulisse für den James-Bond-Film „In tödlicher Mission".

Kloster Ágios Stéphanos

Öffnungszeiten: täglich außer Montag von 9–13 Uhr und von 15–18 Uhr, Tel.: 0432 - 22 279

Das Kloster liegt auf dem südlichsten Metéora-Felsen und ist über eine 8 m lange Holzbrücke zu erreichen. Es gilt als das älteste der Metéora-Klöster, denn schon

1192 zog sich der Eremit Jeremias in diese Einöde zurück. Der byzantinische Kaiser Andronikos Paleológos III. folgte ihm und hielt sich im Jahre 1332 für einige Zeit hier auf, 1398 wurde das Kloster vergrößert.

Während des 2. Weltkriegs wurde es stark zerstört. Nach der Restaurierung sind die Hauptkirche Ágios Charalambos aus dem Jahre 1798 mit sehr schönen alten Fresken, vergoldeten Holzschnitzereien und Ikonen und die Ágios Stéphanos Kirche mit ihren Fresken aus dem 16. Jahrhundert wieder zu besichtigen. Im Klostermuseum sind ein vergoldeter Epitaph aus dem Jahre 1857, kostbare Ikonen und seltene Manuskripte zu sehen.

sehenswerte Fresken

Seit 1961 leben Nonnen im Kloster, das sie liebevoll pflegen.

Kloster Roussanoú

Öffnungszeiten: täglich außer Mittwoch von 9–13 Uhr und von 15–18 Uhr, Tel.: 0432 - 22 649

Von der Autostraße führt ein Weg hinauf zu der 1936 gebauten Brücke, durch die das Kloster mit der Außenwelt verbunden ist. Es wurde 1545 gegründet; das Katholikon wurde 1561 mit Fresken im Stil der Kretischen Schule ausgestaltet, die durch ihre Darstellung von Märtyrerszenen beeindrucken.

Kloster Ágios Nikólaos Anápafsa

Öffnungszeiten: täglich von 9–13 Uhr und von 15–18 Uhr, Tel.: 0432 - 22 375

Das Kloster wurde auf den Überresten eines älteren Klosters auf einem 85 m hohen Felsen gebaut. Über viele Jahre war es dem Verfall preisgegeben, bis 1972 mit den aufwändigen Restaurierungsarbeiten begonnen wurde. Diese sind nun abgeschlossen, so dass man die Wandmalereien aus dem 16. Jahrhundert wieder besichtigen kann.

Wandern, Klettern und Drachenfliegen

Zwischen den bewohnten und unbewohnten Klöstern breitet sich ein Netzwerk von schmalen Wegen und Pfaden aus, das sich gut zum Wandern eignet. Festes Schuhwerk wegen der Rutschgefahr und ausreichend Getränke sind dabei erforderlich. Auch bei Kletterern erfreuen sich die Felsen zunehmender Beliebtheit, allerdings sind eine gute Ausrüstung und wegen des hohen Schwierigkeitsgrades ausreichende Erfahrung die notwendigen Voraussetzungen.

In Kastráki gibt es eine Drachenflugschule, Tel.: 0432-23 134, die Sie mit den notwendigen Informationen und Fluggeräten versorgt.

Drachenflugschule

Buchtipp

Stutte/Hasse, ***Meteóra, Klettern und Wandern****, Wolfratshausen 2000. Ein unentbehrlicher Führer für Bergsteiger und -wanderer mit Kartenskizzen und Beschreibungen von Wander- und Kletterwegen*

Lárissa Λαρισσα und Umgebung (ⓘ s. S. 125)

Lárissa ist die Hauptstadt Thessaliens und zählt mit 72.500 Einwohnern zu den größten Städten Griechenlands. Die Stadt liegt in der fruchtbaren Ebene des **Piniós** und ist sowohl Handels- und Industriezentrum als auch Verkehrsknotenpunkt der Provinz. Sternförmig gehen Straßen in alle Richtungen und verbinden die Stadt mit den anderen Landesteilen. Für die meisten Reisenden ist Lárissa nur Durchgangsort auf der Fahrt vom Norden zum Süden Griechenlands oder von Athen zu den Metéora-Klöstern.

Geschichte der Stadt

Obwohl die Besiedlung der Umgebung von Lárissa seit der Steinzeit nachgewiesen ist, die Stadt in ihrer langen Geschichte in viele Konflikte verwickelt war und bis zum endgültigen Anschluss an Griechenland im Jahre 1881 immer wieder unter wechselnde Herrschaften geriet, gibt es in der Stadt keine bedeutsamen kulturgeschichtlichen Sehenswürdigkeiten. Da Lárissa 1941 nach einem schweren Erdbeben neu aufgebaut werden musste, bietet die Stadt heute ein modernes Stadtbild mit großen Plätzen und geraden Straßen. Wegen des dichten Verkehrs und der vielen Ampeln ist die Fahrt durch den Ort mühsam und langwierig.

Aufgrund seiner Lage im Mittelpunkt der von hohen Bergen umschlossenen ostthessalischen Ebene gehört Lárissa zu den heißesten Orten Griechenlands. Da Lárissa auch Universitätsstadt ist, treffen sich tagsüber vor allem junge Leute an den zentralen Plätzen der Stadt mit vielen Restaurants und Cafés und im Park **Alkazar**, der sich am Ufer des Piniós hinzieht und am Abend Schauplatz für die traditionelle Volta ist.

Oberhalb der Stadt, an der Stelle der antiken Akropolis, steht das Kástro. Bei Grabungen wurden im Bereich der Straßen A. Papanastasíou/ E. Venizélou Überreste des antiken Theaters freigelegt. Lohnend ist ein Besuch im kleinen **Archäologischen Museum**, *Platía Velizaríou, Tel.: 041-288 515*, das sich in einer Moschee mit gut erhaltenem Minarett befindet. *Öffnungszeiten: täglich 8.30–15 Uhr.* Ausgestellt sind prähistorische Funde, Grabstelen und Sarkophage und als Glanzstück der berühmte **„Menhir aus Soufli Magoula"**, der aus der mittleren Bronzezeit (2000–1580 v. Chr.) stammt. Dieser aufrecht stehende hohe Stein, der kulturelle Bedeutung hatte, wurde von deutschen Archäologen am Piniós-Fluss entdeckt.

Bei der Weiterfahrt nach Tríkala kommen Sie bei dem Dorf **Koutsóchero** zur „**Enge von Kalamáki**", wo der Piniós sich durch die nahe gelegenen Hügelketten einen Weg in die Ebene gebahnt hat. Zu beiden Seiten der Straße finden sich Sehenswürdigkeiten aus antiker, byzantinischer und türkischer Zeit.
Nach etwa 60 km erreichen Sie die Stadt Tríkala.

Tríkala Τρικαλα (ⓘ s. S. 125)

Tríkala liegt in der thessalischen Ebene, in der vor allem Getreide, Reis, Baumwolle und Tabak angebaut werden. Es ist ein wichtiges Landwirtschafts- und Handelszentrum und mit knapp 35.000 Einwohnern die drittgrößte Stadt Thessaliens.

Der Ort breitet sich auf beiden Seiten des Flusses Lithaos aus, der in antiker Zeit den Namen **Lethe** trug. Der Fluss prägt die Stadt, deren große baumbestandene und mit vielen Blumen geschmückte Platía im Zentrum besonders reizvoll ist. In der Umgebung des Platzes gibt es mehrere Cafés, die mit schönem Ausblick auf den Fluss und einen kleinen Wasserfall zu einer Rast einladen.

Oberhalb der Stadt liegen auf dem antiken Akropolis-Hügel die Überreste einer **byzantinischen Festung** (Froúrion), zu der eine Fahrstraße hinaufführt.

An die Zeit der Türken erinnern die **Kursum Cami-Moschee**, die um 1550 von Sinan Pascha errichtet wurde, und die engen Gassen des ehemaligen Türkenviertels mit dem alten, gedeckten Basar. Die Geschichte der Stadt reicht bis ins 3. Jahrtausend zurück; von besonderer Bedeutung war das Asklepios-Heiligtum, das zu den ältesten Heiligtümern Griechenlands zählt. Geringe Reste des Heiligtums wurden in der Nähe der Ágios Nikólaos-Kirche freigelegt.

INFO Informationen zu Asklepios

Asklepios (der lateinische Name ist Aeskulap) war der Gott der Heilkunde, dessen Kult sich schnell in ganz Griechenland verbreitete. Seine Kultzeichen waren Stab und Schlange, wie sie noch heute im Äskulapstab, dem Sinnbild des ärztlichen Berufes, zu sehen sind.

Asklepios wurde auf der Pílion-Halbinsel geboren und von dem weisen Kentauren Cheiron aufgezogen, der ihn in der Heilkunde unterwies und ihn die heilenden Kräfte der Pflanzen und Kräuter lehrte. Asklepios wurde rasch für seine Heilkunst berühmt. Als er jedoch versuchte, Tote wieder zu beleben, zog er sich den Zorn der Götter zu. Hades, der Gott des Todes, zerschmetterte ihn mit einem Donnerkeil.

Weiterhin war Tríkala in der Antike berühmt wegen der edlen Pferderasse, die in der Ebene von Tríkala gezüchtet wurde. Diese Zucht hatte einen so guten Ruf, dass der große Bildhauer **Phidias** sich in Tríkala Pferde auswählte, die ihm dann als Modell für die Reitergruppe des Parthenon-Frieses der Akropolis dienten.

Vólos Βολος und Umgebung (ⓘ s. S. 125)

Vólos ist eine moderne Handelsstadt mit etwa 75.000 Einwohnern, die drittgrößte Hafenstadt Griechenlands und verkehrsgünstiger Ausgangsort zu den Inseln der **Nördlichen Sporaden** und zu den beliebten Ferienorten im **Pílion-Gebirge**. Nachdem die Stadt 1955 durch ein Erdbeben schwer zerstört worden war, wurde die Innenstadt beim Wiederaufbau schachbrettartig mit sich rechtwinklig kreuzenden Straßen, Plätzen und kleinen Parkanlagen neu angelegt. In den letzten Jahren wurde die Hafenpromenade neu gestaltet und eine Fußgängerzone in der Odós Ermou eingerichtet. Da die Stadt auf den ersten Blick wegen des hektischen und lauten Verkehrs für Touristen wenig anziehend wirkt, wird Vólos von den meisten nur als Zwischenstopp für die Weiterreise zu den Sporaden oder ins Pílion-Gebirge genutzt. Dabei hat die Stadt, die sehr schön in einer Bucht des Pagasitischen Golfs liegt, durchaus ihren Reiz. Der beliebteste Treffpunkt der Einheimischen ist die lange Hafenpromenade Odós Argonaftón mit vielen Cafés, Eisdielen und Restaurants, von denen die meisten Tische und Stühle nach draußen gestellt haben. Vor allem am Abend gibt es hier viel Unterhaltung.

Zu den Sehenswürdigkeiten gehören

- der Vorort **Áno Vólos**, der durch das Erdbeben nicht zerstört wurde; das Stadtviertel zieht sich mit engen Gassen und Treppenwegen bis auf 800 m Höhe an den Hängen hinauf und ist in eine grüne Landschaft mit alten Kastanien, Platanen und Eichen eingebettet; immer wieder bieten sich von der Höhe schöne Ausblicke auf die Stadt und die Bucht von Vólos,
- das **Archäologische Museum**, Athanassaki, *Tel.: 0421/28563,* in dem Funde aus prähistorischer Zeit, Keramik aus dem 8.–5. Jahrhundert v. Chr., Skulpturen des 6./5. Jahrhunderts v. Chr. und hervorragende Grabstelen aus hellenistischer Zeit ausgestellt sind. *Öffnungszeiten: täglich 9.30–15.30 Uhr, Mo geschlossen.*
- das **Wohnhaus des Kítsos Mákris**, *Tel.: 0421/ 23778,* mit Werken von Theóphilos, byzantinischen Ikonen und Keramik.

Fährhafen zu den Sporaden-Inseln

Schauen Sie sich auch den **Hafen** an, der Hauptumschlagplatz für die Exportartikel Getreide, Fisch, Olivenöl und Baumwolle, zugleich aber auch ein wichtiger Knotenpunkt für den Personenverkehr ist. Hier fahren die großen Fährschiffe, Tragflügelboote und Ausflugsschiffe zu den Sporadeninseln Skíathos, Skópelos, Alónissos und Skíros, nach Nordeuböa und in den Pagasitischen Golf ab. Früh am Morgen können Sie im westlichen Handelshafen zuschauen, wenn die Fischer von nächtlicher Fahrt zurückkehren und ihren Fang auf dem **Fischmarkt** abliefern. Zwischen 7 und 14 Uhr wird der fangfrische Fisch lautstark zum Verkauf angeboten.

In der Nähe der Analipsi-Kirche, an der Odós Analipseos, findet mittwochs morgens ein Straßen- und **Bauernmarkt** mit Produkten aus der näheren Umgebung statt.

Die wieder in Betrieb genommene Pílion-Schmalspurbahn fährt auf ihrem Weg zur Pílion-Halbinsel ein kurzes Stück auch durch das Stadtgebiet von Vólos – ein schöner Vorgeschmack auf das Eisenbahnerlebnis! Obwohl es nur wenige historische Sehenswürdigkeiten gibt, hat die Stadt eine lange **Geschichte**, die bis in die Steinzeit zurückreicht. Im Umland der Stadt wurden in den nahe gelegenen Dörfern **Seskoulo** und **Dimini** Funde (besonders Keramiken) aus der Zeit des 3. Jahrtausends v. Chr. freigelegt, die die hohen handwerklichen Fertigkeiten der frühesten Bewohner belegen. In mykenischer Zeit entstand in **Iolkos** ein Palast; der antike Ort lag an der heutigen Straße von Vólos nach Lárissa; die Stelle ist durch einen Tumulus gekennzeichnet.

Archäologisch Interessierte finden in **Dimíni** (6,5 km westlich) Überreste einer Akropolis, Stadtmauern und Kuppelgräber aus der Zeit von 4000–1200 v. Chr., in **Sésklo** (13,5 km westlich) Reste einer Akropolis aus der Zeit um 6000 v. Chr.

INFO Informationen zur antiken Stadt Iolkos und zu den Argonauten

Der Name der Stadt Iolkos ist eng mit der Argonauten-Sage verbunden: das Orakel von Delphi hatte geweissagt, dass Iolkos so lange nicht in Frieden leben könne, solange nicht das **Goldene Vlies** auf einem von Helden gesteuerten Schiff aus Kleinasien zurückgebracht wäre. Diese Helden, zu denen z. B. auch Herakles, Iason, die Zwillingsbrüder Kastor und Pollux sowie Orpheus gehörten, sollen etwa um 1500 v. Chr. mit dem Schiff **Argo** zu ihrer abenteuerlichen Seefahrt aufgebrochen sein. Sie fuhren vom Pílion nach Kolchis am Schwarzen Meer, wo das Goldene Vlies im Hain des Kriegsgottes von einem Drachen bewacht wurde. Mit Hilfe der Königstochter Medea gelang es Iason das Vlies zu rauben und mit den Argonauten und Medea in die Heimat zurück zu segeln.

und Fundamente einer jungsteinzeitlichen Siedlung, in **Demétrias** (4 km südöstlich) Teile der alten Stadtmauer und Reste eines Palastes und eines Theaters, in **Pagassés** (5 km südwestlich) Überreste der antiken Hafen- und Handelsstadt Pagasai mit Überresten eines Theaters und einer Stoá.

Rundfahrt durch das Pílion-Gebirge

(Ganztagsausflug, je nach Strecke ca. 110–215 km)

Kartentipp
Pílion-Skiathos-Skopelos, 1:100.000, Freytag & Berndt Verlag

Nördliche Rundfahrt

Die Pílion-Halbinsel gehört mit ihrer reichen Vegetation, den zahlreichen Quellen und Wasserläufen, schimmernden Olivenhainen, malerischen, von dichten Eichen- und Kastanienwäldern umgebenen Bergdörfern, langen Sandstränden und einsamen Buchten an kristallklarem Wasser zu den landschaftlich schönsten Gegenden Griechenlands.

Charakteristisch für die Bergdörfer der Pílion-Halbinsel sind alte Kirchen und Herrenhäuser

Immer mehr Urlauber entdecken die Halbinsel für sich, verbringen ihre Ferien in einem der reizvollen Bergdörfer oder einem der lebhaften Ferienorte an der Küste. Dort ist das Unterhaltungsangebot sehr abwechslungsreich: Wassersportfreunde können schwimmen,

Pílion-Halbinsel
Zagorá
Horeftó
Makrirâchi
Ágios Ioánnis
Damoúchari
Makrinítsa
Chánia
Portariá
Vólos
Tsangaráda
Milopótamos
Pilio
1455
Xourichti
Ágios Lavréndios
Lambinoú
Gorítsa
34
Agriá
Pinakátes
N. Pagáses
Vizítsa
Kalamáki
Miliés
Platanídia
Maláki
Neochóri
Kalá Nerá
34
Ágios Dimítrios
Korópi
Sikí
Afétes
Áfissos
Lefókasrto
Miriovriti
Tsitreík
Prínos
34
Xinovrisi
GOLF PAGASÍTIKOS
Argalastí
Kálamos
Páou
Promíri
Chórto
Píthou
Lafkos
Palió Tríkeri
Milína
34
Ágios Ioánnis
Koukouleíka
Platania
377
Mikró
Marathiá
Tisséo
644
Trikeri
Geroplína
Mílos
Ágios Kiriakí

© graphic

surfen, segeln, paddeln und rudern, Wanderer finden gut markierte, häufig schattige Wege, die durch dichte Wälder und an kühlen Wasserläufen entlang führen; in einigen Dörfern werden Reitausflüge oder Mountainbiketouren angeboten, und eine Fahrt mit der Schmalspurbahn führt von der Küste hinauf ins Gebirge.

Reitausflüge und Mountainbiketouren

Wenn Sie eine Rundfahrt über die Halbinsel planen und genügend Zeit haben, können Sie in einem der schön gerichteten Herrenhäuser übernachten und dann auf kleinen Wanderungen die vielfältigen Reize des Pílion entdecken. Allen Pílion-Dörfern gemeinsam sind die reizvolle Architektur, die harmonische Einbettung in eine sehr schöne Landschaft und ein auch im Sommer angenehmes Klima.

Die Bergkette des Pílion, deren höchste Erhebung 1.651 m hoch ist, durchzieht fast die ganze Halbinsel Magnesia. Das aus kristallinen Schiefern aufgebaute **Pílion-Gebirge** trägt ausgedehnte Laubwälder mit Buchen, Eichen, Kastanien und Platanen; an den Berghängen breiten sich weite Olivenhaine und Obstplantagen aus. Die Wälder und unwegsamen Gebirge der Pílion-Halbinsel waren schon in der Antike als **Heimat der Kentauren** berühmt, der Mischwesen mit menschlichem Oberkörper und Pferdeleib.

Heimat der Kentauren

INFO Informationen über die Kentauren (Zentauren)

In der Vorstellung Homers sind die Kentauren noch nicht solche Fabelwesen, sondern ein altes thessalisches Bergvolk von riesiger Stärke und fast tierischer Wildheit. Erst zur Zeit Pindars werden sie als Mischgestalt von Mensch und Pferd verstanden und in der bildenden Kunst dargestellt. In der Gegend des Cháni-Pásses, unterhalb des Pílion-Gipfels, soll sich die Höhle befunden haben, in der der Kentaur **Cheiron** lebte. Im Gegensatz zu den anderen Kentauren war Cheiron von göttlicher Herkunft und deshalb unsterblich, gerecht und weise.

In seiner Höhle im Pílion-Gebirge erzog er die großen Helden Asklepios, Iason und Achilles. Er wurde wegen seiner vielen Fertigkeiten und Kenntnisse – besonders auch in der Arzneikunde – hoch verehrt. Durch ein Versehen wurde Cheiron durch einen vergifteten Pfeil des Herakles verwundet. Da die Wunde unheilbar war, wählte Cheiron freiwillig den Tod und verzichtete damit zugunsten des Prometheus auf die Unsterblichkeit. Zeus verwandelte ihn in ein Sternbild.

An den Hängen liegen schöne Bergdörfer, die für ihre ganz eigenständige Architektur bekannt sind. Charakteristisch sind die schmalen, gepflasterten Gassen, die am Dorfplatz mit Tavernen unter schattigen Bäumen enden, die Turm- oder Herrenhäuser und die blumenreichen, duftenden Innenhöfe.

traditionelle Architektur

Viele der **Pílion-Dörfer** entstanden im 13./14. Jahrhundert in der Nähe älterer Kirchen oder Klöster. Die 2- und 3-geschossigen Häuser wurden dicht an die steilen Berghänge gesetzt, boten möglichen Feinden über zwei Stockwerke eine fensterlose Außenseite dar und hatten den Hauseingang sehr hoch angesetzt. Als die Bewohner im 18. und 19. Jahrhundert durch den Handel mit Seide und Webarbeiten einigen Wohlstand erworben hatten, erbauten sie die traditionellen Herrenhäuser, die Archontiká. Das untere Geschoss der meist dreistöckigen Häuser diente als Lager- und Arbeitsraum, im ersten Stockwerk befand sich die geschützte Winterwohnung, und das Obergeschoss wurde mit seiner großen Dachterrasse während der Sommermonate genutzt. Die Bewohner schmückten ihre Häuser mit geschnitzten Türen und Brüstungen sowie mit Malereien. Die Kirchen und Klöster erhielten kunstvolle Silberschmiedearbeiten.

Hinweis

Die Dörfer des Pílion-Gebirges sind mit Linienbussen oder mit dem Auto über eine asphaltierte, sehr kurvenreiche, steil aufsteigende bzw. abfallende Straße zu erreichen.

Rundfahrt

Im Folgenden wird eine Rundfahrt über die Pílion-Halbinsel beschrieben, die von Vólos zunächst zu den nördlichen Bergdörfern Portariá und Makrinítsa führt, dann an der Ostküste entlang bis zur Südspitze der Halbinsel und an der Westküste nach Vólos zurückführt. Die Fahrt ist ca. 110 km lang, mit Abstechern über kurvenreiche Stichstraßen zu den einzelnen Dörfern etwa 215 km. Diese Rundfahrt kann nach Süden noch weiter bis zur Halbinsel Tríkeri ausgedehnt werden und berührt dann noch die Ortschaften Afítes, Argalastí, Milína und Plataniá. Für die Fahrt sollten Sie mindestens einen ganzen Tag einplanen; schöner ist es jedoch, wenn Sie mehr Zeit für die Schönheiten der Pílion-Halbinsel haben.

Hinweis

Wenn Sie in einem der Pílion-Gebirgsdörfer oder in einem der Küstenorte übernachten wollen, sollten Sie sich frühzeitig nach einer Unterkunft umsehen, da die Nachfrage groß ist.

Áno Vólos Ανο Βολος

(Anakassiá, 4 km, 800 m Höhe)

Oberhalb der modernen Stadt Vólos liegt an den Berghängen die gepflegte Ortschaft Áno Vólos mit schönen Häusern und Gärten und dem steilen Hügel Episkopí, von dem aus sich ein herrlicher Blick auf den Pagasitischen Golf bietet. Auf dem Hügel steht die alte Kirche **Theodori** mit byzantinischen Reliefs.

Die Nachbargemeinden Áli Méria und **Anakassiá** sind als Wirkungsstätten des naiven Malers **Theophilos** (1868-1934) bekannt, der in den Dörfern des Pílion-Gebirges viele Privathäuser, Tavernen und Geschäfte ausmalte. Vom Dorfplatz ist der Weg zum Haus der Familie Kontos ausgeschildert. Das alte Herrenhaus aus dem 18. Jahrhundert wurde zum **Theophilos Museum** umgestaltet. ***Öffnungszeiten***: *Mo–Fr 8–14 Uhr. Eintritt frei.*

INFO Informationen zu Theophilos

Theophilos wurde 1868 in Varia auf der Insel Lésbos geboren, wo er in einer kinderreichen Familie aufwuchs. Schon früh zeigte er Interesse für die Arbeit seines Großvaters und wurde von diesem in die Kunst der Ikonenmalerei eingeführt. Er arbeitete zunächst als Konsulatsangestellter in Smyrna, gab diese Tätigkeit jedoch bald auf und wanderte durch ganz Griechenland, wobei er als Entgelt für Unterkunft und Verpflegung in Wohnhäusern und Tavernen die Wände und Decken bemalte. Ob er noch andere Arbeiten übernahm, wie und wo er lebte, ist nicht bekannt; erst 1932 kehrte er nach Lésbos zurück. Dort wurde der damals bekannte Kunstkenner Teriade auf ihn aufmerksam und bot ihm an, gegen ein festes Gehalt ausschließlich für ihn zu malen. Theophilos stimmte zu und schuf bis zu seinem Tod im März 1934 viele jener Bilder, die in den folgenden Jahren internationale Anerkennung erfuhren.

Die Bilder von Theophilos schildern das ländliche Leben, griechische Mythen und zeigen die Verbundenheit der Griechen mit ihrer Geschichte, z. B. in Darstellungen des griechischen Unabhängigkeitskampfes oder Schilderungen anderer historischer Ereignisse.

Portariá Πορταρια (ⓘ s. S. 125)

(14 km, 650 m Höhe)

Das traditionelle Dorf Portariá hat sich zu einem beliebten Ferienort mit Übernachtungsmöglichkeiten in modernen Hotels oder restaurierten Dorfhäusern entwickelt. In Portariá gibt es einen malerischen Dorfplatz mit einer alten Platane, massive Steinhäuser in typischer Pílion-Architektur, schön gefasste Brunnenbecken, kleine Kirchen und immer wieder wunderschöne Ausblicke auf den Pagasitischen Golf. Werfen Sie einen Blick in die ehemalige Klosterkirche der Panagía tís Portariá, die aus dem Jahre 1273 stammt und 1581 mit Malereien ausgestaltet wurde. Die Kirche befindet sich bei der heutigen großen Hauptkirche Ágios Nikólaos.

In Portariá ist die Stichstraße zum 4 km entfernten Ort Makrinítsa ausgeschildert.

Makrinítsa Μακρινιτσα (ⓘ s. S. 125)

(17 km, 750–900 m Höhe)

Hinweis

Da die Gassen sehr schmal und für den Autoverkehr ungeeignet sind, ist es zweckmäßig, den Wagen auf dem Parkplatz am Ortseingang abzustellen.

Obwohl der Ort zu den beliebtesten Ausflugszielen Thessaliens zählt und fast ausschließlich vom Fremdenverkehr lebt, sollten Sie einen Besuch nicht versäumen. Nehmen Sie sich Zeit, um die Schönheit der Landschaft zu genießen und die Atmosphäre des Bergdorfes in sich aufzunehmen. Der Ort entstand bereits um das Jahr 1215. Die alten Bürgerhäuser und die neuen, im traditionellen Stil gebauten Häuser ziehen sich an schmalen, gepflasterten Gassen amphitheatralisch am Berghang empor. Sehr schön ist der Dorfplatz mit der kleinen Ágios Ioánnis-Kirche, deren Glocke im Ast einer mächtigen Platane hängt. Vier alte Platanen beschatten den Platz, auf dem Stühle und Bänke neben dem Marmorbrunnen zum Verweilen einladen.

Auf der Platía von Makrinítsa

Das **Volkskundemuseum** wurde im Herrenhaus der Familie Topalis eingerichtet und veranschaulicht das Dorfleben der vergangenen Jahrhunderte.

Außerhalb der Ortschaft liegt die im

Jahre 1272 errichtete **Klosterkirche der Panagia**, die bei einem Erdbeben schwer beschädigt, inzwischen aber wieder renoviert wurde. Hier ist die ehemalige „Geheimschule" zu besichtigen, in der griechische Kinder zur Zeit der Türkenherrschaft heimlich in der griechischen Sprache unterrichtet wurden.
Im Ort werden Privatzimmer zur Übernachtung angeboten.

Man fährt zurück nach Portariá und von dort weiter nach Hánia.

Hánia Χανια

(26 km, 1.210 m Höhe)

Der über 1.200 m hoch gelegene Ort Hánia ist ein ganzjährig beliebtes Ferienziel, das sich im Sommer gut als Ausgangspunkt für ausgedehnte Bergwanderungen und im Winter für Skilanglauf und Abfahrtsski eignet. *Das Skizentrum, Tel.: 0428 - 39 136, verfügt über Sessellifte und Skihütten. Informationen erhalten Sie beim Vólos Greek Alpine Club EOS, Dimitriados 92, Tel.: 0421 - 25 696.*

Wanderung

*Eine schöne, knapp dreistündige Wanderung führt zum Gipfel des Berges **Pliasidi**, der mit 1.651 m der höchste Berg des Pílion ist. Der Weg ist nicht durchgängig ausgeschildert. Von der Höhe bietet sich ein schöner Blick auf den Pagasitischen Golf und die Nördlichen Sporaden.*

Von Hánia führt die Fahrt zur Ostküste des Pílion auf einer sehr kurvenreichen Straße durch fruchtbares Land. Dieses Gebiet ist reich an Quellen, so dass die vielen Obst- und Gemüseplantagen problemlos bewässert werden können. Das Wasser, das oftmals direkt an der Straße aus der Quelle sprudelt, ist von allerbester Qualität und im Sommer sehr erfrischend.

Zagorá Ζαγορα (ⓘ s. S. 125)

(47 km, 480 m Höhe)

dichte Bergwälder

Das größte Dorf des Pílion mit ca. 3.000 Einwohnern liegt etwa 2 km vom Meer entfernt sehr schön zwischen Kastanien- und Buchenwäldern und ausgedehnten Olivenhainen und ist wegen seines milden, gesunden Klimas bekannt. Als landwirtschaftliches Zentrum mit ertragreichem Obstanbau ist Zagorá weniger als andere Pílionorte auf Einnahmen aus dem Fremdenverkehr angewiesen.

Die Geschichte des Ortes reicht wahrscheinlich bis ins 12. Jahrhundert zurück; zu dieser Zeit wurde das **Kloster Ágia Sotíra** gegründet. Im 18. Jahrhundert waren die Bewohner wegen ihrer besonderen Kenntnisse und Fertigkeiten in der Tuchherstellung und -verarbeitung bekannt. Der Handel verhalf den Menschen zu einigem Wohlstand. In dieser Zeit gehörte Zagorá zu jenen Orten, in denen die Griechen das hellenistische und orthodoxe Erbe gegenüber den Türken zu bewahren suchten. Die umfangreiche „Historische Bibliothek" mit einer Sammlung wertvoller Bücher und Handschriften und die byzantinischen Kirchen Ágios Geórgios und Agía Kiriakí belegen die einstige Bedeutung.

Im Ort lebte und studierte **Rigas Feraios**, der seine Landsleute zum Kampf gegen die Türken aufrief, und als Dichter eines der bekanntesten Kampfgesänge gegen die Türken-Herrschaft verehrt wird. In seinem Wohnhaus wurde das **Volkskunstmuseum** eingerichtet, das *während der Sommermonate täglich von 9–15 Uhr geöffnet ist.*

Ein Spaziergang durch den Ort führt durch enge Gassen zu schönen, teilweise restaurierten traditionellen Pílion-Häusern, hübschen, meist beschatteten Dorfplätzen und kleinen Kirchlein.

Wanderung

Eine asphaltierte Straße führt am ***Kloster Panagía i Rósova*** *vorbei zum 6 km entfernten Bergdorf* ***Pourí****, das in 400 m Höhe sehr schön zwischen Kastanien- und Olivenbäumen liegt und Überreste eines dorischen Tempels besitzt.*

Zu Zagorá gehört der Hafenort **Horeftó**, den man über eine 9 km lange, sehr kurvenreiche Straße erreicht; auf dieser Fahrt sehen Sie bereits die schönen Strände von Horeftó.

Horeftó Χορεφτο (ⓘ s. S. 125)

(55 km)

Horeftó hat sich in den letzten Jahren zu einem beliebten Ferienort mit Hotels, zahlreichen Tavernen und Geschäften entwickelt. Grund dafür ist der breite, feinsandige Strand nahe der Ortsmitte und die schönen Strandabschnitte in der näheren Umgebung.

Strände

Der Ortsstrand ist im Sommer stark besucht Zum Wochenende kommen zusätzlich viele Griechen aus Vólos hierhin. Da man mit dem Wagen bis an den Strand fahren und deshalb Surfbretter leicht transportieren kann, wird dieser Abschnitt auch von Surfern bevorzugt.

gute Wassersportbedingungen

Im Norden und Süden des Ortes gibt es zahlreiche schöne, weniger besuchte Badebuchten mit ganz klarem Wasser, die jedoch nur zu Fuß über holprige Wege erreichbar sind. An den meisten Stränden sind die Möglichkeiten zum Schnorcheln und Tauchen ideal. Etwa 2 km südlich liegt die schöne Bucht von Agía Sáranta mit einem ca. 1 km langen, breiten Sandstrand und mehreren Tavernen.

Bootsfahrten

In den Sommermonaten werden Bootsfahrten zu den Stränden der Umgebung angeboten. Sie können mit dem Fischer die Abholzeit vereinbaren.

Von der Hauptstraße, die an der Ostküste des Pílion entlang führt, gehen immer wieder kleine Stichstraßen in Serpentinen hinunter in die kleinen Ortschaften am Meer.

Ágios Ioánnis Αγιος Ιοαννις (ⓘ s. S. 125)

(52 km)

Lange, sandige Strände und sauberes Wasser haben dazu beigetragen, dass Ágios Ioánnis sich zu einem lebhaften Ferienort entwickelt hat. Souvenirläden, Cafés und Tavernen reihen sich an der Strandpromenade aneinander, immer mehr kleine Hotels und Apartmentanlagen werden gebaut. Am Strand gibt es ein breites Wassersportangebot und an der Promenade meist recht laute Abendunterhaltung. Den besonderen Reiz der breiten Sand- und Kiesstrände, die im Sommer viel besucht sind, machen die Aleppokiefern aus, die fast bis ans Wasser reichen und angenehmen Schatten bieten. Das Wasser ist kristallklar und zum Schnorcheln und Tauchen bestens geeignet.

Auch lange Strandspaziergänge sind möglich, denn der Strand von Ágios Ioánnis setzt sich nach Norden zum ca. 1 km langen Kieselsandstrand bis nach Pláka und im Süden bis Papá Neró fort. Der ausgeschilderte Fußweg nach Pláka beginnt am nördlichen Hafenende.

Bootsfahrten

Wenn Sie eine stille Bucht zum Schwimmen oder Schnorcheln suchen, können Sie mit einem der Fischer, die Sie gegen Entgelt mitnehmen, an der Küste entlang fahren.

Kíssos Κισσος

(52 km, 500 m Höhe)

Das auf steilen Terrassen gebaute Bergdorf liegt oberhalb der Hauptstraße und lädt mit seinem schattigen Dorfplatz, einem Brunnen und einigen Tavernen zu einem kurzen Aufenthalt ein. Genießen Sie von der Platía den herrlichen Blick auf das Ägäische Meer. Einen großen Parkplatz gibt es gleich am Eingang des Ortes; die Ortsmitte ist für Fahrzeuge gesperrt.

Bergdorf mit schöner Aussicht

Ein kurzer Spaziergang führt zu der 1745 erbauten dreischiffigen **Basilika Agía Marína**, die als typisch für die Bauweise der Dorfkirchen des Pílion-Gebirge gilt. Sie wurde Anfang des 18. Jahrhunderts gebaut und mit einer kostbaren, holzgeschnitzten Ikonostase und mit Bildern des Volksmalers Iannis Pagonis ausgeschmückt. Die Kirche ist nur an Feiertagen geöffnet.

Die Strecke zwischen Kissos, Mourési und Tsangaráda zählt zu den schönsten des Pílion. Die kurvenreiche Straße führt durch dichten Nadelwald, große Olivenhaine und weite Obstplantagen.

Tsangaráda Τσαγγαραδα (ⓘ s. S. 125)

(56 km, 500 m Höhe)

Zur Gemeinde Tsangaráda gehören die vier weit auseinander liegenden Weiler Agíi Taxiárches, Agía Paraskeví, Ágios Stéfanos und Agía Kiriakí, die durch kleine, auch für Wanderungen geeignete Wege miteinander verbunden sind.

Der größte Ort ist Agía Paraskeví, ein beliebter, von Eichen- und Kastanienwäldern umgebener Ferienort, dessen schöne alte Häuser zwischen duftenden Gärten an den Berghängen stehen. Ein besonderer Anziehungspunkt ist die „tausendjährige Platane“ am schönen Dorfplatz, die als die größte und älteste in Griechenland gilt. Ihr Durchmesser beträgt 14 m, und ihr üppiges Laubwerk bietet im Sommer angenehmen Schatten.

Milopótamos Μιλοποταμος

Den ca. 8 km entfernt liegenden Strand von Milopótamos erreichen Sie über eine Straße, die in vielen steilen Kurven hinunterführt, wo sie auf einem Parkplatz endet. Vom Parkplatz geht man über Steintreppen hinunter zum reizvollen Strand. Zwei feinkieselige Badebuchten, die durch einen Felstorbogen von einander getrennt sind, locken mit kristallklarem Wasser. Aus dem Wasser ragende Felsblöcke laden zum Springen ein, und zum Schnorcheln und Tauchen eignen sich besonders die Felsvorsprünge. Der Strand wurde mehrfach mit der „Blauen Flagge“ ausgezeichnet. Nicht weit entfernt ist der ebenfalls sehr schöne, von Felsen umgebene Strand von Fakistrá. Da der Zugang etwas beschwerlich ist, sind hier deutlich weniger Badegäste.

Übernachtung
Es gibt einige private Übernachtungsmöglichkeiten. Da die Nachfrage im Sommer sehr groß ist, ist eine rechtzeitige Reservierung empfehlenswert.

Auf der Weiterfahrt nach Süden kommen Sie nach etwa 17 km zu einer Kreuzung, an der die Straße rechts nach Miliés und zur südlichen Rundfahrt abbiegt.

Miliés Μιλιες (ⓘ s. S. 125)
(360 m Höhe)

Miliés ist ein beliebter Bergort mit alten Herrenhäusern, großen Olivenhainen und mit einem schönem Blick auf den Golf von Vólos. Zur Zeit der Türken-Herrschaft besaß der Ort, dessen Bewohner durch Olivenölproduktion, Seidenraupenzucht und Spinnereien zu Wohlstand gekommen waren, eine bedeutende Bibliothek und eine angesehene Schule, in der griechisches Gedankengut bewahrt wurde. Das alte Schulgebäude wird noch heute genutzt. Miliés ist der Geburtsort von Anthinos Gazis (1761–1828), der als Anführer der Freiheitskämpfe in Thessalien gilt. In der Tachiarchon-Kirche aus dem Jahre 1741 sind die Fresken und die Ikonenwand besonders sehenswert. Im kleinen **Volkskundemuseum** sind Werkzeuge, landwirtschaftliche Geräte, Möbel und Trachten ausgestellt. Eine besondere Attraktion ist die Pílion-Bahn, die früher die ganze Region versorgte und nun in den Sommermonaten den Besuchern eine erlebnisreiche Fahrt bietet.

Vizítza Βιζιτσα (ⓘ s. S. 125)
(3 km von Miliés, 555 m Höhe)

Schöne alte Bürgerhäuser und Wohntürme, kopfsteingepflasterte Gassen, alte Eichen und Kastanien prägen das Bild des Ortes. Einige der charakteristischen

Griechenland einmal anders – eine Fahrt durch das Píliongebirge für Eisenbahnfreunde und Fotografen

Die Pílion-Schmalspurbahn verbindet Áno Lechonía bei Vólos mit Milíes. Seit 1895 werden Menschen und Güter mit der nur 60 cm breiten Schmalspur-Pílionbahn transportiert, die von dem italienischen Ingenieur Evaristo de Chirico konstruiert wurde. Der Ausbau der insgesamt 15 km langen Strecke galt zur damaligen Zeit als technische Meisterleistung, denn es musste ein Höhenunterschied von 250 m überwunden werden. 1971 wurde die Strecke aus Kostengründen stillgelegt, 1996 aber zu touristischen Zwecken wieder in Betrieb genommen. Seitdem findet an den Wochenenden von Ostern bis September, an Weihnachten und am Dreikönigstag jeweils eine Fahrt auf der historischen Strecke statt. Die beiden alten Dampflokomotiven „Iason" und „Milea" wurden 1999 durch neue Diesellokomotiven ersetzt.

Die Bergdörfer des Pílion waren schon im 18. Jahrhundert für ihre Schulen und Bibliotheken bekannt

Die etwa 1 ½ Stunden dauernde Fahrt zählt zu einer der schönsten Strecken Europas und führt von Vólos zunächst durch dicht bebautes Gebiet am Pagasitischen Golf entlang, dann durch ausgedehnte Olivenhaine, durch Schluchten und über Wasserläufe stetig bergan zu den traditionellen Píliondörfern Áno Gatzéa, Agía Triáda, Ágios Athanásios, Pinakatés und Argireká mit den alten, inzwischen mit EU-Mitteln restaurierten Bahnhöfen. Die Bahn passiert insgesamt sechs Brücken und einen Tunnel. Endstation ist Miliés. Nach Ankunft in Miliés kann man die ca. dreistündige Pause für kleine Wanderungen z. B. nach Vísitza, Pinakatés oder Ágios Geórgios nutzen, um dort die traditionelle Architektur der alten Herrenhäuser und kleine Kapellen und alte Klöster am Wegesrand kennen zu lernen.

Aktuelle Fahrplanauskünfte erhalten Sie u.a. bei der Nationalen Eisenbahnorganisation Griechenlands (OSE) unter der Rufnummer 24210-28555 und 24210-24056. Allgemeine Abfahrtszeiten: Sa und So ab Áno Lechonía 11 Uhr, Ankunft in Miliés 12.30 Uhr; ab Miliés 16 Uhr, Ankunft in Áno Lechonía 17.30 Uhr. Fahrkarten erhalten Sie am jeweiligen Bahnhof. Im Sommer empfiehlt es sich, wegen der starken Nachfrage die Fahrkarte mindestens eine Stunde vor Abfahrt zu kaufen.

Bürgerhäuser, die teils gut erhalten sind, teils von der Griechischen Zentrale für Fremdenverkehr restauriert wurden, bieten komfortable Übernachtungsmöglichkeiten in ungewöhnlichem Ambiente. Um das traditionelle Ortsbild zu erhalten, wurde das ganze Dorf unter Denkmalschutz gestellt.

Wandern

Die vielen Fußwege und Eselspfade der Umgebung sind für Wanderungen bestens geeignet; sie sind jedoch nicht als Wanderwege markiert. Informa-

tionen erhalten Sie bei der Greek Mountain Climbing Association in Vólos, Tel.: 0421–25696.

In **Kalá Nerá** stößt man wieder auf die von Vólos kommende Straße, die durch fruchtbare Gegenden mit großen Obstplantagen und Olivenhainen an die Küste des Pagasitischen Golfes nach Vólos zurückführt, wenn man nur die nördliche Pílion-Rundfahrt machen will.

Südliche Rundfahrt

Nach Süden setzt man die Rundfahrt an der Westküste der Pílion-Halbinsel fort, wo die Ortschaften von Jahr zu Jahr mehr auch von ausländischen Touristen besucht werden. Entsprechend wächst das Angebot an Übernachtungsmöglichkeiten, Geschäften für den täglichen Bedarf, Restaurants und Tavernen in **Kalá Nerá, Afissos, Lefokástro, Kálamos, Hórto** und **Milína**. Aber der Reiz der ehemaligen Fischerdörfer, die in große Olivenhaine eingebettet sind, ist noch weitgehend erhalten. Ruhesuchende und Familien mit Kindern finden hier erholsame Urlaubsmöglichkeiten an den kleinen Ortsstränden, bei Bootsfahrten mit den ortsansässigen Fischern oder in einem Kafeníon an der Platía, die von uralten Platanen beschattet wird.

Die landschaftlich sehr schöne Südspitze der Halbinsel erreichen Sie von Milíes oder Kalá Nerá aus. **Kalá Nerá** (Gute Wasser) erhielt seinen Namen von den zahlreichen Quellen, die den Ort mit Wasser versorgen. Am Strand bietet eine Allee etwas Schatten. Die Rundfahrt kann nach Süden noch weiter bis zur Halbinsel Tríkeri ausgedehnt werden und berührt dann noch die Ortschaften Afítes, Argalastí, Milína und Plataniá.

Im Ort **Milína**, der im Süden der Landzunge liegt, gibt es mehrere Sand- und Kiesstrände und einen Surfbrettverleih; außerdem werden Bootsfahrten zu den vorgelagerten Inselchen Alatás, Prássouda und Tríkeri angeboten.

Tríkeri Τρικερι (ⓘ s. S. 125)

schönes Inseldorf

Die Pílion-Halbinsel läuft in einem Bogen nach Westen aus. Dort liegt das Bergdorf **Tríkeri**, das man über eine erst vor wenigen Jahren gebaute Landstraße von Milína aus erreicht. Da Tríkeri etwas abgelegen ist, konnte der Ort sich viel von seiner Ursprünglichkeit bewahren. Bummeln Sie durch die schmalen, verwinkelten Gassen mit ihren weiß gekälkten Häusern und den blau oder türkisfarben gestrichenen Türen und Fensterläden, schauen Sie in die kleinen Gärten, wo Geranien, Lilien und Bougainvilleen leuchten und genießen Sie einen „café hellinikó" in den Kafenia an der alten, von Platanen beschatteten Platía mit der Agía Triáda-Kirche, die wegen ihres ausgeschmückten Innenraumes recht interessant ist. Sehenswert sind auch die stattlichen Herrenhäuser, die vom einstigen Wohlstand ihrer Besitzer zeugen. In den engen Gassen haben Autos keinen Platz, deshalb sind noch immer Esel die besten Transportmittel. Die Bewohner von Tríkeri sind sehr traditionsbewusst und stolz auf die Rolle, die ihre Vorfahren im Befreiungskampf gespielt haben. Das Osterfest wird nach altem Brauch gefeiert, ebenso wie die Festwoche nach Ostern mit traditionellen Tänzen und in alten Trachten.

Etwa 5 km unterhalb von Tríkeri liegt der dazu gehörige Hafen **Agía Kiriakí**. An der kleinen Hafenfront gibt es einige Tavernen, die sehr schön und stimmungsvoll direkt am Wasser liegen; auch einfache Übernachtungsmöglichkeiten in Privatzimmern werden angeboten. Neben den bunt gestrichenen Fischerbooten legen im Sommer Schnellboote an, die nach Vólos und zu den Sporaden fahren. Einige Fischer bieten einen Tagesausflug hinüber zur kleinen Insel Paléo Tríkeri an.

Fährverbindungen zu den Sporaden

Der Spitze der Pílion-Halbinsel vorgelagert liegt im **Pagasitischen Golf** die kleine Insel **Paléo Trikéri**. Dort steht oberhalb eines kleinen Hafenortes, der von silbern schimmernden Olivenhainen umgeben ist, das ehemalige Kloster **Móni Panagía**. Dort lebte einige Jahre der aus den Romanen **Werner Helwigs** als Xenophon bekannte Österreicher Alfons Hochhauser, der während der Sommermonate in den Klosterräumen auch Gäste beherbergte. In dem kleinen Ort gibt es Tavernen und einfache private Übernachtungsmöglichkeiten.

Auf der Rückfahrt nach Vólos können Sie noch einen Abstecher nach Plataniá an der Ostküste machen.

Plataniá Πλατανια (ⓘ s. S. 125)

Der Name weist schon auf die vielen Platanen hin, die in der Umgebung des Ortes gedeihen und sich fast bis ans Meer hinunterziehen. Der Ort hat sich erst in den letzten Jahren dem Fremdenverkehr mit einigen Cafés und Tavernen, dem kleinen Supermarkt und einigen Unterkünften geöffnet. Außerdem werden im Ort Kanus, Surfbretter, Tretboote, Wasserski und Motorboote zum Verleih angeboten.

Im Westen und Osten des Ortes liegen einige schöne Badebuchten mit Kies- oder Sandstrand, die teilweise sehr gut von Bäumen beschattet sind. Trotz des generellen Verbotes nahm in den letzten Jahren die Zahl der Wildcamper ständig zu; da es an sanitären Einrichtungen mangelt, sind die Strände stellenweise leider sehr verschmutzt. Von Plataniá fahren täglich um 9 Uhr Tragflügelboote zur Insel Skíathos. Die Überfahrt zum bekannten Inselstrand Koukounariés dauert etwa 30 Minuten; die Rückfahrt ist um 17 Uhr.

Fahrt nach Skíathos

Von Plataniá aus fahren Sie zurück nach Milína. Die kurvenreiche, stellenweise steile Straße führt durch Waldgebiete und fruchtbares Ackerland zum geschäftigen Ort **Argolastí**, wo ein Marktbesuch einen Aufenthalt lohnt.

Von der Hauptstraße, die durch das Innere der Pílion-Halbinsel führt, gehen beiderseits zur Ost- und Westküste Stichstraßen ab, die hinunter zu wenig besuchten, sehr schönen Meeresbuchten und zu Feriensiedlungen führen. Diese Hauptstraße führt zurück nach Vólos.

Nördliche Sporaden

„verstreute Inseln"

Früher nannte man die **Nördlichen Sporaden** die „verstreuten Inseln". Diese Inselgruppe, die der Ostküste des griechischen Festlandes vorgelagert ist, umfasst neben fast achtzig kleinen, meist unbewohnten Inselchen auch die vier großen Inseln **Skíathos**, **Skópelos**, **Alónissos** und **Skíros**. Die Inseln sind von großer landschaftlicher Schönheit mit dicht bewaldeten Bergen, fruchtbaren und reich bewachsenen Hügelketten, schönen Sandstränden und einem ausgeglichenen Klima, das aufgrund der erfrischenden Meltémi-Winde auch im Sommer angenehm ist.

Redaktions-Tipps

- Entdecken Sie für sich einen schönen Strand unter den mehr als 60 Stränden von **Skíathos** (S. 477)!
- Nutzen Sie die alten Eselspfade für ausgedehnte Wanderungen über die Insel **Skópelos** (S. 480)!
- Besuchen Sie den **National Marine Park of Alónissos**, der zum Schutz der Mönchsrobben eingerichtet wurde (S. 483ff)!
- Schauen Sie den Töpfern von **Skíros** bei ihrer Arbeit zu (S. 486ff)!

In den letzten Jahren wurde der Fremdenverkehr auf den Inseln zur wichtigsten Einnahmequelle; besonders Skíathos und Skópelos entwickelten sich zu touristischen Zentren, während Alónissos und Skíros noch immer vor allem für Naturliebhaber und Ruhesuchende geeignet sind. Die Verkehrsverbindungen zwischen den Inseln sind so gut, dass das „Inselhüpfen" kein Problem ist und jeder sich eine Reise ganz nach eigenen Vorstellungen zusammenstellen kann.

Skíathos Σκιαθος (ⓘ s. S. 125)

Inseltelegramm Skíathos	
Größe	60 km², knapp 5.000 Einwohner
Hauptort	Skíathos, (Chóra) 3.000 Einwohner
Inselbeschreibung	dichte Wälder; feine Sandstrände; zahlreiche Buchten; gute Straßen; reizvolle Wandermöglichkeiten im Inselinneren
Lebensgrundlage der Bevölkerung	Fremdenverkehr, Fischfang
Sehenswürdigkeiten	der Sandstrand von Koukounariés mit alten Pinien; die Festung Kástro; Kirchen, Klöster und Grotten

Skíathos liegt der Küste der Pílion-Halbinsel gegenüber; es ist eine der grünsten griechischen Inseln mit weiten Olivenhainen, duftenden Kiefern- und Pinienwäldern, die fast bis ans Meer heranwachsen, und wunderschönen Stränden. Anfang der 1970er Jahre noch eine fast unbekannte Insel, wird Skíathos heute vielfach mit Korfu oder Mykonos verglichen. Wie diese Inseln ist auch Skíathos touristisch voll erschlossen mit vielen Hotels, Restaurants, Cafés, Strandbars, Diskos und Geschäften aller Art und im Sommer immer sehr voll. Zur schnellen Erschließung durch den Fremdenverkehr haben der inseleigene Flughafen, die guten Verbindun-

© graphic

gen zum Festland und zu den übrigen Sporaden, die schönen Strände und das breite Sport- und Unterhaltungsangebot wesentlich beigetragen. Die Inselbewohner haben sich mit ihren Angeboten ganz auf das internationale Publikum eingestellt, das sich tagsüber an den feinsandigen Stränden der Insel und abends in den Geschäften, Restaurants, Tavernen und Diskotheken der Inselhauptstadt trifft. In den Sommermonaten kann die Zimmersuche mühsam sein, denn die meisten Unterkünfte sind durch Stammgäste oder Reisegesellschaften belegt; rechtzeitige Reservierungen sind unbedingt empfehlenswert. Aber auch auf Skíathos gibt es vor allem im zerklüfteten Norden noch Badestrände und Buchten, die wegen ihrer abgeschiedenen Lage weniger besucht sind und die es auf Bootsfahrten oder Wanderungen mit ihren pinienbestandenen Sandstränden an kristallklarem Wasser zu entdecken gilt.

Sehenswürdigkeiten der Insel

Inselhauptstadt Chóra

Die Inselhauptstadt, die auch **Chóra** genannt wird und an der Stelle der antiken Stadt liegt, ist die einzige größere Siedlung der Insel. Sie entstand 1830, als die Menschen nach den Befreiungskriegen den im Landesinneren gelegenen Ort Kástro verließen und sich dichter am Meer ansiedelten. Sie liegt in einer geschützten Hafenbucht, der mehrere kleine, dicht bewachsene Inselchen vorgelagert sind.

Die weiß getünchten, mit roten Ziegeln gedeckten Häuser ziehen sich in einem Gewirr schmaler, verwinkelter Gassen an den beiden Hügeln hangaufwärts.

In der Stadt mit ihrer heiteren und ausgelassenen Ferienstimmung herrscht vor allem an der Hafenpromenade und in den anschließenden Gassen mit zahllosen Restaurants, Tavernen, Bars und Diskotheken in den Sommermonaten bis weit nach Mitternacht lebhaftes Treiben; hier bietet sich auch die beste Gelegenheit, die allabendliche „Volta" zu beobachten oder einem der vielen Portraitmaler oder Straßenkünstler zuzuschauen. Wenn Sie eher Ruhe und etwas Beschaulichkeit suchen, lohnt sich ein Spaziergang durch die älteren Teile der Stadt mit ihren kopfsteingepflasterten Gassen, kleinen Hausgärten, Innenhöfen, Kirchlein und Glockentürmen. Ein schönes Erlebnis ist ein Abend im Freilichtkino Cinema Paradiso, *Tel. 24270-23975,* wo jeden Abend Filme in englischer Sprache (mit griechischen Untertiteln) unter freiem Sternenhimmel gezeigt werden.

Skíathos hat zwar keine großartigen Sehenswürdigkeiten, aber es gibt viele lohnende Ziele für Wanderungen, Eselsritte und kleine Auto- und Moped-Touren. Sehenswert sind:

Ausflugsziele

- die frühere **Festung Bourtzi** auf der gleichnamigen Halbinsel, die von den Venezianern errichtet wurde, nachdem diese 1207 die Insel erobert hatten. Die Burg war ganz von Festungsmauern umgeben, von denen nur geringe Reste erhalten sind. Die Festung, in der ein Kulturzentrum eingerichtet wurde, eignet sich gut für ein Picknick, das sich mit einer schönen Aussicht genießen lässt,
- das Wohnhaus des Schriftstellers **Alexandros Papadiamantis** liegt in Hafennähe und wurde als Museum eingerichtet; im Haus, das mit dem Originalmobiliar eingerichtet ist, sind viele persönliche Sachen und Erinnerungsstücke an den Dichter ausgestellt, für dessen mehr als 100 Erzählungen die Insel den Hintergrund lieferte,
- das sehr schöne, hoch gelegene **Kloster Evangelistría** (Evangelismós tís Theotokoú) nördlich der Stadt, das noch bewohnt und *täglich zwischen 8 und 12 Uhr und 17–19 Uhr geöffnet* ist; es ist ein historischer Ort, denn hier wurde erstmals 1807 die griechische Fahne von Aufständischen gehisst; zum Kloster werden Eselsritte angeboten, der Fußweg dorthin dauert etwa 1 Stunde,
- das **Kloster Panagía Ikonistría** mit einer Ikone der Beschützerin der Insel; der Kuppelbau ist mit Fresken ausgestaltet und hat eine kunstvoll aus Holz geschnitzte Ikonostase, das Kloster ist sehr schön in die Landschaft eingebettet und hat eine kleine Taverne im Innenhof,
- **Kástro** an der Nordküste war im Mittelalter der Hauptort der Insel, den die Inselbewohner aus Angst vor Piraten hoch auf dem Berg errichtet hatten. Der Ort bestand aus kleinen, eng zusammen gebauten Häusern und besaß mehrere Zisternen, mehr als 20 Kapellen und Kirchen, von denen noch zwei Kirchen erhalten sind; Kástro ist heute verlassen und stark überwuchert, bietet aber noch immer einen herrlichen Ausblick auf die Ägäis.

reizvolle Wanderungen

Besonders reizvoll sind **Wanderungen** durch die dichten Kiefern- und Pinienwälder oder die schattigen Laubwälder mit Eichen, Platanen und Walnussbäumen im Inselinneren; sprudelnde Quellen und Bergbäche bieten willkommene Erfrischung. Außerdem gibt es ausgedehnte Olivenhaine und Obstplantagen. Zwei schöne Wanderungen führen von Chóra über Ágios Apostolos nach Kástro (ca. 2 ½ Stunden) und von Chóra über das Kloster Evangelistría nach Kástro (ebenfalls 2 ½ Stunden). In Skíathos-Stadt werden täglich mehrere **Ausflugsfahrten** zum Meeres-Nationalpark, nach Skópelos und Alónissos und zum Festland angeboten.

Strände

Die vielen hellen, feinsandigen Strände an kristallklarem Wasser sind das eigentliche „Kapital" der Insel; es gilt die mehr als 60 Strände der Insel zu entdecken, die regelmäßig mit der „Blauen Flagge" ausgezeichnet werden. Mit Bus und Boot sind viele Strände gut zu erreichen. Während die Strände an der Südküste von Bussen im 15-Minuten-Takt angefahren werden, werden in der Inselhauptstadt Bootsfahrten zu den Stränden an der Nordküste angeboten, die sonst nur nach langen Wanderungen zu erreichen wären.

Der Stadt am nächsten liegen die beiden Strände Megáli Ámmos und Tsaneriés, die im Sommer völlig überfüllt sind.

*Die beiden bekanntesten und damit auch am meisten besuchten Strände sind der goldene **Sandstrand** von **Koukounariés** im Westen, der als einer der besten ganz Griechenlands gilt und Teil eines Naturschutzgebietes ist, und der **Strand Lalária**, dem ein natürlicher Felsbogen und mehrere Meeresgrotten vorgelagert sind.*

der berühmte „Goldstrand von Koukounariés"

- ***Megali Ammos:*** *1 km außerhalb gelegener Stadtstrand mit Sand und Kieselsteinen, seichtes Wasser, keine Einrichtungen,*
- ***Achladies****, 4 km westlich, viel besuchter, feiner, sauberer Sandstrand mit Tretboot-, Surfbrett-, Wasserski und Segelbootverleih; seichtes, klares Wasser, an die Sandbucht schließt sich Felsküste an,*
- ***Kolios****, 6 km westlich, feiner Sandstrand, sauberes Wasser, keine Einrichtungen; Campingplatz,*
- ***Troulos****, 9 km westlich, feiner Sandstrand, Boots- und Wasserskiverleih, Taverne, Busverbindung nach Skíathos,*
- ***Koukounariés****, 11 km westlich, 600 m langer, meist besuchter Strand mit hellem, feinen Sand; von herrlichem Pinienwald umgeben; Sonnenschirm-, Boots- und Wasserskiverleih; im Sommer sehr voll, Busverbindung,*
- ***Banana Beach****, nicht weit vom Koukounaries-Strand entfernt,*
- ***Lalaria****, viel besuchter Sand- und Kiesstrand; wird von Skíathos mehrmals täglich mit dem Boot angefahren; ausgezeichnete Schnorchel- und Tauchmöglichkeiten vor der hohen Steilküste.*
- *Auch im Norden und Westen der Insel gibt es gute Strände; diese sind aber schwerer zu erreichen, deshalb auch weniger besucht.*

Die Auswahl an Stränden ist groß

Kartentipps

- *Pílion-Skíathos-Skópelos, 1:100.000, Freytag & Berndt Verlag*
- *Pílion 1:60T. Road Editions. Bl.33*

Skópelos Σκοπελος (ⓘ s. S. 125)

Inseltelegramm Skópelos	
Größe	98 km², ca. 6.000 Einwohner
Hauptort	Skópelos (Chóra), 2.000 Einwohner
Inselbeschreibung	fruchtbare, dicht bewaldete Insel mit großen Oliven- und Mandelbaumhainen; zerklüftete und buchtenreiche Küste mit schönen Strandabschnitten; gute Wander-, Wassersport- und Fischmöglichkeiten; gut ausgebaute, meist asphaltierte Straßen
Lebensgrundlage der Bevölkerung	Landwirtschaft, Fischfang, Fremdenverkehr
Sehenswürdigkeiten	etwa 350 kleine, alte Kirchen, Kapellen und Klöster; antike Siedlungen bei Glóssa und Pánormos; die Grotte von Tripití; das Stadtbild von Skópelos mit verwinkelten Gassen, Treppen und Torbögen

Hinweis

Auf Skópelos gibt es zwei Hafenorte: Loutráki im Norden der Insel, das Skíathos zugewandt ist, und die Inselhauptstadt Skópelos, die näher an Alónissos liegt. Inselhüpfer sollten deshalb Skópelos als Ausgangsort für die Weiterfahrt nach Alónissos wählen.

Skópelos ist nach Skíathos die zweitgrößte Insel der Sporaden, eine reizvolle, grüne Insel mit ausgedehnten Pinienwäldern, langen Kiesstränden und idyllischen Buchten. Anders als Skíathos hat Skópelos sich das Flair einer griechischen Insel bewahrt; auch wenn der Hauptort vor allem im August von Touristen überquillt, gibt es auf Skópelos genügend Orte, in denen man ruhige und erholsame Ferien abseits des Massentourismus verbringen kann. Da die kleine Insel sehr bergig ist, gibt es keinen Flughafen; Fährschiffe und Tragflügelboote verbinden Skópelos mit den anderen Sporaden und mit Ágios Konstantínos auf dem Festland.

landschaftliche Vielfalt

Skópelos bietet abwechslungsreiche Landschaften mit weitgehend unbeschädigter Natur. Im Inselinneren steigen die dicht bewaldeten Berge auf 600 m Höhe an; die etwa 68 km lange Küste ist stark gegliedert und buchtenreich und lockt mit vielen versteckten, meist feinkieseligen Stränden.

Skópelos oder **Chóra**, wie die Inselhauptstadt auch genannt wird, liegt in einer tiefen Bucht und breitet sich malerisch an den Berghängen aus. Obwohl die Stadt 1965 bei einem Erdbeben beschädigt wurde, konnte sie auch nach dem Wiederaufbau ihren ursprünglichen Charakter bewahren und gefällt jetzt mit weiß getünchten Häusern in engen, kopfsteingepflasterten Gassen und auf verwinkelten Treppenwegen, stattlichen Herrenhäusern und hübschen Innenhöfen. An der Hafenpromenade reihen sich zahlreiche Tavernen, Cafés, Reisebüros und Geschäfte aneinander. Zur Ankunft der Schiffe kommen die Zimmervermieter zum Hafen und bieten Privatquartiere an. Die Insel trug in antiker Zeit den Namen Peparithos, benannt nach Peripathos, einem Enkel des mythischen Herrschers Minoas von Kreta. Erster Herrscher der Insel war Stafilos, dessen Grab in der Nähe des

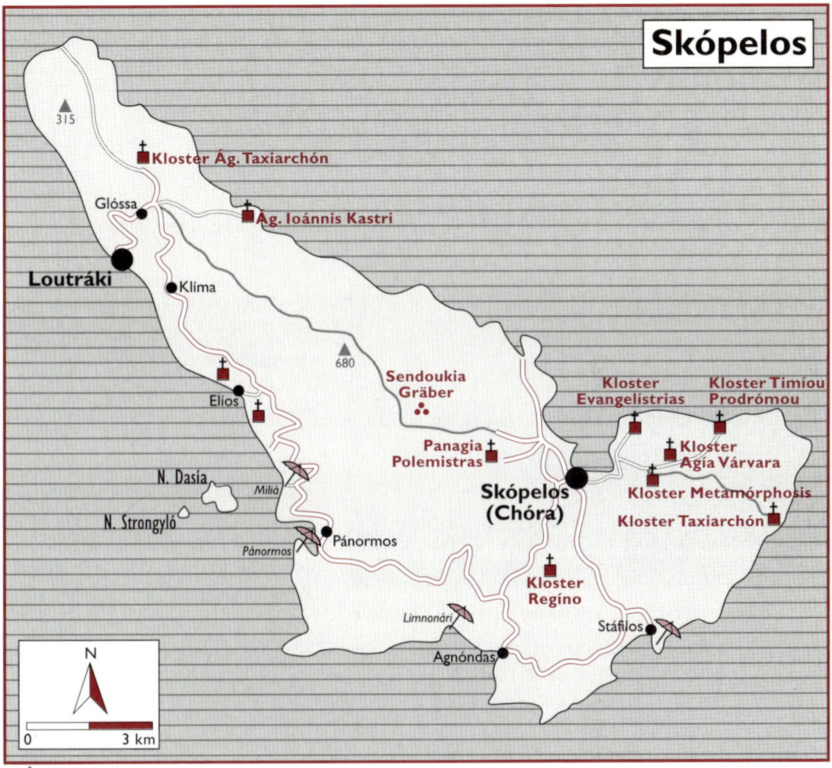

gleichnamigen Ortes gefunden wurde. Die Grabfunde, Münzen und ein goldenes Schwert sind im Archäologischen Museum ausgestellt.

Ein Spaziergang führt hinauf zu den Überresten der **venezianischen Festung**, die an der Stelle eines antiken Athena-Tempels erbaut wurde, und zu den **sehenswerten Kirchen** Zoodóchos Pigí und Ágios Athanásios mit Fresken aus dem 16. Jahrhundert. Sehenswert ist auch die Kirche Panagía Eleftherótria aus dem 18. Jahrhundert, die von einer großen Platane beschattet wird. Am Ortsrand steht das befestigte Kloster Episkopí, das von den Venezianern als Bischofssitz gebaut wurde.

Das **Volkskundemuseum**, Chatzistamatis, wurde in einem Herrenhaus des 19. Jahrhunderts eingerichtet und zeigt die Inneneinrichtung eines typischen Inselhauses und sehr schöne Trachten, wie sie von den Frauen an hohen Festtagen noch heute getragen werden. *Öffnungszeiten: nur im Juli und August, täglich von 9–20 Uhr.* Das neue **Internationale Zentrum für Fotografie** zeigt wechselnde Fotoausstellungen.

Im August lohnt sich ein Spaziergang zum Foúrnou Damáskinon, wo in einem großen Ofen die Pflaumen getrocknet werden, die als Spezialität von Skópelos bekannt sind.

Wanderung

In der nächsten Umgebung von Chóra liegen mehrere ***Klöster****. Ein schöner, ca. zweistündiger Spaziergang führt durch Olivenhaine zum* ***Kloster Evangelístria****, das von Mönchen vom Berg Áthos 1676 gegründet und 1712 neu aufgebaut wurde und heute von Nonnen bewohnt wird, die Webarbeiten zum Verkauf anbieten. Im Kloster sind eine Ikone aus dem 15. Jahrhundert und das Altarbild sehenswert. Vom Kloster kann man den sehr schönen Blick auf Skópelos-Stadt genießen.* ***Öffnungszeiten****: täglich 10–13 und 16–19 Uhr.*

Man kann den Spaziergang über Eselspfade zum ***Kloster Metamórphosis*** *fortsetzen, wo am 6. August das größte Kirchweihfest der Insel gefeiert wird. Das Kloster ist nur an diesem Festtag geöffnet.*

Weitere Klöster sind das ***Kloster Agía Várvara*** *mit Fresken des 15. Jahrhunderts und das* ***Kloster Timioú Pródromou*** *mit einem schönen Innenhof und einer sehenswerten Ikonostase, die ebenfalls über einen Fußweg von Chóra aus gut zu erreichen sind.* ***Öffnungszeiten****: täglich 10–13 und 16–19 Uhr.*

Immer wieder bieten sich schöne Ausblicke auf die Küste

Sehenswürdigkeiten der Insel

Um die Insel zu entdecken, kann man mit dem Inselbus fahren, in Chóra ein Auto oder Motorrad mieten oder die Insel erwandern. Besonders reizvoll sind dafür die alten Eselspfade, die die Insel überziehen; sie werden nur noch wenig von den Bauern und Hirten genutzt, sind aber bestens für ausgedehnte Inselwanderungen geeignet. Besonders schön sind die weiten Oliven-, Walnuss-, Mandel- und Pflaumenbaumhaine, die der Insel ihr unverwechselbares Gesicht geben, und die Fichtenwälder, die die Insel mit ihrem würzigen Duft erfüllen. Fast 70 % der Inselfläche ist mit Fichtenwäldern bedeckt.

Insel der Kirchen und Klöster

Skópelos wird die „Insel der Kirchen und Klöster" genannt, denn es soll 360 Kirchen und 40 Klöster geben, 123 Kirchen allein in Chóra. Viele der Kirchlein wirken wie weiße Tupfer in der grünen Landschaft; in einigen Klöstern werden Stickereien und Ikonen verkauft.

Es gibt nur wenige Ortschaften auf Skópelos. Charakteristisch sind die „**Kalívia**" genannten Bauernhäuser inmitten von Obstplantagen oder Olivenhainen. Einige der traditionellen Steinhäuser sind noch ganzjährig bewohnt, andere werden nur noch zur Erntezeit oder an Festtagen benutzt. Typisch für diese Häuser ist der außen stehende Ofen, in dem die frischen Pflaumen getrocknet werden, für die Skópelos in der Vergangenheit berühmt war.

- das Fischerdorf **Agnóndas** mit einem schönen Kieselstrand und gemütlichen Fischtavernen am Strand,
- der Ferienort **Pánormos**, dessen Geschichte bis ins 8. vorchristliche Jahrhundert zurückreicht, hat einen schönen Strand und eine geschützte Bucht, in der Yachten ankern;
- **Glóssa**, der zweite größere Ort auf Skópelos, liegt drei Kilometer landeinwärts vom Hafenort Loutráki. Es ist ein malerisches Bergdorf, das vom Erdbeben weitgehend verschont blieb. Die weiß getünchten Häuser mit ihren roten Dächern ziehen sich hangaufwärts. Da die Dorfmitte für den Autoverkehr gesperrt ist, ist es ein netter, ruhiger Ort. Von der Höhe bietet sich ein herrlicher Blick auf Skíathos und das Pílion-Gebirge.
- der kleine Ort **Élios** wurde nach dem Erdbeben gegründet, als sich die Bewohner der zerstörten Ortschaft Klíma dort niederließen;
- **Tripití**, dessen bekannte Grotte mit dem Kaiki erreichbar ist, bietet besonders gute Angelmöglichkeiten.

weiß getünchte Häuser und schöner Ausblick

Strände

Die besten Strände liegen an der Süd- und Ostküste; Wassersportmöglichkeiten gibt es vor allem in Pánormos, Stáfilos und Mília.

- ***Stáfilos**: 6 km von Skópelos,beliebter, viel besuchter Strand mit sehr sauberem Wasser, Taverne,*
- ***Limnonari**: Sand- und Kiesstrand vor steil aufragenden Felswänden, sehr sauberes Wasser, Tavernen*
- ***Pánormos**: langer Kiesstrand mit sauberem Wasser, etwas Schatten, Tretbootverleih, Tavernen, Busverbindung*
- ***Mília**: langer, schöner Sand- und Kiesstrand, Surfbrettverleih, für Surfer sehr geeignet*

Buch- und Kartentipp

- *Heather Parsons, Sotos Walking Guide mit 21 guten Wandervorschlägen, auf der Insel erhältlich*
- *Pílion-Skíathos-Skópelos, 1 : 100.000, Freytag & Berndt Verlag*

Alónissos Αλονισσος (ⓘ s. S. 125)

Inseltelegramm Alónissos	
Größe	62 km², ca. 2.000 Einwohner
Hauptort	Patitíri, 1.500 Einwohner
Inselbeschreibung	eine stille, hügelige Insel mit steil abfallender Nordwestküste; gute Wander-, Bade- und Tauchsportmöglichkeiten; viele Strände sind nur per Boot zu erreichen; die Wege sind in der Regel nicht asphaltiert
Lebensgrundlage der Bevölkerung	Landwirtschaft, Fischfang, etwas Fremdenverkehr
Sehenswürdigkeiten	der Marine National Park; die alte Inselhauptstadt Alónissos; antike Überreste in Kokkinókastro

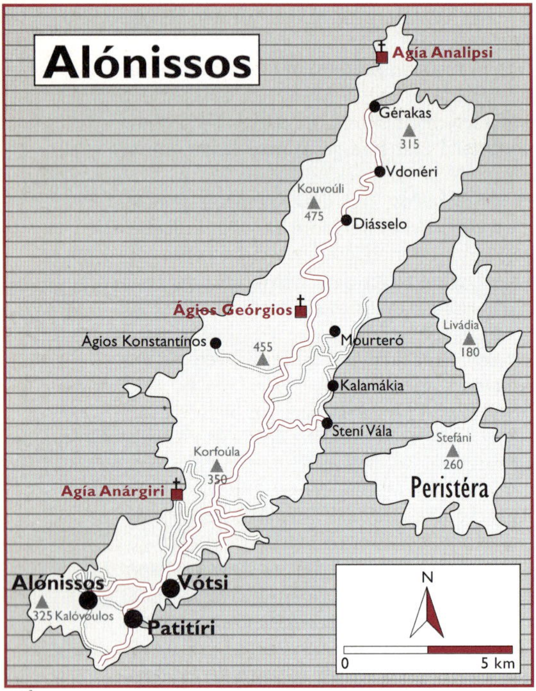

Obwohl auch auf Alónissos die Zahl der Besucher ständig zunimmt, ist die Insel vom Tourismus noch immer weit weniger berührt als Skíathos und Skópelos und eignet sich sehr gut für alle, die der Hektik entfliehen wollen und Erholung beim Baden, Schnorcheln und Wandern durch unberührte Natur suchen. Alónissos ist eine grüne Insel mit weiten Olivenhainen und grünen Kiefernwäldern. Zu entdecken sind viele landschaftliche Schönheiten, malerische Badebuchten, versteckt liegende kleine Häfen und Bootsanlegestellen und Grotten mit interessanten Tropfsteingebilden. Nördlich der Insel wurde ein großer Ökologischer Meerespark zum Schutz seltener Vögel und der vom Aussterben bedrohten Mönchsrobben eingerichtet.

In den Sommermonaten bringen Ausflugsboote Tagesausflügler von Skópelos und Skíathos nach Alónissos, aber da die Insel keinen eigenen Flughafen besitzt, liegt sie weiterhin abseits des großen Fremdenverkehrs.

Zweimal wurde die Insel von großen Naturkatastrophen erschüttert: in den 1950er Jahren wurde die Insel, die seit Jahrhunderten für ihren vorzüglichen Wein bekannt war, durch Lausbefall heimgesucht, wobei der gesamte Rebenbestand vernichtet wurde; 1965 zerstörte ein Erdbeben große Teile der alten Inselhauptstadt.

Die größte Siedlung auf Alónissos ist **Patitíri**, deren Namen „Weinpresse" an die lange Geschichte des Weinanbaus auf der Insel erinnert. Der Ort entstand erst in den 1950er Jahren und wuchs nach dem Erdbeben an, als viele Einwohner der Inselhauptstadt nach Patitíri umgesiedelt wurden. Patitíri ist der Fährhafen von Alónissos, in dem auch die Tragflügelboote und Ausflugsboote zu den Nachbarinseln anlegen, und das wirtschaftliche Zentrum der Insel mit allen öffentlichen Einrichtungen, Banken, Reisebüros, Geschäften und Restaurants, von denen die meisten gleich an der Hafenstraße liegen. Nordwestlich des Ortes gibt es gute Gelegenheit zum Schwimmen und Tauchen, aber die meisten Badegäste lassen sich von einem der im Hafen liegenden Kaikis zu den abseits gelegenen Stränden bringen.

Sehenswürdigkeiten der Insel

Eine asphaltierte Straße führt von Patitíri aus zur alten Inselhauptstadt Alónissos und weiter über Vótsi und Mília bis nach Gérakas, das 23 km entfernt im Norden der Insel liegt. Das Inselinnere wird von vielen kleinen unbefestigten Wegen und Eselspfaden durchzogen. Die Versorgung der Inselbewohner geschieht durch Boote, die regelmäßig die kleinen Küstenorte anfahren.

Hinweis

Da im Inselinneren nur wenige Hinweisschilder aufgestellt sind, ist es auf jeden Fall ratsam, sich für Fahrten oder Wanderungen in einem der Reisebüros von Patitíri eine Inselkarte zu besorgen.

Von Patitíri führt ein schöner, als „Ecological Cultural Hiking Trail" ausgeschilderter Weg zur **alten Hauptstadt Alónissos** (Chóra), die im Inselinneren auf einer Anhöhe liegt und zum Schutz vor Angriffen und Überfällen angelegt wurde. Nach der teilweisen Zerstörung durch ein Erdbeben im Jahre 1965 zogen viele Bewohner in den Hafenort Patitíri; einige der alten Häuser wurden in den letzten Jahren von Engländern, Franzosen oder Deutschen gekauft und liebevoll restauriert, so dass der Ort bald wieder das ursprüngliche Aussehen eines traditionellen Sporadendorfes hat.

Aufstieg zum alten Kastell

Ein steiler, etwa einstündiger Aufstieg führt Sie zu den Überresten eines venezianischen Kastells aus dem 15. Jahrhundert und einer sehr schönen, kleinen Kirche aus dem 12. Jahrhundert. Genießen Sie von der Höhe den herrlichen Blick auf die Insel, der bei klarem Wetter bis zum Berg Áthos hinüberreicht und bei Sonnenuntergang besonders stimmungsvoll ist. Lassen Sie sich beim Abstieg Zeit. In den alten Gassen finden Sie kleine Läden, in denen Künstler und Kunsthandwerker ihre Waren ausstellen, gemütliche Kafenía und Tavernen.

Die nächstgrößere Siedlung ist **Vótsi**, die sich zu einem kleinen Ferienort mit einer geschützten Hafenbucht und guten Tauchmöglichkeiten entwickelt. **Kokkinókastro** ist die Stelle der antiken Stadt Ikos, von der Überreste der Befestigungsanlage und Gräber erhalten sind.

Ein netter Ort für einen geruhsamen Aufenthalt ist das Fischerdorf **Stení Vála** an der Nordküste. Hier finden Sie Privatzimmer, einen Campingplatz, Tavernen und das Zentrum der „Hellenic Society for the Study and Protection of the Monk Seal HSSPMS", *Tel.: 0424-65084,* wo Sie Informationen über die Mönchsrobben erhalten und einen Videofilm anschauen können. *Öffnungszeiten: von April bis Oktober täglich, in den Wintermonaten nur auf Anfrage.*

Stení Vála ist der Ausgangsort für Fahrten zum **National Marine Park of Alónissos and the Northern Sporades**, der nur mit einer Sondergenehmigung oder im Rahmen einer geführten Tour zugänglich ist.

Der **Marine Park** wurde 1992 rund um Alónissos mit 25 kleinen Inseln zum Schutz der vom Aussterben bedrohten Mönchsrobben und zur Erhaltung des

Fischbestandes eingerichtet. Es ist der einzige Park dieser Art in der Ägäis; es werden Tagestouren mit dem Boot durchgeführt, allerdings ist der Zugang beschränkt.

Marine National Park

Die einstmals reichen Fischbestände vor den Küsten wurden durch den Einsatz großer Fangflotten verringert, so dass die Ausbeute für die einheimischen Fischer mit ihren kleinen Booten zunehmend kleiner wurde. Auch für die Robben verschlechterten sich die Lebensbedingungen, und auf der Suche nach knapp gewordener Nahrung rissen sie häufig Löcher in die Fangnetze der Fischer und verringerten so deren Erträge. Lange Zeit sahen die Fischer von Alónissos deshalb ihre Existenz durch die dort lebenden Mönchsrobben gefährdet und töteten die Robben. Die Einrichtung des Meeresparks bringt nun Nutzen für Menschen und Tiere mit sich: da die großen Fischfangflotten keine Zulassung mehr erhalten, können die einheimischen Fischer ihre Fangerträge steigern und verpflichten sich im Gegenzug, keine Robben mehr zu töten.

Es leben noch etwa 300–400 Mönchsrobben im Bereich der Sporaden, eine Kolonie von 45–50 davon in den Gewässern um Alónissos, die an den felsigen Küstenabschnitten ihre Jungen aufziehen. Die systematische Beobachtung der Tiere und die wissenschaftliche Auswertung erfolgt durch Meeresbiologen der Universität Athen.

Bootsausflüge

Die Bootsausflüge bieten nicht nur Gelegenheit zur Robbenbeobachtung, manchmal sind auch Delphine zu sehen, die aus den Wellen emportauchen und die Boote für eine Weile begleiten. Auch die Vogelwelt ist interessant, denn viele Vögel machen hier im Herbst Station auf ihrem Weg nach Süden.

Im Südosten der Insel liegt der feine Sandstrand von **Marpoúnda** mit der großen Anlage des gleichnamigen Clubhotels. Bei Surfern beliebt ist die Bucht von **Vithísma**, und von den Tavernen am Strand von **Megálo Mourtiá** führt ein Fußweg hinauf zur alten Inselhauptstadt.

Rund um Alónissos gibt es mehrere kleine, meist unbewohnte Inselchen, die mit Ausflugsbooten besucht werden können. Die größten Inseln sind **Peristéra** mit schönen Badebuchten, wo nur ein paar Familien leben, **Yioúra** mit wild lebenden Ziegenherden, Skantzoúra mit seltenen Seevögeln und **Kirá Panagía** mit zwei verlassenen Klöstern und einer Höhle, in der der einäugige Kyklop Polyphem gehaust haben soll, den Odysseus geblendet hat.

Strände

Es gibt nur wenige Sandstrände auf Alónissos; einige der schönsten Strände liegen an der Ostküste und sind nur mit dem Boot oder mühsam zu Fuß zu erreichen.

- ***Patitíri**: Kies- und Sandstrand an der Hafenbucht, sauberes Wasser*
- ***Skólio-Bucht**: Kiesstrand an sauberem Wasser, von Patitíri aus zu Fuß erreichbar, 3 Tavernen*
- ***Chrissí Miliá**: schöner Kiesstrand mit Schatten, sanft abfallendes Wasser, deshalb gut für Kinder geignet, Tavernen*

INFO Informationen zu Mönchsrobben

Die Mittelmeerrobbe (Monachus monachus) gehört zu den stark bedrohten Tierarten, deren Gesamtbestand höchstens 1.000 Tiere umfasst. Sie gehört zur Familie der Hundsrobben und Seehunde *(Phocidae)*, die sich als Wasserraubtiere an das Leben im Wasser angepasst haben.

Der Familienname Phocidae stammt ursprünglich aus dem Sanskrit und bedeutet «plumpes Tier». Diese wenig schmeichelhafte Bezeichnung hat eine gewisse Berechtigung, denn durch die Anpassung an das Meeresleben können sich die Tiere zwar im Wasser elegant und mühelos fortbewegen, wirken aber an Land sehr unbeholfen, da sie sich nur rutschend oder eben «robbend» vorwärts bewegen können.

Die Mittelmeer-Mönchsrobbe gehört zu den mittelgroßen Robben: die erwachsenen Weibchen können eine Länge von etwa 2,80 m und ein Gewicht von rund 300 Kilogramm erreichen. Die Männchen sind im Allgemeinen etwas kleiner.

Über die Lebensgewohnheiten und das Fortpflanzungsverhalten der Mittelmeer-Mönchsrobbe ist nur wenig bekannt. Die Tiere leben meist in Gruppen zusammen, wobei während der Fortpflanzungszeit jeweils ein Männchen («Pascha») eine Weibchenherde («Harem») um sich sammelt. Die Mönchsrobben halten sich ganzjährig vor den ihnen vertrauten Küstenabschnitten auf und gehen in den seichten Küstengewässern auf die Jagd. Sie ernähren sich überwiegend von Fischen und Tintenfischen.

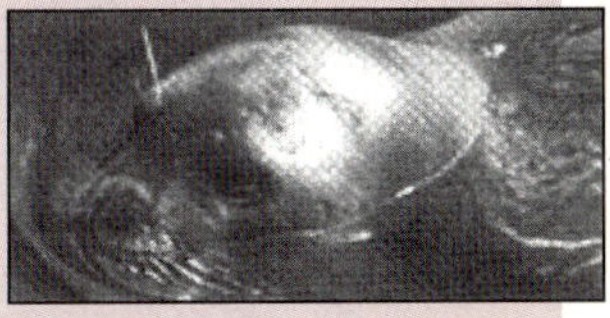

Die Tragzeit dauert etwa elf Monate; dann kommen die Jungen zwischen Mai und November in unzugänglichen Grotten und Höhlen zur Welt. Die Jungtiere werden ungefähr sechs Wochen lang gesäugt. Wenn sich die Muttertiere in dieser Zeit z. B. durch Menschen gestört fühlen, verlassen sie ihre Jungen, die dann elend zugrunde gehen.

Gründe für die Gefährdung der Mönchsrobben sind die Bejagung durch einheimische Fischer, die starke Verschmutzung des Mittelmeeres durch Abwässser und Ölrückstände und die hohe Sterblichkeitsrate der Jungtiere, die auf Störungen während der Aufzuchtsphase zurückzuführen ist. Deshalb widmet sich seit 1970 die „Liga zur Erhaltung der Mönchsrobbe" der Aufgabe, Reservate zu schaffen, in denen die Mönchsrobben ohne jegliche menschliche Störung ihre Jungen großziehen können.

(in Anlehnung an Markus Kappeler, Zürich)

- ***Miliá Yialós:*** *sehr klares, gut zum Schnorcheln geeignetes Wasser, Schatten unter Pinien*
- ***Kokkinókastro:*** *sehr schöner Sandstrand mit roten Kieseln und Schatten unter Kiefern, nur mit dem Boot erreichbar. Verpflegung müssen Sie mitbringen*
- ***Stení Vála:*** *von Felsen umgebene Bucht mit feinem Kiesstrand, Campingplatz, Tavernen und Privatzimmer*
- ***Kalamáki:*** *Sandstrand mit einer Taverne, Privatzimmer im Ort*
- ***Marpoúnda:*** *feiner Kiesstrand, sehr sauberes Wasser, gute Surf- und Tauchmöglichkeiten*

Buch- und Kartentipp

- *National Marine Park of Alónissos and Northern Sporades, sehr gründliche Besucherinformationen zum Meerespark*
- *Alónissos on Foot, macht nicht nur Wandervorschläge, sondern gibt auch gute Wegbeschreibungen zu den schönsten Stränden*

Skíros Σκιρος (ⓘ s. S. 125)

Inseltelegramm Skíros	
Größe	208 km², 2.900 Einwohner
Hauptort	Skíros, 2.500 Einwohner
Inselbeschreibung	landschaftlich abwechslungsreiche Insel mit einigen schönen Sand- und Kieselstränden; gute Bade- und Tauchsportmöglichkeiten
Lebensgrundlage der Bevölkerung	Landwirtschaft, Fischfang, Kunsthandwerk
Sehenswürdigkeiten	die Ortschaft Skíros mit ihrer kykladischen Architektur; das Kloster Ágios Geórgios Skirianós

Obwohl Skíros vielfältige landschaftliche Schönheiten und einige gute, feinsandige Strände bietet, wurde die Insel wegen ihrer abgeschiedenen Lage und der etwas umständlichen Anreise erst in den 1990er Jahren für den Fremdenverkehr entdeckt. Er konzentriert sich heute auf den Norden der Insel und lässt den Inselsüden noch immer weitgehend unberührt.

Skíros ist die größte der Sporadeninseln; sie besteht aus zwei beinahe gleich großen Hälften, die durch einen schmalen Isthmos verbunden sind. Im fruchtbaren, landwirtschaftlich intensiv genutzten Nordteil der Insel steigt das Land mit dem **Ólympos** auf 400 m an, während sich im kargen Südteil der **Kóchilas** auf 792 m erhebt.

Seine Hänge sind mit dichten Eichen-, Platanen- und Buchenwäldern bedeckt, in denen noch vereinzelt die unter Naturschutz stehenden **Wildponies** leben. Wenn auch der größte Teil der Herde von den für die Pferde verantwortlichen einheimischen „Meraklídes" auf die Nachbarinsel Skiropoúla gebracht worden ist, kann man immer noch einige Ponies in der Nähe der Inselhauptstadt sehen.

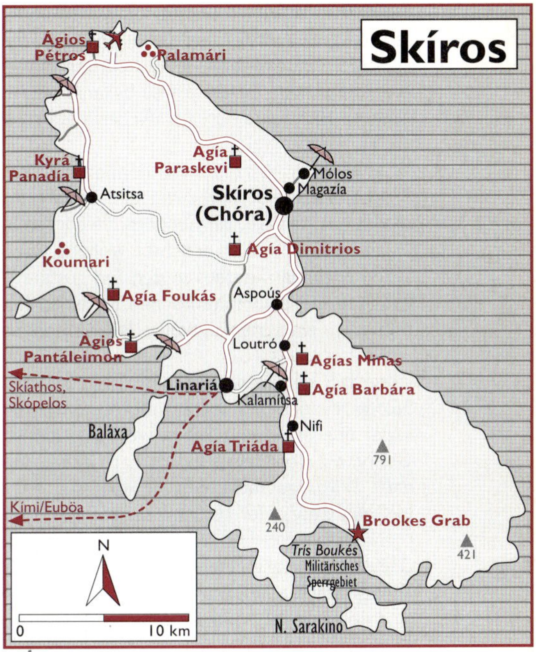

© graphic

In der griechischen Mythologie ist Skíros eng mit den Namen von Theseus, der auf Skíros den Tod fand, und Achilles, der sich am Hofe des Königs Lykomedes versteckt hielt und dennoch von Odysseus entdeckt wurde, verbunden. Im 5. Jahrhundert v. Chr. war Skíros eine reiche Kolonie von Athen.

Aufgrund der isolierten Lage hat sich auf Skíros eine ganz eigenständige Kultur entwickelt, deren Bräuche und Traditionen weit länger als in anderen Regionen Griechenlands erhalten blieben. Dazu gehören das Tragen der farbenfrohen Inseltracht, die Pflege der Holzschnitzkunst, das Töpferhandwerk und vor allem der Karneval, der jedes Jahr ausgelassen gefeiert wird.

Eine asphaltierte Straße verbindet den Hafenort Linariá mit der Inselhauptstadt und führt in den Norden der Insel bis zum Flughafen und nach Atsítsa an der Westküste.

Die Schiffe und Tragflügelboote von Euböa und den Sporaden legen im Hafen von **Linariá** an der Westküste an. Hier warten schon Taxis und der örtliche Bus, um die Ankommenden zur 10 km entfernten Inselhauptstadt Skíros zu bringen. Linariá selbst wird meist nur als Durchgangsort genutzt.

Die **Inselhauptstadt Skíros**, auch **Chóra** genannt, liegt auf einer Anhöhe an der Ostküste der Insel und wurde zum Schutz vor Piraten so gebaut, dass sie vom Meer aus nicht zu sehen ist.

ungewöhnliche Architektur

Der Ort, in dem etwa 2.500 Menschen leben, zeigt eine ungewöhnliche Architektur mit einer Mischung aus kubischen Häusern, Kirchen im byzantinischen Stil und großzügigen Plätzen und zieht sich mit verwinkelten Gassen und Treppen den Berg hinauf, wobei die weiß getünchten Häuser, die kleinen Gärten mit den leuchtenden Sommerblumen an die Kykladen erinnern. Einige Gassen sind so eng, dass keine Fahrzeuge hindurch passen, so dass alle Lasten von Mensch oder Esel getragen werden müssen. Bei einem Blick in die Wohnstuben fallen die schön geschnitzten Holztruhen, die breiten Holzöfen mit Simsen voller Haus- und Zierrat und die mit vielen Wandtellern geschmückten Wände auf, die ein Zeichen für den Wohlstand ihrer Besitzer sind.

reiches Kunstgewerbe

Geschäfte, Banken, Reisebüros, Tavernen und Cafés finden Sie rund um die Hauptstraße Agorá. Auffällig sind die vielen Kunstgewerbegeschäfte mit Töpfereien, Handarbeiten, handgewebten Teppichen und handgearbeiteten Kleinmöbeln wie Schemel und Truhen, für die Skíros bekannt ist. Am Abend können Sie von einem der Cafés in aller Ruhe der abendlichen Volta zuschauen.

In etwa einer Viertelstunde können Sie durch gepflasterte Gassen hinauf zum Burgberg **Kástro** steigen mit den Überresten der venezianischen Festung Lykomedes aus dem 14. Jahrhundert, die an der Stelle der antiken Akropolis aus dem 4. Jahrhundert v. Chr. errichtet worden war. Der Überlieferung nach soll König Lykomedes hier Theseus in den Tod gestürzt haben. Die Festung ist für Besucher geöffnet. Von der Höhe können Sie einen herrlichen Blick über die ganze Bucht oder auch ein stimmungsvolles Picknick bei Sonnenuntergang genießen.

Unterhalb der Festungsmauern liegt das **Kloster Ágios Geórgios**, das schon 962 gegründet und später mit Wandmalereien ausgeschmückt wurde, die aber leider überdeckt sind. Sehenswert sind die Ikonostase und die Ikone des Heiligen Georg, die der Überlieferung nach schon im 9. Jahrhundert von Konstantinopel nach Skíros gebracht worden sein soll. Auffällig ist das schwarze Gesicht des Heiligen Georg, der als Schutzpatron der Insel verehrt wird.

Beim Abstieg sehen Sie die Ruine der ehemaligen Bischofskirche Episkopí, die 895 an der Stelle eines antiken Athena-Tempels errichtet worden war; in der Nähe sind noch die Überreste zweier byzantinischer Kirchen zu sehen und drei winzige, ausgemalte Kapellchen.

Skíros hat drei besuchenswerte Museen:

- das **Archäologische Museum**, *Platía Brooke, Tel.: 0222-91327,* zeigt Funde von der mykenischen bis zur römischen Zeit, vor allem Keramik, Schmuck und Waffen. *Öffnungszeiten im Sommer: Di–So von 8.30–14 Uhr.*
- das **Faltaits Museum**, *Palaiópirgos, Tel. 0222-91232,* gehört zu den besten Volkskundemuseen der Inseln; es dokumentiert mit einer alten Foto- und Büchersammlung die Geschichte der Insel und zeigt die Entwicklung des einheimischen Kunsthandwerks mit Korbflechtarbeiten, Stickereien und Kupferwaren. *Öffnungszeiten im Sommer: täglich 10–13 Uhr und 17.30–20 Uhr.*
- das **Städtische Museum**, *Megálou Stratou, Tel.: 0222-91256,* ist ein renoviertes Stadthaus, das mit dem Originalmobiliar eingerichtet wurde und ein gutes Bild eines traditionellen Hauses vermittelt. *Öffnungszeiten im Sommer: täglich 8–14.30 Uhr.*

Im Norden der Stadt, in der Nähe des Archäologischen Museums, steht ein **Bronzedenkmal** des englischen Dichters **Rupert Brooke**, der Skíros während des 1. Weltkrieges besuchte und auf einem französischen Lazarettschiff an einer Blutvergiftung starb. Er wurde in einem Olivenhain in der Bucht von **Trís Boukés** im Süden der Insel beigesetzt. Als die Statue des nackten Dichters, die die „unsterbliche Dichtkunst“ verkörpern soll, aufgestellt wurde, löste sie in der Bevölkerung heftige Ablehnung aus.

Vom Archäologischen Museum führt ein Weg zu den Sommersiedlungen **Magaziá** und **Mólos**, die etwa 1 km nordöstlich von Chóra liegen und sich zu netten Ferienorten entwickelt haben. Hier finden Sie schöne Sandstrände, Hotels, Studios, Privatzimmer und Tavernen, in denen fangfrischer Fisch und ein guter Landwein serviert werden, und die Möglichkeit, ein Boot für einen Ausflug entlang der Küste zu mieten. Die Küste südlich von Magaziá eignet sich sehr gut zum Schnorcheln und Surfen; nahe des Kaps finden Sie eine Seehöhle, in der eine kleine Kapelle eingerichtet wurde.

nette Sommersiedlungen mit schönen Stränden

An der steilen Nordwestküste liegt inmitten von Kiefernwäldern der Ort **Atsítsa** mit guten Bade- und Übernachtungsmöglichkeiten. Das 1978 gegründete Skíros-Zentrum bietet seinen Gästen neben einem breiten Freizeit- und Sportangebot auch eine ganzheitliche psychologisch-medizinische Betreuung.

Strände und Ausflüge

In den Sommermonaten fährt der Inselbus zu den beliebtesten Stränden der Insel; auf Hinweistafeln sind die genauen Abfahrtszeiten genannt. Außerdem werden ab Linariá Ausflugsfahrten mit Motor- und Segelbooten zu den schönsten Badestränden durchgeführt. Die Abfahrtszeiten sind jeweils an den Booten angeschlagen.

- ***Magaziá:*** *etwa 800 m lange sandige Bucht, nur 1 km von Chóra entfernt*
- ***Molos:*** *breiter Sandstrand, bei Surfern beliebt, schöne Wellen, Tavernen, Privatzimmer*
- ***Atsítsa:*** *von Kiefern eingerahmte, felsige Bucht, Tavernen, Privatzimmer*
- ***Ágios Fókas:*** *eine der schönsten Buchten, leider aber nur schwer erreichbar, mit schönem weißen Kieselstrand, gut zum Schnorcheln geeignet, einfache Taverne*
- ***Chorio:*** *viel besuchter, langer Sandstrand ohne Schatten, Wellen, Tavernen, Privatzimmer*
- ***Pefkos:*** *feiner Kiesstrand mit Kiefern, Tavernen, Übernachtungsmöglichkeiten*
- ***Kalamitsa:*** *3 km südlich von Linária, langer Sand- und Kieselstrand an sehr klarem Wasser, Tavernen*
- ***Achilí:*** *kleiner Yachthafen und mehrere schöne Badebuchten in der Umgebung; von Achilí soll Achilles mit Odysseus nach Troja aufgebrochen sein.*
- *Südlich von Chóra, unterhalb des Kástros, liegt ein inoffizieller FKK-Strand.*

Annäherung an einen der vielen Inselstrände

9. ZENTRALGRIECHENLAND (STERÉA HELLAS)

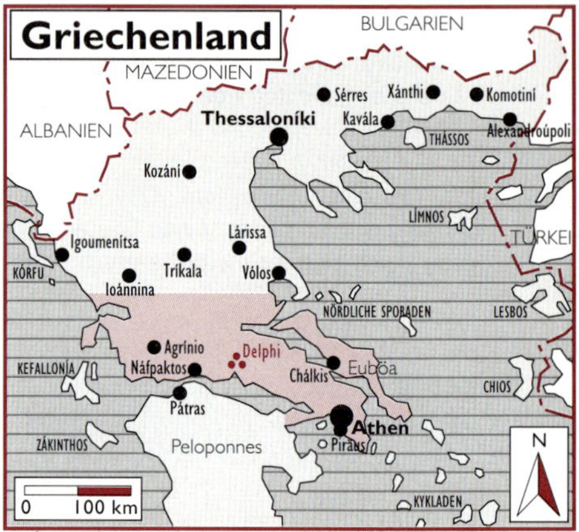

© igraphic

Als Zentralgriechenland (Steréa Hellas) wurde nach den Befreiungskriegen von 1821 das Festland des damals befreiten griechischen Staates bezeichnet. Zentralgriechenland schließt sich im Norden an die Provinzen Épirus und Thessalien an und reicht im Süden bis an den Korinthischen und den Saronischen Golf. Die Provinz ist (von Westen nach Osten) aufgegliedert in die Bezirke Ätolien-Arkanien, Evritania, Fthiotis, Fokis und Böötien.

Zentralgriechenland ist ein überwiegend gebirgiges Land, dessen höchste Berge der 2.510 m hohe Berg Gióna und der 2.457 m hohe Parnass sind. Das Klima ist je nach Region sehr unterschiedlich mit einem trockenen Gebirgsklima im Innern und gemäßigtem Klima an den Küsten.

Provinztelegramm Zentralgriechenland	
Bevölkerung	18,32 % der Gesamtbevölkerung
Fläche	23,83 % der Gesamtfläche
Kennzeichnung	überwiegend gebirgiges Land mit sehr vielfältigen Landschaften, die Region wird von zwei Hauptstraßen in West-Ost-Richtung durchzogen; kulturell und historisch sehr bedeutsame Orte wie Delphi, Theben, Náfpaktos und Euböa
Lebensgrundlage der Bevölkerung	Landwirtschaft, Viehzucht, Handel und Fremdenverkehr

Von Épirus in den Norden Zentral-Griechenlands: Vom Ambrakischen Golf über Agrínio und Karpeníssi nach Lamía

Vom Ambrakischen Golf führt eine sehr kurvenreiche Straße über Agrínio durch die mittelgriechische Gebirgslandschaft nach Karpeníssi und weiter nach Lamía. Westlich von Karpeníssi liegt der **Kremastón-Stausee**, der größte künstliche See Griechenlands, der durch die Wasser des **Archelóos** und seiner Nebenflüsse gespeist wird und ein beliebtes Ausflugsziel ist.

Hinweis

Zum 172 m hohen Staudamm und zum Kraftwerk führt eine kleine Straße; den See überquert man in 15 Minuten kostenlos mit einer Autofähre, die stündlich von 8–17 Uhr verkehrt. Die Brücken, die Ätolien und Evritanien miteinander verbinden, zählen zu den längsten auf dem Balkan.

Redaktions-Tipps

- Besuchen Sie die **Thermopylen**, wo ein modernes Denkmal an den aufopferungsvollen Kampf des Leonidas und seiner 300 Spartaner erinnert (S. 494f).
- Machen Sie einen Stadtbummel durch den hübschen Ort **Náfpaktos** und genießen Sie den herrlichen Blick auf den Golf von Korinth von einem der hoch gelegenen Cafés bei der Festung (S. 500ff).
- Nehmen Sie sich genügend Zeit für die Besichtigung der antiken Stätten in **Delphi** und für das Museum mit seinen einzigartigen Kunstschätzen (S. 508ff), aber genießen Sie auch die eindrucksvolle Gebirgslandschaft des **Parnássos** (S. 524f).
- Besuchen Sie das **Kloster Óssios Loúkas** mit seinen herrlichen Mosaiken (S. 527ff)!

Karpeníssi Καρπενισσι und Umgebung

(ⓘ s. S. 125)

Karpeníssi ist der geschäftige Hauptort der Präfektur Evritania mit etwa 10.000 Einwohnern. Der Ort, dessen Häuser sich an den Berghängen des Hausberges Timfristós hinaufziehen, liegt etwa 960 m hoch. Die wenigen fremden Besucher schätzen vor allem das auch im Sommer angenehme Klima und die schöne, sehr waldreiche Umgebung. Für die Griechen ist Karpeníssi ein beliebter Wintersportort. Das Skigebiet mit dem **Skizentrum**, *Tel.: 22370-23 506*, liegt auf einer Höhe von 1.800–2.050 m und bietet mit seinen Pisten und Skilifts eine gute Alternative zum stärker besuchten Winterparadies am Parnássos.

ganzjährig beliebter Ferienort

Karpeníssi bietet sich als geeigneter Ausgangsort für ausgedehnte Bergwanderungen und für die Besteigung des 2.315 m hohen Berges Timfristós an. Außerdem berührt der Europäische Fernwanderweg E 4 Karpeníssi und führt von dort über 7 Stationen nach Delphi. *Informationen über geführte Wanderungen, aber auch über Kanu- und Kajaktouren und Wildwasserfahrten erhalten Sie bei Trekking Hellas, Tel.: 22370-25 940. Das Büro liegt gleich am Hauptplatz, Zinnopoulou 7.* Im Ort gibt es Übernachtungsmöglichkeiten in Privatzimmern und Hotels und ausreichend Tavernen und Restaurants. In den Auslagen der Geschäfte fallen die vielen Holzschnitzereien und die handgewebten Stoffe auf, die noch auf alten Webstühlen gewebt werden.

Bei Ausflügen in die Umgebung von Karpeníssi lernen Sie reizvolle, abwechslungsreiche Landschaften kennen, in die kleine, abgeschiedene Bergdörfer eingebettet sind. Diese Dörfer sind über eine ausgebaute Straße gut zu erreichen. Etwa 5 km südwestlich von Karpeníssi liegt der Ort **Korichádes** mit mehreren alten, unter Denkmalschutz stehenden Herrenhäusern, von denen einige von der griechischen Zentrale für Fremdenverkehr als Unterkünfte gerichtet wurden. *Auskunft erhalten Sie unter der Rufnummer 22370-23 484 oder 22 802.* Nach den Ortschaften **Mikrí** und **Megálo Chorió** kommen Sie zum **Kloster Panagía Proussiótissa**, das noch von einigen Mönchen bewohnt wird. Im Kloster wird eine wundertätige

traditionelle Architektur

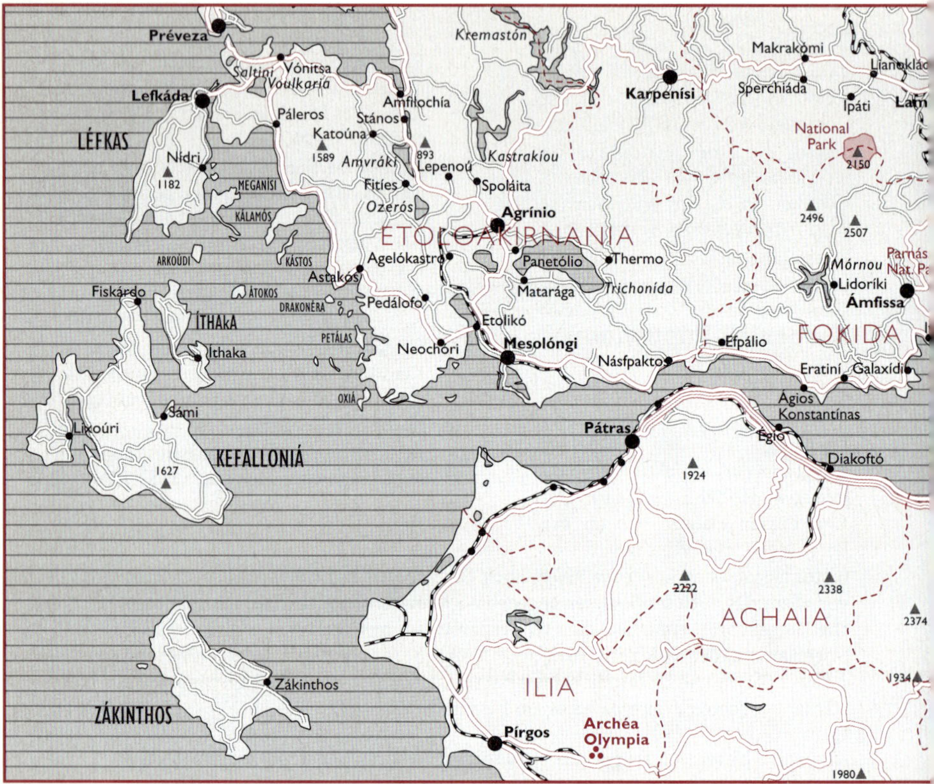

© graphic

Ikone der Jungfrau Maria aufbewahrt. Sehenswert ist der mit Holzschnitzereien und Gold- und Silberarbeiten geschmückte Hochaltar aus dem Jahre 1754. Im Klostermuseum gibt es eine Sammlung persönlicher Gegenstände von Karaiskakis. Jedes Jahr im August nehmen viele Gläubige an einer Wallfahrt zum Kloster teil. Nicht weit entfernt liegt auf 800 m Höhe der Ort **Proússos**.

Die Dörfer sind einen Besuch wert

Ein anderer Ausflug führt zu den abgeschiedenen **Àgrafa-Dörfern**, die nordwestlich von Karpeníssi liegen und über eine zwar gut ausgebaute, aber sehr kurvenreiche Straße mit vielen Steigungen zu erreichen sind. Die Dörfer erhielten ihren Namen in der Zeit der Türkenherrschaft, als man befand, dass sie zu abgelegen waren, um registriert zu werden („ágrafa"). Die Bewohner gelten bis heute als sehr stolz und kämpferisch. Dichte Tannenwälder, Wiesen, Bäche mit kristallklarem Wasser und uralte, Schatten spendende Bäume laden zu ausgedehnten Wanderungen ein.

Lamía Λαμια und Umgebung (ⓘ s. S. 125)

Lamía ist die Hauptstadt der Präfektur Fthiotida und das wirtschaftliche Zentrum dieser Region. Mit knapp 55.000 Einwohnern zählt Lamía schon zu den Großstädten Griechenlands. Die Stadt ist bekannt wegen ihrer reizvollen Lage am Fuße des Othris-Gebirges, oberhalb der Ebene des Sperchiós-Flusses, in der tiefen Bucht des Maliakós Golfes, wird aber von Touristen nur selten besucht. Im Zentrum der Stadt gibt es vier Plätze, an denen die öffentlichen Gebäude, Geschäfte, Hotels und Restaurants liegen. Oberhalb der Platía toú Laóu steht das Grabmal des Athanasios Diakós, eines der großen Bürger der Stadt. Auf der Fahrt durch den Ort nimmt man jedoch weniger die schöne Lage, als vielmehr den dichten Verkehr wahr, der sich lautstark durch die engen Straßen zwängt. Die Häuser ziehen sich amphitheatralisch am Berghang empor, auf dessen Spitze die Überreste einer fränkisch-katalanischen Festung aus dem 14. Jahrhundert stehen, die an der Stelle der antiken Akropolis errichtet wurde. Im **Archäologischen Museum**, das in der Festung eingerichtet wurde, gibt es eine interessante Sammlung mit Funden aus der klassischen und hellenistischen Zeit. Der Weg hinauf wird mit einer herrlichen Aussicht auf den Golf von Lamía bis hinüber zur Küste von Euböa belohnt. Etwa 7 km südlich der Stadt liegt der Vorort Georgopótamos. Er wurde bekannt, als dort während des 2. Weltkriegs griechische Partisanen und britische Soldaten die Eisenbahnbrücke sprengten, um den deutschen Nachschub zu unterbinden. Die Brücke wurde wieder aufgebaut und ist ein beliebtes Fotomotiv für Eisenbahnfreunde, die hier die nur im Schritttempo fahrenden Züge aufnehmen können.

Sehenswürdigkeiten in der Umgebung von Lamía

- der Kurort **Loutró Ipáti** mit modernen Heilquellen und das hoch gelegene Bergdorf **Ipáti** (ⓘ s. S. 125) mit antiken Mauerresten; Ipáti ist Ausgangsort für Wanderungen im Íti National Park, der 1966 eingerichtet wurde, und auf den 2.152 m hohen Berg Íti. Im Ort gibt es einfache Übernachtungsmöglichkeiten.
- das **Kloster Antinítsa** aus dem 15. Jahrhundert in der Nähe des 1.200 m hohen **Phoúrka**-Passes, der das Othrys-Gebirge überquert,
- die antiken Überreste von **Domokós** und **Fársala**.

Die Thermopylen

heilkräftige Quellen

Die bekannteste antike Stätte in der Umgebung Lamías sind die Thermopylen, die knapp 16 km südöstlich von Lamía an der Autobahnstrecke Thessaloníki - Athen liegen. Beim heutigen Ort **Thermopíles** gibt es schwefelhaltige Heilquellen mit Wassertemperaturen von 31 °C, von denen einige frei zugänglich sind. An der Hauptstraße von Lamía nach Athen steht ein modernes Denkmal, das an den aufopferungsvollen Kampf des Leonidas und seiner 300 Spartaner erinnert. In antiker Zeit waren die Thermopylen (d.h. die „Tore des warmen Wassers") die wichtigste Verbindung zwischen Mittel- und Südgriechenland. Der 7 km lange Pass zwischen dem Kallídromo-Gebirge und dem Golf von Lamía war in früherer Zeit an drei Stellen so schmal, dass jeweils nur ein Wagen passieren konnte; heute bietet sich durch Anschwemmungen ein ganzes anderes Bild. Aufgrund ihrer strategischen Bedeutung waren die Thermopylen im Altertum häufig umkämpft; unlösbar ist dieser Engpass jedoch mit dem Namen des Leonidas verbunden.

Das Denkmal erinnert an die heldenhafte Verteidigung der Thermopylen

Im Jahre 480 v. Chr. versuchte der persische König **Xerxes**, Griechenland zu erobern. Die Griechen hatten sich zu den Thermopylen zurückgezogen, wo sie dem zahlenmäßig stark überlegenen persischen Heer mehrere Tage lang standhielten. Erst durch den Verrat des Griechen Ephialtis, der persische Soldaten über einen geheimen Pfad in den Rücken der Griechen führte, gelang es den Persern, die griechischen Stellungen zu umgehen. Der Spartanerkönig Leonidas erkannte die hoffnungslose Lage, schickte den größten Teil der griechischen Truppen zurück und verteidigte mit nur 300 Spartanern und 700 Thespiern den Engpass. Den Persern wurden hohe Verluste zugefügt, bis schließlich auch der letzte der Verteidiger gefallen war. Ihr heldenhafter Mut wurde von dem großen griechischen Dichter **Simonides** besungen; Schiller fasste die Tat in folgende Worte: „Wanderer, kommst Du nach Sparta, verkünde dorten, du habest uns hier liegen gesehen, wie das Gesetz es befahl."

Fährverbindungen zu den Sporaden

Am Küstenabschnitt zwischen Lamía und Chálkis/Euböa führt die autobahnähnlich ausgebaute Straße von Athen nach Thessaloníki entlang. Hier liegen mehrere Ferienorte, die im Programm großer Reiseveranstalter angeboten werden und sich ganz auf den Fremdenverkehr eingestellt haben, wie z. B. **Kaména Voúrla** (ⓘ s. S. 125), **Ágios Konstantínos** und **Arkítsa.** Von Ágios Konstantínos fahren täglich Fährschiffe und Tragflügelboote zu den Sporadeninseln Skíathos, Skópelos und Alónisos, von Arkítsa fährt mehrmals täglich eine Fähre nach Loutrá Edipsoú auf Euböa.

Streckenhinweis
Etwa 12 km südlich von Lamía zweigt eine Straße ins Gebirge ab, die über Graviá und Ámfissa nach Delphi führt.

Von Épirus in den Süden Zentralgriechenlands

Vom Ambrakischen Golf über Agrínio und Messolóngi nach Náfpaktos (ca. 125 km)

Vom Ambrakischen Golf führt die gut ausgebaute Straße nach Amfilochía und weiter durch die Regionen **Akarnien** und **Aitolien** zu den Städten Agrínion und Messolóngi. Das ebene Land, das von den Flüssen **Achelóos** und **Evínos** durchzogen und von Berghängen begrenzt wird, ist durch Seen und Lagunen ebenso geprägt wie durch kleine Ortschaften, in denen Tabakblätter zum Trocknen ausgebreitet und aufgehängt sind. Das landwirtschaftlich intensiv genutzte Land wird vom Osserós- und vom Ambrákios-See her bewässert; zu den höher gelegenen Feldern wird das Wasser durch lange Wasserleitungen hochgepumpt.

Strátos Στρατος

Überreste der antiken Stadt

An dem Streckenabschnitt von Amfilochía nach Agrínio liegt die Ortschaft **Strátos**; von der Straße her können Sie schon das große Ausgrabungsgelände der einst bedeutenden, am rechten Ufer des Achelóos gelegenen Stadt sehen. Die noch gut erhaltenen Stadtmauern stammen aus dem 5. Jahrhundert v. Chr., als die Stadtbewohner im Peloponnesischen Krieg auf der Seite Athens gegen die mit Sparta verbündeten Ambrakier kämpften. Bei Ausgrabungsarbeiten der Französischen Archäologischen Schule konnten Reste des dorischen Tempels zu Ehren des Zeus Stratios, ionische Säulen, geringe Bauteile der Agorá und das südliche Haupttor der Stadt freigelegt werden.

Fest
Im September findet in Strátos alljährlich ein Volkstanz-Festival statt.

Die Straße überquert den Achelóos, der mit 217 km zu den längsten Flüssen Griechenlands gehört und führt nach Agrínio.

Agrínio Αγρινιο (ⓘ s. S. 125)

Die Stadt mit ca. 32.000 Einwohnern ist das Handelszentrum der Region. In der Umgebung wird vorwiegend Weizen, Baumwolle und Tabak angebaut. Die Stadt wurde 1887 durch ein Erdbeben fast völlig zerstört. Im Ort gibt es ein kleines Museum, in dem Funde der Umgebung ausgestellt sind.

Ausflüge
*Von Agrínio aus lohnen sich Ausflüge zu den umliegenden Seen und den an der Küste gelegenen Fischerdörfern **Astakós** und **Mítikas**, die ausgezeichnete Angelmöglichkeiten bieten und zu den Ausgrabungen von **Thérmos**, Entfernung: 35 km*

Wegstrecke
Sie folgen zunächst der Straßenausschilderung nach Karpeníssi und biegen nach 2 km nach rechts ab auf eine schmale Straße in Richtung Thérmo.

An dieser Strecke sehen Sie in der Nähe des heutigen Dorfes **Paravóla** die ausgeschilderten Ruinen von **Boukation** aus dem 4. Jahrhundert v. Chr. Von der auf einem Hügel gelegenen antiken Stadt sind noch Reste der Stadtmauern aus hellenistischer Zeit zu sehen und Wehrtürme, die in byzantinischer Zeit hinzugefügt wurden. Auf dem Festungshügel steht die Kirche Kimísis Theotokoú, die im 13. Jahrhundert mit Baumaterialien einer älteren Kirche gebaut worden war. Die antike Stätte war auch im Mittelalter durchgehend besiedelt.

Kurz vor Thérmo erreichen Sie den Ort **Agía Sofía**, der von kleinen Bergbächen durchflossen wird; interessant ist hier die Kirche Ágios Nikólaos, die mit Bausteinen, Steinplatten, Kapitellen und Säulentrommeln aus antiker Zeit errichtet wurde.

beliebte Ausflugsziele

In den kleinen Ortschaften am **Trichonída-See**, wie zum Beispiel in Loutrá Mirtiá, finden Sie beliebte Ausflugslokale und einladende Tavernen, deren Terrassen unmittelbar am Wasser liegen. In schöner Atmosphäre kann man sich hier in aller Ruhe herrlich entspannen und die Vögel und Wassertiere beobachten, die sich im Schilf verstecken. Ein paar Schritte weiter findet man einen kleinen Sandstrand und kann ein Bad im See nehmen oder beim Bau eines Kaikis zuschauen.

Thérmo Θερμο (ⓘ s. S. 125)

Der heutige Ort Thérmo breitet sich an den Berghängen aus, sehr schön ist die große Kirche, die sich auf einem Hügel erhebt. Die große Platía ist mit ihren Straßencafés ein beliebter Treffpunkt, die vielen Geschäfte zeigen, dass Thérmo

das Einkaufszentrum dieser Region ist. Es gibt mehrere Restaurants und Übernachtungsmöglichkeiten im Ort. Der Weg zur antiken Stadt ist mit "Ancient Thermos" ausgeschildert; das Gelände liegt am südlichen Ortsausgang.
Öffnungszeiten: täglich 8.30–15 Uhr, Mo geschlossen, Eintritt frei.

Heiligtum der antiken Stadt

Die erste Besiedlung des Ortes ist bis zur spätmykenischen und archaischen Zeit nachzuweisen. Der antike Ort **Thermos**, von dem Teile der Befestigungsanlage, Tempelfundamente und frühgriechische Wohnhäuser freigelegt werden konnten, war dem Gott Apollon geweiht. Es war das Heiligtum des **„Aitolischen Bundes"**, mit dessen Weihegeschenken die Anlage reich ausgeschmückt war. Philipp V. von Makedonien plünderte das Heiligtum zweimal in den Jahren 218 und 206 v. Chr. In römischer Zeit verlor das Heiligtum an Bedeutung. Der Heilige Bezirk, der von einer Umfassungsmauer gesichert war, hatte die Ausmaße 240 x 200 m. Im Nordosten lag der größte, dem Apollon Thermion geweihte Tempel aus dem 3. Jahrhundert v. Chr., der an der Stelle eines älteren, um 620 v. Chr. gebauten Tempels errichtet worden war. Man fand auch Überreste eines Artemis-Tempels, Denkmäler und Statuen; in der Nähe des Haupteingangs wurde eine lang gestreckte Stoa aufgedeckt, südöstlich davon das Bouleuterion des Aitolischen Bundes.

In Thermos fand einmal jährlich die Versammlung des Aitolischen Bundes statt, bei der die Verwaltungsbeamten des Bundes gewählt wurden. Mit dieser Versammlung war in antiker Zeit ein großer Markt mit vielen Händlern, Kaufleuten und Schaustellern verbunden. Dieser „alte Bazar" (Palaia Bazari) gab wohl dem ganzen Bezirk den Namen, denn noch heute wird von den Dorfbewohnern die Ausgrabungsstätte Paläobazari genannt.

Im kleinen **Museum** sind reiche Keramiken und Tempelverzierungen, Münzen und Schrifttafeln ausgestellt.

Für die Rückfahrt können Sie dieselbe Strecke wählen oder die Fahrt über die kleine, ganz um den **Trichonída-See** herumführende Straße fortsetzen und so nach Agrínio zurückkehren.

Streckenhinweis

Alternativ kann man auch von Thérmo aus durch das Gebirge nach ***Náfpaktos*** *fahren. Diese Strecke führt durch eine schöne, stellenweise wilde und unberührte Berglandschaft, durch lichte Laubwälder und dichte Macchia, aus der sich im Frühjahr blühende Mandel- und Judasbäume erheben, vorbei an Quellen und kleinen Wasserfällen. An den Berghängen liegen vereinzelt Ortschaften, in denen die Zeit noch still zu stehen scheint.*

Hinweis

Wassersportzentrum

Für Wassersportler ist eine Fahrt nach Háni Báni interessant. Dort gibt es ein Paddel-, Kanu-, Kajak- und Rafting-Zentrum, das von Mai bis Oktober Wildwasserfahrten auf dem Fluss Évinos durchführt. Informationen erhalten Sie bei Trekking Hellas S.A., 7 Filellinon, 105 57 Athen, Tel.: 210-3310323-26, Fax: 210-3234548

Etolikó Ετολικο

Von Agrínio führt die Hauptstraße durch die 4 km lange, malerische **Klissoúras-Schlucht**, wo auf einer Anhöhe das kleine **Kloster Ágios Eleoússas** in den Felsen gebaut ist.

Am Ende der Schlucht wird schon der Ort **Etolikó** sichtbar, der auf einer kleinen Insel zwischen den Lagunen von Etolikó und Messolóngi liegt. Die Stadt, in der ca. 4.800 Menschen leben, war im Mittelalter als Zufluchtsort befestigt. Man erreicht den Ort über zwei Brücken, die die Insel mit dem Festland verbinden. Von den Brücken werfen Jungen und Männer ihre Angeln aus. Den ganzen Ort durchzieht die betriebsame Geschäftsstraße, von der schmale Gassen mit kleinen Läden und Restaurants abzweigen. Dazwischen sehen und riechen Sie immer wieder die Auslagen der Fischläden. Schön sind die lange Promenade, die an der Lagune entlang führt, und die kleinen Restaurants, in denen man unter Palmen am Wasser sitzen und Spezialitäten aus fangfrischem Fisch genießen kann, für die Etolikó bekannt ist.

schöne Lagune

Von Etolikó aus ist das Ausgrabungsgelände von **Oiniades** erreichbar, das 16 km westlich liegt. Hier lag in antiker Zeit ein bedeutender Hafen in der Mündungsebene des Archeloos. Die 1901 und 1994–1999 durchgeführten Grabungen legten Teile der Stadtmauer und des Hafenkastells sowie eindrucksvolle Überreste der Akropolis frei. Sehenswert ist das kleine, stellenweise aus dem Felsen geschlagene Theater, in dem in den Sommermonaten Aufführungen stattfinden. Interessant sind auch die in den Felsen gehauenen Schiffshäuser.

Messolóngi Μεσσολογγι (ⓘ s. S. 125)

Von Etolikó führt die Straße weiter nach **Messolóngi** (14 km), vorbei an großen Salzgewinnungsanlagen. Bei guten Windverhältnissen können Sie Gleitschirmflieger beobachten, die von den Berghängen herab schweben.

Messolóngi ist mit ca. 14.000 Einwohnern die Hauptstadt der Provinz **Aitolien** und **Akarnien**. Wichtigster Erwerbszweig ist der Fischfang. Für die Griechen ist Messolóngi eng mit der Geschichte ihrer Befreiung von der Türkenherrschaft verbunden. Als sich die griechische Bevölkerung 1825/26 gegen die Türken erhob, belagerten diese die Stadt. Trotz der türkischen Überlegenheit verteidigten die Einwohner von Messolóngi ihre Stadt so lange die Lebensmittelvorräte reichten; dann, als die Lage hoffnungslos war, verließ ein Teil der Bevölkerung heimlich die Stadt, der andere Teil (Männer, Frauen und Kinder) sprengte sich mit den Pulvermagazinen und Befestigungsanlagen in die Luft. Der griechische Nationaldichter Dionysios Solomos hat den Bewohnern sein Gedicht „Die freien Belagerten" gewidmet.

In ihrem Freiheitskampf wurden die Griechen von dem englischen Dichter **Lord George Byron** unterstützt, der nach dreimonatigem Aufenthalt in der Stadt am 10. April 1824 an Sumpffieber starb.

Im Zentrum der Stadt, an der Platía Botsári, befindet sich im Rathaus das kleine **Museum**, *Tel.: 26310-25 884,* in dem Erinnerungsstücke an den griechischen Freiheitskampf und an Lord Byron ausgestellt sind. Ebenfalls an den Befreiungskrieg erinnern die Ehrengräber von Griechen und Philhellenen im „**Park der Helden**", der an der ehemaligen Stadtmauer liegt. Im Sockel des Denkmals von Lord Byron ist sein Herz beigesetzt.

Messolóngi bietet keine weiteren großen Sehenswürdigkeiten, wohl aber lohnt sich für Naturfreunde und Angler ein Ausflug zur nahe gelegenen Lagune mit meist spiegelglattem Wasser, aus dem einige Pfahlbauten aufragen. Hier finden Wasservögel gute Lebensbedingungen vor; das Wasser ist sehr fischreich. Außerdem gibt es große Fischzuchten. Eine örtliche Spezialität ist das „Avgotaracho", das aus Fischrogen hergestellt wird.

Nur wenige Kilometer von Messolóngi entfernt liegen zwei sehenswerte Ausgrabungsstellen:

- **Pleuron**

  (5 km in Richtung Agrínio)

Das Grabungsgelände ist von der Straße aus auf dem Hügel gut sichtbar, jedoch nur nach etwa 50-minütigem Aufstieg zu erreichen. Von der antiken Stadt sind Reste einer Stadtmauer zu sehen; im Mittelalter war der Ort, der um 1200 Kástro Irínis genannt wurde, von einer mächtigen Mauer umgeben, von der noch 36 Türme und 7 Tore erhalten sind. Außerdem konnten die Ruinen einer Agorá und eines kleinen Theaters freigelegt werden.

- **Kalydon**

  (6 km in Richtung Náfpaktos, Ausschilderung „Ancient Kalydos")

Der Ort Kalydon wurde schon von Homer erwähnt; Schutzgötter der antiken Stadt waren Artemis und Apollon, denen auch das bei den griechisch-dänischen Ausgrabungen 1926-1938 freigelegte Heiligtum aus dem 6. Jahrhundert v. Chr. geweiht war. Außerdem stießen die Archäologen auf ein **Heroon**, die Grabstätte des Leon aus Kalydon. Mit der Stadt Kalydon verband sich im Altertum die Sage vom wilden Kalydonischen Eber, der von Artemis zur Strafe geschickt war und das Land verwüstete, weil König Oineus versäumt hatte, der Göttin zu opfern. Dem Königssohn Meleagros gelang es schließlich, den Eber zu erlegen und die Stadt Kalydon von den Feinden aus dem benachbarten Pleuron zu befreien.

Von Messolóngi führt die Hauptstraße weiter nach Süden bis nach Antírio; von dort ist sowohl die Weiterfahrt über Náfpaktos in Richtung **Delphi** möglich als auch die Überfahrt nach **Río/Pátras** und von dort die **Weiterreise nach Athen und Attika oder zur Peloponnes**.

Antírio (ⓘ s. S. 125) liegt am Eingang des Golfes von Korinth. Von den Türken wurde diese Meerenge die „Kleinen Dardanellen" genannt, die sie durch Befestigungen zu sichern versuchten. Heute sieht man noch die verfallene Rumelien-Festung in Antírio und die Ruinen der Morea-Festung im gegenüber liegenden Río, die 1499 errichtet worden war. Im Altertum stand auf dem Vorgebirge von Antírio ein Tempel zu Ehren Poseidons; das Vorgebirge von Río war mit einer großen Poseidon-Statue geschmückt.

Fähre

Antírio ist durch ständigen Fährverkehr mit Río und der Peloponnes verbunden. Die Überfahrt mit den Autofähren, die ganztägig im Pendelverkehr nach Río fahren, dauert etwa 25 Minuten.

Ein bedeutendes Bauprojekt hat bereits begonnen: die enge Stelle des Golfes zwischen Río und Antírio soll in Zukunft von einer Brücke überspannt werden. Die 2.883 m lange Brücke soll laut Zeitplan bis Ende 2004 fertig gestellt sein.

Náfpaktos Ναφπακτος und Umgebung (ⓘ s. S. 125)

Die Hafenstadt Nafpaktos (Naupaktos) mit ca. 11.000 Einwohnern liegt am Eingang zum Korinthischen Golf und an der Meerenge zwischen Festland und Peloponnes. Der malerische Hafen stammt, ebenso wie die oberhalb der Stadt gelegene Festung, deren Wälle sich bis zum Hafen hinunter ziehen, aus venezianischer Zeit.

Geschichte der Stadt

Die Stadt gehörte von 1407 bis 1499 zu Venedig. In dieser Epoche trug sie den Namen Lepanto, mit dem sich eine der berühmtesten Seeschlachten der Geschichte verbindet. Die Schlacht, bei der 1571 die christliche Flotte (mit Schiffen aus Venedig, Genua, Spanien, Savoyen, dem Kirchenstaat und der Malteser-Ritter) unter der Führung von Juan d'Austria auf die aus 200 Galeeren bestehende türkische Flotte traf, fand westlich von Pátras statt. Vom Hafen Lepanto lief die türkische Flotte aus, die vernichtend geschlagen wurde.

Náfpaktos ist eine geschäftige Handelsstadt; mit vielen Geschäften und allen öffentlichen Einrichtungen das Zentrum für die Bewohner der umliegenden Orte. Da sich die wichtige Verbindungsstraße zwischen Antirio über Delphi nach Athen mitten durch die Stadt zieht, ist Náfpaktos ganzjährig durch starken Auto- und Lastwagenverkehr belastet. Inzwischen wurde zwar mit dem Bau einer Umgehungsstraße begonnen, noch aber muss man bei der Durchfahrt viel Geduld aufbringen.

Die meisten Besucher Náfpaktos nehmen sich nur Zeit für einen kurzen Zwischenstopp auf dem Weg nach Delphi oder Olympia, aber ein längerer Aufenthalt lohnt sich durchaus, denn Náfpaktos hat nicht nur einen malerischen Hafen und ein gut erhaltenes Kastell, sondern auch ein lebendiges Stadtzentrum mit vielen Geschäften, Cafés und Restaurants, einen langen Ortsstrand, viele schöne Fotomotive und viel Sehenswertes in der näheren Umgebung zu bieten.

Schon von weitem bietet die Stadt, die sich an dem mit Pinien bewachsenen Burgberg hinaufzieht, einen schönen Anblick. Einer der schönsten Plätze von Náfpaktos ist der fast kreisrunde **Hafen**, der durch eine venezianische Festungsmauer zur See hin gesichert ist. Auf beiden Seiten der Hafeneinfahrt liegen zwei kleine Kastelle. Hier steht das Standbild des Freiheitskämpfers Georgios Anemogiannis (1798–1821).

Die alten Festungsmauern schützen noch immer die Hafeneinfahrt von Náfpaktos

Noch zwei weitere berühmte Persönlichkeiten werden hier am Hafen geehrt: Für **Juan d´Austria** wurde an der unteren Hafenmauer eine Gedenktafel angebracht mit dem Text: „Zur Erinnerung an Juan d'Austria, einen Sohn der Stadt Regensburg, und Sieger der Seeschlacht von Lepanto im Jahre 1571. In europäischer Verbundenheit – Die Stadt Regensburg."

Nur wenige Schritte entfernt steht eine Statue von Miguel de Cervantes Saavedra.

INFO Informationen zu Miguel de Cervantes Saavedra

Miguel de Cervantes, Autor des Don Quichotte, wurde 1547 in Madrid geboren. 1569 begleitete er den späteren Kardinal Aquaviva nach Italien und nahm 1571 als Seesoldat an der Schlacht von Lepanto (Náfpaktos) teil. In dieser blutigen Galeerenschlacht siegten die vom Papst unterstützten spanischen und venezianischen Truppen unter Juan d'Austria über die Türken. Cervantes wurde bei den heftigen Kämpfen durch zwei Büchsenschüsse schwer verletzt; seine linke Hand wurde verstümmelt.

Nach monatelangem Lazarettaufenthalt in Messina meldete er sich zu neuen Kriegseinsätzen. Auf der Rückfahrt in die Heimat geriet er 1575 in algerische Gefangenschaft, aus der er erst 1580 freigekauft wurde. Er verarbeitete in der Erzählung „Der Gefangene von Modon" eigene Eindrücke und Erfahrungen aus der Zeit seiner Gefangenschaft.

Im Hafen liegen neben bunt gestrichenen Fischerbooten auch Yachten aus aller Welt. Mittelpunkt der Stadt ist die Platía oberhalb des Hafens mit zahlreichen Cafés, Tavernen und Restaurants. Ungeachtet des starken Autoverkehrs, der um die Platía kreist, sind die Caféhausstühle an der Platía ein beliebter Platz zum Sehen und Gesehen werden.

gute Einkaufsmöglichkeiten

In den Einkaufsstraßen und der kleinen Fußgängerzone gibt es Geschäfte aller Art: neben exklusiven Läden mit Designermode finden Sie Metzgereien und Fischläden, Kaffeeröstereien und Konditoreien, Buchhandlungen und Geschäfte mit Ikonen und liturgischen Geräten. Dazwischen liegen traditionsreiche Kafenía, die noch immer den Männern vorbehalten sind, die bei einem Kaffee oder einem Ouzo Távli spielen, sowie Cafébars und Bistros, in denen vor allem junge Leute einen Cappuccino oder Café frappé trinken, und kleine, altmodische Ouzerien.

An der langen Strandpromenade reihen sich die modernen Cafés, Snackbars und Restaurants aneinander; Tische und Stühle stehen direkt auf der Promenade und locken mit einem schönen Blick auf den Golf von Kórinth.

Lohnend, wenn auch bei Hitze recht anstrengend, ist der **Aufstieg zur venezianischen Festung**, *Tel.: 26340-25 989,* der von der **Stadtkirche** her ausgeschildert ist. Viele Stufen und steile Treppenwege führen durch enge Gassen hinauf, vorbei an sprudelnden Quellen und kleinen Gärten, in denen Geranien, Bougainvilleen und Margeriten leuchten. Nach etwa 15 Minuten erreicht man die Fahrstraße, der man noch einmal für ca. 30 Minuten bergan folgt.

venezianische Festung

Bequemer ist die ebenfalls ausgeschilderte **Auffahrt** hinauf zur Festung, die am Friedhof vorbei führt und nach ca. 2,5 km die Höhe erreicht. *Eintritt frei.* Die Festung mit ihrem dreifachen Mauerring wurde von den Venezianern an der Stelle einer pelasgischen Burg aus dem 15. Jahrhundert v. Chr. gebaut. Die Stadtmauer folgt weitgehend dem antiken Verlauf und war von der Akropolis bis zum Hafen in fünf Befestigungsabschnitte gegliedert. Innerhalb der Festung kann man noch die Kapelle Profítis Ilías, Überreste einer Moschee und eines türkischen Bades sehen.

Von der Höhe bietet sich ein herrlicher Blick über den Golf von Korinth und auf die Küste und die Höhenzüge der gegenüber liegenden Peloponnes.

Gleich unterhalb und auch innerhalb der Festung liegen die Cafés Kastro, Castello und das Restaurant Tapia, die von kleinen Balkons und schönen Terrassen ebenfalls eine großartige Aussicht bieten.

Sehenswertes in der Umgebung von Náfpaktos

- Das Bergdorf **Tríkorfo** mit dem großen Kloster Iéra Móni: Die kurvenreiche Straße führt an Olivenhainen vorbei, über mit Macchia bewachsene Berghänge bis hinauf zum Dorf, das wegen seines guten Klimas sehr geschätzt wird. Oberhalb des Dorfes liegt das **Kloster Iéra Móni** mit seinem schönen Glockenturm, das vor allem sonntags von vielen Gläubigen als Wallfahrtsort aufgesucht wird. Der große Parkplatz weist schon darauf hin, mit welchem Andrang von Bussen gerechnet werden muss. Nach dem Klosterbesuch bieten ein Kinderspielplatz, ein Schwanenteich mit Springbrunnen, Vogelvolieren und ein kleiner Zoo weitere Abwechslung. Ein Sonntagsausflug dorthin ist denjenigen zu empfehlen, die einen Familienausflug auf „griechische Art“ erleben möchten!

- Das Ausgrabungsgelände von **Makínia**

Anfahrt

Von Náfpaktos in Richtung Messolóngi fahren, in Makínia rechts abbiegen und der Ausschilderung durch den Ort und noch etwa 2,5 km weiter bergauf folgen. Das Gelände ist zur Zeit eingezäunt, man kann allerdings einen Blick über den Zaun werfen.

Auf dem Kástro-Hügel liegen die Überreste der westlokrischen Stadt Makínia, die am Ende des 7. Jahrhunderts v. Chr. in korinthischem, ab 457 v. Chr. in athenischem Besitz war. 338 v. Chr. wurde die Stadt aitolisch. Erhalten sind Teile der Stadtmauer aus dem 4.–3. Jahrhundert, Überreste von Wohnbezirken und eines kleinen Theaters, von dem sich ein schöner Blick auf den Golf bietet. Die einsame, sehr schöne Berglandschaft eignet sich gut für Wanderungen auf Eselspfaden. Auf der Rückfahrt kann man eine kleine Pause in Makínia Beach einlegen, wo es einen schmalen Sandstrand und einige Tavernen gibt.

gute Wandermöglichkeiten und Badegelegenheit

- Die Ausgrabung von **Velvína**

Anfahrt

In Náfpaktos auf die Straße zum Kastell fahren, dann aber der Hauptstraße, die unterhalb des Kastells nach Westen aus Náfpaktos herausführt, folgen. An dieser Straße ist die Abfahrt nach Velvína ausgeschildert. Folgen Sie zuerst ca. 0,9 km der asphaltierten Straße bis zur Weggabelung mit der Ausschilderung „Akropolis". An dieser Kreuzung halten Sie sich links und folgen der Straße. Nach etwa 1,2 km – kurz vor einer Kirche mit einem Friedhof – zweigt rechts ein ansteigender unbefestigter Fahrweg ab. Folgen Sie diesem Weg ca. 3,3 km durch einen lichten Wald mit Akazien, Kiefern, Eukalyptusbäumen und mannshoher Macchia bis kurz vor einer Freifläche mit einem Kirchlein. Etwa 200 m vor diesem Platz zweigt nach links ein Pfad ab, der in knapp 15 Gehminuten hinauf zu den Überresten der Akropolis führt.

Freigelegt wurden die Reste einer Burgmauer und die Fundamente eines dorischen Poseidon-Tempels aus dem frühen 4. Jahrhundert v. Chr. Ebenso eindrucksvoll wie der weite Blick über den Golf ist die einsame und unberührte Landschaft.

reizvoller Ausflug

Von Náfpaktos nach Delphi

Von Náfpaktos führt die Straße am nördlichen Ufer des Golfs von Korinth entlang und erreicht nach 98 km den Ort Delphi. Die Straße ist insgesamt sehr kurvenreich und stark befahren, so dass Sie für diese Strecke etwa 2 Stunden benötigen. Die Küstenstraße führt von Náfpaktos über Monastiráki, Marathiás, Ágios Nikólaos, Ágios Spíridon, Panormós und Glípha (Ruinen einer antiken Siedlung), Tolofónas und Eratíni nach Galaxídi und weiter nach Itéa und Delphi. Die ehemaligen Fischerdörfer, die sich inzwischen zu kleinen Ferienorten entwi-

ckelt haben, sind über Stichstraßen zu erreichen. Das Angebot an Übernachtungsmöglichkeiten ist noch immer beschränkt, denn es sind vorwiegend griechische Urlauber aus dem Großraum Athen, die hier in ihren Ferienhäusern oder -wohnungen Urlaub machen. Die Orte liegen meist an schmalen Sand- und Kieselstränden mit sehr sauberem Wasser; an den meist neu angelegten, kleinen Hafenpromenaden gibt es einladende Tavernen.

schöne Fahrt am Golf entlang

Immer wieder bieten sich schöne Ausblicke auf den Golf mit tief eingeschnittenen Buchten und kleinen vorgelagerten Inseln, auf denen manchmal eine kleine Kapelle steht. Gelegentlich sehen Sie Fischzuchtbecken und in deren Nähe auch Verkaufsstände mit frischem Fisch. Das Hinterland ist geprägt durch weite Orangen-, Zitronen- und Olivenhaine. Besonders schön ist der Blick auf die gegenüber liegende Küste der Peloponnes.

Archäologisch Interessierte können landeinwärts interessante, teilweise noch wenig erforschte antike und mittelalterliche Stätten entdecken und besichtigen.

Monastiráki Μοναστιρακι (ⓘ s. S. 125)

Das kleine Fischerdorf liegt malerisch in einer geschützten Bucht. Man sitzt sehr schön unter alten Eukalyptus- und Mimosenbäumen direkt am Wasser und genießt in den Fischtavernen einen Vorspeisenteller mit Ouzo oder eines der traditionellen Fischgerichte. Oberhalb des Hafens steht die Dorfkirche an einem nett gestalteten Dorfplatz. Im Westen des Ortes liegt ein kleiner, flacher Kieselstrand, sonst ist die Küste meist felsig.

Skáloma Σκαλομα

Der Ort besteht nur aus wenigen Häusern, die sich an der kleinen Bucht entlang ziehen. Es gibt einen winzigen Hafen, einen schmalen Kieselstrand und zwei Tavernen. Oberhalb des Hafens steht die kleine Kapelle, von der sich ein schöner Blick auf den Golf von Korinth und die gegenüber liegende Küste der Peloponnes bietet. Unterhalb des Kirchleins liegt eine geschützte kleine Bucht, die zum Baden gut geeignet ist.

Marathiás Μαραθιας (ⓘ s. S. 125)

Nur ein Flussbett trennt die Orte Skáloma und Marathiás voneinander. Ein Fußweg führt direkt am Meer entlang. An der langen Uferstraße, die zum kleinen Hafen führt, liegen mehrere Tavernen und Cafés, die Tische und Stühle direkt ans Wasser gestellt haben. Es gibt Übernachtungsmöglichkeiten in einem gemütlichen Strandhotel.

Paralía Sergoúla Παραλια Σεργουλα

Der kleine Ort ist von Olivenhainen umgeben; am lang gezogenen, groben Kieselstrand spenden einige Tamarisken und Eukalyptusbäume etwas Schatten. Traditionelle Kafenía und freundliche Tavernen liegen direkt an der Uferstraße, wo man unter Sonnendächern direkt am Strand sitzen kann. Übernachtungsmöglichkeiten gibt es nur in Privatquartieren.

Man kann über eine kleine, befestigte Straße am Golf entlang zum nächsten Ort **Glífada/Chánia** (ⓘ s. S. 125) fahren. Gleich am Ortseingang von Glífada, gegenüber der Kirche, liegen der kleine Hafen und die Promenade mit einigen gemütlichen Fischtavernen. Der Küste vorgelagert ist die kleine Insel **Trizónia** (ⓘ s. S. 125), zu der regelmäßige Bootsverbindung besteht. Schon die kurze Überfahrt in den kleinen Booten stimmt auf die schöne Inselatmosphäre ein, ebenso wie die Einfahrt in die beiden malerischen Häfen, in denen etliche große Yachten liegen. Auf Trizónia gibt es Tavernen direkt am Hafen, ein Hotel und einen Yachtclub an der Marina. Von dort bietet sich ein schöner Blick auf das Festland und das Inselchen Ágios Spirídon. Nehmen Sie sich Zeit für eine etwa einstündige Wanderung über die Insel; folgen Sie den schmalen Pfaden bis zu den kleinen Buchten, wo Sie ganz ungestört baden können. Von Glífada führt die Straße weiter am Golf entlang nach **Spilía** (ⓘ s. S. 125), wo es Übernachtungsmöglichkeiten gibt.

Die kleine Insel ist einen Ausflug wert

Ágios Spirídonas Αγιος Σπιριδονας

Die Straße führt direkt auf den kleinen Hafen zu, wo die Fischer ihre Netze zum Trocknen ausgelegt haben. Unter Eukalyptusbäumen findet man etwas Schatten, an dem kleinen Kiesstrand gibt es ein Kafeníon. In der Umgebung von Ágios Spirídonas sehen Sie von der Straße her die Golfküste mit tief eingeschnittenen Buchten, in denen zum Teil Fischzuchtbecken liegen, und kleine, vorgelagerte Inseln, auf denen weiße Kapellchen leuchten.

Ágios Nikólaos Αγιος Νικολαος (ⓘ s. S. 125)

Fähre
Von Ágios Nikólaos fahren ganzjährig mehrmals täglich Fähren über den Golf von Korinth hinüber nach Ágion auf der Peloponnes. Ansonsten gibt

es nur einen kleinen Kieselstrand und ein paar Tavernen, in denen man auf die Fähre wartet, aber auch ein Zimmer mieten kann. Hübsch ist der Blick auf die kleine vorgelagerte Insel, auf der die griechische Fahne weht.

Tolofónas Τολοφονας (ⓘ s. S. 125)

Unterhalb des Bergdorfes mit seinen engen, verwinkelten Gassen, einer großen Kirche und dem Kloster Ágios Geórgios liegt die Strandsiedlung Paralía Tolofónas an einem Kieselstrand mit Palmendächern. Der Neubau eines großen Hotels zeigt, dass sich der Ort dem Fremdenverkehr öffnet. Auf die überwiegend französischen Besucher haben sich Restaurants und Geschäfte inzwischen eingestellt. Im Ort gibt es Überreste eines mittelalterlichen Turms.

Eratiní Ερατινι (ⓘ s. S. 125)

Ein kleiner Hafen mit mehreren Cafés und Restaurants, die für ihre Fischgerichte bekannt sind, Eukalyptushaine, ein sauberer Kieselstrand und Geschäfte prägen den Ort.

Galaxídi Γαλαξιδι (ⓘ s. S. 125)

Galaxídi ist eine malerische, alte Stadt, mit Resten einer antiken Mauer und der Ruine eines Klosters aus dem 13. Jahrhundert. Am Hafen, der durch eine flache Halbinsel gebildet wird, stehen die stattlichen Kaufmanns- und Kapitänshäuser, die noch vom Wohlstand des Ortes im 19. Jahrhundert zeugen, den die Bewohner durch Handel und Seefahrt erworben hatten. In den engen Gassen und an hübschen Plätzen mit blühenden Oleanderbüschen stehen alte Häuser mit bunt gestrichenen Türen und Fensterläden und schmiedeeisernen Balkongeländern dicht beieinander. Es gibt ein kleines **Seefahrtsmuseum**, ein **Volkskundemuseum** und mehrere **alte Kirchen**, z. B. die Agía Paraskeví-Kirche aus dem 18. Jahrhundert. Wenn Sie zur Mittagszeit dort sind, sollten Sie den in den Steinboden geritzten Kalender mit Tierkreiszeichen betrachten. Um 12 Uhr markiert ein Sonnenstrahl, der durch ein Loch unterhalb des Daches fällt, das entsprechende Datum; es gilt der Julianische Kalender!

einladender Ferienort

An der langen Hafenpromenade liegen einladende Cafés und Restaurants; im Dorf finden Sie urige und gemütliche Tavernen, in denen der lokale Wein vom Fass serviert wird. Auch der zweite kleine Hafen ist mit seinen bunt gestrichenen Fischerbooten recht malerisch und bietet einen schönen Blick auf den Ort und die kleine Bucht.

Weiter führt die Hauptstraße vorbei an Steinbrüchen, Bergwerken und Bauxitgruben. Hier liegt ein wesentliches Abbaugebiet der griechischen Bauxitvorkommen, die einen wichtigen Rohstoff zur Aluminiumherstellung liefern. In der Bucht von Itéa liegen große Frachtschiffe zum Beladen.

Die Straße erreicht den kleinen Hafenort Itéa, der nur noch 18 km von Delphi entfernt ist.

Itéa Ιτεα (ⓘ s. S. 125)

Itéa liegt an der Stelle des antiken Hafens von Kirrha, in dem die Schiffe der Delphi-Pilger anlegten. Im Ort weisen Hinweisschilder auf die Sehenswürdigkeiten des Ortes hin:

- Spuren einer prähistorischen Siedlung,
- die Ruine eines mittelalterlichen Wachturmes
- die Überreste der antiken Hafenanlagen.

Übernachtungsalternative zu Delphi

Itéa profitiert von der Nähe zu Delphi und hat sich längst auf den Fremdenverkehr eingestellt. Vor der Küste legen große Kreuzfahrtschiffe an, deren Passagiere ausgebootet und nach Delphi gefahren werden. An der breiten Uferpromenade liegen zahlreiche Tavernen, die für ihre Fischspezialitäten bekannt sind, und Cafés, in denen man schön im Schatten alter Bäume eine Pause einlegen, den einlaufenden Schiffen zuschauen und den Blick auf die vorgelagerten Inselchen genießen kann. Ein kleiner Yachthafen und Strandabschnitte mit Palmendächern, Duschen und Umkleidekabinen wurden neu angelegt. Es gibt einige Hotels, jedoch nur wenige Privatzimmer. Der lang gezogene Strand von Itéa ist feinsandig bis grobkiesig, das Wasser relativ sauber.

Hinweis

Von Itéa ist eine gut ausgebaute Straße nach Athen ausgeschildert, über die Sie auch das Kloster Óssios Loúkas und den Ort Dístomo erreichen. Die Straße führt oberhalb des Meeres in vielen Kurven an der Steilküste entlang, wendet sich dann ins Hochgebirge und bietet immer wieder schöne Ausblicke auf den Golf und eine wilde Berglandschaft.

Dístomo liegt inmitten von Olivenhainen und Weingärten. Oberhalb des Ortes weht die griechische Fahne, wo ein Mausoleum und ein Mahnmal an das Nazimassaker im Juni 1944 erinnern, bei dem über 200 Menschen ums Leben kamen. Die deutsche Wehrmacht hatte nach Partisanenkämpfern gesucht und dabei auch die Zivilbevölkerung nicht verschont.

Im Ortszentrum gibt es ein kleines Archäologisches Museum mit Funden aus Antíkira.

Von Dístomo ist der Weg nach **Antíkira** ausgeschildert. Archäologisch Interessierte finden hier die Überreste des antiken Ortes, die zur Zeit noch weiter ausgegraben werden. Antíkira lag in der Bucht Áspra Spítia und war nicht nur ein bedeutender Hafenplatz, sondern auch als Heilbad bekannt. 346 v. Chr. wurde der Ort durch Philipp II. von Makedonien zerstört und geriet später in römischen Besitz. Freigelegt wurden bisher Überreste eines Artemis-Heiligtums und eines Kastells auf der Halbinsel Kephali sowie Mauern der antiken Akropolis von Medeon.

Außerhalb von Antíkirra liegen Badebuchten mit schönem Kiesstrand und Tavernen.

Delphi Δελφι und Umgebung (ⓘ s. S. 125)

Ein Besuch Delphis gehört zu den Höhepunkten jeder Griechenlandreise! Das antike Heiligtum liegt in der großartigen Gebirgslandschaft des Parnássos, umrahmt von den dunklen Felsen der Phädriaden, die sich gewaltig von der unterhalb Delphis gelegenen „Heiligen Ebene" mit ihren silbrig schimmernden Olivenbäumen abheben. In dieser eindrucksvollen Landschaft fällt es nicht schwer, sich die besondere Bedeutung Delphis als geistiger Mittelpunkt der griechischen Welt vorzustellen.

Das moderne Delphi

Die heutige Ortschaft ist ganz und gar durch Reise- und Fremdenverkehr geprägt. Sie entstand erst durch die Verlegung des Dorfes Kástri bei Beginn der Ausgrabungen an den antiken Stätten.

der Touristenort Delphi

Der Ort wird von den beiden Hauptstraßen **Vasiléou Pávlou & Frideríkis und Apóllonos** durchzogen, an denen sich das touristische Leben abspielt. Hier liegen Banken, Hotels, Pensionen und Privatzimmer, daneben Restaurants, Tavernen und Geschäfte mit jeder Art von Andenken, Geschenkartikeln, Schmuck und Kunstgewerbe; die Touristeninformation, Post und das Telefonamt finden Sie an der Vasiléou Pávlou & Frideríkis. Während der Osterzeit und in den Sommermonaten ist Delphi restlos überfüllt; dann zwängen sich Autos in einer langen Schlange durch den Ort, während sich auf den Bürgersteigen die Besucher drängen, die auf einem Tagesausflug in Delphi sind und nach der Besichtigung der Ausgrabungsstätte und des Museums einen Einkaufsbummel machen.

Trotz des touristischen Ansturms hat Delphi durchaus seinen Reiz, wenn man die beiden Einkaufsstraßen verlässt und durch die engen Gassen mit alten Häusern und kleinen Blumengärten streift oder den etwas höher gelegenen Ortskern aufsucht. Von der Höhe des weit überragenden Kliffs, an dessen Rand sich der Ort ausdehnt, bietet sich ein wirklich phantastischer Ausblick auf die weite Ebene und das Pleistostal. Im Westen des Ortes liegt das Europäische Kulturzentrum Delphi, das 1960 auf Anregung von Konstantin Karamanlis gebaut wurde, im Osten liegt das schöne Sikeliános-Haus, in dem das Museum der delphischen Festspiele eingerichtet wurde.

Hinweis

Wenn Sie in Delphi übernachten, brauchen Sie kein Auto für die Besichtigungen, da die Ausgrabungsstätten und das Museum nur wenige Gehminuten vom Ort entfernt sind.

Das antike Delphi

Zeiteinteilung

Für einen Besuch Delphis sollten Sie mindestens einen ganzen Tag zur Verfügung haben und sich genügend Zeit nehmen für die Besichtigung

- *des sehr sehenswerten* **Museums** *mit seinen einzigartigen Kunstschätzen,*

*• des Heiligtums der Athena Pronaia (***Marmaria***) und der* **Kastalischen Quelle** *und*
• des weitläufigen **Apollon-Heiligtums** *mit dem gut erhaltenen Theater und dem Stadion.*

Noch einige Hinweise zur Tagesplanung

• Wenn Sie Delphi am frühen Nachmittag erreichen, empfiehlt sich zunächst der Besuch des Heiligtums der Athena Pronaia (Marmária) und der Kastalischen Quelle; der nächste Tag steht Ihnen dann für den Besuch des Apollon-Heiligtums und des Museums zur Verfügung.
• Die frühen Morgenstunden eignen sich für den Besuch des Apollon-Heiligtums am besten; wenn die Reisebusse gegen 10 Uhr in Delphi eintreffen, wird es rasch sehr voll.
• Da eine eingehende Besichtigung des stark ansteigenden, ausgedehnten Ausgrabungsgeländes mehrere Stunden in Anspruch nimmt, können Sie, wenn Sie früh am Vormittag beginnen, in der Hitze der Mittagszeit das Museum besuchen.
• Da die Wege zum Teil unbefestigt und steil und die Stufen sehr glatt sind, sind bequeme Schuhe zu empfehlen; im Sommer sollten Sie eine Mütze und eine Flasche Wasser mitnehmen.

Mythos und Geschichte

Der Mythos erzählt, dass Zeus, der oberste der Götter, zwei Adler von den beiden Enden der Welt gleichzeitig aufsteigen ließ, um den Mittelpunkt der Erde zu bestimmen. Als die beiden Adler in Delphi zusammentrafen, fiel ein Stein vom Himmel. Dieser „Omphalos" genannte heilige Stein markierte den „Nabel der Welt".

Ursprung des Heiligtums

Die Besiedlung des Pleistos-Tals ist bis ins 3. Jahrtausend v. Chr. nachweisbar. Um 1400 v. Chr. gewann die Pytho genannte Ortschaft an Bedeutung; sie galt als heilige Stätte einer weiblichen Gottheit, Gaia oder Athena, deren Orakelsprüche durch eine Priesterin (Pythia) vermittelt wurden. Der Ort der Weissagungen lag in einem tiefen Schlund und wurde von dem Drachen Python, einem Sohn der Gaia, bewacht. Der Mythos erzählt weiter, dass der Gott **Apollon** wenige Tage nach seiner Geburt von der Insel Delos zum griechischen Festland aufbrach, um dort nach einer Stätte zu suchen, an der er sich von den Menschen zu seiner Verehrung einen Tempel errichten lassen wollte. Am Fuße des Parnassos angekommen, tötete Apollon den Drachen und verließ den Ort Pytho, um sich von der Mordschuld zu reinigen. Er begab sich ins Tempe-Tal und brachte von dort bei seiner Rückkehr nach Delphi einen Lorbeerbaum mit. Lorbeerbäume wurden später als dem Apollon heilig verehrt.

Die Einführung des Apollon-Kultes in Delphi wird bei Homer dargestellt. Um kretische Seefahrer aus Seenot zu retten, verwandelte Apollon sich in einen Delphin und führte die Seefahrer sicher nach Kirrha, dem nahe gelegenen Hafen von Pytho. Auf die Frage der Kreter, womit sie an einem so unfruchtbaren Ort ihren Unterhalt verdienen sollten, antwortete der Gott, dass sie als seine Priester von den Weihegeschenken der Gläubigen leben könnten. Daraufhin führten die

Kreter den Kult des Apollon Delphinios ein und nannten den Ort Delphi. Im Laufe der Jahre nahm die Zahl der Besucher und Ratsuchenden in Delphi ständig zu; das Orakel von Delphi gewann weitreichenden religiösen und politischen Einfluss. Wichtigste staatspolitische Entscheidungen wurden häufig erst nach der Einholung des delphischen Orakelspruches getroffen, wie die Aufzeichnungen zeigen, die von den delphischen Behörden über viele Jahrhunderte sorgfältig geführt wurden.

Mit der zunehmenden Bedeutung Delphis wuchs auch sein Reichtum; zwischen dem 5. und 4. vorchristlichen Jahrhundert war Delphi eines der reichsten Heiligtümer Griechenlands. Das führte zu kriegerischen Auseinandersetzungen, in deren Verlauf die Amphiktyonie (ein von 12 Städten gebildeter Bund) den Schutz des Heiligtums übernahm.

die Heiligen Kriege

Der **1. Heilige Krieg** (600–590 v. Chr.) wurde gegen Kirrha geführt, das den durchreisenden Pilgern hohe Zölle auferlegte. Dieser Krieg endete mit der Zerstörung Kirrhas. Die Vertreter der Amphiktyonie förderten Ansehen, Einfluss und Bedeutung Delphis durch die Organisation musischer und sportlicher Wettkämpfe, sog. „Pythien", die ab 582 v. Chr. alle 8, später alle 4 Jahre zwischen 2 Olympiaden stattfanden. Im Jahre 548 v. Chr. brannte der Apollon-Tempel ab und wurde in den nachfolgenden Jahren durch Spendenmittel und Geldsammlungen aus dem gesamten Mittelmeerraum neu errichtet. Im **2. Heiligen Krieg** (448 v. Chr.), in dem sich auch Sparta und Athen gegenüberstanden, wurde Delphi den mit Athen verbündeten siegreichen Phokern zugesprochen. Da die Phoker sich das Recht anmaßten, die Heilige Ebene unterhalb Delphis zu bebauen, kam es zum **3. Heiligen Krieg** (354–346 v. Chr.). Dabei wurde Delphi von den Phokern geplündert. König Philipp II. von Makedonien griff in die Auseinandersetzungen ein und besiegte 352 die Phoker unter ihrem Feldherrn Onomarchos. Der **4. Heilige Krieg** (340–338 v. Chr.) wurde durch die Bebauung der Heiligen Ebene durch die Stadt Amphissa ausgelöst. Die Amphiktyonie rief Philipp von Makedonien zu Hilfe, der durch seinen Sieg über die mit Amphissa verbündeten Athener und Thebaner 338 v. Chr. in Chaironea die Vorherrschaft Makedoniens in Griechenland festigte. Der zerstörte Apollon-Tempel wurde 330 v. Chr. wieder aufgebaut.

Niedergang von Delphi

In der hellenistischen Zeit verlor Delphi an Bedeutung. Unter römischer Herrschaft wurde das Heiligtum mehrfach geplündert; auf Befehl des römischen Feldherrn Sulla wurden alle kostbaren, aus Bronze, Gold oder Silber hergestellten Weihegeschenke nach Rom gebracht und zur Deckung der Kriegskosten verwendet; Kaiser Nero soll nach seinem Besuch der Pythischen Spiele im Jahre 67 n. Chr. 500 Statuen aus dem Heiligtum mitgenommen haben. Unter Kaiser Domitian wurde das Heiligtum 84 n. Chr. erneuert und erlebte unter Kaiser Hadrian eine letzte Blütezeit, um dann durch Verordnung von Kaiser Theodosios 393 n. Chr. wie die anderen heidnischen Kultstätten verboten zu werden.

Der Gott Apollon

Delphi verdankte dem Orakel, dessen Ruhm weit über die Grenzen Griechenlands hinausging, den materiellen Wohlstand, denn viele der kostbaren Geschenke, Weihegaben und Stiftungen wurden aus Dankbarkeit für Ratschläge und geleistete Hilfen gegeben. Die Errichtung der Kunstwerke durch die bedeutendsten Künstler der Zeit geschah jedoch zu Ehren des Gottes Apollon, der von den Griechen hoch verehrt und geliebt wurde. Er war der Gott des Lichts, der Ordnung und der Vernunft, er war der Gott der Heilkunst, der Musik und des Gesanges.

Streben nach Vernunft

Als die griechische Kultur in Philosophie und Kunst ihren Höhepunkt erreichte, verkörperte der delphische Apollon das Streben des Menschen nach Vernunft und Einsicht. Die einprägsamen Worte des Orakels „Erkenne dich selbst" und die Betonung des rechten Maßes in der Einschätzung und Gestaltung des eigenen Lebens „Nichts im Übermaß!" machen deutlich, dass Apollon dem Menschen die Aufgabe auferlegte, sich selbst auf ein Ideal hin zu vervollkommnen. Er spornte die Menschen an, durch Selbsterkenntnis die eigenen Fähigkeiten und Möglichkeiten richtig einzuschätzen und auszuschöpfen. Er führte sie zu einsichtigem Verhalten, erzog sie zu Besonnenheit und Toleranz und Streben nach ethischer Reinheit.

INFO Informationen zum delphischen Orakel

Die besondere Bedeutung des delphischen Orakels zeigte sich in der religiösen und geistigen Ausstrahlung Delphis auf die gesamte griechische Welt und nach der Eroberung Asiens durch Alexander den Großen auch auf den asiatischen Raum. Privatpersonen, Abgeordnete von Städten und Gesandte von Königreichen holten gleichermaßen den Rat des delphischen Orakels ein.

Die Befragung des Orakels

Das Orakel wurde zunächst nur einmal im Jahr im Februar/März befragt; später, als die Zahl der Ratsuchenden ständig anstieg, erfolgte die Befragung vom 6. Jahrhundert v. Chr. an einmal im Monat. Davon ausgenommen waren die 3 Wintermonate, in denen Apollon nicht in Delphi war. In der Blütezeit Delphis konnte das Orakel dann täglich um Rat gefragt werden. Die Reihenfolge der Befragung unterlag strengen Regeln. Grundsätzlich kamen Griechen vor allen Barbaren, das waren alle nicht griechisch sprechenden Menschen, an die Reihe. Auch unter den griechischen Ratsuchenden war die Reihenfolge vorgegeben:

1. Bewohner Delphis,
2. Angehörige der Mitgliederstädte der Amphiktyonie,
3. Griechen entsprechend einer bestimmten geographischen Ordnung.

Diese theoretische Reihenfolge des Protokolls wurde oft durch das zu erwerbende Vorrecht der Promantie (das Recht, das Orakel bevorzugt zu befragen) durchbrochen; dieses Vorrecht galt jedoch nur innerhalb der Reihenfolge der gleichen Gruppe.

Für alle Ratsuchenden gab es strenge **Opfervorschriften**; angenommen wurden Opfergaben in Naturalien oder in Form von Geld oder Wertsachen. **Orte der Befragung** waren das **Megaron**, der große Tempelinnenraum, wo ständig ein Feuer brannte und Gläubige und Kultdiener sich während der heiligen Zeremonie aufhielten; das **Adyton**, das Innerste des Megaron, zu dem man hinabsteigen musste, und wo wahrscheinlich durch eine Bodenauslassung der Felsgrund des Parnassos erkennbar war und die **inspirierende Öffnung am Boden**, über der ein Dreifuß aufgestellt war, auf dem die Pythia saß.

Gegenstände des Kultes waren
- **der Dreifuß**, ein rundes Becken auf 3 Stützen, zwischen denen ein Feuer angezündet werden konnte. In Delphi stand der Dreifuß über der Orakelöffnung und diente der Priesterin als Sitz. Da er ständig dem heiligen Hauch ausgesetzt war, wurde schon ihm selbst prophetische Kraft zugeschrieben;
- **der Lorbeerbaum**, der im Tempelinneren wuchs und dessen Zweige die Pythia über dem Ratsuchenden schüttelte, um diesen ein letztes Mal zu reinigen;
- **der Omphalos**, der in der Nähe des Dreifußes und des Lorbeerbaumes lag und von 2 Goldadlern überragt war;
- die **Goldstatue des Apollon** und die aus Zypressenholz geschnitzte archaische **Apollon-Figur** (das Xoanon), die die ersten kretischen Priester im Tempel aufgestellt hatten;
- die „**heiligen Waffen**", die niemand berühren durfte;
- der **Steinsockel**, der als das Grabmal des Dionysos verehrt wurde.

Die Fragen konnten der Pythia mündlich oder schriftlich auf Täfelchen gestellt werden; Frage und Antwort wurden schriftlich festgehalten. Der Ratsuchende selbst hörte – ebenso wie der Priester (Prophet) – die Antwort aus dem Munde der Pythia, die von Apollon inspiriert sich in einem Trancezustand befand. Die mündlichen Antworten wurden zwar in klarer Aussprache gegeben, waren aber häufig so mehrdeutig formuliert, dass die Ratsuchenden die Aussage zuweilen nicht richtig interpretierten.

So erhielt Krösus, der reiche König von Lydien, die Antwort, er werde ein mächtiges Reich zerstören, wenn er den Halys überschritte – Krösus glaubte an seinen Sieg und bedachte nicht, dass diese Aussage auch den Untergang seines eigenen Reiches bedeuten konnte.

Ausgrabungen

1837/38 wurden die ersten systematischen Ausgrabungen in der Marmaria und im antiken Friedhof von dem französischen Architekten Laurent unternommen. Große Schwierigkeiten ergaben sich dadurch, dass das Heiligtum im Laufe der Jahrhunderte überbaut worden war. Erst nach der aufwändigen Verlegung des Dorfes Kástri ab 1891 konnte mit einer großen, planmäßigen Ausgrabung des antiken Heiligtums begonnen werden. Bereits 1896 wurde die berühmte Bronzestatue des Wagenlenkers gefunden. 1939 wurde vor der Halle der Athener ein Aufsehen erregender Schatz von Weihegaben aus Gold, Silber, Bronze und Elfenbein entdeckt. In jüngster Zeit konzentrieren sich die Ausgrabungen auf die systematische Erforschung der antiken Wohnstadt.

Bronzestatue

Das Heiligtum des Apollon Pythios

Öffnungszeiten: die Öffnungszeiten werden je nach Jahreszeit oft kurzfristig geändert. Im Allgemeinen gilt: täglich 8.30–15 Uhr, im Juli und August bis 19 Uhr. Informationen: Tel.: 02650-82313.

In klassischer Zeit war der heilige Bezirk dicht angefüllt mit Schatzhäusern, Statuen und Weihegeschenken, von denen der heutige Besucher meist nur noch die Reste der Basen und Sockeln mit ihren Inschriften sieht. Man ist verwirrt von der Menge der Steinblöcke, Mauerreste und Säulenstümpfe, die in Gedanken zu Schatzhäusern oder Statuen vervollständigt werden müssen. Deshalb wird im folgenden ein Rundgang beschrieben, der zu den interessantesten und bedeutendsten Sehenswürdigkeiten führt.

Das Heiligtum liegt in der großartigen Bergwelt des Parnássos

Mittelpunkt des Heiligtums ist der **Apollon-Tempel**, der beherrschend auf einer großen Terrasse lag, zu der die Heilige Straße hinaufführte. Beiderseits der Straße standen **Denkmäler**, die Weihegeschenke griechischer Städte und **Schatzhäuser** mit Weihegaben. Im oberen Bereich des Tempelbezirks befindet sich das **Theater**; außerhalb, hoch am Berg, liegt das **Stadion**.

Das gesamte Gelände des Apollon-Heiligtums mit seiner Ausdehnung von 195 x 135 m war schon in archaischer Zeit von einer Mauer (Peribolos) umgeben. Maueröffnungen ermöglichten den Zugang von Osten und Westen; der Haupteingang lag damals wie heute im Südosten. Der rechteckige Eingangsvorplatz diente der Aufstellung der Prozessionen bei den Pythischen Spielen und dem Verkauf von kleinen Weihegeschenken wie Idolen und Dreifüßen. An diesem Vorplatz, dem späteren Römischen Markt, begann auch die 4–5 m breite gepflasterte **Heilige Straße**, die in zwei scharfen Kehren steil zum Apollon-Tempel hinaufführt.

1. Am Beginn der Heiligen Straße stand der **Bronzestier von Kerkira**, der als Dank für einen erfolgreichen Thunfischfang von dem Bildhauer Theopropos von Ägina um 480 v. Chr. gestaltet wurde; zu sehen ist nur noch der Sockel.
2. Gegenüber wurde um 404 v. Chr. die 20 m lange **Säulenhalle der Spartaner** errichtet, die Götterstandbilder und 28 Bronzestatuen enthielt, die von ver-

Delphi – Das Apollon-Heiligtum

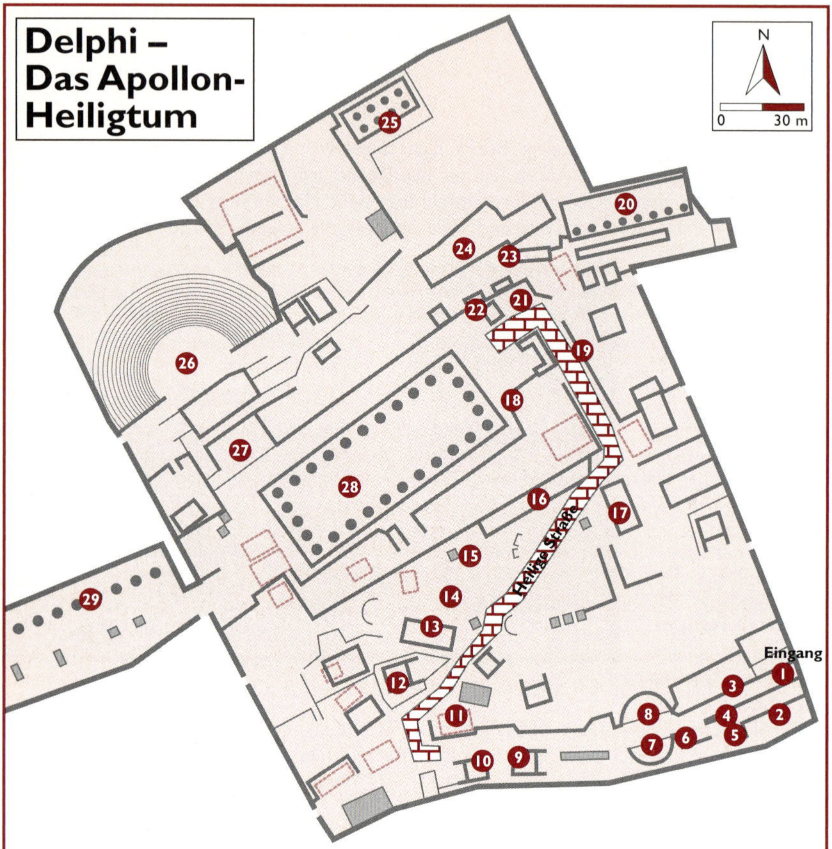

1 Bronzestier von Kerkyra
2 Säulenhalle der Spartaner
3 Weihegeschenk der Arkadier
4 Weihegeschenk der Athener
5 "Trojanisches Pferd der Argiver"
6 "Sieben gegen Theben"
7 "Die Epigonen"
8 "Die Fürsten von Argos"
9 Schatzhaus von Sikyon
10 Schatzhaus von Siphnos
11 Schatzhaus der Thebaner
12 Schatzhaus der Athener
13 Bouleuterion
14 Felsen der Sibylle
15 "Sphinx der Naxier"
16 Halle der Athener
17 Schatzhaus der Korinther
18 Denkmal des Aemilius Paulus
19 Dreifuß von Platää
20 Nördlicher Vorplatz des Apollon-Tempels
21 Tempel des Apollon
22 Stoá des Attalos
23 "Akanthus-Säule mit Tänzerinnen"
24 Weihegeschenk des Thessaliers Daochas II.
25 "Lesche der Knidier"
26 Theater
27 Weihegeschenk des Krateros
28 Halle der Aitolier
29 Das Stadion

schiedenen Künstlern stammten und bedeutende spartanische Heerführer und Politiker darstellten.

3. Auf der rechten Seite stand das **Weihegeschenk der Arkadier**, eine 9,40 m lange Basis mit 9 Weihegeschenken aus Bronze; die nach den Kämpfen in Lakonien im Jahre 369 v. Chr. aufgestellt worden waren.

4. Links befand sich das **Weihegeschenk der Athener**, das die Götter Apollon und Athena, zusammen mit Miltiades, dem erfolgreichen Führer in der Schlacht bei Marathon im Jahre 490 v. Chr., darstellte.

Weihegeschenke und ...

5. Dahinter stand das sogenannte „**Trojanische Pferd der Argiver**", das der Bildhauer Antiphanes zur Erinnerung an den Sieg der Argiver über Sparta im Jahre 456 v. Chr. schuf.

6. Es schließen sich die „**Sieben gegen Theben**" an, ein Weihegeschenk von Argos, das nach dem Sieg der Athener und Argiver über Sparta (456 v. Chr.) geschaffen wurde und die sieben Helden darstellt, die gegen Theben gekämpft hatten.

7. Ebenfalls auf der linken Seite sehen Sie das halbrunde Bauwerk „**die Epigonen**". Auch dies ist ein Weihegeschenk von Argos, das nach einem Sieg über Sparta gestiftet und zwischen 450 und 425 v. Chr. errichtet wurde; in den Mauernischen standen die Nachkommen der „7 gegen Theben".

8. Auf der rechten Seite standen die „**Fürsten von Argos**", 10 Bronzestatuen mythischer Könige und Helden von Argos, errichtet nach der Gründung von Messene.

9. Weiter links ist noch deutlich im Grundriss **das Schatzhaus von Sikyon** erkennbar, das aus dem 6. Jahrhundert v. Chr. stammt; es wurde im Auftrag von Kleisthenes nach Beendigung des 1. Heiligen Krieges gebaut.

10. Das Schatzhaus von Siphnos, war eines der schönsten und ungewöhnlichsten Bauwerke des Heiligtums. Als Zeichen ihres aus reichen Gold- und Silbervorkommen erworbenen Wohlstands errichtete die kleine Insel Siphnos um 525 v. Chr. ein Schatzhaus in ionischem Stil aus parischem Marmor. Die Fassade wurde mit 2 weiblichen Statuen (Karyatiden), die das Gebälk und den Giebel stützten, und einem Relieffries geschmückt, der die vier Seiten des Gebäudes (29,63 m) umlief. Die erhaltenen Teile der Karyatiden und des Figurenfrieses sind im Museum ausgestellt.

Zwischen den Schatzhäusern von Sikyon und Siphnos waren die Weihegeschenke der Knidier und der Aitoler aufgestellt.

Der „Omphalos" markierte in Delphi den Mittelpunkt der Welt.

11. Die Heilige Straße macht eine Kehre; links vom Weg lag das **Schatzhaus der Thebaner**, das nach der Schlacht von Leuktra (371 v. Chr.) in dorischem Stil errichtet worden und mit zahlreichen Ehreninschriften geschmückt war. In der Kehre sind die Reste des **Schatzhauses von Böotien** zu sehen, das aus Porosstein gebaut war und noch Namensinschriften zeigt, ferner die Nachbildung des **Omphalos**, der ursprünglich an einer anderen, noch nicht näher bestimmbaren Stelle lag.

... Schatzhäuser

Das Schatzhaus der Athener

12. Auf der Höhe der Kehre steht links das gut erhaltene **Schatzhaus der Athener**, das zu den berühmtesten Weihegeschenken von Delphi gehört. Es konnte in den Jahren 1903–1912 von dem französischen Architekten Replat mit großem finanziellen Aufwand der Stadt Athen wieder aufgerichtet werden. Zur Zeit ist es eingerüstet und wird aufwändig restauriert. Das etwa 6 x 10 m große Gebäude in dorischem Stil aus Paros-Marmor war mit eindrucksvollen Reliefdarstellungen auf einem umlaufenden Fries und in den Giebelflächen geschmückt:

Nordseite: Heldentaten des Herakles,
Südseite: Heldentaten des Theseus,
Westseite: Heldentaten des Theseus (Rinderraub),
Ostseite: Amazonen-Schlacht.

Ein Sockel an der Südseite trägt die Inschrift: „Die Athener weihen Apollon diesen Bau zur Erinnerung an ihren Sieg über die Perser in der Schlacht bei Marathon".

An den Wänden des Schatzhauses waren viele Weihinschriften eingemeißelt; darunter Hymnen auf Apollon, die wegen der Notenzeichen besonders interessant sind;

13. Hinter dem Schatzhaus der Athener stand gleich anschließend das Rathaus (**Bouleuterion**), in dem die 15 Vertreter der Stadt Delphi und 8 Magistratsbeamte (Prytanen) tagten.

14. Dahinter liegt auf der linken Seite **der Felsen der Sibylle**, der von den Phädriaden herabgestürzt sein soll. In der Antike vermutete man hier den Aufenthaltsort der ersten Sibylle, die aus Troja kam und mit Weissagungen begonnen haben soll. Von ihr leitet sich der Name für weissagende Frauen (Sibyllinen) ab, die Kultvorschriften, Orakel und Prophezeiungen weitergaben.

Etwas höher lag auch der Leto-Felsen, von wo aus Apollon, auf dem Arm seiner Mutter Leto, den Pfeil auf den Drachen Python anlegte. Diese ältesten Heiligtümer wurden weitgehend schon im 6. Jahrhundert v. Chr. während der Bauzeit für die Schatzhäuser und für den Apollon-Tempel zerstört;

In der Nähe liegen die ältesten Überreste Delphis, die der Erdgöttin Gaia geweiht waren, die lange vor Apollon in Delphi verehrt wurde. An der Quelle der Gaia sollen außerdem Themis, die Göttin der Gerechtigkeit, und Poseidon, der Gott des Meeres und der Quellen, verehrt worden sein.

Gegenüber auf der rechten Seite der Heiligen Straße liegen die halbrunde Exedra, die wie das Dreisäulendenkmal zu dem großen **Festplatz** (Halos) gehörten, auf dem Versammlungen stattfanden und die zeremonielle Darstellung der Tötung des Python durch Apollon bei den Pythischen Spielen aufgeführt wurde.

15. Weiter auf der linken Seite stand erhöht hinter der Halle der Athener die **„Sphinx der Naxier"**, eine Kolossalstatue aus Marmor, die im Jahre 560 v. Chr.

dem Apollon geweiht wurde und sich heute im Museum befindet. Die Gestalt der mythischen Sphinx stand auf einer 12 m hohen Basis und war selbst 2,32 m hoch; sie hatte die Aufgabe, den heiligen Ort zu bewachen. Auf der untersten Säulentrommel bekundet eine Inschrift, dass den Naxiern im Jahre 328/327 v. Chr. das Recht der Promantie (bevorzugte Orakelbefragung) bestätigt wurde.

16. Die lang gestreckte **Halle der Athener** aus dem Jahre 478 v. Chr. wurde im ionischen Stil erbaut und nahm die Beutestücke der Athener nach ihren Siegen über die Perser auf. Sieben monolithische Marmorsäulen schmückten die Fassade und trugen das hölzerne Dach. Eine Inschrift auf der obersten Stufe des Unterbaues (auf dem Stylobat aus grauem Parnassos-Stein) erinnert an die siegreichen Seeschlachten: „Die Athener haben die Halle geweiht, samt den Waffen und Schiffsschnäbeln, die sie von den Feinden erbeuteten."

Vor der zweiten Straßenwindung liegt hinter der Halle der Athener die bis zu 2,5 m hohe und 84 m lange **Stützmauer des Apollon-Tempels**; diese Polygonal-Mauer trägt über 800 Inschriften aus dem 2. und 1. Jahrhundert v. Chr., unter denen viele Urkunden über die Freilassung von Sklaven sind. Die Mauer, die als architektonische Meisterleistung gilt, wurde nach 548 v. Chr. errichtet.

Die Sphinx der Naxier bewachte den Heiligen Ort

17. Auf der rechten Seite der Heiligen Straße, stand das **Schatzhaus der Korinther** aus dem 7. Jahrhundert v. Chr. (657–627 v. Chr.), das als das älteste Schatzhaus in Delphi gilt, und das **Prytaneion**, der Sitz der Magistratsbeamten, unmittelbar vor der Umfassungsmauer des Heiligtums.

18. Die Heilige Straße führt weiter aufwärts zum Heiligtum des Apollon. Links steht das **Denkmal des Aemilius Paulus**, eines römischen Heerführers. Ursprünglich sollte das Denkmal die Gestalt des letzten makedonischen Königs Perseus tragen. Nach dessen Niederlage bei Pydna (168 v. Chr.) und der damit verbundenen Unterwerfung ganz Griechenlands unter römische Herrschaft, wurde auf die bereits vollendete Basis das Reiterstandbild des Aemilius Paulus gesetzt. Die Basis zeigt Reliefdarstellungen der Schlachten zwischen Makedonen und Römern.

Ein paar Schritte weiter stand der **Altar von Chios**, der aus Marmor gefertigt war und eine Inschrift trug, die den Bewohnern von Chios das Recht der Promantie einräumt. Dieses Recht hatten sich die Chioten dadurch erworben, dass sie den großen Altar des Apollon-Tempels errichteten.

19. Rechts gegenüber war der goldene **Dreifuß von Plataä** als Siegesdenkmal aufgestellt. Es trug die Namen jener 31 griechischen Städte, die 479 v. Chr. bei Salamis und Plataä über Xerxes und seine Truppen siegten. Der Dreifuß ruhte auf einer 5,5 m hohen bronzenen Säule, die drei umeinander geschlungene Schlangen darstellte und auf dem erhaltenen dreistufigen Rundsockel stand. Zwischen 356 und 346 v. Chr. wurde der Dreifuß von den Phokern entwendet; Konstantin der Große ließ die Säule nach Konstantinopel bringen, wo sie heute noch auf dem At-

Meydani-Platz (Hippodrom) als „Schlangensäule" steht. Daneben war 304 v. Chr. der „**Wagen von Rhodos**" als Weihegeschenk aufgestellt, der das Vierergespann des Sonnengottes Helios darstellte.

20. Der **nördliche Vorplatz des Apollon-Tempels** gehörte zu den bevorzugten Stellen des Heiligtums. Hier standen viele Weihegeschenke, u. a. die Kolossalstatue des Apollon Sitalkas, drei goldene Dreifüße als Weihegaben der Tyrannen von Syrakus, der Dreifuß der Deinomenidis und die Statue des **Prusias von Bithynien**.

21. der Tempel des Apollon

Schon im 7. Jahrhundert v. Chr. wurde von den legendären Baumeistern Agamedes und Trophonios ein Apollon-Tempel errichtet, der jedoch 548 v. Chr. abbrannte; in den Jahren 514–504 v. Chr. wurde der Neubau des Tempels durch eine panhellenische Sammlung und durch die athenische Adelsfamilie der Alkmaioniden finanziert. Als auch dieser Tempel 373 v. Chr. durch ein Erdbeben zerstört wurde, trugen wiederum griechische und nicht griechische Staaten zum Wiederaufbau bei. Von 370–340 v. Chr. wurde jener Tempel errichtet, dessen Reste wir heute sehen.

Der Grundriss des 60 m langen und 24 m breiten dorischen Tempels ist noch klar erkennbar: die innen gelegenen Tempelräume waren von einer Säulenreihe aus Tuffstein begrenzt, je 15 Säulen an den Längsseiten, je 6 Säulen an den Schmalseiten. 6 der Säulen konnten teilweise wieder aufgerichtet werden.

Der Zugang zur Vorhalle des Tempels war über eine Rampe möglich.

das Tempelinnere

Das Tempelinnere war in 2 Räume gegliedert; im vorderen Raum, der Cella, befanden sich ein Poseidon-Altar, Statuen von 2 Schicksalsgöttinnen, eine Zeus-Statue, das Standbild des Apollon Moiragetes, der eiserne Sessel des Pindar, wo dieser seine Hymnen an Apollon vortrug, und der Hestia-Altar, an dem ein Apollon-Priester den Sohn des Achilles, Neoptolemos, getötet haben soll.

Von der Cella führte eine Treppe hinunter in jenen Raum (Oikos), in dem sich die Ratsuchenden aufhielten und auf den Orakelspruch warteten. Daneben lag das Allerheiligste (Adyton), in dem der Omphalos, der Nabel der Welt, stand. Die Oberfläche des Omphalos war mit einem Netzwerk aus kultischen Wollbändern überzogen, das an den Knoten mit Edelsteinen und Gorgonen-Darstellungen verziert war. Die Spitze des heiligen Steines krönten 2 goldene Adler.

Bei den Ausgrabungsarbeiten fand man am Apollon-Tempel eine hellenistische oder frührömische Kopie des Omphalos, die im Museum aufgestellt ist. Außerdem soll sich im Allerheiligsten die Erdspalte befunden haben, über der die Pythia auf dem Dreifuß saß und die Orakelsprüche verkündete (trotz gründlicher Grabungen wurde die Erdspalte bisher nicht entdeckt).

Zum Adyton hatten außer der Pythia nur die Priester Zutritt, die den Pilgern die oftmals doppeldeutigen Weissagungen der Pythia übermittelten.

An der Südseite des Tempels lag das Heiligtum der Musen.

Von der Kehre zum Apollon-Tempel führt der ausgeschilderte Weg über Stufen hinauf zum antiken Theater.

22. Östlich dieses Weges liegt die **Stoa des Attalos**, eine große zweigeschossige Halle, die Attalos I. bauen ließ. Vor der Halle befanden sich eine monumentale Weihgeschenkbasis und Statuen.

Westlich der Stoa lag ein Gebäude, das zu Ehren des Neoptolemos errichtet wurde. Der Sohn des Achilles war der Überlieferung nach von einem Priester des Apollon in Delphi getötet worden.

23. Rechts des Weges stand auf der „**Akanthus-Säule mit Tänzerinnen**" ein Dreifuß mit einer Bronzeschale, die von 3 Tänzerinnen getragen wurde. Dieses Weihgeschenk, das die Athener zwischen 350 und 320 v. Chr. stifteten, wurde von dem Baumeister Pankrates aus Delphi gearbeitet. Die Tänzerinnen und die Akanthus-Säule sind im Museum ausgestellt.

24. Dahinter stand das **Weihegeschenk des Thessaliers Daochas II.** Es wurde in den Jahren 336–332 v. Chr. errichtet, als dieser Gesandter in Delphi war. Erkennbar sind auch die Überreste einer archaischen Polygonalmauer.

25. Hoch oben am Berg lag die **„Lesche der Knidier"**. Als Lesche bezeichnete man im antiken Griechenland jene Gebäude, in denen Gespräche und Verhandlungen geführt und Versammlungen abgehalten wurden. Die Halle verdankt ihren Ruhm den Wandgemälden, mit denen der berühmte Maler des 5. Jahrhunderts v. Chr., „Polygnot aus Thássos", die Innenräume ausgestaltet hatte.

26. Der Weg geht weiter zum **Theater**, zu dem in antiker Zeit eine monumentale Treppe hinaufführte, die jedoch nie völlig fertig gestellt wurde. Der heutige Weg verläuft parallel zur antiken Treppe. Das Theater entstand um 400 v. Chr., wurde im Jahre 159 v. Chr. durch Eumenes II. von Pergamon erweitert und in römischer Zeit erneuert.

Es gehört zu den am besten erhaltenen Theatern Griechenlands; von den 35 Sitzreihen aus Marmor bot sich damals wie heute der Blick auf das eindrucksvolle Panorama von Delphi. In antiker Zeit konnten 5.000 Zuschauer die Aufführungen der Pythischen Spiele erleben. Die Spiele waren dem Gott Apollon geweiht und fanden alle 8, später alle 4 Jahre zwischen 2 Olympiaden statt und standen unter der Aufsicht des Rates der Amphiktyonie. Dargestellt wurde der Kampf Apollons mit dem Python; darüber hinaus gab es Musikwettbewerbe, Tragödien- und Komödienaufführungen, Sportwettbewerbe und Wagenrennen im Hippodrom. Dem Sieger wurde ein Lorbeerkranz verliehen, der trotz seines geringen materiellen Wertes zu den begehrtesten Auszeichnungen der Antike gehörte.

„Lebendige Antike"

Wie bei den Olympischen Spielen herrschte auch für die Dauer der Pythien eine allgemeine Waffenruhe.

Östlich des Theaters lag der Kassiotis-Brunnen, dessen Wasser zum Apollon-Tempel geleitet wurde, wo es eine wichtige Rolle bei den rituellen Kultwaschungen spielte. Im Adyton trank die Pythia vor ihren Weissagungen von dem Wasser.
27. Zwischen dem Theater und dem Apollon-Tempel stand das **Weihegeschenk des Krateros**, eine Bronzegruppe der berühmten Bildhauer Lysipp und Leochares. Diese waren von Krateros, dem Sohn des gleichnamigen Feldherrn, beauftragt worden, eine bekannte Szene aus dem Feldzug Alexander des Großen nach Asien darzustellen. Das Weihegeschenk zeigte Alexander den Großen bei der Löwenjagd in der Nähe von Susa und jenen Augenblick, da Krateros dem jungen König das Leben rettet.
28. Die westlich gelegene **Halle der Aitolier** entstand 279 v. Chr. nach deren Sieg über die Galater; vor der Stoa standen Weihegeschenke.
29. Das **Stadion**: Westlich des Theaters führt ein steil ansteigender Weg zum 654 m hoch gelegenen, sehr gut erhaltenen **Stadion**, das im 5. Jahrhundert v. Chr. errichtet wurde. Zunächst gab es keine Zuschauertribünen; diese ließ erst Herodes Atticus für etwa 7.000 Zuschauer bauen. Der Eingang lag im Südosten des Stadions, das etwa 178 m lang und 25,50 m breit war; Anfang und Ende der Laufbahn waren durch Plattenreihen gekennzeichnet, in die Rillen und viereckige Löcher eingelassen waren. In die Rillen stellten die Läufer ihre Füße beim Start; die Löcher waren für Pflöcke vorgesehen, die die Abstände zwischen den Wettkämpfern bestimmten. Die Schiedsrichter saßen an der Nordseite.
Aus römischer Zeit stammt der Triumphbogen, von dem 4 Pfeiler erhalten sind; durch dieses Tor zogen die Athleten ein.

Vom Stadion führt der Weg wieder hinunter zum Apollon-Tempel und von dort zum Ausgang.

Die Kastalische Quelle

Kastalische Quelle

Auf dem Weg vom Apollon-Heiligtum zum Heiligtum der Athena (Marmaria) kommt man zur Kastalischen Quelle, die versteckt zwischen den beiden Phädriaden-Felsen liegt und als einer der Orte gilt, wo der Drache Python das Heiligtum der Erdmutter Gaia hütete, bevor er von Apollon getötet wurde. Das Wasser der Kastalía-Quelle ist eiskalt und von außergewöhnlicher Klarheit. Das Brunnenhaus aus hellenistischer Zeit war mit einer aus dem Felsen gehauenen Fassade mit sieben Pfeilern geschmückt; die Nischen waren für Votivgaben vorgesehen. Das Quellwasser wurde in einem rechteckigen (10 m x 1 m) Becken gesammelt; aus sieben, mit Bronzetierköpfen geschmückten Öffnungen floss das Wasser in ein tiefer liegendes Becken für rituelle Waschungen, denen sich der Ratsuchende unterziehen musste. In römischer Zeit galt die kastalische Quelle als bevorzugter Aufenthaltsort Apollons und der Musen; man ging deshalb davon aus, dass sich dichterische und musische Begeisterung hier auch auf die Menschen übertragen würden.

Zurzeit ist der Zugang zur Quelle wegen Steinschlaggefahr gesperrt. Die Reinheit des Wassers ist jedoch unverändert, und so nahmen bis zur Schließung viele Griechen Wasser aus der Kastalia-Quelle in Korbflaschen und Behältern mit nach

Hause; viele Fremde tranken von dem Quellwasser und vertrauten der Überlieferung, die besagt, dass man nach Delphi zurückkehrt, wenn man von der kastalischen Quelle getrunken hat.

Das Heiligtum der Athena (Marmaria)

Unterhalb der Straße liegt das Heiligtum der Athena, das wie das Apollon-Heiligtum Schatzhäuser und Tempel aus dem 6.–4. Jahrhundert v. Chr. umfasste. Athena wurde als Tempelhüterin (Pronaia) verehrt.

Bauwerke der Marmaria sind:

- **Archaische Schatzhäuser (7)**, von denen eines von den Einwohnern Massilias, des heutigen Marseille, zwischen 535 und 530 v. Chr. im ionischen Stil erbaut wurde. Die Erbauer eines anderen, dorischen Schatzhauses sind unbekannt.
- Der **alte Tempel der Athena (6)** wurde um 510 v. Chr. im dorischen Stil mit einer umlaufenden Säulenhalle errichtet. Dieser Bau stürzte 375 v. Chr. nach einem gewaltigen Erdbeben ein.
- Die **Tholos (3)** war das bemerkenswerteste Bauwerk des Heiligtums. Es ist ein Marmorrundbau aus dem 4. Jahrhundert v. Chr. Auf einem dreistufigen Unterbau standen in einem äußeren Ring 20 dorische Säulen, der innere Ring umschloss mit 10 korinthischen Säulen die Cella. Drei der dorischen Säulen konnten mit Architrav und Fries 1938 wieder aufgerichtet werden und erleichtern so die Vorstellung des einstmals sehr anmutigen, in die Landschaft eingebetteten Tempels, dessen Bestimmung bis heute nicht eindeutig geklärt werden konnte. *die Tholos*
- Der **neue Tempel der Athena (2)** wurde an Stelle des eingestürzten Heiligtums im 4. Jahrhundert v. Chr. als Bauwerk mit offener Säulenhalle errichtet.
- Das **Haus der Priester (1)**

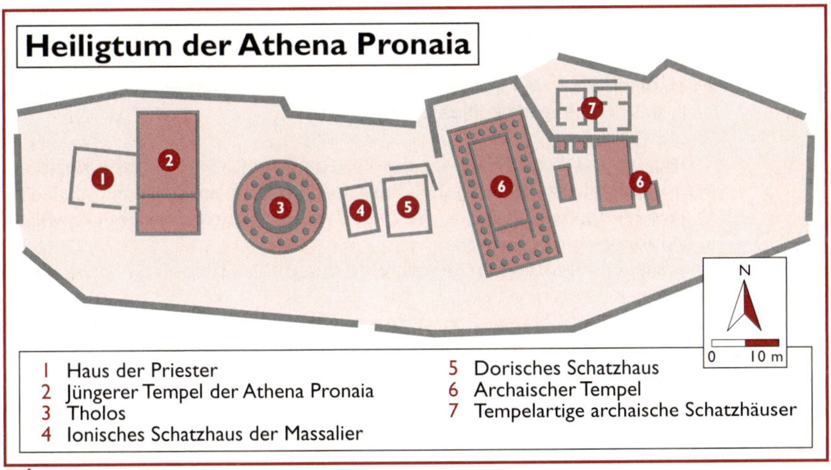

Das Gymnasion

Nordwestlich der Marmaria stoßen Sie auf die Reste des Gymnasions aus dem 4. Jahrhundert v. Chr. Dieser Übungsplatz der Athleten liegt auf mehreren Terrassenstufen; es gab eine Laufbahn unter freiem Himmel, eine überdachte Laufbahn, ein Schwimmbad, ein Trainingsgebäude für Ringkämpfer und Umkleide- und Ruheräume.

Vom Athena-Heiligtum führt ein kurzer **Spaziergang** auf einem befestigten Weg hinunter zum Kirchlein Ágios Geórgios. Von dort ist ein schöner Fußweg durch Olivenhaine zum Panagía Zigóti-Kloster ausgeschildert. Bei dem kleinen, verlassenen Kloster finden Sie eine Felsenkapelle und Schatten unter alten Bäumen. Vom Weg können Sie einmal aus ganz anderer Perspektive das hoch gelegene Apollon-Heiligtum sehen.

Das Museum

Öffnungszeiten: täglich 8.30–15 Uhr

Buchtipp

Im Museum werden mehrere gute Publikationen in deutscher Sprache angeboten.

antike griechische Kunst

Das Museum liegt zwischen der Ausgrabungsstätte und dem heutigen Ort Delphi. Das modernisierte und erweiterte Museum zeigt Meisterwerke antiker griechischer Kunst in einer Sammlung, die zu den bedeutendsten Griechenlands gehört. Als religiöser Mittelpunkt der griechischen Welt empfing Delphi die kunstvollsten und großartigsten Kunstwerke zum Geschenk. An den Statuen und Skulpturfragmenten lässt sich gut die Entwicklung der griechischen Kunst von der archaischen bis zur hellenistischen Zeit ablesen. Die Ausstellungsstücke sind nicht chronologisch geordnet, sondern nach Fundstellen oder Herkunftsorten; so sind z. B. in einem Saal die Funde vom Schatzhaus der Insel Siphnos ausgestellt.

Der Grundrissplan des Museums dient der Orientierung und nennt nur die besonders herausragenden Meisterwerke, z. B.

- gleich in Saal 1, dem Vorraum des Museums, steht eine römische Kopie des **Omphalos**; der ursprüngliche Omphalos, der den Nabel der Welt markierte, stand im Apollon-Tempel, er war netzartig mit kultischen Bändern umwickelt und trug zwei goldene Adler,
- in Saal 2 hängen drei **Bronzeschilde** aus der 1. Hälfte des 7. Jahrhunderts v. Chr.,
- in Saal 3 sehen Sie die Fragmente vom **Schatzhaus der Siphnier** und die berühmte **Sphinx der Naxier**, die um 560 v. Chr. geschaffen wurde und das älteste, noch erhaltene Weihgeschenk in Delphi ist,
- in Saal 4 stehen die beiden über 2 m hohen **Statuen von Kleobis und Biton**, die von dem Bildhauer Polymedes um 600 v. Chr. gefertigt wurden,
- in Saal 5 sind die Funde ausgestellt, die unter der Heiligen Straße nördlich des Schatzhauses von Korinth entdeckt wurden, z. B. ein lebensgroßer **Stier** aus

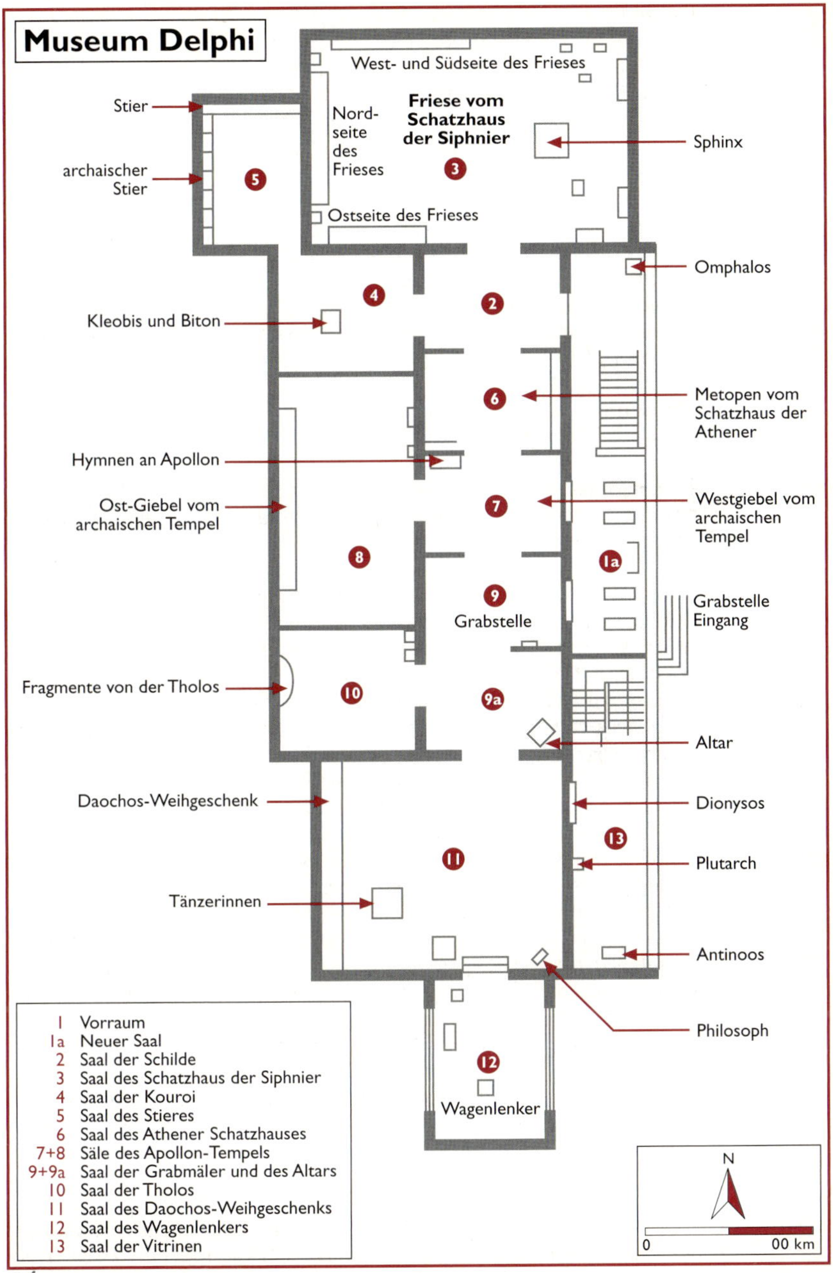
Museum Delphi
West- und Südseite des Frieses
Friese vom Schatzhaus der Siphnier
Nord-seite des Frieses
Ostseite des Frieses
Stier
archaischer Stier
Sphinx
Omphalos
Kleobis und Biton
Metopen vom Schatzhaus der Athener
Hymnen an Apollon
Ost-Giebel vom archaischen Tempel
Westgiebel vom archaischen Tempel
Grabstelle
Grabstelle Eingang
Fragmente von der Tholos
Altar
Daochos-Weihgeschenk
Dionysos
Plutarch
Tänzerinnen
Antinoos
Philosoph
Wagenlenker
1 Vorraum
1a Neuer Saal
2 Saal der Schilde
3 Saal des Schatzhaus der Siphnier
4 Saal der Kouroi
5 Saal des Stieres
6 Saal des Athener Schatzhauses
7+8 Säle des Apollon-Tempels
9+9a Saal der Grabmäler und des Altars
10 Saal der Tholos
11 Saal des Daochos-Weihgeschenks
12 Saal des Wagenlenkers
13 Saal der Vitrinen
N
0
00 km

Gold und Silber und Teile von **Statuen des Apollon und der Artemis** aus Gold und Elfenbein,

- in Saal 6 finden Sie **Metopen** vom Schatzhaus der Athener,
- in den Sälen 7 und 8 sind **Überreste des West- und Ostgiebels** vom archaischen Apollontempel ausgestellt,
- in Saal 9 finden Sie Fragmente von der **Tholos** im Heiligtum der Athena Pronaia,
- in Saal 10 sehen Sie **Grabstelen** aus dem 5.–3. Jahrhundert,
- in Saal 11 sieht man u.a. einen Philosophenkopf aus der Zeit um 280 v. Chr, das **Weihgeschenk des Daochos** mit 6 Figuren und ein **Akanthuskapitell** mit drei tanzenden Mädchen, das um 335 v. Chr. von den Athenern gestiftet wurde,
- in Saal 12 steht die berühmte Bronzestatue des **Wagenlenkers**, die von dem sizilianischen Tyrannen Polyzalos nach einem Sieg im Wagenrennen im Jahre 478 v. Chr. gestiftet wurde. Die beeindruckende Statue, deren Künstler unbekannt ist, stand auf einem Wagen, der von vier Pferden gezogen wurde,
- in Saal 13 fällt besonders die **Statue des Antinoos** aus dem 2. Jahrhundert n. Chr. auf; Antinoos war der junge Freund Kaiser Hadrians; in den Vitrinen sind Porträtköpfe und Bronzefunde aus der Gegend Delphis ausgestellt.

Der berühmte „Wagenlenker" lenkte ein Gespann mit vier Pferden

Ausflugsziele in der Umgebung von Delphi

Wanderungen

Europäischer Fernwanderweg

Der Europäische Fernwanderweg E 4 führt in Zentralgriechenland von Karpeníssi über 7 Stationen auch nach Delphi. Im unteren Ortsteil ist ein Übersichtsplan aufgestellt, der den Streckenverlauf zeigt und den letzten Abschnitt von Eptálofos genau beschreibt. Für die 18,2 km lange Strecke wird eine Wanderzeit von 7 Stunden angegeben. Informieren Sie sich bitte bei der Touristeninformation oder beim Griechischen Wanderverein.

Der Parnássos Παρνασσος

Wie Aráchova ist auch Delphi als Ausgangsort für Ausflüge und Wanderungen auf den Parnássos gut geeignet. Der Parnássos ist ein Kalkgebirge, der in das waldige

Karstplateau des Nieder-Parnássos und in den bis zu 2.457 m hoch aufragenden Hoch-Parnássos gegliedert ist. Das Gebirge ist geprägt durch tief einschneidende Täler und Kare. Der Hauptstock des Parnássos, der bis zu 1.900 m Höhe mit Tannen bewachsen ist, gilt als Wetterscheide zwischen West- und Ostgriechenland.

Wandern und Wintersport

- *Das Parnássos-Gebirge bietet Wanderern und Bergsteigern im Frühsommer und im Herbst ausgezeichnete Bedingungen; für Bergsteiger wurden Hütten auf dem Gerontóvrachos (Höhe 1.900 m) eingerichtet. Auskunft erteilt der griechische Alpenverein EOS, Tel.: 210-3 21 24 29.*
- *Für Wintersportler beginnt die Saison mit den ersten Schneefällen schon im Oktober und dauert in der Regel bis April. Eine gut ausgebaute Straße führt zu den beiden Skizentren in Kellária (22 km, 1.750 m) und Fterólakkas (28 km, 1.950 m). Die Griechische Zentrale für Fremdenverkehr hat hier moderne Wintersportzentren mit Hotels, Restaurants, Parkplätzen und Pisten gebaut, die sowohl für Anfänger wie auch für erfahrene Skifahrer geeignet sind. Es gibt ausreichend Gondel-, Sessel- und Schlepplifte, so dass kaum Wartezeiten entstehen. Auskunft: Tel.: 0267-22 689 oder bei der Griechischen Fremdenverkehrszentrale in Deutschland.*

Blick auf das Parnássos-Gebirge

Buch- und Kartentipp

Georg Sfikas, *Die Berge Griechenlands, Athen 1988!*

Die Korykische Grotte

Anfahrt mit dem Auto

Folgen Sie, von Delphi kommend, am Ortseingang von Aráchova der Ausschilderung Parnassos/Ski Centre. Nach ca. 11 km sehen Sie auf der linken Straßenseite ein blaues, etwas verwittertes Schild „Cave Corycian". Biegen Sie links auf den Schotterweg ein und wenden Sie sich nach ca. 500 m an der Weggabelung nach rechts. Nach 1,5 km zweigt links ein ausgeschilderter Weg zur Grotte ab, der Sie nach weiteren 2,5 km bis in die Nähe der Grotte führt. Da das letzte Wegstück sehr schlecht ist, können Sie den Wagen auch an der Abzweigung stehen lassen. Die letzten Meter müssen Sie auf jeden Fall zu Fuß zur Grotte aufsteigen.

Wanderung zur Korykischen Grotte

Der Weg zur Korykischen Grotte ist in Delphi ausgeschildert. Er führt zunächst über Treppenstufen in den oberen Ortsteil von Delphi, dann am

Friedhof vorbei. Kurz vor dem ehemaligen oberen Eingang zum Apollon-Heiligtum steigt der Weg über die etwa 1.200 m hohen Phädriaden in das Bergmassiv des Parnass und verläuft dann über die Hochebene von Livadiá bis zur Grotte.

INFO Informationen zur Korykischen Grotte

Die Korykische Grotte gehörte in der Antike zu den berühmtesten Höhlenheiligtümern. Sie galt als Stätte des Kampfes des Apollon mit der Schlange Python und als Sitz der Nymphen. Ihnen und dem Kult des Hirtengottes Pan wurde an diesem Ort ausgiebig gehuldigt, wie die zahlreichen Funde bezeugen.

Der Eingang zur Korykischen Grotte

Gleich am Eingang, der nach Südosten ausgerichtet ist, befindet sich eine Felsinschrift aus dem 3. Jahrhundert v. Chr. Die Grotte besteht aus einem großen Kuppelraum und einer hinteren, kleineren Kammer. Sie ist insgesamt 60 m tief, 30 m breit und 15 m hoch. Im Inneren der Höhle wurden Keramikfunde aus dem Neolithikum, große Mengen von Votivgaben und Terrakottafiguren sowie Ringe mit Siegelbildern aus Eisen und Bronze entdeckt. Im Museum in Delphi sind einige dieser Funde ausgestellt.

Ámfissa Αμφισσα (ⓘ s. S. 125)

Ámfissa liegt an den Abhängen der Lokrischen Berge. Es ist ein freundlicher Ort mit 6 600 Einwohnern. Durch die Nähe zu Delphi hat auch Ámfissa sich inzwischen mit etlichen Cafés, Tavernen und Diskos auf den Fremdenverkehr eingestellt; einfache Übernachtungsmöglichkeiten gibt es in zwei Hotels. Werfen Sie einen Blick in die große Kirche an der marmorgepflasterten Platía oder auf die geringen Überreste einer frühchristlichen Basilika, die im Ort ausgeschildert ist.

Geschichte der Stadt

In antiker Zeit kam es immer wieder zu Streitigkeiten zwischen Amphissa und Delphi um die landwirtschaftliche Nutzung der „Heiligen Ebene" bei Krissa. Der Ort wurde 338 v. Chr. von Philipp II. von Makedonien zerstört und später wieder aufgebaut. Nach dem Niedergang des oströmischen Reiches geriet er zunächst in fränkischen, ab 1311 in katalanischen Besitz. 1394 wurde die Stadt türkisch; Zeichen der türkischen Herrschaftsperiode sind die Reste des Basars. Aus fränkischer Zeit stammt die Festung mit drei Umfassungsmauern, die z.T. auf Resten der antiken Akropolis aufgebaut sind. Im Festungsinneren befinden sich eine Zisterne, Ruinen zweier Kirchen und ein runder Burgfried.

Von Delphi nach Athen

Aráchova Αραχοβα (ⓘ s. S. 125)

Das früher unbedeutende Dorf Aráchova hat sich zu einem ganzjährig lebhaften Ferienort mit vielen Geschäften, Cafés, Restaurants und etlichen Hotels entwickelt. Während sich im Sommer vor allem Touristen auf ihrem Weg von oder nach Delphi in Aráchova aufhalten, ist der 942 m hoch gelegene Ort im Winter ein idealer Ausgangsort für Skisport auf dem Parnássos. Der Ort, der sich malerisch am Berg hinaufzieht, hat sich trotz des starken Fremdenverkehrs seinen Charme bewahrt. Die enge, viel befahrene Hauptstraße windet sich hindurch und weitet sich zu drei Plätzen mit kleinen Cafés, Bars und Tavernen. Entlang der Straße wurden fast in jedem Haus Geschäfte eingerichtet, in denen handgewebte Teppiche, Stickereien, Holzschnitzereien, Kräuter, Olivenöl, Wein und Käse in guter Qualität angeboten werden. Überraschend groß ist die Zahl der Geschäfte, in denen auch im Sommer Skiausrüstungen und Wintersportkleidung verkauft werden.

ganzjährig viel besuchter Ferienort

Ein Spaziergang durch den Ort führt durch enge Gassen und steile Treppenwege hinauf zur **Ágios Geórgios-Kirche**. Zu Ehren des Heiligen wird am 23. April ein großes Fest mit viel Musik und Tanz gefeiert. Nach etwa 12 km ostwärts erreichen Sie den kleinen Ort **Dístomo**, wo ein Mahnmal und ein Mausoleum an die Dorfbewohner erinnern, die hier 1944 von deutschen Truppen ermordet wurden. Bei einem Besuch im Juni 1996 entschuldigte sich Roman Herzog offiziell im Namen des deutschen Volkes.

Von Dístomo können Sie der Ausschilderung zum Kloster Óssios Loúkas folgen, das ca. 8 km entfernt liegt.

Kloster Óssios Loúkas Οσσιος Λουκας

Öffnungszeiten: von Mai bis September: täglich von 8–17 Uhr. Beachten Sie bitte, dass angemessene Kleidung verlangt wird.

Bus

8–10 x täglich fahren Busse von Athen nach Delphi, die auch in Dístomo halten, wo man aussteigen muss, wenn man das Kloster Óssios Loúkas besuchen will.

1 x täglich (um 13.30 Uhr) gibt es eine Direktverbindung von Livadiá zum Kloster Óssios Loúkas.

Mosaik des heiligen Loúkas aus dem 11. Jahrhundert

Geschichte

Der Eremit Loúkas siedelte sich im Jahre 946 nach jahrelangen Wanderungen durch Griechenland bei einer

Quelle im Tal von Stiris an und baute dort eine kleine Kapelle, die dem Heiligen Lukas geweiht war, dem die Fähigkeiten der Weissagung und Wundertätigkeit zugesprochen wurden. Nach dem Tod des Eremiten im Jahre 953 wurden über seinem Grab eine Kirche zu Ehren der Heiligen Barbara, eine Grabkapelle und ein Kloster gebaut.

Die von einer Mauer umschlossene Klosteranlage besteht aus mehreren, durch Treppen und Gewölbegänge miteinander verbundenen Klostergebäuden und zwei Kirchen. 1990 wurde das Kloster in die UNESCO-Liste des Weltkulturerbes aufgenommen.

Die **Hauptkirche**, wurde um 1030 an die ältere Mönchskirche angefügt. Es ist eine Kreuzkuppelkirche, deren Kuppel auf 8 Pfeilern ruht. Die Kirche ist mit herrlichen Mosaiken auf Goldgrund ausgeschmückt. 1593 stürzte die Kirchenkuppel durch ein Erdbeben ein, die dabei beschädigten Mosaiken wurden durch

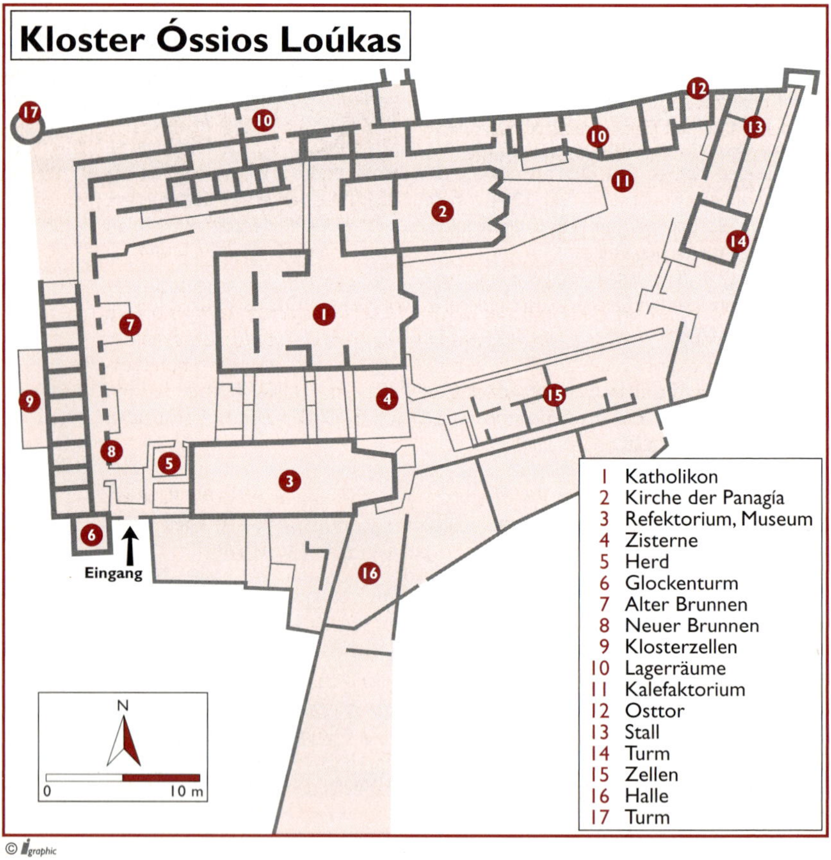

Fresken, die die gleichen Themen zum Inhalt hatten, ersetzt. Die kleinere **Theotokos-Kirche**, die der Gottesmutter geweiht ist, wurde gegen Ende des 10. Jahrhunderts erbaut. Die Kirche ist ebenfalls geschmückt; die ältesten, kürzlich restaurierten Fresken in der Krypta stammen aus dem 11. Jahrhundert.

Das Grab des Heiligen Loúkas befindet sich in der Krypta der Heiligen Barbara und ist von beiden Kirchen aus zugänglich. Das **Museum** befindet sich im restaurierten Refektorium, ausgestellt sind Bauelemente aus feinstem Marmor und Funde aus der Umgebung.

Zwar leben auch heute noch Mönche in Óssios Loúkas, aber das Kloster ist jetzt weniger eine Stätte der Einkehr und Besinnung als vielmehr eine Touristenattraktion. So gibt es auf dem Klostervorhof denn auch Souvenirläden und einen Getränkekiosk; Bänke unter alten, im Sommer Schatten spendenden Bäumen laden zur Rast ein.

Die Kirche im Kloster Óssios Loúkas

Livadiá Λιβαδια (ⓘ s. S. 125)

Livadiá ist mit ca. 15.000 Einwohnern der Hauptort und das Handelszentrum der Provinz Böotien. Die Stadt blickt auf eine lange Geschichte zurück, denn sie wird schon bei Homer erwähnt. In der Folgezeit wurde die Stadt von Goten, Franken, Katalanen, Florentinern und Türken beherrscht. Die Stadt ist wie ein Amphitheater gebaut; vom malerischen Altstadtviertel am Ufer des Erkínas-Flusses, der von einer türkischen Brücke überspannt wird, ziehen sich die Häuser an den beiden Hängen der Schlucht hinauf.

Sehenswert ist auf dem Profitis Ilías-Hügel das gut erhaltene **fränkische Kastell**, das seit dem 14. Jahrhundert die Stadt beherrschte; auch Überreste eines Zeusheiligtums und der antiken Orakelstätte sind auf dem Hügel zu sehen.

Südlich der Stadt liegt ein schöner Park mit alten Platanen, Quellen, kleinen Wasserfällen und alten Brücken; oberhalb der Quellen liegt das Café Xenía, das von der Hauptstraße her ausgeschildert ist. Die **Quellen** waren im Altertum als die Quellen der Lethe („Quelle des Vergessens") und der Mnemosyne („Quelle der Erinnerung") bekannt. In der Kría-Schlucht führt eine Steintreppe mit 700 Stufen zur Jerusalemkirche. Am Wasserfall wurde ein künstlicher See angelegt. Der Weg führt 500 m in die Schlucht und zum 1987 nach antikem Vorbild gebauten Theater. In der alten, restaurierten Wassermühle ist ein Volkskundemuseum mit Café eingerichtet worden.

Da Livadiá an der Hauptstrecke von Delphi nach Athen liegt, bieten sich zahlreiche Cafés und Tavernen für einen kurzen Zwischenstopp an. In der Umgebung Livadiás liegen einige bedeutende Stätten der Antike.

Chaironeia

antikes Schlachtfeld

Der Ort wurde bekannt durch die dort 338 v. Chr. ausgetragene Schlacht zwischen den verbündeten Griechen unter der Führung Athens und Makedonien unter Philipp II. An dem Sieg der Makedonen hatte der damals 18-jährige Alexander großen Anteil; durch die Schlacht von Chaironeia sicherte Makedonien sich die Vorherrschaft in Griechenland. Zur Erinnerung an die getöteten Thebaner wurde auf deren Massengrab der sogenannte „Löwe von Chaironeia" errichtet, der noch heute südlich des Ortes steht.

Neben dem Grabdenkmal befindet sich ein kleines **Museum** mit prähistorischen Funden, Keramikfiguren und Grabbeigaben.
Öffnungszeiten: täglich 8.30–14 Uhr, Mo geschlossen

Orchomenós Ορχομενος

Westlich der heutigen Ortschaft Orchomenós liegt eine der ältesten Siedlungen Griechenlands aus neolithischer Zeit (6000 v. Chr.). Das von Heinrich Schliemann ausgegrabene mykenische Kuppelgrab, das sogenannte Schatzhaus des Minyas, weist große Ähnlichkeit mit dem „Schatzhaus des Atreus" in Mykene auf. Sehenswert ist außerdem die byzantinische Kreuzkuppelkirche aus dem Jahre 874, die zu den bedeutendsten Griechenlands gehört.

landwirtschaftliche Nutzung

Auf der Fahrt nach Orchemenós sehen Sie das Gebiet des ehemaligen, heute weitgehend trocken gelegten **Kopais-Sees**. Das gut bewässerte, fruchtbare Land wird intensiv durch Anbau von Gurken und Tomaten und die Anpflanzung von Baumwolle genutzt. Vor den Häusern der kleinen Dörfer sind natur- oder orangefarbene und braune Hirtenteppiche auf Leinen aufgehängt.

Theben Θιβα (Thíva) (ⓘ s. S. 125)

Etwa 42 km von Livadiá entfernt liegt die heutige Stadt **Thíva**, die nur selten von Touristen besucht wird, da sie abseits der Schnellverbindung Athen – Lamía – Thessaloníki liegt und auch keine herausragenden Sehenswürdigkeiten bietet, denn sie wurde 1853 und 1893 durch Erdbeben zerstört. Ein Besuch lohnt sich deshalb nur für den archäologisch sehr Interessierten. Es ist eine Industrie- und Handelsstadt mit viel innerstädtischem Verkehr, der sich in den engen Straßen staut. Im Innenstadtbereich wurde jedoch eine Fußgängerzone an der Epaminóndas-Straße eingerichtet, wo man nun, ebenso wie an dem neu gestalteten Píndaros-Platz, in Ruhe einkaufen und in den Tavernen sitzen kann. Die Übernachtungsmöglichkeiten in Theben sind sehr einfach und nicht empfehlenswert.

Einen Besuch wert ist das **Archäologische Museum**, Ioannou Threpsiadou Archeologou, *Tel.: 22620 - 27 913,* in dem u.a. auch im Museumsgarten Keramiken

und Skulpturen aus archäischer Zeit, Grabstelen aus klassischer Zeit und eine Sammlung bemalter Sarkophage ausgestellt sind. Auch die neuesten Ausgrabungsfunde vom Palast des Kadmos sind zu besichtigen.
Öffnungszeiten: täglich 8.30–15 Uhr, Mo geschlossen.

Das antike Theben

Mythos und Geschichte

Der Sage nach wurde Theben von Kadmos gegründet, der damit einem Befehl des delphischen Orakels folgte. Zu seinen Nachkommen gehörte Laios, dem zusammen mit seiner Frau Iokaste eine schreckliche Prophezeihung gemacht war: Ihnen sollte ein Sohn geboren werden, der seinen Vater töten und seine Mutter heiraten werde. Voller Verzweiflung über diese Weissagung setzte das Königspaar den erstgeborenen Sohn aus, der jedoch von einem Schäfer gerettet wurde und den Namen Ödipus erhielt. Auch ihm sagte das delphische Orakel das unheilvolle Schicksal voraus, das sich bald erfüllte: bei einem Handgemenge mit Laios und seinem Gefolge tötete Ödipus seinen ihm unbekannten Vater, befreite wenig später die Stadt Theben von einer mordenden Sphinx und erhielt dafür als Lohn den Thron und die Hand der verwitweten Königin, seiner Mutter. Mit ihr zeugte er die 3 Kinder Eteokles, Polyneikes und Antigone. Als das schreckliche Geheimnis von Vatermord und Blutschande im Lande durch einen Spruch des delphischen Orakels bekannt wurde, erhängte sich die Königin Iokaste, und Ödipus stach sich beide Augen aus. Blind irrte er durch die Fremde, von seiner Tochter Antigone begleitet, bis er in der Nähe von Athen auf geheimnisvolle Weise starb.

Ödipus-Mythos

Der Fluch, der auf der Familie des Laios lag, war damit jedoch noch nicht erfüllt. Die Söhne Eteokles und Polyneikes kämpften um das Erbe des Ödipus, wobei Polyneikes getötet wurde. Als Antigone ihrem Gewissen folgte, gegen den ausdrücklichen Befehl des Königs verstieß und ihren toten Bruder der Sitte gemäß bestattete, wurde auch sie zum Tode verurteilt. Damit war der Fluch gesühnt. Die dramatischen, schicksalhaften Begebenheiten in Theben fanden in den großen Tragödien des Aischylos und Sophokles ihren Ausdruck.

Bei den **Ausgrabungen** konnten einige Räume des mykenischen Palastes, Werkstätten, Tongefäße mit Linear B-Schrift, Tontafeln und Elfenbeinschnitzereien freigelegt werden, die nun im Archäologischen Museum ausgestellt sind.

Die Geschichte Thebens ist in antiker Zeit geprägt von ständigen Auseinandersetzungen, die die Stadt wechselweise an der Seite von Athen und Sparta erlebt. Theben, die mächtigste Stadt von Böötien, verbündete sich zeitweise mit den Persern gegen die Griechen. Im Peloponnesischen Krieg (374 v. Chr.) kämpfte die Stadt zunächst mit Sparta gegen Athen, schloss sich dann später aber Athen an. 336 v. Chr. wurde Theben von Alexander dem Großen erobert und zerstört. Nach der frühen Verbreitung des Christentums entwickelte Theben sich in byzantinischer Zeit zu einem wichtigen Wirtschaftszentrum. Vom 12. Jahrhundert an geriet die Stadt unter wechselnde Herrschaften; 1829 endete die Zeit der Türkenherrschaft.

Geschichte von Theben

Von Theben führt in großem Bogen die gut ausgebaute Schnellstraße nach Athen. Eine kürzere, landschaftlich schöne, aber auch kurvenreiche Straße führt ebenfalls von Theben nach Eleusis und weiter nach Athen; etwa 6 km südlich von Theben beginnt die Provinz Attika.

An dieser Strecke liegen zahlreiche Sehenswürdigkeiten aus antiker Zeit und viele Klöster in schöner Bergeinsamkeit, z. B.

- **Platää:** In antiker Zeit fanden seit 479 v. Chr. in Platää alle vier Jahre Festspiele zu Ehren Zeus des Befreiers statt, denn bei Platää gelang den Griechen unter der Führung des Spartaners Pausanias der entscheidende Sieg über die Perser.
- **Leuktra**: an diesem Ort fand 371 v. Chr. die Schlacht statt, in deren Verlauf der Thebaner Epaminondas die Spartaner besiegte. Daran erinnert ein Denkmal, das Tropaion, von dem einige Reststücke gefunden wurden.
- **Eleutherai**: Festung aus der Zeit um 345 v. Chr. Achteckige, jeweils 40-50 m voneinander entfernte Türme sind durch 3,5 m hohe Mauern miteinander verbunden.
- **Kloster Ágios Meletiós**: das Kloster ist mit Fresken aus dem 16. und 17. Jahrhundert ausgestaltet.

Eleusis (Elefsína)

Folgt man der Straße weiter, erreicht man die Industriestadt **Elefsína**, die in der Antike der Ort der Eleusinischen Mysterien war. Das große Ausgrabungsgelände liegt wenig ansprechend zwischen Industriebetrieben und Fabriken, ist für archäologisch Interessierte aber durchaus einen Besuch wert. Das Heiligtum von Eleusis und der damit verbundene Mysterienkult zogen die Menschen in antiker Zeit sehr stark an; alljährlich im Herbst kamen Tausende von Pilgern zu den „Großen Mysterien", die als die heiligsten Mysterienfeste in Griechenland galten. Zur Teilnahme war jedermann zugelassen, auch Sklaven konnten an der Einweisung in den Kult teilnehmen. Es handelte sich um einen Geheimkult, dessen genaue Inhalte bis heute nicht bekannt sind, da den Eingeweihten absolutes Stillschweigen über die Mysterienhandlungen auferlegt war. Als sicher gilt jedoch, dass die zentralen Themen der Einweihung Leben, Tod und Wiedergeburt waren.

Zeugnisse der Römer

Der Pilgerfestzug erreichte Eleusis auf der von Athen kommenden **„Heiligen Straße"** und fand sich auf dem Vorhof vor dem **Heiligen Bezirk** ein. Mittelpunkt des Heiligen Bezirks war das **Telesterion**, in dem die Einführung der Pilger in die geheimen Riten geschah. Heute sind überwiegend Zeugnisse der römischen Anlage sichtbar. Diese hatte eine Größe von etwa 52 x 54 m. Das nahezu quadratische Gebäude war an einer Seite in den Felsen hineingebaut; durch je 2 Eingänge an den anderen Seiten wurden die 3.000 bis 5.000 Gläubigen zum Inneren des Telesterion zugelassen. Sie konnten von den 8 Treppenreihen, die sich an den Wänden entlang zogen, an den Mysterienfeiern teilnehmen. *Öffnungszeiten: täglich außer Mo 8.30–15 Uhr.*

Westlich des Ausgrabungsgeländes liegt das Archäologische Museum, *Iéra Odós 1, Tel.: 210-5543470, Öffnungszeiten: täglich außer Mo 8.30–15 Uhr.* Nachdem das

Museum durch das große Erdbeben von 1999 stark zerstört worden war, wurde es Ende 2000 in einem eingeschossigen Bau aus dem Jahre 1896 wiedereröffnet. In den sechs Sälen, die nach einem neuen Ausstellungskonzept gestaltet wurden, sind im Wesentlichen Fundstücke des Demeter-Heiligtums zu sehen, aber auch Architekturteile, Skulpturen, Stelen, Sarkophage, Bronze- und Terrakottagefäße aus der Zeit vom 8. Jahrhundert v. Chr. bis zur römischen Zeit. Im zweiten, links gelegenen Saal, befindet sich eine Rekonstruktion des Heiligen Bezirks von Eleusis.

Folgt man der Straße weiter nach Athen kommt man zum Vorort Daphní mit dem **Kloster Daphni**, das zu den interessantesten Klosterbauten Griechenlands gehört. Der Name leitet sich von dem griechischen Wort für Lorbeer (daphne) ab und erinnert damit an das hier gelegene Apollon-Heiligtum, in dessen Kult dem Lorbeerbaum besondere Bedeutung zukam. *Öffnungszeiten: täglich 8.30–15 Uhr.* Das Kloster wurde 1080 an der Stelle eines Apollon-Tempels, der 395 von den Goten zerstört wurde, und eines älteren Klosters aus dem 5. Jahrhundert gebaut. Nach starken Beschädigungen während des griechischen Befreiungskampfes wurde das Kloster aufgegeben. 1893 wurde das Kloster restauriert. Neben der Bauweise der Klosterkirche, bei der die Kuppel nicht mehr auf Säulen, sondern auf Wandpfeilern ruht, machen die reichen Mosaiken die besondere Bedeutung des Klosters aus.

sehenswertes Kloster mit schönen Mosaiken

Die eindrucksvollen Mosaiken auf Goldgrund stammen aus der Zeit um 1100. Sie sind teilweise restauriert, so dass das Großartige der mittelbyzantinischen Mosaikkunst deutlich hervortritt. Die Ränder sind mit pflanzlichen oder geometrischen Mustern geschmückt; die Mosaikbilder sind bestimmt durch reiche Modellierung, gedämpfte, warme Farben und sehr ausdrucksvolle Personendarstellungen. Besonders eindrucksvoll ist in der Kuppel das Bild des Pantokrators, der von 16 Propheten umgeben ist.

Euböa Ευβοια (Évvia) (ⓘ s. S. 125)

Euböa ist nach Kreta die zweitgrößte griechische Insel. Sie erstreckt sich parallel zur Ostküste Mittelgriechenlands über eine Länge von rund 175 km. Euböa bildet die natürliche Fortsetzung des griechischen Festlandes und ist nur durch den als tektonische Senke entstandenen Golf von Euböa vom Festland getrennt. Die landschaftliche Vielfalt der Insel zeigt sich in den bis zu 1.750 m ansteigenden Gebirgszügen, den sanft abfallenden Berghängen mit Pinienwäldern und Kastanienbäumen, den kleinen fruchtbaren Ebenen mit Wein- und Getreideanbau, der felsigen, teilweise steil abfallenden Ostküste und den schönen Sandstränden mit guten Bademöglichkeiten. Dabei zeigt die Insel sich im Süden eher karg, im Mittelteil und im Norden aber üppig und fruchtbar mit Zitronen- und Orangenbäumen, Oleanderbüschen, Granatäpfel- und Myrthenbäumen.

landschaftliche Vielfalt

Etwa in der Mitte der Insel liegt die geschäftige Inselhauptstadt Chálkis, in der die von Norden und Süden kommenden Hauptstraßen zusammenstoßen.

Inseltelegramm Euböa	
Größe	3.654 km², ca. 170.000 Einwohner
Hauptort	Chálkis, 36.000 Einwohner
Inselbeschreibung	Insel mit großer landschaftlicher Vielfalt, gut ausgebauten Straßen und guten Verkehrsverbindungen, touristisch nur in wenigen Ortschaften erschlossen, schöne Sandstrände und einsame Kies- und Felsenbuchten
Lebensgrundlage der Bevölkerung	Landwirtschaft, Handel, Bodenschätze, etwas Fremdenverkehr
Sehenswürdigkeiten	die Ausgrabungen von Erétria; die Thermalquellen von Edipsos; der Fischerhafen von Kími; die Inselhauptstadt Chalikis; Káristos

Der internationale Fremdenverkehr konzentriert sich vor allem auf den ca. 22 km südlich von Chálkis gelegenen Ferienort Erétria und dessen nähere Umgebung. Überwiegend griechische Urlauber finden Sie in Káristos im Südteil der Insel, in Límni und im Thermalbadeort Loutrá Edipsoú ganz im Norden. Das Klima auf Euböa ist mild und ausgeglichen mit durchschnittlichen Höchsttemperaturen von 26,5 °C im Juli. Die Saison reicht von etwa Mitte Mai bis Ende September/Anfang Oktober.

gute Verkehrsanbindung

Euböa ist verkehrsmäßig gut zu erreichen: Brücken und regelmäßiger Fährverkehr verbinden die Insel mit dem Festland und den Inseln der Sporaden; von Athen ist Euböa nur knapp 2 Autostunden entfernt. Da die Entfernungen auf der Insel relativ groß sind, ist ein Fahrzeug zu empfehlen. Obwohl das Straßennetz in den letzten Jahren gut ausgebaut wurde; stößt man vor allem im Gebirge immer noch auf Schotter-, Lehm- oder Sandstraßen und endlose Kurven und Serpentinen.

Inselhauptstadt Chálkis Χαλκις

interessantes Naturschauspiel

Schon in der Antike war Euböa durch eine Brücke mit dem Festland verbunden, die den nur 35 m breiten Meeresarm Euripos überspannte. Heute wird der Verkehr über zwei Brücken geführt. Da die Durchfahrt durch den Kanal wegen der wechselnden Strömungsrichtung sehr gefährlich ist und die Schiffe nur mit der Strömung fahren dürfen, wird die Brücke nur bei günstiger Strömung geöffnet; an der Brücke ist ein Schifffahrtssignal angebracht, das die Richtung anzeigt (roter Ball = Nord-Süd-Strömung, weißer Ball = Süd-Nord-Strömung). Von der über 100 Jahre alten Drehbrücke aus können Sie dem interessanten Naturschauspiel zuschauen.

Die Hauptstadt der Insel ist **Chálkis** (Halkida), eine moderne Handelsstadt und das Einkaufszentrum der Insel. Die meisten Touristen lernen die Stadt nur als Durchgangsort kennen, denn der erste Eindruck ist wegen der Anfahrt durch Fabrik- und Industriegelände, der Müllhalden am Straßenrand und des starken Verkehrs mit viel Hektik und Lärm nicht sehr einladend. Entspannter geht es dagegen in den zahlreichen Cafés, Eisdielen und Fischtavernen am Meer am nordwestlichen, autofreien Abschnitt der Hafenpromenade zu, wo man bis zur Meeren-

INFO Informationen zur Meerenge von Chálkis

Schon in antiker Zeit wurde ein Phänomen beobachtet, das bis heute nicht endgültig geklärt ist: Die Strömung des Euripos wechselt in unregelmäßigen Zeitabständen 6–7 mal, gelegentlich sogar bis zu 16 mal innerhalb von 24 Stunden die Richtung zwischen Nord und Süd. Es gibt für dieses Phänomen ganz unterschiedliche Erklärungsversuche, wie z. B. die, dass die Senke von Gezeitenströmungen durchsetzt ist, die sich mit stehenden Wellen (sogenannten Seichen) vereinen, wodurch sich die Richtung des Wassers ändert.

Eine andere Erklärung für die unregelmäßig auftretenden Wechselströmungen bezieht sich auf den Druckausgleich der Gezeitenwellen, die die beiden engen Arme des Golfes von Euböa ungleichmäßig durchlaufen. Der Überlieferung nach soll sich Aristoteles, der in der Nähe von Chálkis auf seinem Landgut lebte, das Leben aus Verzweiflung darüber genommen haben, dass er diese Naturerscheinung am Euripos nicht erklären konnte.

ge schauen kann. Aber auch hier herrscht abends und an den Wochenenden dichtes Gedränge, denn es ist der beliebteste Platz zum Sehen und Gesehen werden.

Von der langen Geschichte der Stadt, die etliche Kolonien im Mittelmeerraum gegründet hatte, sind im heutigen Chálkis nur noch geringe Überreste sichtbar, wie z. B. die Grundmauern der antiken Akropolis, auf denen später eine türkische Festung erbaut worden ist. Historische Quellen berichten von ersten jüdischen Siedlern in Chalkis schon im 1. Jahrhundert v. Chr., so dass die jüdische Gemeinde in Chalkis als die älteste in Europa gilt. Funde aus römischer Zeit sind die Mosaiken eines Palastes und die Überreste eines Patrizierhauses. Aus türkischer Zeit stammen die Minarette, der Aquädukt und die von Sultan Kara Baba erbaute Festung.

Es gibt keine herausragenden Sehenswürdigkeiten; wenn Sie aber etwas Zeit haben, können Sie das **Archäologische Museum**, *Leofóros Venizélou 13, Tel.: 22210-83 333,* besuchen, in dem Funde von Euböas drei antiken Städten ausgestellt sind. Zu den wertvollsten Ausstellungsstücken gehören das Dionysosrelief und eine kopflose Statue der Athene. *Öffnungszeiten: täglich 8.30–15 Uhr, Mo geschlossen.*
Einen Besuch wert ist auch das Marktviertel in der Altstadt.

Sehenswürdigkeiten der Insel

Hinweis
Wenn Sie von Athen kommen und die ganze Insel kennen lernen wollen, lohnt sich die Anfahrt von Athen nach ***Ráfina*** *(ⓘ s. S. 125, 30 km); ab Ráfina verkehren mehrmals täglich Fähren nach Marmári und Káristos im Süden*

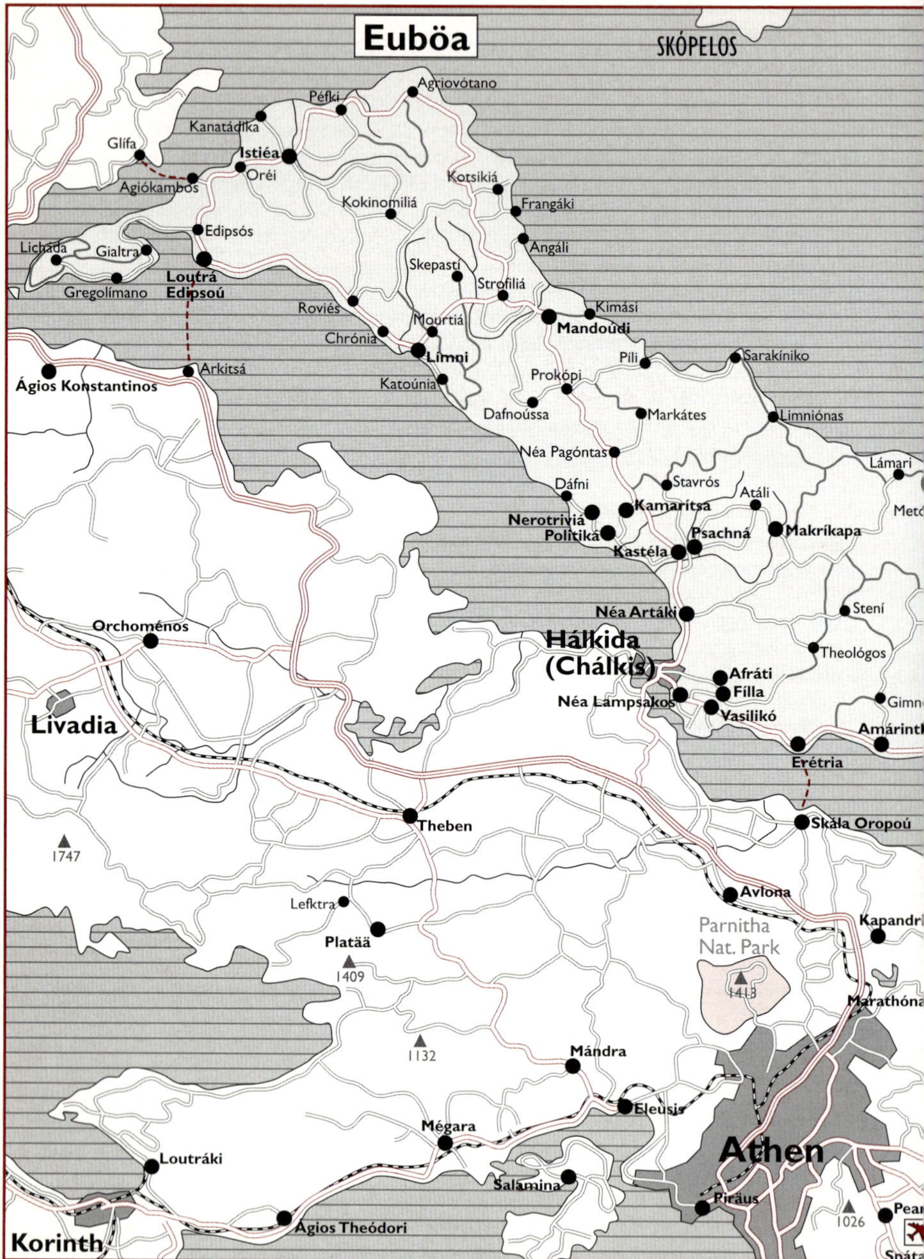
Euböa
SKÓPELOS
Agriovótano
Péfki
Kanatádika
Glífa
Istiéa
Oréi
Agiókambos
Kotsikiá
Frangáki
Kokinomiliá
Edipsós
Lichada
Gialtra
Gregolímano
Loutrá Edipsoú
Angáli
Skepastí
Strofiliá
Roviés
Mourtiá
Chrónia
Límni
Katoúnia
Mandoúdi
Kimási
Arkitsá
Ágios Konstantinos
Píli
Sarakíniko
Prokópi
Dafnoússa
Markátes
Limniónas
Néa Pagóntas
Lámari
Dáfni
Stavrós
Atáli
Kamarítsa
Nerotriviá
Politiká
Psachná
Makríkapa
Kastéla
Néa Artáki
Stení
Orchoménos
Hálkida (Chálkis)
Theológos
Afráti
Fílla
Néa Lampsakos
Vasilikó
Gimn
Livadia
Amárint
Erétria
Theben
Skála Oropoú
1747
Avlona
Lefktra
Platää
Parnitha Nat. Park
Kapandri
1409
1413
Marathóna
1132
Mándra
Eleusis
Mégara
Athen
Loutráki
Salamina
Piräus
1026
Pean
Ágios Theódori
Korinth
Spáta

© graphic

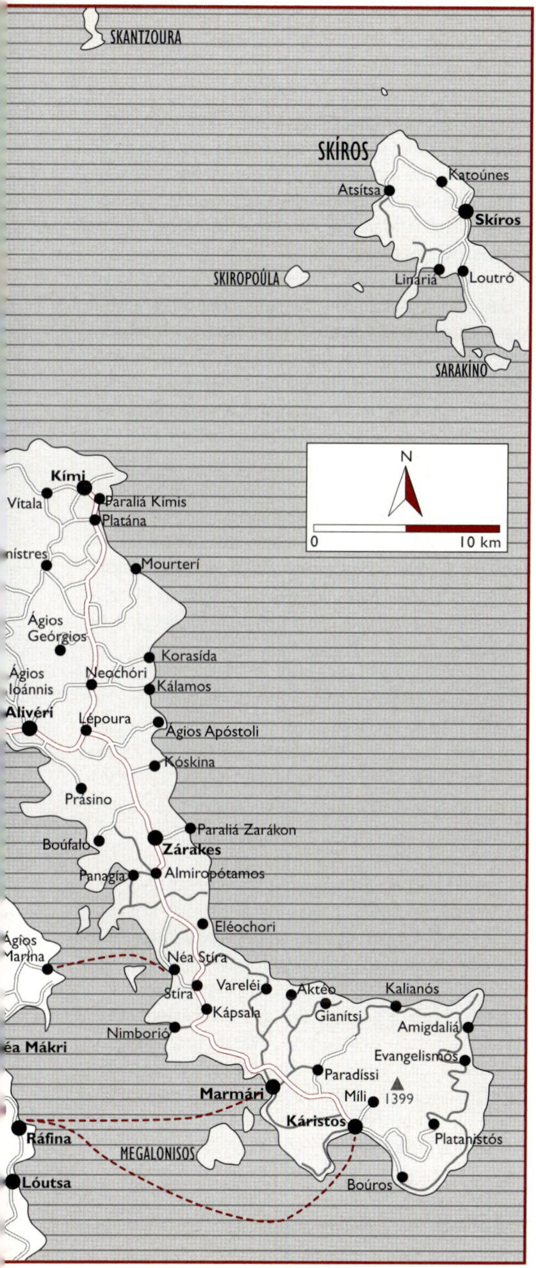

Euböas. Sie können dann die ganze Insel von Süden nach Norden durchqueren.

Der Inselsüden

Die nach Süden führende Straße erreicht zuerst den beliebten Ferienort Erétria. Es gibt in den Küstenorten neben Hotels und Privatunterkünften ein vergleichsweise großes Angebot an Apartments und Ferienwohnungen. Diese sind häufig Teil einer größeren Anlage mit eigenem Strand, entsprechenden Einrichtungen und Sportangebot und können schon von Deutschland aus gebucht werden.

In den Küstenorten ist nur im Sommer mit regem Fremdenverkehr zu rechnen, während in der Vor- und Nachsaison noch beschauliche Ruhe herrscht, die nur von der Ankunft der Fähren unterbrochen wird.

Erétria Ερετρια

Zu den beliebtesten Ferienorten gehören Erétria (oder Néa Psára), 22 km südöstlich von Chalkis gelegen mit Hotelanlagen, Cafés, Restaurants, Fischtavernen, Geschäften und Unterhaltungs- und Sportangebot. Die großzügig angelegte Promenade und der Fährhafen sind der Treffpunkt für den abendlichen Stadtbummel, aber auch tagsüber geht es hier recht lebhaft zu.

Fähre
Zwischen Erétria und Skála Oropoú/Attika verkehren mehrmals Fähren. Dauer der Überfahrt: ca. 30 Minuten

Geschichte des Ortes

In der Antike gehörte Eretreia, ein reicher Stadtstaat mit einer mächtigen Handelsflotte, zeitweise zu den wichtigsten Städten in Griechenland. Da die alte Stadt größer als der heutige Ort war, können die noch andauernden schweizerisch-griechischen Ausgrabungen gut durchgeführt werden. Freigelegt wurden bisher das **Theater**, in dem 6.500 Besucher Platz fanden, die Fundamente eines Dionysos- und eines Apollon-Tempels, eines Gymnasions und einer Badeanlage. Erst kürzlich entdeckten die Schweizer Archäologen die Überreste eines römischen Tempels für den Kaiserkult aus dem 1. Jh. n. Chr., in dessen Innenraum unter einer mächtigen Schuttschicht viele kleine und kleinste Bruchstücke von Marmorstatuen lagen. Es gelang den Archäologen, sechs Statuen zu rekonstruieren, drei von ihnen sind überlebensgroß. Der bedeutendste Fund ist das sogenannte „Mosaikenhaus“ mit sehr gut erhaltenen Mosaikbildern aus farbigen Kieselsteinen. Die Funde sind im **Museum**, *Tel.: 22290-62 206*, ausgestellt; ***Öffnungszeiten** des Museums und des Ausgrabungsgeländes: täglich 8.30–15 Uhr, Mo geschlossen.*

Die Küstenstraße führt weiter nach Alivéri, wo ein venezianischer Turm, die Kirche Ágios Loúkas und die wertvollen byzantinischen Fresken der etwas außerhalb gelegenen Kirche Ágios Nikólaos zu besichtigen sind. Auch der Küstenort **Amárinthos** hat sich aus einem kleinen Fischerhafen zu einem lebhaften Ferienort entwickelt, dessen Fischtavernen bei Liebhabern von Fisch und Meeresfrüchten einen besonders guten Ruf genießen.

Ausflug
*Von Amárinthos führt eine Straße ins Inselinnere zum **Kloster Ágios Nikólaos** mit der gleichnamigen byzantinischen Kirche und einem herrlichen Blick über den südlichen Golf von Euböa, weiter nach **Gímno** mit den Überresten eines mittelalterlichen Turmes und nach **Séta**, wo man im Sommer gelegentlich eine Theateraufführung erleben kann.*

gute Surfbedingungen

Die Straße führt von Amárinthos weiter über **Alivéri** mit der byzantinischen Kirche Kimísis tís Theotókou nach Dístos. Im Feuchtgebiet rund um den **Dístos-See** halten sich viele Enten, Gänse, Wasserhühner und andere Vögel auf, die hier auf ihrem Weg nach Süden Rast machen. In den Sommermonaten ist der See weitgehend ausgetrocknet. In den kleinen Ortschaften am Golf verbringen vor allem griechische Familien ihre Ferien. **Néa Stíra** ist der größte Ferienort an diesem Küstenabschnitt mit Hotels, Geschäften Restaurants, Wassersportangebot und Reitgelegenheit. Das saubere Wasser am feinen Sandstrand lädt zum Baden ein, frische Winde bieten ideale Surfbedingungen. Néa Stíra ist durch regelmäßigen Schiffsverkehr mit Agía Marína auf dem Festland verbunden, ebenso der weiter südlich gelegene Fährhafen Mármari mit Ráfina.

Bootsverbindung
*in den Sommermonaten: 3–4 x tgl. nach **Ráfina**, sonst 1–2 x tgl.; **Ausflugsboote** zu den vorgelagerten Inselchen Petáli, Hersonísi und Megalónisos.*

antikes „Drachenhaus“

An der Hauptstraße von Néa Stira nach Mármari weist ein Schild zu einem Drakospita, einem „Drachenhaus“, von denen es einige in den Bergen Euböas gibt. Das „Drachenhaus“ wurde wahrscheinlich im 5. Jahrhundert v. Chr. aus großen Steinquadern gebaut. Der Süden Euböas ist durch große Zitronen- und Orangenhaine und dichte Laub- und Nadelwälder geprägt, die sich am Fuße des 1.398 m hohen Óchi-Gebriges ausdehnen.

Káristos Καριστος

Káristos liegt in der weiten gleichnamigen Bucht. Der noch recht junge Ort richtet sich mit Übernachtungsmöglichkeiten, Restaurants und Geschäften zunehmend auf den Fremdenverkehr ein und lädt mit langen, meist wenig besuchten Stränden und guten Wandermöglichkeiten zu einem mehrtägigen Aufenthalt ein. An den Wochenenden ist Káristos ein beliebtes Ausflugsziel von Athener Familien, denn unter günstigen Verkehrsbedingungen dauert die Anreise nur etwa 2–3 Stunden. Im Ort fällt zuerst die mittelalterliche **Festung Bourtzi** auf, die im 13. Jahrhundert von den Venezianern erbaut wurde; ebenfalls aus venezianischer Zeit stammt die Festung Káristos, die nach dem in dieser Gegend gebrochenen rötlichen Marmor auch **Kastello Rosso** genannt wird. Ein Besuch der Festung lohnt sich vor allem wegen der herrlichen Aussicht auf das Meer und den langen Sandstrand von Káristos.

Im **Archäologischen Museum**, *Jokálio Ìdrima, Tel.: 22240-22472*, sind Funde aus dem antiken Karystos ausgestellt, das nach Karystos, dem Sohn des weisen Kentauren Chiron, benannt war. In der Umgebung liegen die **Marmorsteinbrüche** der antiken Stadt Karystos, die Klöster Tó Taxiárchou und Àgios Geórgios, die geringen Überreste der antiken Stadt Paleochóra und die **Tropfsteinhöhle Agías Trías**. In Káristos endet die ausgebaute Straße.

Der Osten von Euböa

reizvolle Landschaften

Von Alivéri führt die Hauptstraße über **Lepoúra** zunächst zum hübschen Ort **Avlonári** mit den Überresten eines mittelalterlichen Turmes und weiter nach Kími. Auf dieser kurvenreichen Strecke lernen Sie eine der schönsten Landschaften Euböas kennen mit üppiger Vegetation, fruchtbaren Tälern, tiefen Schluchten und den bis zu 1.745 m hoch aufragenden Gipfeln des Dírfis-Gebirges.

Kími Κιμι

In vier Kilometer Entfernung von Kími liegt der Fährhafen **Paralía Kimís**, der durch regelmäßigen Fährverkehr mit Kavála, Vólos, Skíros und den anderen Inseln der Nördlichen Sporaden verbunden ist. Südlich des Ortes liegen unterhalb der Steilküste einige schmale Sand- und Kiesstrände.

Fährverbindungen

Skíros	*2–3 x täglich*	*Alónissos*	*2–3 x wöchentlich*
Skíathos	*1–2 x wöchentlich*	*Vólos*	*1 x wöchentlich*
Skópelos	*2–3 x wöchentlich*	*Kávala*	*1–2 x wöchentlich*

Der landeinwärts gelegene Ort Kími hat eine nette Platia und bietet vom Kirchplatz aus einen schönen Ausblick auf die Ägäis. Seine Geschichte reicht bis ins 8. Jahrhundert v. Chr. zurück. Im kleinen Volkskundemuseum sehen Sie u.a. alte Haushaltsgeräte, Werkzeuge, Möbel, Trachten, Uniformen und Bilder.

Der Inselnorden

Von der Inselhauptstadt führt eine gut ausgebaute Straße in den reizvollen Inselnorden, der durch große landschaftliche Gegensätze geprägt ist: Es wechseln sich weite Oliven- und Obstbaumhaine, Getreidefelder, Macchia und dichte Wälder ab, es gibt Sand- und Kiesstrände, steile Felsküsten, grüne Täler, tiefe Schluchten und die schneebedeckten Gipfel des Dírfi-Gebirges. Die abgelegenen und einsamen Strände und Siedlungen an der Ostküste, die kurvenreichen und steilen Passstraßen im Inselinneren und der Aufenthalt in einem der reizvollen Fischerorte machen den Reiz Euböas aus. An der Westküste liegt der Ferienort **Néa Artáki**, der sich nach dem Bau mehrerer neuer Hotels und dem Ausbau des Fischerhafens immer mehr dem Fremdenverkehr öffnet. Von Néa Artáki führt ein Ausflug durch dichte Tannenwälder ins Inselinnere zum alten **Bergdorf Stení**, das im Sommer wegen seiner erfrischenden Kühle und im Winter als schneesicherer Wintersportort geschätzt wird. Die Hauptstraße führt von Néa Artáki über die Dörfer Kastélla weiter nach Norden und biegt bei Strofília nach Límni ab.

Noch ist das Kafeníon nicht geöffnet...

Límni ist ein hübscher Hafenort an der Westküste Euböas. Da der Ort, der ca. 85 km von Chálkis entfernt liegt, nicht schnell erreichbar ist und zudem keinen besonders schönen Strand besitzt, hat sich der Fremdenverkehr nur langsam entwickelt, so dass der Ort noch viel von seiner Ursprünglichkeit bewahrt hat. Inzwischen gibt es in Limni und Umgebung mehrere Unterkünfte und in ca. 2 km Entfernung einen Campingplatz. Límni breitet sich am Berghang aus. An der Uferpromenade kann man in einem der Cafés oder Restaurants im Schatten einer großen Platane sitzen, das Treiben am Hafen beobachten und am Abend den Sonnenuntergang genießen. Ein Spaziergang durch den Ort führt hinauf zur Kirche. Límni ist ein guter Standort, um mit dem eigenen Fahrzeug Ausflüge in den Norden und den Nordosten der Insel zu unternehmen, z. B. zum **Kloster Ágios Nikólaos**, zum **Kloster Óssios Dávid tou Géronta** und zu den schönen **Stränden von Roviés**, die nicht weit entfernt liegen. Die Straße führt von Límni an der Westküste entlang nach Édipsos mit dem Ortsteil Loutrá Edipsou.

Ausgangs-punkt

Édipsos Εδιπσος mit Loutrá Edipsou Λουτρα Εδιπσου

Édipsos liegt im Nordwesten Euböas und ist von Chalkis 153 km entfernt. Der Ort hat sich wegen seiner zahlreichen Thermalquellen, seiner schönen, ausgedehnten Strände und seiner landschaftlich reizvollen Umgebung zu einem beliebten Kur- und Ferienort mit Hotels aller Kategorien entwickelt. Édipsos gehört mit seinen Heilquellen, die schon im Altertum bekannt waren, zu den bedeutendsten Thermalbädern Europas. Den heißen Quellen, die mit Temperaturen zwischen 28 und 78,2 °C austreten, wird eine hohe Heilkraft zugeschrieben. Aber es sind längst nicht mehr nur ältere Griechen und Griechinnen, die hier Erholung suchen, sondern Touristen aus vielen Ländern, die durch die Vielfalt an Heilkuren, Wellness-Angeboten und Schönheitsprogrammen angezogen werden, so dass sich Loutrá Édipsoú weiterhin im Aufschwung befindet. Von der Thermal-Schwefelquelle wird das heilkräftige Wasser auch durch Rohre zum Strand geführt, wo es über die Felsen ins Meer fließt. Man kann im Freien im heißen Thermal-Schwefelwasser baden, wobei mutige Schwimmer sich direkt unter die Felsen stellen; zur Abkühlung kann man anschließend ins Meer hinausschwimmen. Aber nicht nur das heiße Thermalwasser, sondern auch das klare Wasser an den kleinen Sandstränden der Umgebung lädt zum Baden ein. Einen besonders schönen Strand finden Sie in Gregolímano an der nordwestlichen Spitze von Euböa.

Im Inselinnern laden schöne Klöster zur Rast ein

Auf einem nahe gelegenen Hügel sind Überreste der antiken Stadt zu sehen sowie Ruinen aus römischer Zeit, in der der Ort eine Blütezeit erlebte.

Man kann die Fahrt nach Norden fortsetzen und erreicht den Hafenort **Agiókambos**, wo es eine Fährverbindung nach **Glífa** auf dem Festland gibt.

Fährverbindungen

*Die Fährschiffe verkehren ganzjährig 4–6 x tgl. zwischen **Agiókambos** und **Glífa**, in den Sommermonaten 8–10 x tgl. Diese günstige Verbindung wird viel genutzt; an Sommerwochenenden muss man deshalb mit Wartezeiten rechnen.*

Wenn die Straße die Nordküste umrundet, erreicht man das landwirtschaftliche Zentrum des fruchtbaren Nordens in Istiéa. Westlich liegt der kleine Hafenort **Orei** mit den Überresten einer antiken Mole. Auf dem Dorfplatz steht ein großer Marmorstier aus dem 4. Jahrhundert v. Chr., der 1965 im Meer gefunden wurde. Von der Straße bieten sich schöne Ausblicke auf das gegenüber liegende Festland und die Südspitze der Pílion-Halbinsel. Ganz im Norden Euböas liegt das **Kap Artemísion**, dessen Name mit der bedeutenden Seeschlacht verbunden ist, in deren Verlauf im Jahre 480 v. Chr. die Athener den Persern eine schwere Niederlage zufügten. Vor dem Kap Artemísion wurde die berühmte **Poseidon-Statue** geborgen, die im Nationalmuseum in Athen steht.

Fundort der berühmten Poseidon-Statue

An der Ostküste gibt es einige schöne Strände, z. B. bei Agía Ánna, jedoch noch kaum Übernachtungsmöglichkeiten.

10. ATTIKA UND ATHEN

Athen Αθηνα

(ⓘ s. S. 125)

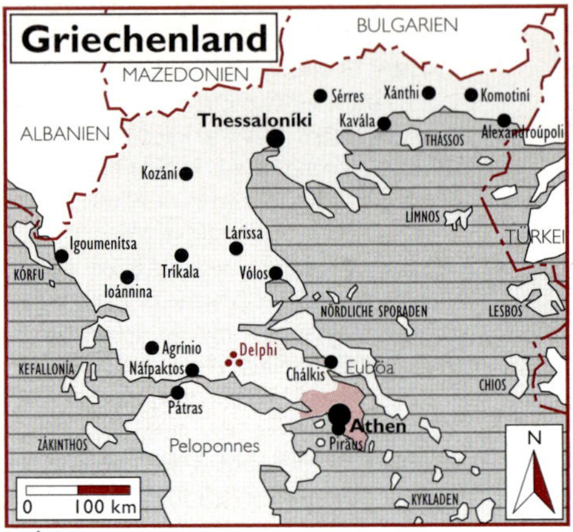

Athen ist mit knapp 4 Millionen Einwohnern der kulturelle, politische und wirtschaftliche Mittelpunkt des Landes. Athen ist laut, drangvoll eng, heiß und schmutzig, die Straßen sind mit Autos verstopft, der Verkehr ist hektisch, die Fahrweise abenteuerlich und rücksichtslos – aber das ist nur die eine Seite der Stadt; auf der anderen Seite sehen Sie das antike Griechenland mit seinen schönsten Bauwerken und das Nationalmuseum mit seiner einzigartigen Sammlung griechischer Kunst, Sie entdecken kleine byzantinische Kirchlein, prächtige klassizistische Bauwerke und malerische Gassen und Winkel in der Pláka am Fuße der Akropolis.

Stadt der Gegensätze

Athen ist eine Stadt der Gegensätze: Sie finden die großen Bauwerke der Antike und Museen von Weltrang, die klassizistischen Gebäude des 19. Jahrhunderts, die moderne Stadt mit einer geschäftigen Markthalle voller Lärm, engen, berstenden Ladenstraßen oder breiten Alleen mit mondänen Boutiquen, mit urigen Tavernen oder eleganten Feinschmeckerrestaurants, stilvollen Cafés und einfachsten Kafenía und dem quirligen Altstadtviertel, der Pláka. Diese für Athen so charakteristische Mischung aus Tradition und Moderne macht den Reiz der Stadt aus, der sich nach anfänglichem Befremden kaum ein Besucher entziehen kann. Und Athen ist eine Stadt im Wandel, der seit der Entscheidung des Olympischen Komitees, die Olympischen Spiele 2004 an Athen zu vergeben, vor allem durch die Vorbereitung auf dieses Ereignis ausgelöst wurde. Zwei Großprojekte wurden bereits erfolgreich zu Ende geführt: der Bau des neuen Flughafens in Spáta, der nun als der modernste in Europa gilt, und der Neubau der Athener Untergrundbahn.

Provinztelegramm Attika und Athen	
Bevölkerung	40,28 % der Gesamtbevölkerung
Fläche	18,87 % der Gesamtfläche
Hauptort	Athen
Kennzeichnung	Verwaltungs-, Wirtschafts- und Kulturzentrum Griechenlands, sehr gute in- und ausländische Verkehrsverbindungen, zahlreiche bedeutende Sehenswürdigkeiten, gute Erholungsmöglichkeiten
Lebensgrundlage der Bevölkerung	Handel, Industrie, Schifffahrt, Fremdenverkehr

Weitere herausragende Projekte sind die Umgestaltung des Stadtzentrums, die Restaurierungsarbeiten auf der Akropolis und die Fertigstellung des neuen Akropolis-Museums. Der Entwurf sieht einen „**archäologischen Kulturpark**" vor, der die zentralen archäologischen Stätten miteinander verbindet und eine Vorstellung vom Aussehen und der Wirkung der antiken Stadt Athen vermittelt. Dazu ist es nötig, wichtige Straßen, die zu den antiken Stätten führen und über die sich heute noch der Innenstadtverkehr wälzt, in Fußgängerzonen umzuwandeln. So sollen z. B. die Akropolis mit dem Philopáppos-Hügel und der Sternwarte verbunden werden und der Tempel des Olympischen Zeus mit dem Zappeion-Park und dem Nationalgarten. Im Gelände des Olympeions soll der antike Fluss Ilissos wieder entstehen. Außerdem sollen die antiken Wege zwischen dem historischen Marktplatz, der Agorá, der Areopaghöhe, dem Musenhügel sowie dem Zeustempel wieder freigelegt werden.

archäologischer Kulturpark

Athen – ein Häusermeer

Auf dem Hügel der **Akropolis** bemühen sich Archäologen, Architekten, Künstler und Handwerker um die Sanierung der antiken Bauwerke. Mehr als 10 Millionen Euro, finanziert durch öffentliche Mittel, Spendenaufkommen und Gelder der Europäischen Gemeinschaft, sollen die Restaurierungsarbeiten kosten. Bereits 1983 wurde mit der Planung und Durchführung des „Projekt Parthenon" begonnen; auch wenn nicht alle Restaurierungsarbeiten bis zum Jahre 2004 fertig gestellt sein können, soll sich die Akropolis bei den Olympischen Spielen ganz ohne Baugerüste präsentieren. Außerdem wurde mit der Umgestaltung des Nationalmuseums und dem Neubau des Akropolis-Museums begonnen.

Erleben Sie selbst: Athen ist eine Reise wert! Auch wenn Sie nur für eine Zwischenübernachtung oder einen kurzen Stopover nach Athen kommen und Ihnen bis zu Ihrer Weiterreise nur wenig Zeit zur Verfügung steht, lohnt es sich, erste Eindrücke bei einem Rundgang auf der Akropolis, bei einem Stadtbummel oder einer Stadtrundfahrt zu sammeln. Besser wäre es natürlich, Sie würden zwei oder drei Tage Zeit haben, um Griechenlands Metropole kennen zu lernen und neben den Hauptsehenswürdigkeiten ein anderes, sehr reizvolles Athen zu entdecken.

Die Geschichte der Stadt

Die Geschichte Athens ist eng verknüpft mit der Geschichte des antiken Griechenland. Nach der Bildung des Stadtstaates in der Zeit von etwa 700–500 v. Chr. öffnet sich Athen für Händler und Seefahrer und entwickelt sich zu einer bedeutenden Seemacht. Das 5. Jahrhundert ist geprägt durch die Auseinandersetzungen mit der Großmacht Persien; in den Schlachten von Plataiai und Mykale und in der

Seeschlacht von Sálamis werden das persische Heer und seine Flotte besiegt. Athen festigt seine Führungsposition innerhalb des Delisch-Attischen Seebundes. In der Regierungszeit des Perikles werden die bedeutendsten Bauwerke der Akropolis geschaffen. Diese Blütezeit der Stadt endet 404 v. Chr. mit der Niederlage gegen Sparta im Peloponnesischen Krieg. In hellenistischer Zeit erlebt die Stadt unter Alexander dem Großen trotz politischer Bedeutungslosigkeit eine Zeit des Friedens und Wohlstands. Im Jahre 86 v. Chr. wird Athen durch römische Truppen unter Sulla geplündert, in der Folgezeit jedoch von den römischen Kaisern Augustus und Hadrian sehr geschätzt, gefördert und mit stattlichen Bauwerken verschönt. Nach dem politischen und wirtschaftlichen Verfall beginnt der kulturelle Niedergang der antiken Stadt mit der Schließung der Platonischen Akademie im Jahre 529. Während die Bedeutung Konstantinopels ständig wächst, versinkt Athen für die folgenden Jahrhunderte in geschichtlicher Bedeutungslosigkeit. Das in Europa erwachende Interesse an der Antike richtet sich seit dem 16. Jahrhundert auch auf die Stadt Athen. Als nach dem griechischen Befreiungskrieg Otto von Wittelsbach zum König von Griechenland ausgerufen wird, erklärt er Athen zur Hauptstadt des neuen Griechenlands.

Entwicklung der Stadt

Das heutige Athen ist eine Schöpfung des 19. und 20. Jahrhunderts. Von König Otto I. und seinen bayrischen Architekten wurde im 19. Jahrhundert ein Stadtplan entworfen, der neue, großzügige Straßen rund um das Dorf Athen vorsah, das sich an den Nordhängen der Akropolis hinzog. Viele Gebäude wie z. B. das Alte Parlament, Akademie, Universität, Nationalbibliothek und das Alte Schloss stammen aus dieser Epoche. Im **Athener Rathaus** wird seit 1999 die Gründungsakte der Stadt ausgestellt. Diese war zuvor auf einer Auktion bei Christies von der Stadt ersteigert worden. In dem Gemeindebeschluss aus dem Jahre 1833 ist nachzulesen, dass 236 wohlhabende Athener Familien Teile ihres Grundbesitzes für die Anlage von öffentlichen Gebäuden, Straßen, Plätzen und Parkanlagen sowie für Ausgrabungen unterhalb der Akropolis zur Verfügung stellen. Das Dokument war aus dem Hause des Rechtsanwaltes Antonios Petsalis gerettet worden, der an der Formulierung des Beschlusses mitgearbeitet hatte.

Die moderne Stadt

Die griechische Hauptstadt liegt in einem weiten, von Kifíssos und Ilíssos durchflossenen Becken, das von den attischen Bergzügen umschlossen wird: im Südosten erhebt sich der Hyméttos (1.026 m), im Nordosten der Pentélikon (1.108 m), im Nordwesten der Párnes (1.413 m) und im Westen die Hügelkette des Agaléos (400–465 m). Athen hat etwa 885.000 Einwohner; in Groß-Athen, das Piräus und viele kleine umliegende Ortschaften umfasst, leben etwa 3,8 Millionen Menschen.

Die Stadt breitet sich immer weiter aus, denn jährlich suchen immer mehr Griechen in Athen Arbeit und eine neue Heimat. Das wirft große Probleme auf:

- Etwa **40 % der griechischen Bevölkerung leben z.Zt. im Großraum Athen**; da der vorhandene Wohnraum nicht ausreicht, entstehen immer neue, äußerst einfache Wohnsiedlungen mit ungünstiger Infrastruktur.
- Die Industrialisierung Griechenlands wurde fast zur **Industrialisierung Athens**, denn mehr als 50 % aller industriellen Arbeitsplätze, mehr als 60 % aller

Arbeitsplätze im Dienstleistungssektor und fast 70 % des Kapitals konzentrieren sich auf den Großraum Athen-Piräus. Deshalb sind die Bemühungen der Regierung zunehmend auf das „Dezentralisierungs-Programm" zur Förderung der mittleren Städte in den einzelnen Provinzen gerichtet.

- **Mit der Bevölkerungszunahme stieg auch die Zahl der in Athen zugelassenen Kraftfahrzeuge.** Etwa 500.000 Autos sollen gegenwärtig in Athen fahren: das ist mehr als die Hälfte aller in ganz Griechenland zugelassenen Wagen. Die daraus entstehenden Probleme sind: Parkraumnot, fast ganztägig verstopfte Straßen im Innenstadtbereich, Lärm und starke Luftverschmutzung. Ein Maßnahmenpaket zur Verbesserung des öffentlichen Nahverkehrs, z. B. der Ausbau des U-Bahn-Netzes, die Einrichtung großer Parkplätze an den U-Bahn-Stationen, der verstärkte Einsatz von Bussen und die Einrichtung von Busspuren sollen Abhilfe schaffen.

Probleme der Millionenstadt

- Für die **ständig zunehmende Luftverschmutzung** gibt es 3 Ursachen: die Emissionen der Industriebetriebe im Großraum Athen, die minderwertigen, d.h. stark schwefelhaltigen Brennstoffe und die Abgase der etwa 500.000 Autos. Die hohe Schadstoffbelastung der Luft erhöht die Gefahr der Zerstörung für die antiken Bauwerke: der „saure Regen" – eine Folge des hohen Schwefeldioxid-Gehalts der Luft – frisst sich in den Marmor ein und zerstört ihn.

Die Besucher Athens kommen mit den Problembereichen „Lärm" und „Luftverschmutzung" leider auch mehrfach in Berührung, denn die Straßen sind während des ganzen Tages so mit Autos zugestopft, dass Fußgänger sich ihren **Weg mühsam zwischen hupenden und stinkenden Fahrzeugen** hindurch suchen müssen, und in den meisten der zentral gelegenen Hotels ist die Nachtruhe durch **nächtlichen Auto-, Rangier- und Ladeverkehr** auf den Straßen weitgehend gestört.

Orientierung in Athen

Im Straßengewirr von Athen kann man sich leichter zurechtfinden, wenn man von drei Orientierungspunkten ausgeht: dem **Omónia-Platz**, dem **Sintágma-Platz** und dem **Monastiráki-Platz**. Diese 3 Plätze im Stadtinneren sind durch Hauptstraßen miteinander verbunden; zwischen den Plätzen beträgt die Entfernung jeweils etwas weniger als 1 km.

- Um den **Omónia-Platz** herum, einem Verkehrsknotenpunkt mit Haltestellen aller öffentlichen Verkehrsmittel, befinden sich viele Einkaufsstraßen mit zahlreichen Geschäften und Kaufhäusern; in den kleineren Straßen liegen viele Mittelklasse-Hotels. Diese haben den Vorteil der sehr verkehrsgünstigen Lage – alle bedeutenden Sehenswürdigkeiten Athens lassen sich vom Omónia-Platz aus gut zu Fuß erreichen –, jedoch muss man dafür lebhaften Verkehr und starke Geräuschbelästigungen auch in der Nacht in Kauf nehmen.

Orientierung im Stadtzentrum

- In den Straßen rings um den **Sintágma-Platz** sind vornehmlich Banken, Reisebüros, Regierungsgebäude, Spitzenhotels, schöne Cafés und elegante Geschäfte zu finden.
- Am **Monastiráki-Platz** beginnt die Pláka, die Altstadt Athens, mit dem berühmten Flohmarkt, engen Gassen, in denen sich Souvenirgeschäfte und kleine Restaurants aneinander reihen.

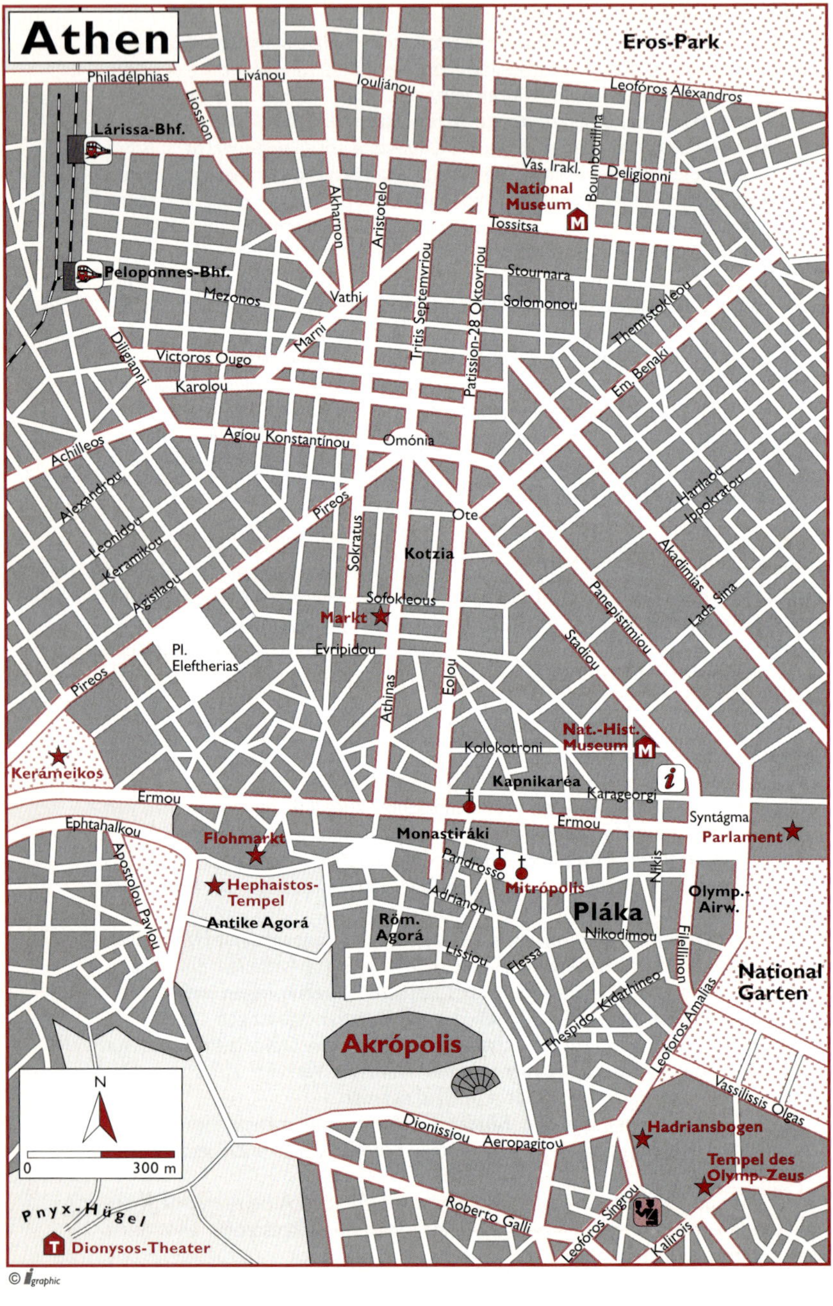
Athen
Eros-Park
Philadélphias
Livánou
Ioulíánou
Leofóros Aléxandros
Liossion
Lárissa-Bhf.
Boumboulina
Vas. Irakl.
Deligionni
National Museum
Akharnon
Aristotelo
Tossitsa
Peloponnes-Bhf.
Stournara
Solomonou
Mezonos
Vathi
Tritis Septemvriou
Patission-28 Oktovriou
Themistokleou
Marni
Diligianni
Victoros Ougo
Karolou
Em. Benaki
Achilleos
Agíou Konstantínou
Omónia
Alexandrou
Pireos
Ote
Harilaou
Ippokratou
Leonidou
Keramikou
Sokratus
Kotzia
Akadimias
Agisilaou
Sofokleous
Panepistimiou
Lada Sina
Markt
Evripidou
Stadiou
Pl. Eleftherias
Pireos
Athinas
Eolou
Nat.-Hist. Museum
Kolokotroni
Kerámeikos
Kapnikaréa
Karageorgi
Ermou
Ermou
Syntágma
Ephtahalkou
Monastiráki
Parlament
Flohmarkt
Apostolou Pavlou
Pandrosso
Nikis
Hephaistos-Tempel
Mitrópolis
Olymp.-Airw.
Adrianou
Antike Agorá
Röm. Agorá
Pláka
Nikodimou
Filellinon
Lissiou
Flessa
National Garten
Kidathineo
Leoforos Amalias
Thespido
Akrópolis
Vassilissis Olgas
N
Dionissiou
Aeropagitou
Hadriansbogen
0
300 m
Tempel des Olymp. Zeus
Leofóros Singrou
Roberto Galli
Pnyx-Hügel
Kalirois
Dionysos-Theater

Hinweis

*In der Innenstadt ist man am besten zu Fuß unterwegs, denn Parkplätze sind nur schwer zu finden und die vorbei fahrenden Taxis sind meist besetzt; das Busnetz ist zwar sehr gut ausgebaut, für den Fremden aber unübersichtlich. Für den Großraum Athen ist die Benutzung der Metro zu empfehlen. Wichtigste Haltestellen und Umsteigebahnhöfe sind **Omónia-Platz**, **Sintágma-Platz**, **Monastiráki** (Weg zur Pláka), **Thíssion** (Weg zur Agorá) und **Piräus** (Anlegestelle der Fähren zu den nahen und entfernteren Inseln)*

INFO Informationen zur Athener Untergrundbahn Metro

Die Metro, die bereits in den 1930er Jahren gebaut und im Laufe der Jahre immer wieder modernisiert wurde, transportiert jährlich bis zu ca. 110 Millionen Menschen. Zunächst gab es nur die Linie 1, die von Piräus durch das Zentrum von Athen bis

zum nördlichen Vorort Kifíssia führte; durch den Bau der Linien 2 und 3 ist nun ein erweitertes U-Bahn-Netz entstanden, wodurch der Athener Innenstadtverkehr zunehmend entlastet werden soll. Die Schnittstellen der drei Linien liegen am Omónia- und Sintágma-Platz, auch die zentrale Leitstelle für das gesamte U-Bahn-System befindet sich am Sintágma-Platz.

Die bereits 1992 begonnenen Arbeiten für den Ausbau der Athener Untergrundbahn waren sehr schwierig, denn neben hohen technischen Anforderungen mussten auch kulturhistorische und archäologische Erkenntnisse berücksichtigt werden. Fast 30.000 bewegliche Fundstücke wurden entdeckt, von denen einige in den Untergrundstationen Sintágma, Panepistímio und Evangelismós präsentiert werden. Besonders eindrucksvoll ist die Ausstellung am Sintágmaplatz, wo man einen rekonstruierten und mit Originalfunden ausgestalteten Grabungsschnitt durch das Erdreich unterhalb des Platzes betrachten kann, der die Geschichte des antiken Athens zwischen dem 5. vorchristlichen und dem 1. nachchristlichen Jahrhundert lebendig macht. Das „Metro-Museum" zeigt in 12 Vitrinen Kopien und Originalfunde, z. B. ein Stück der von Peisistratos gebauten Wasserleitung und einen Mosaikfußboden, der vor dem Hotel Grande Bretagne freigelegt wurde. In den beiden Bahnhöfen Evangelismós und Panepistímio sind vorwiegend keramische Funde ausgestellt sowie Brennöfen der einstigen Töpferwerkstätten.

Aber mit Werken zeitgenössischer Künstler ist auch das moderne Athen vertreten. In einem Bohrschacht an der Sintágma-Station hat der Künstler Zongolopoulos ein riesiges Mobile mit bunten Schirmen und weißen Leitern geschaffen, das sich durch den Luftzug ständig bewegt und in den Schachtwänden spiegelt. Für die Station Evangelismós wurde ein in New York entstandenes Kunstwerk aus Metall und rotem Neonlicht der Bildhauerin Chryssa erworben, für die Station Panepistímio gestaltete der Künstler Jannis Moralis ein Metallrelief mit klassizistischen Elementen.

An den Stationen der Linie 3 wurde ein „Untergrund-Park" mit Werken von Dimitris Kalamaras, Klearchos Loukopoulos Kostas Koulentianos geschaffen, an der Station Ampelokipi mit Werken des Künstlers Steven Antonakos.

Weitere Ausstellungen sind auch für die anderen Untergrundbahnhöfe vorgesehen.

Übersicht und Kurzbeschreibung der Sehenswürdigkeiten

Archäologische Sehenswürdigkeiten

- **Akropolis**: Heiliger Berg mit bedeutenden Tempelanlagen, Parthenon, Erechtheion, Propyläen, Niketempel.
- **Akropolis-Museum**: auf der Akropolis, Kunstwerke der Akropolis von der archaischen Zeit bis zum 5. Jh. v. Chr.
- **Dionysos-Theater**: am Südhang der Akropolis, Theater aus dem 4. Jh. v. Chr., auf dessen Bühne die ersten abendländischen Dramen von Aischylos, Euripides und Sophokles aufgeführt worden sind.

- **Odeon des Herodes Atticus**: am Südhang der Akropolis, Theater mit 5.000 Plätzen aus dem 2. Jh. n. Chr., wo alljährlich während der Athener Festspielwochen Aufführungen antiker Dramen stattfinden.
- **Agorá**: Odós Érmou/Apóstolou Pávlou, der Marktplatz der Antike. Die Agorá war das Zentrum des öffentlichen Lebens und repräsentierte die Macht und Größe der Stadt. Die Grundmauern von Tempeln, Säulenhallen und dem Rathaus konnten freigelegt werden.
- **Hephaistos-Tempel**: in der Agorá, der besterhaltene dorische Tempel aus dem 5. Jh. v. Chr. wird auch **Theseion** genannt, da sein reicher Skulpturenschmuck von den Heldentaten des Theseus und des Herakles erzählt.
- **Stoa des Attalos**: in der Agorá, wieder aufgebaute, zweistöckige Wandelhalle, in der Funde von der Agorá ausgestellt sind.
- **Kerámeikos-Friedhof und Museum**: Odós Érmou/im Nordwesten der Agorá, Hauptfriedhof des antiken Athen mit reich geschmückten Grabdenkmälern; im kleinen Museum sind kostbare Grabbeigaben ausgestellt.

Redaktions-Tipps

- Besuchen Sie die **Akropolis** und das Akropolis-Museum (S. 551ff) möglichst früh am Morgen, um den größten Besucherandrang zu vermeiden;
- Wählen Sie eines der **Museen** nach ihrem persönlichen Interesse aus, aber versäumen Sie nicht die großartigen Ausstellungen im Nationalmuseum (S. 550);
- Machen Sie einen **„archäologischen Spaziergang"** zu den Sehenswürdigkeiten der Antike;
- Aufstieg oder Fahrt mit der Seilbahn zum **Lykavíttos-Gipfel** (S. 550);
- Besuchen Sie die Markthallen (S. 565) oder den Flohmarkt (S. 566) und machen Sie einen **Einkaufsbummel**;
- Besuchen Sie die **Pláka** (S. 565), die trotz des touristischen Rummels immer noch ein ganz besonderes Flair hat;
- Schauen Sie sich am Abend in einem der **Freilichtkinos** bei einem Glas Wein einen Film unter dem offenen Sternenhimmel an;
- Genießen Sie eine Vollmondnacht im Juli oder August bei einem der **Musikfestivals** auf dem Lykabíttos, der Pnyx oder am Olympieion oder beobachten Sie den stimmungsvollen Einbruch der Nacht auf dem Areopag-Felsen.

- **Pnyx-Hügel**: gegenüber der Akropolis, der Ort der Volksversammlungen, an denen alle freien Bürger Athens teilnahmen und den Regierungsplänen Zustimmung oder Ablehnung zuteil werden ließen.
- **Turm der Winde**: an der Odós Éolou, ein achteckiger Turm aus dem 1. Jh. n. Chr. sagte den Athenern durch eine Wasseruhr und durch Sonnenuhren die Zeit an. 8 Reliefs stellen die aus 8 Himmelsrichtungen blasenden Winde dar.
- **Olympieion**: Vassílis Ólgas /Amalías, war dem olympischen Zeus geweiht und zählte zu den größten Tempeln der antiken Welt, wie 15 heute noch aufrecht stehende, 17 m hohe Marmorsäulen verdeutlichen.
- **Hadriansbogen**: Odós Amalías, im 2. Jh. n. Chr. gebaut, war das Bindeglied zwischen der Athener Altstadt und der von Kaiser Hadrian geförderten Stadt.
- **Lysikrates-Denkmal**: Odós Lysíkrates, ein Rundbau mit den ältesten korinthischen Halbsäulen
- **Nationalmuseum**: Tósitsa/Odós Patíssion 44, die Ausstellung bietet die umfassendste und eindrucksvollste Sammlung antiker Fundstücke von der prähistorischen bis zur hellenistischen Zeit.

Interessantes in der modernen Stadt

Pláka

- **Pláka**: unterhalb der Akropolis liegt die Altstadt Athens mit winkligen Gassen, alten Häusern, vielen Tavernen mit folkloristischen Angeboten, viel Atmosphäre.
- **Flohmarkt**: am Monastiráki-Platz, die Händler haben sich nach Branchen niedergelassen: Kupferschmiede, Schuhmacher, Teppich- und Pelzhändler und Töpfer.
- **Große und kleine Metrópolis-Kirche**: am Mitrópolis Platz, die große Metropolis ist die orthodoxe Hauptkirche Athens; das kleine Kirchlein ist das älteste byzantinische Bauwerk der Stadt.
- **Klassizistische Bauwerke**: Odós Panepistímiou, zu Beginn des 19. Jahrhunderts wurden nach Plänen der Architekten Hansen und Ziller die Akademie der Wissenschaften, die Universität, die Nationalbibliothek und die Villa Heinrich Schliemanns gebaut.
- **Altes Schloss**: am Sintágma-Platz, das königliche Schloss wurde von 1834 bis 1838 als Residenz Otto I. errichtet. Vor dem Alten Schloss liegt das Grabmal des unbekannten Soldaten; hier findet alle 30 Minuten die sehenswerte Wachablösung der Garde statt.
- **Nationalpark/Zappeion**: am Sintágma-Platz, schöne, alte Parkanlage mit Palmenhain und kleinem Tierpark; das Zappeion ist ein Ausstellungsgelände, wo sich die Athener zur abendlichen Volta treffen.
- **Lykavíttos**: ein 277 m hoher Felsen, auf den eine Seilbahn hinaufführt. Auf der Höhe können Sie im Restaurant ausruhen und den herrlichen Blick über die ganze Stadt genießen.

Ton- und Lichtspiele

- **Pnyx-Hügel**: gegenüber der Akropolis, hier finden von April bis Oktober Ton- und Lichtspiele statt, bei denen Sie eine dramatische Darstellung der Geschichte Athens erleben können.

Antike Sehenswürdigkeiten in Athen

Das National-Museum

Odós Patíssion 44, Tel.: 8217717
Die ***Öffnungszeiten*** *werden leider sehr häufig und ohne Voranmeldung geändert. Erkundigen Sie sich bitte nach den aktuellen Öffnungszeiten.*

eindrucks-volle Sammlung

Das National-Museum bietet die umfassendste und eindrucksvollste Sammlung antiker Fundstücke von der prähistorischen bis zur hellenistischen Zeit. Es ist in 3 Abteilungen gegliedert:
1. Abteilung: prähistorische und **mykenische** Sammlung in den Sälen 4–6
2. Abteilung: Skulpturensammlung in den Sälen 7–30
3. Abteilung: Vasensammlung und Ausgrabungsfunde aus Thera/Santorin im Obergeschoss

Die Bestände des National-Museums sind so umfangreich, dass auch ein 2- bis 3-stündiger Besuch nur einen oberflächlichen Eindruck vermitteln kann. Für einen ersten Besuch empfiehlt sich deshalb die Beschränkung auf einige Hauptsehenswürdigkeiten:

- z. B. auf den Saal 4 der **prähistorischen Sammlung**, in dem die **mykenischen, von Heinrich Schliemann entdeckten Funde** augestellt sind: u. a.

Goldmasken, wunderschöner Goldschmuck, Becher, Waffen und die sogenannte „**Goldmaske des Agammemnon**",

- z. B.
- auf die bedeutendsten Skulpturen der **Skulpturensammlung**:
  archaische Skulpturen in den Sälen 7 -13,
  klassische Skulpturen in den Sälen 14–28:
- „**Kouros** vom Poseidontempel auf Kap Soúnion", eine überlebensgroße Jünglingsgestalt aus der Zeit um 600 v. Chr.,
- „**Statue des Aristodikos**" und ein „**Grabkouros**" des Kroisos, die beiden Statuen in Saal 13 gehören zu den schönsten Werken der archaischen Bildhauerkunst,
- „**Poseidon vom Kap Artemísion**" (Saal 15), eine Bronzestatue des Poseidon, der einen Dreizack schleudert; die Statue aus der Mitte des 5. Jahrhunderts v. Chr. wurde von Fischern am Kap Artemísion an der Nordküste Euböas gefunden,
- „**Pferd und Reiter von Artemision**", eine Bronzestaue des 2. Jahrhunderts v. Chr.; neuere Forschungen haben gezeigt, dass das Pferd nicht, wie bisher angenommen, aus dem 5. Jahrhundert v. Chr. stammt, sondern dass Pferd und Reiter im 2. Jahrhundert v. Chr. geschaffen wurden,
- „**Stele vom Ilissos**" (Saal 23), eine besonders schöne Grabstele aus der Zeit um 340 v. Chr.,
- der „**Jüngling von Antikythera**" (Saal 28), die große Bronzestatue eines Heroen, die in Fragmenten bei Antikythera aus dem Meer geborgen wurde,

- z. B. auf den Saal im Obergeschoss, in dem sich die **Ausgrabungsfunde von Thera/Santorin** befinden: 1962 wurde auf Santorin eine minoische Siedlung freigelegt; ein Teil der reichen Grabungsfunde sowie die eindrucksvollen Wandmalereien der minoischen Siedlung Akrotiri sind hier ausgestellt.

minoische Fresken

Die Akropolis

*Die **Öffnungszeiten** und Preise werden häufig ohne Vorankündigung verändert!*

Die Akropolis ist das vorrangige Ziel jedes Athen-Besuchers. Propyläen, Nike-Tempel, Parthenon und Erechtheion sowie die umfangreiche Sammlung des Akropolis-Museums vermitteln Eindrücke von der Blütezeit griechischer Baukunst. Leider ist das Erlebnis der Akropolis zur Zeit dadurch beeinträchtigt, dass viele Bauwerke eingerüstet oder abgesperrt sind. Im Rahmen einer umfassenden Restaurierungsmaßnahme wird nämlich versucht, die an den antiken Bauwerken in den letzten Jahrzehnten entstandenen Schäden zu beheben. Die Restaurie-

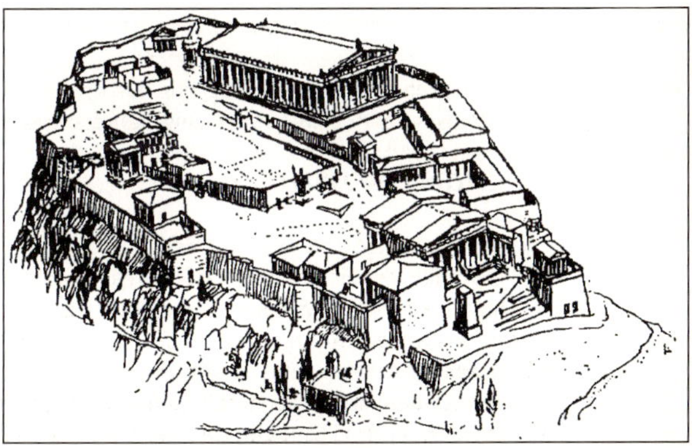

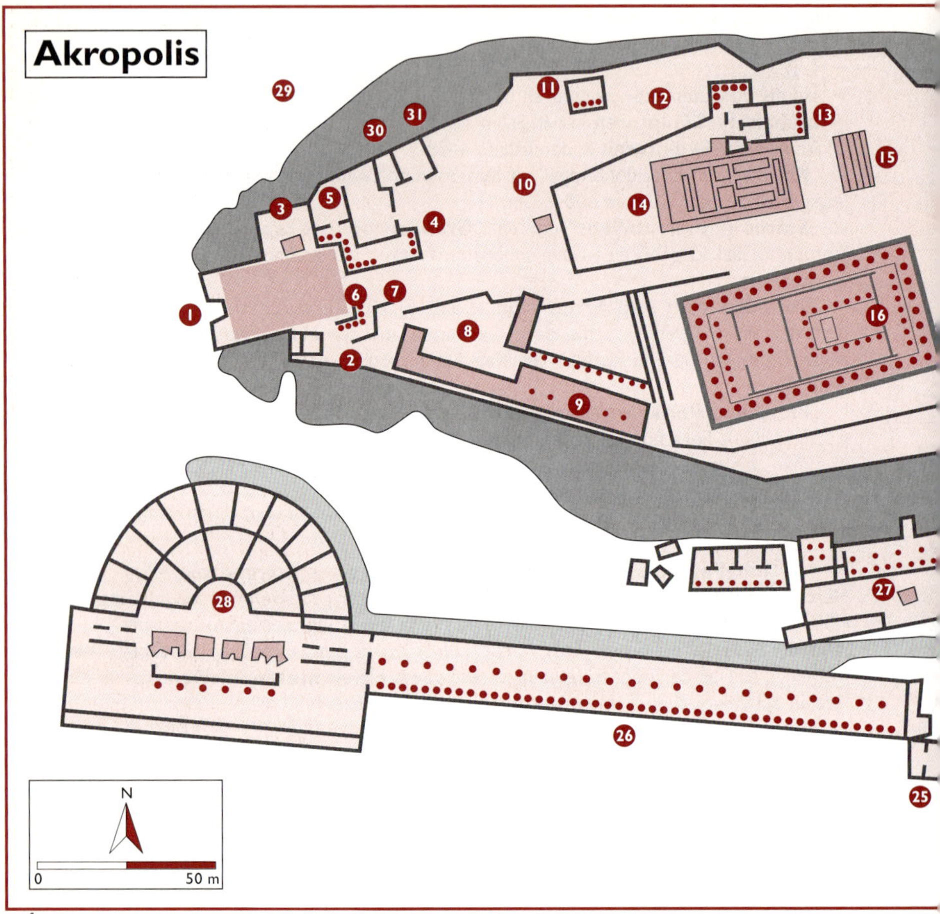

rungsarbeiten werden sehr sorgfältig durchgeführt und beanspruchen deshalb viel Zeit, so dass die Arbeiten noch einige Jahre andauern werden.

Geschichtlicher Überblick

Fluchtberg

Die Akropolis, ein 156 m hoher Felsen aus halbkristallinem Kalkstein und rotem Schiefer, der die Form eines Tafelberges aufweist, war schon seit etwa 5000 v. Chr. bewohnt. Das Plateau diente zunächst als Fluchtberg; später wurde dort der Wohnsitz der Könige, der durch Mauern und Wälle befestigt war, errichtet. Nach der Abschaffung des Königtums weihten die Athener die Akropolis ihren Göttern und schmückten den Felsen mit steinernen Gebäuden, die jedoch von den Persern 479 v. Chr. zerstört wurden. Nach der Vergrößerung der ebenen

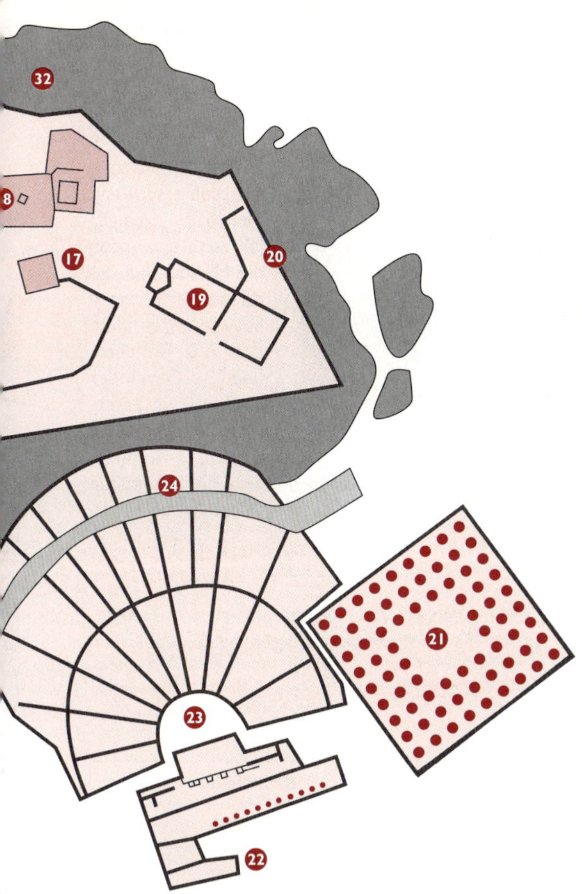

1 Beulé-Tor
2 Nike-Tempel
3 Agrippa-Monument
4 Propyläen
5 Pinakothek
6 Überreste der Propyläen des Peisistratos
7 Heiligtum der Athena Hygeia
8 Bezirk der Artemis Brauronia
9 Chalkothek
10 Statue der Athena Promachos
11 Haus der Arrephoren
12 Pandrosseon
13 Erechtheion
14 Tempel der Athena Polias
15 Altar der Athena Polias
16 Parthenon
17 Rom- und Augustus-Tempel
18 Tempel des Zeus Polieus
19 Tempel des Helden Pandion
20 Pelasgische Mauer
21 Odeon des Perikles
22 Heiliger Bezirk des Dionysos Eleuftherios
23 Theater des Dionysos
24 Denkmal des Thrasylos
25 Denkmal des Nikias
26 Stoá des Eumenes
27 Heiligtum des Asklepios
28 Odeon des Herodes Atticus
29 Klepsydra-Quelle
30 Höhle des Pan
31 Alte Treppe
32 Heiligtum der Aphrodite und des Eros

Fläche durch Aufschüttung mit den „Persertrümmern“ wurde die Akropolis während der Regierungszeit des Perikles ab 467 v. Chr. prachtvoll bebaut. Bis in die byzantinische Zeit blieben die Tempel und Kultbauten unversehrt.

Zerstörung und Wiederherstellung

Die spätere Umwandlung in christliche Kirchen, die Befestigung der Burg zu Verteidigungszwecken und die Nutzung des Parthenon als Moschee und des Erechtheion als Harem zur Zeit der Türkenherrschaft hinterließen tiefe Spuren. Die endgültige Zerstörung begann 1640, als in den Kämpfen Venedigs gegen die Türken ein türkisches Pulvermagazin im Parthenon explodierte und 1687 der Nike-Tempel abgetragen wurde, um Platz für weitere Befestigungsanlagen zu schaffen. Nach dem griechischen Freiheitskampf wurde 1833 mit der allmählichen Wiederherstellung der Akropolis aus den erhaltenen Teilen begonnen; diese Ar-

Nicht mehr zu zählen sind die Besucher, die sich täglich auf der Akropolis drängen.

beit dauert bis heute an, jedoch wird in den letzten Jahren die Instandsetzung und -haltung durch die enorme Luftverschmutzung in Athen erschwert. Innerhalb weniger Jahrzehnte wurden die Marmorskulpturen auf der Akropolis so angegriffen, dass z. B. Gesichter und Gewänder stark verwitterten. Nachdem eine UNESCO-Kommission auf die irreparablen Schäden hingewiesen hatte, wurden u. a. die Karyatiden des Erechtheion 1979 ins Akropolis-Museum transportiert. Kopien aus Beton tragen nun das Dach des Erechtheion.

Hinweis

Da die Zahl der Besucher auf der Akropolis ständig wächst, muss man mit dichtem Gedränge rechnen; nur in den frühen Morgenstunden vor 9 Uhr ist der Andrang geringer.

Bauwerke der Akropolis

Bauwerk	*Entstehungszeit*	*Baumeister*
Propyläen	437–432 v. Chr.	Mnesikles
Nike-Tempel	432–421 v. Chr.	Kallikrates
Parthenon	447–432 v. Chr.	Phidias, Iktinos, Kallikrates
Erechtheion	421–406 v. Chr.	Philokles

1. Propyläen

Ein mächtiger Torbau mit jeweils 6 dorischen Säulen an beiden Seitenflügeln. Die Propyläen waren von den Grundmauern aus ganz aus Marmor errichtet. Sie blieben bis ins 13. Jahrhundert fast vollständig erhalten; unter türkischer Herrschaft wurde der mittlere Gebäudeteil mit einer Kuppel bedeckt und diente als Waffen- und Munitionslager. Im 15. Jahrhundert explodierte das Lager und zerstörte die Toranlage. An der Restauration der Propyläen wird seit 1909 gearbeitet.

2. Nike-Tempel

Der kleine ionische Nike-Tempel gilt als eines der Meisterwerke griechischer Baukunst, das der Siegesgöttin Athene Nike geweiht war. Im 5. Jahrhundert v. Chr. beauftragte Perikles den Baumeister Kallikrates mit dem Bau des Tempels; 432 v. Chr. wurde mit den Arbeiten begonnen.

Das Gebäude aus weißem, pentelischem Marmor, dessen Säulenunterbau nur 8,27 x 5,44 m misst, erhob sich auf 3 Stufen. Je 4 Säulen an den beiden Fronten umschlossen den Innenraum (die Cella), in welcher die Kultstatue aufgestellt war. Diese war eine Nachbildung des alten hölzernen Kultbildes, das während der Plünderung Athens durch die Perser zerstört worden war. Die siegreiche Athene hielt in ihrer rechten Hand einen Granatapfel (als Zeichen der Fruchtbarkeit) und in der linken Hand einen Helm (als Zeichen der Wehrhaftigkeit).

Über dem Architrav, der auf den Säulen und den Cella-Wänden ruhte, verlief ein Reliefffries von 25,30 m Länge mit der Darstellung historischer Kämpfe der Athene und einer Versammlung der Götter auf dem Olymp.

Die Skulpturen der Ost- und Südseite des Tempels sind Originale; die Kunstwerke von Nord- und Westseite wurden Anfang des 19. Jahrhunderts vom britischen Diplomaten Lord Elgin nach London gebracht.

Aussicht

Von der Terrasse des zierlichen Tempels bietet sich ein weiter Ausblick auf die Stadt bis über das Meer.

Der Sage nach soll sich von dieser Stelle der König Ägeus in die Tiefe gestürzt haben aus Trauer um den vermeintlichen Tod seines Sohnes Theseus. In Erinnerung an Ägeus nannte man das Meer „Ägäisches Meer".

3. Parthenon

Der Parthenon, das berühmteste Bauwerk Griechenlands, steht an der höchsten Stelle der Akropolis und ist zugleich deren Krönung. Mit den Bauarbeiten wurde 447 v. Chr. begonnen, die Einweihung fand bei den Panathenäen im Jahre 438 v. Chr. statt, und die endgültige Fertigstellung wurde erst 432 v. Chr. abgeschlossen. Perikles plante gleich zu Beginn seiner Regierungszeit den Bau des Tempels. Die Aufgabe der Ausgestaltung übertrug er seinem Freund Phidias, der zu den größten Bildhauern des 5. Jahrhunderts v. Chr. zählte; diesem zur Seite standen Iktinos als Architekt und Kallikrates als Bauführer.

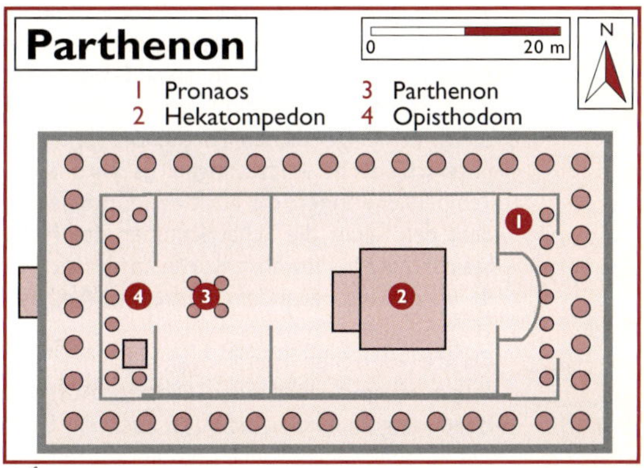

© igraphic

Eine große Zahl von Steinbrechern, Marmorschneidern, Steinmetzen und Malern wurde mit Aufträgen betraut, die besten Bildhauer Athens arbeiteten an den Skulpturen des Frieses, der Giebelfelder und der Metopen. Allein der 160 m lange Fries, der oberhalb der Säulen rings um den Tempel verläuft, wurde mit etwa 400 Menschen- und 200 Tierdarstellungen geschmückt.

- **Die Tempelanlage des Parthenon**

Der Parthenon ist ein Tempel mit dorischer Säulenordnung, der auf einem dreistufigen Unterbau aus Kalkstein errichtet wurde und ganz aus pentelischem Marmor besteht.
Einige Zahlenangaben zum Meisterwerk der griechischen Baukunst:

Fläche:	72,5 x 34 m
Frontseiten:	8 dorische Säulen, mit Kapitell 10,43 m hoch
Längsseiten:	17 dorische Säulen, Durchmesser der Säule an der Basis 1,90 m, an der Oberkante 1,48 m; die Ecksäulen werden doppelt gezählt
Architrav:	92 Metopen (davon 41 – z.T. stark beschädigt – am Tempel und 15 in London)
ionischer Fries:	160 m lang, 1 m hoch

Diese Zahlen sagen nichts aus über die vollendete Harmonie des Bauwerkes, das nicht nur wegen des einzigartigen Bauplanes, sondern auch wegen seiner architektonischen Raffinessen gerühmt wird:

architektonische Besonderheiten

- So ist z. B. die erste Marmorschicht über dem Fundament zur Mitte hin leicht nach oben gewölbt, ebenso wie die Stufen und das auf den Mittelsäulen ruhende Gesims. Dadurch wurden 2 Probleme gelöst: einmal konnte das Wasser gut abfließen, zum anderen wurde die optische Täuschung aufgehoben, dass bei einer Reihe aufeinander folgender Säulen die mittleren jeweils niedriger erscheinen;
- So sind alle vertikalen Linien am Tempel nicht ganz gerade. Alle Säulen neigen sich um etwa 7 cm dem Tempelinneren zu, wodurch bei Erdbeben eine größere Standfestigkeit erreicht wurde.

Man betrat den Tempel durch die äußere, mit 6 Säulen bestandene Vorhalle (Pronaos, 1) und gelangte in den Hauptraum des Tempels, in das sog. Hekatompedon (2, Hekatompedon = Maß von 100 attischen Fuß) mit seinen zweigeschossigen Säulenreihen. In diesem Raum stand die berühmteste Statue der Athena Parthenos, die Phidias eigenhändig geschaffen haben soll. Das Standbild stellte Athena als Kriegsgöttin in etwa 6-facher Lebensgröße (12 m) dar und war aus Holz, Elfenbein und Gold gefertigt. Über die Bedeutung des westlichen Gebäudeteiles, dem eigentlichen Parthenon (3, d.h. der „Saal der Jungfrauen"), bestehen unterschiedliche Auffassungen. Es wird angenommen, dass in diesem Raum die Tempeldienerinnen, die auch den Gottesdienst abhielten, schliefen; sicher aber ist, dass der Raum die Schatzkammer des Heiligtums war, in dem später auch der Staatsschatz aufbewahrt wurde. In der sich anschließenden Halle (Opisthodomos, 4) wurden die besonders wertvollen Weihegeschenke für die Göttin aufbewahrt.

Da die kultischen Handlungen nicht im Tempelinneren, sondern meistens unter freiem Himmel stattfanden, kam der Ausgestaltung der Außenfassaden besondere Bedeutung zu. Daher erfuhren auch die Skulpturen am dorischen Fries, die Figuren an den Giebelfeldern und die Figuren am ionischen Fries, die alle nach Plänen und Vorgaben des Phidias gearbeitet wurden, große Beachtung und Wertschätzung. Bis zum Ende des Römischen Reiches blieb der Parthenon unversehrt. Im 6. Jahrhundert wurde er in eine christliche Kirche umgewandelt. Die kostbare Statue der Athena Parthenos wurde nach Konstantinopel gebracht. 1458 eroberten die Türken Athen und richteten im Parthenon eine Moschee mit Minarett und später ein Arsenal und Pulvermagazin ein. 1687 explodierte dieses beim Beschuss durch die Venezianer, wodurch der Tempel zerstört wurde. Lord Elgin, der britische Botschafter an der Hohen Pforte, erhielt die Erlaubnis, „einige Steinblöcke mit Inschriften und Figuren" vom Parthenon nach England zu schaffen. In den Jahren 1803–1812 brachte er Platten des ionischen Frieses, Metopen und Statuen nach London ins Britische Museum, wo die „Elgin Marbles" bis heute das Kern- und Glanzstück der Antikensammlung sind. Die Rückgabe der Kunstwerke wird heute von Griechenland gefordert.

Nach den griechischen Freiheitskriegen begannen die Wiederaufbauarbeiten an der Akropolis; 1842 wurde die Moschee im Parthenon abgerissen, und seit 1926 erfolgte die Rekonstruktion des Tempels.

4. Erechtheion
Gegenüber dem Parthenon-Tempel liegt das Erechtheion, der wohl merkwürdigste Bau der Akropolis. Im Gegensatz zur Einheit und Geradlinigkeit des Parthenon ist das Erechtheion durch eine komplizierte Gliederung und durch unregelmäßige, miteinander verbundene Bauteile gekennzeichnet. Der Architekt Philokles hatte nicht nur die Heiligtümer verschiedener Götter und Helden in einem Bauwerk, sondern auch die Höhenunterschiede und Unebenheiten des felsigen Geländes zu berücksichtigen.

Hier befand sich der heiligste Teil der Akropolis mit mehreren alten Kultstätten:

- das offene Heiligtum der Athene mit dem heiligen Ölbaum;
- die Stelle, wo Poseidon seinen Dreizack in den Felsen warf und damit eine Quelle öffnete;
- das Grab des Kekrops, des ältesten Königs von Athen, und seiner Tochter, einer Priesterin der Athene;
- die Kultstätte des Hephaistos, des Schmiedes der Götter.

alte Kultstätten

Das Erechtheion gilt als das perfekte Bauwerk ionischer Architektur, das in den Jahren 421–406 v. Chr. entstand. Das Bauwerk hieß ursprünglich Tempel der Athena Polias und wurde erst in römischer Zeit zur Unterscheidung vom Parthenon als Erechtheion bezeichnet.

Der Tempel gliedert sich in das Heiligtum der Athena Polias (Ost-Cella) und das Heiligtum des Poseidon Erechtheus. Im Heiligtum der Athena wurde ein altes Kultbild aus Olivenholz (das Xoanon) aufbewahrt, das der Überlieferung nach vom Himmel gefallen, von König Kekrops geweiht und jeweils alle 4 Jahre bei den Panathenäen mit einem neuen Gewand bekleidet worden sein soll. Das Erechtheus-Heiligtum lag etwa 3 m tiefer als das der Athena; in seinem Innern befanden sich wohl die Altäre des Hephaistos und des athenischen Helden Boutes sowie eine mehrzellige Krypta.

Der Koren-Portikus des Erechtheion

Dem rechteckigen Baukörper waren im Norden, Osten und Süden Vorhallen (Portikus) vorgesetzt, die ganz unterschiedlich gestaltet waren:

Der **Südportikus**, der sog. Koren-Portikus, ist der bekannteste Teil des Erechtheion und zugleich eines der bedeutendsten Zeugnisse griechischer Kunst. Auf einem dreistufigen Unterbau stehen 6 überlebensgroße (etwa 2,30 m hohe) Mädchengestalten (Koren, Karyatiden), die den Architrav und das Dachgebälk tragen.

Koren-Portikus

Um weitere, durch die Luftverschmutzung verursachte Schäden zu vermeiden, wurden die Koren 1979 gegen Kopien ausgetauscht und im Akropolis-Museum aufgestellt. Eine Original-Kore befindet sich außerdem seit der Zeit Lord Elgins im Britischen Museum.

Die Originalkore im Britischen Museum in London

Vom Nordportikus führt ein Tor in das Heiligtum der Pandrosos, einer Tochter des Kekrops. Hier stand jener Ölbaum, den Athene wachsen ließ, um ihre Anrechte auf Attika zu betonen – und auch heute wächst an gleicher Stelle ein Olivenbaum.

Akropolis-Museum

***Öffnungszeiten**: Mo 11–18.30 Uhr, Di–Fr 8–18.30 Uhr, Sa/So 8.30–14.30 Uhr. Die Eintrittskarte für die Akropolis berechtigt auch zum Museumsbesuch.*
Die Öffnungszeiten werden häufig ohne Vorankündigung verändert!

Nur wenige Schritte vom Parthenon entfernt liegt das Akropolis-Museum, dessen Besuch äußerst lohnend ist. Das Akropolis-Museum stellt ausschließlich Funde von der Akropolis aus. Zu den neuesten Funden gehören ein weiblicher Kopf, der dem Praxiteles zugeschrieben wird und zur Kolossalstatue der Artemis Brauronia (um 330 v. Chr.) gehört. Er ist im Vorraum des Museums ausgestellt.

Die Ausstellungsstücke sind in 9 Sälen chronologisch geordnet:
Saal 1-4: Kunstwerke aus dem 6. Jahrhundert v. Chr.; Teile von Giebelfeldern und Friesen der ältesten Gebäude; Skulpturen, Tafeln mit Grabinschriften, Votivgaben;
Saal 5: Giebelfeld vom alten Athena-Tempel (525 v. Chr.) mit Szenen aus dem Kampf der Titanen gegen die Götter;
Saal 6: Kunstwerke von ca. 490–450 v. Chr., z. B. Relief der trauernden Athene, Kopf des blonden Epheben, Kare des Euthydikos;
Saal 7: Blütezeit der griechischen Kunst; Einzelfunde von Parthenon, Erechtheion und Nike-Tempel; Rekonstruktionen der Giebelfelder des Parthenon;
Saal 8: Skulpturenfunde vom Parthenon–Fries und vom Erechtheion; Skulpturen von der Brüstung des Nike-Tempels;
Saal 9: 4. Jahrhundert v. Chr.; Portrait Alexander des Großen.

Weitere sehenswerte antike Stätten in der Nähe der Akropolis sind die antike Agorá, die römische Agorá, der Friedhof Kerámeikos, das Olympieion und der Hadriansbogen.

Die antike Agorá

Öffnungszeiten der Agorá: Di–So 8.30–15 Uhr, Mo geschlossen.

Eingänge
1. Leofóros Apóstolou Pávlou (U-Bahnstation Thíssion)
2. Odós Adrianoú (U-Bahnstation Monastíri)
3. bei der Kirche Agios Apóstoli am Akropolis-Hang

Die Agorá war das Zentrum des öffentlichen Lebens in der antiken Stadt. Die Lage konnte schon um 1860 durch die Interpretation antiker Texte und durch die Identifizierung der Attalos-Stoa nachgewiesen werden. Nachdem das bebaute Gelände zwischen der Bahn, der Akropolis und dem Areopag zur archäologischen Zone erklärt worden war, legten griechische und amerikanische Archäologen die antike Agorá frei. Dazu mussten 300.000 Tonnen Bauschutt untersucht und weggeschafft werden.

Zentrum der antiken Stadt

Die Ausgrabungsarbeiten dauern an. Von den Gebäuden blieb nur der Hephaistos-Tempel unzerstört, alle anderen Bauwerke und Heiligtümer sind nur noch an Fundamenten, Sockeln und geringen Mauerresten zu erkennen. Die im Agorá-Museum ausgestellten Pläne und ein Modell der Agorá bieten gute Vorstellungshilfen.

Der Bezirk der antiken Agorá mit den Maßen 120 x 120 m war zu allen Himmelsrichtungen von lang gestreckten öffentlichen Gebäuden umgeben: im Norden, Osten und Süden von Säulenhallen, ähnlich der wieder aufgebauten Stoa des Attalos, im Westen von großen Verwaltungsgebäuden. Von der Agorá gingen die wichtigsten Straßen der Stadt aus; in der Diagonalen wurde das Gelände vom „Heiligen Weg der Panathenäen" durchzogen, der heute noch mit den mächtigen Steinblöcken der Römerzeit (2. Jahrhundert n. Chr.) gepflastert ist.

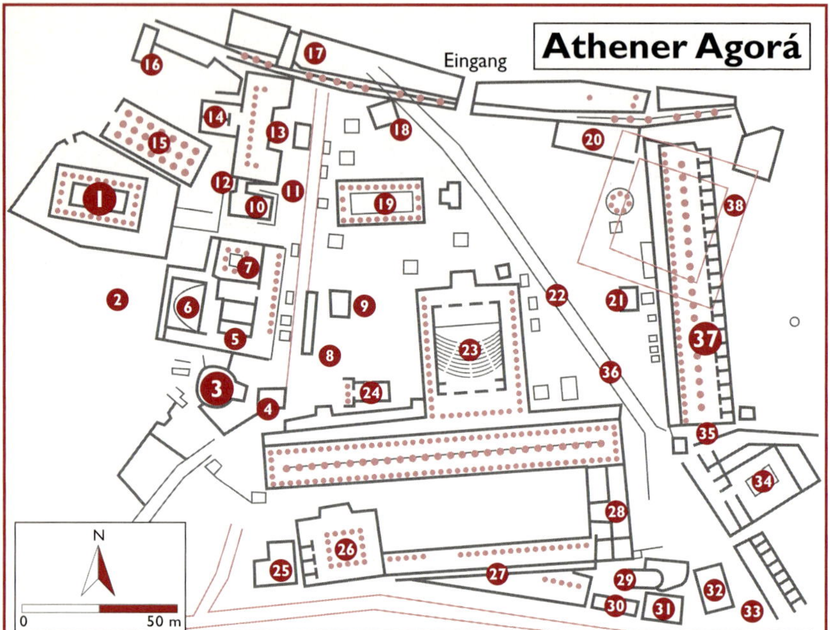

1 **Hephaisteion**
2 Terrasse
3 **Thólos**
4 Grenzstein der Agorá
5 Kleines Propylon
6 Bouleuterion
7 Metroon
8 Denkmal der Eponymen
9 Altar des Zeus Agoraios
10 Tempel des Apollon Patroos
11 Heiligtum der Athene und des Zeus
12 Anbau zum Tempel
13 Zeus Stoá
14 Räume an der Rückseite
15 Säulenhalle
16 Tempel der Aphrodite Urania
17 Stoá Vasiléos
18 Altar der 12 Götter
19 Ares-Tempel
20 NO-Stoá
21 Bema
22 Heilige Straße
23 Odeon des Agrippa
24 Südwesttempel
25 Quellhaus
26 Quadratischer Bau
27 Südstoá
28 Mittelstoá
29 Apostelkirche
30 Brunnenhaus aus dem 6. Jh.v.Chr.
31 Argyrokopeion (Münze) aus dem 5. Jh.v.Chr.
32 Südosttempel
33 Valerianische Mauer
34 Pantainos Bibliothek
35 Von einem Portal überspannte Straße
36 Panathenäenweg
37 **Attalos Stoá**
38 Quadratischer Bau

Der Hephaistos-Tempel

Das Hephaiston (auch Theseion genannt), das einzige unzerstörte Bauwerk auf der Agorá, vermittelt das fast vollständige Bild eines griechischen Tempels in seiner ursprünglichen Bauweise; er wurde in den Jahren 449–444 v. Chr. erbaut. Der Tempel war dem Hephaistos geweiht, dem Gott der Schmiede und der

Handwerker, deren Stadtviertel sich nordwestlich des Tempels befand. Er war mit Skulpturen reich geschmückt; die Vorderfront zeigte die Taten des Herakles, die Nord- und Südseiten berichteten von den Taten des Theseus, ebenso der Fries in der Vorhalle des Tempels (daher die irrtümliche Bezeichnung Theseion-Tempel).

Der Hephaistos-Tempel

Der Hephaistos-Tempel
- hat die klassischen Maße 14 x 32 m bei 6 Säulen an den Schmalseiten und einer länglichen Gesamtform; er gilt als konservatives Bauwerk und erreicht nicht die Einzigartigkeit des Parthenon;
- ist im dorischen Stil gebaut, weist jedoch starke ionische Einflüsse auf;
- ist im Innern durch den Umbau in eine byzantinische Kirche (um 450 n. Chr.) stark in Mitleidenschaft gezogen.

Die Ausgrabungsarbeiten auf der Agora legten weitere Grundmauern zahlreicher Bauten frei u.a.:
- Die **Tholos** (um 470 v. Chr.) diente als Tagungsort für die 50 Prytanen (Ältesten); an gleicher Stelle befand sich bis zu der Zerstörung durch die Perser 480 v. Chr. eine Kultstätte, die 2 weiblichen Gottheiten geweiht war.
- Das **Bouleuterion** war der Versammlungsort des Stadtrates, der gesetzgebende, ausführende und zeitweise auch richterliche Gewalt hatte. Er hatte 500 Mitglieder, die durch Los für ihre Aufgabe bestimmt wurden.
- Das **Metroon** war der Tempel der Göttermutter, der auf Geheiß des delphischen Orakles errichtet worden war. Im 2. Jahrhundert v. Chr. war hier das Staatsarchiv untergebracht.

Bauwerke der antiken Agorá

- Der **Altar des Zeus** Agoráios aus dem 4. Jahrhundert v. Chr. Vor diesem Altar mussten die Archonten, die höchsten zivilen Staatsbeamten, bei Amtsantritt ihren Eid ablegen.
- Der **Zwölf-Götter-Altar** aus dem 6. Jahrhundert, nach der Zerstörung durch die Perser 425 v. Chr. wieder aufgebaut. Der Altar, der den Gottheiten Zeus und Hera, Poseidon und Demeter, Ares und Aphrodite, Apollon und Artemis, Hermes und Athene, Hephaistos und Hestia geweiht war, galt als Mittelpunkt Athens, von dem aus alle Entfernungen gemessen wurden. Als weitere Gottheit wurde dort später noch die Göttin des Mitleids verehrt, so dass der Altarbezirk von Flüchtlingen und Verfolgten als Zufluchtsort aufgesucht wurde.
- Die **Attalos-Stoá**, die 159–138 v. Chr. vom König von Pergamon Attalos II. gestiftet wurde, konnte von amerikanischen Archäologen 1953–1956 mit antikem Baumaterial rekonstruiert werden. Seit 1957 dient sie als Museum, in dem die bedeutendsten Funde der Agorá ausgestellt sind.

Agorá-Museum

Öffnungszeiten des Agorá-Museums: Di–So 8.30–15 Uhr; Mo geschlossen

Der Besuch des Museums ist zu empfehlen, da die ausgestellten Funde ein lebendiges Bild von Lebensweise, Kunst und religiösen Festen der Menschen im antiken Athen vermitteln:

- **Säulenhalle im Erdgeschoss**: Statuen, Säulenreste, Inschrifttafeln;
- **Hauptsaal**: Tafeln, Vasen, Amphoren, Schalen aus Ton, Bronze und Elfenbein;
- **Obergeschoss**: Modelle, Skizzen und Pläne, die das private und öffentliche Leben der Antike verdeutlichen; Büsten, Inschrifttafeln, Skulpturen.

Vom Obergeschoss aus kann man einen guten Überblick über das gesamte Ausgrabungsgebiet gewinnen.

Der Kerámeikos-Friedhof

Etwa 400 m westlich von der Agorá, auf der anderen Straßenseite der Ermou (Nr. 148) liegt der antike Friedhof, der von deutschen Archäologen seit 1913 ausgegraben wurde. Die heutige Umgebung ist vom Lärm, Staub und Schmutz der zahlreichen kleinen Handwerksbetriebe und der vielen Last- und Lieferwagen geprägt; aber innerhalb der Friedhofsmauern findet man Ruhe und Schatten unter hohen Zypressen und altem Baumwerk. Am Eingang liegt das kleine Museum mit einer umfangreichen Keramik-Sammlung. Auf beiden Seiten der Gräberstraße sehen Sie die eindrucksvollen Grabdenkmäler, die die Athener ihren Toten errichteten. Auf dem Kerameikos hielt Perikles seine berühmte Rede „Auf die Gefallenen des Peloponnesischen Krieges". *Öffnungszeiten: täglich 9–15 Uhr.* Sie können noch Reste der unter Themistokles 487–479 v. Chr. errichteten Stadtmauer, des Heiligen Tores und des Doppeltores (Dipylon) an der Heiligen Straße erkennen; dieser an der Mysterienstätte in Eleusis beginnende Weg erreichte Athen am Doppeltor, durchquerte die Agorá und führte hinauf zur Akropolis.

Der Turm der Winde ist Teil der römischen Agorá

Bei den jüngsten Ausgrabungsarbeiten im Auftrag des Deutschen Archäologischen Instituts stieß man in der Heiligen Straße auf Architekturteile und auf frühe archaische Skulpturen, u.a. einen überlebensgroßen Kouros.

Römische Agorá und Turm der Winde

Öffnungszeiten: Di–So 8.30–15 Uhr.

- Der **Turm der Winde** wurde um 40 v. Chr. erbaut und war vielleicht ein Geschenk Caesars an die Stadt Athen. Im Innern barg er eine Wasseruhr des syrischen Astronomen Andronikos. Seinen Namen trägt das Gebäude, weil der 12 m hohe, achteckige Marmorturm im Fries mit Reliefs geschmückt ist, die die aus 8 Himmelsrichtungen wehenden Winde darstellen. Unter jedem dieser Reliefbilder waren Sonnenuhren angebracht.

- die **Hadrians-Bibliothek** *(an der Odos Aiolou)*, von der noch einige Säulen mit korinthischen Kapitellen erhalten sind;
- das **Lysikrates-Denkmal** *(Odos Lysikratous)*, ein zierlicher Rundbau aus Marmor, der 335/34 v. Chr. errichtet wurde zu Ehren des Chorführers Lysikrates.

Hadrians-Bogen

(Leofóros Amalías)

Dieses Tor wurde im 2. Jahrhundert n. Chr. errichtet und war das Bindeglied zwischen der Athener Altstadt und der unter Kaiser Hadrian geförderten neuen Stadt, die den Namen Hadrianopolis oder Novae Athenae trug. Die Inschriften auf dem 18 m hohen, aus pentelischem Marmor gebauten Tor lauteten der Akropolis zugewandt: „Dies ist das Athen des Theseus, die alte Stadt"; der Neustadt zugewandt: „Dies ist des Hadrians Stadt, nicht die des Theseus".

Der Blick reicht vom Olympieion bis zur Akropolis

Das Olympieion, der Tempel des Olympischen Zeus

(Leofóros Amalías/Leofóros Olgas)
Öffnungszeiten: Di–So 8.30–15 Uhr, Mo geschlossen.

Die Bauarbeiten zu diesem Tempel wurden schon 515 v. Chr. unter Peisistratos begonnen, abgebrochen, dann unter der Gönnerschaft des syrischen Großkönigs Antiochos IV. Epiphanes 175 v. Chr. weitergeführt, jedoch erst unter Kaiser Hadrian vollendet, der den Tempel 131–132 n. Chr. bei der Eröffnungsfeier der panhellenischen Spiele weihte.

Der Zeus-Tempel gehörte mit den Maßen 108 m x 41 m zu den größten Tempeln der antiken Welt. Von den 104 korinthischen Säulen stehen heute noch 15 aufrecht. In seinem Innern stand eine große Bildsäule des Zeus, die ganz aus Gold und Elfenbein gefertigt war.

Stadion

(Leofóros Olgas/Vassiléos Konstantínou)

erste Olympische Spiele

Das Stadion wurde nach dem Vorbild des antiken, panathenäischen Stadions gebaut; dabei wurden antike Mauerreste und pentelischer Marmor verwandt. 1896 fanden in diesem Stadion die ersten Olympischen Spiele moderner Zeitrechnung statt, die von Pierre de Coubertin ins Leben gerufen worden waren. Damals nahmen 11 Nationen mit 285 Wettkämpfern teil. Das Stadion bietet 70.000 Zuschauern Platz.

Klassizistische Bauwerke prägen die Universitätsstraße

Sehenswertes in der modernen Stadt

Die **klassizistischen Bauwerke** an der Panepistímiou-Straße:

- die **Akademie der Wissenschaften** (1859–1885), die von dem dänischen Architekten Theophie Hansen im ionischen Stil entworfen wurde;
- die **Universität** (1839–1849), von Christian Hansen geplant;
- die **Nationalbibliothek** (1888–1902), im Stil eines dorischen Tempels, gebaut nach den Plänen von Ernst Ziller;
- die **Villa Heinrich Schliemanns**, die seit 1998 die bedeutende Münzsammlung des Numismatischen Museums mit mehr als 600.000 Münzen, Medaillen und Siegel aus der antiken, römischen und byzantinischen Zeit beherbergt.

Sehenswert ist auch die Schliemann-Villa selbst, die 1878–1880 ebenfalls von dem deutschen Architekten Ernst Ziller gebaut und mit zahlreichen Decken- und Wandmalereien, die die Geschichte der Ilias erzählen, ausgestaltet wurde. Die Bibliothek umfasst etwa 10.000 Bücher zu den Bereichen Numismatik, Geschichte und Archäologie.

Die Villa Heinrich Schliemanns

- **Das Alte Schloss**

Am Rande des belebten Síntágma-Platzes, dem Platz der Verfassung von 1843, am Schnittpunkt der breiten Straßenzüge der Innenstadt, liegt das alte königliche Schloss, das in den Jahren 1834–1838 von dem Münchner Architekten Friedrich Gärtner als Residenz Otto I. gebaut wurde. Heute tagen dort das griechische Parlament (Voúli) und der Staatsrat.

Vor dem Alten Schloss liegt das **Grabmal des unbekannten Soldaten**, wo die Wachablösung der Garde stattfindet. Die Evzonen in ihren kurzen Röcken und mit den spitzen Schnabelschuhen paradieren im Stechschritt zu jeder vollen Stunde.

- **Nationalgarten und Zappeion**

Hinter dem Alten Schloss beginnt die ausgedehnte Parkanlage des Nationalgartens und des Zappeion, die von Griechen und Fremden gleichermaßen als schattige Oase gerne aufgesucht wird. Spielplätze und kleine Tiergehege locken auch die Kinder an. Dieser Park wurde von der Königin Amalia als Schlossgarten geplant; zwischen Palmen, Orangen- und Zitronenbäumen sind Büsten griechischer Dichter und Politiker aufgestellt.

An den Nationalgarten schließt sich der Zappeion-Park an; das von den Brüdern Zappos gestiftete Ausstellungsgebäude wurde von den Architekten Ziller und Hansen 1875–1885 gebaut.

Tipp
Vor dem Zappeion findet die abendliche Voltá der Athener statt; dann herrscht auf den Wegen und in den kleinen Cafés reges Treiben.

• Kleine **byzantinische Kirchen**, die oftmals unter dem heutigen Straßenniveau liegen, inmitten des hektischen Straßenverkehrs leicht übersehen werden, da sie nach außen ganz unscheinbar wirken; im Innern verbergen sich aber bemerkenswerte Schätze, z. B.:
- Agios Nikódemos, 11. Jahrhundert, zwischen den Straßen Amálias und Filellínon
- Agía Ekateríni, 13. Jahrhundert, beim Lysikrates-Denkmal
- Metamórphosis, 14. Jahrhundert, oberhalb der alten Universität
- Agii Theodóri, 11. Jahrhundert, Ecke Evrípidou/Klafthamónas
- Kapnikaréa, 11. Jahrhundert, im Bereich der Odós Érmou/Éolou

Bummel durch die Stadt

Brechen Sie früh auf zu diesem Marktbummel, denn die Verkaufsstände sind wochentags nur bis Mittag geöffnet.

Ein Besuch des Marktviertels lohnt sich

Der zentrale **Markt** liegt an der Athinas-Straße; es ist nicht nur ein farbenprächtiger Gemüse- und Blumenmarkt, sondern auch ein lauter Fisch- und Fleischmarkt, wo das Geschrei der Fleischverkäufer das Blöken der Lämmer und das Gackern der Hühner übertönt, die zum Verkauf angeboten werden. Im hinteren Teil der Fleischmarkthalle gibt es einige kleine Garküchen, die Magiíia, in denen landestypische Gerichte rund um die Uhr zubereitet werden. Hier treffen Sie noch um Mitternacht viele Einheimische, die die Pazzà essen, eine Suppe aus Pansen und Schweinefleisch.

Am zentralen Marktviertel entsteht seit einiger Zeit ein neues Kunst- und Kulturzentrum mit mehreren Galerien, Kunstläden und dem „Art Tower Agora" mit wechselnden Kunstausstellungen.

Die Pláka – die Altstadt Athens

Kaum ein Besucher wird einen Besuch der Pláka versäumen. Die Plaka ist die Altstadt am Fuße der Akropolis, das Gebiet zwischen dem unteren Rand des Akropolis-Felsens, der antiken Agorá, der Mitropóleos-Straße und der Amalías-Straße, die am Parlament vorbei führt.

Lassen auch Sie sich einfach durch die Gassen treiben, entdecken Sie die liebenswerten Wohnviertel mit gut restaurierten klassizistischen Gebäuden, die stillen Winkel und die schönen Treppengassen, schauen Sie den Kupferschmieden, Töpfern und Schuhmachern bei der Arbeit zu, prüfen Sie das Warenangebot auf dem **Flohmarkt** in der Nähe des Monastiraki-Platzes, laufen Sie durch das beliebte **Psírri-Viertel** und genießen Sie die lebendige Atmosphäre bei einem Oúzo oder einem Glas Wein und griechischer Musik in einer der zahlreichen Tavernen.

Einladende Taverne

Besonders schöne Fotomotive finden Sie in **Anafiótika**, dem Stadtviertel rund um das Lysikrates-Monument, mit den kleinen, farbig gestrichenen Häusern, blühenden Blumenkübeln und Wandmalereien, das in der ersten Hälfte des 19. Jahrhunderts von Bewohnern der Insel Anáfi besiedelt worden war.

Auch wenn die Pláka durch den starken Fremdenverkehr verändert wurde und viel von ihrer Originalität und Ursprünglichkeit verloren hat, lohnt sich ein Bummel durch die Gassen, in denen sich Souvenirgeschäfte, Cafés und Tavernen aneinander reihen. Sie werden sich „Ihre" Taverne selbst aussuchen müssen und dabei aus dem breiten Angebot auswählen, das von ganz einfachen, spärlich ausgestatteten Tavernen, in denen der Retsina aus dem Fass abgefüllt wird und Sie Ihr Essen direkt in der Küche bestellen, über folkloristisch ausgeschmückte Lokale, in denen griechische Küche und griechische Musik dem Geschmack der fremden Besucher angepasst wurden, über Lokale der Einheimischen, in denen sie ungestört ganz unter sich essen, singen und tanzen bis zu Restaurants mit internationaler Atmosphäre reicht.

Zwar beginnen sich die ersten Restaurants schon am frühen Abend zu füllen, aber gerade in den Sommermonaten beginnt das eigentliche Leben erst gegen 22 Uhr.

Übersicht über einige ausgewählte Museen Athens

Agorá Museum, *Adrianou Straße, Tel.: 210-3210185,* Ausgrabungsfunde von der Agorá
Akropolis Museum, *Akropolis, Tel.: 210-3236665,* Fundstücke von der Akropolis, Skulpturen, Friese
Archäologisches National-Museum, *Odós Patíssion 44/Tóssitsa Str. 1, Tel.: 210-8217717,* Keramik, Skulpturen, Reliefs, Portraits, Goldschmiedearbeiten
Benaki Museum, *Vassilíssis Sofías Allee, Ecke Koubari-Str., Tel.: 210-3611617,* griechische Volkskunst, Goldschmuck, Keramik, Fotoarchiv, Wechselausstellungen. Nach der vollständigen Renovierung präsentiert sich das Museum mit 36 modernen Sälen, einer Bibliothek, modernen Forschungseinrichtungen, einem Café und einem guten Museumsshop
Byzantinisches Museum, *Vassilíssis Sofias Allee 22, Tel.: 210-7211027,* Ikonen, Fresken, Skulpturen von altchristlicher bis nachbyzantinischer Zeit. Im neuen Erweiterungsbau des Museums werden wechselnde Ausstellungen gezeigt; die ständige Ausstellung des Museums soll erst 2004 wieder eröffnet werden.
Griechisches Volkskunst Museum, *Kidathineonstr. 17, Tel.: 210-3229031,* Volksmalerei, Stickereien, Schnitzwerke, Bibeln und Schmuck
Historisches Museum, *Stadion-Str 13, Altes Parlament, Tel.: 210-3237617,* Erinnerungsstücke an den Freiheitskampf, Schriftstücke
Kerameikos Museum, *Odós Érmou 148, Tel.: 210-3463552,* Funde vom antiken Friedhof, Grabsteinreliefs, Vasensammlung
Kriegsmuseum, *Vassilíssis Sofias / Ecke Odós Risari, Tel. 210-7290543,* Waffen, Uniformen, Nachbildungen von Schiffen
Kykladenmuseum, *Odós Neophyta-Doúka 4, (in der Nähe des Nationalparks), Tel.: 210-7228321,* hervorragende Ausstellung kykladischer Kunst, sehr schöne Sammlung von Kykladen-Idolen
Museum der Stadt Athen, *Odós Paparigópoulou 7, Tel.: 210-3246146,* Dokumente, Möbel, Gegenstände vorwiegend aus der Zeit Otto I. und Erinnerungsstücke an die königlichen Bewohner; in den neuen Museumsräumen der benachbarten Villa sind u.a. ein „Athener Salon“ und eine Kapelle mit ausgezeichneten Ikonen ausgestellt
Nationale Pinakothek, *Odós Michalakópoulou 1, Tel.: 210-711010,* Gemälde, Plastiken, Graphiken griechischer Künstler, westeuropäische Sonderausstellungen
Naturhistorisches Museum Goulandris, *Levidou 13, Kifissia, Tel.: 210-8015870,* sehenswert ist der einzigartige halbkugelförmige Bildschirm, auf den Satellitenbilder von der Erde projiziert werden
Städtisches Kulturzentrum, *Akademias 50, Tel.: 210-3639671,* Arbeiten moderner griechischer Künstler
Volkskunst- u. Traditionszentrum, *Odós Iperídou 18, Tel.: 210-3213018,* Gegenstände der griechischen Volkskunst

Badestrände in der Umgebung Athens

Während der Sommerhitze fliehen die Athener auf´s Land oder auf ihre Heimatinsel, um der sengenden Hitze in der Stadt zu entfliehen.

Wenn Sie nach anstrengenden Besichtigungen ein erfrischendes Bad nehmen wollen, bieten sich folgende Möglichkeiten:

empfehlenswerte Bademöglichkeiten

- *in den Außenbezirken Athens und sogar in der Innenstadt gibt es einige* ***Hotels mit einem Schwimmbad auf dem Dach****, das gegen Gebühr auch für Nicht-Hotelgäste zur Verfügung steht. Nach einem Bad können Sie an der Poolbar eine Kleinigkeit essen und dabei den Blick über die Stadt genießen, z. B.*
  - *Holiday Inn, Michalakópoulou 5o, Tel.: 210-72 78 000, geöffnet von 10–19 Uhr*
  - *Hilton, Vassílis Sofías 46, Tel.: 210-75 50 201, geöffnet von 10–19 Uhr*
  - *Divani Caravel, Vassiléos Aléxandrou 2, Tel.: 210-72 53 725, geöffnet von 11.30–18.30 Uhr*
  - *Park Hotel, Aléxandras 10, Tel.: 210-88 32 811, geöffnet 10–17 Uhr*
- *In der Umgebung Athens hat die Griechische Zentrale für Fremdenverkehr zwei Strandbäder eingerichtet:*
  - ***EOT Akti Varkiza****: im Villenvorort Varkiza, eine Autostunde südlich von Athen, gibt es ein schön angelegtes und gut geführtes Schwimmbad mit breitem Sandstrand, Grünanlagen, Sonnendächern, Ballsportplätzen, Strandrestaurants und sauberen Sanitäranlagen. Bus: Varkiza Express; Auto: über die Küstenstraße nach Kap Soúnion bis Varkiza, großer Parkplatz vorhanden*
  - ***EOT Vougliaménis****: große Anlage am feinsandigen Strand mit großer Wasserrutsche, Ballsportplätzen, Strandbar und sauberen sanitären Einrichtungen. Bus: Expressbus E5; Auto: in Richtung Vougliaménis*
- *In der Umgebung Athens liegen einige schöne Badestrände, von denen die meisten allerdings sehr stark besucht sind. Die folgenden Badestrände sind alle mit dem Auto oder mit öffentlichen Verkehrsmitteln gut zu erreichen.*
  - ***Agía Marina****: zwei Meeresbuchten mit breitem, auch für Kinder geeignetem Sandstrand und zwei guten Tavernen, Bus: mit den orangefarbenen KTEL-Bussen in Richtung Kap Soúnion bis zur Haltestelle Agía Marina. Auto: in Richtung Vouliagmenis bis nach Agía Marina*
  - ***Smaragdi****: schöne Bucht mit sehr sauberem Wasser und einer kleinen vorgelagerten Insel, auch für Kinder gut geeignet, Sonnenschirme auf Kies- und Sandstränden. Bus: Expressbus E5; Auto: Richtung Voúla*
  - ***Kavouri****: zwischen Voúla und Vouliagméni liegt der feinsandige Strand, der auch für Kinder geeignet ist. Bus: Expressbus E5; Auto: Richtung Voúla, großer Parkplatz*

Piräus Πιρεας (Pireefs) (ⓘ s. S. 125)

Piräus ist die bedeutendste Hafenstadt Griechenlands und zugleich die größte Industriestadt des Landes mit Reedereien, Hüttenwerken und großen Fabriken. Dabei entwickelt sich der Hafen von Piräus zunehmend zu einem der wichtigen Knotenpunkte des Passagier- und Kreuzfahrtverkehrs im Mittelmeer. Mehr als 6 Millionen Passagiere reisten im Jahre 2002 von Piräus aus.

bedeutende Industrie- und Hafenstadt

Geschichte der Stadt

Die geschichtliche Entwicklung von Piräus hängt eng mit der Geschichte Athens zusammen. Als Hafen gewann Piräus im 5. Jahrhundert v. Chr. an Bedeutung, als Themistokles die athenische Kriegsflotte aufbaute und 493 v. Chr. in Piräus einen Kriegshafen anlegte. Nach der Schlacht von Salamis fasste Themistokles den Plan, Athen und Piräus durch die sogenannten „Langen Mauern" miteinander zu verbinden, um dadurch die Bevölkerung im Kriegsfalle zu schützen. Unter Kimon und Perikles wurde der Ausbau von Piräus fortgesetzt. Nach dem Peloponnesischen Krieg 404 v. Chr. wurden die Stadtmauern von Piräus und ein Teil der „Langen Mauern" geschleift.

In römischer Zeit wurde die Stadt zunächst 86 v. Chr. von Sulla zerstört, gewann kurzfristig wieder an Bedeutung und verödete dann in byzantinischer Zeit vollends. Erst nach der Befreiung Griechenlands wuchs Piräus wieder; die Stadt wurde nach dem alten Plan des Hippodamos von Milet mit geraden, rechtwinklig sich schneidenden Straßenzügen angelegt. Um 1834 lebten dort kaum 100 Menschen, heute gibt es in der Stadt, die ganz mit Athen zusammen gewachsen ist, knapp 500.000 Einwohner.

Für den Reisenden ist Piräus in erster Linie wichtig als **Knotenpunkt aller Schifffahrtslinien**, die hier sternförmig zusammenlaufen. Die Schiffsagenturen liegen direkt an der Hafenpromenade; die Abfahrtsstellen der Bootslinien sind an den Kais gekennzeichnet.

wichtiger Fährhafen zu den Kykladen und nach Kreta

Die Hafenanlagen wurden in den letzten Jahren ständig vergrößert. Der **Haupthafen Kantharáos** liegt in der Nähe der U-Bahn-Endstation Piräus; hier legen die Fährschiffe zu den Kykladen-Inseln und nach Ägina ebenso an wie die großen internationalen Kreuzfahrtschiffe. Vom Hafen **Zéa Marína** laufen die schnellen Tragflügelboote, die „Flying Dolphins" zu den Inseln Hydra, Póros und Spétsä im Saronischen Golf und zu den Häfen an der Ostküste der Peloponnes aus; außerdem ist Zéa Marína der größte Yachthafen in Piräus mit Liegeplätzen für 365 Yachten. Im fast kreisrunden Hafen **Mikrolímano** liegen kleinere Yachten, Segelboote und Fischerboote.

Piräus breitet sich auf den drei Halbinseln Eetioneia im Nordwesten, Akte im Südwesten mit dem alten Stadtviertel Peraiki und Munychia im Osten aus. Zwischen diesen Halbinseln wurden schon in antiker Zeit Häfen errichtet, die von der „Langen Mauer" des Themistokles umgeben waren.

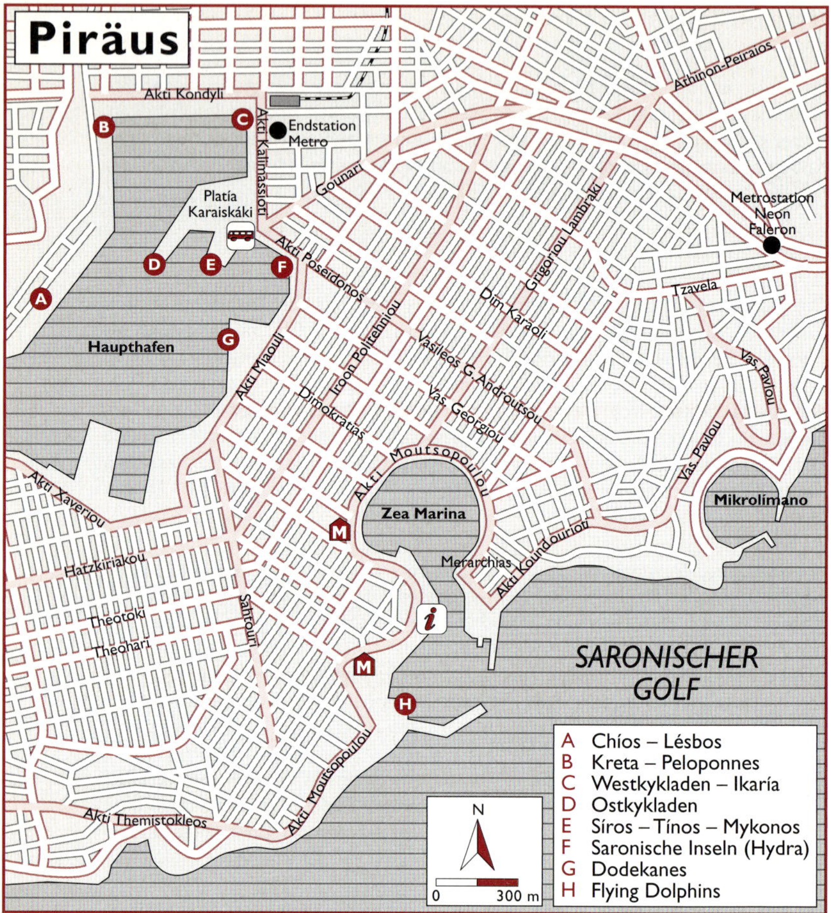

Zu den **Sehenswürdigkeiten** der Stadt gehören:

- das **Schifffahrts-Museum**, am Themistokles-Kai: Es gibt mit mehr als 12.000 Ausstellungsstücken einen Überblick über die Geschichte der griechischen Seefahrt und Marine von den mythischen Fahrten des Odysseus über die Schlacht bei Salamis bis zur Gegenwart. Interessant sind die detailgetreuen und maßstabgerechten Schiffsmodelle aus allen Epochen, unter denen die aus Knochen und Elfenbein angefertigten napoleonischen Schiffsmodelle aus der Privatsammlung von Onassis und die Segelschiffe aus dem 18. und 19. Jahrhundert besondere Beachtung verdienen. Dem Museum sind die größte Seefahrtbibliothek Griechenlands und ein historisches Seekartenarchiv angeschlossen.
- **das Archäologische Museum**, *Harilaoú Trikoúpi 31*, zeigt Grabreliefs und Skulpturen aus klassischer und römischer Zeit sowie Keramiken; besondere Be-

achtung verdienen die 4 Bronzestatuen, ein Kouros aus dem 6. Jahrhundert v. Chr., eine Statue der Athena aus dem 4. Jahrhundert v. Chr. und zwei Artemis-Figuren. Die teilweise 2 m hohen Statuen wurden bei Straßenarbeiten entdeckt. Außerdem zeigt das Museum Funde vom mykenischen Heiligtum in Methána.

- das **Stadttheater**, das zwischen 1884 und 1895 gebaut wurde und wegen seiner ausgezeichneten Akustik bekannt ist, hier wurden die Städtische Kunstgalerie und das Theatermuseum eingerichtet.
- der Hügel **Kastella** liegt oberhalb des Hafens Mikrolímano und bietet einen herrlichen Rundblick auf die Stadt Piräus und den Saronischen Golf.

Piräus ist wegen seiner ausgezeichneten Restaurants beliebtes Ausflugsziel der Athener, die die Fischspezialitäten entweder in den Restaurants am Yachthafen Zéa Marína oder in den direkt am Wasser liegenden am „Mikrolímano" genießen.

Ausflugsziele in der Umgebung Athens

Kloster Kaissariani M. Καισσεριανι und der Berg Hymettos Ιμεττος

Öffnungszeiten: *täglich außer Montag von 8.30–15 Uhr, Tel.: 01-723 6619*

Entfernung
ca. 8 km von Athen

Wegstrecke
Vom Nationalgarten aus folgen Sie der Ausschilderung Hymettos/Kaissarianí. Nach etwa 6 km erreichen Sie den Vorort Kaissarianí, hinter dem das Kloster liegt. Mit dem Bus Nr. 234 können Sie von der Odós Akadimías an der Universität bis zur Endstation in Kaissarianí fahren und von dort etwa 30 Minuten bis zum Kloster gehen.

fruchtbares Tal

Das Kloster Kaissarianí ist ein nahe gelegenes und zugleich sehr schönes Ausflugsziel. Es liegt malerisch inmitten eines auch noch im Hochsommer grünen und fruchtbaren Tales mit Quellen und alten, Schatten spendenden Bäumen. Der Name Kaisserianí ist von dem Wort „Kaiserquelle" abgeleitet, da Kaiser Hadrian von dieser Stelle aus eine Wasserleitung nach Athen bauen ließ. Auf dem Gelände stand schon im Altertum ein Tempel der Aphrodite, an dessen Stelle im 5. Jahrhundert n. Chr. eine Klosterkirche errichtet wurde. Die heutige Kirche stammt aus dem 10. Jahrhundert, die angrenzenden Klostergebäude wurden im 16. und 17. Jahrhundert gebaut. **Bruchstücke des ersten Klosters** aus dem 5. Jahrhundert sind noch im Klosterhof zu sehen; ebenso stammt auch das **Badehaus** mit Heiß-, Warm- und Kaltbad sowie 2 Ruheräumen, das neben der Kirche liegt aus dem 5. Jahrhundert. Zum **Bautrakt mit den Klosterzellen** gehören noch das Refektorium, ein Vorratsraum, die Küche mit einem großen Herd und ein Kaminraum. Die **Klosterkirche** ist eine der schönsten Viersäulenkirchen Attikas mit Fresken aus dem 16. Jahrhundert, die wahrscheinlich von einem Mönch des Heiligen Berges Áthos gearbeitet wurden. Besonders eindrucksvoll ist die Christus-Darstellung in der Kuppel.

Vom Kloster Kaissariani führt die Straße den Berg Hymettos weiter hinauf, wo man nach 3,5 km zum **Kloster Astéri** kommt. Dieses Kloster stammt aus dem 11. Jahrhundert und wurde 1961 restauriert. Die 16 km lange Bergkette des **Hymettos** reicht mit ihren Ausläufern bis nahe an Athen heran. Schon von der Straße aus bieten sich herrliche Ausblicke auf die Stadt und die Ebene von Athen. Die Auffahrt ist nicht bis zum Gipfel möglich, da dort ein militärisches Sperrgebiet mit einer Radarstation liegt. Der Hymettos ist schon seit dem Altertum wegen seines besonders guten Honigs berühmt, denn die mit Sträuchern und Kräutern wie Salbei, Thymian, Wacholder, Lavendel und Minze bewachsenen Berghänge bieten den Bienen reichlich Nahrung.

Kap Soúnion Καπ Σουνιον und die Seebäder der Apollon-Küste

Der Poseidon-Tempel am Kap Soúnion ist das beliebteste und meist besuchte Ausflugsziel in der Umgebung, das täglich von vielen Touristen aufgesucht wird. Alle Reiseveranstalter haben die Fahrt zu einem der schönst gelegenen griechischen Tempel in ihrem Programm.

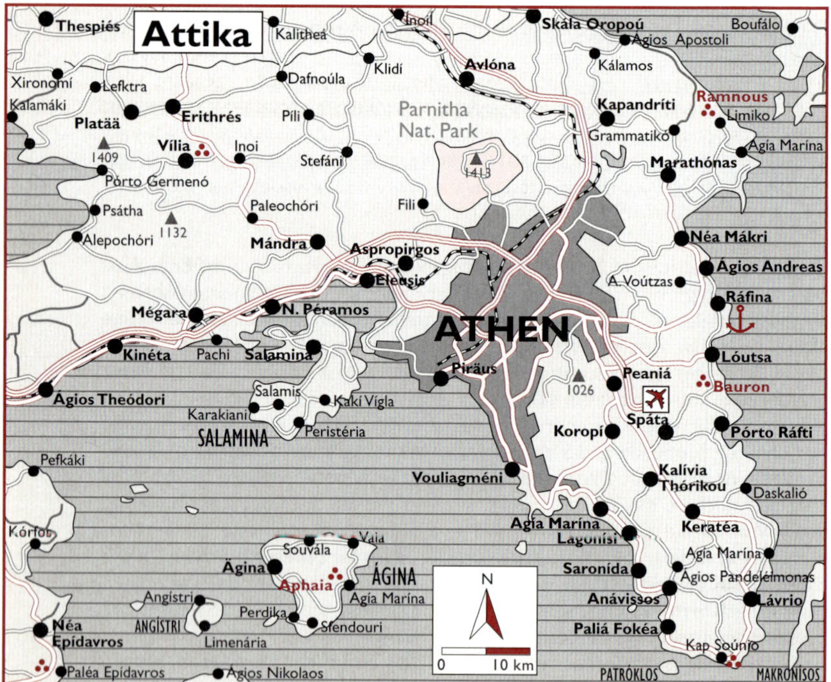

Hinweis

Sie können die Fahrt zum Kap Soúnion als eintägige Rundfahrt planen, wenn Sie auf der Hinfahrt der neuen Küstenstraße bis zum Kap folgen und dann über die alte, durch das Landesinnere führende Straße nach Athen zurückkehren. Die knapp 70 km lange Fahrt zum Poseidon-Tempel dauert ca. 1 Stunde.

Entfernung

ca. 150 km

Wegstrecke

Sie fahren entweder vom Syntagma-Platz aus über die Straßen Leofóros Amalías und Leofóros Síngrou in Richtung Piräus und Glifáda oder folgen ab dem Sintágma-Platz der Odós Vouliagménis-Straße nach Glifáda.

Anfahrt mit dem Bus

Die Busstation ist an der Odós Mavromátheona am Areopag. Sie können die Küsten- oder Inlandsstrecke über Lávrion wählen.

Die Busse fahren in den Sommermonaten bis zu 15 x täglich. Die Busfahrt zum Kap Soúnion dauert ca. 90 Minuten. Richten Sie Ihre Abfahrtszeit so ein, dass Sie genügend Zeit zur Besichtigung des Heiligtums haben. Der letzte Bus nach Athen fährt sofort nach dem Sonnenuntergang in Soúnion ab.

Seebäder an der Apollo-Küste

Die etwa 70 km lange Apollo-Küste, die sich von Athen zum Kap Soúnion erstreckt, ist seit Jahrzehnten eines der Hauptreisegebiete Griechenlands. Entlang dieser Küste, die auch „Attische Riviera" oder „Küste des Lichts" genannt wird, reiht sich ein Ferienort an den anderen; aber noch immer entstehen neue Hotels, Restaurants, Sportanlagen, die völlig auf die Bedürfnisse der Touristen abgestimmt sind. Wer rund um die Uhr Unterhaltung sucht, findet an der Apollo-Küste lange, feinsandige Strände, eine gepflegte Hotellerie, internationales Publikum, ein erstklassiges Sportangebot und ein vielseitiges Nachtleben.

Die räumliche Nähe der Seebäder zu Athen hat natürlich auch zur Folge, dass die Küste nicht nur von ausländischen Besuchern, sondern auch von den Athenern als Naherholungsgebiet geschätzt wird; entsprechend voll und überlaufen sind alle Ortschaften in den Sommermonaten. Außerdem sind durch den starken Luftverkehr über Athen insbesondere die Ortschaften Glyfáda und Voúla zeitweise starker Lärmbelästigung ausgesetzt.

Auf der Fahrt zum Kap Soúnion, der südlichen Spitze von Attika, durchfahren Sie auf der Küstenstraße die Ferienorte (die Entfernungen sind jeweils von Athen aus angegeben):

- **Fáliron** (8 km): ca. 25.000 Einwohner; beliebtes Bad der Athener; Alt-Phaleron war der antike Hafen von Athen;
- **Kalamáki** (12 km): 8.500 Einwohner; Yachthafen mit guten Tavernen;
- **Ágios Kosmás** (13 km): Sportzentrum mit Fußball-, Handball- und Tennisplätzen; Badeanlagen; Unterwassersportmöglichkeiten;
- **Glyfáda** (17 km): 15.000 Einwohner; häufige Busverbindung mit Athen; zahlreiche Hotels aller Kategorien; viele Sport- und Unterhaltungsmöglichkeiten; gute

Badeeinrichtungen, Golfplatz; Reste einer frühchristlichen Basilika am Nordende der Stadt, die zur Erinnerung an den ersten Aufenthalt des Apostels Paulus gebaut worden sein soll;

- **Voúla** (20 km): lebhafter Badeort mit guten Sportanlagen und vielfältigen Unterhaltungsmöglichkeiten;
- **Kavoúri** (21 km): kleinerer Badeort mit gutem Strand, an den sich ein kleiner Pinienhain anschließt;
- **Vouliagméni** (25 km): 2.000 Einwohner; beliebtes Thermalbad; luxuriöser Badeort mit Hotels und Restaurants aller Kategorien; zahlreiche Badestrände und Sportanlagen mit umfangreichem Programm; großer Yachthafen; reichhaltiges Unterhaltungsangebot; das heilkräftige Wasser des Vouliagméni-Sees hat ganzjährig eine Temperatur von mindestens 20 °C;
- **Várkiza** (30 km): etwas ruhigerer Badeort, zahlreiche Hotels, Apartmenthäuser, Restaurants und Tavernen; Wassersportmöglichkeiten;
- **Vári** (33 km): Pan- oder Archidemos-Grotte; eine Tropfsteinhöhle, die in etwa 45-minütigem, beschwerlichem Aufstieg erreicht werden kann;
- **Lagoníssi** (40 km): Badeort mit mehreren Sandstränden; Sportanlagen; Yachthafen; viele Hotels, Ferienwohnungen und Ferienhäuser;
- **Anávissos** (52 km) und **Néa Fokéa** (53 km): Badeorte in einer großen Bucht;
- **Legréna** (65 km): kleiner Badeort mit guten Möglichkeiten zum Unterwasserfischen.

Kap Soúnion Καπ Σουνιον (ⓘ s. S. 125)

(68 km)

Eine Fahrt zum Kap Soúnion sollten Sie nicht versäumen!

Das Kap Soúnion ist neben Athen das von Touristen am meisten besuchte Ausflugsziel Attikas. In herrlicher Lage, an der Südspitze des attischen Festlandes, erhebt sich das Kap steil aus dem Meer. Auf dem Gipfel stehen eindrucksvoll die Überreste des **Poseidon-Tempels**, der schon in antiker Zeit die abfahrenden oder heimkehrenden Seefahrer grüßte.

Öffnungszeiten: *täglich ab 10 Uhr bis Sonnenuntergang*

Hinweis

Die besten Besuchszeiten für den Tempel sind der frühe Morgen vor Ankunft der Reisebusse oder die Zeit des Sonnenuntergangs; dann allerdings muss man sich das beeindruckende Schauspiel mit vielen, manchmal auch recht lauten Zuschauern teilen, so dass ein Besuch zu einer anderen, weniger beliebten Tageszeit durchaus eine Alternative ist.

Wenn Sie an einer organisierten Fahrt zum Kap Soúnion teilnehmen und den Sonnenuntergang beobachten wollen, beachten Sie die angegebene Rückkunftszeit, da nicht alle Fahrten bis zum Sonnenuntergang ausgedehnt werden.

Das Kap Soúnion war seit altersher dem Meeresgott Poseidon und der Göttin Athena geweiht. Heute kommen die Touristen zum Kap, um den „schönst gelegenen Tempel Griechenlands“ zu sehen und, wenn möglich, den Sonnenuntergang am Kap Soúnion zu erleben.

Das Ausgrabungsgelände

Der Poseidon-Tempel am Kap Soúnion

Vom Parkplatz kommend, sehen Sie zunächst Reste der Propyläen und der alten Befestigungsmauer, die das Heiligtum und den kleinen Ort umgab. An der höchsten Stelle des Hügels, wo der Felsen steil zum Meer abfällt und der Blick bei klarem Wetter ungehindert bis zur Peloponnes-Küste oder bis zu den Ägäischen Inseln schweifen kann, erhob sich der Tempel aus weißem Marmor. Er wurde wie der Parthenon in den Jahren 444 bis 440 v. Chr. errichtet, wohl nach den Plänen jenes Baumeisters, der in Athen den Hephaistos- und den Ares-Tempel erbaute.

Nach den Aussagen des antiken Schriftstellers Pausanias wurde das Heiligtum der Göttin Athena zugeschrieben; erst die bei den 1884–1897 durchgeführten Ausgrabungen von Dörpfeld und Stais gefundene Inschrift in einer Zisterne bewies, dass der Tempel dem Meeresgott Poseidon geweiht war. Von den insgesamt 34 Säulen des dorischen Tempels stehen heute noch 16 Säulen aufrecht, die die Architrave tragen. Als Baumaterial war der Marmor eines nahe gelegenen Steinbruches verwendet worden, der im Vergleich zum berühmten pentelischen Marmor körniger und leichter bröckelnd war, aber keine oxydierenden Eisenbestandteile enthielt. Letzteres erklärt das strahlende Weiß, das diesen Tempel von anderen unterscheidet.

strahlend weißer Tempel

Von den zahlreichen Kunstwerken, die einst das Heiligtum schmückten, wurde bei den Ausgrabungen bisher nichts aufgefunden.

Etwa 500 m unterhalb der Festung sind die Grundmauern zweier Tempel erkennbar, die beide der Athena geweiht waren.

Unterhalb des Kaps gibt es gute Bademöglichkeiten und eine große Taverne direkt am Parkplatz.

Die Ostküste Attikas

Ihre Rundfahrt durch Attika können Sie ab Kap Soúnion auf der alten Straße fortsetzen, die durch das Landesinnere führt. Sie erreichen nach ca. 10 km **Lávrion**, eine kleine Industriestadt mit 8.000 Einwohnern, das in der Antike wegen seiner reichen Silber- und Bleivorkommen bekannt war. Heute werden dort überwiegend die Vorkommen von Blei, Zink und Mangan genutzt.

Fähre

Von Lávrion gibt es 3–4 x täglich, in den Sommermonaten auch häufiger, eine Fährverbindung nach Korissía auf der Insel Kéa. Genaue Fahrplaninformationen erhalten Sie unter der Rufnummer 0292 - 26 777 und 26 303.

Nach weiteren 4 km kommen Sie nach **Thorikon**, einer alten attischen Siedlung, von der noch die Überreste der verschiedenen Stadtviertel mit Wohnhäusern und Werkstätten, Spuren des Theaters, das wegen seiner ungewöhnlichen, halbovalen und unregelmäßigen Form von Interesse ist, eines Dionysos-Tempels und der Stadtbefestigung erkennbar sind.

Athener Flughafen

Der Straße nach Athen folgend, sehen Sie bei **Markópoulo** das Ausgrabungsgelände von **Myrrhinus**, einer antiken Nekropole. Dort fand man Überreste eines alten Brunnens, Grabmäler, Vasen und zwei Skulpturen, die im Athener National-Museum ausgestellt sind. Von Markópoulo aus führen gut ausgebaute kleine Straßen durch fruchtbares Land mit Weinbergen und Getreidefeldern zur Ostküste Attikas. In dieser Region wurde in **Spáta** der neue **Athener Flughafen** „Eleftherios Venizelos" nach modernsten bau- und sicherheitstechnischen Erkenntnissen gebaut; der Bau der Anschlussstraßen ist noch nicht abgeschlossen.

Pórto Ráfti Πορτο Ραφτι

ist ein kleiner Badeort mit einer geschützten Bucht und vorgelagerten Inselchen. Auf einer der Inseln steht der Torso einer 3 m hohen römischen Marmorstatue. In den Sommermonaten besteht eine Schiffsverbindung nach Káristos auf der Insel Euböa. In der Nähe liegt **Ágios Spirídonas** mit einem schönen, wochentags nicht zu stark besuchten Strand an sehr sauberem Wasser mit Kiosk, Strandbar, Fischtaverne mit Terrasse und einer kleinen Kapelle.

Brauron (Vravróna)

Das antike Brauron, eine der ältesten attischen Siedlungen, liegt eingebettet in eine schöne, sanft hügelige Landschaft mit weiten Olivenhainen und Weingärten. Zu besichtigen sind die Überreste des Artemis-Heiligtums, das Museum und eine frühchristliche Basilika aus dem 6. Jahrhundert.

Das Artemis-Heiligtum

Öffnungszeiten: täglich außer Mo von 8.30–15 Uhr, Tel.: 0299 - 27 020

Das Heiligtum liegt an der Straße von Vravróna nach Loútsa; der Weg dorthin ist ausgeschildert. Die ersten Ausgrabungsfunde wurden erst 1948 gemacht; die Forschungsarbeiten sind bis heute noch nicht abgeschlossen. Außer dem Fundament

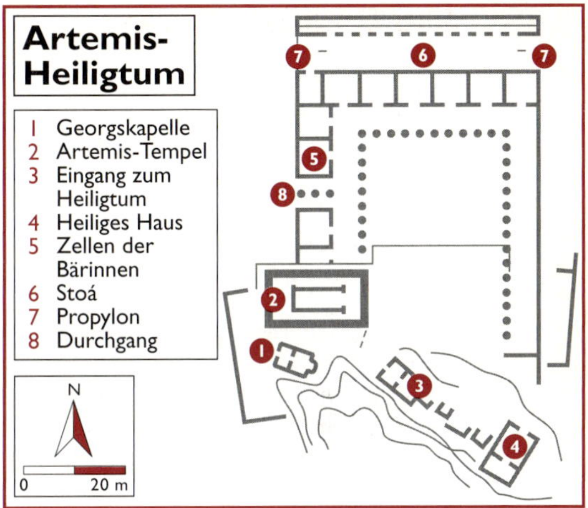

© graphic

des Tempels aus dem 5. Jahrhundert v. Chr. sind die Grundmauern des Wohnhauses der jungen Priesterinnen zu sehen, die Reste einer Stoa, in der die Weihegeschenke aufbewahrt wurden, und die sogenannte „Grotte der Iphigenie".

Zahlreiche Geschichten und Sagen verknüpfen sich mit dem Artemis-Kult, der von jungen Priesterinnen ausgeübt wurde, die bis zu ihrer Hochzeit der Artemis dienten. Die jungen Mädchen waren mit Bärenfellen bekleidet, tanzten als „Bärinnen" vor dem Altar der Göttin, führten Kulthandlungen durch und sühnten dadurch die Schuld, dass ein der Artemis geweihter Bär von Dorfbewohnern aus Brauron getötet worden war.

Auch der Name der **Iphigenie** ist mit Brauron verbunden. Sie soll nach ihrer Rückkehr von Tauris an dieser Stelle den Artemis-Kult eingeführt haben oder – einer anderen Überlieferung zufolge – hier geopfert worden sein. Im **Museum**, das ca. 1.800 m weiter an der Hauptstraße liegt, sind sowohl die Funde vom Artemis-Heiligtum (Weihegaben, Weihreliefs und Mädchenstatuen) als auch von der Nekropole von Myrrhinus ausgestellt. *Öffnungszeiten: täglich außer Mo von 8.30 –15 Uhr.*

Zum kleinen Ferienort **Loútsa** fahren die Athener wegen der guten Bademöglichkeiten am langen Sand- und Kiesstrand gerne zum Wochenende. Deshalb werden zunehmend Ferien- und Apartmenthäuser, Hotels und Tavernen gebaut.

Rafína Ραφινα (ⓘ s. S. 125)

(30 km von Athen)

Mittelpunkt des Ortes ist der Hafen, der durch den Linienverkehr mit den Kykladeninseln geprägt ist. Am Hafen finden Sie für den Fahrkartenverkauf die Büros der verschiedenen Reedereien und mehrere Tavernen. Da die Insel Ándros nur über Rafína mit Athen und dem griechischen Festland verbunden ist, sind die Fähren mit Lastwagen und Bussen voll beladen. Außerdem legen im Hafen die Fischerboote an; die Fischer breiten ihren Fang gleich am Hafenbecken aus und bieten Fische und Hummer zum Kauf an.

wichtiger Fährhafen

Wenn Sie bis zur Abfahrt Ihrer Fähre noch etwas Zeit haben, können Sie zum oberhalb des Hafens gelegenen Restaurant „Panorama" fahren und von dort den Blick auf den Hafen und das Meer genießen.

Néa Mákri Νεα Μακρι
(34 km von Athen)

Dieser beliebte Ausflugs- und Ferienort wurde in den letzten Jahren touristisch stark erschlossen. Der Ort verfügt über mehrere kleine Strandabschnitte mit feinem Sand. Ein Bummel durch den Ort führt zum kleinen Fischerhafen und den vielen Souvenir-Geschäften.

Marathónas Μαραθονας
(42 km von Athen)

Der ruhige Ort liegt inmitten eines weiten Ackerlandes und bietet im Ferienort **Paralía Marathónas** mit seinem kilometerlangen Strand gute Bademöglichkeiten. Hier gibt es Hotels, Restaurants und Geschäfte. Die meisten Besucher kommen jedoch nach Marathónas, um den Schauplatz der denkwürdigen Schlacht von 490 v. Chr. zwischen Persern und Griechen anzuschauen.

Zum **Grabhügel**, den die Athener zu Ehren ihrer 192 Gefallenen nach der Schlacht errichteten, folgen Sie der Ausschilderung „Marathon Warriors" und sehen den Hügel aus einem schönen Olivenhain aufragen. Am Fuße des Grabhügels wurde eine Nachbildung der antiken Grabtafel aufgestellt; eine Treppe führt nach oben, von wo sich Ihnen ein weiter Blick auf die Ebene und das Schlachtfeld von Marathon bietet.

erster Marathonlauf der Geschichte

Trotz ihrer zahlenmäßigen Unterlegenheit (6.000–10.000 Griechen standen 20.000–30.000 Persern gegenüber) gelang es den Athenern aufgrund der geschickten strategischen Führung ihres Feldherrn Miltiades, die Perser zu besiegen. Diese flüchteten auf die bereitliegenden Schiffe oder rannten in großer Panik in das Sumpfland von Marathon, wo viele ums Leben kamen. Die Erinnerung an den Sieg der Athener ist eng mit dem Gedanken an den Läufer **Diomedon** aus Marathon verbunden, der die Siegesnachricht nach Athen brachte. In voller Rüstung soll er bei sommerlicher Hitze die Strecke von Marathon nach Athen (etwa 40 km) gelaufen und dort mit den Worten „Freut euch, denn wir haben gesiegt" erschöpft zusammengebrochen sein.

Bei den ersten Olympischen Spielen der Neuzeit wurde 1896 in Athen der „Marathonlauf" als olympische Disziplin mit 41,915 km eingeführt; das entspricht der Entfernung des heutigen Dorfes Marathon nach Athen. Seit 1972 wird jedes Jahr im Oktober der Lauf auf der klassischen Strecke durchgeführt.

Das kleine **Archäologische Museum** in Vrána stellt Funde aus der Ebene von Marathon aus. *Öffnungszeiten:: täglich außer Mo 8.30–15 Uhr.*

Rhamnoús Ραμνους
(65 km von Athen)

Intensive Grabungen in den letzten Jahren haben von der antiken Hafenstadt interessante Funde freigelegt. Die antike Stadt, die seit dem 5. Jahrhundert v. Chr.

als Küstenfestung ausgebaut war und den Sund des Golfes von Euböa sicherte, war auch bekannt als Kultstätte der beiden Göttinnen **Themis** und **Nemesis**. Das Heiligtum mit den beiden dorischen Tempeln lag südlich der Akropolis an der antiken Straße zur Festung. Im Tempel der Nemesis stand ein 3,50 m hohes Marmorkultbild der Göttin der Gerechtigkeit, das von Agorakritos geschaffen worden war, einem Schüler des Phidias.

Ausgegraben wurden weiterhin Reste eines Theaters und eines Gymnasions, die Agorá, Wohn- und Lagerhäuser und die Reste einer **Festung**, die von der Bevölkerung Ovreo-Kastro (Juden- oder Zigeunerburg) genannt wird.
Öffnungszeiten: täglich 8.30–15 Uhr, Fr–So bis 18 Uhr.

Amphaireion
(49 km von Athen)

Orakel- und Heilstätte

Das Heiligtum war dem Seher Amphiareos geweiht und lag an einer heiligen Quelle. Der Ort war gleichermaßen berühmt als Orakel- und Heilstätte, zu der viele Rat und Heilung suchende Menschen kamen. Alle vier Jahre fanden Festspiele statt. Von dem antiken Heiligtum sind noch Reste des dorischen Tempels, des Altars, des Theaters und eine Thermenanlage aus römischer Zeit zu erkennen.

Skála Oropoú Σκαλα Ορoπoυ
(52 km von Athen)

Dieser lebhafte Hafenort ist bei den Athenern als Ausflugsziel wegen seiner schönen Küstenabschnitte beliebt, aber auch ausländische Reisegesellschaften bieten Skála Oropoú an. Entsprechend groß ist das Angebot an Hotels, Restaurants und Geschäften.

Bootsverbindung
Von Skála Oropoú aus fahren in den Sommermonaten mindestens stündlich Fährschiffe nach Erétria auf Euböa.

Die Rückfahrt nach Athen kann über die Autobahn Lamía - Athen erfolgen.

11. DIE INSELN IM SARONISCHEN GOLF

Der Saronische Golf liegt zwischen der Halbinsel Attika und der Ostküste der Peloponnes. Er ist Teil des Ägäischen Meeres und durch den Kanal von Korinth mit dem Korinthischen Golf verbunden.

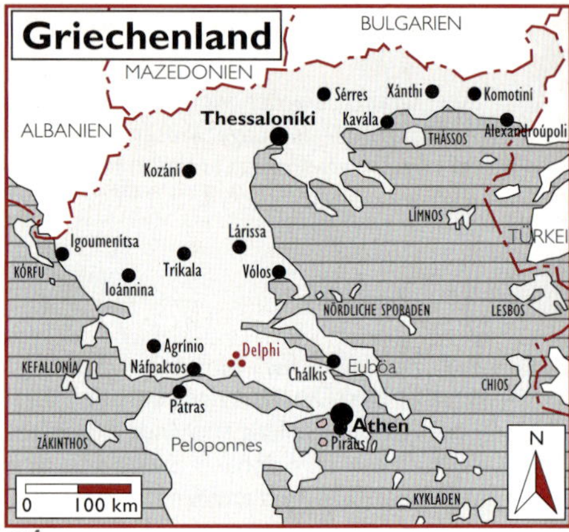

© igraphic

Im Saronischen Golf liegen zahlreiche Inseln, deren größte und bekannteste **Sálamis, Ägina**, **Hydra**, **Póros** und **Spétses** sind.
Die Inseln zählen wegen ihrer schönen, abwechslungsreichen Landschaften, des angenehmen Klimas, der reizvollen Ortschaften, der modernen Ferienzentren und der interessanten Sehenswürdigkeiten schon lange zu den bevorzugten Reisezielen Griechenlands. Hinzu kommt die günstige Verkehrsanbindung, denn mit den schnellen Tragflügelbooten, den „Flying Dolphins“, und den täglich mehrmals verkehrenden Fähren sind die Inseln von Athen/Piräus und von der Peloponnes in kurzer Zeit zu erreichen.

Redaktions-Tipps

- Besuch des **Aphaia-Tempels** auf Ägina (S. 586)
- Besuch der Inselhauptstadt **Hydra** (S. 593), deren Häuser sich wie in einem Amphitheater malerisch an den Hängen emporziehen
- **Wanderungen** durch das Inselinnere auf Ägina (S. 580), Póros (S. 590), Hydra (S. 593) und Spétses (S. 597)
- das **Haus der „Bouboulina“** auf Spétses (S. 599)

Die vielen Vorzüge bringen es mit sich, dass die Inseln besonders in den Sommermonaten sehr stark besucht sind. Wer Ruhe und Erholung sucht und mehr von der Eigenart jeder Insel erleben möchte, sollte deshalb im Sommer auf einen Besuch an den Wochenenden verzichten oder besser noch, die Inseln im Frühjahr oder Herbst besuchen.

Da Athen sich mit seiner wachsenden Bevölkerung immer weiter ausdehnt, ist **Sálamis**, der Ort der berühmten Seeschlacht, fast zu einem Vorort der Landeshauptstadt geworden, schnell erreichbar, stark industrialisiert und für Besucher wenig anziehend.

Athen und die Inseln im Saronischen Golf

Ägina Εγινα (ⓘ s. S. 125)

Inseltelegramm Ägina	
Größe	83 km², 12.000 Einwohner
Hauptort	Ägina, 6.500 Einwohner
Inselbeschreibung	weites Hügelland mit großen Pistazienpflanzungen, Weinbergen, Oliven-, Mandel- und Feigenbäumen; gut ausgebautes Straßennetz und gute Busverbindungen; sehr geeignet zum Fahrrad fahren; touristisch sehr gut erschlossen mit vielen Unterhaltungsmöglichkeiten und guten Wassersportbedingungen
Lebensgrundlage der Bevölkerung	Fremdenverkehr, Landwirtschaft, Fischfang
Sehenswürdigkeiten	Ägina-Stadt mit archäologischem Gelände und Museum; der Aphaia-Tempel; das Kloster Agios Nektários; die mittelalterliche Stadt Paleochóra; der Fischerhafen Pérdika; der Berg Oros (Profítis Ilías) mit Resten eines Zeus-Altars

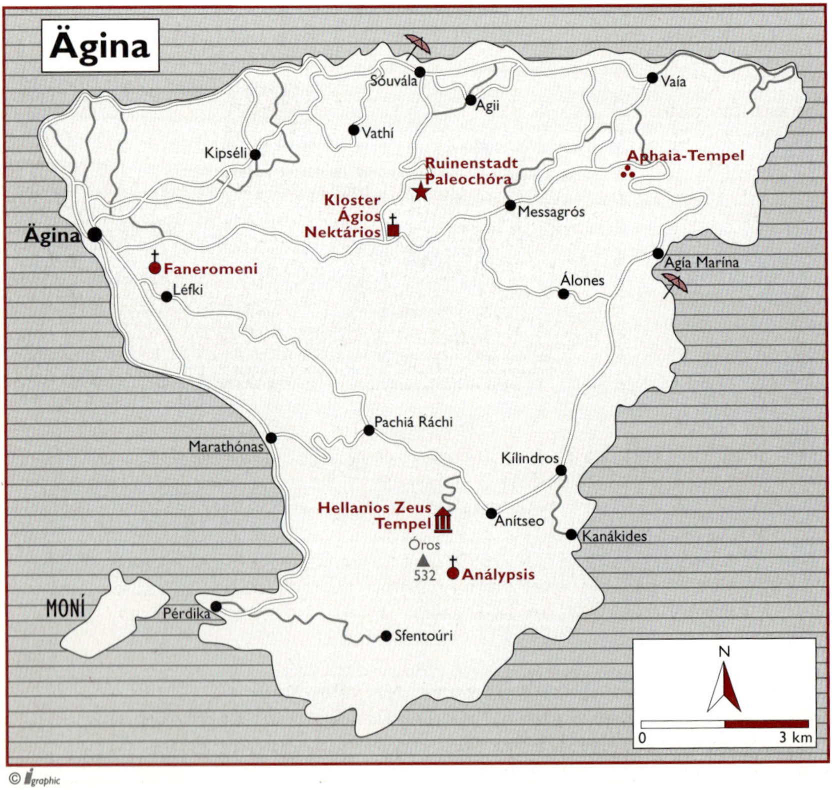

Die Fahrt von Piräus nach Ägina dauert nur wenig mehr als eine halbe Stunde – das macht die hügelige und fruchtbare Insel an Wochenenden zu einem beliebten Ausflugsziel der Athener und während der Sommermonate zum viel besuchten Reiseziel für ausländische Touristen, die die kurze Anreise und die gute touristische Erschließung schätzen.

Wochenend-Ausflugsziel

Die Inselhauptstadt Ägina

Ägina-Stadt ist trotz der vielen Besucher, die sich in den Sommermonaten in den Straßen drängen, ein hübscher und liebenswerter Ferienort, der sich an der Stelle der antiken Stadt befindet. Im großen Hafen laufen Fähren, Ausflugsschiffe und Tragflügelboote in kurzen Zeitabständen ein, wobei die Ankunft jedes Schiffes Aufregung und Hektik mit sich bringt. Zwischen großen Yachten aus aller Welt und Ausflugsbooten von Piräus und der Peloponnes behaupten auch die kleinen Fischerboote noch ihren Platz. Am Hafenkai haben Fischer ihre Netze ausgebreitet oder bieten vom Boot fangfrische Fische an, Händler verkaufen frisches Obst und Gemüse sowie Pistazien, die in ganz Griechenland für ihre besondere Qualität bekannt sind; Kutscher warten mit ihren bunt geschmückten Pferdedroschken auf die nächsten Fahrgäste. Vom zentralen Ethnegersías-Platz fahren Busse zu allen Inselorten.

Das Wahrzeichen der Inselhauptstadt Ägina

An der Hafenpromenade finden Sie Reisebüros, Banken und Geschäfte aller Art, dazwischen liegen mehrere Cafés, die genug Gelegenheit bieten, die Geschäftigkeit und das pulsierende Leben des Städtchens zu beobachten. Auch für die abendliche Unterhaltung ist mit Restaurants, Bars und Diskotheken gesorgt, so dass Ägina-Stadt sich vor allem für diejenigen als Standort anbietet, die tagsüber etwas unternehmen wollen und abends Geselligkeit suchen. Malerischer Mittelpunkt der Hafenmole ist die **Ágios-Nikólaos-Kirche** mit ihren zwei Kuppeln, die dem Heiligen Nikolaus, dem Schutzpatron der Seeleute, geweiht ist. Sie wurde um 1830 gebaut und mit Wandmalereien ausgestaltet.

Nahe der Kirche sehen Sie den restaurierten **Markélos-Turm** aus dem Jahre 1802, in dem von 1827–1829 regelmäßig Versammlungen der ersten griechischen Regierung abgehalten wurden. Heute wird der Turm als Ausstellungsraum für Arbeiten einheimischer Künstler genutzt.

Wenn Sie durch den Ort bummeln, sehen Sie versteckt in den engen Gassen alte, herrschaftliche Häuser, die an die Zeit erinnern, als Ägina im 19. Jahrhundert vorübergehend die Hauptstadt Griechenlands war. Sie kommen am **Fischmarkt** vorbei, wo Händler lautstark fangfrischen Fisch anpreisen und zur Kirche Agía Triáda aus dem 19. Jahrhundert.

Zu den Sehenswürdigkeiten gehört die **antike Stadt**, die wenige Gehminuten nördlich vom Hafen auf dem Kolóna-Hügel liegt. *Öffnungszeiten: täglich von 8.30–15 Uhr, Mo geschlossen.*

Funde aus der antiken Stadt

Die Ausgrabungsarbeiten wurden am Ende des 19. Jahrhunderts von Adolf Furtwängler begonnen und seit 1966 von dem deutschen Archäologen Hans Walter fortgeführt. Bei der systematischen Erforschung des **Kolóna-Hügels** wurden 10 verschiedene Phasen der frühen Besiedlung in der Bronzezeit festgestellt. Anhand der gefundenen Keramik- und Bronzefunde gelang es den Archäologen, Erkenntnisse über alle Phasen der Siedlungsgeschichte zu gewinnen.

Ein einzelner aufragender Säulenschaft und die mächtigen Fundamente gehören zum **Apollon-Tempel**. Das um 520/510 v. Chr. errichtete dorische Bauwerk galt lange Zeit als ein der Aphrodite geweihter Tempel; ein neuerer Inschriftenfund weist ihn jedoch als Apollon-Tempel aus. Im Gelände sind noch Reste eines archaischen Gebäudes, zweier kleiner Tempel und einiger byzantinischer Häuser aus dem 6–10. Jahrhundert und der Stadtmauern aufgedeckt worden.

Im 9. Jahrhundert v. Chr. war Ägina eine wohlhabende und mächtige Stadt, die Athen an Bedeutung weit übertraf; gegen Ende des 7. Jahrhundert v. Chr. wurden hier die ersten griechischen Münzen geprägt, die als Münzzeichen eine Schildkröte trugen.

Im **Archäologischen Museum**, *Odós Mitropóleos 10,* sind Keramik-, Gold- und Bronze-Funde von der geometrischen bis zur klassischen Zeit sowie Skulpturenfragmente vom Aphaia-Tempel ausgestellt. *Öffnungszeiten: täglich von 8.30–15 Uhr, Mo geschlossen.*

Strände

Am antiken Ausgrabungsgelände gibt es den etwa 500 m langen Sand/Kiesstrand Kolóna. Der von Kiefern beschattete Strand wird im Sommer viel besucht. Weiter nördlich liegt bei der Ortschaft Liválidi der Strand von Plakákia.

Spaziergang zur Kirche Omorfi Ekklisía (Agios Theodóros)

Entfernung: ca. 3 km

An der Straße nach Agía Marína, beim Dorf Agios Assómatos, liegt die sogenannte „schöne Kirche", die „Omorfí Ekklisía". Das kleine Kirchlein, das dem Heiligen Theodoros geweiht ist, wurde im Jahre 1289 aus antikem Baumaterial errichtet und in späterer Zeit mit sehr schönen, sehenswerten Fresken ausgeschmückt. Die Fresken zeigen Christi Geburt, Kreuzigung und Auferstehung.

Ausflugsziele auf der Insel

Die geringen Entfernungen machen es möglich, dass man sich die Insel gut zu Fuß oder mit dem Fahrrad erschließen kann. Reizvoll sind kleine Inseldörfer wie Souvála, malerische Fischerhäfen wie Pérdika, abgelegene Badebuchten und vorgelagerte Inselchen.

Eine gut ausgebaute Straße führt von Ägina-Stadt zu den wichtigsten Dörfern und Sehenswürdigkeiten.

Vom Kolóna-Hügel in Ägina-Stadt führt ein kurzer Spaziergang nach Norden zum kleinen Ort **Livádi** mit dem Wohnhaus von **Nikos Kazantzakis**, der hier seinen berühmten Roman Alexis Zorbas schrieb, der mit Irene Pappas und Anthony Quinn verfilmt wurde.

Soúvala Σουβαλα

An der Nordküste, 10 km von der Inselhauptstadt entfernt, liegt der kleine Badeort Souvála, der wegen seiner heilkräftigen Quellen aufgesucht wird. Regelmäßige Fährverbindungen mit Piräus und Busverbindungen mit Ägina-Stadt machen die Anreise leicht, so dass immer mehr Urlauber nach Soúvala kommen. In der ersten Hälfte dieses Jahrhunderts war Souvála der wichtigste Handelshafen der Insel, von dem aus die Produkte der Insel, z. B. Weintrauben, Johannisbrot, Fisch und Pistazien verschifft wurden.

Nur 4 km von Souvála entfernt liegt der vom Fremdenverkehr noch weniger berührte Ort **Vágia** mit einem kleinen Sandstrand, einigen Tavernen und einfachen Übernachtungsmöglichkeiten.

Von Ägina-Stadt nach Agía Marína Αγια Μαρινα

An der Straße von Ägina-Stadt nach Agía Marína, dem wichtigsten Ferienort der Insel, liegt in 6 km Entfernung das moderne Kloster **Ágios Nektários** (auch Kloster Agías Trías genannt). Der Bus von Ägina nach Agía Marína hält am Kloster. In einer kleinen Kapelle des großen Nonnenklosters liegt in einem Marmorsarkophag der Leichnam des Erzbischofs Nektários, der von 1846–1920 lebte und 1961 heilig gesprochen wurde. Das Kloster ist ein viel besuchter Wallfahrtsort; Kerzen, Leuchter und silberne Votivgaben zeugen von der Dankbarkeit vieler Gläubiger, die hier Trost und Heilung gefunden haben. Anfang der 1990er Jahre wurde neben dem Kloster eine große Kirche gebaut. Ein besonderer Festtag ist der 9.November, der mit Prozessionen und Lichterketten gefeiert wird. Dem Kloster ist eine Pilgerherberge mit Übernachtungsmöglichkeiten angeschlossen.

bekannter Wallfahrtsort

Oberhalb des Klosters Ágios Nektários liegen an einem kahlen Hang verstreut die Überreste der mittelalterlichen Stadt **Paleochóra**, die einst Hauptstadt der Insel war. Die Stadt wurde im 9. Jahrhundert als Rückzugssiedlung gegründet, als die Bewohner von Ägina in den Küstenorten nicht mehr genügend Schutz vor den Sarazenen fanden.

Überreste der mittelalterlichen Stadt

In den folgenden Jahrhunderten wurde Paleochóra 1537 von den Türken und 1654 von den Venezianern erobert und jeweils zerstört. Die Blütezeit der Stadt lag im 18. Jahrhundert: damals hatte sie mehr als 400 Häuser und 40 Kirchen. Zwischen 1800 und 1826, nach der Befreiung Griechenlands, verließen die Einwohner die Stadt und zogen in die Küstenorte zurück. Seither ist Paleochóra unbewohnt; die Häuser und die venezianische Festung sind verfallen, aber 32 Kirchen blieben erhalten. Sie wurden teilweise restauriert, und am 15. August, am Festtag der Panagía, werden in der ehemaligen Bischofskirche und in einigen kleineren Kirchen Gottesdienste abgehalten.

Die meisten Kirchlein stammen aus dem 13. und 14. Jahrhundert und sind mit Fresken, die teilweise gut erhalten sind, ausgeschmückt. Besonders sehenswert sind der älteste Kirchenbau Ágios Nikólaos aus dem 13. Jahrhundert, die Basilika Episkopí mit Fresken des 17. Jahrhunderts und die freskengeschmückte Kirche Ágios Dimítrios.

Eine etwa einstündige Wanderung führt vom Kloster Ágios Nektários zum wehrhaften **Nonnenkloster Chrissoleóntissa**, das sehr schön in einem abgelegenen Tal liegt. Das Kloster besitzt eine schöne holzgeschnitzte Ikonostase. Die Nonnen bewirtschaften das Kloster selbst und verkaufen frisches Obst und Gemüse. Die Inselstraße führt weiter zum hübschen, von Weingärten umgebenen Ort **Messagrós**, der für seinen besonders guten Retsína bekannt ist. Hier finden Sie eine der letzten traditionellen Töpfereien der Insel.

bedeutendste Sehenswürdigkeit auf Ägina

Die Straße erreicht nach ca. 10 km die wichtigste Sehenswürdigkeit von Ägina, den **Aphaia-Tempel**. Der sehr gut erhaltene Aphaia-Tempel im Nordosten der Insel erhebt sich eindrucksvoll auf der Höhe eines kiefernbestandenen Hügels und bietet einen herrlichen Blick über den Saronischen Golf bis zum Kap Soúnion und auf die Peloponnes. Die 23 wieder aufgerichteten Säulen vermitteln noch heute sehr gut einen Eindruck von der Wirkung, die von der Größe und Schönheit des Tempels ausgegangen sein muss.

Öffnungszeiten: von April bis Oktober täglich 8.15–19 Uhr, Sa/So 8.30–15 Uhr, von Mitte Oktober bis Ende März Mo–Fr 8.15–17 Uhr, Sa/So 8.30–15 Uhr.

Der Aphaia-Tempel zählt zu den besterhaltenen Tempeln Griechenlands

Die Erforschung des Geländes erfolgte durch Adolf Furtwängler im Jahre 1901. Die Ausgrabungsarbeiten wei-

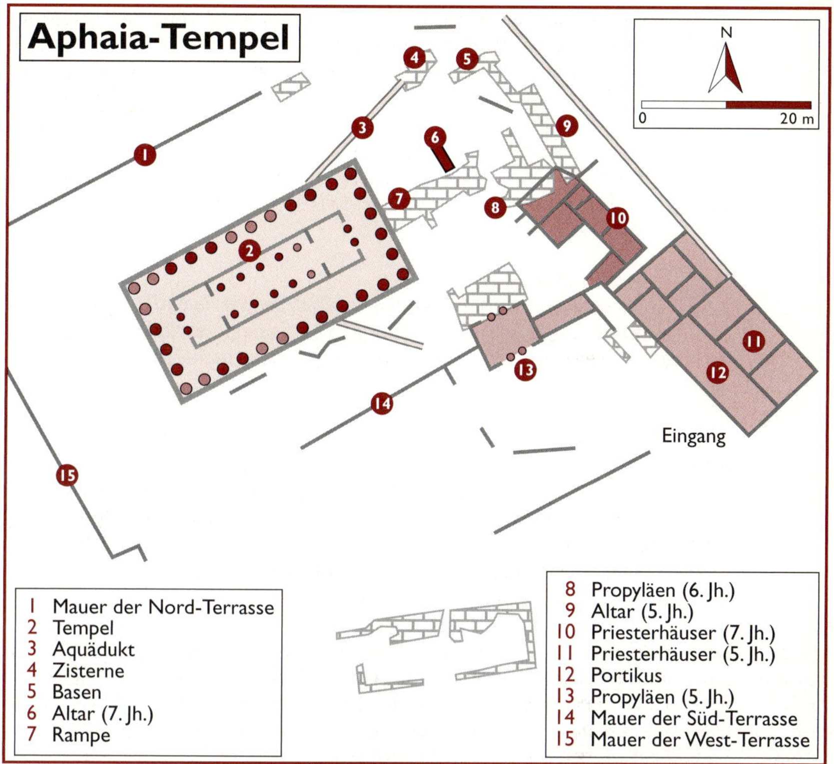

sen darauf hin, dass an dieser Stelle wahrscheinlich schon um 1300 v. Chr. die lokale Fruchtbarkeitsgöttin Aphaia – später gleichgesetzt mit Athena – verehrt wurde.

Der Tempel wurde im Jahre 480 v. Chr., nach der Schlacht bei Salamis, an der Stelle eines kleineren Tempels aus dem 6. Jahrhundert v. Chr. zu Ehren der Göttin Athena errichtet. Der im dorischen Stil aus einheimischem Kalkstein auf einer künstlich angelegten Terrasse errichtete Tempel hatte je 6 Säulen an der Schmalseite und 12 Säulen an der Längsseite; die Säulen waren 5,27 m hoch. Das Innere der Cella war durch zwei doppelstöckige Säulenreihen in drei Schiffe gegliedert. Dach und Giebel des Aphaia-Tempels waren aus parischem Marmor gefertigt; die Giebel waren mit Reliefs geschmückt, die Szenen aus dem Trojanischen Krieg darstellten.

Architekturmerkmale

Die Giebelreliefs wurden 1811 von den beiden Engländern Haller und Kockerell entdeckt und 1812 auf einer Auktion auf Zákinthos von dem bayrischen König Ludwig I. für 120.000 Mark ersteigert; sie sind bis heute wertvoller Besitz der Münchner Glyptothek.

Eine Rampe führte vom Heiligtum zu dem östlich stehenden großen Altar aus dem 5. Jahrhundert v. Chr.; näher am Tempel lagen zwei Altäre aus dem 7. und 6. Jahrhundert v. Chr. Neben dem großen Altar lagen Priesterhäuser aus dem 7. Jahrhundert v. Chr. und weiter südöstlich Priesterwohnungen aus dem 5. Jahrhundert v. Chr.

Buchtipp
Walter, Die Leute im alten Ägina; erhältlich an der Kasse und in Ägina-Stadt

Spaziergang
Unterhalb des Tempels beginnt ein Pfad, der Sie durch Pinienhaine hinunter zur Bucht von Agía Marína führt. Im Sommer warten vor dem Tempel bunt geschmückte Maultiere, deren Führer die Touristen nach Agía Marína hinunterbringen.

Vom Aphaia-Tempel führt die Inselstraße durch Pinienwälder hinunter zur schönen Bucht von Agía Marína.

An der Ostküste Äginas liegt **Agía Marína**, der meist besuchte Ferienort der Insel. Hotels, Pensionen, Geschäfte, Cafés und Tavernen reihen sich aneinander; Schilder und Schaufensterauslagen sind in deutscher, englischer und russischer Sprache abgefasst, Diskotheken und Bars sorgen auch in der Nacht für abwechslungsreiche Unterhaltung. In der Bucht legen Kreuzfahrtschiffe an, deren Passagiere einen Landausflug zum Aphaia-Tempel machen und sich anschließend am schönen, aber sehr stark besuchten Sandstrand und in den Tavernen am Meer erholen. In den Sommermonaten ist Agía Marína fast überfüllt; kommt man jedoch außerhalb der Hauptreisezeit hier her, stellt man fest, dass der Ort noch viel von seinem ursprünglichen Reiz bewahrt hat. In der Umgebung des Ortes liegen kleine Kirchlein; Ziegen und Esel weiden friedlich an den Hängen, und die Menschen gehen noch immer der Landwirtschaft nach.

Agía Marína

Unterhalb des Ortes liegt ein feiner, im Sommer allerdings sehr voller **Sandstrand**, der auch für Kinder geeignet ist, da er nur sacht abfällt. Am Strand gibt es Tretboot-, Wasserski- und Surfbrettverleih.

Der Südteil der Insel

Von Ägina-Stadt führt eine Straße in den Süden der Insel. Empfehlenswert ist eine Fahrradtour an der Küste entlang zum ehemaligen Fischerdorf Pérdika; an dieser

Strecke finden Sie Gelegenheit zum Schwimmen und Sonnen an den schönen Badebuchten und Stränden von Fáros, Palaiapírgos und Marathónas.

Pérdika liegt etwa 10 km südlich von Ägina-Stadt und ist bekannt dafür, dass in der Umgebung die berühmten Ägina-Pistazien besonders gut gedeihen. Pérdika hat einen idyllischen Hafen und etliche kleine, aber sehr gute Fischtavernen. Am Hafen bieten Fischer Bootsfahrten zur vorgelagerten Insel Moní an. Übernachtungsmöglichkeiten gibt es in mehreren Hotels und in zwei großen, etwas außerhalb gelegenen Hotelanlagen. In Pérdika gibt es ein Tiergehege, in dem kranke und verletzte Tiere versorgt und gepflegt und auch ausgesetzte Katzen und Hunde aufgenommen werden.

netter Hafenort

INFO Informationen zu den berühmten Pistazien von Ägina

Mehr als 40.000 Pistazienbäume wachsen auf Ägina. Die ursprünglich in Mesopotamien und Syrien heimische Pistazie gelangte durch die Feldzüge Alexander des Großen nach Griechenland. Es ist ein immergrüner Strauch, dessen glänzende, lederartige Blätter einen harzigen Geruch abgeben. Die essbaren Samen, die Pistazien-"Mandeln" oder "-Nüsse", stammen von der Echten Pistazie. Andere Arten liefern Mastix oder Terpentin. Von Mitte August bis Mitte September werden die Früchte geerntet; unter den Bäumen werden Tücher ausgebreitet, auf denen sich die Früchte sammeln, die von den Bauern mit langen Stöcken von den Zweigen geschlagen werden. Die Pistazien werden geschält, in Seewasser getaucht und dann auf Dächern und Terrassen zum Trocknen ausgelegt.

Die Pistazien werden von einer landwirtschaftlichen Genossenschaft vermarktet und als Spezialität der Insel in allen Ortschaften verkauft. Aber der Anbau der Pistazien bringt auch Probleme mit sich, denn die Sträucher und Bäume brauchen extrem viel Wasser. Deshalb musste die Insel bis zur Fertigstellung des neuen Reservoirs täglich mit Wasser vom Festland beliefert werden.

Der Berg Óros Ορος

Die höchste Erhebung der Saronischen Inseln, der 535 m hohe Berg Óros, liegt im Süden der Insel; sein Gipfel ist nur zu Fuß zu erreichen. Ein Weg führt von Ägina-Stadt nach Süden bis zum Dorf Marathónas; dort beginnt der etwa 2-stündige, teilweise beschwerliche Aufstieg zum Gipfel. Ein anderer Weg beginnt am Kloster Ágios Nektarios und führt von dort über steinige Pfade zum Gipfel. Auf der Berghöhe sind Überreste einer Siedlung zu erkennen, die aus der Zeit um 2000 v. Chr. stammt. An der Nordseite stand ein Zeus-Altar, der der Überlieferung nach von König Aiakos gestiftet worden war, nachdem seine flehentliche Bitte um Regen vom Göttervater Zeus erhört worden war. Erhalten sind die beiden Terrassen des Tempels, Zisternen und eine monumentale Treppe. An der Stelle des Heiligtums wurde eine Kirche zu Ehren des Heiligen Elias errichtet.

Wanderung zur antiken Siedlung auf dem Gipfel des Berges Óros

Aussicht
Von der Höhe bietet sich eine herrliche Aussicht über das Meer und die anderen Saronischen Inseln; an klaren Tagen kann man bis nach Piräus sehen.

Buchtipp
In dem Buch von Gerald Thompson „A Walking Guide to Aegina" werden ausführlich Spaziergänge und Wanderungen über die Insel beschrieben. Das Buch ist in den Geschäften auf der Insel erhältlich.

Die Inseln Moní Μονι und Angístri Αγγιστρι

Pérdika gegenüber liegt die nur 2 km lange Insel **Moní**, die mit einem schmalen Sandstrand, sehr sauberem Wasser, versteckten Höhlen und Grotten Badefreunde und Sporttaucher anzieht. Die Insel ist unbewohnt, nur Wildziegen und Pfauen leben hier. Da es keine Taverne gibt, sollten Sie ausreichend Trinkwasser mitnehmen.

Insel Angístri

Angístri (Angistírion) liegt etwa 10 km westlich von Ägina. Mit einer Länge von nur 5 km ist Angístri die kleinste der bewohnten Saronischen Inseln. Etwa 800 Menschen leben in den vier Ortschaften **Skála**, **Metóchi**, **Limenária** und **Megalochóri**, das meist **Mílos** genannt wird. Da zwischen Angístri und Piräus und Ägina regelmäßiger Fährverkehr besteht, herrscht im Sommer reges Treiben in den betriebsamen Ferienorten. In den letzten Jahren wurden über 2.000 Fremdenbetten in Hotels, Apartmenthäusern und einem Feriendorf, das von mitteleuropäischen Reiseunternehmen belegt wird, geschaffen.

Die mit Kiefern und Pinien bewaldete Insel lädt zu schönen Spaziergängen und Fahrradtouren ein. Im Sommer fährt ein Kleinbus von den vier Ortschaften zu den schönen Sand- und Kiesstränden und zu einem offiziellen FKK-Strand.

Póros Πορος (ⓘ s. S. 125)

Inseltelegramm Póros	
Größe	33 km², ca. 4.500 Einwohner
Hauptort	Póros, 4.000 Einwohner
Inselbeschreibung	ausgedehnte Orangen- und Zitronenhaine, Kiefern- und Pinienwälder, stille Sandbuchten; wenig Autoverkehr; gute Ausflugsmöglichkeiten zur Peloponnes
Lebensgrundlage der Bevölkerung	Landwirtschaft, Fischfang, Fremdenverkehr
Sehenswürdigkeiten	der Poseidon-Tempel; die antike Siedlung Kalauria; das Kloster Zoodóchos Pígí

Póros liegt nur 370 m von der Küste der Peloponnes entfernt – diese schmale Passage „póros" gab der Insel ihren Namen. Póros besteht aus zwei Inseln, die nur durch einen schmalen Kanal voneinander getrennt sind. Eine Straßenbrücke verbindet die hügelige Vulkaninsel **Sfería** mit dem Hauptort Póros mit der größeren, fruchtbaren und bewaldeten Insel Kalávria, auf der wohlhabende Athener ihre Sommerhäuser erbaut haben und die meisten touristischen Einrichtungen liegen.

Póros ist eine reizvolle Insel mit pinienbestandenen Berghängen und weiten Zitronen-, Organgen- und Olivenhainen. Obwohl die Insel weniger gute Badestrände hat als Hydra oder Spétses, ist die Insel im Sommer stark besucht, denn die Nähe zu Athen und vor allem zur Peloponnes bringen viele Tagesausflügler und Wochenendbesucher auf die Insel. In den Sommermonaten fahren sogar die Autofähren von Galatás/Peloponnes nach Póros im 20-Minuten-Takt, während kleine Personenfähren ständig hin und her pendeln.

Die reizvolle Inselhauptstadt

Schon der erste Blick auf die Inselhauptstadt Póros, die sich mit ihren schmalen Treppenwegen und weiß gekälkten Häusern in engen, verwinkelten Gassen am Berghang entlang zieht, ist sehr reizvoll. Beliebter Treffpunkt sind die vielen Cafés und Restaurants am lebhaften Hafen und an der langen Uferstraße, die einen schönen Blick auf den Hafen bieten, in dem große Fährschiffe, schnelle Tragflügelboote, elegante Yachten und kleine Personenboote anlegen. Der Blick reicht hinüber zum Hafenort Galatás auf der Peloponnes. Auf der Berghöhe steht weithin sichtbar der Uhrenturm der Stadtkirche, von wo sich ebenfalls eine herrliche Aussicht hinüber zur Peloponnes bietet.

Das **Archäologische Museum**, *Platía Korizí, Tel.: 0298-23 276,* liegt an der Hafenstraße und zeigt Funde vom Poseidontempel, aus Troizén und von der Halbinsel Methána, darunter verschiedene Gefäße, Lampen und ein bemerkenswertes ionisches Kapitell. *Öffnungszeiten: täglich 9–14 Uhr, Mo geschlossen.*

schönes Kloster Zoodóchos Pigí

Das malerische **Kloster Zoodóchos Pigí** (Kloster der Leben spendenden Quelle) liegt 4 km südöstlich von Askéli. Es wurde in den Jahren 1723–1733 im byzantinischen Stil gebaut und besitzt eine sehenswerte Ikonostase und wertvolle Ikonen. Die weiß gekalkten Klostermauern heben sich strahlend ab von dem dunklen Grün des Pinienhains; im stillen Innenhof kann man unter Zitronenbäumen ausruhen. Das Kloster wurde an einer Quelle gebaut, der Heilkräfte zugeschrieben werden. Es leben keine Mönche mehr im Kloster. Während des griechischen Freiheitskampfes wurde das abgeschiedene Kloster häufig als Versammlungsort von den Griechen genutzt, die hier den Aufstand von 1821 vorbereiteten. Heute sind die Kieselbucht, zu der ein kleiner Weg hinunterführt, und die Sommertavernen unter Schatten spendenden Platanen ebenfalls ein beliebter Platz. *Öffnungszeiten: täglich 8–16 Uhr, für Frauen liegen Röcke am Eingang bereit.*

Überreste des Poseidon-Tempels

Von der Straße unterhalb des Klosters können archäologisch Interessierte den **Poseidon-Tempel** besuchen, der mit einigen Säulen und nur geringen Überresten inmitten eines Pinienwaldes auf einem Hügel auf Kalávria liegt. Der dorische Tempel wurde im 7. Jahrhundert v. Chr. errichtet in den Maßen 14,80 x 27,50 m. Außerdem lagen auf der Höhe zwei Säulenhallen, ein Bouleuterion und eine Torhalle. Die Überreste des Tempels und der antiken Stadt Kalauria wurden erst 1894 entdeckt. Der Tempel war das religiöse Zentrum eines Schutzbundes, den die Städte Ermíoni, Epidauros, Ägina, Athen, Sparta, Argos und Orchoménos geschlossen hatten. Im Jahre 322 v. Chr. floh der berühmte Athener Redner und Politiker Demosthenes vor den Makedonen in den Poseidon-Tempel und nahm sich hier das Leben. Vom Tempelbezirk bietet sich ein schöner Rundblick über den Saronischen Golf und auf die Peloponnes. *Öffnungszeiten: das umzäunte Gelände ist frei zugänglich.*

In der „Russischen Bucht" wurde im Jahre 1828 eine russische Station eingerichtet. Die **Marine Akademie**, die schon seit 1846 Kadetten ausbildet, ist eingebettet in eine grüne Landschaft. Gelegentlich ist vor der Küste die Nachbildung einer alten Trireme zu sehen, eines Kriegsschiffes, wie es bei der Schlacht von Sálamis gegen die Perser im Jahre 480 v. Chr. eingesetzt worden war.

Ausflüge zur Peloponnes

Besucher, die länger auf Póros bleiben, schätzen die Nähe zur Peloponnes, denn die bedeutenden archäologischen Sehenswürdigkeiten von Troízen, Epidauros, Mykene und Tiryns sind von hier aus gut zu erreichen.

Hinweis

Ausführliche Informationen zu den Sehenswürdigkeiten auf der Peloponnes finden Sie im ***Reisehandbuch Peloponnes*** *von Leonie Senne, Iwanowski Verlag.*

Strände

Die meisten Strände sind im Sommer sehr voll, teilweise sogar überlaufen. In der Hochsaison fahren je nach Bedarf Busse und Boote von Póros-Stadt zu den Stränden ***Neoríou, Askéli, Monastíri*** *und* ***Alikí****. Einige ruhigere Strände sind nur zu Fuß oder ebenfalls mit dem Boot erreichbar.*

- ***Askéli-Strand:*** *von den Gästen der nahe gelegenen Hotels viel besuchter Sand-Kies-Strand mit Umkleidekabinen, Duschen und einer Wassersportschule*
- ***Neórío Strand:*** *weite Bucht mit Pinien im Westen der Insel, ebenfalls viel besucht, das Wasser ist stellenweise nicht sehr sauber, Wasserportangebot, in der Nähe noch der kleinere Sand-Kies-Strand Mikró Neoríou*
- ***Monastíri-Strand:*** *Sand-Kiesstrand im Osten der Insel, flach abfallendes, sauberes Wasser, Tavernen, viel besucht*

- *Kanáli Beach: ca. 100 m langer Kiesstrand mit sauberem, leicht abfallendem Wasser am Kanal zwischen Sfería und Kalávria, für Kinder gut geeignet, viele Hotelanlagen*

Sportmöglichkeiten
Es gibt ein breites Wassersportangebot; die Sportzentren an den Stränden haben einen Surfbrettverleih und bieten Surfen, Wasserski, Segeln und Parasailing jeweils mit Kursen in unterschiedlichen Leistungsstufen an.

Hydra Ιδρα (ⓘ s. S. 125)

Inseltelegramm Hydra	
Größe	55 km², 3.000 Einwohner
Hauptort	Hydra, 2.400 Einwohner
Inselbeschreibung	gebirgige, verkarstete Insel, die nur gering bewaldet ist; kein Auto- und Motorradverkehr, nur Esel als Transportmittel; „Künstlerkolonie", beliebtes Ausflugsziel von Athenern und Touristen
Lebensgrundlage der Bevölkerung	Fischfang, Fremdenverkehr
Sehenswürdigkeiten	der Hauptort Hydra mit schönem Stadtbild; das Kloster Profítis Elías

Hydra, 35 Seemeilen von Piräus entfernt, ist täglich durch regelmäßigen Schiffsverkehr mit Athen/Piräus, den anderen Saronischen Inseln und der Peloponnes verbunden. Die Insel lebt ganz vom Tourismus, denn in den Sommermonaten ist Hydra nicht nur ein beliebtes Ausflugsziel für viele Athener Familien, sondern auch für Besucher aus aller Welt, die täglich zu Tausenden die Insel besuchen. Die meisten Touristen kommen mit einem der vielen Ausflugsboote oder mit einem Kreuzfahrtschiff nur zu einem Tagesausflug nach Hydra und halten sich überwiegend in der Inselhauptstadt auf. Darauf haben sich die vielen Läden und Restaurants rund um den Hafen mit ihrem Angebot an Souvenirs aller Art und hohen Preisen eingestellt. Gegen Abend wird es wieder ruhig auf der Insel. Nicht herausragende Sehenswürdigkeiten, sondern die Atmosphäre der Inselhauptstadt macht die besondere Anziehungskraft von Hydra aus.

beliebtes Ausflugsziel für Besucher aus aller Welt

Die Inselhauptstadt

Hydra ist heute eine überwiegend karge und felsige Insel, die durch Tankschiffe mit Wasser von der Peloponnes versorgt wird; der Name „die Wasserreiche" deutet allerdings darauf hin, dass die Insel früher dicht bewaldet war.

Die Geschichte der Insel ist eng mit der Seefahrt verbunden. Da die Bewirtschaftung der kargen Insel zu keiner Zeit den Lebensunterhalt sicherte, war die Insel nur dünn besiedelt. Erst im 16. Jahrhundert ließen sich Flüchtlinge von der Peloponnes und aus Albanien auf der Insel nieder. Die Inselbewohner wandten sich

Einzigartig: die Insel Hydra

schon bald dem Bootsbau und dem Seehandel zu. Im 18. und 19. Jahrhundert errangen die Händler großen Wohlstand und Ruhm, da ihre Schiffe die napoleonische Seeblockade erfolgreich durchbrachen. Im griechischen Befreiungskampf stellte Hydra 130 Schiffe und übernahm mit zwei bedeutenden Persönlichkeiten eine führende Rolle. Georgios Koundouriótis war Präsident der Nationalversammlung von 1822 bis 1827, und Kapitän Andreas Miaoúlis befehligte die griechische Flotte. In der Folgezeit verlor die Insel an Bedeutung und wurde erst um die Mitte des 20. Jahrhunderts von Künstlern wieder entdeckt. Hydra war der Drehort für den Film „Der Knabe auf dem Delphin" mit Sophia Loren.

schönes Stadtbild

Schon die Ankunft auf Hydra ist ein Erlebnis, wenn das Schiff zunächst die felsige Insel umrundet und dann in den hufeisenförmigen Hafen einläuft, der von stattlichen Herrenhäusern eingefasst ist. Am Hafenkai warten Eselsführer mit ihren Tieren auf neue Arbeit, denn die Tiere sind für Menschen und Lasten das wichtigste Transportmittel der Insel, auf der außer Kranken- und Müllwagen keine motorisierten Fahrzeuge erlaubt sind.

Wie ein Amphitheater schmiegt sich die Inselhauptstadt mit ihren steilen Gassen und Treppen und den weißen, kubischen Häusern an die karstigen Hügel der Insel. Schon 1966 wurde der Ort unter Denkmalschutz gestellt; hohe Bauauflagen sorgen dafür, dass die Dorfansicht erhalten bleibt. Wohlhabende Athener und Künstler aus aller Welt, wie z. B. Maria Callas, Henry Miller, Elizabeth Taylor, Leonard Cohen oder Peter Ustinov, haben sich in den stattlichen, stilgerecht restaurierten Kaufmanns- und Kapitänshäuser ihren Wohnsitz eingerichtet, um die Sommermonate auf Hydra zu verbringen. Viele Künstler, Kunststudenten und Hobbymaler sind mit Zeichenblock und Staffelei auf der Insel unterwegs, um ihre Impressionen einzufangen; Kurse in „Musik, Kunst und Kultur" werden von internationalen Reiseunternehmen angeboten.

Um die einzigartige Atmosphäre Hydras kennen zu lernen, muss man die prachtvollen alten, meist drei- und vierstöckigen Herrenhäuser am Hafen betrachten und durch die engen, gepflasterten Gassen schlendern, die zahllosen, hohen Treppenstufen hochsteigen und einen Blick auf die weiß oder pastellfarben gestrichenen Häuser mit ihren blau oder grün leuchtenden Türen und Fensterläden und den üppig blühenden Blumengärtchen und die kleinen Kirchlein werfen. An den Hängen sind noch Windmühlen bzw. ihre Stümpfe zu sehen, ebenso wie die Überreste der alten Befestigung aus dem 19. Jahrhundert.

Obwohl die Stadt nicht sehr ausgedehnt ist, verirrt man sich leicht im Gewirr der engen Gassen, die nur selten einen Namen tragen. Früh am Morgen trifft man auf Esel und Maultiere, die hinunter zum Hafen geführt werden, wo sie mit Waren aller Art beladen werden.

Mittelpunkt des Lebens auf Hydra ist der Hafen, der schon als Kulisse für etliche Filme diente. Neben bunt gestrichenen Fischerbooten haben Fährschiffe und Ausflugsboote angelegt; daneben sieht man elegante Yachten, Passagier- und Kreuzfahrtschiffe und die auffällig gelben Wassertaxis, die zu den Küstensiedlungen und Stränden fahren. An der lebhaften Hafenpromenade liegen nicht nur Souvenirläden, Kunstgalerien, Gold- und Juweliergeschäfte, Cafés, Restaurants und Tavernen, sondern auch in einem geschützten Hof das ehemalige **Kloster** und die **Kirche der Panagía tís Theotókou**. Die 1774 gebaute Klosterkirche ist die älteste Kirche der Insel mit einem prächtigen Marmor-Glockenturm aus dem Jahre 1808, die überwiegend aus den Überresten vom Poseidon-Heiligtum auf Póros errichtet wurde. Das Kircheninnere ist mit kostbaren Weihgeschenken und einer sehenswerten Ikonostase ausgeschmückt. Das Kloster war in früherer Zeit das soziale und politische Zentrum der Insel; hier wurde der Beschluss zur Beteiligung an den Befreiungskriegen gefasst. Im Kloster ist der griechische Freiheitskämpfer **Lazaros Koundouriótis** beigesetzt, dessen Büste wie die des **Admiral Miaoúlis** im Innenhof aufgestellt ist. Die ehemaligen Klosterräume werden jetzt als städtische Büros genutzt.

stattliche Kapitänshäuser

Kennzeichen der Stadt sind die herrschaftlichen, manchmal festungsähnlichen Kapitänshäuser, die sogenannten Archontiká, die zwischen 1770 und 1821 von Architekten aus Venedig und Genua am Hafen und an den Hügeln erbaut worden sind. Die schönsten und interessantesten stehen am westlichen Hafen wie z. B. die Häuser der Familien Miaoúlis, Voulgáris und Tsombásis; Letzteres gehört heute zur Athener Akademie der schönen Künste und bietet Übernachtungsmöglichkeiten für Studenten. Hoch am Hügel steht das Koundouriótis-Haus. An der östlichen Hafenfront stehen die Herrenhäuser der Familien Spilópoulos und Tsamádos; dort befindet sich die älteste und sehr angesehene Schule der griechischen Handelsmarine. Das kleine **Archäologische Museum** liegt ebenfalls am Ostkai und ist der Darstellung der Geschichte Hydras gewidmet; Schriftstücke, Urkunden, Waffen und Bilder dokumentieren den Kampf um Freiheit und Unabhängigkeit. Das Museum ist jedoch zur Zeit leider geschlossen.

Ein Spaziergang hinauf zur Festung bietet immer wieder schöne Ausblicke auf den Saronischen Golf; in der restaurierten Festung wurden Boutiquen und kleine Läden eingerichtet.

Wenn am späten Nachmittag die letzten Tagesausflügler die Insel verlassen haben, gewinnt die Insel ihre Ursprünglichkeit zurück. In den Cafés und Restaurants am Hafen können Sie dann in aller Muße das Leben auf der Insel beobachten.

Sehenswürdigkeiten der Insel

Wanderung durch das Inselinnere

Überraschend groß ist der Kontrast zwischen der belebten, häufig sogar überfüllten Inselhauptstadt und dem meist menschenleeren Inselinneren. Angelegte Wege führen nur noch zu den kleinen Ortschaften Mandráki, Vlíchos, Mólos und Episkopí, die übrige Insel kann nur zu Fuß oder per Esel auf Maultierpfaden durchquert werden. Auf Ihren Wanderungen werden Sie immer wieder auf versteckt liegende Klöster, Kirchen und Kapellen stoßen, denn ihre Zahl wird mit 365 angegeben – eine Kirche für jeden Tag des Jahres. Denken Sie beim Besuch der Klöster bitte an angemessene Kleidung.

Einen Besuch wert ist das **Kloster Profítis Elías**, das hoch auf dem Inselberg Éros in einem Pinienhain liegt und noch von zwei Mönchen bewohnt wird. Die Aussicht von der Höhe auf die Nachbarinsel Spétses und bis hinüber zur Peloponnes ist großartig und lohnt die Mühe der etwa 1 ½-stündigen steilen Wanderung. Festes Schuhwerk ist für diesen Weg nötig. Unterhalb des Klosters Elías liegt das **Kloster Agía Efpraxía**; dessen Nonnen schöne Handarbeiten zum Verkauf anbieten. Etwas weiter sehen Sie das schön gelegene **Kloster Agía Triáda** aus dem Jahre 1704, in dem noch einige Mönche leben. Frauen werden nicht in das Kloster eingelassen.

Ein Tagesausflug führt zum **Kloster Zoúrvas**, das an der Ostspitze der Insel liegt und noch von einigen Nonnen bewohnt wird. Für jede Wegstrecke brauchen Sie etwa 3 Stunden; Sie können sich auch mit dem Boot in die Bucht fahren lassen und dann in etwa 1 Stunde zum Kloster aufsteigen. Das Kloster bietet auf Nachfrage Übernachtungsmöglichkeiten an.

Oberhalb der Bucht von Mandráki liegt das **Kloster Agía Matrónis**, das ebenfalls noch von einigen Nonnen bewohnt wird, die auch Übernachtungsmöglichkeiten für Frauen anbieten.

Ein kurzer Spaziergang von 15 Minuten führt an der Küste entlang nach Kamíni, dem früher bedeutendsten Fischerhafen der Insel.

Strände

Hydra ist keine ausgesprochene Badeinsel, denn es gibt nur wenige schöne Strände. Die meisten Sandstrandabschnitte sind schmal und kiesig. Sie können die Strände zu Fuß oder per Esel erreichen oder eins der Kaikis oder Wassertaxis nehmen, die regelmäßig von Hydra-Stadt zu den Stränden fahren.

- ***Mandráki**, der einzige Sandstrand der Insel, liegt 2,5 km östlich von Hydra-Stadt und gehört zum Hotel Miramare, Wassersportangebot, Windsurfing-Zentrum, mit Wassertaxis zu erreichen*
- ***Hydra-Stadt**: vom westlichen Ortsausgang bis nach Kaimíni gibt es einige Badefelsen und Badeplattformen, zu denen schmale Treppen hinunterführen*
- ***Kamíni:** ein Fußweg von etwa 20 Minuten führt an der Küste entlang von Hydra-Stadt zum Strand mit Kieseln und Felsen,*
- ***Vlíchos**: gern besuchte Kiesbucht im gleichnamigen Ort mit kleinen Badeplätzen, netten Tavernen und Übernachtungsmöglichkeiten, mit dem Wassertaxi erreichbar*

- ***Mólos, Palamída, Bítsi:*** *kleine Kiesstrände, nur in der Hochsaison ist die Taverne oder der Strandkiosk geöffnet*

Fest- und Feiertage

- *Am 2. oder 3. Wochenende im* ***Juni*** *finden die* ***Miaoúlia*** *statt mit einer Flottenparade, Volkstänzen und Feuerwerk zur Erinnerung an die Heldentaten von Admiral Miaoúlis und seiner Kampfgenossen während der Befreiungskriege*

große Flottenparade mit Feuerwerk

- *Ende Juli wird das* ***Internationale Puppentheater Festival*** *gefeiert.*
- *15. August: Tag der* ***Panagía***
- *13./14. November: Fest des Inselheiligen* ***Ágios Konstantínos***

Buch- und Kartentipp

- *Hydra, Athen 1993*
- *This summer in Hydra, kostenlose Broschüre in englischer Sprache*
- *Henry Miller, Der Koloss von Maroussi, Reinbek 1997*

Spétses Σπετσες (ⓘ s. S. 125)

Inseltelegramm Spétses	
Größe	22 km², 3.500 Einwohner
Hauptort	Spétses, 3.000 Einwohner
Inselbeschreibung	grüne Insel mit ausgedehnten Kiefernwäldern und sehr schönen Badebuchten; Motorräder und Mopeds, aber auch Pferde- und Eselsdroschken sowie Boote sind die wichtigsten Haupttransportmittel, Privatautos sind auf der Insel nicht zugelassen
Lebensgrundlage der Bevölkerung	Landwirtschaft, Fremdenverkehr
Sehenswürdigkeiten	der alte Hafen von Spétses; das Museum der Bouboulina; die Bikiris-Tropfsteinhöhle

Spétses ist durch regelmäßigen Schiffsverkehr mit Piräus und den anderen Saronischen Inseln verbunden. Die Insel ist auch von der Peloponnes her gut zu erreichen, denn sie liegt nur 2 Seemeilen/3 km vor der Südspitze der Halbinsel Argolis. Spétses, eine ungewöhnlich grüne Insel, wird wegen ihres guten Klimas sehr geschätzt, wie die vielen Villen wohlhabender Griechen zeigen, die Spétses als zweiten Wohnsitz gewählt haben.

Die Insel ist geprägt durch sanfte Hügelketten, schöne Badebuchten und Kiefern-, Pinien- und Fichtenhaine. In der Antike trug die Insel den Namen „Pityoussa", das heißt „die mit Fichten bewachsene Insel". Da die Wälder aber über Jahrhunderte abgeholzt wurden, war die Insel schon völlig verkarstet, bis auf Anregung von Sotírios Anagírios zu Beginn des 20. Jahrhunderts neue Bäume angepflanzt wurden, die der Insel inzwischen wieder ihr charakteristisches Aussehen geben. An der Küste führt eine Straße entlang, die jedoch nur im Bereich der Inselhauptstadt asphaltiert ist; das Inselinnere wird nur von Pfaden und unbefestigten Wegen durchzogen, die sich gut zum Wandern und Fahrradfahren eignen. Es gibt keine weiteren Ortschaften auf Spétses, wohl aber zahlreiche Villen und stattliche Herrenhäuser in den Wäldern im Inselinneren sowie Ansiedlungen von Hotels, die überwiegend von britischen Touristen belegt sind.

Die Geschichte von Spétses reicht weit zurück. Geringe Überreste weisen auf Siedlungen in der griechischen, römischen und byzantinischen Zeit hin. Danach war Spétses fast 600 Jahre unbewohnt, bevor sich nach 1460 orthodoxe albanische Flüchtlinge hier niederließen. Sie siedelten sich in der Gegend an, die heute noch Kastélli genannt wird. Im 18. Jahrhundert erwarb die Insel großen Wohlstand durch Schiffsbau und Handelsschifffahrt und spielte während des griechischen Befreiungskampfes eine wichtige Rolle.

Die **Inselhauptstadt** zieht sich, wie schon die antike Siedlung, an der Nordostküste der Insel entlang. Mittelpunkt der Stadt ist die Platía Dápia mit ihren Restaurants und Cafés. Wenn Fähren, Tragflügelboote und Ausflugsschiffe im Hafen anlegen, wo die aufgestellten Kanonen an den griechischen Freiheitskampf erinnern, herrscht hier viel Betriebsamkeit, die man gelassen von den nahe gelegenen, schönen Cafés aus betrachten kann. Da privater Autoverkehr innerhalb der Stadt nicht erlaubt ist, warten an der Platía viele Pferdekutschen auf Fahrgäste. Die Haltestelle für die öffentlichen Busse, die zu den meisten Hotels und Stränden fahren, liegt nicht weit entfernt an der Platía Agías Mámas. Gewöhnungsbedürftig ist der Lärm der vielen Mopeds und Motorräder, auf denen die Griechen durch den Ort fahren. Ab 17 Uhr gilt jedoch auch für die motorisierten Zweiräder Fahrverbot!

Privatautos sind nicht erlaubt!

Im Westteil der Hafenpromenade sehen Sie das stattliche, schon 1911 gebaute Hotel Possidónion, das ebenso wie das Anárgyros College durch den Roman „Der Magus" literarische Berühmtheit erlangte. Der britische Schriftsteller John Fowles, der für einige Zeit auf Spétses lebte und 1950/51 am Anárgyros College unterrichtete, verarbeitet in diesem Buch seine Eindrücke vom Leben auf der Insel.

Vor dem Hotel Possidónion steht das Denkmal der Freiheitsheldin Laskarína Bouboulína.

Der Weg zum **Haus der Bouboulína**, *Tel.: 0298-72077*, das in der Nähe des Hafens liegt, ist ausgeschildert. In den Museumsräumen sind Gegenstände aus dem Privatbesitz der Bouboulína, Möbel, Gemälde, Bücher und ihre Waffensammlung ausgestellt. Interessant ist u.a. die Genehmigung der Türken für den Bau ihres Schiffes „Agamemnon". *Öffnungszeiten: Mo–Sa 10–17.30 Uhr.*

Herrenhäuser am Hafen

Gehen Sie an der Hafenfront entlang nach Osten bis zum schönen, alten Hafen, wo noch immer einfache Fischerboote neben schnittigen Yachten aus aller Welt liegen. Werfen Sie dabei einen Blick auf die gut gerichteten Herrenhäuser aus dem 18. und 19. Jahrhundert, die vielfach von Athener Familien bewohnt werden. Auf dem Weg zum Leuchtturm Fáros können Sie am Baltíza-Hafen zuschauen, wie Kaikis auf traditionelle Weise gebaut werden. Der nahe gelegene Strand von Agía

INFO Informationen zu Laskarína Bouboulína

Laskarina Bouboulina zählt zu den bedeutenden Frauengestalten, die am griechischen Freiheitskampf maßgeblich mitgewirkt haben. Sie war die Tochter eines Kapitäns von Hydra.

Nach dem Tod ihres zweiten Mannes, der 1811 von Piraten getötet worden war, stellte sie zu Beginn der Befreiungskriege ihr gesamtes Privatvermögen zum Aufbau einer Flotte zur Verfügung.

1821, bei der Blockade von Nauplia, befehligte sie selbst ihr Schiff „Agamemnon" und übertrug ihren drei Söhnen das Kommando über drei weitere Schiffe.

Nach der Kapitulation von Nauplia kam es zu Streitigkeiten und Auseinandersetzungen zwischen den verschiedenen griechischen Gruppierungen; nach der Gefangennahme des Freiheitskämpfers Kolokotrónis kehrte die Bouboulina nach Spétses zurück. Dort wurde sie 1825 bei einem Streit ermordet.

Marína ist stark besucht. Von hier aus können Sie einen Blick auf die Insel **Spetsópoula** werfen, die dem 1996 verstorbenen Reeder Niarchos gehörte.

Oberhalb des alten Hafens steht das **Kloster Ágios Nikólaos**, das Anfang des 17. Jahrhunderts gebaut wurde, mit der ältesten Kirche der Stadt, an deren weißen Glockenturm zum ersten Mal die Revolutionsfahne mit dem Wahlspruch „Freiheit oder Tod" aufgezogen wurde. Ruhiger geht es in den etwas abseits gelegenen Gassen zu, wo in kleinen Gärten oder auf geschützten Terrassen bunte Blumen leuchten. Hübsch sind auch die aus schwarzen und weißen Kieselsteinen in verschiedenen Mustern, z. B. Fischen, Ankern oder Schiffen, ausgelegten Straßenmosaike, die „votsalotá" genannt werden.

Das **Mexis-Museum**, das in dem Haus von Chatzigiánnis Méxis, dem ersten Inselgouverneur, eingerichtet wurde, zeigt antike und byzantinische Funde, historische Dokumente, alte Stiche und Karten, Porzellan, Waffen und Erinnerungsstücke an die Befreiungskriege. Auch das Haus selbst, das 1795 gebaut wurde, ist sehenswert mit seinem alten Kamin, holzgeschnitzten Türen, Bleiglasfenstern und dem schönen Garten. *Öffnungszeiten: täglich 9.30–14.30 Uhr, Mo geschlossen.*

Im Inselinneren treffen Sie kaum noch auf Fremde. Spétses eignet sich sehr gut zum Wandern und Fahrradfahren. Die Inselstraße führt ganz um die Insel herum.

Strände

Spétses hat schöne, teilweise auch beschattete Strände an kristallklarem Wasser. Von der Stadt aus werden einige Strände mit Bus oder Boot angefahren, andere sind auch gut zu Fuß erreichbar.

- ***Agía-Marína-Beach**: ist der nächst gelegene Kiesstrand am östlichen Stadtrand, stark besucht, mit Diskotheken und Nachtclubs*
- ***Kastélli-Beach**: 500 m langer Kiesstrand am westlichen Stadtrand mit Tavernen*
- ***Agía Anárgiri-Beach**: gilt als der beste Strand der Insel mit Tavernen, Sonnenschirmverleih, Wassersportangebot und kleinem Yachthafen. Der mit Bäumen bestandene Kiesstrand liegt 12 km außerhalb und ist mit dem Inselbus und Ausflugsbooten erreichbar.*
- ***Ligonéri-Beach**: westlich von Spétsä unterhalb der Straße, schöner Kiesstrand zwischen Felsen, von der Straße ausgeschildert*
- ***Vrelloú-Beach**: 200 m breite, sehr schöne Kiesbucht unterhalb der Straße, westlich von Spétsä, ausgeschildert*
- ***Zogeríá-Beach:** im Nordwesten der Insel, auch mit Badebooten erreichbar, am Strand gibt es Tavernen*
- *Außerdem gibt es zahlreiche, stille Badebuchten, die man abseits der Inselstraße findet.*

Ausflüge

Die örtlichen Reisebüros bieten ganztägige Inselrundfahrten und Fahrten nach Athen und zur Peloponnes nach Nauplia, Mykene, Tyrins und Epidauros an.

Wandern

*Spétses eignet sich sehr gut zum Wandern, da die dichten Pinienwälder auch im Sommer noch ausreichend Schatten bieten. Durch das Inselinnere führen zahlreiche Pfade zu einsamen Badebuchten, kleinen Kirchen oder auf den 248 m hohen Berg **Vígla**. Denken Sie daran, auf den Wanderungen genügend Trinkwasser mitzunehmen.*

großes Fest mit Feuerwerk, Musik und Tanz

Fest- und Feiertage

An dem Wochenende um den 8. September findet zur Erinnerung an den Befreiungskampf ein großes Fest statt, dessen Höhepunkt die Darstellung der Seeschlacht vom 8. September 1822 mit der Verbrennung eines „türkischen" Schiffes ist. Außerdem gibt es ein Feuerwerk, viel Musik und Tanz und gutes Essen.

12. ANHANG

Literaturverzeichnis

Aus der Fülle der Griechenland-Literatur wurden einige Titel ausgewählt, die zur Beschäftigung mit dem griechischen Festland und den vorgelagerten Inseln anregen oder Hilfe bei der Suche nach weiterführender Lektüre sein können.

Moderne Reiseliteratur/Sachbücher

Baumann; Die griechische Pflanzenwelt in Mythos, Kunst und Literatur, München 1999
Döpp (Hrsg.); Griechisch kochen, München 1998
Gaitanides, Griechenland ohne Säulen, München 1978
Grandjot; Reiseführer durch das Pflanzenreich der Mittelmeerländer, Leichlingen 1991
Latermann, Ute; Griechenland. Reisen und erleben. Stuttgart 2001
Lotze, Detlev; Geschichte, Von den Anfängen bis zum Hellenismus, Beck 2002
Mertz, Bernd A.; Griechenland, Vom Olymp zum Orakel von Delphi, München 1991
Pristl, Martin; Griechenland, Land & Leute, München 2001
Valavanis; Echt griechisch kochen, Athen 1993
Vedel; Bäume und Sträucher im Mittelmeerraum, Stuttgart 1984
Westland; Die Küche der griechischen Inseln, Eine kulinarische Reise, München 1992

Reise- und Wanderführer

Baedeker Allianz Reiseführer; Korfu. Ionische Inseln. Stuttgart 2000
Bildatlas Korfu und Ionische Inseln, 1999
Bötig, Klaus; Griechenland – Festland und Peloponnes, Köln 1996
Bol; Griechenland. Ein Führer zu den antiken Stätten, Ditzingen 1998
Capuani/Paparozzi; Áthos, 1999
Chalkidiki, In Poseidons Reich – Wandern, Radeln und Baden, eine Informationsschrift der **Chalkidiki Hotel Association**, Tel.: 0030-2310-42 9020, Fax: 0030-2310-42 9021
Durando, Furio; Griechenland. Archäologischer Reiseführer, Köln 2000
Engel, H. u. U.; Chalkidiki mit Insel Thassos, 40 ausgewählte Wanderungen, Rother Verlag 2000
Hau/Hutter; Nördliche Sporaden, Natur entdecken und erleben. Weitbrecht Verlag 2001
Kanzler/Neumeier; Nord- und Mittel-Griechenland, Erlangen 2001
Varelas, Niklas; Chalkidiki, Köln 2002

Historische Berichte

Braun, J.M.; Historische und malerische Wanderungen in Griechenland, Stuttgart 1837
Eschmann, Ernst Wilhelm; Griechisches Tagebuch, Köln 1936
Herder Lexikon, Griechische und römische Mythologie, Götter, Helden, Ereignisse, Schauplätze, Freiburg 2001
Hettner, Hermann; Griechische Reiseskizzen, Halle 1853
Pückler-Muskau, Hermann v.; Südöstlicher Bildersaal, Griechische Leiden, Stuttgart 1840
Roß, Ludwig; Griechenland, Erinnerungen und Mitteilungen aus Hellas, Halle 1851

Literatur zur Antike

Bengtson, Hermann; Griechische Geschichte, München 1962
Berve/Gruben/Hirmer; Griechische Tempel und Heiligtümer, München 1961
Branigan/Vickers; Hellas, Kultur und Zivilisation, München 1982
Hoyle, Peter; Delphi und sein Orakel, Wiesbaden 1968
Kerényi; Mythologie der Griechen, München 1968
Kirsten/Kraiker; Griechenlandkunde, Heidelberg 1975
Knell, Heiner; Die Nike von Samothrake, 1997
Kraiker, Wilhelm; Funde in Athen, Göttingen 1971
Lauffer, Siegfried (Hrsg.); Griechenland. Lexikon der historischen Stätten, München 1989
Melas; Tempel und Stätten der Götter Griechenlands, Köln 1973
Röske, Kurt; Attika im Spiegel antiker Zeugnisse. Ein kulturhistorischer Reisebegleiter. 2002
Roux, Georges; Delphi. Orakel und Kultstätten, München 1971
Schliemann, Heinrich; Ithaka, der Peloponnes und Troja, Darmstadt 1976
Schoder, Raymond V.; Das antike Griechenland aus der Luft, Bergisch-Gladbach 1981
Walter, Hans; Ägina. Die archäologische Geschichte einer griechischen Insel. Deutscher Kunstverlag 1993
Walter, Hans; Das griechische Heiligtum, München 1965

Alte Reiseberichte

Braun, J. M.; Historische und malerische Wanderungen in Griechenland, Stuttgart 1837
Eschmann, Ernst Wilhelm; Griechisches Tagebuch, Köln 1936
Hettner, Hermann; Griechische Reiseskizzen, 1853
Pückler-Muskau, Hermann v.; Südöstlicher Bildersaal, Griechische Leiden, Stuttgart 1840

Antike Dichter und Schriftsteller

Herodot; Historien
Homer; Ilias und Odyssee
Pausanias; Beschreibung Griechenlands
Platon; Dialoge
Plutarch; Große Griechen und Römer
Strabon; Erdbeschreibung
Thukydides; Geschichte des Peloponnesischen Krieges

Sprachlehrbücher und -lehrgänge

Berlitz-Sprachset; Griechisch (Sprachführer und Kassette)
Eideneier, Hans; Neugriechisch ist gar nicht so schwer, Wiesbaden 1982
Eideneier, Hans; Neugriechisch wie es nicht im Wörterbuch steht, Hamburg
Langenscheidts Lehrbuch; Neugriechisch, Berlin/München
Langenscheidts Reiseset; Neugriechisch (Sprachführer, Reisewörterbuch u. Hör- und Übungskassette)
Linguaphone; Neugriechisch, Hamburg
Moser-Philtsou, M.; Neugriechisch für Sie, München
Urlaubskurs Griechisch, Gesellschaft f. ganzheitliches Lernen, Freiburg

Stichwortverzeichnis

R

S